TEMAS DA REFORMA DO PROCESSO CIVIL

IV VOLUME

(4ª edição revista e ampliada)

6 – PROCEDIMENTOS CAUTELARES ESPECIFICADOS

Outros trabalhos do autor

I – Em livro (ed. Livraria Almedina):

- **Temas da Reforma do Processo Civil**, I vol., 1ª e 2ª ed. (***Novembro de 1998***)
  1 – *Princípios Fundamentais*
  2 – *Fase Inicial do Processo Declarativo*
- **Temas da Reforma do Processo Civil**, II vol., 1ª, 2ª, 3ª e 4ª ed. (***Março de 2004***)
  3 – *Audiência Preliminar, Saneamento e Condensação*
  4 – *Registo da Prova e Decisão da Matéria de Facto*
- **Temas da Reforma do Processo Civil**, III vol., 1ª, 2ª, 3ª e 4ª ed. (***Janeiro de 2010***)
  6 – *Procedimento Cautelar Comum*
- **Recursos em Processo Civil – Novo Regime**, 1ª, 2ª e 3ª ed. (***Abril de 2010***)
- **Temas Judiciários** (***Setembro de 1998***)
  1 – *Citações e Notificações em Processo Civil*
  2 – *Custas Judiciais e Multas Cíveis*
- **Temas da Responsabilidade Civil**, I vol.
  1 – *Indemnização do Dano da Privação do Uso*, 1ª, 2ª e 3ª ed. (***Maio de 2007***)
- **Temas da Responsabilidade Civil**, II vol.
  2 – *Indemnização dos Danos Reflexos*, 1ª e 2ª ed. (***Fevereiro de 2007***)
- **Acidentes de Viação**, da colecção "*Direitos e Deveres dos Cidadãos*" (***Março de 2009***)
- **Suspensão de Despedimento e outras Providências Cautelares no Processo do Trabalho** (***Fevereiro de 2010***)

II – Publicações avulsas:

- **Registo da prova**, in *Sub Judice*, n.º 8 **(1995)**
- **Reforma do processo civil e o foro laboral**, in *Prontuário do Direito do Trabalho*, ed. do CEJ, n.º 48 **(1998)**
- **Documentação e registo da prova em processo laboral**, in *Prontuário do Direito do Trabalho*, ed. do CEJ, n.º 49 **(1998)**
- **Reforma do processo civil e o foro laboral – processo executivo**, in *Prontuário do Direito do Trabalho*, ed. do CEJ, n.º 50 **(1998)**
- **Reforma do processo civil e o foro laboral – procedimentos cautelares**, in *Prontuário do Direito do Trabalho*, ed. do CEJ, n.º 51 **(1998)**
- **A recuperação de empresas, a falência e o direito do trabalho**, in *Prontuário do Direito do Trabalho*, ed. do CEJ, n.ºs 52 e 53 **(1998)**
- **Valor da jurisprudência cível**, in *Colectânea de Jurisprudência do Supremo Tribunal de Justiça*, tomo II **(1999)**
- **Exequibilidade da sentença condenatória quanto aos juros de mora**, in *Colectânea de Jurisprudência do Supremo Tribunal de Justiça*, tomo I **(2001)**
- **Títulos executivos**, in *Themis*, ed. da FDUNL, ano IV, n.º 7 **(2003)**
- **Ressarcibilidade dos danos não patrimoniais de terceiros em caso de lesão corporal**, in *Estudos em Homenagem ao Professor Doutor Inocêncio Galvão Teles*, vol. IV **(2003)**
- **Execução específica de contrato-promessa de compra e venda celebrado apenas por um dos cônjuges**, in *Lex Familiae*, ed. do Centro de Direito de Família, da FDUC, n.º 1 **(2004)**
- **O juiz e a execução**, in *Themis*, ed. da FDUNL, ano V, n.º 9 **(2004)**
- **Processo civil experimental**, in *Novas Exigências do Processo Civil*, ed. da Associação Jurídica do Porto **(2006)**
- **Da Responsabilidade Civil**, *in Direito Civil e Processual Civil*, tomo II, ed. no âmbito do Programa PIR-PALOP **(2007)**
- **Direito Societário**, *in O Direito dos Negócios e Societário*, ed. no âmbito do Programa PIR--PALOP **(2007)**
- **Recursos sobre a matéria de facto em processo civil**, in *Reforma dos Recursos em Processo Civil – Trabalhos Preparatórios*, ed. do Min. da Justiça **(2008)**
- **Reforma do regime de recurso cíveis**, in *Julgar*, ed. da ASJP, n.º 4 **(2008)**
- **A reforma dos recursos introduzida pelo Dec. Lei n.º 303/07 e os seus reflexos no Código de Processo do Trabalho**, in *Prontuário do Direito do Trabalho*, ed. do CEJ, n.ºs 74 e 75 **(2008)**

ANTÓNIO SANTOS ABRANTES GERALDES
Juiz Desembargador

TEMAS DA REFORMA DO PROCESSO CIVIL

IV VOLUME

(4ª edição revista e ampliada)

6 – PROCEDIMENTOS CAUTELARES ESPECIFICADOS

ALMEDINA

TEMAS DA REFORMA DO PROCESSO CIVIL
IV VOLUME

AUTOR
ANTÓNIO SANTOS ABRANTES GERALDES

EDITOR
EDIÇÕES ALMEDINA, SA
Av. Fernão Magalhães, n.º 584, 5.º Andar
3000-174 Coimbra
Tel.: 239 851 904
Fax: 239 851 901
www.almedina.net
editora@almedina.net

PRÉ-IMPRESSÃO | IMPRESSÃO | ACABAMENTO
G.C. – GRÁFICA DE COIMBRA, LDA.
Palheira – Assafarge
3001-453 Coimbra
producao@graficadecoimbra.pt

Abril, 2010

DEPÓSITO LEGAL
310243/10

Biblioteca Nacional de Portugal – Catalogação na Publicação

GERALDES, António Santos Abrantes

Temas da reforma do processo civil. – 4ª ed.
4 v.
4º v. : Procedimentos cautelares especificados.
p. - ISBN 978-972-40-4210-7

CDU 347

À Ana Luísa,
à Lara
e ao Diogo.

"Rompe toda a tardança, acode cedo ...
Acude e corre, pai, que se não corres
Pode ser que não aches quem socorres"
Luís de Camões

Advertência

Todas as disposições legais citadas, sem qualquer outra indicação, pertencem ao Código do Processo Civil, na redacção vigente à data da presente edição.

ABREVIATURAS

AAFDUL	– Assoc. Ac. da Fac. de Direito da Universidade de Lisboa
Ac.	– Acórdão
BFDUL	– Boletim da Faculdade de Direito da Universidade de Lisboa
BMJ	– Boletim do Ministério da Justiça
CC	– Código Civil
CCJ	– Código das Custas Judiciais
CJ	– Colectânea de Jurisprudência
CJSTJ	– Colectânea de Jurisprudência do Supremo Trib. de Justiça
Cód.	– Código
CPC	– Código de Processo Civil
CPT	– Código de Processo do Trabalho
CPPT	– Código de Processo e de Procedimento Tributário
CPP	– Código de Processo Penal
CRP	– Constituição da República Portuguesa
CSC	– Código das Sociedades Comerciais
D.R.	– Diário da República
LOFTJ	– Lei Orgânica e de Funcionamento dos Tribunais Judiciais
OTM	– Organização Tutelar de Menores
NRAU	– Novo Regime do Arrendamento Urbano
RAU	– Regime do Arrendamento Urbano
RCP	– Regulamento das Custas Processuais
R.D.E.S.	– Revista de Direito e Estudos Sociais
Rel.	– Relação
Rev.	– Revista
ROA	– Revista da Ordem dos Advogados
Sep.	– Separata
STA	– Supremo Tribunal Administrativo
STJ	– Supremo Tribunal de Justiça
Trib.	– Tribunal
Trib. Const.	– Tribunal Constitucional

NOTA PRÉVIA À 4ª EDIÇÃO

Nesta 4ª edição procede-se, de novo, à actualização do texto-base, aproveitando a oportunidade para introduzir novos elementos doutrinais e jurisprudenciais.

Foi excluída a matéria dos procedimentos cautelares no Processo do Trabalho que, com mais desenvolvimentos e com resenha jurisprudencial, se integra agora na *Suspensão de Despedimento e Outros Procedimementos Cautelares no Processo do Trabalho* (ed. Almedina, Fevereiro de 2010).

Foi integrado *ex novo* o tratamento de providências cautelares em matéria de Propriedade Intelectual, objecto de recente intervenção legislativa – por via da Lei n.º 16/08, de 1 de Abril, que transpôs para o direito nacional a Directiva 2004/48/CE, de 29-4-04 – que se traduziu no aditamento ao *Código da Propriedade Industrial* dos arts. 338.º-D a 338.º-J e ao *Código de Direitos de Autor e Direitos Conexos* dos arts. 210.º-B a 210.º-H.

Em *Anexo* publicam-se alguns acórdãos relatados pelo signatário nas Relações de Coimbra e de Lisboa, meras ilustrações do modo como soluções defendidas em relação a determinadas questões encontram concretização no quotidiano judiciário. E, mais uma vez, frizar que este trabalho tem e mantém um cunho marcadamente funcional, sem outras ambições que não sejam as de servir de apoio a quem é chamado a debater ou decidir questões de natureza essencialmente prática.

Restam os agradecimentos: aos leitores, pelo acolhimento que a esta e a outras obras vêm dando, verdadeiro motor do esforço adicional que a sua elaboração necessariamente implica; à Livraria Almedina, pela resposta sempre pronta a este e a outros projectos; ao reduto familiar, pela paciência e pelo estímulo para isto e muito mais.

Lisboa, Abril de 2010

António Santos Abrantes Geraldes

NOTA PRÉVIA À 1ª EDIÇÃO

O processo civil, como instrumento de tutela de direitos, constitui um manancial inesgotável de questões atinentes à aplicação judiciária do direito, constantemente alimentado por mais e mais diplomas num verdadeiro movimento perpétuo em que se transformou a reforma do sistema.

A algumas dessas questões tenho dedicado parte das horas vagas, motivado, além do mais, pelo seu confronto directo no âmbito dos processos judiciais ou pelos anais da jurisprudência.

Este IV volume dos *Temas da Reforma do Processo Civil* é o prolongamento natural daquele em que abordei o regime jurídico do procedimento cautelar comum, ambos versando matéria cujo relevo se tem acentuado à medida que a sociedade reclama maior eficácia e celeridade no reconhecimento e na efectivação de direitos.

Pareceu-me oportuno concentrar neste volume não apenas os procedimentos cautelares específicos previstos no CPC, mas ainda outros regulados em legislação avulsa: a apreensão de veículos automóveis e a entrega e cancelamento de registo no contrato de locação financeira.

Depois, o paralelismo existente em relação ao processo laboral e a recente entrada em vigor de um novo Código de Processo do Trabalho justificaram também a abordagem dos respectivos procedimentos cautelares.

Citando Descartes, "*não é meu propósito ensinar o método que cada um deve seguir para guiar a sua razão, mas tão só fazer ver de que modo procurei guiar a minha*".

Que a comunidade jurídica dê a este trabalho o acolhimento que os anteriores receberam, é o bastante para considerar compensadas as horas que tirei ao lazer e à família.

Lisboa, Fevereiro de 2001

António Santos Abrantes Geraldes

ÍNDICE

6

PROCEDIMENTOS CAUTELARES ESPECIFICADOS

Parte I

PROCEDIMENTOS CAUTELARES ESPECIFICADOS PREVISTOS NO CÓDIGO DE PROCESSO CIVIL

I – *Restituição Provisória de Posse*
(Arts. 393.º a 395.º)

1 – Justificação da providência ... 26
2 – Delimitação relativamente às restantes providências ... 28
3 – A posse ... 31
4 – Situações passíveis de posse ... 33
5 – Extensão da tutela possessória a outros direitos de raiz obrigacional ... 37
6 – O caso especial do promitente-comprador com tradição da coisa ... 39
7 – O esbulho ... 46
8 – A violência ... 47
9 – O prazo ... 51
10 – Requisitos da petição inicial ... 52
11 – Pressupostos processuais ... 53
12 – A tramitação processual ... 54
13 – Decisão ... 57
14 – Execução da decisão ... 61
15 – Meios de defesa ... 64
16 – A acção possessória ... 68
17 – Procedimento cautelar comum ... 71
18 – Caducidade ... 73

II – *Suspensão de Deliberações Sociais*
(Arts. 396.º a 398.º)

19 – Introdução ... 76
20 – Âmbito subjectivo ... 77

21 – Âmbito objectivo 79
22 – Deliberações não executadas 83
23 – Prazo 86
24 – Pressupostos processuais 89
25 – Tramitação 91
26 – Produção de prova 95
27 – Decisão 99
28 – Acção principal 105
29 – Introdução 107
30 – Suspensão de deliberações da assembleia de condóminos 108

III – *Alimentos Provisórios*
(Arts. 399.º a 402.º)

31 – Origem e âmbito da prestação de alimentos 113
32 – Justificação da medida cautelar 115
33 – Instrumentalidade e dependência 120
34 – Requerimento inicial 121
35 – Pressupostos processuais 123
36 – Tramitação 125
37 – Decisão 127
38 – Execução dos alimentos 129
39 – Instabilidade do caso julgado 131
40 – Responsabilidade do requerente 135

IV – *Arbitramento de Reparação Provisória*
(Arts. 403.º a 405.º)

41 – Introdução 138
42 – Confronto com outros institutos 144
43 – Situações geradas pela ocorrência de morte ou de lesão corporal 145
44 – A necessidade 150
45 – Outros eventos que ponham em causa o sustento ou a habitação 154
46 – Pressupostos processuais 164
47 – Tramitação 165
48 – Decisão 166
49 – Alteração ou cessação da prestação 171
50 – Execução 172
51 – Caducidade da providência 173
52 – Conteúdo da obrigação de restituição 174

V – *Arresto*
(Arts. 406.º a 411.º)

53 – Introdução 176
54 – Um apontamento sobre o anterior regime do arresto contra comerciantes 180
55 – Tipos de arresto 186

56 – Direito de crédito 189
57 – Requisitos da obrigação 194
58 – Justo receio 196
59 – Competência 202
60 – Tramitação 205
61 – Decisão 209
62 – Concretização do arresto 213
63 – Arresto de bens de terceiros 218
64 – Meios de defesa 221
65 – Venda antecipada de bens 224
66 – Arresto de navios – referências normativas 231
67 – Regimes jurídicos 238
68 – Caducidade 245
69 – Arresto especial contra tesoureiros 247

VI – *Embargo de Obra Nova*
(Arts. 412.º a 420.º)

70 – Introdução 250
71 – Categorias de embargos 250
72 – Âmbito da providência 253
73 – Requisitos 255
74 – Prazo 258
75 – Pressupostos processuais 261
76 – Tramitação 261
77 – Decisão 263
78 – Embargo requerido por entidades públicas 265
79 – Obras que não podem ser embargadas 268
80 – Efectivação ou ratificação do embargo 274
81 – Autorização da continuação da obra 275
82 – Reacção contra obra abusiva 277

VII – *Arrolamento*
(Arts. 421.º a 427.º)

83 – Caracterização do arrolamento 280
84 – Instrumentalidade e dependência 283
85 – Pressupostos processuais 285
86 – Tramitação 287
87 – Decisão 288
88 – Substituição por caução 291
89 – Propositura da acção principal 293
90 – Concretização do arrolamento 296
91 – Arrolamentos especiais 301
92 – Caducidade do arrolamento relativo a bens comuns 305

Parte II

PROCEDIMENTOS CAUTELARES PREVISTOS EM LEGISLAÇÃO AVULSA

I – *Apreensão de Veículos Automóveis*
(Arts. 15.º a 22.º do Dec. Lei n.º 54/75, de 24-2, alterado pelo Dec. Lei n.º 178-A/05, de 28-10)

93 – Introdução 312
94 – Âmbito de aplicação 314
95 – Garantia hipotecária 317
96 – Resolução do contrato 318
97 – Regime processual 322
98 – Pressupostos processuais 323
99 – Tramitação 325
100 – Decisão 328
101 – Apreensão 329
102 – Oposição 331
103 – Propositura da acção ou da execução 333
104 – Responsabilidade do requerente 335

II – *Entrega Judicial na Locação Financeira*
(Art. 21.º do Dec. Lei n.º 149/95, de 24 de Junho, alterado pelo Dec. Lei n.º 265/97, de 2-10, e pelo Dec. Lei n.º 30/08, de 25-2)

105 – Caracterização do contrato de locação financeira 338
106 – Características da providência 339
107 – Âmbito da providência 341
108 – Em caso de resolução 342
109 – Em caso de caducidade do contrato 343
110 – Tramitação 343
111 – Decisão 346
112 – Substituição por caução 351
113 – Acção principal 351

III – *Medidas Cautelares no Código da Propriedade Industrial e no Código de Direitos de Autor e Direitos Conexos)*
(Arts. 338.º-D a 338.º-J do CPI e arts. 210.º-B a 210.º-H do CDADC, introduzidos pela Lei n.º 16/08, de 1-4)

114 – Introdução 358
115 – Medidas de preservação de prova 360
116 – Providências cautelares não especificadas 362
117 – Pressupostos 370
118 – Princípios 371
119 – Tramitação 373

120 – Impugnação da decisão cautelar ... 379
121 – Instauração da acção principal ... 381
122 – Arresto ... 381

ANEXOS DE JURISPRUDÊNCIA TEMÁTICA ... 385

Índice remissivo ... 487

6

PROCEDIMENTOS CAUTELARES ESPECIFICADOS

PARTE I

PROCEDIMENTOS CAUTELARES ESPECIFICADOS PREVISTOS NO CÓDIGO DE PROCESSO CIVIL

SUBSECÇÃO I

Restituição Provisória de Posse

Art. 393.º

(Em que casos tem lugar a restituição provisória de posse)

No caso de esbulho violento, pode o possuidor pedir que seja restituído provisoriamente à sua posse, alegando os factos que constituem a posse, o esbulho e a violência.

Art. 394.º

(Termos em que a restituição é ordenada)

Se o juiz reconhecer, pelo exame das provas, que o requerente tinha a posse e foi esbulhado dela violentamente, ordenará a restituição, sem citação nem audiência do esbulhador.

Sumário:

1 – **Justificação da providência**
2 – **Delimitação relativamente às restantes providências**
3 – **A posse**
4 – **Situações passíveis de posse**
5 – **Extensão da tutela possessória a outros direitos de raiz obrigacional**
6 – **O caso especial do promitente-comprador com tradição da coisa**
7 – **O esbulho**
8 – **A violência**
9 – **O prazo**
10 – **Requisitos da petição inicial**
11 – **Pressupostos processuais**

12 – A tramitação processual
13 – Decisão
14 – Execução da decisão
15 – Meios de defesa
16 – A acção possessória

1. Justificação da providência:

1.1. A *restituição provisória* constitui um meio de defesa da posse previsto no art. 1279.º do CC, ao serviço do possuidor, contra actos de esbulho violento.

Considerando o carácter excepcional que é atribuído à autotutela de direitos subjectivos,[1] a reconstituição da situação possessória anterior é garantida através desta providência cautelar que, de modo célere e eficaz, faculta ao lesado a devolução da posse e impede a persistência da situação danosa e o agravamento dos danos.

1.2. Diz a experiência, na qual se fundam as normas que concedem determinadas formas de tutela, que o exercício de poderes de facto, através dos quais a posse se revela, constitui a ponta do icebergue que faz pressentir um verdadeiro direito real de gozo a que corresponde aquela materialidade (posse causal). Deste modo, ao tutelar, ainda que provisoriamente, a mera situação de facto ou o direito aparente, o legislador acaba por atingir, na maior parte das vezes, ainda que de modo indirecto, o próprio direito subjectivo.

Outra das razões da tutela possessória assenta na constatação de que a simples protecção da aparência responde mais eficazmente ao objectivo de restabelecimento da *paz social*, na medida em que proporciona ao possuidor a reposição da anterior situação sem ter de arcar com o pesado encargo de provar a existência do direito que subjaz aos seus poderes de facto.

---

[1] Apesar disso, como resulta do art. 1277.º do CC, a lei não afasta a possibilidade de recurso à *acção directa*, desde que verificados os requisitos do art. 336.º.

Sobre os meios de *tutela extrajudicial*, designadamente a acção directa, cfr. **Abrantes Geraldes**, *Temas da Reforma do Processo Civil*, vol. III, 4 ª ed., págs. 25 e segs., o Ac. do STJ, de 29-6-93, *Novos Estilos* (Sep. da *Sub Judice*), n.ºs 7-9, pág. 15, os Acs. da Rel. de Évora, de 8-1-85, CJ, tomo I, pág. 317, de 20-1-98, BMJ 473.º/578, e de 13-1-98, BMJ 473.º/580, e os Acs. da Rel. do Porto, de 28-4-71, BMJ 207.º/233, e de 12-1-99, BMJ 483.º/275.

Numa perspectiva diversa, pode dizer-se que a tutela possessória constitui um corolário da *função social da propriedade*, acabando por conferir protecção àqueles que fruem as vantagens económicas do bem.[2]

Em qualquer das situações, os possuidores, ao menos enquanto não forem convencidos da existência de uma posição jurídica que se sobreponha ao exercício dos seus poderes de facto, são merecedores de tutela jurisdicional pelo simples facto de publicamente se apresentarem como titulares dos bens.

Relativamente às situações que relevam dos *direitos pessoais de gozo* e que se apresentam com características semelhantes às da verdadeira posse, a extensão dos meios possessórios constitui um mecanismo ajustado a defender eficazmente os titulares relativamente a actuações da contraparte ou de terceiros.

1.3. O carácter declarada e assumidamente expedito do procedimento de restituição provisória da posse tem em vista alcançar uma *regulação interina* da situação, antecipando os efeitos que, de modo mais solene, serão assegurados pela acção principal de que está necessariamente dependente.

A *urgência* imposta, para além de acelerar a reposição da situação anterior e de significar a afirmação do direito sobre a força, não deixa de representar ainda uma "punição" do requerido justificada pelo facto de, à revelia de qualquer decisão judicial ou de outro meio legítimo, ter ousado perturbar a tranquilidade pública.[3]

Trata-se de uma medida cautelar através da qual os tribunais podem revelar a sua função social na defesa de interesses juridicamente protegidos, o que ressalta com mais evidência quando o esbulho incide sobre prédio destinado a habitação ou ao exercício de uma actividade económica, em que a actuação ilícita do esbulhador é susceptível de causar graves prejuízos a exigir a reposição urgente da anterior situação.

---

[2] Razões semelhantes justificam a previsão dos meios de defesa da posse no direito italiano (cfr. **Valeria Mazzoletti**, *I provvedimenti possessori*, em *Il Nuovo Processo Cautelare*, dir. de **Giuseppe Tarzia**, ed. CEDAM, 1993, pág. 154).

[3] Decidiu-se precisamente no Ac. do STJ, de 14-11-94, BMJ 441.º/202, que o benefício da restituição provisória tem a sua justificação na violência cometida pelo esbulhador, sendo o "castigo" dessa actuação. No Ac. da Rel. de Évora, de 30-11-00, CJ, tomo V, pág. 273, alude-se "à repressão da violência do esbulho".

1.4. Apesar de intimamente ligada às *acções possessórias*, nada obsta a que a restituição provisória da posse seja aproveitada como instrumento adequado a tutelar, a final, o direito de propriedade ou outro direito real posto em causa com a conduta do requerido.

Nas situações, estatisticamente mais numerosas, em que o proprietário (ou titular de outro direito real de gozo) é simultaneamente possuidor, aquela providência constitui o instrumento ideal para antecipar a tutela daquele direito, também ferido pela conduta esbulhadora, a que se seguirá, consoante a situação concreta ou a vontade do requerente, a instauração da acção de restituição de posse ou da acção de reivindicação ou outra acção real.[4]

2. Delimitação relativamente às restantes providências:

2.1. Na anotação à norma do art. 381.º, n.º 3,[5] a par do princípio da legalidade das formas procedimentais, abordámos o *princípio da especialidade* na aplicação de cada uma das providências específicas.

Identificada uma situação jurídica sujeita a perigo de lesão grave (iminente ou continuada), deve buscar-se prioritariamente nas providências específicas e, só depois, nas não especificadas, aquela que se mostre idónea para esconjurar a situação de perigo concreto. Identificada, assim, a medida cautelar adequada à conservação ou antecipação do direito, a mesma deve ser veiculada através da forma procedimental apropriada.

Atendendo ao disposto no art. 1279.º do CC ou à norma adjectiva do art. 393.º do CPC, a medida de restituição provisória da posse e o correspondente procedimento têm o perímetro definido pelas situações qualificáveis como esbulho violento de bem possuído pelo requerente. De onde deriva que se, em vez da prática de actos de esbulho, o requerido pautar o seu comportamento por *simples ameaças* de intromissão na esfera de actuação do possuidor ou por actos configurados como mera

---

[4] Sobre a matéria cfr. **Lebre de Freitas**, *CPC anot.*, vol. II, pág. 78, **Teixeira de Sousa**, *Estudos Sobre o Novo Processo Civil*, 2ª ed., pág. 238, o Ac. da Rel. de Coimbra, de 5-1-93, CJ, tomo I, pág. 5, o Ac. da Rel. de Évora, de 21-5-87, CJ, tomo III, pág. 241, e o Ac. da Rel. do Porto, de 22-10-91, CJ, tomo IV, pág. 270.

[5] *Temas da Reforma do Processo Civil*, vol. III, 4ª ed., págs. 67 e segs. Cfr. também **Rita Lynce de Faria**, *A Função Instrumental na Tutela Cautelar não Especificada*, págs. 46 e segs.

turbação da posse, já não será a restituição provisória a providência idónea, antes aquela que, enquadrada no procedimento cautelar comum (*ex vi* art. 395.º), abarque a situação sujeita a perigo de lesão grave e dificilmente reparável.

Por semelhantes motivos, se o esbulho não puder qualificar-se como *violento*, não é na restituição provisória que se encontrará o esteio necessário para regularizar a situação. E se, malgrado a existência de actos de esbulho, antecedidos ou acompanhados de violência, o lesado não puder invocar em seu benefício uma situação de *posse* (ou a titularidade de um direito pessoal de gozo a que seja reconhecida tutela possessória), também deve buscar-se noutro plano, que não no da restituição provisória, a defesa antecipada ou a prevenção de danos futuros.[6]

2.2. Na sistemática dos procedimentos facilmente se constata que não é indiferente a utilização de um ou de outro dos mecanismos legais.

A restituição provisória da posse, com características antecipatórias, apreciada e decidida de forma acelerada e sem prévia audição do requerido, foi reservada para situações em que a ilicitude da conduta é mais grave.

Na impossibilidade de recorrer a outro procedimento específico, as situações a que falte algum dos requisitos previstos no art. 393.º deverão acomodar-se no *procedimento cautelar comum* (*infra*, 17.). E ainda que, a final, se busque o mesmo resultado, ou seja, a reposição da situação anterior à prática dos actos ofensivos do interessado, tal facto não autoriza que se recorra a uma medida específica como a restituição provisória da posse.

Atenta a relação de instrumentalidade que deve existir entre o procedimento cautelar e a acção principal, a restituição provisória da posse constitui o mecanismo apropriado a antecipar o efeito projectado pela pretensão deduzida na acção de restituição de posse. Já o residual procedimento cautelar comum regulado nos arts. 381.º e segs., quando envolva litígios de natureza possessória, é instrumental em relação a

[6] Fora do âmbito desta providência estão ainda as situações afectadas por diligência de apreensão decretada em *processo de insolvência*, cuja tutela deve buscar-se nos instrumentos previstos no CIRE (*maxime* no seu art. 141.º), como se decidiu nos Acs. do STJ, de 11-1-01, de 22-3-01 e de 3-5-01.

acções de prevenção[7] ou de manutenção da posse, cobrindo ainda as acções de restituição da posse a que estejjam subjacentes situações em que o esbulho não tenha atingido a matiz violenta que subjaz àquela providência específica.

2.3. No que concerne à delimitação face ao *embargo de obra nova*, constata-se que esta providência também é facultada ao possuidor ou ao titular de um direito pessoal de gozo (*infra*, 72.). Pode, assim, verificar-se uma sobreposição parcial, na medida em que alguns dos factos determinativos da dedução do embargo podem revelar-se simultaneamente actos de esbulho, *maxime* quando os trabalhos, obras ou serviços em execução determinem o apossamento de bens alheios ou a impossibilidade de o seu titular exercer a posse.

Ainda assim, os princípios da legalidade e da especialidade já referidos impõem a opção pelo procedimento que, na perspectiva do legislador, se revele mais apropriado à concreta situação de perigo,[8] de modo que eventuais dúvidas que possam suscitar-se deverão ser resolvidas a partir da caracterização dos actos materiais do requerido.

Nesta perspectiva, a leitura do art. 412.º revela que o embargo é dirigido a obras, trabalhos ou serviços que ofendam a posse do interessado, causando ou ameaçando causar prejuízos, destinando-se a obter do tribunal uma decisão que decrete a sua imediata suspensão (*infra*, 73.), enquanto a restituição provisória é dirigida à generalidade dos actos que representem esbulho acompanhado de violência.[9]

---

[7] Cfr. **Lebre de Freitas**, *CPC anot.*, vol. II, pág. 78.

Só aparentemente existe uma sobreposição entre a providência cautelar não especificada, destinada a evitar a lesão efectiva da posse, e a *acção de prevenção* prevista no art. 1276.º do CC. Com efeito, enquanto para a primeira se exige o perigo de lesão grave e dificilmente reparável, aferido com base em padrões de simples verosimilhança, a acção de prevenção constitui um meio processual inibitório com carácter definitivo, enquadrado no processo declarativo comum. Por outro lado, o pedido de intimação do réu para se abster de certos comportamentos que fazem recear a perturbação ou o esbulho pode, neste caso, ser cumulado com o de condenação no pagamento de multa e de indemnização.

[8] Com as devidas proporções, verifica-se nesta área uma situação semelhante ao concurso aparente de normas em sede do direito criminal, a exigir a selecção daquela que especificamente se dirige a um certo tipo de condutas.

[9] Cfr. **Dias Pereira**, *Tutela possessória das servidões*, *BFDUL*, vol. LXXVI, págs. 473 e segs.

2.4. Manifestamente divergentes são os campos de aplicação da restituição provisória da posse e do *arrolamento*, este condicionado ao simples perigo de extravio, ocultação ou dissipação de bens (*infra*, 83.), circunstancialismo que não tem paralelo nos meios de defesa da posse.[10] Mesmo que, numa visão finalista, ambas as providências possam produzir, ao menos em parte, efeitos semelhantes, isso não autoriza a que se recorra indiscriminadamente a um ou outro dos procedimentos cujos requisitos de ordem material e processual não são coincidentes.

Com efeito, se é verdade que a restituição provisória da posse, com a entrega da coisa ao requerente, pode também proteger o interessado do perigo de dissipação de bens, não foi este que, situado no horizonte da previsão legislativa, serviu de justificação à instituição de tal medida cautelar.

Noutra perspectiva, o efeito cautelar do arrolamento não é conseguido através da entrega do bem ao requerente, como sucede na restituição provisória da posse, antes a um fiel depositário que fica com as funções de administração, ainda que tal encargo possa ser atribuído ao próprio requerente ou ao requerido (art. 426.º, n.º 2).

3. A posse:

3.1. Pressuposto desta medida cautelar é a *qualidade de possuidor* decorrente do exercício de poderes de facto sobre uma coisa, por forma

---

Porém, uma eventual discrepância entre a qualificação atribuída pelo requerente e aquela que o juiz considere ajustada não determina necessariamente a improcedência da providência requerida, devendo levar ao accionamento de mecanismos que se traduzam na correcção da forma de procedimento (passando a seguir-se os trâmites adequados) ou na *convolação da providência*, nos termos do art. 392.º, n.º 3, desde que não existam impedimentos de outra ordem.

Também não está arredada de todo a possibilidade de ambas as providências conviverem, em regime de cumulação, no âmbito da mesma acção, desde que a tramitação procedimental se revele compatível, o que pressupõe a não audição prévia do embargado (**Lebre de Freitas**, *CPC anot.*, vol. II, págs. 78 e 79).

[10] Daí que, como se decidiu no Ac. da Rel. de Coimbra, de 26-2-91, CJ, tomo I, pág. 82, a invocação da posse exercida sobre um *bem comum do casal* não seja suficiente para justificar o recurso à providência de restituição contra o outro cônjuge, quando apenas se invoquem actos de apropriação levados a cabo por esse cônjuge, sendo mais adequado o arrolamento. Também no Ac. da Rel. de Lisboa, de 8-2-01, CJ, tomo I, pág. 115, no âmbito de um conflito de natureza conjugal, se recusou o recurso à restituição provisória da posse relativamente à *casa de morada de família*.

correspondente ao direito de propriedade ou qualquer outro direito real de gozo (art. 1251.º do CC).

Não é unívoca a caracterização jurídica da posse no nosso ordenamento, dividindo-se os autores entre a afirmação de um verdadeiro direito, de direito real provisório ou de situação de facto juridicamente protegida. As divergências mantêm-se quanto à própria concepção de posse assumida pelo legislador, defendendo uns a tese objectivista, outros a subjectivista.[11]

Não é este o local apropriado a aprofundar a questão rodeada, aliás, de um excessivo conceptualismo com reduzido relevo na prática judiciária.[12]

Para o que ora interessa, parece suficiente reter que as normas que no Cód. Civil regulam a matéria denotam que a posse não foi encarada como um verdadeiro direito real, antes como situação de facto com protecção jurídica justificada pela aparência de um direito real de gozo. A outra sub-questão pode ser ultrapassada com a adesão a uma *concepção subjectivista*, por ser aquela que mais evidentemente emerge dos textos legais. Isso é manifestado pela exigência de dois elementos – o *corpus* e o *animus* –, ainda que nem sempre se imponha a prova directa de ambos, servindo-se o legislador, por vezes, de presunções como melhor forma de servir os interesses e de atenuar as dificuldades no campo do direito probatório (arts. 1252.º, n.º 2, 1254.º e 1257.º, n.º 2, do CC).

Realça-se ainda que as posições a que aderimos correspondem às que têm sido geralmente assumidas pela jurisprudência, assim se justificando a sua adopção na prática judiciária onde se inserem os procedimentos cautelares.

3.2. A tutela possessória assenta num *juízo provisório* no que concerne à aferição do direito, condicionado à não sobreposição de uma situação jurídica invocada pela parte contrária correspondente à titularidade de um verdadeiro direito real de gozo ou de melhor posse.[13]

---

[11] A concepção *subjectivista* é assumida, entre outros, por **Antunes Varela**, **Mota Pinto**, **Henrique Mesquita** e **Orlando de Carvalho**, enquanto a concepção *objectivista* tem a adesão de **Menezes Cordeiro**.

Quanto à justificação da primeira ver, por todos, **Orlando de Carvalho**, na RLJ 122.º/65 e segs. E quanto à segunda, cfr. **Menezes Cordeiro**, *A Posse: Perspectivas e Dogmática Actuais*, 3ª ed., págs. 54 e segs.

[12] Sinal disso é a raridade das decisões judiciais cujo resultado assente na opção face a tal polémica.

[13] Cfr. o Ac. da Rel. de Coimbra, de 10-2-87, CJ, tomo I, pág. 52.

Se a provisoriedade constitui uma das características marcantes das providências cautelares, que serve para as distinguir de outras formas de tutela jurisdicional, podemos concluir, no que concerne à restituição provisória da posse, que essa característica surge redobrada: por um lado, o seu deferimento está subordinado à prova sumária da posse; por outro, a medida fica condicionada a que não seja suscitada, com sucesso, a questão da titularidade do direito real que faça decair a simples protecção conferida ao titular do um direito aparente.

Deste modo, devido à sua própria natureza, a medida apenas persiste se e enquanto a situação de posse prevalecer no confronto com a posição jurídica do requerido. E deixará de subsistir se o requerente decair na questão da qualidade de verdadeiro possuidor ou se, apesar dessa qualificação, for dada prevalência à situação do requerido.[14]

4. Situações passíveis de posse:

4.1. Os casos paradigmáticos da tutela possessória relacionam-se com o exercício de *poderes de facto* sobre coisas corpóreas susceptíveis de constituírem objecto de direitos reais de gozo: os direitos de propriedade,[15] de usufruto, de servidão predial,[16] de superfície, de uso e habitação ou de habitação.[17]

Ainda que falte a titularidade de qualquer desses direitos reais, a simples prova dos poderes de facto que normalmente correspondem à sua exteriorização é suficiente para motivar a procedência da pretensão cautelar, sem embargo do disposto no art. 1253.º do CC.

Especificamente, quanto aos baldios, o art. 4.º, n.º 3, da Lei n.º 68/93, de 4 de Setembro, regula a legitimidade "*para requerer a restituição da posse do baldio, no todo ou em parte, a favor da respectiva comunidade ou da entidade que legitimamente o explore*".[18]

---

[14] Cfr., em matéria de *embargos de terceiro*, o Ac. da Rel. de Coimbra, de 28-3-00, CJ, tomo II, pág. 22.

[15] **Lebre de Freitas**, *CPC anot.*, vol. II, pág. 76, identifica também o comprador com reserva de propriedade.

[16] Cfr. **Dias Pereira**, *Tutela possessória das servidões*, *BFDUL*, vol. LXXVI, págs. 473 e segs., e o Ac. da Rel. de Évora, de 12-3-98, CJ, tomo II, pág. 269.

Relativamente às *servidões não aparentes*, cfr. o art. 1280.º do CC.

[17] Cfr. o Ac. do STJ, de 23-1-86, BMJ 353.º/376, e o Ac. da Rel. de Lisboa, de 7-5-85, CJ, tomo III, pág. 144 (estando subjacente a ambos uma situação de ocupação de um quarto de hotel, na decorrência de um acordo de partilha de bens).

[18] Enquanto o n.º 1 da mesma disposição prevê que "*os actos ou negócios jurídicos de apropriação ou apossamento, tendo por objecto terrenos baldios, bem como a sua*

4.2. Nada obsta a que se alegue a situação de *composse* como integrante da causa de pedir da providência restitutória, nos termos do art. 1286.º do CC.

Apesar de não ser legítimo invocar a posse exercida sobre herança indivisa, isso não afasta a sua incidência sobre cada uma das coisas corpóreas que a integram (art. 2088.º do CC), o que basta para se abrirem as portas da tutela possessória ao cabeça-de-casal [19] ou aos sucessores (possuidores).[20]

4.3. No tocante aos *direitos reais de garantia*, embora não sejam passíveis de posse (art. 1287.º do CC), acabam por beneficiar da tutela possessória as situações em que a titularidade do direito seja acompanhada da detenção material dos bens.

Assim ocorre com o consignatário de rendimentos (art. 661.º, al. b)),[21] o credor pignoratício (art. 679.º, al. a))[22] e o titular de direito de retenção, incida este sobre bem móvel (arts. 758.º e 670.º, al. a)) ou sobre bem imóvel (art. 759.º, n.º 3, todos do CC).[23]

---

posterior transmissão, são nulos, nos termos gerais de direito, excepto nos casos expressamente previstos na lei".

Sobre a *apropriação de baldios* cfr. **Jaime Gralheiro**, *Comentário à Nova Lei dos Baldios*, págs. 75 e segs., o Ac. do STJ, de 20-1-99, CJSTJ, tomo I, pág. 53 (e no BMJ 483.º/201), onde se refere que apenas foram considerados prescritíveis até ao Dec. Lei n.º 39/76, de 19-1. Cfr. ainda o Ac. da Rel. de Coimbra, de 12-4-94, comentado por **Henrique Mesquita**, RLJ 127.º/310 e segs.

[19] Cfr. **Moitinho de Almeida**, *Restituição da Posse e Ocupações de Imóveis*, 2ª ed., pág. 38.

[20] Cfr. o Ac. do STJ, de 24-2-76, BMJ 254.º/171, e os Acs. da Rel. do Porto, de 27-6-77, CJ, tomo IV, pág. 879, e de 15-10-75, BMJ 252.º/196.

[21] Cfr. **Moitinho de Almeida**, *Restituição da Posse e Ocupações de Imóveis*, 2ª ed., pág. 35.

[22] Cfr. **Moitinho de Almeida**, *Restituição da Posse e Ocupações de Imóveis*, 2ª ed., pág. 35, e o Ac. do STJ, de 14-1-93, CJSTJ, tomo I, pág. 56.

[23] Cfr. o Ac. do STJ, de 25-2-86, BMJ 354.º/549, comentado favoravelmente por **Antunes Varela** na RLJ 124.º/339 e segs., e os Acs. do STJ, de 23-1-96, CJSTJ, tomo I, pág. 70, de 10-10-89, BMJ 390.º/363, de 22-6-89, BMJ 388.º/437, e de 12-1-93, CJSTJ, tomo I, pág. 30.

Associando o direito de retenção e o *contrato de empreitada*, o Ac. da Rel. de Lisboa, de 6-4-00, CJ, tomo II, pág. 131, admitiu o recurso aos meios possessórios, *maxime* à restituição provisória da posse. Cfr. ainda **Romano Martinez**, *Direito das Obrigações (Parte Especial)*, pág. 349.

4.4. Relativamente ao *estabelecimento comercial* não existe uniformidade de entendimento quanto à susceptibilidade de ser objecto de posse e, por arrastamento, quanto à aplicabilidade das respectivas acções defensivas perante actos de turbação ou de esbulho.

Ainda assim, é francamente minoritária a tese negativista,[24] verificando-se uma forte tendência para a aceitação da tese contrária,[25] assumindo um salutar pragmatismo na ultrapassagem de argumentos eivados de elevada dose de conceptualismo incapazes de responder satisfatoriamente às exigências sociais e económicas conexas com a figura do estabelecimento.

Sem necessidade de desenvolver esta ideia, basta acentuar que mesmo existindo no estabelecimento elementos incorpóreos, por natureza avessos a actos de apossamento, sobrelevam os elementos de natureza corpórea compatíveis com os actos materiais através dos quais a posse se manifesta. Com efeito, sem prejuízo do relevo que também deve ser atribuído à denominação, à clientela, à firma ou a outros aspectos de ordem imaterial, jamais pode ocultar-se que, na maior parte dos casos, a par do equipamento e dos produtos que no estabelecimento se comercializam ou se produzem, o espaço físico e os objectos que o compõem constituem os elementos estruturantes e imprescindíveis ao exercício da actividade comercial ou industrial.[26]

---

[24] Cfr. os Acs. da Rel. de Lisboa, de 12-4-84, CJ, tomo II, pág. 131, e de 2-12-87, BMJ 372.º/462, o Ac. da Rel. de Évora, de 25-1-96, BMJ 453.º/587, o Ac. da Rel. do Porto, de 4-4-95, BMJ 446.º/357, e o Ac. da Rel. de Coimbra, de 6-11-90, CJ, tomo V, pág. 38.

[25] Cfr. **Antunes Varela**, *CC anot.*, vol. II, 4ª ed., pág. 704, e RLJ 119.º/243, **Orlando de Carvalho**, RLJ 122.º/107, **Ferrer Correia**, *Reivindicação do estabelecimento comercial como unidade jurídica*, em *Estudos Jurídicos*, vol. II, págs. 255 e segs., os Acs. do STJ, de 6-2-79, RLJ 112.º/186, e de 21-12-82, BMJ 322.º/338, o Ac. da Rel. de Évora, de 12-6-97, CJ, tomo III, pág. 272, os Acs. da Rel. do Porto, de 28-4-87, CJ, tomo II, pág. 236, de 1-2-90, CJ, tomo I, pág. 238, e de 27-5-82, BMJ 318.º/481, os Acs. da Rel. de Lisboa, de 16-2-82, CJ, tomo I, pág. 199, de 30-10-90, CJ, tomo IV, pág. 162, e de 9-6-94, CJ, tomo III, pág. 115, e o Ac. da Rel. de Coimbra, de 16-6-92, CJ, tomo III, pág. 123.

A situação do *promitente-cessionário* de estabelecimento comercial foi analisada no Ac. da Rel. de Coimbra, de 11-1-00, CJ, tomo I, pág. 7, e por **Henrique Mesquita**, na Col. Jur., 1982, tomo III, pág. 7.

[26] Em defesa da tese afirmativa **Lebre de Freitas** invoca também o argumento suplementar extraído da consagração expressa da admissibilidade da penhora do estabelecimento – *CPC anot.*, vol. II, pág. 77.

É claro que em muitas situações a questão da idoneidade dos meios possessórios poderia ser ultrapassada através da simples alegação de que a actuação do requerido resultou em esbulho dos bens móveis ou imóveis integrantes do estabelecimento.[27] No entanto, não deixariam de subsistir situações em que só a prova da violação da posse sobre o estabelecimento comercial no seu todo possibilitaria o recurso aos meios de defesa especialmente previstos.

4.5. Tem sido considerado que não pode ser invocada a posse relativamente a direitos de *propriedade intelectual* (direitos de autor ou industrial) [28] ou a bens dominiais.[29]

---

[27] Por exemplo, estando o estabelecimento instalado em imóvel possuído ou arrendado pelo seu titular.

[28] Cfr. Ac. da Rel. do Porto, de 22-11-01, CJ, tomo V, pág. 198, com larga fundamentação.

[29] Cfr. **Moitinho de Almeida**, *Restituição da Posse e Ocupações de Imóveis,* 2ª ed. 48.

Quanto aos bens do *domínio público*, importa notar o que consta do art. 18.º do Dec. Lei n.º 280/07, de 7-8, onde se prevê que "*os imóveis do domínio público estão fora do comércio jurídico, não podendo ser objecto de direitos privados ou de transmissão por instrumentos de direito privado*", enquanto o art. 19.º prevê que "*os imóveis do domínio público não são susceptíveis de aquisição por usucapião*".

A Lei n.º 16/03, de 4-6, que republicou o Dec. Lei n.º 468/71, de 5-11, sobre o domínio público hídrico, prevê que o titular da licença ou concessão pode requerer à autoridade que tome as providências para garantia dos seus direitos, sob pena de responsabilidade civil.

Sobre os *bens dominiais* considerou-se no Ac. da Rel. de Évora, de 25-11-99, CJ, tomo V, pág. 267, que a autorização camarária para utilização temporária de um terreno (zona verde) não é susceptível de conferir a posse. Esta decisão foi confirmada pelo Ac. do STJ, de 12-10-00 (Rel. Barata Figueira).

No que concerne aos *caminhos públicos*, a questão foi objecto de tratamento no Ac. do STJ, de 11-1-96, BMJ 453.º/211, e o no Ac. da Rel. de Évora, de 8-2-96, BMJ 454.º/825, onde se concluiu que não há posse privada sobre os mesmos. Cfr. ainda o Ac. da Rel. do Porto, de 14-3-00, CJ, tomo II, pág. 203.

A usucapibilidade de quotas sociais, supondo, evidentemente, a incidência da posse, é defendida por **João Gralheiro**, em estudo publicado na *ROA*, 59.º/1337 e segs., e negada por **Antunes Varela**, na CJSTJ, tomo I, págs. 265 e segs.

Quanto à posse de acções escriturais cfr. o Ac. do STJ, de 24-5-01, CJSTJ, tomo II, pág. 105, e o Ac. da Rel. de Lisboa, de 24-6-99, CJ, tomo III, pág. 129.

5. Extensão da tutela possessória a outros direitos de raiz obrigacional:

5.1. Além dos possuidores, no verdadeiro sentido do termo, podem ainda aceder aos meios de defesa da posse os titulares de outros direitos sem natureza real, mas que, de acordo com a lei, são merecedores dessa tutela.

De entre as situações especialmente visadas destaca-se, pela sua frequência e importância, o contrato de *locação*, designadamente o contrato de arrendamento rural ou urbano, nos termos do art. 1037.º, n.º 2, do CC.[30]

Esta norma, pragmaticamente inserida na regulamentação da locação, ultrapassou a polémica, sem fim à vista, centrada na natureza jurídica do arrendamento (verdadeiro direito real de gozo, simples direito de natureza obrigacional ou, antes, um *tertium genus* com características colhidas de ambos), ao conferir ao locatário o direito de recorrer às acções defensivas da posse, sem exclusão da tutela cautelar.[31]

Quanto ao acesso aos embargos de terceiro por parte do *cônjuge do arrendatário habitacional* (leia-se, o que não figura como parte no

---

[30] Quanto ao *locatário financeiro*, a tutela possessória é expressamente conferida pelo art. 10.º, n.º 2, als. b) e c), do Dec. Lei n.º 149/95, de 24-6 (cfr. **Andrade Mesquita**, *Direitos Pessoais de Gozo*, pág. 219).

No Ac. da Rel. de Lisboa, de 23-4-02, CJ, tomo II, pág. 121, negou-se o recurso à restituição provisória da posse ao titular de contrato de utilização de loja instalada em *centro comercial*, com a justificação de que se trata de um contrato atípico, sendo-lhe inaplicáveis as regras referentes à locação, designadamente as que regulam a defesa da posse. Todavia, sem embargo das diferenças existentes entre ambas as figuras, cremos que não pode ser eliminada, por esta via, a defesa da posição daquele que ocupa um espaço em centro comercial, designadamente quando seja objecto de actos de esbulho por parte da respectiva entidade administradora. À semelhança do que ocorre relativamente ao promitente-comprador com detenção da coisa (*infra*, 6.), impõe-se a extensão dos meios de defesa da posse, resultado que, de qualquer modo, sempre poderia ser alcançado ao abrigo da tutela do estabelecimento comercial, nos termos assinalados anteriormente (*supra*, 4.4).

[31] Sobre a questão cfr. **Henrique Mesquita**, *Ónus Reais e Obrigações Reais*, págs. 131 e segs., e **Menezes Leitão**, *Direito das Obrigações*, vol. I, págs. 96 e segs.

Decidiu o Ac. da Rel. de Lisboa, de 22-3-90, CJ, tomo II, pág. 210, que "o locador não tem obrigação de assegurar o gozo da coisa locada contra actos de terceiros que privem o locatário do gozo da coisa ou o perturbem no exercício dos inerentes direitos, como acontece nos casos de esbulho, de inquietação, de perturbação de sossego ou de violência exercidos sobre o inquilino". Cfr. ainda **Andrade Mesquita**, *Direitos Pessoais de Gozo*, págs. 209 e segs.

contrato de arrendamento), em face do regime vigente antes do Novo Regime do Arrendamento Urbano, aprovado pela Lei n.º 6/06, de 27-2, a resposta deveria ser afirmativa.[32]

O actual art. 1068.º do CC resolve *expressis verbis*, no sentido positivo, os casos em que, por via do regime de bens vigente no casamento, o direito do arrendatário se comunica. Assim, ainda que no arrendamento apenas tenha intervindo um dos cônjuges, se acaso o regime de bens o determinar, a qualidade de arrendatário, com todo o acervo de garantias que a lei lhe confere, comunica-se ao outro.[33]

Discutível é se pode beneficiar desta forma de protecção o locatário que ainda não tenha entrado no gozo do bem locado ou se, ao invés, deve ser limitada aos casos em que a situação jurídica já tenha evoluído para o estádio correspondente ao exercício dos poderes de facto inerentes à referida qualidade jurídica. Partindo da letra da lei e do paralelismo quanto às situações de verdadeira posse, a tese predominante vem apostando na negação da tutela possessória ao locatário que não tenha ainda entrado no *gozo efectivo* ou, pelo menos, na disponibilidade do bem locado.[34]

---

[32] Como, aliás, se decidira nos Acs. do STJ, de 28-1-97, CJSTJ, tomo I, pág. 74, e de 17-6-97, CJSTJ, tomo II, pág. 130, ou no Ac. da Rel. de Lisboa, de 9-2-88, CJ, tomo I, pág. 125.

A legitimação relativamente ao mesmo meio processual era também defendida por **Salter Cid**, *A Protecção da Casa de Morada de Família no Direito Português*, pág. 268, segundo o qual, tratando-se de casa de morada de família, o cônjuge do arrendatário que não foi demandado poderia embargar de terceiro, atento o disposto no art. 1682.º-A do CC e 28.º-A do CPC, numa interpretação conforme à Constituição, onde se protege o direito à habitação e a família. Outro argumento para a extensão da tutela possessória adviria do recurso à *analogia*, nos termos defendidos por **Maria do Rosário Ramalho**, na *ROA*, ano 51.º, pág. 695. No mesmo sentido, **Teixeira de Sousa**, *Acção de Despejo*, 2ª ed., págs. 96 e 97, **Lebre de Freitas**, *Acção Executiva*, 2ª ed., pág. 230, nota 22, **Amâncio Ferreira**, *Curso de Processo de Execução*, 6ª ed., pág. 447. Contra: para além do Ac. do STJ, de 15-4-86, BMJ 356.º/291, **Aragão Seia**, *Arrendamento Urbano*, 7ª ed., pág. 396, **Miguel Mesquita**, *Apreensão de Bens em Processo Executivo*, 2ª ed., pág. 282, ou **Augusta Palma**, *Embargos de Terceiro*, pág. 113.

[33] Por isso, a polémica apenas persiste relativamente aos casos em que não se opere tal comunicação e, apesar disso, o locado constitua a *casa de morada de família*, justificando-se, agora com mais força, a adesão ao entendimento no sentido da extensão ao cônjuge não arrendatário dos meios de tutela.

[34] Neste sentido cfr. **Henrique Mesquita**, *Obrigações Reais e Ónus Reais*, pág. 149, **Aragão Seia**, *Arrendamento Urbano*, pág. 58, o Ac. do STJ, de 19-2-74, BMJ

5.2. A tutela possessória foi ainda especialmente estendida aos *direitos pessoais de gozo* derivados dos contratos de comodato[35] e de depósito,[36] quando o respectivo titular se veja impedido de exercer sobre os bens os poderes inerentes à respectiva qualidade, nos termos dos arts. 1133.º e 1188.º, n.º 2, do CC.

6. O caso especial do promitente-comprador com tradição da coisa:

6.1. Problemática é a inserção no leque de beneficiários da tutela possessória do *promitente-comprador* [37] a quem tenha sido entregue o objecto mediato do contrato-promessa, mas que ainda não se encontre dotado do direito real de garantia (direito de retenção).

Tal como decorre do direito positivo, não se duvida que uma tal forma de tutela pode ser legitimamente invocada pelo promitente--comprador que exerça poderes de facto de modo correspondente ao direito de propriedade (*v.g.* em situações em que ainda antes da celebração da escritura tenha havido transferência efectiva da posse [38] ou

---

234.º/237, o Ac. da Rel. de Lisboa, de 6-2-79, CJ, tomo I, pág. 139, o Ac. da Rel. de Coimbra, de 23-10-79, CJ, tomo IV, pág. 1117, e os Acs. da Rel. de Évora, de 29-7-87, CJ, tomo IV, pág. 289, e de 7-4-88, CJ, tomo II, pág. 259. Em sentido oposto, cfr. o Ac. da Rel. de Lisboa, de 29-1-80, BMJ 297.º/396, e o Ac. da Rel. de Coimbra, de 4-12-79, CJ, tomo V, pág. 1432.

[35] Cfr. **Antunes Varela**, *CC anot.*, vol. II, 4ª ed., pág. 749, **Andrade Mesquita**, *Direitos Pessoais de Gozo*, págs. 216 e segs., e o Ac. da Rel. de Lisboa, de 13-2-97, CJ, tomo I, pág. 126.

Moitinho de Almeida, *Restituição da Posse e Ocupações de Imóveis,* 2ª ed. 37, opina no sentido negativo.

[36] Cfr. **Antunes Varela**, *CC anot.*, vol. II, 4ª ed., pág. 840, e **Andrade Mesquita**, *Direitos Pessoais de Gozo*, pág. 207.

Menezes Cordeiro sustenta que ao *depositário* apenas é legítimo fazer uso de acções possessórias como representante do depositante, sendo, no demais, mero detentor (*Direitos Reais,* 1979, pág. 1006, citado por **Abílio Neto**, *CC anot.*, 7ª ed., pág. 918). No mesmo sentido **Moitinho de Almeida**, *Restituição da Posse e Ocupações de Imóveis,* 2ª ed., pág. 37, onde, contudo, ressalva a situação do depositário judicial.

[37] Quanto ao *promitente-cessionário* de estabelecimento comercial cfr. o Ac. da Rel. de Coimbra, de 11-1-00, CJ, tomo I, pág. 7, e **Henrique Mesquita**, na CJ, 1982, tomo III, pág. 7.

[38] O que se verifica normalmente quando é feito o *pagamento antecipado* da totalidade do preço, abdicando o promitente-vendedor dos poderes inerentes à sua qualidade de proprietário, ou em situações como as analisadas no Ac. do STJ, de 14-3-00, BMJ

em que o promitente-comprador tenha passado a actuar como um verdadeiro proprietário).[39]

Outra situação que não suscita, a este nível, qualquer obstáculo é a que deriva da efectiva invocação do *direito de retenção* sobre o objecto do contrato-promessa, como acessório do correspondente direito de crédito emergente do incumprimento imputável ao promitente-vendedor, nos termos do art. 755.º, n.º 1, al. f), do CC: tradição da coisa e incumprimento imputável ao promitente-vendedor gerador de um direito de indemnização derivado das regras do art. 442.º (correspondente ao dobro do sinal prestado, ao valor actualizado do bem ou ao valor da cláusula penal convencionada).[40]

6.2. Dúvidas se suscitam quanto ao modo de reagir contra actos de esbulho advindos do promitente-vendedor ou de terceiro quando o promitente-comprador apenas esteja em condições de invocar a sua posição de legítimo fruidor do bem prometido vender.[41]

A doutrina e a jurisprudência têm apresentado três soluções:

a) O promitente-comprador é um *verdadeiro possuidor*, na medida em que exerce poderes de facto sobre a coisa, sem que os mesmos resultem de

---

495.º/310, ou nos Acs. da Rel. de Lisboa, de 1-3-01, CJ, tomo II, pág. 65, ou de 22-2-05, CJ, tomo I, pág. 120.

[39] Nomeadamente, em consequência de actos que impliquem a *inversão do título de posse*, passando a agir, não como mero titular de um direito de natureza obrigacional, antes como verdadeiro possuidor, praticando e exteriorizando actos normalmente inseridos na esfera do proprietário. Também neste sentido cfr. **Lebre de Freitas**, *CPC anot.*, vol. II, pág. 76, e o Ac. do STJ, de 23-5-06, CJ, tomo I, pág. 97.

[40] A partir do momento em que o promitente-comprador, com tradição da coisa, se torne credor de uma prestação pecuniária devida pelo promitente-vendedor passa a beneficiar do estatuto conferido aos titulares do *direito de retenção*, onde se inclui, como já se referiu (*supra*, 4.3), a defesa da posse contra actos de terceiro ou da contraparte. Também neste sentido cfr. **Lebre de Freitas**, *CPC anot.*, vol. II, pág. 76.

O mesmo se diga quando o promitente-comprador possa invocar em seu benefício um direito de crédito derivado das regras estabelecidas quanto a *benfeitorias*, designadamente quando sejam realizadas de boa fé.

[41] Sobre a possibilidade de utilização dos meios de defesa da posse por parte do promitente-comprador que obteve a *tradição da coisa* cfr. os Acs. do STJ, de 25-2-86, BMJ 354.º/549, e de 22-6-89, BMJ 388.º/437, o Ac. da Rel. de Évora, de 7-6-90, CJ, tomo III, pág. 285, o Ac. da Rel. do Porto, de 27-4-93, CJ, tomo II, pág. 225, e os Acs. da Rel. de Lisboa, de 11-10-90, CJ, tomo IV, pág. 147, e de 7-3-89, BMJ 385.º/599. Mais concretamente, sobre a utilização da restituição provisória da posse, cfr. os Acs. da Rel. de Lisboa, de 6-3-01, CJ, tomo II, pág. 68, e de 19-5-87, CJ, tomo III, pág. 86.

simples tolerância do promitente-vendedor. Por isso, independentemente da postura que assuma relativamente à coisa, beneficia directamente da tutela possessória, incluindo a emergente da restituição provisória da posse.

b) O promitente-comprador não é um verdadeiro possuidor, na medida em que exerce sobre a coisa simples poderes de facto com fundamento em relações obrigacionais. Assim, como *mero detentor* em nome de outrem, não beneficia da tutela da posse.

Face à natureza excepcional das normas que especialmente a atribuem à locação, ao comodato, ao depósito, ao penhor ou ao direito de retenção, está vedada a sua aplicação analógica ao contrato-promessa, nos termos do art. 11.º do CC.

c) Por último, encontram-se aqueles que à tradição da coisa prometida vender atribuem autonomia relativamente aos direitos e obrigações típicos do contrato-promessa, integrando as prestações convencionadas (*v.g.* a entrega antecipada da coisa e o eventual reforço do sinal prestado) num verdadeiro contrato autónomo, paralelo ao contrato-promessa. Na falta de melhor expressão, tal contrato, envolvendo declarações ou comportamentos recíprocos e obrigações correspectivas, é qualificado como de *traditio* ou pura e simplesmente como contrato inominado.

Assim, independentemente da qualificação, o promitente-comprador beneficia da tutela possessória, por recurso à *analogia*, uma vez que, apesar de não existir norma atributiva expressa, a sua situação deve ser equiparada a qualquer das restantes situações.[42]

Para esta última construção, recorre-se, nomeadamente, à doutrina defendida, em termos gerais, por Baptista Machado, segundo o qual a analogia apenas é proibida para "transformar a excepção em regra", isto é, para induzir dos casos taxativamente enunciados um princípio geral que permita regular outros casos não previstos, não sendo vedado "estender analogicamente a hipótese normativa que prevê um tipo particular de casos a outros casos particulares do mesmo tipo e perfeitamente paralelos ou análogos aos casos previstos na sua própria particularidade".[43]

---

[42] Neste sentido cfr. **Andrade Mesquita**, *Direitos Pessoais de Gozo*, pág. 208, e o Ac. do STJ, de 28-1-97, CJSTJ, tomo I, pág. 74 (sobre os embargos de terceiro, antes da revisão do CPC).

[43] *Introdução ao Direito e ao Discurso Legitimador*, pág. 327.

No Ac. do STJ, de 28-1-97, CJSTJ, tomo I, pág. 74, a questão, de contornos semelhantes, foi desenvolvidamente tratada a respeito da legitimidade do *cônjuge do*

6.3. A preferência por esta última tese encontra fundamento no facto de o art. 11.º do CC proibir tão só a generalização indiscriminada de normas excepcionais, e não a inserção de situações que ainda possam considerar-se abarcadas pelo espírito do legislador.

Neste contexto, não pode ignorar-se que, quando entrou em vigor o Código Civil, a problemática atinente aos contratos-promessa de compra e venda não tinha ainda a relevância e a repercussão social que mais tarde se revelaram, fundamentalmente com a verificação da expansão da economia, a explosão do urbanismo ou o êxodo das zonas rurais para os grandes centros urbanos, com a consequente necessidade de aquisição de habitações.

Se, a par destes factores, se realçar a importância que tem sido conferida à defesa dos interesses do consumidor (sendo geralmente nessa categoria jurídica que se inserem as pessoas que frequentemente ocupam a posição de promitentes-compradores, com tradição da coisa, mediante o pagamento antecipado de uma parte substancial do preço), poderemos concluir, com mais segurança, que decerto não esteve na mente do legislador a intenção de excluir o promitente-comprador com tradição da coisa dos meios de defesa da posse.

Verifica-se, por outro lado, que por detrás de situações de esbulho violento ligadas a bens que tenham sido objecto de contratos-promessa estão normalmente interessados cujas necessidades se equiparam às dos arrendatários, reclamando justamente uma *protecção análoga*.

6.4. Contra o que antecede poder-se-á, eventualmente, contrapor que a não inclusão do promitente-comprador no leque dos titulares de direitos pessoais de gozo com tutela possessória resultou de uma opção do legislador. E, porventura, argumentar que, tendo existido, em 1981 e 1986, intervenções na regulamentação do contrato-promessa, o legislador se absteve de integrar expressamente nas medidas de protecção do promitente-comprador o acesso aos *meios de defesa da posse*, numa ocasião em que a questão já era debatida na doutrina e na jurisprudência.

---

arrendatário habitacional para deduzir embargos de terceiro relativamente ao despejo decretado em acção movida apenas contra o arrendatário. Cfr. ainda **Menezes Cordeiro**, *A Posse: Perspectivas e Dogmática Actuais*, 3ª ed., págs. 71 e segs.

A estas considerações se poderá objectar com o desconhecimento das razões que terão estado na base da inércia do legislador, sendo abusivo retirar de uma omissão não justificada qualquer argumento decisivo no sentido da exclusão da tutela possessória; e esgrimir ainda o argumento, de valor equivalente, de que o legislador conscientemente se absteve de intervir no regime vigente, deixando para a doutrina ou para a jurisprudência a tarefa de identificação das situações da vida corrente com potencialidades para merecerem a tutela possessória, sem correr o risco de generalizações escusadas ou da resolução precipitada de querelas doutrinárias.[44]

Para a resolução do problema, o que de útil se pode extrair dos diplomas que modificaram o regime do contrato-promessa é que deles não resulta a exclusão do promitente-comprador do leque de interessados a quem se reconhece o direito de usar meios de defesa da posse. E, além disso, numa linha coincidente com os objectivos da extensão da tutela possessória, pode constatar-se que o legislador foi guiado pelo objectivo de proteger, de forma eficaz, a parte normalmente mais fragilizada, promovendo uma verdadeira igualdade substancial e procurando, por essa via, suplantar um sistema de pendor liberal, finalidade que emerge especialmente das normas que regulam a forma contratual, a indemnização em caso de incumprimento definitivo, o direito de retenção ou a execução específica.

Deste modo, perante as novas soluções de cariz marcadamente proteccionista do promitente-comprador, seria estranho que, na ausência de clara opção no sentido de o excluir da tutela possessória, a doutrina ou a jurisprudência lhe vedassem a possibilidade de se resguardar eficazmente de actuações ilícitas do promitente-vendedor ou de terceiros, quando esse meio de defesa não foi regateada aos titulares de outros direitos de raiz obrigacional que nem sequer gozam da expectativa, de que goza o promitente-comprador, de os respectivos poderes evoluírem para a aquisição do direito de propriedade.

Algum efeito que favoreça o promitente-comprador deve extrair-se da constatação de que a tutela possessória é concedida, mesmo contra o titular do direito de propriedade, aos simples comodatários ou aos

---

[44] Tal como **Baptista Machado** refere em *Introdução ao Direito*, pág. 328, podemos concluir que uma "tal omissão não é *significativa* (não é um *silêncio que fale*)."

depositários, figuras cujo relevo jurídico, económico ou social não tem paralelo com o do promitente-comprador a quem tenha sido atribuída a *legítima fruição* do bem objecto do contrato-promessa de compra e venda, mas que, de um momento para o outro, contra a sua vontade, se pode ver despojado dessa posição de facto, por actuação violenta do promitente-vendedor ou de terceiro, à revelia dos tribunais.

Tudo isto, afinal, para asseverar, à semelhança do que, em termos genéricos, já fizera Baptista Machado, que a integração do promitente--comprador no conjunto dos beneficiários do sistema de protecção possessória não acarreta o risco de deturpação da vontade do legislador expressa na formulação da regra geral e das extensões normativas referenciadas. Pelo contrário, tudo se conjuga para que o caso particular em análise deva ter, no mínimo, o tratamento assumido pelo legislador para situações paralelas quanto à natureza obrigacional do direito, quanto à sua génese contratual e quanto à manifestação dos poderes de facto.[45]

Em conclusão, a par do verdadeiro possuidor e dos restantes sujeitos das relações jurídicas anteriormente mencionados e expressamente acautelados pelo legislador, deve colocar-se o promitente-comprador com tradição da coisa objecto do contrato-promessa.

6.5. Sobre esta polémica, encontramos no direito adjectivo um argumento adicional favorável a esta extensão.

De modo expresso, consignou-se no art. 351.º, n.º 1, que os embargos de terceiro, tradicionalmente circunscritos às situações de verdadeira posse, passaram ainda a tutelar os direitos incompatíveis com a realização ou com o âmbito das diligências judiciais.

Ainda que tal norma se reporte apenas a actos emanados do tribunal, não deixa de constituir um sinal de que o legislador, fundado em razões pragmáticas e desviando-se da polémica instalada sobre a definição da posição jurídica de certos interessados, pretendeu alargar a outros interessados não possuidores, *maxime* aos promitentes-compradores com *traditio* a legitimação para a dedução de embargos de terceiro,

---

[45] Neste sentido cfr. **Maria do Rosário Ramalho**, *ROA*, ano 51.º, pág. 695, defendendo que quando a "detenção corresponda a um interesse tutelável nos termos definitivos, deve ser admitida a tutela possessória por analogia com as disposições tutelares dos possuidores em nome alheio."

designadamente quando se esteja perante execução movida contra pessoa diversa do promitente-vendedor.[46]

Esse argumento de ordem sistemática ganha contornos mais evidentes quando se constata que, de acordo com o art. 356.º, uma vez admitidos os embargos de terceiro, para além da suspensão da execução relativamente a esses bens, o interessado pode requerer que seja decretada a restituição provisória da posse afectada com a diligência.[47]

Em suma, tal como a posição do promitente-comprador com *tradição da coisa* pode ser defendida através dos embargos de terceiro quando é afectada por actuações judiciais, não deve excluir-se da tutela possessória quando a situação de facto é posta em causa por actuações extrajudiciais acompanhadas de violência e que se revelam impeditivas da continuação da fruição legítima obtida do promitente-vendedor e proprietário do bem.

---

[46] Já se o *processo de execução* for movido contra o promitente-vendedor, a defesa dos interesses do promitente-comprador não passa pelos embargos de terceiro, antes pela dedução oportuna da *reclamação do crédito* de que seja titular e que esteja garantido por direito de retenção. Na verdade, a mera posição de promitente-comprador não pode obstar a que, em execução movida contra o promitente-vendedor, sejam penhorados bens de que este seja titular, sem exclusão dos que eventualmente já tenha prometido vender, ainda que seja nomeado depositário, nos termos do art. 839.º, n.º 1, als. a) e c).

Assim, uma vez penhorado o bem prometido vender, a reclamação do crédito, no momento oportuno, dependerá de uma das seguintes circunstâncias:

- Verificando-se uma anterior situação de incumprimento definitivo, o promitente-comprador, legítimo fruidor do bem, deve reclamar o respectivo direito de crédito com garantia real;
- Na situação oposta, a penhora do bem em processo de execução traduz incumprimento definitivo do contrato-promessa, atenta a inviabilidade de outorga do contrato prometido, e determina o surgimento na esfera jurídica do promitente-comprador de um direito de crédito e do correspondente direito de retenção, legitimando a dedução da competente reclamação.

Contudo, esta não é uma solução pacífica, como resulta, por exemplo, da leitura do Ac. do STJ, de 11-3-99, BMJ 485.º/404, e do estudo de **Eliseu Figueira**, CJSTJ, 1997, tomo II, págs. 5 e segs. Também **Amâncio Ferreira**, *Curso de Processo Executivo*, 2ª ed., pág. 211, defende a possibilidade de dedução de embargos de terceiro quando se destinem a defender o direito de execução específica que não possa ser afastado por vontade das partes, como decorre do art. 830.º, n.º 3, do CC, com o argumento de que o direito de retenção garante ainda o próprio cumprimento contratual em espécie assumido pelo promitente vendedor. Cfr., no mesmo sentido, o Ac. do STJ, de 20-1-99, BMJ 483.º/195.

[47] Cfr. **Lebre de Freitas**, *CPC anot.*, vol. I, pág. 624, e **Augusta Palma**, *Embargos de Terceiro*, pág. 82, nota 176.

7. O esbulho:

7.1. Como segundo requisito da providência exige-se o *esbulho.*

Apesar do que dispõe o art. 395.º, atenta a diversidade de tramitação do procedimento cautelar comum e da restituição provisória, aquele requisito serve para afastar esta providência específica em situações em que se pretenda apenas acautelar a manutenção da posse [48] ou quando a providência seja instrumental relativamente à acção de simples apreciação da situação jurídica do possuidor.[49]

7.2. Não se torna fácil distinguir, com nitidez, a linha delimitadora dos actos de *mera turbação* e de *esbulho.* Contudo, isso mostra-se imprescindível para definir o âmbito da intervenção das acções de manutenção relativamente às acções de restituição de posse de que a restituição provisória é instrumental.

Num determinado momento processual, foi sentida a necessidade de modificar a rigidez que poderia resultar dos princípios do dispositivo ou da preclusão quanto à formulação da pretensão ajustada à situação. Por isso a lei impôs ao juiz, quando elabora a sentença, o dever de requalificar os factos provados com independência relativamente ao pedido formulado, condenando o réu a restituir a posse ou a abster-se da prática de actos de turbação, consoante a situação verificada (arts. 661.º, n.º 3, e 510.º, n.º 5).

Na tese de Orlando de Carvalho, os actos de esbulho, em sentido amplo, integram todas as formas de usurpação, a "aquisição paulatina, a inversão do título de posse, bem como as formas aparentes de ocupação e de acessão que se ofereçam como usurpatórias, além, evidentemente, do esbulho em sentido estrito".[50] Mas, segundo o mesmo autor, apenas interessam os actos integrantes da sua definição restrita, coincidentes com os que qualificam determinados tipos legais de crime.[51]

Mais próxima das necessidades de quem, nos tribunais, tem de distinguir os conceitos está a tese de Manuel Rodrigues, para quem "há

---

[48] A este propósito, cfr. o Ac. da Rel. de Lisboa, de 26-1-84, CJ, tomo I, pág. 124.

[49] Cfr. o Ac. da Rel. do Porto, de 22-10-91, CJ, tomo IV, pág. 270, o Ac. da Rel. de Coimbra, de 5-1-93, CJ, tomo I, pág. 5, e o Ac. da Rel. de Évora, de 21-5-87, CJ, tomo III, pág. 241.

[50] RLJ, ano 124.º/335.

[51] *Ibidem*, pág. 336.

esbulho sempre que alguém foi privado do exercício da retenção ou fruição do objecto possuído, ou da possibilidade de o continuar".[52]

Realça-se que o esbulho abarca os actos que implicam a perda da posse. Os actos de turbação, embora situados para além das simples ameaças dirigidas ao possuidor, não assumem proporções que impeçam a sua conservação.[53]

8. A violência:

8.1. O relevo dado a este pressuposto decaiu perante a opção do legislador de generalizar o recurso a providências cautelares possessórias a situações em que inexista a violência, embora condicionando-as aos requisitos gerais das providências não especificadas e à tramitação própria do procedimento cautelar comum (art. 395.º).

Para os estritos efeitos da restituição provisória da posse, exige-se a prova de comportamento do requerido pautado pela *violência*. Esquadrinhar o conteúdo deste conceito é matéria que não se afigura fácil e que tem suscitado a mais séria discordância de opiniões doutrinais e de decisões judiciais.

---

[52] *A Posse*, ed. 1981, pág. 363. A essa definição também adere **Moitinho de Almeida**, *Restituição da Posse e Ocupações de Imóveis*, 2ª ed., pág. 100. Cfr. ainda **Lebre de Freitas**, *CPC anot.*, vol. II, págs. 70 e 71.

No Ac. da Rel. do Porto, de 3-10-95, BMJ 450.º/566, foi considerado como acto de esbulho o impedimento de acesso a oficina.

Sobre uma situação em que a posse foi adquirida por via do constituto possessório, cfr. o Ac. da Rel. de Coimbra, de 27-1-04, CJ, tomo I, pág. 22.

[53] As mesmas dificuldades de operar a distinção se suscitam no sistema italiano, como refere **Valeria Mazzoletti**, em *I provvedimenti possessori*, em *Il Nuovo Processo Cautelare*, dir. de **Giuseppe Tarzia**, pág. 155. Depois de definir o esbulho como privação total ou parcial da posse, que restringe ou reduz as faculdades inerentes ao poder sobre a coisa ou que torna menos cómodo o exercício do direito, acaba por reconhecer as dificuldades de delimitação das diversas situações. Conclui ainda que a jurisprudência italiana tem assentado a distinção não no critério quantitativo, mas na natureza da agressão, entendendo-se que o esbulho incide directamente sobre a coisa, subtraindo-a, no todo ou em parte, à disponibilidade do possuidor, enquanto a turbação se relaciona com o seu gozo pacífico. Aduz, por fim, um factor qualificativo do esbulho fundado no carácter duradouro da privação e que considera insuficiente a mera subtracção momentânea.

8.2. Persistem na doutrina e na jurisprudência fundamentalmente duas respostas:

a) A violência relevante deve ser necessariamente exercida *contra a pessoa* do possuidor.[54]

b) Basta a violência exercida *sobre a coisa*, designadamente quando esteja ligada à pessoa do esbulhado ou quando dela resulte uma situação de constrangimento físico ou moral.[55]

---

[54] Neste sentido cfr. os Acs. do STJ, de 15-3-83, BMJ 325.º/580, e de 2-5-78, BMJ 277.º/169, o Ac. da Rel. de Évora, de 26-9-96, CJ, tomo IV, pág. 281, os Acs. da Rel. de Lisboa, de 13-3-81, CJ, tomo II, pág. 172, de 10-11-87, BMJ 371.º/542, de 9-10-81, BMJ 315.º/320, de 10-11-87, BMJ 371.º/542, e de 11-11-86, CJ, tomo V, pág. 118, o Ac. da Rel. do Porto, de 18-9-95, BMJ 449.º/445, e os Acs. da Rel. de Coimbra, de 3-12-98, CJ, tomo V, pág. 37, e de 14-10-08, CJ, tomo IV, pág. 22.

No Ac. do STJ, de 29-6-93, na Revista *Sub Judice* (*Novos Estilos*, n.os 7-9), pág. 151, consignou-se que "só é violenta a posse obtida através de um constrangimento físico ou moral sobre uma pessoa" e que, por isso, o emprego de força contra a coisa (*v.g.* arrombamento) não se configura como violência se a pessoa desapossada não estiver presente. Note-se que tal fundamentação serviu, então, para legitimar o recurso à acção directa para reposição do *statu quo ante*.

[55] **Manuel Rodrigues** defendia textualmente que "a violência tanto pode ser contra as pessoas como contra as coisas", ainda que concluísse que "há-de exercer-se sobre as pessoas que defendem a posse, ou sobre as coisas que constituem um obstáculo ao esbulho, e não sobre quaisquer outras", podendo consistir no emprego da força física ou ameaças – *A Posse*, págs. 364 e 365.

No mesmo sentido cfr. **Alberto dos Reis**, *CPC anot.*, vol. I, pág. 670, **Moitinho de Almeida**, *Restituição da Posse e Ocupações de Imóveis,* 2ª ed., pág. 113, **Teixeira de Sousa**, *Estudos Sobre o Novo Processo Civil*, 2ª ed., pág. 238, **Rodrigues Bastos**, *Notas ao CPC*, vol. II, 3ª ed., pág. 178, e, entre outros, o Ac. da Rel. de Évora, de 22-6-89, CJ, tomo III, pág. 279.

Orlando de Carvalho, no seu estudo sobre a posse, publicado na RLJ 122.º, refere que "a violência contra as coisas só é relevante se com ela se pretende intimidar, directa ou indirectamente, a vítima da mesma, não devendo, por isso, qualificar-se como tal os meros actos de destruição ou danificação desprovidos de qualquer intuito de influenciar psicologicamente o possuidor". E, concluindo, afirma ainda que "a violência sobre as coisas que estorvam a privação apenas relevará para este fim quando o agente usou, pelo menos, de dolo eventual, quando previu, como normal consequência da sua conduta, que iria constranger psicologicamente o possuidor e, todavia, não se absteve de a assumir, conformando-se com o resultado" (pág. 293).

Esta foi a doutrina expressamente adoptada no Ac. do STJ, de 26-5-98, BMJ 477.º/ /506, onde, apesar disso, se concluiu que não integrava a violência a colocação de uma corrente e de um cadeado a fechar um portão exterior ao prédio. Outrossim no Ac. da Rel. de Coimbra, de 1-2-05, CJ, tomo I, pág. 19, segundo o qual "só releva a violência sobre as coisas quando ela vise intimidar o possuidor".

8.3. A primeira das teses referenciadas tem subjacente a prevalência de juízos lógico-formais que, aplicados aos casos da vida real, determinam, com frequência, resultados irrazoáveis e inaceitáveis.

Vejamos o caso de alguém que, sendo legítimo arrendatário de um prédio habitacional, depara com a sua casa ocupada por um terceiro (*maxime*, pelo senhorio) que, à revelia dos tribunais, procedeu ao arrombamento da porta e à mudança da fechadura, interditando a sua entrada;

No Ac. do STJ, de 3-5-00 (Rel. Lopes Pinto) decidiu-se que a total substituição das fechaduras de instalações onde estavam colocados bens que a requerente possuía constitui esbulho violento por, contra a vontade desta, impedir, reiteradamente, a sua entrada nas referidas instalações, ainda que tão somente para retirar aqueles bens. No Ac. da Rel. de Lisboa, de 19-1-84, CJ, tomo I, pág. 117, considerou-se existir violência sempre que os actos do esbulhador forem de coacção da vontade do possuidor, na previsão do momento em que este manifestaria a sua vontade, independentemente de estar ou não imediatamente presente. E no Ac. do STJ, de 7-7-99, BMJ 489.º/338, concluiu-se pela existência de esbulho violento sempre que haja necessidade de vencer um obstáculo. Foi o mesmo critério adoptado no Ac. da Rel. de Coimbra, processo n.º 2815 (Rel. Pires da Rosa), onde se qualificou como violento o esbulho efectuado através da invasão e ocupação de um espaço para nele ser depositada areia e brita, impossibilitando à possuidora o seu uso e fruição. Deu-se realce à natureza ostensiva da força usada, que não deixou à requerente outra alternativa, para além do uso de força de sinal contrário. Assim, considerou-se relevante a força determinada e determinante quanto à pretendida privação da posse.

Outras situações focadas na jurisprudência em que se sustenta a possibilidade de a posse ser provisoriamente defendida quando haja *violência material* sobre as coisas possuídas:

- Colocação de um grande bloco de pedra na via de passagem e de um portão – Ac. da Rel. de Évora, de 12-3-98, CJ, tomo II, pág. 269;
- Mudança de fechadura e impedimento, pela força, de utilização de um restaurante – Ac. da Rel. de Évora, de 8-2-79, CJ, tomo I, pág. 222;
- Emprego de força física sobre coisas que constituem obstáculo ao esbulho – Ac. da Rel. de Évora, de 30-1-86, CJ, tomo I, pág. 237;
- Vedação de prédio com arame e colocação de cadeado num portão – Ac. do STJ, de 27-9-01 (Rel. Pinto Monteiro);
- Colocação de pilares de madeira unidos por cadeados para impedir a passagem – Ac. da Rel. de Coimbra, de 28-11-98, CJ, tomo V, pág. 30;
- Corte de um tubo que conduz a água – Ac. da Rel. do Porto, de 2-10-90, BMJ 400.º/738;
- Mudança de fechadura, com recusa de entrega da chave – Acs. da Rel. de Lisboa, de 23-4-02, CJ, tomo II, pág. 120, de 11-3-93, CJ, tomo II, pág. 95, e de 17-1-84, CJ, tomo I, pág. 116;
- Privação de energia eléctrica, encerramento de portões com cadeados e impossibilidade de acesso ao local – Ac. da Rel. de Lisboa, de 13-2-97, CJ, tomo I, pág. 116.

ou o proprietário e possuidor de uma exploração agro-pecuária que se vê confrontado com uma ocupação ilegítima do seu prédio através do mesmo processo; ou ainda o promitente-comprador, com legítima tradição da coisa, que, à revelia de qualquer processo de resolução do contrato, vê impedida a fruição do prédio que prometeu adquirir, por actuação ilegítima do promitente-vendedor ou de terceiro.[56]

Será razoável, em qualquer destas situações, negar o acesso dos interessados à tutela eficaz possibilitada pela restituição provisória da posse só porque os actos de esbulho, acompanhados de comportamentos violentos, não visaram directamente a sua pessoa, antes tiveram como alvo imediato os bens possuídos?

A recusa de aplicação da providência específica, se não coarcta a tutela cautelar, acaba por determinar a necessidade de recorrer ao procedimento cautelar comum, com todo o acervo de requisitos adicionais que nele são exigidos, *maxime* a prova do "*fundado receio*" de ocorrência de "*lesão grave e dificilmente reparável*". Por outro lado, ao invés do que sucede na restituição provisória, não é automática a dispensa de contraditório prévio, o que pode determinar a demora na emissão da decisão final. Tudo isso nos confronta com a necessidade de encontrar no sistema uma resposta eficaz a interpelações do possuidor (ou do detentor equiparado) em sede da efectiva e eficaz tutela do uso da sua habitação, do seu estabelecimento comercial ou do seu prédio.[57]

Não definindo a lei o conceito de *esbulho violento* quando estabelece o elenco dos pressupostos da restituição provisória, não restam dúvidas quanto à necessidade de procurar no instituto da posse a norma que permita colmatar essa falha. Neste sentido, sendo o esbulho uma das formas através das quais se pode adquirir a posse, a sua qualificação como violento deve ser o resultado da aplicação do art. 1261.º do CC, com o que somos transportados, por expressa vontade do legislador, para o disposto no art. 255.º do CC, norma que integra na actuação violenta tanto aquela que se dirige directamente à pessoa do declaratário (leia-se, do possuidor), como a que é feita através do ataque aos seus bens.[58]

---

[56] Situação focada no Ac. da Rel. de Lisboa, de 6-3-01, CJ, tomo II, pág. 68.

[57] Na maior parte destes casos, os comportamentos que configuram o esbulho, para além de serem marcados pela ilicitude civil, ainda podem ser penalmente sancionáveis.

[58] **Menezes Cordeiro** acaba por alinhar na tese menos rigorista, defendendo que "o Direito civil tudo deve fazer para combater a violência" – *A Posse: Perspectivas e Dogmática Actuais*, 3ª ed., pág. 142. Também assim **Dias Pereira**, *Tutela possessória das*

Assim, se para ser violenta a posse basta que decorra de "ameaça" feita contra a "fazenda", como se prevê no art. 255.º, n.º 2, do CC, mais graves são as situações e que se tenha passado da mera ameaça para a concretização do ataque, através de actos de esbulho ou euiparados.

9. O prazo:

Uma vez que o art. 1282.º do CC prevê um *prazo de caducidade* para o accionamento dos meios definitivos de tutela da posse, o mesmo é extensivo ao procedimento cautelar, atenta a sua função instrumental relativamente à acção de restituição de posse.[59] Na verdade, se o decurso do prazo faz precludir o direito de acção atribuído ao possuidor, não pode deixar de se reflectir também no exercício do direito tendente a obter a tutela cautelar antecipada.

Apesar disso, sem prejuízo dos casos em que o decurso do prazo tenha desencadeado a perda da qualidade de possuidor, em consequência da aquisição dessa qualidade por outrem, nos termos do art. 1267.º, n.º 1, al. d), do CC,[60] o mero decurso do prazo para a defesa da posse não impede, por si, o decretamento da providência.

Com efeito, reportando-se a *caducidade* a direitos disponíveis, ainda que tal excepção surja evidenciada no requerimento inicial, o seu conhecimento carece de arguição que, de acordo com a tramitação processual, apenas pode surgir depois de eventualmente ser decretada a providência, nos termos do art. 388.º do CPC.

Note-se ainda que a instauração do procedimento cautelar não impede, por si, a caducidade relativamente à acção principal, atento o disposto no art. 328.º do CC (*infra*, 16.2).

servidões, *BFDUC*, vol. LXXVI, pág. 492. Para **Lebre de Freitas**, é violento todo o esbulho que impede o esbulhado de contactar com a coisa possuída, em consequência dos meios usados pelo esbulhador" – *CPC anot.*, vol. II, pág. 74.

Trata-se, afinal, da mesma doutrina que já fora assumida no Ac. da Rel. de Lisboa, de 13-5-77, CJ, tomo III, pág. 160, segundo o qual o vocábulo "*violência*" deve ser tomado com um alcance que não dê preferência aos interesses do esbulhador, em detrimento dos interesses do esbulhado.

[59] No mesmo sentido cfr. **Lebre de Freitas**, *CPC anot.*, vol. II, pág. 77. Contra: o Ac. do STJ, de 21-6-01 (Rel. Óscar Catrola).

[60] Cfr. **Moitinho de Almeida**, *Restituição da Posse e Ocupações de Imóveis*, 2ª ed., pág. 119, **Menezes Cordeiro**, *A Posse: Perspectivas e Dogmática Actuais*, 3ª ed., pág. 149, e **Mota Pinto**, CJ, 1985, tomo III, pág. 31.

10. Requisitos da petição inicial:

10.1. Não existem especialidades quanto aos *requisitos externos* da petição inicial da restituição provisória da posse,[61] cumprindo assinalar que nele devem ser imediatamente indicados os meios de prova de que o requerente pretenda servir-se para convencer o tribunal da verificação dos requisitos substantivos (art. 303.º, n.º 1).

10.2. O *valor* do procedimento, relevante para efeitos de alçada, de patrocínio judiciário ou de custas, é o resultante da aplicação do disposto no art. 313.º, n.º 3, al. b), correspondendo ao valor real da coisa.

10.3. No que concerne à *causa de pedir*, estamos perante uma modalidade complexa, exigindo a alegação dos factos de cuja prova sumária resultem os pressupostos normativos da concessão provisória da tutela possessória.

É despiciendo reafirmar que não basta ao requerente alegar a sua qualidade de possuidor, uma vez que, neste contexto, tal alegação não pode deixar de ser considerada como matéria de direito a deduzir da pertinente matéria de facto. Por isso, tendo em conta a noção legal de posse constante do art. 1251.º do CC, o requerente deverá caracterizar, de forma tão completa quanto possível, os poderes de facto efectivamente exercidos, a par da sua qualificação por referência ao direito real correspondente, dado que uma mesma situação pode ser conotada com diversos direitos.

Já quando a tutela da posse se reporte a certos direitos reais de garantia (credor-retentor, credor pignoratício) ou direitos pessoais de gozo (arrendatário, promitente-comprador, comodatário, depositário), o esforço de alegação e de prova deve ser dirigido à caracterização e comprovação dessa qualidade jurídica.

10.4. Apesar do que consta do art. 1252.º, n.º 2, do CC, segundo o qual se presume a posse de quem exerce os poderes de facto,[62] é conve-

---

[61] A identificação de um sujeito passivo é, como parece óbvio, essencial em qualquer processo jurisdicional, decorrendo do princípio da dualidade de partes. Ainda assim, tal requisito teve de ser afirmado no Ac. da Rel. de Coimbra, de 23-5-00, CJ, tomo III, pág. 23, relatado pelo signatário.

[62] Cfr. o *Ac. de Unif. de Jurisprudência do STJ* publicado no D. R., II Série, de 24-6-96, e o Ac. da Rel. de Évora, de 1-6-99, CJ, tomo III, pág. 274.

niente a alegação de factos indiciadores do *animus*, não só para reforçar a posição de possuidor esbulhado, como ainda para exercer, desde já, a defesa antecipada relativamente aos factos contrários que eventualmente venham a ser invocados pelo requerido no incidente de oposição. Por outro lado, a presunção legal de posse apenas incide sobre situações de "*dúvida*", exigindo as regras de prudência (ou a "jurisprudência das cautelas") que, *ab initio*, a incerteza seja afastada através da alegação de todos os elementos da posse em apoio da pretensão cautelar.

10.5. A par da invocação da materialidade através da qual se revela a qualidade de possuidor ou a titularidade de um direito equiparado, devem ser ainda alegados, como factos essenciais e imprescindíveis à procedência da pretensão, os que reflictam a existência do esbulho (por forma a distinguir a situação de meros actos de turbação da posse) e da violência exercida sobre pessoas ou coisas ou ambas em simultâneo.

10.6. Considerando os pressupostos específicos deste procedimento, o *pedido* será o de o tribunal decretar (e executar) a restituição imediata do bem de que o requerente era possuidor e de que foi ilegitimamente esbulhado.

11. Pressupostos processuais:

11.1. No que concerne à *competência territorial*, resulta do art. 83.º, n.º 1, al. c), que a providência de restituição provisória da posse deve ser requerida no tribunal que for competente para a acção de restituição.[63]

[63] Relativamente ao pressuposto da *competência internacional*, deve ponderar-se a exclusividade atribuída aos tribunais portugueses, nos termos do art. 65.º-A, al. c) (redacção da Lei n.º 52/08, de 28 de Agosto), no que concerne aos bens imóveis sitos em território nacional.

Quanto à *competência material*, cfr. os pareceres de **Sérvulo Correia** e **Freitas do Amaral**, CJ, 1991, tomo V, respectivamente, nas págs. 35 e segs. e nas págs. 49 e segs., o Ac. do STJ, de 3-2-87, BMJ 364.º/591 (actos de esbulho da responsabilidade de Câmara Municipal), e o Ac. da Rel. do Porto, de 15-10-98, CJ, tomo IV, pág. 216 (contrato administrativo).

[64] Questão que foi decidida no sentido afirmativo pelo Ac. da Rel. de Évora, de 28-1-93, CJ, tomo I, pág. 267, sendo esta também a opinião de **Lebre de Freitas**, *CPC anot.*, vol. II, pág. 79, e de **Moitinho de Almeida**, *Restituição da Posse e Ocupações de Imóveis*, 2ª ed., pág. 120.

Quanto aos bens imóveis, é aplicável o critério ínsito no art. 73.º, n.º 1, que para as acções relativas a direitos reais determina ser territorialmente competente o tribunal em cuja área se situem.[64] Quanto aos móveis, valerá a regra geral do art. 85.º.

11.2. O pressuposto da *legitimidade activa* emerge dos arts. 1281.º, n.º 2, e 1286.º do CC, normas que atribuem ao possuidor o direito de defender a posse contra actos de esbulho.

Mas considerando que a posse é susceptível de integrar a massa hereditária, por morte do possuidor esbulhado, são ainda legitimados os respectivos herdeiros. Depois de aberta a herança, será aplicável o disposto no art. 2088.º do CC, que confere legitimidade indirecta ou extraordinária ao *cabeça-de-casal*, enquanto administrador dos bens da herança, para intentar acções possessórias.[65] Do mesmo modo, sem necessidade da comparticipação de todos os interessados, qualquer dos *herdeiros* pode servir-se dos meios de defesa da posse contra o cabeça-de-casal ou contra terceiros relativamente aos bens individualmente possuídos.

Do lado *passivo* encontrar-se-á o esbulhador (ou os seus herdeiros) ou quem estiver na posse da coisa e tenha conhecimento do esbulho violento, nos termos do art. 1281.º, n.º 2, do CC.

12. A tramitação processual:

12.1. Toda a tramitação deve ser orientada de modo a permitir que a decisão final seja proferida no *prazo máximo* de 15 dias.[66] Todavia, atentos os interesses que se discutem, designadamente quando está em causa a habitação ou o exercício de uma actividade comercial ou agro-pecuária, existe toda a vantagem em acelerar o andamento do processo.

Reafirmando o que já dissemos na anotação ao art. 382.º, a especial celeridade inerente aos procedimentos cautelares imporia diferentes soluções no campo da tramitação que antecede a decisão liminar do juiz, exigência redobrada nas situações em que o esbulho determine a impossibilidade de fruir bens essenciais. Numa época em que tanto se apregoa

[65] Cfr. o *Anexo n.º 2* (Ac. da Rel. de Lisboa, e 30-4-02, relatado pelo signatário).

[66] Cfr. **Abrantes Geraldes**, *Temas da Reforma do Processo Civil*, vol. III, 4ª ed., págs. 132 e segs.

a defesa dos direitos fundamentais, terá faltado ao legislador a vontade de traduzir em medidas mais eficazes a tutela antecipada (e urgentíssima) de certos direitos.

Perante o regime instituído, enquanto não forem adoptadas medidas mais pragmáticas, impõe-se que os intervenientes processuais usem de toda a diligência para, na medida do possível, se susterem os efeitos negativos de comportamentos ilícitos (e violentos), à revelia das instituições a quem cabe definir os direitos.

12.2. Se a falta de factos integradores da posse, do esbulho ou da violência for tão grave que comprometa a existência ou a inteligibilidade da causa de pedir, cumprirá ao juiz proferir despacho de *indeferimento liminar* (art. 234.º-A, n.º 1). Outrossim quando, de modo manifesto, se revelarem excepções dilatórias que sejam insupríveis.

Para situações menos graves, em que o defeito consista simplesmente em deficiente alegação da matéria de facto ou quando as excepções dilatórias forem sanáveis, justificar-se-á o despacho de aperfeiçoamento.[67]

12.3. Segundo dispõem os arts. 394.º do CPC e 1279.º do CC, a decisão final é proferida *sem audiência* do esbulhador.

Trata-se de uma excepção ao princípio geral contido nos arts. 3.º, n.º 1, e 517.º do CPC.[68] Para além da maior celeridade que assim se consegue imprimir ao procedimento cautelar, com vista à rápida restituição da coisa esbulhada, a dispensa de *contraditório* é aqui encarada como sanção para a actuação violenta do esbulhador.[69]

---

[67] Neste sentido também **Lebre de Freitas**, *CPC anot.*, vol. II, pág. 79.

Como refere este autor, não está afastada a possibilidade de prolação de decisões com outros conteúdos, em execução de outras normas que também se aplicam em sede dos procedimentos cautelares (convite para a apresentação de documentos imprescindíveis, declaração do erro na forma de procedimento e ordenação da tramitação adequada, pronúncia sobre a legalidade da cumulação de providências, etc.).

[68] Nem sempre o sistema jurídico apresentou esta solução. O art. 25.º do Dec. Lei n.º 293/77, de 20-7, impunha o respeito pelo contraditório quando o objecto da providência fosse constituído por prédio urbano destinado a habitação,[68] norma que acabou por ser revogada pelo art. 3.º, n.º 1, al. c), do Dec. Lei n.º 321-B/90, de 15-10.

[69] Cfr. **Anselmo de Castro**, *Direito Processual Civil Declaratório*, vol. I, pág. 134, **Alberto dos Reis**, *CPC anot.*, vol. III, págs. 667 e 668, **Carvalho Fernandes**, *Lições de Direitos Reais*, pág. 269, **Moitinho de Almeida**, *Restituição da Posse e Ocupações de*

Uma leitura superficial do art. 394.º pode levar à conclusão de que a opção pela ausência de contraditório apenas deve ser tomada depois de o juiz apurar a existência dos requisitos da restituição provisória. Porém, ainda que a técnica legislativa não pareça a mais adequada, não se tem questionado que, a partir do momento em que o requerente tenha optado pelo procedimento cautelar em análise, fica automaticamente vedada a audiência do requerido.

Esta opção revela a necessidade de o juiz utilizar na decisão cautelar um critério mais rigoroso e, se necessário, accionar o princípio do inquisitório que permita detectar a eventual falta de condições de viabilidade da medida, por detrás de uma situação aparentemente carecida de protecção jurisdicional.

O uso dos *poderes inquisitórios*, ainda que não expressamente referenciado no regime específico da restituição provisória, resulta claro do disposto no art. 386.º, n.º 1, supletivamente aplicável.

Sendo a solução legal orientada por notórios objectivos de eficácia e de celeridade, potencia maiores riscos de decisões injustas, perigo este que nem sequer pode ser afastado ou atenuado através do condicionamento da medida cautelar à prévia prestação de caução por parte do requerente, uma vez que o disposto no art. 390.º, n.º 2, não é aplicável à restituição provisória da posse (art. 392.º, n.º 2).[70] Consequentemente, só *a posteriori*, mediante a responsabilização do requerente que tenha agido de má fé ou sem a prudência normal, poderão reparar-se os danos causados (art. 390.º, n.º 1).

Imóveis, 2ª ed., pág. 123, o Ac. do STJ, de 14-11-94, BMJ 441.º/202, e o Ac. da Rel. de Coimbra, de 23-6-09, CJ, tomo III, pág. 28.

De modo algum se pode encarar a *ausência de contraditório prévio* como violadora de qualquer preceito constitucional, que encontra justificação, além do mais, na necessidade de uma intervenção de carácter urgente. Neste sentido cfr. o Ac. da Rel. de Évora, de 26-9-96, CJ, tomo IV, pág. 281, e o Ac. do Trib. Constitucional, de 2-11-99, D.R., II Série, de 20-3-00, onde também se afastou a inconstitucionalidade fundada na pretensa violação do direito à habitação, doutrina que, para os procedimentos cautelares em geral, foi reafirmada no Acórdão publicado no D.R., II Série, de 4-5-02.

[70] A restituição provisória da posse condicionada à *prestação de caução* pelo requerente apenas está prevista para os casos em que tal medida cautelar é deduzida conjuntamente com os embargos de terceiro, nos termos do art. 356.º. Contudo, trata-se de uma situação em que o desapossamento deriva de um acto judicial: penhora, arresto, execução de entrega, etc. (cfr. **Augusta Palma**, *Embargos de Terceiro*, pág. 82, nota 176, e o Ac. do STJ, de 20-1-00, CJ, tomo I, pág. 43).

12.4. Como é regra em matéria de procedimentos cautelares, são admissíveis todas as *provas*, com especial relevo para a documental (*v.g.* para revelar ou indiciar o título que legitima a invocação da qualidade de possuidor) e para a prova testemunhal (em geral, necessária para que o tribunal se convença da existência de actos de esbulho violento).

A supletividade das normas do procedimento cautelar comum [71] implica a extensão do regime consignado no art. 386.º, n.º 1, de onde resulta que a produção de provas (*maxime*, a testemunhal) apenas ocorrerá se a mesma se revelar necessária,[72] ou seja, se tiver objectivo interesse para a formação da convicção sobre os factos integrantes dos pressupostos normativos. Exista ou não designação de dia para a realização de diligências de prova, caberá ao juiz proceder ao "*exame das provas*", não estando afastada a possibilidade de a decisão se fundar exclusivamente na análise dos documentos.[73]

13. Decisão:

13.1. Se a natureza sumária desta e de outras providências cautelares pode conduzir o juiz a uma menor exigência quanto à prova da matéria de facto relativa ao direito invocado e a outros requisitos legais, não deve servir para legitimar pretensões destituídas dos necessários fundamentos de facto e de direito.

Sem prejuízo do poder de averiguação atribuído ao tribunal, é sobre o requerente que incide o *ónus da prova* dos factos constitutivos, aqui integrados pela posse, pelo esbulho e pela violência.

Todavia, quer no que concerne à aplicação do direito, quer no tocante à investigação da matéria de facto, o juiz é soberano, podendo (e devendo) empenhar-se nessa tarefa fundamental, de modo a evitar, tanto quanto possível, decisoes injustas.[74]

13.2. Diversamente do que ocorre com as providências não especificadas, uma decisão favorável prescinde da efectiva concretização de prejuízos de ordem patrimonial ou da prova da existência de um efectivo

---

[71] Cfr. **Abrantes Geraldes**, *Temas da Reforma do Processo Civil*, vol. III, 4ª ed., págs. 331 e segs.

[72] Devendo ser assegurada a gravação, atento o disposto no art. 386.º, n.º 4.

[73] Também assim **Lebre de Freitas**, *CPC anot.*, vol. II, págs. 79 e 80.

[74] Cfr. **Lebre de Freitas**, *CPC anot.*, vol. II, pág. 80.

periculum in mora. Também são *indiferentes os prejuízos* porventura decorrentes da execução da restituição provisória decretada, em comparação com as vantagens alcançadas pelo requerente, atenta a inaplicabilidade do disposto no art. 387.º, n.º 2.[75]

Assim apurada sumariamente a existência de posse (ou de uma situação equiparada) e a verificação do esbulho violento, a lei confere a imediata tutela antecipada, funcionando esta como uma espécie de reprovação da actuação ilícita violadora de interesses juridicamente tuteláveis do possuidor.[76]

Como refere Moitinho de Almeida, a acção de restituição provisória da posse "tem por fundamento o risco de piorar a situação material da coisa que irá a final ser entregue ao vencedor" ou o "risco de desordem, se o objecto é imóvel, mormente se, por serem vizinhos, os contendores se vêem aproximados". Remata dizendo que "o benefício da providência é concedido ao possuidor, não em atenção ao perigo de dano iminente, mas como compensação da violência de que o possuidor foi vítima".[77]

Malgrado pressupor a existência de um esbulho efectivo, a restituição provisória da posse, com natureza antecipatória, também exerce uma função preventiva, na medida em que serve para evitar a continuação dos efeitos danosos.

13.3. No que concerne ao primeiro requisito – a *posse* –, nem sempre se mostrará necessária a prova simultânea dos seus elementos objectivo (*corpus*) e subjectivo (*animus*).

Sem embargo das situações que o legislador equiparou à do verdadeiro possuidor, em que basta a prova de que o requerente se encontra numa posição jurídica que, sento tutelável através dos meios possessórios, é oponível ao requerido, no que concerne às clássicas situações de posse, o legislador introduziu normas que facilitam o ónus da prova a cargo do requetente, através do estabelecimento de presunções de posse que fazem recair sobre a contraparte o ónus da respectiva elisão.

---

[75] Cfr. **Lebre de Freitas**, *CPC anot.*, vol. II, pág. 80.

[76] No Ac. do STJ, de 14-11-94, BMJ 441.º/202, considerou-se que é a violência que compensa a falta das características do *periculum mora*. No mesmo sentido cfr. **Alberto dos Reis**, *CPC anot.*, vol. I, pág. 670, e o Ac. da Rel. de Évora, de 11-4-85, CJ, tomo II, pág. 290.

[77] *Restituição da Posse e Ocupações de Imóveis*, 2ª, pág. 117.

Por isso, bem pode suceder que a providência seja decretada mediante a simples prova de que o requerente, aquando do acto de esbulho, exercia sobre a coisa *poderes de facto*,[78] daí inferindo, na falta de outros indícios, a existência de uma situação de posse tutelável.

Todavia, uma vez que a decisão a proferir não pode contar com a versão dos factos que o requerido pudesse apresentar, nem com as provas que eventualmente favorecessem a sua posição, impõe-se que juiz use das cautelas necessárias para evitar decisões desconformes com a realidade. Se é certo que as circunstâncias aconselham que não seja demasiado exigente quanto à verificação do direito do requerente e quanto à apreciação dos restantes requisitos, deve, todavia, prevenir a utilização abusiva destes meios provisórios de tutela susceptíveis de causar graves prejuízos à parte contrária.

13.4. O que fazer quando algum dos demais requisitos não se prove? Mais concretamente, provada sumariamente a posse, mas não se apurando o efectivo esbulho ou a ocorrência de comportamentos qualificáveis como violentos, que decisão deve ser proferida?

Uma solução poderia ser a de indeferir pura e simplesmente a providência, por falta de verificação de condições de procedência. Porém, as circunstâncias não são propícias a uma resposta tão repentista. Com efeito, no momento de decidir, o juiz não pode deixar de atender que a restituição provisória da posse não esgota os mecanismos de defesa contra actos de esbulho (não violento) ou actos (violentos) de mera turbação.

Isto resulta claro do art. 395.º, segundo o qual o possuidor, em situações que não reúnam os requisitos do art. 393.º, pode aceder ao procedimento cautelar comum e requerer a tomada de providências adequadas (*infra*, 17.). Ora, esta mesma opção não está afastada do perímetro de actuação judicial, devendo considerar-se um desenvolvimento do princípio geral constante do art. 392.º, n.º 3, que confere ao juiz a

---

[78] Cfr. art. 1252.º, n.º 2, do CC, cuja interpretação deve ser aferida pelo *Ac. de Uniformização de Jurisprudência do STJ*, de 14-5-96, segundo o qual "*podem adquirir por usucapião, se a presunção da posse não foi ilidida, os que exercem o poder de facto sobre uma coisa*" – D.R., II Série, de 24-6-96.

Sobre a matéria das presunções em sede do instituto da posse cfr. **Pedro Múrias**, *Por Uma Distribuição Fundamentada do Ónus da Prova*, págs. 105 e segs.

possibilidade de divergir relativamente ao peticionado, conformando a decisão à matéria de facto sumariamente provada.[79]

Por seu lado, a convolação do pedido também está expressamente prevista, no que concerne à acção principal de que o procedimento cautelar é instrumental, no art. 661.º, n.º 3.

No entanto, a convolação a que nos referimos não será automática.

Já vimos que a restituição provisória da posse é independente da verificação de prejuízos materiais e da natureza reparável ou irreparável dos danos, dirigindo-se a uma situação de facto caracterizada por lesão efectiva, em vez do simples perigo da sua concretização. Ao invés, faz parte das providências inespecíficas o apuramento de uma situação potenciadora de prejuízos irreparáveis ou de difícil reparação não consumados ou ainda persistentes.

Deste modo, a passagem de uma providência para a outra exigirá necessariamente a indiciação dos correspondentes requisitos,[80] o que depende necessariamente da oportuna alegação, no requerimento inicial, dos factos integrantes.

13.5. Esta solução apenas se defronta com uma dificuldade a que não fugiremos.

De acordo com a regulamentação da restituição provisória, a decisão é o corolário de uma tramitação procedimental pautada pela ausência (e, mais do que isso, pela proibição) do contraditório prévio. Já no procedimento cautelar comum não se verifica tal rigidez, conferindo o art. 385.º, n.º 1, ao juiz o poder de aferir as vantagens ou inconvenientes da prévia audição do requerido.[81] Confrontando-se o juiz, no momento da

---

[79] Cfr. **Abrantes Geraldes**, *Temas da Reforma do Processo Civil*, vol. III, 4ª ed., págs. 334 e segs., e **Lebre de Freitas**, *CPC anot.*, vol. II, pág. 83.

Entendimento diverso foi assumido no Ac. da Rel. do Porto, de 19-2-00, *www.dgsi.pt*, em cujo sumário se refere que "não pode, num procedimento cautelar processado em conformidade com as regras próprias do especificado – no caso, de restituição provisória de posse – ser decretada medida de procedimento cautelar comum".

[80] Cfr. o Ac. da Relação de Coimbra, de 1-2-05, CJ, tomo I, pág. 19.

Para este efeito, bastarão os *indícios* que, por exemplo, se recolham a partir da análise da situação retratada na matéria de facto apurada, com recurso ainda a presunções judiciais extraídas das regras da experiência.

[81] Cfr. **Abrantes Geraldes**, *Temas da Reforma do Processo Civil*, vol. III, 4ª ed., págs. 186 e segs.

decisão, com um conjunto de factos não coincidentes com os que justificaram a tramitação do procedimento cautelar específico, será legítima a convolação para uma providência diversa sem ouvir o requerido?

É uma objecção de vulto mas que, em nosso entender, não impede o decretamento da providência mais adequada, partindo da situação de facto naquele momento constatada. Com efeito, também no procedimento cautelar comum não está afastada a possibilidade de dispensa de audição do requerido, quando o fim ou a eficácia da medida o exijam. É este factor de eficácia (e a celeridade que a ele anda associada) que, nas circunstâncias descritas, impõe a adopção imediata da providência tida por mais adequada. O exercício do contraditório será assegurado depois do deferimento da medida cautelar.[82]

Mas a partir do momento em que estejam reunidos os pressupostos legais da *convolação*, devem ser aplicadas todas as normas que regulam o procedimento cautelar comum, designadamente a que atribui ao juiz o poder de condicionar a medida à prévia prestação de caução (art. 390.º, n.º 2) ou o dever de ponderar, antes de decidir, a proporcionalidade entre os danos que se visam prevenir e os prejuízos que podem ser provocados na esfera do requerido (art. 387.º, n.º 2).

A necessidade de adaptação do processado resulta genericamente da norma do art. 265.º-A (princípio da adequação formal).

14. Execução da decisão:

14.1. Como resulta do art. 394.º, a intervenção do tribunal não se limita a uma actividade cognitiva de apreciação dos requisitos da providência cautelar, envolvendo ainda a intromissão na esfera de actuação do requerido, por forma a desapossá-lo da coisa ilicitamente esbulhada e entregá-la ao requerente.

Esta actividade de execução coerciva imediata resulta expressamente do texto legal quando nele se diz que "*o juiz ... ordenará a restituição*", em conjugação com a norma do art. 385.º, n.º 6, segundo a qual a notificação da decisão ao requerido apenas ocorre "*após a realização*"

[82] **Lebre de Freitas** defende o decretamento da providência não especificada, mas condicionado à comprovação de que, caso tivesse sido requerida providência não especificada, se justificaria a não audição do requerido – *CPC anot.*, vol. II, pág. 83.

Parece-nos, contudo, que, tendo o procedimento atingido a fase decisória, o valor inerente à economia processual supera, neste contexto, o do contraditório.

da providência decretada sem a sua audição. E emerge ainda da norma que confere a tutela cautelar possessória, materializada necessariamente pela restituição efectiva da posse, nos termos do art. 1279.º do CC.

Podemos, pois, concluir que este procedimento cautelar se decompõe em duas fases: uma, de *natureza declarativa*, na qual o tribunal aprecia os elementos de que depende a tomada de uma medida antecipatória dos efeitos a que tende o processo principal; outra, de *cariz executivo*, em que o tribunal impõe coercivamente ao requerido a decisão e restabelece o *statu quo ante*, mediante a entrega material da coisa esbulhada.[83]

Assim, imediatamente após o decretamento da restituição, proceder-se-á à execução da decisão, sem qualquer outra promoção por parte do requerente,[84] nem necessidade de integração num apenso executivo.[85]

Passar-se-á mandado para cumprimento da decisão (arts. 176.º, n.º 2, e 189.º), o qual será prontamente executado (art. 161.º, n.º 2), procedendo-se coercivamente à entrega da coisa móvel ou imóvel que tenha sido esbulhada, do que se lavrará o correspondente auto (art. 163.º, n.º 1).

Na falta de outra disposição especificamente reguladora da entrega judicial inserida no procedimento de restituição provisória da posse, é adequado o recurso às normas que regulam a entrega de coisa certa (arts. 930.º e segs.).

14.2. Conjugando todas as disposições com interesse para o caso, teremos o seguinte regime:

a) Tratando-se de coisa móvel, far-se-á a efectiva apreensão e restituição ao requerente, ultrapassando, pela forma prevista nos arts. 930.º, 850.º e 840.º, os obstáculos que, porventura, sejam encontrados;

b) Sendo coisa imóvel, o funcionário reinveste o requerente na posse, entregando-lhe os documentos e as chaves, se os houver, ou procedendo ao arrombamento, se este se impuser;

---

[83] Cfr. **Abrantes Geraldes**, *Temas da Reforma do Processo Civil*, vol. III, 4ª ed., págs. 262 e segs.

[84] Cfr. o Ac. da Rel. de Coimbra, de 6-2-96, BMJ 454.º/813.

[85] Cfr. o Ac. da Rel. de Coimbra, de 3-5-88, BMJ 377.º/567.

Trata-se, no dizer de **Amâncio Ferreira**, de uma providência "perfeita", na medida em que a sua activação é consequência imediata da adopção da medida cautelar, devendo ser realizada pelo funcionário, se necessário, com recurso à força pública (*Curso de Processo Executivo*, 2ª ed., págs. 340 e 341).

c) Em qualquer das situações, recorrer-se-á, se necessário, às autoridades policiais;

d) Sendo o bem uma casa de habitação, poderá ter aplicação ainda o disposto no art. 930.º-B, n.º 3, do CPC;

e) A execução forçada far-se-á independentemente de quem estiver na detenção efectiva da coisa móvel ou imóvel, sem prejuízo do exercício dos direitos de defesa, através do incidente de embargos de terceiro, quando a diligência judicial ofenda a posse ou seja incompatível com o direito de quem não interveio no procedimento cautelar (art. 351.º);[86]

f) Tudo quanto de relevante ocorrer ficará a constar de auto lavrado pelo funcionário executante;[87]

g) Desse auto constará ainda a notificação do requerido, se este se encontrar presente, a partir da qual se inicia o prazo para a dedução de oposição (art. 385.º, n.º 6);

h) Se a decisão caducar ou for revogada, em consequência do incidente de oposição ou do recurso do agravo, o requerido poderá ser reinvestido na posse da coisa, nos termos do art. 930.º, n.º 5.

14.3. Nada obsta à aplicação supletiva da norma do art. 391.º que comina com *desobediência qualificada* a infracção de providência cautelar decretada.

Assim ocorrerá quando a restituição da posse recair sobre móvel que não seja apresentado pelo requerido ou que não seja encontrado no âmbito das diligências de execução coerciva. Sendo, em tais circunstâncias, imprescindível a colaboração do requerido para a efectivação da restituição, o desrespeito da intimação que lhe seja feita determinará responsabilidade criminal.

A mesma responsabilidade surgirá quando, efectuada a entrega da coisa móvel ou imóvel ao possuidor, o requerido pratique actos que, de novo, possam qualificar-se como de esbulho.

A sanção penal constitui, assim, um meio acessório destinado a tornar eficaz a actuação judicial e a acentuar a sua coercibilidade.

---

[86] Casos em que, nos termos do art. 356.º, pode, por seu lado, ser determinada a restituição provisória em benefício do embargante – cfr. **Augusta Palma**, *Embargos de Terceiro*, pág. 82, nota 176.

[87] Cfr. o Ac. da Rel. do Porto, de 5-12-96, CJ, tomo V, pág. 211.

15. Meios de defesa:

15.1. Conforme referimos na anotação ao art. 387.º, no âmbito da lei anterior entendia-se que não era possível requerer-se a substituição da providência de restituição de posse por *caução*.[88]

Já perante a actual legislação, atento o disposto no art. 387.º, n.º 3, não existe obstáculo formal à aplicação subsidiária de tal normativo, nos termos do art. 392.º, n.º 1.[89] Ponto é que, solicitada a substituição da providência e ouvido o requerente, o juiz adquira a convicção de que, pela sua forma e valor e pela natureza dos interesses em jogo, a caução constitui medida *adequada e suficiente* para tutelar a posição jurídica que pela restituição provisória da posse se pretendia obter.[90]

Concorda-se com a sujeição de uma tal medida substitutiva a um apertado condicionalismo que não prejudique os interesses que, através da medida, se pretenderam acautelar. Mas isto não significa, sem mais, que todas as situações devam ser rejeitadas.[91] Por exemplo, parece

---

[88] Cfr. **Moitinho de Almeida**, *Restituição da Posse e Ocupações de Imóveis*, 2ª ed., pág. 125, e **Alberto dos Reis**, *CPC anot.*, vol. I, pág. 674.

[89] Contra a admissibilidade de substituição se pronunciaram os Acs. do STJ, de 18-5-99, CJSTJ, tomo II, pág. 97, e de 25-5-00, CJSTJ, tomo II, pág. 83, e os Acs. da Rel. de Évora, de 20-5-99, BMJ 487.º/376, e de 15-4-99, BMJ 486.º/376. Também **Lebre de Freitas**, *CPC anot.*, vol. II, pág. 81, encara com dificuldade a possibilidade de fazer ceder os interesses do requerente face aos do requerido, com ressalva da existência de eventual acordo dos interessados.

[89] Neste mesmo sentido cfr. o Ac. da Rel. de Guimarães, de 12-6-07, CJ, tomo III, pág. 287.

[91] Contrariamente ao que se refere no Ac. do STJ, de 18-5-99, CJSTJ, tomo II, pág. 97, nem sempre a restituição provisória respeita a bens que recebem expressa tutela constitucional, podendo a caução servir plenamente os interesses patrimoniais que porventura estejam em causa.

Embora a regra deva ser a da reconstituição natural, algumas situações menos graves poderão encontrar cobertura suficiente através de indemnização, contra o que é defendido no Ac. da Rel. de Évora, de 20-5-99, BMJ 487.º/376, onde se refere que a "tomada violenta da posse não tem justo correspectivo numa garantia de ressarcimento pecuniário". No Ac. da Rel. de Évora, de 15-4-99, BMJ 486.º/376, decidiu-se que a substituição da restituição provisória por caução frustraria o objectivo que ditou a providência, "propiciando-se a cobertura legal à actuação ilícita de quem não olhou a meios para conseguir os seus intentos", assim se consagrando o "triunfo do direito da força contra a força do direito".

A *gravidade do comportamento* e da lesão deve ser sempre ponderada. Mas isso não afastará, necessária e liminarmente, a caução quando a mesma seja *idónea* a repará-la integralmente.

descabida a substituição quando esteja em causa a posse que colida com o *direito à habitação* ou com o exercício de uma determinada actividade.[92] Já noutras situações, em que a actuação do esbulhador se apresente com *menor gravidade* e em que os valores em causa sejam de conteúdo eminentemente patrimonial, bem pode suceder que a fixação de uma caução seja ajustada a suportar as consequências nefastas derivadas do esbulho e da persistência da situação, na pendência da acção principal.[93]

Neste sentido, cfr. **Abrantes Geraldes**, *Temas da Reforma do Processo Civil*, vol. III, 4ª ed., págs. 253 e segs., **Lopes do Rego**, *Comentários ao CPC*, pág. 282, os Acs. da Rel. de Évora, de 25-2-99, CJ, tomo I, pág. 278, e de 30-11-00, CJ, tomo V, pág. 273, o Ac. da Rel. de Guimarães, de 12-6-07, CJ, tomo III, pág. 287, e o Ac. da Rel. de Coimbra, de 23-6-09, CJ, tomo III, pág. 28, sujeitando a substituição a um apertado condicionalismo que não deturpe a finalidade da tutela cautelar.

No Ac. do STJ, de 16-3-00 (Rel. Sousa Inês), decidiu-se que a norma do art. 392.º, n.º 1, é clara ao admitir a possibilidade de substituição de qualquer providência cautelar por caução, desde que em cada espécie em concreto esta medida se mostre *adequada, bastante e suficiente* para prevenir, evitar e reparar o dano.

[92] Ainda que não subscrevendo totalmente a fundamentação, concordamos com a solução adoptada no Ac. do STJ, de 25-5-00, CJSTJ, tomo II, pág. 83 (e BMJ 497.º/365), segundo o qual, "constituindo a finalidade visada por uma providência cautelar a restituição dum arrendatário à posse do prédio arrendado, não respeita o requisito da adequação a substituição dessa medida cautelar por caução, antes anula, destrói a providência, retirando ao arrendatário a posse a que foi restituído e reentregando o prédio ao senhorio esbulhador".

[93] Cfr. **Teixeira de Sousa**, *Estudos Sobre o Novo Processo Civil*, 2ª ed., pág. 231, onde refere que "normalmente, a providência cautelar pode ser substituída por caução, sempre que ela vise evitar um prejuízo patrimonial". Cfr. ainda o Ac. da Rel. de Coimbra, de 23-6-09, CJ, tomo III, pág. 29.

No Ac. da Rel. de Évora, de 30-11-00, CJ, tomo V, pág. 273, indicam-se como motivos excepcionais de substituição da restituição provisória por caução a necessidade de assegurar a continuação de uma actividade económica comprometida com a reposição da anterior situação, a inexistência de vantagens para o requerente, a necessidade de impedir uma actividade ecologicamente nociva ou até a apreciação relativa das posições de uma e de outra das partes.

Maria Ángeles Jové, abordando a problemática face ao direito espanhol, conclui que, não devendo ser admitida indiscriminadamente a substituição da providência por caução, também não deve ser liminarmente rejeitada quando os interesses em causa sejam de ordem puramente material. Argumenta ainda que essa substituição pode defender o requerido contra a utilização fraudulenta de medidas cautelares com o único objectivo de impedir o exercício de uma actividade económica (*Medidas Cautelares Innominadas en el Proceso Civil*, pág. 283).

A matéria da substituição da medida cautelar por caução encontra-se regulada nos arts. 746.º e 747.º da nova Ley de Enjuiciamiento Civil, aprovada pela Lei n.º 1/00, de 7-1.

Resulta do art. 387.º, n.º 3, que a função preventiva da caução relativamente às lesões foi colocada em alternativa com a função reparatória. Assim sendo, se nas situações em que se aplica a restituição provisória da posse a caução jamais conseguirá "*prevenir a lesão*", até porque supõe a existência de esbulho, e não o simples receio, não está necessariamente afastada a possibilidade de essa medida substitutiva ser adequada a "*repará-la integralmente*" por alguma das formas de indemnização que a lei prevê, de onde não se exclui a indemnização por equivalente que a caução pode assegurar.

15.2. O *recurso de apelação* destinar-se-á unicamente a impugnar a decisão, o que pode envolver tanto a reapreciação da decisão da matéria de facto (tendo em conta, designadamente, o registo dos depoimentos testemunhais) vomo a aferição da respectiva integração jurídica.[94]

Encontrando-se nos autos todos os elementos de prova de onde o juiz partiu para a afirmação dos factos provados e não provados, bastará ao agravante indicar os concretos pontos de facto de que discorda e os concretos meios de prova que, em sua opinião, impõem diverso resultado, nos termos do art. 685.º-B.

No que concerne à integração jurídica dos factos considerados provados, o agravante procurará convencer o tribunal *ad quem* do desacerto da decisão, por não consubstanciarem uma situação de posse ou, apesar da sua existência, pelo facto de a posse ceder perante a titularidade de um verdadeiro direito real que se sobreponha à posição jurídica do possuidor ou detentor equiparado.

Segundo o art. 746.º, n.º 1, o requerido pode "*pedir al tribunal que acepte, en sustitución de las medidas, la prestación por su parte de una caución suficiente, a juicio del tribunal, para asegurar el efectivo cumplimiento de la sentencia estimatoria que se dictare*".

Note-se ainda que, em tal sistema, o risco de utilização abusiva dos procedimentos é menor do que o potenciado pelo nosso, uma vez que, de um modo geral, o requerente está obrigado a indicar no requerimento inicial a caução que pretende prestar (de acordo com o art. 732.º, n.º 3, "*en el escrito de petición habrá de ofrecerse la prestación de caución, especificando de qué tipo o tipos se ofrece constituirla y com justificación del importe que se propone*").

[94] Cfr. **Abrantes Geraldes**, *Temas da Reforma do Processo Civil*, vol. III, 4ª ed., págs. 277 e segs.

15.3. Conforme assinalámos aquando da anotação ao art. 388.º,[95] podem inserir-se no *incidente de oposição* todos os meios de defesa que seria legítimo usar caso existisse contraditório prévio.

Especialmente no que respeita à restituição provisória da posse, para além de eventuais motivos de natureza processual, a oposição pode assumir um conteúdo substantivo que abarque, por exemplo, a impugnação da qualidade de possuidor, a invocação da natureza puramente formal da posse que sucumba perante a invocação de um verdadeiro direito real de gozo oponível ao requerente (art. 1278.º, n.º 1, do CC) ou a impugnação dos restantes motivos que basearam a restituição provisória, ou seja, o esbulho ou a violência.

15.4. À semelhança do que já se referiu em ponto anterior (*supra*, 13.4), a modificação do regime legal da restituição provisória da posse e dos restantes procedimentos cautelares, com especial relevo para o disposto nos arts. 395.º e 392.º, n.º 3, veio colocar uma questão respeitante à decisão que deve ser proferida quando, na sequência da oposição assumida pelo requerido, se apure que não existiram actos de esbulho, mas de simples perturbação, ou que, apesar de ter ocorrido esbulho, este não assumiu as características de violência que legitimavam o recurso ao procedimento cautelar específico.

Dando um exemplo, antes de prosseguir: o requerente obteve a tutela antecipada, conseguindo convencer o tribunal da existência dos três requisitos constantes do art. 393.º (posse, esbulho e violência), verificando-se, no entanto, através da tramitação a que obedece o incidente de oposição, que o acto de esbulho não foi acompanhado de comportamentos caracterizados por violência ou que o esbulho nem sequer chegou a consumar-se, existindo tão só uma simples perturbação do exercício de poderes de facto. Perante estas novas circunstâncias, fará sentido a revogação pura e simples da decisão ou, em vez disso, mostrar-se-á adequada a convolação da providência para aquela que se ajustar aos novos elementos de facto?

Em geral, a decisão final, a proferir após o contraditório subsequente ao decretamento de uma medida cautelar, pode consistir na revogação da primeira decisão, na sua manutenção ou na sua redução (art.

---

[95] Cfr. **Abrantes Geraldes**, *Temas da Reforma do Processo Civil*, vol. III, 4ª ed., págs. 278 e segs. Cfr. também o Ac. do STJ, de 15-6-00, CJSTJ, tomo II, pág. 110.

388.º, n.º 2). Por isso, se o juiz, quando é confrontado com matéria de facto insuficiente para integrar todos os requisitos da restituição provisória da posse, pode decretar a medida cautelar mais adequada à situação de *periculum in mora* efectivamente detectada, também nada obsta a que uma tal decisão moderadora ou redutora possa emergir dos novos factos trazidos aos autos por iniciativa do requerido. Fundamental é que com os novos factos se mantenham, ao menos, os requisitos a que obedece o procedimento cautelar comum, ou seja, a par do apuramento sumário do direito, a verosimilhança quanto ao perigo de ocorrência de lesão grave e dificilmente reparável (*infra*, 17.).

Esta solução mantém-se quando a modificação da decisão da matéria de facto ou a respectiva integração jurídica ocorra em sede de recurso.[96]

16. A acção possessória:

16.1. Depois da notificação do requerente da decisão que tenha acolhido a sua pretensão, começa a correr o prazo de 10 dias para a propositura da *acção possessória*, nos termos do art. 389.º, n.º 2.[97]

É fundamentalmente no âmbito da acção declarativa que se fará a discussão alargada das razões invocadas por cada uma partes, sendo certo que na mesma se pode inserir a questão da titularidade do direito real de gozo ou de qualquer outro título que se sobreponha à mera situação de facto deduzida pelo requerente (arts. 510.º, n.º 5, e 661.º, n.º 3).

16.2. O facto de o requerente ter conseguido a antecipação da tutela possessória, com efectiva restituição da coisa de que fora esbulhado, não dispensa a formulação de idêntica ou de semelhante pretensão no âmbito de uma verdadeira acção.[98]

---

[96] Cfr. **Lebre de Freitas**, *CPC anot.*, vol. II, pág. 83.

[97] Cfr. **Abrantes Geraldes**, *Temas da Reforma do Processo Civil*, vol. III, 4ª ed., págs. 292 e segs., o Ac. do STJ, de 15-2-01, CJSTJ, tomo I, pág. 119, e o Ac. da Rel. do Porto, de 14-12-00, CJ, tomo V, pág. 215.

[98] O art. 16.º do *regime processual experimental* aprovado pelo Dec. Lei n.º 108/06, de 8-6, admite a antecipação do juízo sobre a causa principal para o âmbito do procedimento. Mas, como é óbvio, tal solução (excepcional e experimental) não é compatível com a decisão que confere a restituição provisória da posse proferida necessariamente sem contraditório. Já não fica afastada a possibilidade de a antecipação do juízo definitivo ocorrer no âmbito da decisão complementar subsequente à oposição eventualmente apresentada pelo requerido, nos termos do art. 388.º, desde que então se possa

À resolução do conflito de interesses que subjaz à formulação do pedido de concessão da providência não bastam os efeitos materiais obtidos com o seu deferimento, devendo igualmente ser assegurados os efeitos projectados pela confirmação do direito através de sentença a proferir no processo principal. Na verdade, apesar dos efeitos práticos derivados da concretização da restituição, esta não deixa de manter as características da provisoriedade inerentes à sua própria qualificação ("*restituição provisória da posse*", carecendo de confirmação no âmbito de uma acção de que o procedimento é instrumental.

Porém, não deve confundir-se esse prazo, cujo decurso determina simplesmente a caducidade da providência executada, nos termos do art. 389.º, n.º 1, al. a) e n.º 2, com o previsto para exercício do direito de acção constante do art. 1282.º do CC, sujeito ao apertado regime da caducidade do exercício de direitos substantivos, que, em princípio, só é impedida pela prática do acto a que a lei reconhece esse efeito (art. 328.º do CC), ou seja, pela apresentação da petição através da qual o possuidor exerça, em termos definitivos, a tutela legalmente conferida.

Por isso, ao mesmo tempo que opta pela propositura do procedimento cautelar, o requerente deve ter presente o ónus que sobre si impende de instaurar a acção possessória ou petitória, correndo para o efeito, a partir do acto de esbulho ou do seu conhecimento (e não a partir da concessão da restituição provisória), o prazo de um ano estabelecido no art. 1282.º do CC.[99]

Uma vez deferida a medida cautelar, com efectiva restituição da coisa ao requerente, manter-se-á essa situação enquanto não for revogada a decisão (ou enquanto não for substituída por caução, nos termos restritivos anteriormente referidos). Os efeitos provisórios converter-se-ão em definitivos através da decisão final transitada em julgado, se esta se mostrar favorável ao autor; extinguir-se-ão se a decisão definitiva lhe for desfavorável.

---

asseverar que foram "*trazidos ao procedimento cautelar os elementos necessários à resolução definitiva do caso*".

[99] Cfr. o *Anexo n.º 1* (Ac. da Rel. de Coimbra, de 2-11-99, relatado pelo signatário), e o Ac. da Rel. de Évora, de 26-10-00, CJ, tomo IV, pág. 270.

Art. 395.º
(Defesa da posse mediante providência não especificada)

Ao possuidor que seja esbulhado ou perturbado no exercício do seu direito, sem que ocorram as circunstâncias previstas no art. 393.º, é facultado, nos termos gerais, o procedimento cautelar comum.

Sumário:
17 – Procedimento cautelar comum
18 – Caducidade

17. Procedimento cautelar comum:

17.1. Apesar de inscrito num diploma de natureza adjectiva, o art. 395.º é uma norma de direito substantivo que amplia a tutela possessória prevista no Código Civil.[100]

Tal como sucede com a restituição provisória da posse, também o acesso à *tutela cautelar comum*, em situações de esbulho ou de turbação, aproveita aos titulares de direitos pessoais de gozo equiparados, tais

---

[100] Como se decidiu no Ac. da Rel. de Lisboa, de 24-6-99, CJ, tomo III, pág. 129, nestas situações têm de provar-se todos os requisitos das providências cautelares. Assim, ao invés do que decorre do regime da restituição provisória da posse, tor-na-se necessária a prova sumária da verificação do perigo de lesão grave e dificilmente reparável para o requerente, não bastando a prova da qualidade de possuidor e da prática de actos de esbulho ou de turbação.

No mesmo sentido cfr. os Acs. da Rel. de Lisboa, de 6-4-00, CJ, tomo II, pág. 130, e de 24-6-99, CJ, tomo III, pág. 129. Este mesmo entendimento já o deixei expresso no Ac. da Rel. de Coimbra, de 23-5-00, CJ, tomo III, pág. 23, de que fui relator.

como o locatário e locatário financeiro, promitente-comprador com tradição da coisa, comodatário e depositário.

17.2. O facto de a tutela do possuidor perturbado no exercício da sua posse ou esbulhado sem violência ter sido prevista no art. 395.º, em vez de obter especial referência nas normas do procedimento cautelar comum, não significa que se tenha prescindido dos pressupostos gerais das providências não especificadas. Pelo contrário, da remissão para as regras do procedimento comum conclui-se que o legislador, em tais situações, entendeu conferir ao possuidor essa tutela, sujeitando-a ao condicionalismo respectivo (*supra*, 13.4). Razão alguma explicaria a atribuição ao possuidor, fora das situações de esbulho violento, de uma tutela sujeita a um condicionalismo menos exigente do que o estipulado para os restantes direitos.

Nestas circunstâncias, devem ser respeitados os requisitos e deve seguir-se a tramitação procedimental adequada, de tal forma que a tutela cautelar apenas será conferida quando se torne verosímil a existência dos pressupostos de que dependem as providências não especificadas, aqui materializados na séria probabilidade de existência de posse (ou situação jurídica equiparada) e no receio de lesão grave e dificilmente reparável que venha a ocorrer na esfera do requerente.

Para que um tal desiderato possa ser alcançado, torna-se necessária a alegação dos factos respectivos, integrando uma situação de posse turbada, com ou sem violência, ou de posse esbulhada, através de processo não violento. Importa ainda alegar factos integradores de uma situação de *periculum in mora*, o que pode exigir a qualificação e quantificação dos danos decorrentes da concretização das ameaças ou da persistência do esbulho.

A recondução da pretensão às regras do procedimento cautelar comum implica a formulação da pretensão conservatória ou antecipatória que, em concreto, se mostre idónea a *"assegurar a efectividade do direito ameaçado"*. Deste modo, o pedido será de matiz restitutória, se a situação de facto assentar no esbulho, ou cingir-se-á à intimação do requerido para que se abstenha da prática de actos de turbação da posse, se não tiver existido esbulho.

Cumprir-se-á, em regra, o contraditório prévio, nos termos do art. 385.º, n.º 1.

Aquando da apreciação das virtualidades das medidas cautelares, o juiz deverá optar por aquela que melhor se ajuste à tutela da situação de *periculum in mora.*[101]

A providência será rejeitada se o prejuízo resultante do seu decretamento exceder consideravelmente o dano que se pretende evitar (art. 387.º, n.º 2). Pode ainda ser condicionada à prestação de caução, nos termos do art. 390.º, n.º 2.

18. Caducidade:

A inovação decorrente do art. 395.º é susceptível de colocar uma dúvida a respeito da sujeição desta providência comum ao prazo de caducidade previsto para a generalidade das acções possessórias.

O art. 1282.º do CC estabelece o prazo de um ano a contar do facto da turbação ou do esbulho para o possuidor accionar as acções de manutenção ou de restituição de posse. Também a restituição provisória da posse, porque instrumental relativamente à primeira acção, está sujeita ao mesmo prazo de caducidade. O art. 395.º, abarcando situações que anteriormente não obtinham tão clara protecção, veio prever expressamente a possibilidade de utilização do procedimento cautelar comum para defesa antecipada da posse.

Num caso e noutro estamos perante procedimentos de natureza cautelar, necessariamente dependentes de instrumentos processuais mais solenes, ou seja, de acções declarativas ajustadas a cada uma das situações, pelo que o alargamento da tutela cautelar expressamente assumido pelo legislador não revela qualquer cedência quanto ao estabelecimento de um *prazo* para o exercício de direitos em matéria de defesa da posse.

Se a medida terá de ser acompanhada da instauração de uma acção de restituição ou de manutenção de posse, sem dúvida alguma sujeita ao prazo de caducidade previsto no art. 1282.º do CC, não se antolham razões para excluir desse prazo o próprio procedimento cautelar comum.

Acresce que a tutela da posse, designadamente quando se trate de posse meramente formal, por não ter subjacente o correspondente direito real, se funda na protecção da aparência, e visa restabelecer a paz social afectada por actos de tur-bação ou de esbulho. Ora, a previsão de um

[101] Cfr. **Abrantes Geraldes**, *Temas da Reforma do Processo Civil*, vol. III, 4ª ed., págs. 334 e segs.

curto prazo de caducidade para o accionamento dos meios possessórios visa motivar o possuidor esbu-lhado ou perturbado a agir rapidamente.

Assim, não faria sentido algum uma interpretação que abdicasse de qualquer prazo para o accionamento do procedimento cautelar comum possessório.[102]

---

[102] Este foi, de resto, o entendimento que adoptei no Ac. da Rel. de Coimbra, de 2-11-99 (*Anexo n.º 1*), similar ao seguido no Ac. da Rel. de Coimbra, de 4-11-98, CJ, tomo V, pág. 11, e no Ac. da Rel. de Lisboa, de 3-11-99, BMJ 491.º/319. Também é defendido por **Lebre de Freitas**, *CPC anot.*, vol. II, pág. 83.

Discorda-se, por isso, da solução advogada por **Abílio Neto**, no comentário ao art. 395.º do CPC.

SUBSECÇÃO II

Suspensão de Deliberações Sociais

Art. 396.º

(Pressupostos e formalidades)

1 – Se alguma associação ou sociedade, seja qual for a sua espécie, tomar deliberações contrárias à lei, aos estatutos ou ao contrato, qualquer sócio pode requerer, no prazo de dez dias, que a execução dessas deliberações seja suspensa, justificando a qualidade de sócio e mostrando que essa execução pode causar dano apreciável.

2 – O sócio instruirá o requerimento com cópia da acta em que as deliberações foram tomadas e que a direcção deve fornecer ao requerente dentro de vinte e quatro horas; quando a lei dispense a reunião de assembleia, a cópia da acta será substituída por documento comprovativo da deliberação.

3 – O prazo fixado para o requerimento da suspensão conta-se da data da assembleia em que as deliberações foram tomadas ou, se o requerente não tiver sido regularmente convocado para a assembleia, da data em que ele teve conhecimento das deliberações.

Art. 397.º

(Contestação e decisão)

1 – Se o requerente alegar que lhe não foi fornecida cópia da acta ou o documento correspondente, dentro do prazo fixado no artigo anterior, a citação da associação ou sociedade é feita com a cominação de que a contestação não será recebida sem vir acompanhada da cópia ou do documento em falta.

2 – Ainda que a deliberação seja contrária à lei, aos estatutos ou ao contrato, o juiz pode deixar de suspendê-la, desde que o prejuízo resultante da suspensão seja superior ao que pode derivar da execução.

3 – A partir da citação, e enquanto não for julgado em primeira instância o pedido de suspensão, não é lícito à associação ou sociedade executar a deliberação impugnada.

Sumário:

19 - Introdução
20 - Âmbito subjectivo
21 - Âmbito objectivo
22 - Deliberações não executadas
23 - Prazo
24 - Pressupostos processuais
25 - Tramitação
26 - Produção de prova
27 - Decisão
28 - Acção principal

19. Introdução:

A suspensão de deliberações sociais constitui uma providência específica que permite antecipar certos efeitos derivados da sentença declarativa da nulidade ou da anulabilidade, obstando à execução de uma deliberação formal ou substancialmente inválida, mas susceptível de se repercutir negativamente na esfera do sócio ou da sociedade ou outra pessoa colectiva.

A amplitude reconhecida ao direito de acção em geral e, em particular, ao direito de acção com função cautelar, transporta o risco da sua utilização abusiva ou injustificada.[103] No caso concreto, procurou o

---

[103] Para isso alerta **Oliveira Ascensão** quando alude "à actual tendência de empolar os meios preliminares, travando aí as batalhas mais importantes – o que é anómalo, e só parcialmente justificado pela lentidão dos meios definitivos" (*Direito Comercial*, 1992, vol. IV, pág. 301).

legislador evitar, tanto quanto possível, a perturbação injustificada da actividade societária, através de uma ajustada ponderação dos valores da segurança e da celeridade que coexistem nos procedimentos cautelares.

20. Âmbito subjectivo:

20.1. O campo de aplicação do procedimento é definido através da natureza jurídica das entidades cujas deliberações podem ser suspensas.

Dirige-se fundamentalmente às sociedades e às associações,[104] estando excluídas as pessoas colectivas de direito público, sujeitas a regulamentação específica.

Já no âmbito das *sociedades comerciais*, não se estabelece qualquer distinção, abarcando tanto as sociedades anónimas como as sociedades por quotas, em comandita ou em nome colectivo.

No que respeita às *associações*, cujo processo de formação da vontade, através de deliberações dos respectivos órgãos, resulta dos arts. 171.º e 172.º do CC, os fundamentos da anulabilidade das deliberações que podem servir de causa justificativa para a respectiva suspensão constam dos arts. 174.º, n.º 2, 176.º e 177.º.

Quanto às *cooperativas*, estão subsidiariamente sujeitas ao regime prescrito para as sociedades comerciais.[105] Por essa via se torna fácil

---

[104] Como se decidiu no Ac. da Rel. do Porto, de 16-3-98, CJ, tomo II, pág. 203, entre as associações podem destacar-se as instituições privadas de solidariedade social. O Ac. da Rel. do Porto, de 28-9-00, CJ, tomo IV, pág. 195, avança mesmo para a inclusão de uma Fundação de Solidariedade Social.

Também no Ac. da Rel. de Guimarães, de 4-2-04, CJ, tomo I, pág. 284, se concluiu que podem ser abarcadas pela providência de suspensão deliberações tomadas no seio das Misericórdias, embora, como se decidiu nos Acs. do STJ, de 20-6-06, CJSTJ, tomo II, pág. 121, de 27-1-05, CJSTJ, e de 17-2-05, CJSTJ, tomo I, págs. 49 e 77, haja que restringir tal providência às situações em que actuem como entidades equiparadas a associações (fins de assistência ou de beneficência), excluindo, assim, as questões ou conflitos que, por via da Concordata outorgada entre Portugal e a Santa Sé, estão submetidos ao Direito Canónico. Cfr. ainda o Ac. da Rel. de Évora, de 4-6-09, CJ, tomo III, pág. 259.

Excluídas estão as deliberações tomadas em assembleias gerais ou órgãos equivalentes de instituições de previdência, associações sindicais, assocoações de empregadores e comissões de trabalhadores sujeitas à *jurisdição laboral*, cujo mecanismo cautelar de suspensão vem regulado no art. 168.º do CPT, sem autonomia formal, inserido na tramitação do processo especial de impugnação das referidas deliberações.

[105] Nos termos do art. 9.º do Cód. Cooperativo, aprovado pela Lei n.º 51/96, de 7-9. Para além disso, o art. 43.º, n.º 8, do mesmo diploma, também é claro quando se prevê o

detectar o apoio legal necessário a aceder ao procedimento de suspensão das respectivas deliberações.

20.2. A solução já não é tão clara quando se trata de definir o modo de acautelar provisoriamente interesses feridos por deliberações tomadas no seio de entidades que, apesar de externamente se apresentarem com características semelhantes às daquelas sociedades pessoas colectivas, são destituídas de personalidade jurídica, como sucede com as associações de facto, as sociedades civis ou as sociedades irregulares.[106]

Tendo tais entidades um substrato patrimonial ou pessoal, não estão livres da ocorrência de conflitos no âmbito do processo de formação da vontade atinente ao desempenho das respectivas actividades.

Quanto às *associações de facto*, a legitimidade do recurso à providência cautelar de suspensão de deliberações resulta da norma do art. 195.º do CC e da remissão aí feita para as regras sobre associações. As dúvidas que poderiam derivar da susceptibilidade de serem partes em processos (ou procedimentos) judiciais foram pragmaticamente solucionadas pelo art. 6.º, al. b), do CPC, que lhes atribui personalidade judiciária.

Também no que concerne às *sociedades civis* são várias as normas que se reportam às suas deliberações (arts. 985.º, n.º 4, 986.º, n.º 3, ou 1005.º do CC), prenunciando a existência de mecanismos que, a par da arguição da respectiva invalidade, comportem o pedido de suspensão da sua execução. A ponte para as normas reguladoras das associações encontra-se no art. 157.º do CC.[107]

Por fim, no âmbito das *sociedades comerciais "irregulares"* (isto é, antes de completado o respectivo processo de formação, através do acto

---

"*recurso para os tribunais*" relativamente às deliberações da assembleia geral, sendo que no Ac. da Rel. de Lisboa, de 17-12-92, CJ, tomo V, pág. 159, se limitou a providência de suspensão às deliberações tomadas no âmbito da assembleia geral da cooperativa.

[106] Oportunamente abordaremos a suspensão de deliberações respeitantes à assembleia de condóminos a que se reporta o art. 398.º (*infra*, 29. e 30.)

No Ac. da Rel. de Lisboa, de 17-12-92, CJ, tomo V, pág. 159, excluiu-se do âmbito da providência uma entidade sem qualquer base associativa e sem personalidade jurídica, no caso, uma universidade privada, instituída no âmbito de uma cooperativa.

[107] Neste sentido cfr. **Lebre de Freitas**, *CPC anot.* vol. II, pág. 85, **Moitinho de Almeida**, *Anulação e Suspensão de Deliberações Sociais*, 2ª ed., pág. 12, e **Antunes Varela**, *CC anot.*, vol. II, 4ª ed., pág. 321, contrariando a posição assumida por **Alberto dos Reis**, *CPC anot.*, vol. I, pág. 676.

constitutivo e do registo do pacto social),[108] a remissão que nos arts. 36.º, n.º 2, e 37.º do CSC é feita para o regime aplicável às sociedades civis ou para o das sociedades comerciais também é esclarecedora quanto à susceptibilidade de as respectivas deliberações poderem ser alvo da providência suspensiva.

Para culminar, sempre se dirá que a redacção do n.º 1 do art. 396.º do CPC, quando se reporta à "*associação ou sociedade... seja qual for a sua espécie*", tem amplitude suficiente para integrar todas as entidades anteriormente mencionadas.

21. Âmbito objectivo:

21.1. No quadro do direito das sociedades e das associações podem ser diversas as circunstâncias a exigir a adopção de medidas preventivas de natureza conservatória ou antecipatória como passo fundamental para tornar eficaz a actividade jurisdicional a desenvolver na acção principal. Mas a simples designação dada à medida cautelar ("*suspensão de deliberações sociais*") logo permite identificar o seu objecto e estabelecer a distinção quanto a outras situações.

A providência de suspensão exerce uma *função instrumental* relativamente às acções de declaração de invalidade de deliberações sociais. Por isso, apenas faz sentido o seu uso quando a situação litigiosa tenha origem numa deliberação cuja execução se pretenda evitar, com a alegação dos prejuízos que daí possam decorrer.

21.2. A delimitação do objecto da providência faz-se ainda pela via da qualificação jurídica do modo pelo qual se forma e exterioriza a vontade da pessoa colectiva.

No âmbito da anterior legislação era corrente o entendimento de que a providência estava limitada às deliberações tomadas em reuniões ou assembleias gerais dos sócios. A nova legislação sobre sociedades integra nas "*deliberações sociais*" não apenas as deliberações dos sócios, em assembleia geral (ou, certas vezes, por escrito), mas também as decisões tomadas por outros órgãos sociais, como o Conselho de Administração e o Conselho Fiscal das sociedades anónimas, ou a Direcção nas sociedades por quotas, e que anteriormente assumiam a designação de resolu-

[108] Cfr. o Ac. da Rel. de Coimbra, de 24-2-93, CJ, tomo I, pág. 54.

ções ou de decisões.[109] Deste modo, é pertinente questionar se na delimitação do objecto do procedimento deve fazer-se a respectiva actualização, por forma a acompanhar aquela evolução normativa, ou se, pelo contrário, a providência deve manter-se apegada ao núcleo correspondente à anterior terminologia.

21.3. Um determinado sector da doutrina e da jurisprudência seguiu aquela primeira via, conferindo ao procedimento cautelar de suspensão a capacidade de absorver pretensões que, de outra forma, deveriam enquadrar-se no procedimento cautelar comum (*infra*, 27.2).[110]

Outros assumem uma *interpretação restritiva* que limita o seu campo de aplicação às deliberações da sociedade ou às que lhe possam ser imputadas, usando um argumento extraído do art. 396.º do CPC, cujo texto apenas se reporta a deliberações da sociedade, apesar de inserido numa Subsecção com a epígrafe "*Suspensão de deliberações sociais*".[111]

---

[109] Cfr. **Taveira da Fonseca**, *Deliberações sociais – suspensão e anulação*, em *Textos – Sociedades Comerciais*, ed. do CEJ, 1994/95, pág. 87, e **Pereira de Almeida**, *A relevância dos vícios do voto nas deliberações sociais*, em *Estudos em Homenagem ao Prof. Doutor Inocêncio Galvão Teles*, vol. IV, págs. 637 e segs.

[110] Cfr. a resenha feita por **Taveira da Fonseca**, *Deliberações sociais – suspensão e anulação*, em *Textos – Sociedades Comerciais*, ed. do CEJ, 1994/95, pág. 98, onde menciona, além do mais, o Ac. do STJ, de 29-4-92, segundo o qual, estando em causa uma deliberação do Conselho de Administração duma sociedade, não é adequada a providência cautelar não especificada. Cfr. ainda os Acs. da Rel. de Lisboa, de 3-10-95, CJ, tomo IV, pág. 99, e de 23-2-89, CJ, tomo I, pág. 131, os Acs. da Rel. do Porto, de 23-2-89, CJ, tomo I, pág. 131, e de 20-11-03, CJ, tomo III, pág. 198, e **Pinto Furtado**, *Deliberações dos Sócios*, pág. 466.

No mesmo sentido, relativamente a deliberação da direcção de uma cooperativa, cfr. o Ac. da Rel. de Lisboa, de 17-12-92, CJ, tomo V, pág. 159.

E relativamente a uma deliberação da Mesa da Assembleia-Geral de uma associação, o Ac. da Rel. do Porto, de 8-1-01, CJ, tomo I, pág. 175.

[111] Cfr. **Taveira da Fonseca**, *Deliberações sociais – suspensão e anulação*, em *Textos – Sociedades Comerciais*, ed. CEJ, pág. 100, **Lobo Xavier**, RLJ 120.º/317, **Oliveira Ascensão**, *Direito Comercial*, 1992, vol. IV, pág. 302, **Soveral Martins**, *Suspensão de deliberações sociais de sociedades comerciais – alguns problemas*, na *ROA*, 63.º/357, o Ac. da Rel. de Coimbra, de 3-12-91, CJ, tomo V, pág. 73, e o Ac. da Rel. de Lisboa, de 25-11-04, in CJ, tomo V, pág. 97. Anote-se ainda **Alberto dos Reis**, *CPC anot.*, vol. I, pág. 675, e o Ac. da Rel. de Lisboa, de 14-10-93, CJ, tomo IV, pág. 149.

Contrariando a posição defendida por **Raúl Ventura**, *Estudos Vários Sobre Sociedades Anónimas*, págs. 558 e segs., no Ac. do Trib. Constitucional, de 24-9-03, publicado no D.R., II Série, de 17-11-03, considerou-se não ser inconstitucional uma interpre-

Na sequência dessa interpretação, a medida cautelar específica fica reservada às deliberações da sociedade tomadas em assembleia geral (ou, quando a lei o prevê, às que tenham revestido a forma escrita) e às deliberações de outros órgãos que possam ainda ser imputadas à sociedade, por serem reflexo de competência delegada decorrente do contrato de sociedade.

Todavia, a exclusão de outos actos societários do âmbito do procedimento específico de suspensão de deliberações sociais não coarcta a possibilidade de o interessado aceder à tutela cautelar. O que sucede é que deve recorrer ao *procedimento cautelar comum*, ficando a correspondente providência cautelar não especificada dependente da prova dos requisitos previstos nos arts. 381.º, n.º 1, e 387.º, n.º 1.

21.4. Tradicionalmente, a providência suspensiva servia essencialmente o *direito potestativo* de anulação de deliberações sociais.[112] Mas ainda que a esse respeito não existisse unanimidade, consideravam-se também abarcadas as deliberações afectadas por nulidade, igualmente carecidas de medidas suspensivas capazes de antecipar os efeitos da respectiva sentença declaratória.[113]

A questão encontra-se ultrapassada pela actual redacção do art. 396.º, n.º 1, onde se adoptou um conceito amplo de ilegalidade susceptível de englobar tanto as deliberações contrárias à lei, como aquelas que firam os estatutos ou o contrato de sociedade.[114]

---

tação do art. 412.º do CSC que impede acção de anulação directamente dirigida contra decisões dos administradores. No mesmo sentido cfr. o Ac. da Rel. do Porto, de 15-3-04, CJ, tomo II, pág. 164. Sobre a matéria cfr. **Pais de Vasconcelos**, *A Participação Social nas Sociedades Comerciais*, pág. 182.

[112] Refere **Anselmo de Castro**, *Direito Processual Civil Declaratório*, vol. I, pág. 133, nota 1, que a suspensão de deliberações visa garantir "o direito potestativo à anulação da deliberação respectiva (acção constitutiva)".

[113] A nulidade pode ser de natureza formal, assente em vícios do processo, ou substancial, ligada ao conteúdo da própria deliberação.

Sobre a distinção entre anulabilidade e nulidade das deliberações sociais cfr. **Carneiro da Frada**, *Deliberações sociais inválidas no novo Código das Sociedades*, em *Novas Perspectivas do Direito Comercial*, págs. 315 a 336, e **Salinas Monteiro**, *Critério de distinção entre a anulabilidade e a nulidade de deliberações sociais no CSC*, em *Direito e Justiça*, vol. VIII, tomo 2, 1994, págs. 211 a 259.

[114] Cfr. **Carlos Olavo**, CJ, 1988, tomo II, págs. 21 e segs., **Soveral Martins**, *Suspensão de deliberações sociais de sociedades comerciais – alguns problemas*, na *ROA*, ano 63.º, pág. 345 e segs., e o Ac. da Rel. do Porto, de 15-11-93, CJ, tomo V, pág. 208.

21.5. Todavia, não se mostram superadas todas as dúvidas quando se trazem à colação outras situações de desconformidade com a lei ou com o contrato que configurem deliberações ineficazes ou afectadas por inexistência jurídica.

Perante uma deliberação qualificada como *ineficaz*, designadamente por falta do consentimento exigido para o efeito, nos termos do art. 55.º do CSC,[115] poder-se-ia ser tentado a rejeitar a providência cautelar específica com um argumento conceptualista, assente numa aparente contradição dos próprios termos, que obstaria à suspensão de "*efeitos*" de uma deliberação que, por ser "*ineficaz*", seria insusceptível de os produzir.

Tratar-se-ia, acima de tudo, de uma construção engenhosa, ao gosto dos amantes dos silogismos, incapaz, no entanto, de obstar à efectiva perturbação da esfera dos interessados decorrente de deliberações que, numa perspectiva puramente jurídica, são insusceptíveis de produzir qualquer resultado, mas que efectivamente produzem consequências de ordem prática cuja suspensão se pode revelar de grande utilidade.

É por isso que, assentando os juízos numa base essencialmente pragmática, coerente com o papel que os instrumentos processuais devem desempenhar na resolução dos problemas da vida, tem vindo a sedimentar-se a ideia de admitir com mais latitude a figura da ineficácia deliberativa e de encontrar nas providências cautelares a energia capaz de repelir os efeitos práticos que, apesar de tudo, possam emergir da sua execução.

Já não existe uniformidade acerca da identificação da providência idónea, encontrando-se a doutrina e a jurisprudência divididas entre os que advogam a sua inserção no cone de sombra da suspensão de deliberações sociais e os que reputam mais apropriada a cobertura genericamente consentida pelo *procedimento cautelar comum*.[116]

---

[115] Como refere **Moitinho de Almeida**, *Anulação e Suspensão de Deliberações Sociais*, 2ª ed., pág. 45, ineficazes relativamente aos sócios serão, por exemplo, as deliberações que interfiram no direito aos lucros anteriormente definidos em assembleia geral e que, por isso, já passaram a integrar a sua esfera jurídica, enquanto créditos opostos à sociedade. No mesmo local se cita **Ferrer Correia** que, a respeito de direitos creditórios ou extracorporativos, defende que "toda a deliberação social que suprima ou restrinja um desses direitos sem o consentimento do respectivo titular, deve, portanto, considerar-se *ineficaz*".

Sobre a figura da ineficácia e sua exemplificação cfr. ainda **Taveira da Fonseca**, *Deliberações sociais – suspensão e anulação*, em *Textos – Sociedades Comerciais*, ed. CEJ, 1994/95, pág. 123.

[116] No sentido da afirmação do *procedimento específico* cfr. **Pinto Furtado**, *Deliberações Sociais*, págs. 467 e 472, **Taveira da Fonseca**, *Deliberações sociais – suspensão e anulação*, em *Textos – Sociedades Comerciais*, ed. do CEJ, 1994/95, pág. 93,

21.6. Tudo quanto se disse sobre as deliberações ineficazes pode ser transposto para o domínio das deliberações que devam reputar-se de *inexistentes*, mas cuja execução, apesar disso, possa repercutir-se negativamente na esfera jurídica dos interessados.[117]

22. Deliberações não executadas:

22.1. Para além dos efeitos antecipatórios que algumas providências cautelares comportam, a sua função primária está ligada ao impedimento de *danos futuros* que podem resultar de comportamentos activos ou omissivos de outrem, através da conservação da situação existente. Também à suspensão de deliberações sociais não escapa a consideração de que, mais do que restaurar provisoriamente situações pregressas, interessa prevenir danos futuros.

Esta condição negativa não se encontra expressa em qualquer norma reguladora do procedimento de suspensão. Apesar disso, a denominação específica da providência ("*suspensão*"), a par da aplicação supletiva das regras do procedimento cautelar comum e da natureza e objectivos da tutela cautelar, impõem a restrição às *deliberações ainda não executadas*.

Quanto às outras, ou seja, quanto às deliberações executadas antes da instauração do procedimento, a negação da providência cautelar é resultado da falta de verificação de uma condição de procedência. Para as executadas integralmente entre a propositura do procedimento e a citação da requerida melhor se ajustará a figura da inutilidade superveniente da lide. Em qualquer dos casos, o resultado reconduzir-se-á à inviabilidade da pretensão.[118]

Carlos Olavo, CJ, 1988, tomo III, pág. 21, e os Acs. do STJ, de 10-4-84, BMJ 336.º/442, e de 31-10-89, BMJ 390.º/418.

Já **Lobo Xavier**, na RLJ 123.º/376, e **Moitinho de Almeida**, *Anulação e Suspensão de Deliberações Sociais*, 2ª ed., pág. 142, propendem para o *procedimento cautelar comum*.

[117] Neste sentido cfr. **Pinto Furtado**, *Deliberações Sociais*, pág. 467, contrariando a posição assumida por **Vaz Serra**, na RLJ 110.º/371.

Nos Acs. do STJ, de 4-12-96, BMJ 462.º/441, e de 4-10-96, CJSTJ, tomo III, pág. 34, defendeu-se para semelhantes situações a inserção das pretensões suspensivas no leque de providências cautelares não especificadas.

[118] Cfr. **Taveira da Fonseca**, *Deliberações sociais – suspensão e anulação*, em *Textos – Sociedades Comerciais*, ed. CEJ, 1994/95, pág. 107.

Como é óbvio, tratando-se de deliberações não passíveis de execução, não se justifica a suspensão, como defende **Teixeira de Sousa**, *Estudos Sobre o Novo Processo Civil*, 2ª ed., pág. 241, e resulta do Ac. da Rel. de Coimbra, de 19-12-89, CJ, tomo V, pág. 64.

Já quanto às *deliberações executadas* entre a citação da requerida e a data da decisão a solução depende da resposta que for dada quanto à interpretação do n.º 3 do art. 397.º que considera não ser "*lícito à associação ou sociedade executar a deliberação impugnada*". Assumindo que a citação antecipa os efeitos da providência cautelar, a execução da deliberação, contra o legalmente determinado, implicaria a ineficácia da mesma. Já se se entender que esse efeito antecipatório não decorre da lei, a execução da deliberação, mesmo contra o disposto em tal preceito, apenas determina responsabilidade civil dos executores, gerando a inutilidade superveniente da providência solicitada (*infra*, 25.6).

22.2. Mas nem sempre as circunstâncias são conformes com a formulação de um juízo reducionista a respeito da tipologia de deliberações susceptíveis de suspensão. A complexidade da vida corrente afecta sobremaneira as sociedades ou associações. Daí que possam surgir deliberações que, escapando ao simplismo da execução imediata ou instantânea das deliberações inválidas, se projectam no tempo através da repetição dos actos executivos ou da persistência dos seus efeitos, ou que se traduzem num encadeamento de actos que se prolongam. Pode, aliás, asseverar-se que as deliberações de execução complexa, duradoura ou de efeitos prolongados predominam sobre as que se revelam através de actos de execução instantânea.

Por isso, mais uma vez, torna-se legítimo questionar se, relativamente ao mencionado requisito negativo, devem ponderar-se os efeitos que se vão produzindo ou repetindo, bastando a sua constatação para justificar o decretamento da medida cautelar solicitada, ou se, pelo contrário, deve usar-se um critério mais rígido e impeditivo da suspensão de deliberações que, de algum modo, já foram executadas e produziram efeitos, ainda que parciais.

22.3. A jurisprudência e a doutrina têm respondido sem uniformidade a esta questão. Mas apesar das divergências que continuam a notar-se,[119]

[119] Atendendo apenas aos efeitos típicos ou imediatos, considerou-se ser inviável suspender os efeitos da deliberação que elegeu os corpos sociais (Ac. da Rel. de Coimbra, de 20-10-87, CJ, tomo IV, pág. 82), da que determinou a exoneração de um sócio (Ac. da Rel. de Coimbra, de 1-6-82, CJ, tomo III, pág. 45) ou da que motivou a suspensão de um sócio (Ac. da Rel. de Coimbra, de 26-10-99, CJ, tomo IV, pág. 42). **Rodrigues Bastos**, *Notas ao CPC*, II vol., 3ª ed., pág. 181, também nega a possibilidade de suspender esses efeitos.

parece avolumar-se o número de opiniões e de arestos que, privilegiando a função instrumental do direito, como sistema que deve responder às exigências da vida, dão maior realce aos efeitos práticos para justificar a utilidade da medida, ainda que restrita aos eventos futuros.

Isso permite formular a conclusão de que a suspensão da deliberação social não deve entender-se no seu sentido mais restrito, como simples impedimento da actividade dos órgãos sociais destinada a executá-la, antes deve estender-se à paralisação dos efeitos jurídicos que a mesma ainda seja susceptível de produzir.[120]

---

[120] Neste sentido cfr. **Pinto Furtado**, *Deliberações Sociais*, pág. 478, **Pereira de Almeida**, *Sociedades Comerciais*, pág. 93, **Teixeira de Sousa**, *Estudos Sobre o Novo Processo Civil*, 2ª ed., pág. 241, **Lebre de Freitas**, *CPC anot.*, vol. II, pág. 88, **Carlos Olavo**, CJ, 1998, tomo III, pág. 31, **Soveral Martins**, *ROA*, 58.º/1384, e **Pinto Duarte**, *A ilicitude da execução de deliberação a partir da citação para o procedimento cautelar de suspensão*, em *Cadernos de Direito Privado*, n.º 5, págs. 17 a 23.

Também **Taveira da Fonseca**, *Deliberações sociais – suspensão e anulação*, em *Textos – Sociedades Comerciais*, ed. do CEJ, 1994/95, pág. 109, depois de indicar como exemplo de deliberação de execução imediata, sem efeitos reflexos, a que se traduza na atribuição de uma gratificação que já tenha sido paga ao beneficiário, apresenta como exemplos de situações inversas, que continuam a justificar a suspensão, a deliberação de aumento da remuneração mensal dos membros dos órgãos sociais, a deliberação de privação de rendimentos decorrente da destituição de gerente ou aquela de que resultem efeitos desprestigiantes para o nome da sociedade.

Segundo a tese mais corrente, podem ser suspensas as deliberações de execução contínua ou permanente ou que, apesar de executadas através de acto único, continuem a produzir efeitos (Ac. do STJ, de 12-11-87, BMJ 371.º/378). O mesmo sucede com as deliberações que, apesar de terem sido imediatamente executadas, perdurem no tempo, sendo causa de dano apreciável, como sucede com a eleição de membros dos órgãos sociais (Ac. da Rel. do Porto, de 12-2-96, CJ, tomo I, pág. 219).

A mesma solução já foi adoptada para as seguintes situações:

- Destituição de gerente ou de administrador (Acs. do STJ, de 16-5-95, CJSTJ, tomo II, pág. 85, e de 29-6-93, CJSTJ, tomo II, pág. 169, Ac. da Rel. de Lisboa, de 23-1-96, CJ, tomo I, pág. 100, e Acs. da Rel. do Porto, de 26-1-78, CJ, tomo I, pág. 147, e de 18-4-94, BMJ 436.º/445);
- Proclamação de uma lista vencedora em eleição para os órgãos sociais, mesmo que empossados os seus membros (Ac. da Rel. do Porto, de 23-5-89, CJ, tomo III, pág. 206);
- Amortização da quota ainda não concretizada (Ac. da Rel. do Porto, de 15-6-93, BMJ 428.º/682);
- Destituição de gerente ainda não registada (Ac. do STJ de 6-6-91, BMJ 408.º/445);
- Designação de nova administração e prática dos "actos que encontrem o seu fundamento na deliberação" (**Soveral Martins**, na *ROA*, 58.º/1384).

Sobre a matéria cfr. ainda os pareceres de **Ribeiro Mendes** e **Antunes Varela**, CJ, 1990, tomo I, págs. 57 e segs. e 72 e segs., e **Soveral Martins**, *Suspensão de deliberações sociais de sociedades comerciais – alguns problemas*, *ROA*, 63.º/352.

Nesta base, enquanto não estiver totalmente executada ou enquanto se protraírem no tempo os respectivos efeitos directos, laterais, secundários ou reflexos, desde que suficientemente graves para serem causadores de dano apreciável, será viável obter a suspensão da sua execução através da específica providência criada pelo legislador.[121]

23. Prazo:

23.1. A lei prevê um *prazo* de 10 dias para a instauração do procedimento cautelar.

Juntamente com o embargo de obra nova (*infra*, 74.2) ou com a suspensão de despedimento no processo do trabalho, a lei establece para a providência de suspensão de deliberações sociais um prazo específico que é independente do previsto para o exercício do direito subjectivo através da acção principal.

As razões ligadas à suspensão de deliberações são de fácil apreensão. Com efeito, nas sociedades (e nas restantes entidades abarcadas), as deliberações constituem o modo privilegiado de formação e de exteriorização da vontade, dependendo da sua execução a gestão dos assuntos que interessam às respectivas actividades. O excessivo arrastamento de questões ligadas à regularidade formal ou substancial das deliberações motivado pela falta de previsão de um prazo de actuação ou pela sujeição ao prazo eventualmente previsto para o exercício do direito potestativo através da acção principal seria susceptível de provocar instabilidade incompatível com a natureza e objectivos que tais entidades prosseguem.

Daí a conveniência em abreviar a resolução de litígios atinentes às deliberações sociais. Para além de se estabelecer um curto prazo de caducidade para a instauração da acção de anulação da deliberação, reduziu-se também, até aos limites do razoável, o prazo para ser requerida a sua suspensão, redução justificada ainda pelos efeitos associados à citação da pessoa colectiva, nos termos do art. 397.º, n.º 3.

23.2. Não tem sido questionada a *natureza do prazo* para instauração do procedimento cautelar. Malgrado estar previsto na lei adjectiva, é seguro que se trata de um prazo de caducidade,[122] cujo decurso

---

[121] Cfr. o Ac. da Rel. de Lisboa, de 27-3-07, CJ, tomo II, pág. 96.

[122] Afirmando a *natureza substantiva* do prazo cfr. **Lebre de Freitas**, *CPC anot.*, vol. II, pág. 92, **Rodrigues Bastos**, *Notas ao CPC*, vol. II, 3ª ed., pág. 181, o Ac. do

determina a extinção do direito de acção cautelar, sem prejuízo da manutenção do direito a exercer através da acção principal.

Antes da recente alteração do art. 144.º do CPC entendia-se que, tendo tal prazo natureza substantiva e não existindo para a sua contagem regra diversa da que constava do art. 279.º do CC, era esta a norma que deveria aplicar-se, de onde derivava a contagem seguida, sem interrupção em período de férias judiciais.[123]

Aquele preceito foi modificado e, nos termos da nova redacção do art. 144.º, n.º 4, o critério adoptado relativamente à contagem dos prazos judiciais foi estendido aos "*prazos de propositura de acções*" previstas no CPC. Por isso, conquanto se mantenha a *natureza substantiva* do prazo e a sujeição ao regime da caducidade constante do Código Civil, a sua contagem está sujeita ao disposto no art. 144.º do CPC.[124] Considerando que se trata de acto a praticar em processo que, de acordo com o art. 382.º, n.º 1, é qualificado como urgente, o mencionado prazo *não se suspende* em período de férias judiciais (art. 144.º, n.º 1).[125]

23.3. Objectar-se-á, porventura, que os procedimentos cautelares, *maxime* os que tendem a obter a suspensão das deliberações, não são verdadeiras "*acções*", antes constituem meios processuais acessórios, estando afastados do âmbito de aplicação do art. 144.º, n.º 4, do CPC, que apenas se reporta às "*acções*" previstas nesse Código.

STJ, 26-2-91, BMJ 404.º/381, os Acs. da Rel. de Lisboa, de 22-2-96, CJ, tomo I, pág. 124, e de 29-7-82, BMJ 325.º/602, os Acs. da Rel. de Coimbra, de 2-3-99, CJ, tomo II, pág. 13, de 26-1-88, CJ, tomo I, pág. 70, e de 7-7-87, BMJ 369.º/617, e o Ac. da Rel. do Porto, de 3-6-82, CJ, tomo III, pág. 325.

[123] Neste sentido cfr. **Pinto Furtado**, *Deliberações Sociais*, pág. 497, **Moitinho de Almeida**, *Anulação e Suspensão de Deliberações Sociais*, 2ª ed., pág. 141, **Taveira da Fonseca**, *Deliberações sociais – suspensão e anulação*, em *Textos – Sociedades Comerciais*, ed. do CEJ, 1994/95, pág. 105, citando ainda o Ac. da Rel. de Lisboa, de 11-10-83, CJ, tomo IV, pág. 123, e o Ac. da Rel. de Coimbra, de 26-1-88, CJ, tomo I, pág. 70.

[124] No mesmo sentido cfr. **Lebre de Freitas**, *CPC anot.*, vol. II, pág. 92.

[125] Neste sentido cfr. **Lebre de Freitas**, *CPC anot.*, vol. I, pág. 249, e vol. II, pág. 92, tese contrária à assumida no Ac. da Rel. de Coimbra, de 2-3-99, CJ, tomo II, pág. 13, e no Ac. do STJ, de 26-6-01 (Rel. Armando Lourenço).

A sequência do prazo em período de *férias judiciais* encontra plena justificação na necessidade de impedir o arrastamento de situações litigiosas susceptível de perturbar seriamente a actividade da pessoa colectiva.

Apesar de algum apoio que esta objecção poderá encontrar no elemento literal,[126] não se mostra suficiente para imputar ao legislador a intenção de excluir da norma em causa os prazos legais de propositura de procedimentos cautelares.[127]

23.4. Consideramos extensiva ao referido prazo de caducidade do procedimento cautelar a *prorrogação automática* prevista no art. 145.º, com base em argumentos idênticos aos que utilizamos para os prazos a que se reporta o art. 389.º.[128]

23.5. O *dies a quo* depende das circunstâncias.

O prazo contar-se-á a partir da data da realização da assembleia, se o sócio tiver sido regularmente convocado. Não o tendo sido, será contado a partir do conhecimento da deliberação, nos termos do n.º 3 do art. 396.º.[129]

Atenta a redacção do preceito, o que interessa para o início de contagem do prazo é o conhecimento da deliberação, independentemente do conhecimento do respectivo processo formativo.[130]

---

[126] Isso não impediu **Moitinho de Almeida** de qualificar os procedimentos cautelares como acções (*Anulação e Suspensão de Deliberações Sociais*, 2ª ed., pág. 149).

A indefinição terminológica encontra alguma justificação no Preâmbulo do Dec. Lei n.º 329-A/95, onde se alude à "*acção cautelar geral*". É ainda evidenciada pela leitura de diferentes normas atinentes à providência de suspensão de deliberações sociais: por um lado, as do art. 168.º, n.º 5, 2ª parte, do CSC, e do art. 121.º, n.º 1, al. d), da nova LOFTJ, que aludem a "*acções de suspensão de ... deliberações*"; por outro, as dos art. 9.º, al. e), 15.º, n.º 5, e 43.º, n.º 1, do Cód. de Registo Comercial, que diferenciam as "*acções de declaração de nulidade ou anulação de deliberações sociais*" dos "*procedimentos e providências cautelares de suspensão*".

Perante tão evidente falta de critério, parece mais acertado que o intérprete não extraia daí ilações que determinem a inaplicabilidade aos procedimentos cautelares do regime prescrito pelo art. 144.º do CPC. O que parece ganhar relevo, numa perspectiva racional, mais profunda do que a fundada em argumentos de cariz meramente formal, é que os motivos que determinaram a opção do legislador tanto servem para as acções como para os mencionados instrumentos processuais acessórios. Neste sentido cfr. também **Lebre de Freitas**, *CPC anot.*, vol. II, pág. 92.

[127] É claro que não se põe em dúvida a sua aplicabilidade ao prazo para propositura da acção principal previsto no art. 389.º, na sequência do deferimento da providência.

[128] **Abrantes Geraldes**, *Temas da Reforma do Processo Civil*, III, vol., 4ª ed., pág. 307.

[129] Cfr. o Ac. da Rel. de Lisboa, de 22-11-90, CJ, tomo V, pág. 121, e **Lebre de Freitas**, *CPC anot.*, vol. II, pág. 92.

[130] Cfr. o Ac. da Rel. de Lisboa, de 13-1-94, CJ, tomo I, pág. 88.

No Ac. da Rel. de Coimbra, de 28-4-98, BMJ 476.º/499, considerou-se que, recusando o sócio o recebimento da carta remetida para a sua convocação, o prazo dever-

Quanto ao *ónus da prova* do decurso do prazo, é de aplicar a regra geral do art. 343.º, n.º 2, do CC, que o faz recair sobre a requerida, tanto nos casos em que tenha existido convocação regular como na situação inversa.[131]

24. Pressupostos processuais:

24.1. Em regra, existe coincidência entre o critério de aferição do pressuposto processual da *legitimidade activa* para os procedimentos cautelares e para as acções, o que está de acordo com o nexo de dependência entre um e outro dos meios processuais.

No entanto, ao nível das deliberações sociais, essa regra não foi inteiramente acatada. A declaração de nulidade pode ser obtida em acção comum a solicitação de qualquer interessado directo, seja ou não sócio; a anulabilidade pode ser arguida através de acção declarativa pelos sócios que não tenham votado favoravelmente a deliberação e pelo órgão de fiscalização, nos termos do art. 59.º do CSC. Todavia, para a instauração do procedimento cautelar de suspensão da deliberação a lei impõe que o requerente tenha a *qualidade de sócio*, nos termos do art. 396.º, n.º 1, do CPC.[132]

-se-ia contar a partir da data da realização da assembleia, e não do conhecimento do conteúdo da deliberação. O mesmo se concluiu para uma situação em que o sócio, devidamente convocado, compareceu na assembleia de onde posteriormente se ausentou (Ac. da Rel. de Lisboa, de 22-2-96, CJ, tomo I, pág. 124)

[131] Neste sentido cfr. **Lebre de Freitas**, *CPC anot.*, vol. II, pág. 92, e o Ac. da Rel. de Lisboa, de 13-1-94, CJ, tomo I, pág. 88, solução que é rejeitada por **Taveira da Fonseca**, *Deliberações sociais – suspensão e anulação*, em *Textos – Sociedades Comerciais*, ed. CEJ, 1994/95, pág. 106, e pelo Ac. da Rel. de Coimbra, de 23-3-93, CJ, tomo II, pág. 19.

Cremos que não existem razões para distinguir qualquer das situações, além de que a requerida estará em melhores condições para provar a regularidade da convocação (facto positivo) do que o requerente para provar a irregularidade ou a falta de convocação (facto negativo).

[132] Ainda que tenha simultaneamente a qualidade de gerente, como se decidiu no Ac. da Rel. de Évora, de 9-12-88, BMJ 382.º/548. E mesmo que, face à lei ou aos estatutos, não seja conferido ao sócio *direito de voto*, como se decidiu no Ac. do STJ, de 20-5-97, CJSTJ, tomo II, pág. 99, aresto em que se entendeu também que deveria existir *actualidade* relativamente à qualidade de sócio.

A respeito ainda da legitimidade singular afirma **Pinto Furtado** que "é unicamente preciso ser *sócio* para poder requerer o *procedimento cautelar*, seja qual for a sua participação no *capital social* e tenha ou não *direito de voto*, seja *sócio de capital* ou um

Para quem não detenha essa qualidade e pretenda, ainda assim, impugnar a deliberação prejudicial, restará o recurso ao procedimento cautelar comum, verificados que sejam os respectivos requisitos.[133]

Relativamente às *sociedades de capital aberto*, definidas no art. 13.º do Cód. de Valores Mobiliários, o direito de requerer a suspensão de deliberações sociais apenas é conferido ao sócio ou grupo de sócios que detenham acções correspondentes, pelo menos, a 0,5% do capital social (art. 24.º, n.º 1).[134]

A *legitimidade passiva* para a acção ou para a suspensão pertence unicamente à sociedade, atento o disposto no art. 60.º, n.º 1, do CSC.

24.2. Quanto à *competência internacional*, deve ter-se em consideração que cabe exclusivamente aos tribunais nacionais a apreciação da validade das deliberações sociais de pessoas colectivas ou sociedades sedeadas em território nacional, nos termos do art. 65.º-A, al. e), do CPC, e do art. 22.º, n.º 2, do Regulamento (CE) n.º 44/2001.

---

simples *sócio de indústria*" (*Deliberações Sociais*, pág. 497). Mais adiante (com a concordância de **Lebre de Freitas**, *CPC anot.*, vol. II, pág. 90) admite a coincidência entre a legitimidade activa para qualquer acção e para o procedimento de suspensão, conferindo legitimidade a terceiros quando as providências tenham por objecto deliberações afectadas por nulidade (págs. 501 e 502), solução que igualmente é assumida por **Marques Estaca**, *O Interesse da Sociedade nas Deliberações Sociais*, pág. 157.

A qualidade de sócio é imposta como factor legitimador na interpretação de **Taveira da Fonseca**, *Deliberações sociais – suspensão e anulação*, em *Textos – Sociedades Comerciais*, ed. CEJ, 1994/95, pág. 90, embora admita situações de *legitimidade plural*, como sucede quando a participação social está integrada em herança indivisa ou é da contitularidade de diversos sujeitos. A admissibilidade incidental para efeitos de suprir a ilegitimidade litisconsorcial foi defendida no Ac. do STJ, de 8-11-88, BMJ 381.º/701, e, com limitações, no Ac. da Rel. do Porto, de 20-12-90, CJ, tomo V, pág. 217, sendo negada no Ac. da Rel. do Porto, de 11-12-06, CJ, tomo V, pág. 192.

Pinto Furtado admite a intervenção individual de cada um dos herdeiros ou de um representante comum, que pode ser o cabeça-de-casal (*Deliberações Sociais*, pág. 500). Sobre a matéria cfr. ainda **Rodrigues Bastos**, *Notas ao CPC*, vol. II, 3ª ed., pág. 180.

[133] Assim sucederá quando o gerente ou o administrador, que não detenha a qualidade de sócio, pretenda atacar a deliberação da sua destituição, como refere **Taveira da Fonseca**, *Deliberações Sociais – Suspensão e Anulação*, em *Textos – Sociedades Comerciais*, ed. CEJ, 1994/95, pág. 91.

[134] Sobre as razões da introdução deste regime especial, cfr. **Pais de Vasconcelos**, *A Participação Social nas Sociedades Comerciais*, pág. 162.

Sem embargo da *competência material* atribuída aos tribunais de comércio, nos termos do art. 121.º, n.º 1, al. b) da nova LOFTJ,[135] a apreciação das situações caberá aos tribunais de competência genérica ou aos tribunais especialmente adstritos às matérias de direito civil e comercial.[136]

A *competência territorial* resulta da aplicação do art. 83.º, n.º 1, al. c), do CPC, pertencendo ao tribunal onde deva ser instaurada a acção, por seu lado, dependente do disposto no art. 86.º (sede da administração principal).

25. Tramitação:

25.1. No que concerne a *requisitos de ordem formal* da petição inicial, cumpre apenas realçar a necessidade de apresentação de cópia da acta da assembleia (ou de documento que a substitua) em que tenha sido tomada a deliberação inválida.[137]

O *valor* do procedimento rege-se pelo disposto no art. 313.º, n.º 3, al. c), correspondente ao dano, sendo de notar que o requerente não poderá deixar de alegar factos de onde possa concluir-se que a execução da deliberação lhe causará "*dano apreciável*". Se o dano invocado não se mostrar quantificável, designadamente por se traduzir na violação de interesses de natureza não patrimonial, haverá que recorrer a outro critério, *maxime* ao resultante do art. 312.º para as acções sobre interesses imateriais.

---

[135] Cfr. o Ac. da Rel. do Porto, de 23-10-00, CJ, tomo IV, pág. 221.

Dessa competência excluiu o STJ a anulação de deliberações de *associação desportiva* (e o Ac. do STJ, de 7-11-02, CJSTJ, tomo III, pág. 125, e *ROA*, 62.º/201 e segs.).

No Ac. da Rel. do Porto, de 24-5-01, CJ, tomo III, pág. 204, tal como nos Acs. do STJ, de 5-2-02, CJSTJ, tomo I, pág. 68, e de 5-12-02, CJSTJ, tomo III, pág. 156, considerou-se que os tribunais de comércio são incompetentes para conhecer da providência de suspensão das deliberações tomadas por *cooperativas*.

[136] Sobre a eventual intervenção de *tribunais arbitrais* em matéria de procedimentos cautelares e especialmente em sede de suspensão de deliberações sociais, cfr. **Paula Costa e Silva**, *ROA*, 63.º/211 e segs., **Lima Pinheiro**, na *ROA*, 64.º/129, nota 16, **Pereira Barrocas**, *Manual da Arbitragem*, págs. 241 e segs., com menção de diversa jurisprudência relativamente às providências cautelares em geral. Quanto à suspensão de deliberações sociais, cfr. o Ac. da Rel. do Porto, de 17-5-05, CJ, tomo III, pág. 164, concluindo pela competência dos tribunais judiciais.

[137] Ainda que a acta apenas tenha sido assinada pelo presidente da assembleia-geral, como se decidiu no Ac. da Rel. de Lisboa, de 3-10-95, CJ, tomo IV, pág. 99.

25.2. A *causa de pedir* será integrada pelos factos cujo apuramento sumário permita ao tribunal concluir, com o grau de probabilidade necessário, pela verificação dos requisitos legais da providência.

Para além da justificação da qualidade de sócio, cumpre ao requerente alegar o conteúdo da deliberação, as razões da sua invalidade e os factos de onde resulte o perigo de ocorrência de *dano apreciável* que provavelmente decorrerá da futura execução da deliberação.

25.3. O *pedido* a formular corresponde à qualificação da providência e traduz-se na suspensão dos efeitos da deliberação não executada ou ainda não integralmente executada.

A infungibilidade da prestação de facto negativo correspondente à paralisação da execução da deliberação inválida pode justificar a formulação de um pedido acessório de condenação no pagamento de *sanção pecuniária compulsória*, nos termos do art. 384.º, n.º 2.[138]

25.4. Cumpre ao juiz avaliar, face aos elementos revelados pelos autos, em que medida deve ou não ser respeitado o *contraditório prévio*, atentos os factores previstos no art. 385.º, n.º 1.[139]

Na maior parte das situações justificar-se-á a audição susceptível de introduzir na decisão final um factor que lhe confere maior segurança. Outras vezes, a audição será o corolário da alegação pelo requerente da falta de cópia da acta, documento que se mostra necessário para a prova da existência e do conteúdo da deliberação alegadamente viciada. Determinadas situações podem ser prevenidas pelo efeito que, nos termos do n.º 3, se produz com a realização da citação.

Ainda assim, não está afastado um quadro factual, ainda que residual, em que só uma actuação imediata do tribunal é susceptível de

---

[138] Cfr. **Abrantes Geraldes**, *Temas da Reforma do Processo Civil*, vol. III, 4ª ed., págs. 178 e segs.

[139] A anterior redacção do n.º 3 do art. 397.º determinava a imperatividade do contraditório prévio, pois que a produção das provas indispensáveis era necessariamente posterior à contestação.

Porém, como anota **Lebre de Freitas**, *CPC anot.*, vol. II, pág. 94, da eliminação do anterior n.º 2 (onde se determinava que "*se não houver ou não puder ser recebida a contestação, é imediatamente decretada a suspensão*") e da ablação do segmento inicial do n.º 3 ("*Recebida a contestação...*") resulta que, na falta de regime especial, deve recorrer-se ao que se dispõe no art. 385.º, por via da remissão prevista no art. 392.º, n.º 1.

eliminar o grave risco que pode resultar da natural ou anormal demora na concretização da citação ou da emissão da decisão cautelar.[140]

25.5. Consoante as circunstâncias, assim serão os *meios de defesa* a utilizar, podendo passar, designadamente, pela impugnação da qualidade de sócio, negação da invalidade da deliberação, arguição da caducidade do direito de suspensão ou de anulação, alegação de que a deliberação já se encontra totalmente executada ou de que da sua execução não emergem danos apreciáveis ou invocação da existência de deliberação renovatória que tenha superado eventuais irregularidades da anterior.

Com especial relevo, para efeitos de indeferimento da medida cautelar, tem a sociedade o ónus de alegar que a suspensão comporta *prejuízos* quantitativa ou qualitativamente superiores àqueles que se pretendem esconjurar (n.º 2 do art. 397.º).

25.6. Uma vez efectuada a citação, *não é lícito* à sociedade executar a deliberação (ou aquilo que da mesma falte executar), nos termos do art. 397.º, n.º 3.[141]

---

[140] A experiência demonstra que podem ocorrer situações em que a *urgência* da suspensão é tal que a respectiva decisão se revela incompatível com a concretização da citação ou com o decurso do prazo para a oposição, impondo o concreto *periculum in mora* uma decisão imediata, sob pena de se revelar inútil a decisão cautelar favorável ao requerente.

Assim acontece, por exemplo, quando esteja iminente a realização de uma escritura pública de compra e venda de um imóvel imprescindível para a actividade da sociedade ou a formalização do aumento ou da redução do capital social em resultado de deliberações ilegais e cuja execução seja susceptível de causar graves danos que não possam ser eliminados por outra via, que não pela urgente suspensão dos seus efeitos.

[141] Relativamente ao Conselho de Administração de sociedades anónimas, determina o art. 412.º, n.º 3, do CSC, que "*os administradores não devem executar ou consentir que se executem deliberações nulas*". E nos termos do art. 31.º, n.º 4, do CSC, "*a partir da citação da sociedade para a acção de invalidade de deliberação de aprovação do balanço ou da distribuição de reservas ou lucros de exercício não podem os membros da administração efectuar aquela distribuição com fundamento nessa deliberação*".

No que concerne às *sociedades de capital aberto*, o art. 24.º, n.º 2, do Cód. de Valores Mobiliários, confere a qualquer accionista o direito de instar o órgão da administração da sociedade a abster-se de executar deliberação social que considere inválida, sujeitando os respectivos titulares à responsabilidade pelos prejuízos se a deliberação vier a ser declarada nula ou anulada. Trata-se de uma compensação pelo facto de ser ter restringido a legitimidade activa aos detentores de, pelo menos, 0,5% do capital social (cfr. **Pais de Vasconcelos**, *A Participação Social nas Sociedades Comerciais*, pág. 162).

Trata-se de uma solução que foi introduzida na reforma de 1961, sob o pretexto de se evitarem situações de inutilidade superveniente decorrente da execução integral das deliberações, malgrado a pendência do procedimento de suspensão. Com tal medida se procurou satisfazer uma exigência directamente ligada ao *periculum in mora* que só a execução da decisão cautelar, em regra, permite salvaguardar.

Persiste controvérsia na doutrina e na jurisprudência quanto aos efeitos da citação da sociedade ou associação: os que defendem que a citação antecipa os efeitos da decisão cautelar de suspensão, gerando a ineficácia da execução da deliberação que posteriormente se concretize; e os que advogam a validade dos actos executivos, sem embargo de os seus agentes serem civilmente responsabilizados pelos danos causados. São teses encabeçadas, respectivamente, por Pinto Furtado e por Lobo Xavier.[142]

25.7. Houve uma modificação legislativa quanto à perduração do efeito acessório da citação. Diversamente do que resultava da anterior redacção, o impedimento à execução da deliberação só se mantém até à prolação da *decisão em primeira instância*, em vez de aguardar, como dantes ocorria, pelo respectivo trânsito em julgado.

Sendo deferida a providência, o efeito pré-cautelar derivado da citação é substituído pelo emergente da decisão final, ainda que não transitada em julgado. Sendo improcedente, ainda que o requerente interponha recurso, deixará de subsistir a limitação executiva, ficando a sociedade com liberdade de movimentos a esse respeito.

---

[142] A solução defendida por **Pinto Furtado**, *Deliberações dos Sócios*, pág. 503, e por **Oliveira Ascensão**, *Lições de Direito Comercial*, vol. IV, pág. 304, foi seguida no Ac. do STJ, de 11-10-95, CJSTJ, tomo III, pág. 60, no Ac. da Rel. de Coimbra, de 26-1-93, CJ, tomo I, pág. 26, e no Ac. da Rel. de Lisboa, de 22-11-90, CJ, tomo V, pág. 125.

Já à tese de **Lobo Xavier**, defendida na *RDES*, ano XII, págs. 276 e segs., aderem **Lebre de Freitas**, *CPC anot.*, vol. II, pág. 96, **Taveira da Fonseca**, *Deliberações sociais – suspensão e anulação*, em *Textos – Sociedades Comerciais*, ed. CEJ, pág. 112, **Soveral Martins**, *Suspensão de deliberações sociais de sociedades comerciais – alguns problemas*, na *ROA*, 63.º/368, **Pinto Duarte**, *A ilicitude da execução da deliberação, a partir da citação para o procedimento cautelar de suspensão*, em *Cadernos de Direito Privado*, n.º 5, págs. 17 a 23, e o Ac. da Rel. do Porto, de 28-7-83, CJ, tomo IV, pág. 235.

Seguro é que a violação da proibição não implica consequências criminais que apenas estão previstas para o desrespeito de providências decretadas e naõ apenas anunciadas agtravés da citação (**Pais de Vasconcelos**, *A Participação Social nas Sociedades Comerciais*, pág. 161, nota 171).

Com tal modificação legal pretendeu o legislador obviar a que o simples facto de ser intentado procedimento cautelar de suspensão provocasse o arrastamento irrazoável da eficácia inibitória, procurando, por esta via, uma razoável compatibilização dos interesses contrapostos.[143]

25.8. Se, porventura, a deliberação tiver sido executada depois de requerida a suspensão e antes de a sociedade ter sido citada, verificar-se-á *inutilidade superveniente da lide* determinante da extinção da instância cautelar, atenta a inviabilidade da suspensão de efeitos já integralmente produzidos.[144]

26. Produção de prova:

26.1. Antes da reforma do processo civil, resultava do art. 397.º, n.º 3, que deveriam realizar-se as diligências de prova consideradas "*indispensáveis*". Tal expressão foi retirada da regulamentação do procedimento cautelar de suspensão de deliberações, o que permite concluir que o juiz se deve orientar pelo critério genericamente definido no art. 386.º, n.º 1, tendo em consideração que o objectivo da actividade jurisdicional é a formulação dos juízos de probabilidade e de suficiência previstos no art. 387.º, n.º 1.

Malgrado a natural complexidade de algumas das questões que podem suscitar-se em matéria de apreciação da validade de deliberações sociais, não se pode correr o risco de importar para o procedimento toda a actividade instrutória que deva ser realizada no âmbito da acção principal. À semelhança da generalidade dos procedimentos, impõe-se a adopção de critérios de razoabilidade e de proporcionalidade quanto ao nível quantitativo e qualitativo das diligências que podem desembocar no afastamento das que, embora potenciadoras de um mais elevado grau de segurança, determinem uma demora irrazoável do procedimento.

26.2. Não existe qualquer restrição quanto aos *meios probatórios*, embora, como é natural, ganhe relevo a prova documental, designadamente a necessária a comprovar o teor da deliberação, a qualidade de sócio, o conteúdo do pacto social e as formalidades que antecederam a realização

---

[143] Sobre os efeitos da suspensão em relação a terceiros de boa fé, cfr. **Soveral Martins**, na *ROA*, ano 58.º, págs. 1385 e segs.

[144] Neste sentido cfr. o Ac. da Rel. de Coimbra, de 30-11-99 (*www.dgsi.pt*).

da assembleia onde a deliberação foi tomada, ou as provas documentais ou testemunhais ligadas à demonstração dos danos que se pretendem acautelar, aos reflexos negativos que podem emergir da deliberação ou aos danos que o decretamento da providência pode provocar na esfera da requerida.

26.3. A *acta* (ou o documento comprovativo da deliberação) constitui um elemento probatório fundamental.[145]

O legislador, prevendo e prevenindo a impossibilidade ou a dificuldade da sua apresentação, impulsionou, por duas vias, a colaboração da sociedade:

- Atribuiu ao sócio o direito de, num curto prazo de 24 horas, obter o fornecimento de uma cópia (art. 396.º, n.º 2);
- Perante uma eventual recusa, previu a possibilidade de requerer a citação da sociedade para o procedimento com a especial cominação constante do n.º 1 do art. 397.º, ou seja, com o aviso de que a apresentação desse documento constitui condição de aceitação do articulado de contestação (art. 397.º, n.º 1).[146]

26.4. Este regime melhor se compreende quando lhe associamos normas ligadas ao relevo jurídico das actas.

De acordo com o disposto no art. 63.º, n.º 1, do CSC, as deliberações apenas podem provar-se através das actas ou, quando admitidas as deliberações por escrito, através dos documentos que as contenham.

Estamos perante formalidades *ad probationem* (diz a lei que as deliberações "*só podem ser provadas*")[147] e não *ad substantiam*. Isso determina reflexos ao nível dos meios de prova substitutivos, uma vez que as últimas rejeitam outro género de prova que não tenha valor superior, ao

---

[145] Sobre a matéria cfr. **Pedro Maia**, *Deliberações dos sócios e respectiva documentação – algumas reflexões*, em *Nos 20 anos do CSC*, vol. I, págs. 651 e segs.

[146] Decidiu-se no Ac. da Rel. de Coimbra, de 23-4-85, CJ, tomo II, pág. 61, que a cominação deve expressamente reportar-se ao efeitos derivados do incumprimento da obrigação de junção de cópia da acta, não bastando a simples entrega do duplicado da petição. No mesmo sentido **Lebre de Freitas**, *CPC anot.*, vol. II, pág. 93.

[147] Cfr. **Pinto Furtado**, *Deliberações Sociais*, pág. 661, **Pereira de Almeida**, *Sociedades Comerciais*, pág. 82, o Ac. do STJ, de 15-2-00, CJSTJ, tomo I, pág. 101, e o Ac. da Rel. de Coimbra, de 23-3-93, CJ, tomo II, pág. 19, diversamente do que resulta do Ac. da Rel. de Coimbra, de 14-4-93, BMJ 426.º/542.

passo que as primeiras admitem a substituição por confissão, nos termos do art. 364.º, n.º 2, do CC.

No entanto, não existe plena compatibilidade entre o rigor formal resultante das normas de direito substantivo e o regime de direito processual, o que pode gerar uma situação de impasse quando a sociedade, apesar de intimada para juntar cópia da acta da assembleia, não coopere.

Na verdade, como conciliar a exigência formal da acta com os efeitos que resultam da sua não exibição? Ou seja, como poderá o requerente ver satisfeita a sua pretensão se não lhe for possível obter documento comprovativo da deliberação e se a sociedade, malgrado a especial cominação, se recusar a entregar cópia da acta?

26.5. Antes da revisão do CPC a questão obtinha resposta directa no art. 397.º, segundo o qual a falta de apresentação da acta implicava, para a sociedade, o efeito cominatório pleno, ou seja, o imediato decretamento da suspensão, sem necessidade de outras diligências.

Tal solução foi modificada. Continuando a prever-se a rejeição da contestação, a situação em que agora fica a sociedade reconduz-se apenas ao efeito *cominatório semi-pleno*, nos termos da regra geral do art. 385.º, n.º 4.

Ora, tratando-se de factos cuja prova exige documento (ou confissão expressa judicial ou extrajudicial), a situação de revelia é insuficiente para considerar assentes os factos respectivos, nos termos dos arts. 484.º e 485.º, al. d). Quer tenha sido omitida a contestação, quer tenha sido recusado o seu recebimento por falta de apresentação da acta, a tarefa de integração jurídica da matéria de facto está sempre dificultada pela ausência de prova do conteúdo da deliberação impugnada.

26.6. Não se mostra fácil desfazer o nó formado pelas disposições legais mencionadas. Mas, a par disso, não pode deixar de se observar que a *falta de colaboração* da requerida que coloque o requerente numa situação de impossibilidade de provar o teor da deliberação não deve reverter contra este, que pretende a suspensão, antes contra aquela que, contra os ditames processuais, dificulta o desenlace do caso. Naturalmente, não poderão ser razões desta estirpe a motivar uma decisão prejudicial ao requerente que, sem culpa sua, se veja impedido de provar documentalmente factos de que o tribunal carece para apreciar a sua pretensão cautelar.

Reportando-se a igual problema surgido no âmbito da *acção principal*, Pinto Furtado defende que a norma do art. 63.º, n.º 1, do CSC, deve compatibilizar-se com a do art. 59.º, n.º 4, do mesmo diploma. Assim, em último caso, admite que a acção seja decidida sem junção aos autos da acta integradora da deliberação, quando a sociedade, apesar de notificada para a sua junção, não a apresentar. Conclui que a acta será indispensável para demonstrar a validade ou a eficácia da deliberação, mas será uma mera formalidade *ad probationem* quando se pretenda o efeito inverso.[148]

Concordando inteiramente com esta tese, não podemos deixar de observar, no entanto, que a solução se mostra ainda insuficiente para resolver satisfatoriamente as dificuldades assinaladas quanto ao procedimento cautelar.

Como se disse, apesar de ser correcta a sua qualificação como formalidade *ad probationem*, a simples confissão ficta ou tácita emergente da situação de revelia não basta para superar a falta do documento, a exigir, nos termos do art. 364.º, n.º 2, do CC, a confissão expressa judicial ou extrajudicial.

26.7. A solução que propugnamos, em sede do procedimento cautelar, passa por considerar que a falta de apresentação da acta por parte da sociedade determina uma situação de *impossibilidade prática* no que respeita à prova da deliberação cuja execução se pretenda suspender.

Assim, independentemente das consequências jurídico-processuais que possam emergir da aplicação do disposto no art. 519.º, n.º 2, do CPC, sendo exclusivamente imputável à requerida a situação que se traduz numa impossibilidade de prova, deve considerar-se *invertido o ónus da prova*, nos termos do art. 344.º, n.º 2, do CC, assumindo-se a existência da deliberação social nos termos configurados pelo requerente, restando ao juiz proceder à respectiva subsunção normativa.[149]

---

[148] *Deliberações Sociais*, pág. 674.

[149] Trata-se de uma solução a que também adere **Lebre de Freitas**, *CPC anot.*, vol. II, pág. 94, com opinião dubitativa de **Soveral Martins**, *Suspensão de deliberações sociais de sociedades comerciais – alguns problemas*, *ROA*, 63.º/364, nota 73.

27. Decisão:

27.1. Já anteriormente fizemos referência à delimitação objectiva do procedimento, tendo em conta os vícios das deliberações que podem determinar a respectiva suspensão preventiva (*supra*, 21.3).

Quer o art. 396.º, n.º 1, quer o art. 397.º, n.º 2, referem-se às deliberações contrárias à lei, aos estatutos ou ao contrato, abarcando, em primeira linha, as deliberações nulas ou anuláveis, mas consentindo na sua extensão às deliberações ineficazes ou afectadas de inexistência jurídica.

Ponto é que, a esse respeito, possa verificar-se a existência do pressuposto conatural das providências, isto é, o *fumus boni juris*, correspondente, no caso, à probabilidade da verificação de um desses vícios.[150]

27.2. Quanto ao *periculum in mora*, a lei supõe a verificação, em termos de probabilidade, do perigo de ocorrência de dano apreciável decorrente da execução da deliberação inválida.[151]

Dentro da paleta de cores que o legislador utilizou para configurar, em abstracto, as situações da vida real carecidas de tutela cautelar, considerou desnecessário que se evidenciem danos irreparáveis ou de difícil reparação, como sucede no procedimento cautelar comum. Mas, ao contrário do que ocorre com outros procedimentos, não prescindiu da demonstração, em concreto, de um certo perigo de ocorrência de consequências prejudiciais, ou seja, não dispensou a verificação de danos, nem presumiu a sua existência, antes impôs ao requerente o ónus de convencer o tribunal de que a suspensão da deliberação é condição essencial para impedir a verificação de "*dano apreciável*".[152]

---

[150] Cfr. **Alberto dos Reis**, *CPC anot.*, vol. I, pág. 678, e **Soveral Martins**, *Suspensão de deliberações sociais de sociedades comerciais – alguns problemas*, *ROA*, 63.º/355. No Ac. do STJ, de 11-1-01 (Rel. Araújo de Barros), aponta-se para um juízo de certeza ou, ao menos, de probabilidade muito forte quanto à verificação do vício que justifica a providência suspensiva.

[151] Cfr. o Ac. da Rel. de Évora, de 9-2-06, CJ, tomo I, pág. 250 e o Ac. da Rel. de Lisboa, de 11-9-08, CJ, tomo IV, pág. 75.

[152] "*Dano apreciável*" não se confunde com "dano irreparável" ou "dano de difícil reparação". Cfr. **Teixeira de Sousa**, *Estudos Sobre o Novo Processo Civil*, pág. 240, **Lebre de Freitas**, *CPC anot.*, vol. II, pág. 91, **Alberto dos Reis**, *CPC anot.*, vol. I, pág. 675, os Acs. da Rel. do Porto, de 15-11-93, CJ, tomo V, pág. 208, e de 23-5-89, CJ, tomo III, pág. 206, o Ac. da Rel. de Coimbra, de 21-12-04, CJ, tomo V, pág. 38, e o Ac. da Rel. de Évora, de 9-7-09, CJ, tomo III, pág. 274.

Segundo o Ac. do STJ, de 25-6-98 (Rel. Lúcio Teixeira), "o art. 396.º do CPC satisfaz-se com o *dano apreciável* para a decretação das deliberações sociais, demons

Esta expressão integra um *conceito indeterminado*, carecido de densificação através da alegação e prova de factos dos quais possa extrair-se que a execução do deliberado no seio da pessoa colectiva acarretará um prejuízo significativo,[153] de importância relevante, muito longe dos danos irrisórios ou insignificantes, embora sem se confundir com as situações de irrecuperabilidade ou de grave danosidade.

O modo como está arquitectada a suspensão de deliberações sociais revela que o legislador pretendeu compatibilizar os interesses contrapostos do requerente e da sociedade requerida: aquele a exigir a suspensão da deliberação invocando o risco de ocorrência de *dano apreciável*; esta a reclamar a menor interferência jurisdicional na sua actividade, de modo a evitar a suspensão de deliberações quando, apesar de feridas de algum dos vícios atendíveis, os prejuízos resultantes da suspensão sejam superiores aos da execução da deliberação.[154]

Mas como factor impeditivo da providência não se exige, como no procedimento cautelar comum, um excesso "*considerável*" entre o prejuízo decorrente do decretamento e o que se pretende esconjurar (art. 387.º, n.º 2), bastando que aquele seja "*superior*" a este.[155]

É este um dos segmentos do quadro normativo que o legislador deixou em aberto, conferindo aos tribunais o poder de integração casuís-

---

trada que esteja a aparência do direito a proteger. *Dano apreciável* é o dano visível, de aparente dignidade, estimável; *dano irreparável* é o dano incompensável. Não se tendo demonstrado factos susceptíveis de integrar o requisito *dano* e, consequentemente, não havendo dano provado, é absurdo ponderar se ele é *apreciável* ou não, se ele é *reparável* ou *irreparável*".

E de acordo com o Ac. do STJ, de 16-3-99 (*www.dgsi.pt*), "na providência cautelar de suspensão de deliberações sociais, a regra é a suspensão da deliberação que, por ilegal, corre o risco de, na acção, vir a ser declarada nula ou anulada – o que contém implícita a existência de prejuízo. Porém, só quando o prejuízo decorrente da suspensão for superior ao prejuízo advindo da execução da deliberação ilegal (prejuízo que deve ser apreciável e certo ou, pelo menos, muito fortemente provável) é que esta permanecerá eficaz enquanto não for declarada nula".

[153] Cfr. o Ac. do STJ, de 19-4-01 (Rel. Ferreira de Almeida).

[154] Como se decidiu no Ac. da Rel. de Lisboa, de 28-10-93, CJ, tomo V, pág. 103, pretende-se compatibilizar o funcionamento normal da sociedade e a segurança jurídica com o direito de impugnação.

[155] Cfr. **Lebre de Freitas**, *CPC anot.*, vol. II, pág. 95, o Ac. da Rel. do Porto, de 26-1-78, CJ, tomo I, pág. 147, e o Ac. da Rel. de Coimbra, de 21-12-04, CJ, tomo V, pág. 38.

tica, a partir da análise das situações concretas da vida real, de acordo com padrões de razoabilidade.

É claro que, atribuindo prioridade a critérios de natureza objectiva, não está eliminada a necessidade de ponderar os efeitos que, em concreto, podem ser provocados na esfera jurídica do interessado. Por exemplo, circunscrevendo-nos apenas aos danos de natureza patrimonial causalmente imputáveis a uma deliberação inválida, será diverso o reflexo na esfera jurídica do interessado consoante a respectiva capacidade económica ou financeira para absorver as consequências resultantes da deliberação durante o período de pendência da acção.

Na avaliação da natureza do dano deve ser usado um *critério de verosimilhança* semelhante ao que vigora para o procedimento cautelar comum.[156]

27.3. Os danos serão normalmente de *natureza patrimonial*. Mas a suspensão de deliberações não está delimitada pela patrimonialidade da situação de perigo, como sucede com o arresto ou com o embargo de obra nova. Assim, não está excluída para evitar *danos não patrimoniais* que possam ser provocados na esfera jurídica do requerente ou da sociedade.[157]

Quer na perspectiva do sócio requerente, quer na da sociedade cujos interesses se pretendam acautelar com a suspensão da deliberação podem, por vezes, sobrelevar os danos de natureza não patrimonial em relação a outras situações potenciadoras de prejuízos materiais.

27.4. Quanto à pessoa do sócio, não se duvida que certas deliberações podem ferir a respectiva personalidade, por ofenderem o seu bom-

---

[156] Cfr. **Abrantes Geraldes**, *Temas da Reforma do Processo Civil,* vol. III, 4ª ed., págs. 245 e segs., o Ac. do STJ, de 16-5-95, CJSTJ, tomo II, pág. 85, e o Ac. da Rel. do Porto, de 12-2-96, CJ, tomo I, pág. 219.

Decidiu-se no Ac. da Rel. de Lisboa, de 28-10-93, CJ, tomo V, pág. 103, que não se justifica a suspensão quando a deliberação seja relativa a dividendos de pequeno montante.

Lebre de Freitas, *CPC anot.*, vol. II, pág. 91, exige uma probabilidade muito forte.

[157] Neste sentido cfr. **Taveira da Fonseca** segundo o qual, a par dos danos patrimoniais e quase patrimoniais, devem ainda ser considerados certos danos morais, desde que sejam apreciáveis, no sentido de significativos (*Deliberações sociais – suspensão e anulação*, em *Textos – Sociedades Comerciais*, ed. CEJ, pág. 105), e **Marques Estaca**, *O Interesse da Sociedade nas Deliberações*, pág. 157.

-nome ou por se repercutirem na degradação da sua imagem, honra ou consideração. Já relativamente à pessoa colectiva será questionável se essas entidades merecem ver acauteladas situações susceptíveis de causar danos morais.

O acolhimento de uma perspectiva reducionista implicaria uma resposta negativa, com a asserção de que tais danos se repercutem na personalidade jurídica e que esta apenas seria tutelada quando os danos morais se reportassem a pessoas singulares. Dir-se-ia ainda, para culminar um tal raciocínio, que as pessoas colectivas, *maxime* as sociedades, não têm "alma" que justifique uma tutela de danos de natureza eminentemente pessoal.

Só que, se nos afastarmos de uma corrente puramente conceptualista e fizermos uma aproximação à realidade, facilmente se constata que um tal caminho cerceia a defesa de posições que inquestionavelmente são merecedoras de tutela, em paralelo com danos de natureza puramente patrimonial.

Dúvida alguma se pode suscitar quanto ao facto de que os danos ligados à "imagem" da empresa, ao "bom nome no mercado", à defesa de uma marca ou à manutenção de um certo grau de prestígio, ao mesmo tempo que afectam a personalidade da pessoa colectiva, podem também ser causa de danos de natureza patrimonial, reduzindo os lucros da actividade.[158] Salienta-se ainda que certas pessoas colectivas (*v.g.* associações) não visam propriamente a realização de lucros, antes se dedicam a outras actividades e defendem outros interesses, de maneira que jamais se poderia retirar a tais entidades a possibilidade de acederem à providência de suspensão para evitarem danos significativos de natureza não patrimonial.

Por conseguinte, independentemente do sujeito visado com a protecção cautelar, desde que a deliberação seja determinante de dano que, à face dos critérios legais, possa ser qualificado como "*apreciável*", sempre merecerá a tutela preventiva conferida pela suspensão.

27.5. Na falta de distinção legal, é indiferente para o decretamento da suspensão se o perigo de dano afecta apenas o sócio requerente ou se

[158] Cfr. **Lebre de Freitas**, *CPC anot.*, vol. II, pág. 91, e os Acs. do STJ, de 15-6-94, CJSTJ, tomo II, pág. 148, e de 17-11-98, CJSTJ, tomo III, pág. 124.

influi em primeira linha na sociedade derivando depois para a esfera jurídica do sócio.[159]

27.6. Como é natural, exige-se a *actualidade do perigo*, excluindo-se as deliberações executadas ou que já esgotaram todos os seus efeitos (*supra*, 22.). Do mesmo modo, atenta a designação da providência, apenas se abarcam deliberações já tomadas, e não as que se apresentem como meramente eventuais.[160]

Também não está afastada a necessidade de serem ponderados os efeitos que, porventura, resultem da comprovação de uma segunda deliberação da qual, nos termos do art. 62.º do CSC, tenha resultado a *renovação* da anterior e a sanação dos vícios.

Sem embargo da verificação das situações em que a providência de suspensão (e respectiva a acção de invalidade) revele ainda alguma utilidade, ao menos no que concerne a terceiros, ou relativamente ao período anterior à deliberação renovatória, deve ponderar-se a eventual *inutilidade superveniente* do procedimento emergente daquela actuação da sociedade.[161]

Pode também tornar-se necessário ponderar o decurso do *prazo de caducidade*. Independentemente da verificação dos requisitos específicos

---

[159] Cfr. **Taveira da Fonseca**, *Deliberações sociais – suspensão e anulação*, em *Textos – Sociedades Comerciais*, ed. CEJ, pág. 105, o Ac. da Rel. do Porto, de 11-10-93, CJ, tomo IV, pág. 222, o Ac. da Rel. de Coimbra, de 19-12-89, CJ, tomo V, pág. 64, e o Ac. da Rel. de Lisboa, de 12-11-87, CJ, tomo V, pág. 101. Sobre a matéria cfr. ainda o Ac. do STJ, de 18-6-96, CJ, tomo II, pág. 134.

[160] Cfr. o Ac. da Rel. de Lisboa, de 14-10-93, CJ, tomo IV, pág. 149.

[161] Sobre a problemática cfr. **Pinto Furtado**, *Deliberações dos Sócios*, págs. 565 e segs., e **Carneiro da Frada**, *Deliberações sociais inválidas no novo Código das Sociedades*, em *Novas Perspectivas do Direito Comercial*, págs. 315 e segs., *maxime*, pág. 334.

Sobre o âmbito da *deliberação renovatória*, cfr. o Ac. da Rel. do Porto, de 14-2-07, CJ, tomo I, pág. 188.

Decidiu-se no Ac. da Rel. de Lisboa, de 3-3-09, CJ, tomo II, pág. 61, que "a renovação de deliberação social nula por vício de forma, através de uma nova deliberação, não determina a extinção da instância no procedimento cautelar de suspensão de deliberações sociais, por inutilidade superveniente da lide, quando o requerente alegue que essa nova deliberação também padece de vício de forma. Neste caso, impõe-se que o tribunal averigúe e decida se esta nova deliberação é ou não renovatória da anterior, o que passa por saber se padece ou não dos vícios que o requerente lhe atribui. Caso conclua pela invalidade da segunda deliberação, haverá que apreciar a pretensão deduzida inicialmente pelo requerente da providência".

da providência, o decurso do prazo de 10 dias para a apresentação da respectiva petição determina a improcedência da pretensão, desde que essa excepção peremptória de caducidade tenha sido suscitada na oposição.

Outrossim, se se verificar a ocorrência da *caducidade* de exercício do direito de anulação da deliberação, devido ao decurso do prazo legalmente estipulado, tal facto determinará igualmente a improcedência da providência, atenta a relação de instrumentalidade que se verifica entre o procedimento e a acção, desde que a caducidade tenha sido arguida.[162]

27.7. Quanto à substituição da medida cautelar por *caução*, podem transpor-se as considerações que oportunamente fizemos a respeito do art. 387.º[163] e que retomámos na anotação ao art. 394.º (*supra*, 15.1).

Como refere Taveira da Fonseca, no sistema anterior não estava prevista a possibilidade de substituição por caução da providência de suspensão, sendo restrita aos casos tipificados.[164] Só que as circunstâncias de ordem normativa alteraram-se, e com essa alteração cumpre debater se terá de obedecer-se ao mesmo regime de total exclusão da caução ou se, ao invés, a aplicação remissiva do disposto no art. 387.º, n.º 3, determinada pelo art. 392.º, n.º 1, possibilita a análise casuística de cada situação, e autoriza, mediante certas condições, tal substituição.

No seguimento do que referia o mesmo autor, a caução substitutiva mostra-se incapaz de prevenir ou de reparar integralmente a lesão que, derivada da execução da deliberação, atinja direitos sociais de conteúdo não patrimonial, por natureza materialmente inquantificáveis, como sucede quando está em causa o direito à informação, o direito de participar nas assembleias gerais ou o de ser eleito para cargos sociais.[165] No entanto, não via qualquer obstáculo à sua admissibilidade, *de jure constituendo*, designadamente quando estivesse em causa apenas a violação de direitos de conteúdo meramente patrimonial.

---

[162] Cfr. o Ac. da Rel. de Lisboa, de 24-1-73, BMJ 223.º/276.

[163] Cfr. **Abrantes Geraldes**, *Temas da Reforma do Processo Civil,* vol. III, 4ª ed., págs. 253 e segs.

[164] Na busca das razões que levavam o legislador a afastar a caução substitutiva, esse autor apresentava as maiores garantias conferidas à sociedade requerida no âmbito do procedimento cautelar e a inidoneidade da caução relativamente à "maior parte dos casos" em que ficaria irremediavelmente comprometido o exercício do direito cuja tutela provisória o requerente buscara (*Deliberações sociais – suspensão e anulação*, em *Textos – Sociedades Comerciais*, ed. CEJ, pág. 138).

[165] *Deliberações sociais – suspensão e anulação*, em *Textos – Sociedades Comerciais*, ed. CEJ., pág. 116.

Em boa verdade, também não encontramos obstáculos generalizados à admissibilidade da *caução substitutiva*, sendo que o argumento de ordem sistemática que se extrai da conjugação dos arts. 392.º, n.º 1, e 387.º, n.º 3, se revela favorável a uma solução que, em abstracto, a admita, ficando a sua aplicação em concreto dependente, como é de regra, do preenchimento dos requisitos mencionados nesta última norma.

De facto, em determinadas situações, a deliberação ilegal apenas é susceptível de produzir efeitos patrimoniais, sem que afecte interesses de outra natureza. E sendo aqueles danos quantificáveis, desde que não exista qualquer outro impedimento, não pode eliminar-se de todo a possibilidade de compatibilizar os interesses contrapostos por intermédio de uma medida capaz de prevenir a lesão ou de repará-la integralmente.[166]

Assim, tudo passa por avaliar se, depois de ordenada a suspensão da deliberação e de ser requerida a sua substituição por caução, esta, pela sua forma e valor, se mostra *adequada e suficiente* para reparar, na íntegra, a lesão do direito eventualmente resultante da execução daquela medida.

Note-se que no art. 387.º, n.º 3, os requisitos da substituição foram colocados em alternativa, e não cumulativamente, bastando por isso que, atenta a natureza e o valor da caução que a requerida se proponha prestar, a mesma seja ajustada a defender os interesses que o requerente visa salvaguardar.

Assim, se a caução se mostra incapaz de assegurar os direitos postos em causa por deliberações que ferem a personalidade, que afectam o bom-nome ou que prejudicam a imagem da sociedade, já não se antolham impedimentos liminares perante situações que se traduzam simplesmente em danos de natureza material, como ocorre quando a deliberação respeita ao modo de divisão dos lucros ou à recusa da sua distribuição, desde que os prejuízos na esfera jurídica do visado possam ser compensados através da caução prestada pela sociedade.

28. Acção principal:

De acordo com a regra geral que vigora em sede dos procedimentos cautelares, os efeitos da suspensão ficarão condicionados pela decisão que seja proferida na acção principal.[167]

---

[166] Cfr. **Teixeira de Sousa**, *Estudos Sobre o Novo Processo Civil*, 2ª ed., pág. 251.

[167] Sobre a matéria cfr. **Soveral Martins**, *ROA*, 58.º/1389 e 1390, e **Pais de Vasconcelos**, *A Participação Social nas Sociedades Comerciais*, pág. 163.

Tratando-se de deliberações afectadas pelo vício da anulabilidade, a instauração do procedimento não dispensa o interessado de propor, em tempo oportuno, a acção de anulação.

Quando a lei prevê um *prazo de caducidade* para o exercício de um direito, como sucede relativamente à anulabilidade de deliberações sociais, tal prazo não se suspende nem se interrompe com a apresentação do pedido de suspensão, antes implica a instauração oportuna da acção principal, atento o disposto no art. 328.º do CC.[168]

Esta solução tem plena justificação no caso concreto, atenta a celeridade que se impõe na apreciação definitiva da situação litigiosa e a instabilidade que as acções anulatórias poderão causar na vida societária.

A par disto, há que ter ainda em consideração o *prazo autónomo* para a propositura da acção, de 30 ou de 10 dias, consoante a requerida tenha sido ou não citada para o procedimento, prazo esse contado a partir da notificação feita ao requerente do deferimento da providência, nos termos do art. 389.º, n.º 1, al. a), e n.º 2.[169]

---

[168] Neste sentido cfr. **Taveira da Fonseca**, *Deliberações sociais – suspensão e anulação*, em *Textos – Sociedades Comerciais*, ed. do CEJ, 1994/95, pág. 117, o Ac. do STJ, de 11-5-99, BMJ 487.º/289, e o Ac. da Rel. de Coimbra, de 19-2-02, CJ, tomo I, pág. 34.

Em sentido contrário cfr. **Pinto Furtado**, *Deliberações Sociais*, págs. 508 e segs.

[169] Cfr. **Abrantes Geraldes**, *Temas da Reforma do Processo Civil*, vol. III, 4ª ed., págs. 293 e segs., e **Pais de Vasconcelos**, *A Participação Social nas Sociedades Comerciais*, págs. 162 e 163.

Art. 398.º
(Suspensão das deliberações da assembleia de condóminos)

1 – O disposto nesta secção é aplicável, com as necessárias adaptações, à suspensão de deliberações anuláveis da assembleia de condóminos de prédio sujeito ao regime de propriedade horizontal.

2 – É citada para contestar a pessoa a quem compete a representação judiciária dos condóminos na acção de anulação.

Sumário:
29 – Introdução
30 – Suspensão de deliberações da assembleia de condóminos

29. Introdução:

Sendo doutrinariamente discutível a natureza jurídica da *propriedade horizontal*,[170] não restam dúvidas, face à lei em vigor, de que se trata de um direito real complexo que não se confunde nem com o direito de propriedade absoluto, nem com a compropriedade.[171]

Na propriedade horizontal coexistem direitos de propriedade sobre fracções dotadas de autonomia (física e jurídica) e direitos derivados do

---

[170] Sobre a matéria cfr. **Rodrigues Pardal**, *Da Propriedade Horizontal*, págs. 85 e segs., **Ribeiro Mendes**, *ROA*, 30.º/5 e segs., **Henrique Mesquita**, *RDES*, ano XXIII, págs. 79 e segs., **Moitinho de Almeida**, *Scientia Iurídica*, tomo XXII, págs. 543 e segs., e *Propriedade Horizontal*, pág. 11, e **Menezes Cordeiro**, *Direitos Reais*, Reprint, pág. 636.

[171] Cfr. o Ac. da Rel. do Porto, de 20-9-93, CJ, tomo IV, pág. 205.

regime da compropriedade no que toca às partes comuns,[172] envolvidos ainda num conjunto de normas que especialmente regulam ou limitam os direitos de cada um dos condóminos.

Devido ao circunstancialismo específico que acompanha a constituição da propriedade horizontal (integração num mesmo espaço de diversos proprietários, fruição de coisas comuns, prestação de serviços comuns, etc.), existem interesses que mereceram do legislador regulação específica, face à insuficiência da aplicação pura e simples do regime da compropriedade ou da propriedade absoluta.

Esta a razão pela qual a lei deu certa autonomia ao substrato pessoal e patrimonial que integra a propriedade horizontal, consagrando a necessidade de se estabelecerem mecanismos eficazes e seguros para composição dos diversos interesses.

Os interesses comuns dos condóminos são regulados no âmbito do órgão com funções deliberativas (a assembleia de condóminos), onde todos eles podem intervir com poderes proporcionais ao capital investido. A execução das deliberações e, de uma forma geral, os actos de administração das partes ou serviços comuns dos condóminos ficam a cargo de um órgão com funções executivas: o administrador.

30. Suspensão de deliberações da assembleia de condóminos:

30.1. A suspensão de deliberações constitui um meio processual instrumental em relação ao direito potestativo de anulação de deliberações previsto no art. 1433.º do CC, visando evitar danos para o condómino ou para o condomínio urbano.[173]

30.2. A *legitimidade* processual é directamente aferida através da lei substantiva, sendo apenas conferida aos condóminos que não tenham aprovado, expressa ou tacitamente, as deliberações.[174]

---

[172] Cfr. **Oliveira Ascensão**, *Direitos Reais*, pág. 498, e o Ac. da Rel. de Coimbra, de 28-4-87, CJ, tomo II, pág. 95.

[173] Quanto às *Áreas Urbanas de Génese Ilegal*, nos termos do art. 12.º, n.º 8, da Lei n.º 91/95, de 23-8 (alterada pela Lei n.º 165/99, de 14-9, Lei n.º 64/03, de 23-8, e Lei n.º 20/08, de 20-2), "*as deliberações de assembleias podem ser judicialmente impugnadas por qualquer interessado que as não tenha aprovado ...*", devendo a acção ser intentada contra a administração conjunta, representada pela comissão de administração.

[174] Cfr. o Ac. do STJ, de 14-2-91, BMJ 404.º/376, o Ac. da Rel. de Lisboa, de 10-5-90, CJ, tomo III, pág. 161, e o Ac. da Rel. de Coimbra, de 20-10-87, CJ, tomo IV, pág. 85.

Já quanto à legitimidade passiva, diversamente do que ocorre com as sociedades, não pertence à entidade a quem a lei reconhece personalidade judiciária (condomínio urbano, nos termos do art. 6.º, al. e), do CPC), mas aos condóminos que tenham aprovado a deliberação, conforme resulta do art. 1433.º, n.º 6, do CC.[175]

Todos esses condóminos serão judiciariamente representados por quem for designado pela assembleia, que tanto pode ser o administrador como qualquer outra pessoa, incluindo um dos condóminos.

30.3. A providência deve ser requerida dentro do *prazo* de 10 dias prescrito no art. 396.º do CPC, ao passo que para a acção de anulação rege o prazo constante do art. 1433.º, n.º 4, do CC (20 dias ou 60 dias consoante seja ou não solicitada a realização de uma assembleia extraordinária).

30.4. O requerente deve instruir a petição com cópia da acta[176] ou solicitar a sua junção, sob cominação de ineficácia da contestação.

Por aplicação remissiva do disposto nos arts. 396.º e 397.º, o deferimento da providência depende da demonstração da existência de uma deliberação inválida,[177] de cuja execução possa resultar um prejuízo apreciável.[178]

---

[175] Cfr. os Ac. da Rel. de Lisboa, de 7-2-84, CJ, tomo I, pág. 134, e de 8-2-90, CJ, tomo I, pág. 161, e o Ac. da Rel. de Coimbra, de 9-7-91, BMJ 409.º/885.

Segundo o Ac. do STJ, de 14-2-91, BMJ 404.º/376, "o administrador não tem legitimidade passiva para ser demandado, em nome próprio e nessa qualidade, nas acções anulatórias das deliberações tomadas pela assembleia de condóminos. Tal acção deve ser dirigida contra os condóminos que votaram a deliberação ... representados, embora, pelo administrador". No entanto, no Ac. da Rel. do Porto, de 5-2-04, CJ, tomo I, pág. 180, defendeu-se que a providência de suspensão deve ser requerida contra o condomínio representado pelo administrador.

[176] Acta que deve ser obrigatoriamente lavrada, sendo redigida e assinada pelo respectivo presidente da assembleia de condóminos e assinada pelos que nela tenham participado, nos termos do art. 1.º do Dec. Lei n.º 268/94, de 25-10 (cfr. **Sandra Passinhas**, *A Assembleia de Condóminos e o Administrador na Propriedade Horizontal*, págs. 253 e 256).

[177] Ainda que a norma aluda apenas às deliberações anuláveis, nada obsta a que se requeira a suspensão de deliberações nulas, ineficazes ou inexistentes, como refere **Lebre de Freitas**, *CPC anot.*, vol. II, pág. 97, e o Ac. da Rel. de Lisboa, de 18-4-02, CJ, tomo II, pág. 109.

[178] Sobre a integração do conceito de dano apreciável em matéria de condomínio urbano cfr. **Sandra Passinhas**, *A Assembleia de Condóminos e o Administrador na Propriedade Horizontal*, pág. 252, e o Ac. da Rel. de Lisboa, de 14-5-98, CJ, tomo III, pág. 96.

Como *factor impeditivo* do deferimento da providência, é relevante a constatação de que os prejuízos derivados da suspensão são superiores aos que se pretendem evitar, nos termos do art. 397.º, n.º 2.[179]

[179] Cfr. **Sandra Passinhas**, *A Assembleia de Condóminos e o Administrador na Propriedade Horizontal*, pág. 253.

SUBSECÇÃO III
Alimentos Provisórios

Art. 399.º
(Fundamento)

1 – Como dependência da acção em que, principal ou acessoriamente, se peça a prestação de alimentos, pode o interessado requerer a fixação da quantia mensal que deva receber, a título de alimentos provisórios, enquanto não houver pagamento da primeira prestação definitiva.

2 – A prestação alimentícia provisória é fixada em função do estritamente necessário para o sustento, habitação e vestuário do requerente e também para as despesas da acção, quando o requerente não possa beneficiar do apoio judiciário; neste caso, a parte relativa ao custeio da demanda deve ser destrinçada da que se destina aos alimentos.

Art. 400.º
(Procedimento)

1 – Recebida em juízo a petição de alimentos provisórios, é logo designado dia para o julgamento, sendo as partes advertidas de que devem comparecer pessoalmente na audiência ou nela se fazer representar por procurador com poderes especiais para transigir.

2 – A contestação é apresentada na própria audiência e nesta procurará o juiz obter a fixação de alimentos por acordo, que logo homologará por sentença.

3 – Na falta de alguma das partes ou se a tentativa de conciliação se frustrar, o juiz ordena a produção da prova e, de seguida, decide, por sentença oral, sucintamente fundamentada.

Art. 401.º
(Alcance da decisão)

1 – Os alimentos são devidos a partir do primeiro dia do mês subsequente à data da dedução do respectivo pedido.

2 – Se houver fundamento para alterar ou fazer cessar a prestação fixada, será o pedido deduzido no mesmo processo, observando-se os termos prescritos nos artigos anteriores.

Art. 402.º
(Regime especial da responsabilidade do requerente)

O requerente dos alimentos provisórios só responde pelos danos causados com a improcedência ou caducidade da providência se tiver actuado de má-fé, devendo a indemnização ser fixada equitativamente e sem prejuízo do disposto no n.º 2 do artigo 2007.º do Código Civil.

Sumário:

31 – Origem e âmbito da prestação de alimentos
32 – Justificação da medida cautelar
33 – Instrumentalidade e dependência
34 – Requerimento inicial
35 – Pressupostos processuais
36 – Tramitação
37 – Decisão
38 – Execução dos alimentos
39 – Instabilidade do caso julgado
40 – Responsabilidade do requerente

31. Origem e âmbito da prestação de alimentos:

31.1. A obrigação de alimentos tem, em geral, origem directa em normas legais, emergindo do simples facto de entre duas pessoas existirem certos laços familiares.[180]

A matéria vem regulada fundamentalmente nos arts. 2003.º e segs. do CC, embora se detectem nesse e noutros diplomas outras normas que a essa obrigação e ao correspondente direito se reportam. Assim sucede, designadamente, com o art. 1675.º do CC, de onde emerge o mútuo dever de assistência entre *cônjuges*, integrado, também, pelo dever de prestar alimentos, que apenas se autonomiza quando ocorre separação de facto,[181] podendo prosseguir mesmo depois do divórcio, nos termos do art. 2016.º.[182]

---

[180] Trata-se, nestes casos, de obrigação não autónoma, na medida em que pressupõe a existência de um outro vínculo jurídico (cfr. **Remédio Marques**, *Algumas Notas sobre Alimentos*, pág. 55).

[181] Neste sentido cfr. o Ac. do STJ, de 13-11-90, in *Textos*, ed. do CEJ, n.º 1, 1990/ /91, pág. 253. Cfr. ainda o Ac. da Rel. do Porto, de 28-6-99, CJ, tomo III, pág. 222.

Acerca da obrigação de alimentos em casos de *separação de facto* cfr. **Remédio Marques**, *Algumas Notas sobre Alimentos*, pág. 56, nota 76, **Pereira Coelho** e **Guilherme de Oliveira**, *Curso de Direito da Família*, 2ª ed., vol. I, págs. 359 e segs., **Ângela Cerdeira**, *Da Responsabilidade Civil dos Cônjuges entre Si*, pág. 93, e o Ac. da Rel. de Coimbra, de 4-5-82, CJ, tomo III, pág. 27.

Na *pendência do casamento*, sobre o cônjuge obrigado a alimentos recai o dever de assegurar ao outro não apenas o indispensável ao sustento, habitação e vestuário, mas ainda tudo o que seja suficiente para lhe garantir o nível de vida correspondente à condição económica e social da família (cfr. **Guilherme de Oliveira**, na RLJ 133.º/109, e o Ac. do STJ, de 8-2-00, CJSTJ, tomo I, pág. 74).

Não devem confundir-se os alimentos com a contribuição para os *encargos da vida familiar* devidos por cada um dos cônjuges (cfr. **Pereira Coelho** e **Guilherme de Oliveira**, *Curso de Direito da Família*, 2ª ed., págs. 361 e segs., e o Ac. do STJ, de 16-4-98, CJSTJ, tomo II, pág. 45). Com efeito, no âmbito da sociedade conjugal, o direito às prestações alimentícias é recíproco, concretizando-se quando um dos cônjuges se encontra em situação de necessidade de prover às despesas fundamentais, ao passo que o dever de contribuir para os encargos da vida familiar incide simultaneamente sobre ambos os cônjuges, de acordo com as suas possibilidades. Por outro lado, em vez de beneficiar apenas um deles, tem em vista garantir as despesas e encargos que a vida familiar acarreta.

A distinção legal entre os dois tipos de prestação determinou a criação de meios processuais diversificados para os efectivar. Assim, enquanto os alimentos devem ser exercitados através de acção sujeita ao processo comum, de *natureza contenciosa* (*vulgo*, acção de alimentos), acompanhada ou não do procedimento cautelar de alimentos provisórios, a exigência das outras contribuições insere-se nos quadros de um processo de *jurisdição voluntária* regulado no art. 1416.º do CPC. Outras diferenças foram assinala-

O dever de alimentos relativo a *filhos menores* encontra assento específico no art. 1878.º. Já no art. 1884.º é conferido à mãe, durante a gravidez e no primeiro ano de vida do filho, o direito de pedir alimentos do pai com quem não seja casada.[183]

O escalonamento das pessoas legalmente obrigadas a prestar alimentos constante do art. 2009.º do CC, assim como a leitura de outras normas dispersas, revelam a adopção de um critério assente na maior proximidade natural em pessoas ligadas por laços familiares ou que, na prática, desempenham na rede de solidariedade função semelhante às dos parentes mais próximos.

31.2. Apesar de o sistema atribuir primazia às obrigações de génese legal, não se encontra de todo excluída a força emergente da *vontade negocial*, umas vezes dirigida directamente à constituição do vínculo obrigacional, através de contrato ou de testamento (art. 2014.º do CC),[184] outras implicando o seu surgimento por via indirecta, como decorre do art. 2011.º do CC.

---

das por **Remédio Marques**, *Algumas Notas sobre Alimentos*, págs. 62 e 72, nota 99, onde refere que enquanto a obrigação de alimentos se reporta ao que é indispensável ao sustento, habitação e vestuário, a quantificação da contribuição para os encargos da vida familiar é orientada pelo trem de vida ou pelo *status* criado pelo casamento.

[182] Cfr. **Pereira Coelho** e **Guilherme de Oliveira**, *Curso de Direito da Família*, 2ª ed., vol. I, pág. 676.

[183] Cfr. **Remédio Marques**, *Algumas Notas sobre Alimentos*, pág. 313.

[184] O *negócio* pode assumir qualquer das modalidades: contrato bilateral, contrato unilateral (doação – art. 963.º do CC) ou negócio jurídico unilateral (testamento – art. 2073.º do CC).

O Ac. da Rel. do Porto, de 26-1-00, CJ, tomo I, pág. 204, incidiu sobre um contrato-promessa de prestação de alimentos.

Sobre a obrigação de alimentos relativamente a um filho a quem o seu pai doara um prédio, decidiu o Ac. do STJ, de 3-6-93 (Rel. Sá Couto), *www.dgsi.pt.*, que, "não exercendo o requerente, com 74 anos, actividade remunerada e sendo os seus únicos bens o capital de que ainda dispõe, no total de cerca de 2.000 contos, mas que se não for renovado facilmente se dissipará com a satisfação das suas necessidades correntes, sendo certo que ainda doou ao requerido, seu filho, uma exploração agrícola e um aviário que, juntamente com este, geria e lhes proporcionavam um rendimento anual superior a 4.000 contos, não é socialmente justo nem legalmente admissível que se aguarde que o recorrente consuma o que ainda possui, para, quiçá tardiamente, se vir a prover sobre a sua subsistência".

De um *negócio jurídico* relacionado com alimentos trata ainda o Ac. do STJ, de 26-6-80, BMJ 298.º/304, ao passo que a *promessa* da sua prestação foi objecto de análise no Ac. da Rel. do Porto, de 26-1-00, CJ, tomo I, pág. 204.

31.3. O conteúdo da expressão "*alimentos*" não corresponde apenas ao seu sentido literal. A satisfação das necessidades orgânicas não esgota o que é necessário e imprescindível à sobrevivência ou à vivência condigna.

Com tal expressão pretendeu o legislador abarcar o que se encontra ligado ao sustento, habitação e vestuário, sem exclusão das necessidades relacionadas com tratamentos médicos ou medicamentosos.[185] Quanto a filhos menores ou a filhos maiores em processo de formação, o perímetro é ainda alargado à instrução e educação, nos termos dos arts. 2003.º e 1880.º do CC.

31.4. Verifica-se também a existência de diferenças entre o conceito de alimentos definitivos e o de alimentos provisórios.

Os primeiros são integrados por tudo quando seja "*indispensável*" à satisfação daquelas necessidades,[186] sendo mais reduzido o perímetro dos alimentos provisórios, conceito que abarca tudo aquilo que se mostrar "*estritamente necessário*" para o efeito.[187]

32. Justificação da medida cautelar:

32.1. Aos alimentos provisórios presidem todos os interesses que é comum convocar quando se abordam os procedimentos cautelares. Mas bem podemos asseverar que tal medida jurisdicional é daquelas que mais reflecte a necessidade de a ordem jurídica proteger, devida e ante-

---

185 Cfr. **Maria Clara Sottomayor**, *Regulação do Exercício do Poder Paternal nos Casos de Divórcio*, 3ª ed., pág. 176, nota 408.

Segundo **Vaz Serra**, "a intenção do legislador foi a de abarcar tudo o que for indispensável à satisfação das necessidades da vida segundo a situação social do alimentado" (RLJ 102.º/262).

Para **Remédio Marques**, a expressão legal "*sustento*" deve ser interpretada no sentido lato, de modo a incluir ainda aquilo que respeite à saúde e à segurança (*Algumas Notas sobre Alimentos*, pág. 37, nota 40, opinião que ilustra com largas referências doutrinais).

186 Sobre a delimitação do conceito de alimentos definitivos a favor de um dos cônjuges cfr. **Pereira Coelho** e **Guilherme de Oliveira**, *Curso de Direito da Família*, 2ª ed., vol. I, pág. 360, e o Ac. do STJ, de 8-2-00, CJSTJ, tomo I, pág. 74.

187 Cfr. o Ac. da Rel. de Évora, de 19-3-09, CJ, tomo II, pág. 275.

Segundo **Wilson Batalha** e **Sílvia Batalha**, "os alimentos provisionais constituem acção cautelar destinada a suprir as necessidades elementares da vida e subsistência, dentro do padrão normal da pessoa credora, tendo em vista o seu *status* social" – *Cautelares e Liminares*, 2ª ed., pág. 239.

cipadamente, situações de risco, enquanto noutro campo (em sede da acção principal) se faz a discussão serena e a apreciação segura e definitiva da matéria em litígio.[188]

Se a ordem jurídica tende a regular a vida em sociedade e se apenas a sua aplicação lhe dá vida, mais do que a consagração abstracta do direito a uma prestação alimentícia, interessa assegurar aos interessados os meios de subsistência básicos.[189]

Os *alimentos provisórios* funcionam, assim, como "primeiro socorro" prestado a quem, em função da idade, das condições físicas ou de circunstâncias de ordem económica ou familiar, se encontra numa situação de carência no que concerne à satisfação do que é essencial à condição humana.[190]

32.2. Sem necessidade sequer de exemplificar com situações em que é visível uma maior fragilidade, como sucede com os menores, idosos ou todos aqueles que se encontram afectados de incapacidade, basta eleger um qualquer dos interessados a quem a lei substantiva reconheça, em abstracto, o direito a alimentos, e adicionar-lhe circunstâncias que determinem um corte abrupto nos rendimentos ou a cessação dos meios necessários à provisão das despesas com o seu sustento, habitação ou vestuário, para se concluir pela insustentabilidade de uma eventual opção

---

[188] Embora num contexto totalmente diverso, adaptam-se aos alimentos provisórios os versos de "*Os Lusíadas*":

"Rompe toda a tardança, acode cedo
(...)
Acude e corre, pai, que, se não corres
Pode ser que não aches quem socorres."

[189] Tem toda a pertinência a observação de **Antunes Varela** para quem a previsão da medida cautelar alimentícia assenta na constatação de ser "necessariamente demorado o processamento de qualquer acção em juízo e difíceis de prognosticar os riscos que, em virtude do facto, correriam a vida, a saúde e o bem-estar da pessoa carecida, se todo o auxílio que ela careça estivesse dependente do êxito final da acção de alimentos instaurada contra o familiar obrigado" (*CC anot.*, vol. V, pág. 587).

[190] O dever de alimentos encontra antecedentes no direito romano, de onde irradiou. Obedece ao princípio "*venter non patit dilationem*" mencionado por **Eduardo Santos**, *Direito de Família*, pág. 642, e assume especial relevo quando se reporta a menores, o que esteve na base da atribuição ao juiz dos *poderes oficiosos* que constam do art. 2007.º do CC.

Sobre a evolução histórica dos alimentos no direito português cfr. **Remédio Marques**, *Algumas Notas sobre Alimentos*, págs. 30 e segs., nota 39.

pautada pela passividade da ordem jurídica ou que se limitasse a apostar na "boa vontade" dos sujeitos.

Este um sinal claro de que também os tribunais, quando confrontados com semelhantes situações, não podem deixar de privilegiar a adopção de medidas provisórias, mesmo sem a absoluta garantia da plena correspondência entre a relação litigada e o direito substantivo suposto.[191]

32.3. A prestação provisória de alimentos encontra-se genericamente prevista no art. 2007.º do CC, como forma de garantir a subsistência do alimentando na pendência da acção.

Mas não é essa a fonte exclusiva de prestações alimentares com semelhante natureza. Resultam também do art. 1821.º do CC, em benefício de filho menor, interdito ou inabilitado, na pendência de acção de investigação de maternidade ou de paternidade, ou do art. 1884, n.º 2, do CC, a favor da mãe do menor que, em representação deste, tenha instaurado acção de investigação de paternidade.

Em qualquer das situações, a respectiva instrumentalização é feita através do procedimento cautelar de alimentos provisórios.

32.4. Ainda que não sejam formalmente inseridos no catálogo dos procedimentos cautelares, existem na nossa ordem jurídica outros mecanismos processuais que prosseguem idêntico objectivo, qual seja, o de assegurar, sem delongas, os meios necessários a enfrentar as necessidades vitais do interessado.

O incidente regulado pelo art. 1407.º, n.º 7, do CPC, é o exemplo paradigmático, pois permite a fixação de um *regime provisório de alimentos*,[192] em benefício do cônjuge ou dos filhos, no âmbito de acção de

---

[191] Como se refere no Ac. do STJ, de 3-3-98 (Rel. Pereira da Graça), *www.dgsi.pt*, "os alimentos respeitam à sobrevivência, mesmo física, do alimentado, na medida em que se prendem com tudo o que é indispensável ao sustento, habitação e vestuário", servindo, como os restantes procedimentos cautelares, para "colmatar os inconvenientes das demoras naturais das acções".

[192] Sobre a opção entre o *incidente processual* e o *procedimento cautelar* cfr. **Pereira Coelho** e **Guilherme de Oliveira**, *Curso de Direito da Família*, 2ª ed., vol. I, pág. 676, os Acs. da Rel. de Lisboa, de 5-2-82, CJ, tomo I, pág. 170, e de 1-7-99, BMJ 489.º/398, e os Acs. da Rel. do Porto, de 28-6-99, CJ, tomo III, pág. 222, e de 20-3-01, CJ, tomo II, pág. 181.

No Ac. da Rel. de Coimbra, de 19-10-04, CJ, tomo IV, pág. 34, admitiu-se que o cônjuge que pretenda obter alimentos provisórios na pendência da acção de divórcio

divórcio litigioso, sob iniciativa do interessado ou por intervenção oficiosa do juiz, quando o circunstancialismo revelado aconselhar essa *regulação interina* de interesses conexos com as relações de família postas em crise.[193]

Frequentes são ainda as situações em que o direito de alimentos se constitui a favor de *menores*, casos em que, sem embargo do que resulta do mencionado art. 1407.º do CPC, se devem privilegiar os instrumentos especificamente regulados na Organização Tutelar de Menores (OTM), onde, como era de esperar, o legislador procurou garantir o indispensável ao sustento, habitação, vestuário, instrução e educação, determinando no art. 157.º que "*em qualquer estado da causa e sempre que o entenda conveniente, o tribunal pode decidir, a título provisório, relativamente a matérias que devam ser apreciadas a final ...*".

---

pode optar tanto pelo meio previsto no art. 1407.º, n.º 7, como pelo procedimento de alimentos provisórios.

No Ac. do STJ, de 3-5-00 (Rel. Francisco Lourenço), ponderou-se que "o pedido de fixação de um regime provisório de alimentos, deduzido no processo de divórcio, dá origem a um incidente que, não sendo um verdadeiro procedimento cautelar, desempenha função idêntica – acautelar o *periculum mora*".

Não passou despercebida a **Remédio Marques** a diferença terminológica entre a expressão "*alimentos provisórios*", a que se reportam os arts. 399.º e segs., e "*regime provisório quanto a alimentos*" referido no n.º 7 do art. 1407.º do CPC (*Algumas Notas sobre Alimentos*, pág. 252).

Para além da diversidade de regimes quanto à iniciativa e ao critério de atribuição, a opção pelo procedimento cautelar implica a dependência relativamente a uma acção de alimentos, ainda que cumulada com a acção de divórcio.

Por outro lado, deve ter-se em consideração que o *regime provisório* constante do art. 1407.º, n.º 7, vigora apenas se e enquanto perdurar a acção de divórcio (assim, o Ac. da Rel. de Lisboa, de 15-11-01, CJ, tomo V, pág. 90; contra: o Ac. do STJ, de 5-11-97, BMJ 471.º/298, onde se conclui tratar-se de uma providência cautelar especialíssima, perdurando até se encontrar a solução final na acção de alimentos definitivos), ao passo que os *alimentos provisórios* estão sujeitos ao regime geral da caducidade.

É claro que, traduzindo substancialmente o mesmo efeito jurídico, pode verificar-se entre um e outro uma situação de *litispendência*, como se concluiu no Ac. do STJ, de 6-6-00, BMJ 498.º/173.

[193] Apesar de a norma aludir a razões de "*conveniência*" na fixação de um regime provisório, isso não equivale à concessão ao juiz de um *poder discricionário*, como muito bem se refere no Ac. da Rel. de Lisboa, de 9-6-94, CJ, tomo III, pág. 109.

Já no Ac. da Rel. de Coimbra, de 28-11-00, CJ, tomo V, pág. 23, se alerta para a necessidade de se respeitar o *contraditório*.

Sendo a prestação de alimentos definitivos uma das pretensões a que se ajusta o processo especial de regulação do exercício do poder paternal, nos termos dos arts. 174.º e segs., ou o meio específico regulado nos 186.º e segs. da OTM, a garantia provisória da prestação alimentícia deve ser exercitada através dos instrumentos que em tal diploma se encontram previstos.[194]

32.5. Mesmo no tocante a filhos que atinjam a *maioridade* ou que sejam emancipados, não está afastada a possibilidade (ou a necessidade) de fazer uso dos meios especificamente prescritos pela OTM.

Com efeito, nem sempre a emancipação ou a maioridade determinam a extinção do dever de alimentos. Nas circunstâncias a que se reporta o art. 1880.º do CC, essa obrigação pode persistir durante o período necessário para se completar a formação.[195]

O paralelismo relativamente às situações de menoridade levou o legislador a excluir a correspondente pretensão do âmbito do procedi-

[194] Cfr. **Remédio Marques**, *Algumas Notas sobre Alimentos*, pág. 126, nota 171.

Diversamente, **Maria Clara Sottomayor**, *Regulação do Exercício do Poder Paternal nos Casos de Divórcio*, 3ª ed., pág. 196, entende que nada obsta a que se recorra ao procedimento de alimentos provisórios, com o pretexto de que a sua fixação no âmbito da OTM, como *regime provisório*, obedece a juízos de oportunidade formulados pelo juiz, o que é insatisfatório para acorrer a legítimas pretensões do requerente.

Julgamos que essa argumentação não procede. O juízo de oportunidade não se confunde com critérios de mera discricionariedade, pelo que, formulada uma pretensão de alimentos no âmbito do processo especial de regulação do poder paternal, e reunidas circunstâncias que imponham a sua fixação provisória, não pode o juiz deixar de a apreciar, tal como o faria se idêntica pretensão surgisse no âmbito de um verdadeiro procedimento cautelar.

No entanto, um eventual *erro na escolha do meio processual* adequado não deverá provocar consequências irreversíveis, impondo-se a pertinente convolação (cfr. o Ac. da Rel. do Porto, de 27-11-95, BMJ 451.º/502, e o Ac. da Rel. de Coimbra, de 14-6-83, CJ, tomo III, pág. 65).

[195] Trata-se de um afloramento do princípio da *solidariedade familiar*, aqui justificado por aquilo que **Remédio Marques** apelida de "menoridade financeira" (*Algumas Notas sobre Alimentos*, pág. 19, tema que desenvolve a partir da pág. 257).

Cfr. ainda o Ac. do STJ, de 23-4-97, BMJ 469.º/563, o Ac. da Rel. de Lisboa, de 27-4-95, CJ, tomo II, pág. 125, e os Acs. da Rel. do Porto, de 19-12-96, CJ, tomo V, pág. 220, e de 18-2-93, CJ, tomo I, pág. 213.

No Ac. da Rel. do Porto, de 17-2-94, CJ, tomo I, pág. 240, faz-se depender a duração da obrigação alimentícia do cumprimento dos deveres de respeito, auxílio e assistência por parte do filho.

mento cautelar de alimentos provisórios, sujeitando-a aos mecanismos prescritos especificamente para situações de menoridade (art. 1412.º do CPC).

32.6. Sem pretender esgotar o leque de especialidades, não deixaremos de assinalar ainda a especial protecção conferida pelo art. 84.º do CIRE[196] ao devedor ou aos administradores da pessoa colectiva declarada em *estado de insolvência*, quando careçam, em absoluto, de meios de subsistência que não possam angariar pelo seu trabalho. Trata-se de uma medida de que também podem beneficiar os trabalhadores-credores da empresa, por conta dos seus créditos, nos termos do art. 84.º, n.º 3, do CIRE.

Presidem à previsão de tal medida razões de *ordem humanitária*. Afinal as mesmas que também se encontram presentes no art. 408.º, n.º 3, do CPC, quando regula a concessão ao arrestado de uma prestação que assegure a manutenção dos rendimentos estritamente indispensáveis aos seus alimentos e de sua família.

Daquele regime emerge a atribuição ao administrador da insolvência, em estreita conexão com a comissão de credores ou a assembleia de credores, da tarefa que anteriormente recaía sobre o juiz, constituindo o afloramento de um princípio que domina o processo falimentar, segundo o qual a intervenção do tribunal tem natureza acessória.[197]

33. Instrumentalidade e dependência:

33.1. Como ocorre com todas as providências, a fixação de alimentos provisórios está, em regra, na dependência directa de uma acção em que, a título principal ou acessório, se pretende o reconhecimento do direito a uma *prestação alimentícia* e a condenação do devedor no seu pagamento.

A pretensão de alimentos, isoladamente formulada ou acoplada a outro pedido, reconduz-nos a uma acção que, sendo julgada procedente, determinará a prolação de uma sentença de natureza mista, simultaneamente constitutiva da obrigação e condenatória no pagamento da prestação.

---

[196] Sucedâneo do art. 150.º do CPEREF. Já no art. 1195.º do CPC de 1961, se previa a fixação, em benefício do falido, de um subsídio módico.

[197] Sobre este regime cfr. **Carvalho Fernandes** e **João Labareda**, *CPEREF.*, anot. ao art. 150.º. Cfr. ainda a análise de **Maria do Rosário Epifânio**, *Os Efeitos Substantivos da Falência*, págs. 88 e segs.

33.2. O nexo de absoluta *dependência* verifica-se quando o procedimento é instaurado como preliminar ou incidente de acção declarativa de alimentos.

Mas o pedido de alimentos definitivos pode surgir cumulado com a acção de reconhecimento judicial da paternidade ou da maternidade, resultando do art. 1821.º do CC (e, por arrastamento, do art. 1873.º do CC) a admissibilidade de fixação de uma prestação provisória a favor do menor, interdito ou inabilitado, a suportar pelo réu na pendência da causa. No mesmo plano se situa a norma do art. 1884.º, n.º 2, do CC, agora em benefício da mãe do menor investigado, na pendência da acção de investigação de paternidade.

Qualquer dos preceitos evidencia a natureza verdadeiramente *antecipatória* dos alimentos provisórios, já que neles se abstrai da prova absoluta do vínculo legal justificativo, bastando a formulação de um juízo de probabilidade quanto à procedência da acção principal.[198]

Todavia, é na acção de *divórcio litigioso* que proliferam as pretensões alimentícias, cumulação expressamente assegurada pelo art. 470.º, n.º 2.[199]

34. Requerimento inicial:

34.1. Não existem nesta matéria peculiaridades a assinalar. De acordo com as regras gerais, cumpre ao requerente o ónus de alegação da matéria de facto, de enunciação do pedido e de indicação dos meios probatórios.

No que concerne à *causa de pedir*, para além da invocação da relação jurídica que justifica o direito de alimentos, tem relevo a alegação

---

[198] Cfr. **Remédio Marques**, *Algumas Notas sobre Alimentos*, pág. 21, nota 31.

[199] A *cumulação de pedidos* reconhecida pelo art. 470.º, n.º 2, constitui uma faculdade de que o interessado pode livremente prescindir, nada obstando a que pretensão de alimentos surja com autonomia, como se decidiu no Ac. da Rel. de Coimbra, de 12-10-99, CJ, tomo IV, pág. 28.

A dependência pode verificar-se também relativamente a uma *acção de anulação de casamento civil*, uma vez que o art. 2017.º do CC confere o direito de alimentos ao cônjuge de boa fé.

Sobre a questão cfr. **Remédio Marques**, *Algumas Notas sobre Alimentos*, pág. 253, nota 351, onde também aborda a problemática da conexão entre os alimentos provisórios e a acção de declaração de nulidade de *casamento concordatário*.

Sobre a natureza jurídica da prestação de alimentos em caso de divórcio cfr. **Ângela Cerdeira**, *Da Responsabilidade Civil dos Cônjuges Entre Si*, pág. 160.

dos factos integradores da situação de necessidade, a par daqueles que revelem as possibilidades do requerido, elementos que, conjuntamente, servirão para quantificar a prestação.

34.2. O *pedido* corresponderá a uma quantia certa, de periodicidade mensal, sendo ilegítima a dedução de um pedido genérico.[200]

É certo que o regime actual não é tão claro quanto aquele que emergia do anterior art. 400.º, n.º 1, onde expressamente se aludia a tal concretização. No entanto, a modificação legislativa operada de modo algum significa a adesão a uma solução diversa. Sugere tão só que o legislador terá considerado dispensável a enunciação de um requisito já suficientemente explicitado noutras normas, como as do art. 381.º, n.º 1, ou do art. 392.º, n.º 3.[201]

Essa intenção é confirmada pela redacção do art. 399.º, n.º 1, que alude ao pedido de "*fixação da quantia mensal*". Acresce ainda o argumento colhido directamente do art. 471.º, pois que prevendo-se nesta norma, de forma taxativa, as situações em que é legítima a formulação de pedido genérico, tal demonstra a sua inadmissibilidade no âmbito dos procedimentos cautelares, *maxime* nos alimentos provisórios.[202]

34.3. Em relação aos *alimentos definitivos*, o sistema não rejeita a possibilidade de a sua fixação assumir forma diversa da prestação pecuniária, em face do circunstancialismo apurado, nos termos do art. 2005.º do CC.[203]

---

[200] A eventual dedução ilegal de *pedido genérico* deve dar lugar a um despacho de convite ao aperfeiçoamento, atenta a sanabilidade da correspondente excepção dilatória.

Com isso se não confunde a pretensão de que seja fixada uma *cláusula de indexação*, por forma a acompanhar a desvalorização monetária e evitar o subsequente pedido de actualização, como referem **Remédio Marques**, *Algumas Notas sobre Alimentos*, pág. 107, e **Maria Clara Sottomayor**, *Regulação do Exercício do Poder Paternal nos Casos de Divórcio*, 3ª ed., pág. 199.

[201] O primeiro, determinando que o pedido corresponda a uma "*providência ... concretamente adequada*"; o segundo, a prever a admissibilidade de decretamento de medida diversa da "*providência concretamente requerida*".

[202] Cfr. **Abrantes Geraldes**, *Temas da Reforma do Processo Civil*, vol. III, 4ª ed., págs. 87 e 169.

[203] O cumprimento de obrigação alimentícia através de *prestação de facto* foi analisado no Ac. do STJ, de 26-6-80, BMJ 298.º/304.

Outras formas em que pode traduzir-se a prestação alimentícia de natureza definitiva são enunciadas por **Remédio Marques**, *Algumas Notas sobre Alimentos*, pág.

Já no tocante a *alimentos provisórios*, a regulamentação constante do art. 399.º limita o pedido (e a consequente decisão) a uma quantia mensal, o que se compatibiliza com o facto de aqueles se destinarem a suprir necessidades básicas.[204]

34.4. Nos termos do art. 313.º, n.º 3, al. a), o procedimento terá o *valor* correspondente a 12 mensalidades pedidas.

35. Pressupostos processuais:

35.1. Quanto à competência em razão da *nacionalidade*, para além do que resulta do art. 65.º, merecem especial destaque o Regulamento (CE) n.º 44/2001 e as Convenções de Bruxelas e de Lugano Relativas à Competência Judiciária e ao Reconhecimento e Execução de Sentenças.[205]

---

282. Cfr. ainda **Pereira Coelho** e **Guilherme de Oliveira**, *Curso de Direito da Família*, 2ª ed., pág. 680.

[204] Apesar disso, não vemos obstáculo a que, em sede de *transacção*, as partes possam acordar noutras modalidades de prestação.

[205] Prescreve o art. 5.º, n.º 2, do Regulamento (CE) n.º 44/2001, que o requerido pode ser demandado "*em matéria de obrigação alimentar, perante o tribunal do lugar em que o credor de alimentos tem o seu domicílio ou a sua residência habitual, ou tratando-se de pedido acessório de acção sobre o estado de pessoas, perante o tribunal competente segundo a lei do foro, salvo se essa competência for unicamente fundada na nacionalidade de uma das partes*".

Solução semelhante decorre das Convenções de Bruxelas e de Lugano.

Segundo **Eduardo Santos**, *Convenção de Bruxelas de 1968*, pág. 59, é amplo o conteúdo da expressao "*obrigação alimentar*", abrangendo várias noções de um mesmo sistema jurídico, embora se exclua o direito de alimentos decorrente de responsabilidade contratual, sujeito ao disposto no art. 5.º, n.º 1, das mencionadas Convenções, assim como a prestação alimentícia resultante das regras da sucessão e da consequente partilha.

Sobre a competência internacional para determinadas acções de estado, *maxime* acções de divórcio e acções atinentes a menores (mas com exclusão expressa das acções de alimentos), determina o art. 20.º do Regulamento (CE) n.º 2201/03 que, "*em caso de urgência, o disposto no presente regulamento não impede que os tribunais de um Estado-Membro tomem as medidas provisórias ou cautelares relativas às pessoas ou bens presentes nesse Estado-Membro, e previstas na sua legislação, mesmo que, por força do presente regulamento, um outro tribunal de outro Estado-Membro seja competente para conhecer do mérito*".

Quanto ao *regime jurídico substantivo* que deve ser considerado para efeitos de apreciação da pretensão, para além do que sobre essa matéria consta do Código Civil, deve ter-se em consideração a Convenção sobre a Lei Aplicável às Obrigações Alimentares, concluída em Haia, em 2-10-73, aprovada pelo Dec. Lei n.º 339/75, de 2-7.

35.2. A *competência material* varia consoante as situações jurídicas.[206]

A apreciação de pedidos de alimentos provisórios em benefício de cônjuges, ex-cônjuges, filhos menores e filhos maiores ou emancipados é da competência dos juízos de família e menores, nas circunscrições onde se encontrem implantados, nos termos dos arts. 114.º, al. g), e 115.º, n.º 1, al. e), da nova LOFTJ.[207] Os casos que não estejam sob a jurisdição daqueles tribunais especializados são apreciados pelos tribunais com competência na área cível.

35.3. Para a *competência territorial* rege o disposto no art. 83.º, n.º 1, al. c), do CPC, sendo o procedimento instaurado no tribunal onde deva ser proposta a acção principal.[208]

Se a acção principal for uma acção de alimentos definitivos, com vista a obter o cumprimento (após fixação) da obrigação, segue-se o regime prescrito pelo art. 74.º, sem embargo dos casos em que a pretensão de alimentos surja cumulada com a acção de divórcio litigioso ou de separação, nos termos do art. 470.º, n.º 2.

35.4. A respeito do pressuposto da *legitimidade*, deve seguir-se o que emerge das normas de direito substantivo que fixam os direitos e as correspondentes obrigações.

A legitimidade activa pertencerá ao credor de alimentos, ainda que, por vezes, a lei admita formas de substituição processual.

Quando for conjecturável que algum dos demandados possa ser dispensado do cumprimento da prestação alimentícia, atento o escalona-

---

E, quanto a menores, a Convenção concluída em Haia, em 24-10-56, aprovada pelo Dec. Lei n.º 48.495, de 22-7-68.

Quanto à execução de *sentenças estrangeiras* que fixem alimentos cfr. *infra*, 38.4.

[206] O Dec. Lei n.º 272/01, de 13-10, veio atribuir às conservatórias do registo civil competência para questões de alimentos em benefício de *filhos maiores ou emancipados*, salvo quando surjam cumuladas com outras pretensões (art. 5.º, n.º 1, al. a), e n.º 2), através de um procedimento que, não evoluindo para o acordo, implica a remessa para o tribunal.

[207] Cfr. o Ac. da Rel. do Porto, de 19-12-96, CJ, tomo V, pág. 220.

Ainda que não esteja totalmente explícito na letra da lei, cumpre aos tribunais de família conhecer de todos os procedimentos instrumentais relativamente às acções inscritas na esfera da sua competência, assim como dos incidentes que nelas se suscitem (Ac. da Rel. do Porto, de 27-4-95, BMJ 446.º/346).

[208] Cfr., a este propósito, o Ac. da Rel. de Coimbra, de 12-10-99, CJ, tomo IV, pág. 28, onde se afastou a necessária dependência relativamente à acção de divórcio.

mento previsto no art. 2009.º do CC, pode ter interesse o uso da figura da *pluralidade subjectiva subsidiária* prevista no art. 31.º-B do CPC, o que permitirá conferir mais eficácia ao procedimento e evitar situações de improcedência da pretensão e o consequente arrastamento ou multiplicação de procedimentos.

36. Tramitação:

36.1. Ainda que a norma do art. 400.º preveja apenas a designação imediata da audiência de julgamento, isso não contradiz a necessidade (ou a possibilidade) de serem proferidas decisões com outro conteúdo, nos termos já assinalados quanto ao procedimento cautelar comum, com especial destaque para o indeferimento liminar ou para o despacho de aperfeiçoamento.[209]

Aquilo que de útil se extrai do modo como o legislador regulamentou os alimentos provisórios é a especial *aceleração* que pretendeu imprimir ao procedimento, determinando, desde logo, a designação imediata da audiência de julgamento, em vez de se aguardar, como é de regra, pela apresentação da contestação. É na audiência que deve ser apresentada a contestação e que cabe oferecer os meios de prova.[210]

36.2. A convocação do requerido deve concretizar-se através de *citação*, salvo quando o procedimento seja dependente de processo para o qual já tenha sido citado, caso em que, nos termos do art. 385.º, n.º 2, se ajusta a sua notificação.

Porque o legislador pretendeu dar natural prioridade à resolução consensual do litígio através do confronto directo das partes, determinou a sua convocação para comparecerem pessoalmente ou se fazerem representar por procurador com poderes especiais para transigir.

Mas a ausência do requerido ou do seu representante,[211] para além de inviabilizar a apresentação de contestação, deixou de produzir o efeito

---

[209] Cfr. **Abrantes Geraldes**, *Temas da Reforma do Processo Civil*, vol. III, 4ª ed., págs. 186 e segs.

[210] Atenta esta regra esepcial e a urgência que especialmente caracteriza o procedimento de alimentos provisórios, entre a data em que se convoca o requerido para a audiência não tem que mediar necessariamente o prazo de 10 dias referido no art. 303.º, n.º 2, para a apresentação de contestação.

[211] Tal como sucede quando a falta respeita à audiência preliminar no processo declarativo (**Abrantes Geraldes**, *Temas Judiciários*, pág. 365, e *Temas da Reforma do*

cominatório pleno que anteriormente se previa, ficando este procedimento submetido à regra geral, ou seja, à *admissão dos factos* alegados pelo requerente (art. 385.º, n.º 4).[212]

36.3. Presentes ou representadas as partes,[213] o juiz tentará a sua conciliação, procurando obter uma solução equitativa. Alcançado o acordo, que ficará exarado em acta, cumpre homologá-lo, extinguindo-se a instância procedimental.

Ao invés do que decorria do anterior art. 389.º, n.º 4, inexiste agora qualquer restrição quanto aos *meios probatórios*, embora, tal como sucede no procedimento cautelar comum, prevaleça o entendimento de que a instrução se deve limitar ao que for necessário à justa apreciação da questão.[214]

Se houver iniciativa do requerente, na petição inicial, ou do requerido, na contestação, as provas oralmente prestadas serão registadas (art. 304.º, n.º 3, *ex vi*, art. 384.º, n.º 3).

A letra do preceito sugere que não existirão debates orais.[215] Como já referimos noutro local, [216] não temos por segura esta solução.

Processo Civil, vol. II, 4ª ed., pág. 102, nota 172), também aqui a parte está livre de sanção pecuniária.

[212] Assim, a produção de prova a que alude o art. 400.º, n .º 3, não se justifica em relação aos factos que por via da *confissão ficta*, possam considerar-se provados.

[213] Tendo sido alterado o regime dos adiamentos da audiência de julgamento no processo comum, nos termos que agora constam do art. 651.º (Dec. Lei n.º 183/00, de 10-8), não poderão deixar de ser ponderados os seus reflexos também no âmbito dos procedimentos cautelares, considerando a especial celeridade que neles se impõe (cfr. **Abrantes Geraldes**, *Temas da Reforma do Processo Civil*, vol. III, 4ª ed., págs. 224 e 225). **Célia Pereira**, *Arbitramento de Reparação Provisória*, págs. 153 e segs. advoga expressamente a inviabilidade de adiamento da diligência.

A ausência de alguma das partes não é motivo de adiamento, sendo até indiferente a apresentação de justificação. O regime explica-se pela celeridade que o legislador pretendeu imprimir ao procedimento, directamente proporcional à urgência imposta pelas circunstâncias em que o requerente se encontra.

[214] Especialmente quanto aos alimentos provisórios cfr. o Ac. da Rel. de Évora, de 1-6-95, BMJ 448.º/456, onde se declara a dispensa de averiguação de elementos secundários relativamente ao objecto do procedimento.

[215] Foi este o entendimento que, perante a lei anterior, fez vencimento no Ac. da Rel. de Lisboa, de 28-4-87, CJ, tomo II, pág. 161.

[216] Cfr. **Abrantes Geraldes**, *Temas da Reforma do Processo Civil*, vol. III, 4ª ed., pág. 231.

37. Decisão:

37.1. A *sentença*, oralmente proferida, ficará imediatamente exarada em acta, decompondo-se em duas partes: aquela em que o juiz pronuncia os factos que julga apurados e não apurados, motivando tal decisão com a análise crítica das provas; aquela em que procede à respectiva integração jurídica.

As exigências quanto às decisões finais dos procedimentos cautelares são naturalmente menores do que as impostas nas sentenças destinadas a dirimir os conflitos. A simplificação foi especialmente assinalada a respeito dos alimentos provisórios, onde, para além de ter sido assumida a forma oral, se fixou que a decisão deve ser sucintamente fundamentada, procurando o ponto de equilíbrio entre a superficialidade capaz de conduzir a soluções precipitadas e a excessiva prolixidade que confunda a decisão cautelar com a definitiva.

37.2. Verificados os pressupostos de atribuição de alimentos, deve o juiz *quantificar a prestação*, obviamente sujeita ao limite máximo indicado pelo requerente.

Para a sua concretização colocaram-se algumas balizas: a fixada no art. 2007.º do CC, que indica ao juiz, como linha de orientação geral, o seu prudente critério, inconfundível com a arbitrariedade e próximo dos juízos de equidade; e a constante do art. 2004.º do CC, que impõe a ponderação simultânea das necessidades do requerente e das possibilidades do requerido.

Longe de conceder poderes discricionários, o que a lei pretende significar com a terminologia empregue é que, em vez de o juiz se apegar a critérios de estrita legalidade, deve extrair dos factos o valor da prestação que reputar ajustado, tendo em conta as carências do alimentando e os meios económicos do devedor.[217]

Mais concretamente, determina o art. 399.º, n.º 2, que a fixação da prestação deve ter em conta o que for "*estritamente necessário para o*

[217] Como ensina **Antunes Varela**, a lei confiou no critério do juiz, de modo a repelir pretensões de mais flagrante injustiça, se estiver atento aos indícios, aos vestígios ou ao começo de prova (*CC anot.*, vol. V, pág. 588).

Mais do que sucederá noutras situações, as dificuldades de apuramento da matéria de facto, a respeito da exactidão dos elementos, e a supressão de lacunas de conhecimento impõem o uso de presunções judiciais, com ponderação das regras de experiência (cfr. o Ac. do STJ, de 24-10-94, BMJ 440.º/492).

sustento, habitação e vestuário do requerente", segmento que, não podendo ser interpretado literalmente, permite abarcar tudo quanto se revelar imprescindível a uma vida condigna.[218] Adicionalmente poderão ainda ser consideradas as necessidades directamente relacionadas com o custeio das despesas judiciais, quando o credor não possa fruir do apoio judiciário,[219] devendo fazer-se a destrinça da prestação especialmente destinada a esse efeito.

Para além da fixação da obrigação para o futuro, resulta do art. 401.°, n.° 1, que os alimentos são devidos desde o primeiro mês subsequente à dedução do respectivo pedido. Ainda que isso não seja imprescindível, atenta a clareza da norma, nada obsta a essa indicação seja feita na decisão.

37.3. Quando se trate de fixar alimentos subsequentes a *processo de divórcio* ou de separação judicial importa ponderar especialmente o que decorre das alterações introduzidas no art. 2016.° e do aditamento do art. 2016.°-A do CC. Aí se reflectiu uma mudança de paradigma relativamente ao divórcio, com repercussões directas ou indirectas no direito de alimentos.

Continuando a prever-se, em abstracto, o direito a alimentos, o legislador deixou de atribuir relevo à *culpa* de qualquer dos cônjuges.

---

[218] No Ac. da Rel. do Porto, de 12-12-96, *www.dgsi.pt*, indica-se como objectivo a fixação da prestação no valor razoável, segundo o prudente arbítrio do juiz.

No art. 408.°, n.° 3, referente ao arrestado, usou-se a expressão de sentido equivalente "*rendimentos estritamente indispensáveis*".

Sobre o critério a utilizar na fixação dos alimentos cfr. ainda o Ac. da Rel. de Lisboa, de 16-3-06, CJ, tomo II, pág. 67.

Ainda que não existam dados estatísticos sobre as prestações alimentícias normalmente fixadas pelos tribunais, merece reflexão o rol de decisões relacionadas com menores apresentado por **Maria Clara Sottomayor**, *Regulação do Exercício do Poder Paternal nos Casos de Divórcio*, 3ª ed., pág. 180, onde conclui que "os juízes, os advogados e os próprios pais, nos acordos relativos à regulação do poder paternal, tendem a subavaliar os custos reais de educar uma criança" (pág. 182).

[219] Hipótese de difícil configuração, tendo em conta que quem está em condições de solicitar alimentos provisórios também reunirá, na maior parte dos casos, os requisitos do apoio judiciário.

Note-se que a atribuição de uma quantia para custear a demanda implica a retirada do apoio judiciário que eventualmente tenha sido concedido ao requerente, nos termos do art. 10.°, n.° 1, al. e), da Lei n.° 34/04, de 29-7.

Por outro lado, assumiu-se que cada um dos cônjuges, após o divórcio ou separação judicial, deve prover ao seu próprio sustento, sem que possa exigir do outro a manutenção do padrão de vida que lhe era proporcionado no casamento (art. 2016.º-A, n.º 3).

Podendo o direito de alimentos *ser negado* por motivos de equidade, prevê-se ainda que na fixação da prestação alimentícia, com naturais reflexos nos alimentos provisórios, devem ser ponderadas as circunstâncias referidas no art. 2016.º-A, n.º 1.

37.4. Considerando que se trata de um procedimento em que o *contraditório* é necessariamente respeitado, o requerido que seja confrontado com uma sentença total ou parcialmente favorável ao requerente tem a possibilidade de a impugnar em via de *recurso*, desde que se mostrem reunidas as condições da sua admissibilidade, *maxime* as relacionadas com a alçada do tribunal (art. 691.º, n.º 2, al. l)).

O recurso de apelação sobe (imediatamente) em separado (art. 691.º-A, n.º 2) e com efeito meramente devolutivo (art. 692.º, n.º 1). Será inaplicável a norma do art. 692.º, n.º 4, atenta a inadequação de qualquer forma de caucionamento para garantir o direito cuja realização se pretende antecipar com a prestação alimentícia.

37.5. A par do arbitramento de reparação provisória (*infra*, 48.7), também os alimentos provisórios rejeitam, frontal e liminarmente, a possibilidade de a prestação ser substituída por *caução*.[220]

A tutela dos interesses em situação de *periculum in mora* apenas pode conseguir-se através da efectiva atribuição de uma prestação capaz de suprir as necessidades elementares, o que de modo algum seria salvaguardado por tal mecanismo substitutivo.

38. Execução dos alimentos:

38.1. Independentemente dos meios de execução coerciva, o incumprimento das prestações fixadas não deixa de determinar consequências de *ordem penal*, nos termos do art. 391.º.

[220] No quadro em que se inserem a pretensão e a decisão de alimentos provisórios, a caução jamais garantiria as necessidades básicas justificativas da medida cautelar, como foi acentuado, relativamente a um caso paralelo, pelo Ac. do STJ, de 18-5-99, CJSTJ, tomo II, pág. 97.

38.2. Consoante o diploma regulador, a realização coerciva de alimentos encontra no sistema jurídico vigente diversas alternativas.

Desligando do específico meio prescrito na OTM para os alimentos devidos a menores (ou, por extensão, a maiores equiparados),[221] interessa conhecer o regime a que deve obedecer a execução de alimentos provisórios fixados no âmbito do procedimento cautelar específico.

A exequibilidade da decisão não deixa a menor réstia de dúvida, não só devido ao disposto no art. 391.º, *in fine*, como, principalmente, à norma do art. 1120.º.

A especial *celeridade* que se justifica na exercitação do direito a uma prestação alimentícia estende-se aos meios de execução coerciva e revela-se através da previsão de uma forma de processo especial para o seu cumprimento coercivo. Instaurada por apenso ao procedimento, a execução abarcará as prestações vencidas, desde a data resultante do n.º 1 do art. 401.º, e as vincendas.

Tratando-se de penhora parcial em vencimentos ou pensões do executado, pode ser requerida a adjudicação da parte afectada pela penhora, revertendo directamente para o exequente, sem mais formalidades.

A decisão é exequível, ainda que o requerido interponha recurso que, como se disse, terá efeito meramente devolutivo.

É inaplicável o disposto no art. 47.º, n.º 3, que obriga ao caucionamento das quantias recebidas. O regime prescrito por tal normativo mostra-se incompatível com a natureza e a finalidade da prestação alimentícia, para além de ser afastado pela norma excepcional do art. 2007.º do CC que, em qualquer caso, veda o dever de restituição dos alimentos provisórios recebidos.[222]

38.3. A execução *cessará* quando a providência fique sem efeito, de acordo com o disposto nos arts. 1120.º e 389.º.

Segundo dispõe o art. 399.º, n.º 1, a obrigação correspondente à prestação provisória cessará ainda quando se verificar o pagamento da

---

[221] Assim como do mecanismo de substituição resultante da Lei n.º 75/98, de 19-11, e do Dec. Lei n.º 164/99, de 13-5, que constituíram o Fundo de Garantia de Alimentos Devidos a Menores (cfr. **Maria Clara Sottomayor**, *Regulação do Exercício do Poder Paternal nos Casos de Divórcio*, 3ª ed., pág. 216, e **Remédio Marques**, *Algumas Notas sobre Alimentos*, págs. 220 e segs.).

[222] Cfr. o Ac. da Rel. de Coimbra, de 9-2-88, CJ, tomo I, pág. 78.

primeira prestação definitiva, facto demonstrativo de que os efeitos da decisão cautelar foram, entretanto, substituídos pelos projectados pela decisão proferida no processo principal.[223]

38.4. No que concerne à *execução de sentenças estrangeiras*, a par da aplicação das normas internas sobre a revisão constantes dos arts. 1094.º e segs., deve ponderar-se o regime emergente dos instrumentos de direito internacional a que Portugal se encontra vinculado ou dos que decorrem da integração na União Europeia.

Aqui se destacam o Regulamento (CE) n.º 4/2009, o Regulamento (CE) n.º 44/2001, e o Regulamento (CE) n.º 2201/2003, as Convenções de Bruxelas e de Lugano Relativas à Competência Judiciária e ao Reconhecimento e Execução das Sentenças e a Convenção sobre a Cobrança de Alimentos no Estrangeiro, concluída em Nova Iorque, em 20-7-56, aprovada pelo Dec. Lei n.º 45.942, de 28-9-64.

39. Instabilidade do caso julgado:

39.1. As pretensões de natureza alimentícia podem ser introduzidas em processos de natureza contenciosa ou em processos de jurisdição voluntária. Os mecanismos de jurisdição voluntária previstos na OTM serão ajustados aos alimentos devidos a menores (ou a maiores equiparados); os de natureza contenciosa adequar-se-ão às pretensões alimentícias solicitadas por outras pessoas.

Porém, essa diferenciação não impediu o legislador de criar para ambas as situações uma solução comum no que concerne à estabilidade do caso julgado.

Com efeito, a solução prevista no art. 1411.º, n.º 1, em sede dos processos de jurisdição voluntária, acabou por ser acolhida tanto pelo art. 671.º, n.º 2 (para a decisão sobre alimentos definitivos), como pelo art. 401.º, n.º 2 (aplicável à decisão sobre alimentos provisórios). Em qualquer dos casos, esses preceitos vêm dar seguimento à norma substantiva do art. 2012.º do CC.

---

[223] Segundo **Lebre de Freitas**, *CPC anot.*, vol. II, pág. 100, a expressão legal tem o sentido de impedir a interrupção do eventual pagamento coercivo das prestações de alimentos provisórios. A partir da sentença, constitui-se a dívida relativamente aos alimentos definitivos.

39.2. A admissibilidade da *modificação de sentença* transitada em julgado constitui uma solução excepcional, mesmo no campo dos procedimentos cautelares, onde não deixa de vigorar a regra segundo a qual, deferida a providência, a mesma deve manter-se até que seja decretada a sua extinção por algum dos fundamentos previstos no art. 389.º.

Em sede de alimentos, a especial natureza do direito e da correspectiva obrigação, a variação temporal dos factos que interessam para a fixação da justa medida ou a necessidade de fomentar a justiça material, por forma a compatibilizar as carências efectivas com as reais possibilidades dos diversos sujeitos, conduziram o legislador a passar para segundo plano os objectivos de segurança e de certeza jurídica que rodeiam a figura do caso julgado e a privilegiar os valores da justiça e da equidade.

Deste modo, sem abdicar da natureza contenciosa do procedimento cautelar de alimentos provisórios, o legislador atenuou a rigidez respeitante ao valor e à durabilidade da decisão, abrindo as portas à modificação do seu conteúdo.[224]

39.3. No entanto, de acordo com o art. 2012.º do CC, não é qualquer modificação da matéria de facto oportunamente considerada que deverá servir de pretexto para a apresentação de um pedido de alteração. Apenas a modificação das "*circunstâncias determinantes*" para a fixação e quantificação da prestação.

Esta exigência assume-se como um travão a pretensões injustificadas, assentes em motivos irrisórios, de forma a dissuadir qualquer dos interessados de perturbar, sem motivo sério, a estabilidade da decisão e a actividade judicial.

Sem embargo do que especificamente decorre dos arts. 2016.º e 2016.º-A do CC quanto ao divórcio ou separação judicial, nos termos do art. 2004.º do mesmo diploma, relevam para efeito de atribuição e quantificação da prestação de alimentos as necessidades do credor e as possibilidades do devedor. Por outro lado, os alimentos provisórios visam o estritamente necessário à sobrevivência condigna, nos termos do art. 399.º, n.º 2, do CPC.

---

[224] Mesmo quando a prestação tenha derivado de acordo judicialmente homologado, como se decidiu no Ac. do STJ, de 3-3-98, *www.dgsi.pt*.

É neste quadro que, ocorrendo modificação das "*circunstâncias determinantes*", o interessado poderá deduzir o incidente de cessação ou de modificação da providência.[225]

39.4. Mas não são apenas as circunstâncias de facto que relevam para efeitos de modificação da decisão. A alteração substancial da *probabilidade de procedência da acção principal* pode determinar o mesmo resultado.

Explicitando melhor esta ideia.

A atribuição provisória de alimentos não depende apenas da verificação de uma situação de necessidade do credor no que concerne à sua autónoma subsistência. Supõe ainda a formulação de um juízo de séria probabilidade quanto à confirmação do direito à prestação alimentícia na acção principal.

Por isso mesmo, na sequência do que dispõe o art. 2012.º do CC, uma redução acentuada do grau de probabilidade em que se tenha baseado a decisão de alimentos provisórios será susceptível de influir no *statu quo* derivado da providência cautelar. Só assim se poderão conseguir atenuar as consequências negativas emergentes do injustificado arrastamento do processo principal e, ao mesmo tempo, evitar os abusos resultantes de comportamentos dilatórios por parte do beneficiário da prestação alimentícia.

O facto de na acção principal ser proferida *sentença negatória* do pedido de fixação de alimentos definitivos da qual tenha sido interposto recurso não determina, por si, a caducidade prevista no art. 389.º, tendo em conta que, nos termos do seu n.º 1, al. c), se exige o trânsito em

---

[225] Segundo o Ac. da Rel. de Lisboa, de 4-2-86, CJ, tomo I, pág. 100, a alteração pode ter lugar desde que se prove a mudança do condicionalismo que foi atendido na fixação da pensão, o que sucede com o acréscimo substancial do custo de vida ou a correspondente desvalorização monetária.

Como refere **Maria Clara Sottomayor**, *Regulação do Exercício do Poder Paternal nos Casos de Divórcio*, 3ª ed., pág. 198, com ilustração jurisprudencial, os fundamentos normalmente invocados são o aumento ou a diminuição da taxa de inflação, o aumento do custo de vida, a depreciação da moeda, a alteração das circunstâncias financeiras do obrigado ou a modificação das necessidades do alimentando devida, por exemplo, ao seu crescimento.

Quanto à cessação pura e simples da prestação, há que ter em consideração ainda o que consta do art. 2013.º do CC.

julgado da sentença absolutória. Porém, atribuindo prioridade às especiais regras fixadas no art. 401.º, n.º 2 (e no art. 2012.º do CC) para os alimentos provisórios, julgamos que deve admitir-se o reajustamento da medida cautelar às novas circunstâncias.[226]

39.5. O incidente de *alteração* ou de *cessação* será tramitado no próprio procedimento cautelar[227] ou por apenso ao processo executivo, nos termos que resultam do art. 1121.º.

40. Responsabilidade do requerente:

40.1. Atento o teor do art. 2007.º, n.º 2, do CC, os alimentos provisórios recebidos *não são restituídos*, nem sequer quando tenha existido actuação de má fé.[228]

Mais do que a natureza antecipatória, resulta desta disposição legal que a atribuição de alimentos provisórios acaba por assumir natureza definitiva, diversamente do que ocorre na generalidade dos procedimentos cautelares em que a caducidade da providência determina a recomposição da situação anteriormente verificada.

40.2. Em sede de alimentos, e no tocante à *responsabilização do requerente*, seguiu o legislador uma regra diversa da que consta do art. 390.º, n.º 1, para a generalidade dos procedimentos.

Tendo em conta que a prestação de alimentos visa suprir necessidades básicas sumariamente apuradas pelo tribunal e que, nesse contexto, é natural o imediato dispêndio das quantias recebidas, considerou-se insuficiente para a responsabilização do requerente uma actuação fora dos

---

[226] Opinião a que também adere **Lebre de Freitas**, *CPC anot.*, vol. II, pág. 106.

[227] Através da renovação da instância cautelar extinta, nos termos prescritos pelo art. 292.º, n.º 1, do CPC (cfr. **Rita Lynce de Faria**, *A Função Instrumental da Tutela Cautelar não Especificada*, pág. 163).

[228] Segundo **Antunes Varela**, *CC anot.*, vol. V, pág. 588, a solução legal encontra a sua justificação na necessidade de evitar que o receio de devolução obrigatória das quantias recebidas pudesse "servir de travão ao requerimento de alimentos provisórios em situações de real necessidade". Por outro lado, tem em vista ainda "afastar, em economias de relativa modéstia, as graves dificuldades que provocaria o encargo de restituir, de uma só vez, o montante de todas as prestações recebidas", sendo a solução contrabalançada pelo facto de se ter confiado "no critério do juiz de repelir pretensões de mais flagrante injustiça, se estiver atento aos indícios, aos vestígios ou ao começo de prova".

padrões da prudência normal, exigindo-se, mais do que isso, uma actuação maliciosa. E em vez de integrar na obrigação indemnizatória a restituição da totalidade das prestações recebidas ou de utilizar na sua quantificação as regras do enriquecimento sem causa, como sucede com o arbitramento de reparação provisória, determinou-se a aplicação das *regras da equidade*.

Deste modo, de acordo com as circunstâncias concretamente verificadas, é possível idealizar situações em que a indemnização seja pura e simplesmente afastada, a par de outras em que, através da restituição, se consiga a plena equivalência relativamente aos danos causados ao requerido, de acordo com a teoria da diferença. Mais frequentes serão as situações em que o tribunal acabe por fixar um *valor intermédio*, depois de ponderar as circunstâncias, com especial realce para o estatuto económico das partes e para as reais motivações que presidiram à iniciativa de recorrer à tutela cautelar.

40.3. Diversamente do que ocorre com o arbitramento de reparação provisória, a concretização da pretensão indemnizatória não se insere na acção de que a providência é instrumental, seguindo antes o regime geral que resulta do art. 390.º, n.º 1.

Tal como este artigo, também o art. 402.º constitui simplesmente uma norma de direito substantivo que cria uma obrigação de génese legal, devendo o correspondente direito de crédito ser exercitado em *acção própria*.

SUBSECÇÃO IV
Arbitramento de Reparação Provisória

Art. 403.º
(Fundamento)

1 – Como dependência da acção de indemnização fundada em morte ou lesão corporal, podem os lesados, bem como os titulares do direito a que se refere o número 3 do artigo 495.º do Código Civil, requerer o arbitramento de quantia certa, sob forma de renda mensal, como reparação provisória do dano.

2 – O juiz deferirá a providência requerida, desde que se verifique uma situação de necessidade em consequência dos danos sofridos e esteja indiciada a existência de obrigação de indemnizar a cargo do requerido.

3 – A liquidação provisória, a imputar na liquidação definitiva do dano, será fixada equitativamente pelo tribunal.

4 – O disposto nos números anteriores é também aplicável aos casos em que a pretensão indemnizatória se funde em dano susceptível de pôr seriamente em causa o sustento ou habitação do lesado.

Art. 404.º
(Processamento)

1 – É aplicável ao processamento da providência referida no artigo anterior o disposto acerca dos alimentos provisórios, com as necessárias adaptações.

2 – Na falta de pagamento voluntário da reparação provisoriamente arbitrada, a decisão é imediatamente exequível, seguindo-se os termos da execução especial por alimentos.

Art. 405.º
(Caducidade da providência e repetição das quantias pagas)

1 – Se a providência decretada vier a caducar, deve o requerente restituir todas as prestações recebidas, nos termos previstos para o enriquecimento sem causa.

2 – A decisão final, proferida em acção de indemnização, quando não arbitrar qualquer reparação ou atribuir reparação inferior à provisoriamente estabelecida, condenará sempre o lesado a restituir o que for devido.

Sumário:

41 – Introdução
42 – Confronto com outros institutos
43 – Situações geradas pela ocorrência de morte ou de lesão corporal
44 – A necessidade
45 – Outros eventos que ponham em causa o sustento ou a habitação
46 – Pressupostos processuais
47 – Tramitação
48 – Decisão
49 – Alteração ou cessação da prestação
50 – Execução
51 – Caducidade da providência
52 – Conteúdo da obrigação de restituição

41. Introdução:

41.1. Um dos reflexos mais significativos da reforma do processo civil de 1966 na área dos procedimentos cautelares resultou da introdução do *arbitramento de reparação provisória* no leque de medidas admissíveis.[229]

[229] Sobre esta providência em especial cfr. **Cura Mariano**, *A Providência Cautelar de Arbitramento de Reparação Provisória*, **Célia Pereira**, *Arbitramento de Reparação*

Trata-se de uma providência com óbvias repercussões na tutela eficaz de direitos subjectivos, na medida em que, além de assegurar aos interessados a antecipação dos efeitos da sentença, também constitui um forte instrumento ao serviço da celeridade processual no que concerne ao exercício dos direitos de crédito visados.[230]

As providências cautelares, *maxime* as que se apresentem com conteúdo antecipatório, desempenham no campo do direito judiciário uma função paralela à que, na medicina, é exercida pela cirurgia de urgência. Se em situações normais se exige uma observação completa do paciente, com realização de exames complementares ou busca de tratamentos alternativos, em situações críticas impõe-se a adopção de medidas imediatas, como meio de garantir a salvação do doente.

É neste contexto, adaptado aos terrenos do judiciário, que se compreende a introdução daquela providência, apenas comparada à que, com contornos semelhantes, vem regulada nos arts. 121.º a 125.º do CPT, em sede de reparação dos *acidentes de trabalho* ou de doenças profissionais.[231]

Provisória, e *Evolução e perspectivas da protecção do segurado – arbitramento de reparação provisória*, em *III Congresso do Direito dos Seguros*, págs. 155 e segs.

Quanto aos requisitos desta providência cfr., entre outros, o Ac. do STJ, de 14-4-99, CJSTJ, tomo II, pág. 47, os Acs. da Rel. de Lisboa, de 23-11-99, CJ, tomo V, pág. 99, de 19-11-98, CJ, tomo V, pág. 103, de 5-2-98, CJ, tomo I, pág. 109, e de 10-11-98, CJ, tomo V, pág. 85, e o Ac. da Rel. de Coimbra, de 18-11-97, CJ, tomo V, pág. 18.

[230] No Ac. do STJ, de 10-5-00 (Rel. Tomé de Carvalho) considerou-se que a medida não importava violação do *princípio da proporcionalidade*, referindo-se que "representa justamente um meio processual adequado à satisfação da necessidade de conferir tutela expedita a situações comprovadamente graves, e respeita o princípio constitucional da proporcionalidade". Este aresto foi confirmado pelo Ac. do Trib. Constitucional, de 20-5-01, no D.R., II Série, de 18-7-01, afirmando que não sai violado o direito a um *processo equitativo* nem implica sacrifício desproporcionado.

A alegada violação do *princípio da igualdade* foi afastada pelo Ac. do STJ, de 14-4-99, CJSTJ, tomo II, pág. 47.

[231] No Dec. Lei n.º 165/75, de 28-3, que pretendera introduzir e regular o seguro obrigatório em matéria de responsabilidade civil automóvel, conferia-se ao juiz o poder de, em processo cível ou penal, "*atribuir ao lesado uma indemnização provisória, sob a forma de renda mensal*", verificada que fosse "*uma situação de necessidade resultante do acidente*" e desde que fossem constatados "*fortes indícios de responsabilidade do condutor*". Porém, tal medida, com inegáveis potencialidades na tutela eficaz dos interesses dos lesados em acidentes de viação, não chegou a vigorar. O diploma foi suspenso pelo Dec. Lei n.º 373/76, de 19-5, e acabou por ser pelo revogada pelo Dec. Lei n.º 408/79, de 25-9.

41.2. O novo instrumento de natureza cautelar é subsidiário do clássico procedimento de alimentos provisórios, também ele justificado pela necessidade de garantir a atribuição imediata ao credor de um determinado quantitativo periódico, protegendo-o dos efeitos desgastantes da demora do processo definitivo.

Ambos os procedimentos encontram fundamento em razões de *justiça social e de equidade* que o direito não pode ignorar. Num caso e noutro estão presentes os motivos que justificam os instrumentos de tutela cautelar: a insuficiência da simples previsão de normas atributivas de direitos e a confirmação de que, com frequência, a tutela jurisdicional se mostra incapaz de prevenir todas as consequências danosas ou de assegurar a *restitutio in integrum*.[232]

Tendo em conta o carácter excepcional das medidas antecipatórias que implicam o imediato desembolso pecuniário do devedor, e contando ainda com a sua sujeição ao crivo de uma decisão jurisdicional equilibrada, sensata e ponderada, trata-se de um mecanismo que compatibiliza adequadamente os interesses da celeridade e da eficácia com os da segurança jurídica e da justiça, constituindo um travão ao protelamento da decisão final executória decorrente de morosidade na resposta judiciária (*v.g.* devido à necessidade de realização de exames periciais) ou de comportamentos dilatórios do devedor.[233]

Segundo **Garção Soares** (*Seguro Obrigatório de Responsabilidade Civil Automóvel*, pág. 9) "embora houvesse a consciência do alcance social da medida permitida por este preceito, foi entendido que ela podia apresentar graves inconvenientes por ser admitida numa fase do processo em que, normalmente, não está ainda definitivamente assente a responsabilidade daqueles que ficariam obrigados ao pagamento". Explicação que não convenceu **Sinde Monteiro** que não deixou de notar a prevalência dos interesses economicistas das seguradoras, em detrimento dos lesados em situação de grave necessidade – *Estudos Sobre a Responsabilidade Civil*, 1983, pág. 173.

[232] Acerca das razões históricas das providências cautelares cfr. **Enrico Dini** e **Giovani Mammone**, *I Provvedimenti d'Urgenza*, 6ª ed., ed. Giuffré Editores, 1993, pág. 3 e segs.

[233] É, com efeito, uma das medidas que se ajusta aos objectivos erigidos como prioritários na abertura do ano judicial de 1999, em discurso publicado no BMJ 482.º, págs. 7 e segs., onde precisamente se apontam como males do sistema a morosidade e a dificuldade em conseguir uma resolução definitiva dos conflitos de interesses quando estão em causa entidades com elevado poderio económico que lhes permite manobrar, em seu benefício, os dispositivos legais, *maxime*, os respeitantes aos recursos.

41.3. O efeito prático-jurídico extraído desta nova providência específica poderia emergir directamente do modo como o legislador regulou as *providências não especificadas*.[234]

[234] Não detectámos noutras ordens jurídicas, em termos tão inequívocos, uma medida cautelar semelhante. Porém, isto não significa que idênticos resultados não possam aí ser alcançados através de outras vias, designadamente, pela inserção no leque das medidas cautelares atípicas. Com efeito, é de notar que noutros ordenamentos prevaleceu uma opção pautada pela redução das providências típicas e pela preferência por uma *cláusula geral* susceptível de abarcar uma gama de medidas mais vasta.

O estado da situação recolhe-se da exposição de motivos, dos comentários e dos considerandos que antecedem o Projecto de Directiva Europeia "*sur de raprochement des lois et régles des Etats-Membres concernant certains aspects de la procédure civile*", apresentado em Gent, em 18-2-93, onde se refere que, em geral, os países da União Europeia admitem medidas antecipatórias em relação à decisão de fundo, sem exclusão das prestações de *dare*, de *facere* ou de *non facere*. Na tentativa de aproximação dos ordenamentos jurídicos, foi formulado o art. 10.º, onde, além de se prever que "*tous les Etats-Membres accordent au juge pouvoir d'ordonner une mesure pour la protection provisoire de tout droit*", se consignou ainda que "*cette mesure peut viser ... à la anticipation provisoire, totalle ou partielle, de la prétension litigieuse ...*". Esse artigo do Projecto conclui que "*la mésure ordonnée peut avoir notamment pour l'object d'ordre de payer une provision ou de livrer une chose, une injonction de faire ou de ne pas faire ou de tolérer, la nomination d'un gardien ou d'un administrateur, la constitution d'une caution*".

Apesar de uma tal Directiva não ter ainda sido aprovada, o certo é que, por exemplo, na Alemanha, a partir de uma cláusula indeterminada, tem sido consentida a satisfação provisória de direitos que envolvam contrapartidas pecuniárias, como refere **Walther Habscheid**, *Les Mesures Provisoires en Procédure Civile – Droits Allemand et Suisse*, em *Atti del Colloquio Internazionalle*, coord. **Giuseppe Tarzia**, pág. 47. Cfr. ainda **Rita Lynce de Faria**, a *Função Instrumental da Tutela Cautelar não Especificada*, págs. 203 e 204. O mesmo se diga do direito polaco (**Witold Broniewicz**, *ibidem*, pág. 25) ou do direito grego (**K. Kerameus** e **K. Polyzogoulos**, *ibidem*, pág. 57).

Em Itália, a admissibilidade de antecipação, ainda que restrita à responsabilidade emergente de acidentes de viação, resulta expressamente do art. 24.º da Lei n.º 990, de 24-12-69, onde se regula a possibilidade de ser atribuída uma prestação, até ao limite de 4/5 do quantitativo que será liquidado na sentença, verificada que seja uma situação de necessidade ("*nel corso del giudizio di primo grado, gli aventi diritto al risarcimento che, a causa del sinistro, vengano a trovarsi in stato di bisogno, possono chiedere che sia loro assegnata una somma da imputarsi nella liquidazione definitiva del danno*").

Sobre a matéria cfr. **Proto Pisani**, *Commentario Breve al Codice di Procedura Civile*, 1988, pág. 639, **Daniele de Stobel**, *La Assicurazione di Responsabilità Civile*, Giuffré Editores, 1998, págs. 369 e segs., e **Sinde Monteiro**, *Estudos Sobre a Responsabilidade Civil*, págs. 173 e 174). Fora dessa específica relação jurídica, a admissibilidade da antecipação de prestações pecuniárias é defendida pela doutrina, designadamente, por **Luigi Montesano** (*Atti del Colloquio Internazionale* cit., pág. 117). À mesma

Tendo-se previsto no art. 381.º a adopção de medidas comportando efeitos antecipatórios, a par das providências de cariz conservatório, tanto bastaria para que, por via da mera integração do preceito, se legitimasse a atribuição de uma prestação pecuniária por conta da quantia a reconhecer na decisão final condenatória. Bastaria a verificação de uma situação de *periculum in mora* correspondente ao perigo de ocorrência de lesão grave e dificilmente reparável que impusesse a atribuição imediata de uma prestação para suprir as necessidades fundamentais.

Apesar disso, a *tipificação* de uma tal providência tem a virtualidade de afastar dúvidas que, natural e previsivelmente, se suscitariam face à total ausência de tratamento doutrinal da figura e à inexistência de antecedentes jurisprudenciais que permitissem avançar, com mais segurança, para a defesa de medidas semelhantes.[235]

---

questão se referem também **Salvatore Satta** e **Carmine Punzi**, *Diritto Processuale Civile*, 12ª ed., pág. 974, nota 125, que apresentam como exemplo a atribuição de quantitativo pecuniário em situação de incumprimento causal numa situação de insolvência do credor. Cfr. ainda **Rita Lynce de Faria**, *Função Instrumental da Tutela Cautelar não Especificada*, pág. 202, e **Célia Pereira**, *Arbitramento de Reparação Provisória*, pág. 64.

Já no sistema francês se regula a possibilidade de o juiz conceder uma "*provision*" a favor do credor, por conta da quantia a arbitrar na decisão final, quando a obrigação não seja seriamente contestada, o que abarca, entre outras situações, direitos atinentes à responsabilidade civil extracontratual (**Roger Perot**, na obra a cargo de **Giuseppe Tarzia**, *Les Mesures* cit., pág. 162). Esse efeito produz-se no quadro processual integrado pelo instituto do "*référé*" de urgência, *maxime* o "*référé-provision*" descrito na publicação do Ministério da Justiça contendo o Relatório elaborado pelo Comité Europeu de Cooperação Jurídica, intitulada "*Medidas para uma boa relação custo-eficácia tomadas pelos Estados-Membros para permitir uma melhor eficácia da Justiça*", págs. 81 e segs.

[235] Ainda que isso não tenha sido explicitado, não terá sido alheia a esta opção a relutância que os tribunais portugueses revelaram quanto à aplicação de medidas cautelares com função de antecipação do resultado do processo principal fora dos casos expressamente prevenidos por alguns procedimentos específicos. Resultado de uma cultura judiciária eivada de excessivo positivismo, em demasia condicionada pela doutrina e pouco atreita a exercer um papel actuante no desenvolvimento do direito e na exploração de todas as potencialidades das normas vigentes (por exemplo, esse efeito antecipatório fora negado na decisão que vem publicada em *O Direito*, 105.º, págs. 236 e segs., com parecer contrário de **Palma Carlos**).

A demonstração da afirmação emerge do reduzido número de decisões que, ao abrigo do sistema anterior, admitiram a imediata imposição de obrigações no âmbito de providências cautelares não especificadas (*v. g.* os Acs. da Rel. de Lisboa, de 19-5-94, CJ, tomo III, pág. 94, e de 11-1-96, CJ, tomo I, pág. 82, o Ac. da Rel. de Coimbra, de 2-5-84, BMJ 337.º/420, e o Ac. da Rel. de Évora, de 3-7-80, CJ, tomo IV, pág. 250). Ainda assim, nenhuma destas decisões respeitava a obrigações de natureza pecuniária,

Deste modo, ao mesmo tempo que se preveniram situações de dúvida e de incerteza potenciadoras de insegurança jurídica e de tratamento desigual, assumiu-se claramente que para a tutela eficaz de certos direitos como o de indemnização é, por vezes, insatisfatória a resposta condicionada ao natural ou anormal decurso da tramitação das acções que visam obter o seu reconhecimento.[236]

Relativamente a *outros direitos de crédito* que não tenham por fonte geradora a responsabilidade civil resta o recurso ao procedimento cautelar comum, na vertente em que admite a inserção de providências de teor antecipatório. Assim, é abstractamente possível obter decisão que condene o requerido no cumprimento de uma prestação por conta da que provavelmente venha a ser reconhecida na sentença a proferir na acção principal, ainda que para o efeito o interessado tenha de se sujeitar aos requisitos gerais decorrentes dos arts. 381.º e 387.º.[237]

41.4. Semelhante solução foi adoptada no âmbito da reforma do *contencioso administrativo*.

Segundo os arts. 112.º, n.º 2, al. e), e 133.º do CPTA, admite-se expressamente a providência cautelar consistente na "*imposição à Administração do pagamento de uma quantia por conta de prestações alegadamente devidas ou a título de reparação provisória*", exigindo-se apenas a prova adequada de uma situação de grave carência económica, o perigo de ocorrência de consequências graves e dificilmente reparáveis decorrente do prolongamento da situação e a probabilidade de procedência da pretensão formulada ou a formular na acção principal.[238]

---

quiçá porque a advocacia, normalmente também pouco arrojada na defesa estruturada de novas soluções jurídicas capazes de satisfazer os interesses que lhe cumpre defender, também não descortinara as potencialidades antecipatórias que já as anteriores providências cautelares não especificadas poderiam comportar.

Sobre a matéria cfr. **Abrantes Geraldes**, *Temas da Reforma do Processo Civil*, vol. III, 3ª ed., cit., págs. 114 e segs.

[236] Sobre as *razões e requisitos* deste procedimento cfr. o Ac. do STJ, de 14-4-99, CJSTJ, tomo II, pág. 47.

[237] Assim foi decidido, por exemplo, no Ac. da Rel. de Lisboa, de 1-10-02, CJ, tomo IV, pág. 81, que condenou a Segurança Social no pagamento de uma quantia ao interessado, a título de antecipação de *pensão de sobrevivência* (cfr. **Abrantes Geraldes**, *Temas da Reforma do Processo Civil*, vol. III, 3ª ed., nota 158).

[238] Cfr. o Ac. do TCA, de 30-10-03, anotado por **Isabel Fonseca**, *Cadernos de Direito Administrativo*, n.º 44, págs. 43 e segs., e **Tiago Amorim**, *Direito Administrativo*, na *ROA* 63.º/476.

41.5. Numa outra perspectiva, a providência reparatória não deixa ainda de integrar mais uma das peças do sistema de tutela dos *direitos de personalidade*, genericamente prevista no art. 70.º do CC.

Se as providências cautelares não especificadas podem exercer uma função importante no impedimento de actividades lesivas de direitos absolutos (*v.g.* quando está em causa a integridade física), não se tornaria tão evidente a sua capacidade para atenuar os efeitos de lesões já verificadas ou para veicular uma reparação antecipada em benefício do lesado, por conta dos prejuízos já suportados.[239]

42. Confronto com outros institutos:

42.1. Na área da responsabilidade civil, onde se insere este instrumento de realização do direito, encontramos no art. 565.º do CC a figura da "*indemnização provisória*".

Todavia, malgrado a semelhança terminológica, uma leitura mais atenta do seu conteúdo revela que são outros os pressupostos e diverso o enquadramento jurídico-processual. Trata-se de uma medida justificada pela necessidade de dar ao lesado imediato acolhimento parcial ao seu crédito, em situações em que o apuramento da responsabilidade global deva ser relegado para a fase de liquidação da sentença, perante a impossibilidade de na acção declarativa quantificar os prejuízos, mesmo com recurso à equidade (art. 661.º, n.º 2).[240]

Assim, ao invés do que ocorre com o arbitramento de reparação provisória, que se enquadra num procedimento cautelar, naturalmente interino, a *indemnização provisória* insere-se na sentença final a proferir na acção que tem por objecto a determinação dos pressupostos da responsabilidade civil.[241]

---

[239] Sobre a tutela geral da personalidade cfr. **Capelo de Sousa**, *O Direito Geral de Personalidade*, págs. 472 e segs.

[240] O art. 9.º, n.º 2, do Dec. Lei n.º 383/89, de 6-11 (entretanto alterado pelo Dec. Lei n.º 131/01, de 24-4), sobre responsabilidade civil decorrente de *produtos defeituosos*, consagrava também a fixação de uma reparação de montante provisório, mas com objectivo diferenciado, a que estava subjacente o eventual surgimento de novos lesados também com direito à atribuição de indemnizações derivadas do mesmo facto. Sobre a matéria cfr. **Calvão da Silva**, *Responsabilidade Civil do Produtor*, pág. 696.

[241] De modo semelhante ao que decorre do art. 82.º, n.º 2, do CPP, onde se regula a possibilidade de o tribunal estabelecer uma indemnização provisória por conta da indemnização que será liquidada pelo tribunal cível. Cfr. **Célia Pereira**, *Arbitramento de Reparação Provisória*, pág. 88.

42.2. Também não se confunde o arbitramento de reparação provisória com a forma de indemnização prevista no art. 567.º do CC ("*indemnização em renda*"), que corresponde a uma forma alternativa de satisfazer a indemnização definitiva, visando proteger os interesses do lesado em situações de danos continuados.[242]

42.3. Quanto à execução de sentença ainda antes do trânsito em julgado (isto é, nos casos em que o recurso interposto tenha efeito meramente devolutivo – art. 47.º do CPC), trata-se de obter o cumprimento coercivo de uma obrigação apurada na acção principal e declarada em sentença, a que só faltam a certeza e a segurança cunhadas pelo caso julgado.

Acresce que o objectivo específico da execução não é o de enfrentar o *periculum in mora*, antes atribuir efeitos imediatos a uma sentença não definitiva, para melhor garantir a sua eficácia.

43. Situações geradas pela ocorrência de morte ou lesão corporal:

43.1. A responsabilidade civil extracontratual tutela os interessados contra ofensas ilícitas aos seus direitos subjectivos, desde os direitos sobre as coisas, aos direitos de personalidade e a outros direitos de natureza pessoal.[243] Pretende fazê-lo, em primeira linha, através da reconstituição natural da situação existente à data da lesão.

Todavia, perante situações em que se revele a inviabilidade dessa reconstituição, preveniu-se a atribuição de uma prestação compensatória, de natureza pecuniária, em quantitativo tal que permita, se não eliminar, ao menos atenuar as consequências do facto ilícito.

Contra o que foi decidido no Ac. da Rel. do Porto, de 2-2-05, CJ, tomo I, pág. 210, nada obsta a que, por apenso ao processo-crime onde foi deduzido *pedido cível*, seja deduzida providência cautelar de arbitramento de reparação provisória. Com efeito, a natureza, os pressupostos e o enquadramento jurídico-processual da "*indemnização provisória*" a que se reporta o art. 82.º, n.º 2, ou da "*reparação*" prevista no art. 82.º-A, n.º 1, do CPP, não prejudicam a utilidade que pode decorrer da atribuição, em sede de tutela cautelar, de uma quantia que permita à vítima obter a antecipação de alguns efeitos da indemnização que futuramente seja liquidada, correspondendo, assim, às exigências de protecção. Basta atentar que uma e outra das normas se situam ao nível da sentença final, enquanto que a tutela cautelar específica é concedida em momento anterior.

[242] Cfr. o Ac. da Rel. do Porto, de 9-7-98, CJ, tomo IV, pág. 185.

[243] Cfr. **Antunes Varela**, *Obrigações em Geral,* 2ª ed., vol. I, pág. 411.

Esta forma de compensação constitui a regra natural quando ocorram prejuízos de natureza não patrimonial, como a morte, as dores físicas, a perda da saúde, a incapacidade ou o desgosto. Nestes casos, a indemnização substitutiva constitui a única forma de reequilibrar os interesses, atribuindo ao lesado ou lesados uma prestação de natureza patrimonial a cargo do responsável como paliativo dos danos ocasionados.

43.2. Tendo em conta os riscos inerentes às decisões cautelares e as razões justificativas da tutela antecipada dos direitos de crédito, não é toda e qualquer indemnização que justifica a atribuição de uma reparação provisória.

Um mesmo evento é susceptível de gerar uma série de danos. Mas, na gestão dos instrumentos jurídicos de tutela antecipada de direitos, o legislador restringiu a atribuição de reparação provisória aos danos resultantes da *morte ou lesão corporal*.[244]

Esta a primeira condicionante da medida, a que deve aditar-se ainda outra ligada à concreta situação do lesado.

43.3. Em face dos maiores riscos que comporta a atribuição provisória de montantes pecuniários, sem a segurança da futura confirmação do juízo de probabilidade formulado, o legislador limitou-se a tutelar antecipadamente os danos que, além de afectarem um daqueles bens fundamentais – a vida ou a integridade física –, determinem para o lesado uma situação de *carência de meios económicos* que, de acordo com princípios de justiça distributiva, devam ser colmatados imediatamente pelo requerido.

Daqui deriva que, sem embargo da eventual integração na norma geral do art. 381.º e da sujeição aos requisitos gerais das providências cautelares, outros danos não abarcados pelo art. 403.º terão de aguardar pela decisão final a proferir na acção principal, como corolário de uma discussão mais alargada dos pressupostos da responsabilidade civil, segundo o rito e o ritmo processual correspondente a uma acção de natureza definitiva.

---

[244] A estas situações se limitava o art. 337.º do Projecto de 1993, quando nele se previa que, "*como dependência da acção de indemnização fundada na morte ou lesão corporal do ofendido, podem os lesados, bem como os titulares do direito a que se refere o n.º 3 do art. 495.º do CC, requerer que, por conta da indemnização e nos termos desde capítulo, lhes sejam arbitrados os alimentos provisórios de que careçam*".

43.4. O direito de indemnização pode ter outras origens, mas é na *responsabilidade extracontratual*, delitual ou aquiliana que se encontra a maior parte das situações susceptíveis de determinar a fixação antecipada de uma reparação provisória.

No espaço da tutela cautelar atinente à resolução de conflitos de interesses, esta é uma medida que gravita fundamentalmente na órbita das acções cujo objecto é integrado pelos elementos que caracterizam aquele tipo de responsabilidade civil.[245]

43.5. A vida real gera uma grande variedade de situações capazes de determinar a responsabilidade civil por factos ilícitos ou pelo risco. Dentro do mesmo instituto, o *nexo de imputação* do facto ao agente pode assumir formas variadas, desde a responsabilidade directa, à assunção da responsabilidade derivada de actos de terceiro, independentemente de culpa. Tudo isso está coberto pela previsão normativa.

Mas, pela sua maior frequência, devem destacar-se as acções destinadas a exigir a *responsabilidade civil por factos ilícitos*, por sua vez, emergentes de comportamentos culposos ou geradores de culpa presumida[246] ligados a acidentes de viação, edifícios ou obras (art. 492.º do CC) ou derivados de coisas, animais ou actividades (art. 493.º do CC).

Devem ainda evidenciar-se as acções que originam *responsabilidade objectiva* conexionada com actividades que comportam determinados riscos derivados da circulação automóvel,[247] de relações de comissão, de

[245] Enquadram-se ainda na responsabilidade civil delitual ou aquiliana certos eventos determinantes da morte ou de lesão corporal ocorridos no quadro de uma *relação contratual*, designadamente quando inscritos na prestação de serviços clínicos, no contrato de empreitada ou de transporte.

Sobre esta questão cfr. **Romano Martinez**, *Cumprimento Defeituoso*, págs. 259 a 288, **Carneiro da Frada**, *Contrato e Deveres de Protecção*, págs. 140 e segs., e o Ac. do STJ, de 5-7-01, CJSTJ, tomo II, pág. 166.

Silva Carneiro, em *Responsabilidade da administração hospitalar*, na *RDES*, ano XIX, págs. 123 e segs., afirma que, a par da responsabilidade emergente do contrato de cuidados, "se o médico, com a sua conduta, ofender direitos absolutos do doente em si (direito à vida, à integridade física e moral, etc.) ... pode incorrer também em responsabilidade civil extracontratual ..." (pág. 207).

[246] O Ac. da Rel. de Lisboa, de 23-11-99, CJ, tomo V, pág. 99, fundou a reparação provisória na culpa presumida.

[247] Ainda que nada se prove quanto às circunstâncias em que ocorreu o acidente de viação, isso não obsta a que seja fixada reparação provisória, desde que sejam provados os restantes requisitos, atenta a regra da *responsabilidade objectiva* que resulta do art.

instalações de energia eléctrica ou de gás, exercício da caça, utilização de embarcações de recreio ou fabrico de produtos defeituosos.[248]

43.6. Nenhumas dúvidas suscitam as situações em que tenha ocorrido a *morte* de alguém. Desde que tal evento tenha sido consequência adequada do comportamento do agente, apenas resta investigar os restantes pressupostos da responsabilidade civil e identificar os interessados em cuja esfera jurídica se integra o correspondente direito de indemnização.

Não sendo este o local ajustado a maiores desenvolvimentos da matéria, é na lei substantiva e na interpretação que dela se faça que deve buscar-se a identificação dos interessados a quem a lei reconhece o direito à reparação.[249]

Deste modo, a par da reparação correspondente ao direito à vida – o chamado "dano-morte" –, da indemnização por *danos não patrimoniais* da própria vítima antes do falecimento ou suportados pelas pessoas a quem a lei reconhece um direito autónomo,[250] podem ser ainda ponderados os danos de *natureza patrimonial* sofridos ainda em vida pelo falecido e os provocados em pessoas que, vivendo na sua dependência, viram desaparecer a fonte dos seus alimentos futuros.

43.7. Também não persiste qualquer dúvida relativamente à antecipação indemnizatória quando o evento foi gerador de *lesões corporais*.[251]

503.º do CC (Ac. do STJ, de 14-4-99, CJSTJ, tomo II, pág. 47). No mesmo sentido cfr. o Ac. do STJ, de 28-6-99 (Rel. Fonseca Ramos), *www.dgsi.pt*.

[248] Responsabilidade especialmente prevista no Dec. Lei n.º 383/89, de 6-11, em cujo art. 8.º se regula a ressarcibilidade dos "*danos resultantes de morte ou lesão corporal e os danos em coisa diversa do produto defeituoso*". Conforme resulta do respectivo enunciado normativo, é indiferente para o ressarcimento dos danos que entre o lesado e o produtor exista uma relação contratual directa ou que a lesão tenha derivado de produto defeituoso posto em circulação por um terceiro.

[249] Sobre a ressarcibilidade do "dano-morte" e a problemática da transmissibilidade para os herdeiros ou do seu surgimento na esfera jurídica das pessoas identificadas pelo art. 496.º, n.º 2, do CC, cfr. **Antunes Varela**, *Obrigações em Geral*, vol. I, 2ª ed. pág. 490, ou **Menezes Leitão**, *Direito das Obrigações*, vol. I, págs. 299 e segs.

[250] O Ac. da Rel. de Évora, de 12-5-92, CJ, tomo III, pág. 349, negou tal direito em favor de nascituros. Cfr., no entanto, o Ac. da Rel. do Porto, de 13-4-89, CJ, tomo II, pág. 221.

[251] Lesão corporal compreende não apenas os ferimentos corpóreos, mas ainda toda e qualquer ofensa à saúde de uma pessoa (cfr. **Almeida Costa**, *Obrigações*, pág. 402, e **Antunes Varela**, *CC anot.*, 2ª ed., I vol., pág. 433).

Desde que esse facto tenha provocado no lesado grave afectação da sua capacidade de subsistência, designadamente por força da incapacidade funcional ou laboral, reconhece-lhe a lei, a par do natural direito ao ressarcimento dos danos, o de solicitar a antecipação da pretensão indemnizatória.

Em conexão com esta questão está a amplitude subjectiva do direito de indemnização, ou seja, se o mesmo se restringe ao lesado ou se também pode beneficiar terceiros cuja vivência tenha sofrido forte perturbação derivada das lesões que afectaram um seu familiar próximo a quem devam prestar assistência.[252]

43.8. O preceito reconhece ainda o direito à tutela antecipada aos interessados previstos no art. 495.º, n.º 3, do CC.

Assim, são *beneficiários* os que tenham direito a uma *prestação alimentícia* correspondente à obrigação civil que impendia sobre o lesado falecido (ou que tenha visto diminuída sensivelmente a sua capacidade de ganho) e, além deles, os que na altura do evento beneficiavam do

---

[252] No Ac. da Rel. de Coimbra, de 26-10-93, CJ, tomo IV, pág. 69, considerou-se que não gozam de qualquer indemnização autónoma os pais do sinistrado não falecido, ainda que, porventura, a situação de incapacidade em que este se encontre determine para aqueles um grave desgosto ou acréscimo de despesas. Aí se defende que as despesas acrescidas devem ser imputadas ao lesado e ponderadas na determinação do *quantum* indemnizatório, de modo a abarcar-se nos danos futuros e previsíveis a comparticipação necessária para que, através de outrem, possam ser supridas as necessidades cuja satisfação tenha ficado afectada pelo evento.

A mesma recusa de reconhecimento de indemnização autónoma relativamente a danos não patrimoniais foi declarada no Ac. da Rel. de Lisboa, de 6-5-99, CJ, tomo III, pág. 88, e no Ac. do STJ, de 21-3-00, CJSTJ, tomo I, pág. 138 (ambos proferidos no âmbito de processo instaurado no Trib. Marítimo de Lisboa, em que o signatário proferiu sentença de sentido oposto). Tal recusa é ainda sustentada nos Acs. do STJ, de 28-4-93, BMJ 426.º/273, e de 13-1-70, BMJ 193.º/349, e nos Acs. da Rel. do Porto, de 25-6-97, CJ, tomo III, pág. 239, e de 4-4-91, CJ, tomo II, pág. 254, por **Lebre de Freitas**, *CPC anot.*, vol. II, pág. 111, ou por **Célia Pereira**, *Arbitramento de Reparação Provisória*, pág. 139.

Em *Temas da Responsabilidade Civil*, vol. II (*Indemnização dos Danos Reflexos*), onde se anexa o Ac. do STJ de 8-3-05 que adoptou o entendimento que subscrevi, voltei a sustentar a posição que já anteriormente assumira e que também encontra a adesão de **Ribeiro de Faria**, *Direito das Obrigações*, vol. I, pág. 491, nota 2, e de **Cura Mariano**, *A Providência Cautelar de Arbitramento de Reparação Provisória*, pág. 68, nota 129.

cumprimento espontâneo da *obrigação natural de alimentos*,[253] aqui incluída a situação de *união de facto*.[254]

A extensão da tutela cautelar às pessoas que reúnam as condições referenciadas nesta norma é perfeitamente aceitável, atenta a natureza e a função da reparação provisória que pode ser arbitrada.[255]

Deste modo, tanto nos casos de morte, como naqueles em que o lesado tenha sido afectado na sua capacidade de resposta ao cumprimento da obrigação legal de alimentos que sobre si impendia ou ao prosseguimento do dever moral que espontaneamente assumia, todos aqueles que poderiam exigir alimentos do lesado ou a quem este os prestava podem reclamar uma compensação pecuniária.

44. A necessidade:

44.1. Não basta ao interessado alegar e provar, ainda que sumariamente, os factos que façam antever a futura fixação de uma indemnização; a concessão da tutela cautelar impõe ainda que se verifique uma situação de *necessidade* decorrente dos danos sofridos.

Na integração do conceito não deve usar-se um critério tão restritivo que limite a atribuição da prestação antecipatória a situações de

---

[253] No Ac. do STJ, de 10-2-98, CJSTJ, tomo I, pág. 65, reconheceu-se o direito de indemnização em benefício dos pais a quem a filha, falecida em acidente, proporcionava parte dos seus rendimentos.

Cfr. ainda o Ac. da Rel. de Coimbra, de 12-5-92, CJ, tomo III, pág. 103, e o Ac. da Rel. do Porto, de 6-11-90, CJ, tomo V, pág. 183, segundo os quais o lesante, ao abrigo do art. 495.º, n.º 3, do CC, não pode ser condenado em prestação superior, no montante e na duração, à que o lesado provavelmente suportaria se fosse vivo.

[254] Sobre a matéria cfr. **Abrantes Geraldes**, *Temas da Responsabilidade Civil* (*Indemnização dos Danos Reflexos*), vol. II, pág. 18.

Repare-se que a Lei n.º 7/01, de 11-5, expressamente reconhece aos elementos da *união de facto* a qualidade de beneficiários de prestações decorrentes do regime de segurança social e de acidentes de trabalho e doença profissional, qualquer delas com características alimentícias.

[255] Segundo **Antunes Varela**, *CC anot.* vol. V, pág. 575, "não é a prestação de alimentos que constitui o objecto do direito conferido por lei... mas apenas a parte da indemnização devida ao lesado (incapacitado ou falecido) que não exceda o montante da prestação alimentícia". Tal direito assenta "num nexo de causalidade entre o acto ilícito praticado pelo lesante, obrigado a indemnizar, e o dano sofrido pela vítima, associado a um vínculo de carácter pessoal entre o lesado e o titular do direito especial a parte da indemnização referida no n.º 3 do art. 495.º".

indigência. Mas, igualmente, não será qualquer redução na capacidade de ganho que poderá motivar a concessão da providência.

Visaram-se com o preceito legal aquelas situações em que a morte ou lesão corporal é acompanhada de uma *redução dos ganhos* que afecte seriamente a satisfação das necessidades básicas do lesado e dos que dele directamente dependem.

Estão *afastadas* as situações em que tenham ocorrido simples danos morais não repercutidos na vida económica dos sujeitos,[256] ou aquelas situações em que, apesar da verificação de danos de natureza patrimonial, não tenha ficado significativamente afectada a capacidade de subsistência (*v.g.* pelo facto de o lesado ter outros meios de subsistência que permitam uma vida condigna).

44.2. Qual o conteúdo da expressão legal "*necessidade*"?

O pré-entendimento desta norma leva-nos a concluir que o procedimento não pode conduzir à tutela de situações que, embora afectadas ou agravadas pelo evento danoso, não colidam com a continuidade do trem de vida do lesado ou dos terceiros que a lei especialmente tutela.

Nunca pode desligar-se a concessão da tutela cautelar e, mais concretamente, a admissão de medidas que antecipam a produção de efeitos jurídicos dos princípios que estão na base da sua previsão normativa. A regra continua a ser a de que a definição dos direitos depende de uma decisão rodeada das garantias de segurança que só os processos definitivos conferem. Só excepcionalmente a lei autoriza a antecipação da sua produção, sem a garantia de que, em caso de improcedência da acção, o requerido veja restabelecida a situação, como resulta do disposto no art. 405.°, n.° 2.

Parece-nos ainda importante estabelecer o paralelismo entre a medida de reparação provisória e a de alimentos provisórios que, de acordo com os arts. 2003.° e segs. do CC, se restringe ao que for "*indispensável ao sustento, habitação e vestuário*" (*supra*, 37.2). A interpretação do mesmo preceito pode ainda ser facilitada se estabelecermos uma comparação com as situações abarcadas pelo art. 403.°, n.° 4, segundo o qual, em tais casos, a reparação provisória visa apenas garantir a recomposição provisória das condições necessárias à garantia do "*sustento e habitação*" do lesado.

[256] Também neste sentido cfr. **Lebre de Freitas**, *CPC anot.*, vol. II, pág. 110, e o Ac. da Rel. de Lisboa, de 5-7-01, CJ, tomo IV, pág. 76.

Neste contexto, o preceituado no art. 403.º, n.º 2, não deve corresponder necessariamente à medida da prestação alimentícia a fixar na acção principal, do mesmo modo que não pode cingir-se aos quantitativos necessários para compensar a perda de poder económico para provimento do sustento e da habitação.

Por contraposição com o n.º 4, o conceito de "*necessidade*" a que se reporta o n.º 2 é mais amplo e pode envolver, de acordo com o normal padrão de vida do lesado, componentes ligadas à diminuição do bem-estar, da educação ou do vestuário, que não apenas os atinentes à capacidade de almejar o seu próprio sustento ou de prover à sua habitação. Do mesmo modo, não serão apenas as despesas do próprio lesado que devem ser antecipadamente asseguradas, não existindo razões para excluir as correspondentes aos familiares dele dependentes.[257]

Estamos perante uma norma que exige do juiz, em contacto com a realidade, a sensibilidade para a apreciação dos problemas do quotidiano, vertendo na decisão cautelar o quantitativo que julgar fundamental para que sejam asseguradas as *necessidades normais da vida* cujo índice de satisfação tenha sido afectado pelo evento danoso.

44.3. Impõe a lei a prova de uma "*situação de necessidade em consequência dos danos*", o que permite questionar se deverão ficar afastados da tutela antecipatória os casos em que, no momento do sinistro, o lesado ou os terceiros já se encontravam em situação de necessidade.

Pese embora a discordância que possa dirigir-se à opção do legislador, deverá respeitar-se a formulação restritiva resultante da norma e, assim, tornar a prestação dependente da demonstração de um *nexo de causalidade* adequada entre o evento lesivo e a situação de carência.[258]

---

[257] No mesmo sentido **Cura Mariano**, *A Providência Cautelar de Arbitramento de Reparação Provisória*, pág. 81, e **Célia Pereira**, *Arbitramento de Reparação Provisória*, págs. 125 e segs.

Também assim em Itália, relativamente à antecipação da indemnização emergente de acidente de viação prevista no art. 24.º da Lei n.º 990, de 24-12-69, exigindo-se uma situação em que tenha ficado fortemente limitada a satisfação das exigências primárias do indivíduo relacionadas com a alimentação, habitação, vestuário, instrução e relacionamento social.

[258] Neste sentido cfr. os Acs. da Rel. de Lisboa, de 19-11-98, CJ, tomo V, pág. 103, e de 10-11-98, CJ, tomo V, pág. 85, o Ac. da Rel. do Porto, de 18-5-09 (*www.dgsi.pt*), **Cura Mariano**, *A Providência Cautelar de Arbitramento de Reparação Provisória*,

Não se conhecem os trabalhos preparatórios correspondentes a todo este procedimento, sendo difícil descortinar as razões que subjazem a uma tal formulação. Mas julga-se que a mesma se integra no sistema de responsabilidade civil extracontratual instituído, o qual assenta fundamentalmente na culpa e apenas excepcionalmente no risco da actividade, em qualquer caso, com a limitação da responsabilidade aos danos que tenham sido causalmente determinados pelo evento lesivo.

Por outro lado, não pode olvidar-se que, a par desta modalidade de ressarcimento dos danos, outras fórmulas desenvolvidas pelo Estado [259] podem servir para tutelar situações de maior carência.[260]

É verdade que, até por força da integração na União Europeia, o seguro obrigatório de responsabilidade civil em matéria de circulação rodoviária cada vez mais se assemelha a um verdadeiro seguro social. Mas isso não dispensa a verificação dos normais pressupostos da responsabilidade civil, respondendo as seguradoras directamente perante os lesados, mas apenas na estrita medida da responsabilidade do autor da lesão.[261]

Ponderando estas condicionantes, mais fácil se torna compreender a *formulação restritiva* da norma, a qual, aliás, deve ser sempre compati-

---

pág. 85, e **Célia Pereira**, *Arbitramento de Reparação Provisória*, págs. 130 e segs. Também assim no direito italiano, nos termos do art. 24.º da já citada Lei n.º 990, de 24-12-69.

No Ac. da Rel. de Lisboa, de 9-12-08, CJ, tomo V, pág. 116, decidiu-se que na fixação do montante a pagar deve atender-se à situação económica concreta usufruída pelo requerente antes do acidente e à capacidade existente para fazer face à situação de necessidade, e que um acréscimo de despesas terá que ser o resultado da lesão, podendo ter a ver com a necessidade de alimentos.

[259] O Dec. Lei n.º 423/91, de 30-10, veio prever a ressarcibilidade, pelo Estado, de prejuízos decorrentes de crimes violentos, quando não seja possível obter a indemnização do agente da infracção criminal. Tal diploma foi regulamentado pelo Dec. Reg. n.º 4/93, de 22-2.

[260] Noutros países têm sido testadas outras formas de intervenção, sendo disso exemplo a Suécia, onde, de acordo com **Sinde Monteiro**, se encontra instituída uma espécie de "*seguro social*" por acidentes de viação (*Reparação dos danos pessoais em Portugal – a lei e o futuro*, CJ, tomo IV, pág. 5 e segs.).

[261] Isto não é impeditivo, no dizer de **Sinde Monteiro**, de que "da parte das seguradoras exista não apenas um espírito prospectivo e de antecipação, como a consciência muito nítida de que na indemnização de danos pessoais, especialmente nos sectores mais sensíveis (acidentes de trabalho e de trânsito) estão a desempenhar uma tarefa pública de primeiro plano"– *Reparação dos danos pessoais em Portugal – a lei e o futuro*, CJ, tomo IV, pág. 12.

bilizada com o objecto da acção principal limitado ao ressarcimento dos danos causalmente imputados ao evento, e não à supressão de debilidades económicas.[262]

Apesar das considerações anteriores, julgamos que para o deferimento da pretensão basta que se conclua, numa *apreciação sumária* e fundada em juízos de *verosimilhança*, que o evento danoso foi co-responsável pela situação de necessidade em que se encontra o lesado. Para isso pode ser suficiente a constatação de que tal evento – morte ou lesão corporal – *agravou a situação* já anteriormente verificada, dificultando, ainda mais, a superação das necessidades.[263]

45. Outros eventos que ponham em causa o sustento ou a habitação:

45.1. Segundo o art. 403.º, n.º 4, o recurso à providência é extensivo aos casos em que a pretensão indemnizatória se funda em dano susceptível de pôr seriamente em causa o sustento ou a habitação do lesado.[264]

Qual o âmbito de aplicação desta norma? Abarcará ainda as situações emergentes da responsabilidade civil *contratual* ou, pelo contrário, limitar-se-á apenas às que têm na sua génese a responsabilidade civil *extracontratual* ou aquiliana?

A letra da lei não afasta decisivamente qualquer das soluções. Daí a dificuldade de encontrar a melhor interpretação do preceito.

45.2. Em apoio de uma eventual *solução restritiva*, pode invocar-se o determinado pelo art. 403.º, n.º 4, *in fine*, quando qualifica como "*lesado*" o interessado a quem se reconhece a tutela antecipada do direito de indemnização.[265]

---

[262] Não temos razões para concluir que, com esta opção, o legislador se tenha limitado a aplicar o adágio popular "*perdido por cem, perdido por mil*", mantendo na miséria quem nela já se encontrava. O que parece é que, entre diversas opções, se terá entendido que a especial protecção conferida ao lesado, à custa de simples indícios da responsabilidade definitiva, foi reservada para situações de carência resultantes do evento lesivo, afastando desta especial forma de protecção aquelas em que a necessidade já se manifestava.

[263] Neste sentido cfr. também os Acs. da Rel. do Porto, de 22-11-07, de 12-6-08 e de 18-5-09 *(www.dgsi.pt)*.

[264] É óbvio que a conexão estabelecida entre o sujeito activo e a natureza dos danos passíveis de antecipada reparação limita o direito às *pessoas singulares*.

[265] Foi esta a solução defendida no Ac. da Rel. de Lisboa, de 5-2-98, CJ, tomo I, pág. 109, segundo o qual da letra do art. 403.º se retira que o legislador apenas "quis

Atentando nas diversas disposições do Cód. Civil que regulamentam a responsabilidade civil contratual e extracontratual, o legislador adoptou uma terminologia diversa para definir cada um dos sujeitos que ocupa o pólo activo da relação jurídica. Enquanto na responsabilidade contratual o beneficiário da indemnização é designado pela expressão de conteúdo genérico "*credor*", na responsabilidade extracontratual optou-se pela designação específica de "*lesado*".

Esta última expressão surge, por exemplo, nos arts. 483.º, n.º 1, 487.º, n.º 1, 494.º, 495.º, 498.º, n.º 1, e 505.º, do CC, que regulam a atribuição de direito de indemnização derivado de acto extracontratual. A outra expressão identificativa do titular do direito de indemnização por incumprimento contratual surge, nomeadamente, nos arts. 798.º, 801.º, n.º 2, 802.º, n.º 1, 803.º, n.º 2, 804.º, n.º 1, 806.º, n.º 3, 807.º, n.º 1, e 811.º, n.º 3, do CC.

Deste modo, a opção pelo conceito de "*lesado*", em vez de outro, de conteúdo neutro, como "*interessado*", poderia carregar consigo a intenção do legislador no sentido de restringir a um dos domínios da responsabilidade civil a protecção especial.

O modo como se encontra redigido o art. 403.º pode inculcar também a ideia de que se pretendeu restringir a tutela à responsabilidade extracontratual.[266] Com efeito, para além da referência ao lesado directo, abarcam-se ainda no n.º 1 os terceiros reflexamente prejudicados pelo evento lesivo. Tal extensão corresponde à transposição para os procedimentos cautelares da norma do art. 495.º, n.º 3, do CC, que apenas rege para a responsabilidade extracontratual.

---

alargar a aplicação do novo procedimento cautelar a outras situações de responsabilidade civil extracontratual". No mesmo sentido cfr. **Fernando Salgado**, na Rev. *Lusíada*, n.ºs 1-2, 1999, pág. 537.

[266] Todavia, diversamente do que se refere na fundamentação do Ac. da Rel. de Lisboa, de 5-2-98, citado na nota anterior, de forma alguma pode aceitar-se que o elemento sistemático aponte "decididamente" para a conclusão de que o "n.º 4 representa ... um simples alargamento do que já se dispunha no n.º 1" ou que, "com segurança", possa afirmar-se que "o âmbito do n.º 4 é o mesmo do n.º 1", ou ainda que "resulta claramente do texto do art. 403.º... que o legislador... quis unicamente alargar a aplicação do novo procedimento cautelar a outras situações de responsabilidade civil extracontratual, para além dos casos de morte ou de lesão corporal da vítima". Ainda que concordemos que a expressão legal não é decisiva num sentido ou no outro, de modo algum se justifica tanta "certeza" na sua interpretação e aplicação.

Nesta perspectiva, uma vez que o n.º 4 alarga a cobertura da tutela cautelar a outras pretensões indemnizatórias a que não esteja subjacente a ocorrência de morte ou lesão corporal, a dependência relativamente aos anteriores preceitos pode levar a supor a adesão a uma solução restritiva que imponha a limitação aos quadros da responsabilidade extracontratual.

Por outro lado, como elemento de ordem racional, poderá argumentar-se que a excepcionalidade da medida cautelar antecipatória determinou a sua circunscrição às relações jurídicas em que a ocorrência de danos goza de um menor grau de previsibilidade, sendo afastada daquelas que, assentando na liberdade contratual, conferem a ambas as partes maior possibilidade de prevenirem situações de incumprimento. Nestes casos, bem pode asseverar-se que, sendo o contrato o resultado do cruzamento de declarações negociais produtoras de efeitos jurídicos, daí decorreria que, com mais naturalidade, se pudesse encarar o incumprimento como integrante do risco negocial.

Por fim, se os factos integrantes de responsabilidade civil contratual, para além de gerarem um direito de indemnização, também podem ser causais de situações de necessidade relacionadas com a habitação ou com o sustento do credor, sendo, por isso, teoricamente defensável uma solução afirmativa, poder-se-ia ser tentado a afirmar que a novidade da providência antecipatória impunha a inclusão expressa no rol dos beneficiários de todos aqueles cujos danos emergissem de incumprimento contratual ou de cumprimento defeituoso.

Embora em ambos os campos da responsabilidade civil possam surgir situações de semelhante gravidade, a reclamar idêntica solução, a extensão à responsabilidade contratual desta tutela antecipada constituiria, assim, um gravame dificilmente enquadrado num regime onde impera a liberdade contratual.

45.3. Mas, como facilmente se nota pela simples leitura do texto legal ou do Preâmbulo do diploma que o introduziu, a lei não afasta, de modo claro, a solução oposta. É também evidente a reversibilidade dos argumentos que, sem qualquer pré-juízo relativamente à solução da questão, se expuseram.

Perante a ausência de norma que enuncie uma restrição do âmbito da nova providência às relações extracontratuais, é igualmente possível alinhar argumentos, de não menor valia, no sentido oposto.

Em primeiro lugar, sem embargo de o legislador ter autonomizado as diferentes formas de responsabilidade civil, a demarcação dos campos está em crise,[267] sendo, aliás, causa de algumas dificuldades de enquadramento em situações de concurso de fundamentos da prestação indemnizatória.[268]

Em segundo lugar, apesar de terem sido autonomizados no Cód. Civil os regimes jurídicos de cada uma das formas de responsabilidade, estas acabam por se interpenetrar através de um conjunto de normas reguladoras da "*obrigação de indemnização*", nos termos dos arts. 562.º e segs., onde se concentraram os critérios de determinação do *quantum* indemnizatório.

Pode, assim, afirmar-se que os critérios determinativos da obrigação de indemnização são aplicáveis independentemente de esta assentar no incumprimento de um contrato ou na prática de um acto delituoso, sendo aquele bloco normativo, estrategicamente colocado a meio caminho entre as normas definidoras de ambos os tipos de responsabilidade, que permite a Antunes Varela afirmar que "tudo quanto se diz, no capítulo da obrigação de indemnização, a propósito da classificação dos danos e da limitação dos danos sobrevindos ao lesado para o efeito da fixação e do cálculo da indemnização, tem plena aplicação à responsabilidade contratual e extracontratual".[269]

Acresce que pareceria especiosa uma tão grande divergência de soluções a respeito da antecipada reparação dos danos, quando é certo que em qualquer dos referidos ramos da responsabilidade civil se concentra na mesma pessoa a qualificação de credor e de lesado. O direito à reparação por danos derivados de responsabilidade extracontratual não

---

[267] Sobre as críticas ao sistema e referências de direito comparado cfr. **Romano Martinez**, *Cumprimento Defeituoso*, págs. 259 e segs. Aí se diz que "o estabelecimento de uma fronteira entre as duas responsabilidades não se justificaria se o legislador não tivesse estabelecido, em questões pontuais, um regime diverso" (pág. 260), para acrescentar que "a distinção tinha razão de ser numa economia agrícola ou pouco industrializada em que talvez se justificasse uma tutela diferente para os direitos reais e obrigacionais" (pág. 261). Conclui que "a ideia de que a responsabilidade civil constitui um todo tem, nos dias de hoje, encontrado adeptos em vários países" (pág. 262). Cfr. ainda **Carneiro da Frada**, *Contrato e Deveres de Protecção.*

[268] Cfr. **Romano Martinez**, *Cumprimento Defeituoso*, págs. 274 e segs., e *Direito das Obrigações (Parte Especial)*, págs. 440 a 443.

[269] *Obrigações em Geral*, vol. II, 2ª ed. pág. 102.

deixa de constituir um direito de crédito, integrado na esfera jurídica do "lesado-credor", tal como, em casos de incumprimento contratual, se prevê a reparação dos danos causados ao "credor-lesado".

Recorrendo, assim, a um elemento de *ordem sistemática*, pode afirmar-se que os limites e a natureza da indemnização se encontram fixados nas normas comuns dos arts. 562.º e segs. do CC, onde, logo de início, se determina que "*quem estiver obrigado a reparar um dano deve reconstituir a situação que existiria, se não se tivesse verificado o evento que obriga à reparação*", para, de seguida, a norma do art. 563.º clarificar que "*a obrigação de indemnização só existe em relação aos danos que o lesado provavelmente não teria sofrido se não fosse a lesão*". A mesma expressão "*lesado*", com um conteúdo neutro, que visa abarcar todos os titulares de direito de crédito, sem curar da sua origem contratual ou extracontratual, encontra-se ainda nos arts. 568.º, 570.º, 571.º e 572.º do CC.

Em terceiro lugar, verifica-se que, tendo sido genericamente prevista no art. 381.º, n.º 1, a tutela antecipatória, de modo a assegurar a efectividade do direito ameaçado, sem restrições quanto à sua natureza ou origem, seria ilógico que, através de uma interpretação restritiva do art. 403.º, n.º 4, acabassem por se excluir do leque de potenciais beneficiários aqueles cujo direito de indemnização tem génese contratual.

Sendo esta uma opção que não estava arredada do poder discricionário do legislador, este não deixou rasto de tal intenção. E, de todo o modo, essa opção navegaria contra a corrente do processo civil impulsionada por outros sistemas nos quais, malgrado a inexistência de um procedimento especificamente destinado a antecipar direitos de natureza creditícia, a jurisprudência vem sustentando a sua admissibilidade, sem limitação assente na natureza ou na origem do direito.[270]

---

[270] Como se constata pela leitura da exposição de motivos, comentários e considerandos que antecedem o Projecto de Directiva Europeia "*sur de raprochement des lois et régles des Etats-Membres concernant certains aspects de la procédure civile*", apresentado em Gent, em 18-2-93, em cujo art. 10.º se prevê a possibilidade de serem adoptadas medidas visando "*l'anticipation provisoire, totale ou partielle, de la prétension litigieuse*", podendo envolver "*l'órdre de payer une provision*".

Ainda que esse Projecto não tenha passado ainda a Directiva, a generalização de uma tal medida é aceite em ordenamentos jurídicos situados no mesmo espaço sócio-político, como sucede com a Alemanha, França, Itália ou Grécia.

Com efeito, se a partir da simples aplicação do preceituado no art. 381.º, n.º 1, já seria possível dar acolhimento genérico a pretensões antecipatórias, sem exclusão daquelas que tenham conteúdo pecuniário, desde que verificados os requisitos gerais das providências não especificadas, estranho seria que, na ausência de motivos evidentes, se vedasse a tutela do direito de indemnização de génese contratual, num contexto de semelhante gravidade quanto à situação de carência do credor.

Por conseguinte, na falta de norma abertamente excludente, o juízo que se formula é o da *inclusão* no leque dos interessados abstractamente tutelados pelo arbitramento de reparação provisória daqueles cuja pretensão tenha subjacente uma *relação contratual* e que, por alguma das vias previstas na lei, sejam titulares de um direito de indemnização, quando as circunstâncias revelem uma situação de perigo de insatisfação dos valores fundamentais atinentes ao seu *sustento e habitação*, em consequência de comportamentos ilícitos do devedor.[271]

45.4. Da adesão a esta última tese resulta que, para além das situações já asseguradas pelo n.º 1 do art. 403.º, podem ainda beneficiar da tutela antecipatória específica os titulares do direito de indemnização assente em:

– Qualquer evento originador de responsabilidade civil *extracontratual* que, sem ter afectado a vida ou a integridade física do lesado (*v.g.* por ter determinado apenas lesão em bens materiais), o tenha deixado em situação de grave dificuldade de prover ao seu sustento ou habitação.[272]

[271] **Lopes do Rego** que, nesta matéria, teve especial responsabilidade, enquanto membro da Comissão que preparou a Reforma do Processo Civil, não hesita em incluir no leque de beneficiários os titulares do direito de indemnização de *génese contratual*. Segundo ele, a "referência que no n.º 1 se faz ao art. 495.º do CC (e a localização sistemática deste preceito legal) em nada obsta a que os titulares directos e imediatos do direito de indemnização obtenham reparação provisória, quando o dano (emergente da responsabilidade contratual ou extracontratual) ponha em causa o seu sustento ou habitação", embora, no primeiro caso, limitado aos interessados directos, com exclusão dos que viram frustrado o direito de alimentos (*Comentários ao CPC*, pág. 294).

Também **Lebre de Freitas**, *CPC anot.*, vol. II, pág. 112, **Cura Mariano**, *A Providência Cautelar de Arbitramento de Reparação Provisória*, pág. 72, e **Célia Pereira**, *Arbitramento de Reparação Provisória*, pág. 103, aderem à mesma posição.

No mesmo sentido os Acs. da Rel. do Porto de 5-11-07, de 12-6-08 e de 18-5-09 (*www.dgsi.pt*).

[272] Por exemplo, quando, na decorrência de um acidente de viação, se dá a ruína de um edifício habitacional ou de um local onde o lesado exercia uma profissão

– Qualquer evento originador de responsabilidade civil *contratual*, por incumprimento ou por cumprimento defeituoso, que tenha afectado os mesmos bens fundamentais.[273]

45.5. A título meramente exemplificativo, e procurando percorrer diversos campos do direito substantivo, pode, em abstracto, ser garantida uma *antecipação da pretensão indemnizatória* nas seguintes situações:

a) Derrocada ou grave perigo de derrocada de um prédio que serve de *habitação* ou de local para o exercício de uma *actividade comercial ou industrial*, na sequência de escavações feitas no terreno confinante de que derive o desalojamento dos ocupantes do prédio.[274]

O art. 1348.º, n.º 2, do CC, reconhece ao proprietário o direito de indemnização, concretizado através da reconstituição natural da situação ou do pagamento de uma compensação. Quanto a outros interessados, ainda que não possam invocar essa norma como causa do seu direito,[275] não deixarão de ser qualificados como *lesados* para efeitos do disposto no art. 492.º do CC.[276]

O nosso sistema jurídico-civil dá prioridade à reparação natural, por reconstituição da situação que existiria se não se verificasse o evento que obriga à reparação (art. 562.º do CC).[277] Perante uma situação em que o prédio ocupado seja destruído ou se torne inabitável, resulta da lei que o

---

independente e da qual extraía os réditos necessários à satisfação das despesas com o seu *sustento e habitação*.

No Ac. da Rel. de Coimbra, de 18-11-97, CJ, tomo V, pág. 18, dá-se como exemplo o proprietário rural, dependente da actividade pecuária, cujos animais tenham sido vitimados por acto culposo de outrem, estando a sobrevivência do dono dependente do recebimento provisório de uma indemnização; ou a situação de alguém que deixou de poder habitar a sua casa por causa de actividade ruidosa do vizinho, tornando impossível o descanso e uma vida normal e obrigando-o a realizar despesas incomportáveis.

[273] Note-se que a reparação provisória apenas permite antecipar o *direito de indemnização*, e não toda e qualquer pretensão creditícia relacionada com o incumprimento do contrato.

[274] É este o exemplo apresentado por **Lopes do Rego**, *Comentários ao CPC*, pág. 294, e por **Lebre de Freitas**, *CPC anot.*, vol. II, pág. 111.

[275] Essa invocação foi negada ao *concessionário* de um estabelecimento comercial pelo Ac. da Rel. de Évora, de 18-7-81, CJ, tomo IV, pág. 269.

[276] Cfr. ainda, quanto ao arrendatário, o art. 1037.º do CC.

[277] Neste sentido cfr. **Almeida Costa**, *Obrigações*, pág. 526, e o Ac. da Rel. de Coimbra, de 26-4-90, CJ, tomo II, pág. 73.

direito do lesado se circunscreve, em princípio, à reconstrução do estado anterior do prédio, só admitindo a reparação em dinheiro quando essa reconstituição "*não seja possível, não repare integralmente os danos ou seja excessivamente onerosa para o devedor*" (art. 566.º, n.º 1, do CC). Mas não fazendo a lei qualquer distinção, a *tutela cautelar antecipatória* abarca tanto a pretensão do lesado dirigida à reconstituição natural (obtida, por exemplo, através de uma providência não especificada de realojamento noutro local, à custa do responsável) como a indemnização em dinheiro correspondente à diferença patrimonial averiguada na data mais recente e aquela que se verificaria se não existissem os danos (art. 566.º, n.º 2, do CC).

Por isso, se na pendência da causa não for conferida ao lesado nova instalação (habitação condigna ou local para exercício da actividade), não tendo ele possibilidade de recorrer ao mercado, poderá requerer a fixação de uma *prestação mensal*, enquanto não ficar definido o seu direito de indemnização. É a atribuição provisória de uma renda mensal que permitirá restabelecer o equilíbrio seriamente afectado pelo evento, assim colmatando temporariamente necessidades básicas.

b) Acidente de viação de que resultou a *destruição da viatura* utilizada no exercício da actividade, inviabilizando a obtenção dos proventos necessários ao lesado.[278]

c) Rescisão injustificada de um *contrato* de prestação de serviços, de agência ou de concessão, em regime de exclusividade, quando a situação gerada afecte seriamente a capacidade do credor de prover ao seu sustento.

d) Prestação decorrente de determinados *contratos de seguro* destinados a cobrir riscos de acidentes pessoais ou inerentes à habitação, ao estabelecimento comercial ou industrial ou a qualquer actividade geradora de rendimentos (*v.g.* seguro de acidentes pessoais, o chamado seguro "*multi-riscos*", seguro de incêndio, seguro de furto de veículo, etc.).[279]

---

[278] Cfr. **Lebre de Freitas**, *CPC anot.*, vol. II, pág. 112, e o Ac. da Rel. de Lisboa, de 5-2-98, CJ, tomo I, pág. 109.

[279] Por exemplo, o caso de alguém que, em consequência de sinistro, sofre *incapacidade permanente* para o exercício de uma actividade remunerada, ou o de uma pessoa que celebrara um contrato de *seguro de incêndio* do estabelecimento fabril que constituía a sua única fonte de rendimento.

Em qualquer destes casos, na pendência do litígio judicial com a sua seguradora relativamente ao pagamento de indemnizações reclamadas podem reunir-se condições

e) Ocorrência de *esbulho* relativamente a um prédio ocupado pelo seu proprietário, possuidor ou outro detentor legítimo (*v.g.* arrendatário, promitente-comprador), na parte em que esteja em causa o exercício do correspondente direito de indemnização pelos danos causados com a privação da habitação ou do exercício da actividade profissional (art. 1284.º do CC).

f) O exercício de actividade gravemente perturbadora do direito ao descanso ou à saúde que não seja possível debelar, quando impeça ou dificulte gravemente a *utilização de um prédio.*[280]

g) Mesmo em sede da *expropriação por utilidade pública* não está liminarmente afastada a aplicabilidade da mencionada providência antecipatória, embora a asserção deva ser devidamente explicitada.[281]

A expropriação por utilidade pública é um *acto lícito* que determina a aquisição originária de determinados direitos (*maxime*, de direitos reais). A licitude do acto não afasta, antes impõe, a atribuição aos interessados de uma justa indemnização, a qual, numa primeira fase, é fixada por um tribunal arbitral, com possibilidade de recurso para os tribunais judiciais (art. 62.º da CRP e arts. 1308.º e 1310.º do CC).

Malgrado a natural urgência que deve caracterizar o processo expropriativo, desde que se inicia, até à atribuição definitiva da compensação, de modo a permitir ao expropriado refazer a sua situação económica, essa celeridade nem sempre se verifica.

Assim, perante situações de demora na atribuição da indemnização, pode justificar-se o recurso ao procedimento cautelar em análise, desde que o lesado fique seriamente afectado na sua capacidade de subsistência. De facto, a amplitude da expressão legal utilizada no art. 403.º, n.º 4

---

que favoreçam a antecipação de determinadas prestações necessárias à satisfação de necessidades vitais ligadas à habitação ou ao sustento que não possam ser superadas por outra via.

Ainda que não se dirija expressamente à providência em causa, ao abordar genericamente a questão das *indemnizações provisórias* no âmbito do contrato de seguro, **José Vasques** afirma que esta ideia "não é alheia ao direito dos seguros, havendo quem a conceba como um direito do segurado" (*O Contrato de Seguro*, pág. 256).

Sobre uma situação de *contrato de seguro* referente a um veículo automóvel furtado cfr. o Ac. da Rel. do Porto, de 17-12-08 (*www.dgsi.pt*).

[280] Cfr. o Ac. da Rel. de Coimbra, de 18-11-97, CJ, tomo V, pág. 18.

[281] Solução a que também adere **Lebre de Freitas**, *CPC anot.*, vol. II, pág. 112. Cfr. ainda **Cura Mariano**, *A Providência Cautelar de Arbitramento de Reparação Provisória*, págs. 73 e segs.

(*"pretensão indemnizatória"*), não exclui o expropriado ou quaisquer outros interessados cujos direitos sejam afectados pelo *acto expropriativo* (*v.g.* arrendatário habitacional ou comercial, arrendatário rural).

É certo que, incidindo a expropriação em prédio habitacional, serão muito remotas as situações que justifiquem o recurso ao procedimento cautelar, uma vez que a entidade expropriante está legalmente vinculada ao realojamento dos ocupantes.[282] Mas, apesar das garantias legais, pode ocorrer que o direito à habitação não seja efectivamente garantido. Por isso, estando presentes os pressupostos de que depende a constituição da obrigação de indemnizar gerada pelo acto expropriativo, nada obsta à solicitação e à concessão de uma renda mensal que permita ao expropriado o acesso à habitação, verificados os requisitos do art. 403.º, n.º 4.

Mais frequentes poderão ser as situações derivadas de expropriação de outros prédios (prédios urbanos que proporcionam rendimentos ao proprietário ou prédios rústicos de onde o expropriado retira o seu sustento). Perante circunstâncias que determinem o excessivo arrastamento do processo, aliadas a uma situação de carência do expropriado (*maxime*, quando seja conferida à expropriante a posse administrativa e concretizada a retirada do bem da esfera de actuação do expropriado), poderá justificar-se, com naturalidade, o acesso do lesado a uma reparação provisória, por conta da indemnização final.

Aliás, o processo de expropriação é aquele que comporta menos riscos de decisões injustas, pelo facto de a declaração de utilidade pública respeitar a interessados identificados e quem será necessariamente reconhecido o direito de indemnização. Uma vez que o Cód. de Expropriações contém disposições que determinam para o expropriante o dever de proceder ao depósito de determinadas quantias, antes da decisão final (*v.g.* arts. 20.º, n.º 1, al. b), e 51.º), nada obsta à entrega ao expropriado de um quantitativo que possa servir para suprir as situações de carência mais evidentes.

45.6. De acordo com o art. 403.º, n.º 4, é necessário que a pretensão indemnizatória *"se funde"* em dano susceptível de pôr em causa o *sustento ou habitação* do lesado, o que, à semelhança do que ocorre com

[282] Nos termos do art. 9.º, n.º 2, do Cód. de Expropriações, aprovado pela Lei n.º 168/99, de 18-9, e dos arts. 52.º e segs. da Lei dos Solos, aprovada pelo Dec. Lei n.º 794/96, de 5-11.

as situações integradas no n.º 1, impõe o estabelecimento de um *nexo de causalidade* entre o facto originador da responsabilidade e a situação de carência.

Mas, tal como já anteriormente dissemos, para além das situações directamente provocadas pelo evento danoso, devem também ser tutelados os casos em que o interessado viu *agravada* a situação já existente.

46. Pressupostos processuais:

46.1. Sendo o arbitramento de reparação provisória *instrumental* em relação a processos em que se discute a atribuição de indemnizações, naturalmente que o mesmo se enquadra na esfera de competência dos tribunais judiciais e, mais especificamente, dos tribunais com competência na área do direito civil e comercial.

Ressalvam-se as situações que possam ser tuteladas directamente através do recurso ao disposto nos arts. 112.º, n.º 2, al. e), e 133.º do CPTA (regulação provisória de uma situação jurídica mediante o pagamento de quantias devidas pela Administração ou atribuição de uma reparação provisória).

E ressalva-se ainda a possibilidade de o arbitramento de reparação provisória ser decretado, no âmbito de *processos de natureza penal*, com natureza instrumental relativamente a eventual pedido de indemnização cível aí deduzido, nos termos dos arts. 72.º e segs. do CPP (*supra*, 42.1). Sem embargo dos instrumentos específicos previstos nos arts. 82.º e 82.º-A desse diploma, a consagração do princípio da adesão e a correspondente preferência pelo julgamento conjunto da acção penal e da acção cível bastam para se afirmar, com total normalidade, a compatibilidade entre a medida cautelar de arbitramento de reparação provisória e o processo penal com pedido cível, desde que este se funde em eventos determinantes da morte, de grave diminuição da subsistência autónoma do lesado ou que tenham posto em causa o seu sustento ou habitação.[283]

46.2. A providência deve ser solicitada junto do tribunal territorialmente competente para a acção (art. 83.º, n.º 1, al. c)), isto é, do tribunal em cuja circunscrição ocorreu o evento danoso (art. 74.º, n.º 2).

---

[283] No mesmo sentido **Célia Pereira**, *Arbitramento de Reparação Provisória*, pág. 150.

46.3. A *legitimidade passiva* pertencerá aos sujeitos da relação material controvertida que tenham sido ou venham a ser demandados na acção principal.[284]

Nada obsta a que a pretensão seja deduzida contra diversos sujeitos, em regime de *litisconsórcio*, nomeadamente quando exista multiplicidade de intervenientes no acidente de viação a quem seja imputada a responsabilidade.[285]

A obrigação de proceder ao pagamento da reparação provisória será *conjunta ou solidária*, de acordo com o regime substantivo a que estiver sujeita a obrigação de indemnização.

47. Tramitação:

47.1. O *requerimento inicial* pode ser apresentado antes da propositura da acção de indemnização ou surgir como incidente de uma acção já instaurada (art. 383.º, n.º 1), embora sempre subordinado ao respectivo objecto que, no todo ou em parte, deve englobar uma pretensão indemnizatória (art. 403.º, n.º 1).

O *valor* do incidente corresponderá à mensalidade pedida, multiplicada por doze (art. 313.º, n.º 1, al. a)).

47.2. Tal como sucede na acção principal, a *causa de pedir* é complexa, implicando, para além dos factos relacionados com o evento originador da responsabilidade, a alegação dos que integram a previsão das normas substantivas que conferem o direito de indemnização e daquelas que regulam a atribuição da providência antecipatória.[286]

Ao invés do *pedido* de indemnização em acção declarativa que, nos termos dos arts. 471.º, n.º 1, al. b), do CPC, e 569.º do CC, pode adoptar a forma genérica, a pretensão a inserir no procedimento cautelar deve corresponder a um *quantitativo certo*, sob a forma de renda mensal, a

---

[284] Cfr. o Ac. da Rel. de Lisboa, de 23-11-99, CJ, tomo V, pág. 99.

[285] No Ac. do STJ, de 28-6-99, *www.dgsi.pt.*, decidiu-se que, excedendo o pedido os limites do seguro obrigatório e tendo a acção de ser intentada contra a seguradora e o segurado, esse regime vale também para o procedimento cautelar.

[286] Quanto à necessidade de *alegação dos factos* cfr. o Ac. da Rel. de Lisboa, de 10-11-98, CJ, tomo V, pág. 85, e o Ac. da Rel. de Coimbra, de 18-11-97, CJ, tomo V, pág. 18.

imputar na liquidação definitiva do dano, exigência que resulta clara do disposto no art. 403.º, n.º 1, quando alude a "*quantia certa*" e a "*renda mensal*". [287]

Apesar disso, formulado, eventualmente, um pedido genérico, nada obsta a que seja corrigido esse elemento, mediante o accionamento do competente despacho de aperfeiçoamento.

47.3. Recebido o requerimento e cumpridas as formalidades a cargo da secretaria, cumpre ao juiz proferir *despacho liminar* de indeferimento, de aperfeiçoamento ou de designação de dia para audiência de julgamento (art. 400.º, n.º 1, *ex vi* art. 404.º, n.º 1).

O requerente e o requerido são convocados para comparecerem pessoalmente na audiência final ou para se fazerem representar por procurador com poderes especiais.[288] Na audiência final será apresentada a contestação que o requerido entenda oferecer.

A falta de contestação produz *efeitos cominatórios* paralelos aos previstos no processo declarativo (art. 385.º, n.º 4).[289] Por isso, ainda que se verifique uma situação de revelia, o juiz deve ordenar a produção das provas necessárias para fundamentar a decisão quando os factos tacitamente confessados pelo requerido se revelem insuficientes para a atribuição e quantificação da prestação reparatória (art. 403.º, n.º 3).

Comparecendo ambas as partes, deve o juiz tentar a *conciliação* (art. 400.º, n.º 3);[290] só depois se passa à *produção das provas* pertinentes.

48. Decisão:

48.1. Produzida a prova, o juiz profere *sentença oral* que ficará exarada em acta, na qual, depois de declarados os factos provados e não provados, deve concluir pela procedência ou improcedência total ou parcial da pretensão.

---

[287] Sobre os requisitos do pedido cfr. **Abrantes Geraldes**, *Temas da Reforma do Processo Civil*, vol. III, 4ª ed., págs. 87 e segs. e 169 e segs.

[288] **Célia Pereira**, *Arbitramento de Reparação Provisória*, págs. 153 e segs. advoga expressamente a inviabilidade de *adiamento* da diligência.

[289] Cfr. **Abrantes Geraldes**, *Temas da Reforma do Processo Civil*, vol. III, 4ª ed., págs. 204 e segs.

[290] Como se decidiu no Ac. da Rel. do Porto, de 24-3-09 (*www.dgsi.pt*), a realização de transacção no âmbito do procedimento cautelar a respeito da indemnização provisória não dispensa a instauração oportuna da acção principal, sob pena de caducidade da medida cautelar.

Nada obsta a que o juiz, no momento em que profere a decisão sobre a matéria de facto, atenda aos elementos constantes do processo principal, os quais podem revelar-se preciosos para o apuramento dos requisitos específicos desta providência cautelar.

Por exemplo, se numa acção de indemnização emergente de acidente de viação constarem elementos suficientes para se concluir pela responsabilidade culposa ou objectiva do condutor ou do dono do veículo e, por arrastamento, da seguradora demandada, divergindo as partes apenas no tocante à quantificação dos danos, o princípio da aquisição processual impõe que o juiz proceda à valoração desses dados e neles fundamente a decisão quanto à antecipação da tutela pretendida pelo interessado.[291]

48.2. Qualquer que seja a causa da imputação dos prejuízos (a título de culpa efectiva, de culpa presumida ou com base no risco), encontrando-se apurados factos de onde seja possível prever, com suficiente segurança, que o requerido será responsabilizado, tanto bastará para que, uma vez indiciada uma situação de necessidade, o tribunal possa fixar uma reparação provisória, dentro dos limites previsíveis do *quantum* indemnizatório.

48.3. Como estamos no âmbito de um procedimento cautelar gizado para funcionar a partir de *juízos de verosimilhança*, o juiz não pode deixar de se guiar por um tal critério.[292]

O deferimento da pretensão pressupõe que se mostre indiciada a existência da obrigação de indemnização (e do correspectivo direito de crédito em benefício do requerente) e de uma situação de *periculum in mora* a partir da ponderação das consequências do arrastamento da tutela definitiva na pessoa do requerente (art. 403.º, n.º 2).

Apesar da diferença de expressões existentes entre o referido preceito e o disposto no art. 387.º, n.º 1, deve o juiz guiar-se pelo critério emergente deste preceito. Assim, longe de se exigir uma prova cabal, completa, da situação de necessidade, bastará que a mesma se mostre suficientemente fundamentada. Do mesmo modo, quanto à prova do direito, basta a *probabilidade* da sua existência.

---

[291] Cfr. o Ac. do STJ, de 30-9-99, BMJ 489.º/398.

[292] Cfr. **Abrantes Geraldes**, *Temas da Reforma do Processo Civil*, vol. III, 4ª ed., págs. 240 e segs.

48.4. Na quantificação da *renda mensal* deve o juiz atender aos factos provados, temperados pelo critério da equidade que, de acordo com as circunstâncias, tanto pode servir para moderar o quantitativo como para aumentá-lo (art. 403.º, n.º 3).[293]

A *equidade*, como fonte de direito, encontra-se genericamente prevista no art. 4.º do CC, norma que fixa os estritos limites em que se legitima o seu uso: para além das situações que dependem da vontade das partes antecipadamente manifestada, o julgamento *ex aequo et bono* apenas é possível quando uma outra norma o preveja. Este princípio justifica-se pelo facto de o recurso generalizado à equidade potenciar maior insegurança do direito derivada da interferência de factores de ordem puramente subjectiva. E se a subjectividade não pode nem deve ser de todo arredada dos tribunais, torna-se mais previsível, mais seguro e mais facilmente sindicável um juízo assente em critérios de legalidade estrita do que aquele que se baseie na simples ponderação da justeza do resultado concreto.

Ainda assim o legislador, com o objectivo de alcançar a justiça material a que tende todo o sistema jurídico ressarcitivo, não deixou de legitimar o recurso à equidade quando anteviu ser impossível ou inadequada a utilização de critérios de pura objectividade ou quando assumiu que o desvio à regra geral, em vez de elemento indutor da insegurança ou da incerteza do direito, poderia ser um factor impulsionador da justiça material. A responsabilidade civil constitui precisamente uma das áreas em que se preveniu o recurso à equidade para efeitos de quantificação dos danos.

A respeito da equidade, ensina Oliveira Ascensão que essa "misteriosa companheira da Justiça não se eleva nem necessita elevar-se à formulação de regras", antes "dita soluções para casos, atendendo às características peculiares destes". [294] E, mais adiante, refere que a equidade está "em condições de tomar em conta circunstâncias do caso, que a regra despreza... para chegar a uma solução que se adapta melhor ao caso concreto."[295] Reportando-se especificamente à quantificação da indemnização através de juízos de equidade, também Larenz afirma que se exige do juiz a formulação de "juízos de valor", devendo orientar-se, "em

[293] Cfr. **Cura Mariano**, *A Providência Cautelar de Arbitramento de Reparação Provisória*, pág. 90, e o Ac. da Rel. de Coimbra, de 18-11-97, CJ, tomo V, pág. 18.

[294] *O Direito, Introdução e Teoria Geral*, pág. 217.

[295] Ob. cit., pág. 477.

primeiro lugar, por casos singulares e sua apreciação na jurisprudência, mas seguindo, para além disso, a sua própria intuição axiológica".[296]

Tal como tem sido acentuado ainda pela jurisprudência, a equidade "é a justiça do caso concreto, flexível, humana, independente de critérios normativos fixados na lei", devendo o julgador "ter em conta as regras da boa prudência, do bom senso prático, da justa medida das coisas e da criteriosa ponderação das realidades da vida".[297]

Mais do que utilizar um critério aritmético como factor inscrito em opções legislativas marcadas pela legalidade estrita, impõe-se que os tribunais, quando lhes é permitido o recurso a essa figura, retirem do quadro fáctico a visão impressionista que resulta da conjugação dos diversos elementos.[298]

48.5. A variabilidade da decisão, com o ajustamento às circunstâncias do caso concreto, resultará do recurso à *equidade*, nos termos do art. 403.º, n.º 3.[299]

De acordo com o disposto no n.º 1, a reparação provisória assumirá necessariamente a forma de uma renda mensal, fixada em *quantia certa*, por conta da provável indemnização final.

Apesar disso, as partes podem estabelecer, por acordo, uma diversa forma de tutela antecipada, através do pagamento em *espécie*, em substituição de algumas despesas que decorram do acto lesivo, tais como o fornecimento de medicamentos, o pagamento de hospitalizações, ou, no que respeita às situações abarcadas pelo n.º 4, a entrega de outra habitação. Quando esse acordo não seja alcançado e se impuser a intervenção do tribunal, este terá de se guiar por um quantitativo que julgue *adequado* a suportar a situação de carência causalmente provocada pela actuação.

48.6. Como é óbvio, não pode deixar de ser ponderado o *valor provável da indemnização* que será determinado na sentença definitiva,

---

[296] *Metodologia da Ciência do Direito*, pág. 335.

[297] Cfr. o Ac. do STJ, de 10-2-98, CJSTJ, tomo I, pág. 65.

[298] **Dário Almeida** advoga a adopção de um critério de verosimilhança não apenas em relação à quantificação do valor dos danos como também ao seu próprio limite existencial (*Manual de Acidentes de Viação*, pág. 393).

[299] Cfr. **Lebre de Freitas**, *CPC anot.*, vol. II, pág. 111, os Acs. da Rel. de Lisboa, de 23-11-99, CJ, tomo V, pág. 99, e de 12-7-07 (*www.dgsi.pt*), e o Ac. da Rel. de Coimbra, de 18-11-97, CJ, tomo V, pág. 18.

para que, tanto quanto possível, o quantitativo global a suportar pelo requerido nunca ultrapasse a previsível indemnização global.

Do mesmo modo, parece ajustado que o juiz tome em consideração os rendimentos auferidos e que ficaram afectados, para assegurar uma certa proporcionalidade relativamente à anterior situação, sem embargo de ponderar as circunstâncias que podem justificar um acréscimo que se mostre necessário a suportar despesas suplementares, como sucede nos casos em que o lesado fique numa situação de completa incapacidade que determine a realização de despesas de montante elevado em medicamentos, tratamentos médicos ou a outros níveis.

Ainda que isso não seja necessário, nada obsta a que o juiz condene expressamente no pagamento das *prestações futuras*, assim como no pagamento imediato das prestações vencidas, as quais, de todo o modo, se consideram devidas desde o primeiro dia subsequente à data da formulação do pedido, nos termos do art. 401.º, n.º 1.[300]

A decisão cautelar produzirá efeitos até que seja efectuado o pagamento da quantia arbitrada na acção principal ou, sendo a condenação em renda, até ao pagamento da primeira prestação, nos termos do art. 399.º, n.º 1.

Tratando-se de reparação provisória do dano, as quantias que forem pagas serão abatidas na indemnização global.

Definido o montante da prestação mensal e notificado o requerido, fica este sujeito à obrigação de proceder ao seu pagamento, sob pena de incorrer em sanção penal, por crime de *desobediência*, nos termos do art. 391.º.[301]

De todo o modo, a imediata exequibilidade da decisão encontra-se expressamente prevista no art. 404.º, n.º 2.

48.7. O juiz não pode recusar a fixação da renda mensal sob pretexto de ocorrência de *danos consideravelmente superiores* aos que se procuram evitar. O art. 387.º, n.º 2, é inaplicável a este e a outros procedimentos específicos (art. 392.º, n.º 1).[302]

---

[300] Cfr. o Ac. do STJ, de 28-6-99, *www.dgsi.pt*.

[301] Neste sentido, **Cura Mariano**, *A Providência Cautelar de Arbitramento de Reparação Provisória*, pág. 99, e **Figueiredo Dias**, *Comentário do Código Penal*, vol. III, pág. 355. Contra: **Lebre de Freitas**, *CPC anot.*, vol. II, pág. 64.

[302] Cfr. **Abrantes Geraldes**, *Temas da Reforma do Processo Civil*, vol. III, 4ª ed., págs. 246 e segs.

Também é vedado ao juiz tornar o pagamento da mensalidade dependente da prestação de *caução* por parte do requerente, por tal ser expressamente impedido pelo art. 392.º, n.º 2, com referência ao art. 390.º, n.º 2.

Pelas mesmas razões, não é legítimo ao requerido solicitar a *substituição da providência por caução*, atenta a incapacidade desta para satisfazer os objectivos que se procuraram assegurar com aquela medida (art. 387.º, n.º 3).[303]

Em qualquer dos casos referidos, é evidente que, assentando a providência de reparação provisória na necessidade de resolver uma situação de carência, não pode impedir-se, através da exigência de caução por parte do requerente ou da prestação de caução por banda do requerido, a satisfação imediata dos interesses daquele.

As mesmas razões impedem que, em caso de eventual interposição de recurso da decisão favorável ao requerente, lhe possa ser atribuído efeito suspensivo, sendo inaplicável a disposição do art. 692.º, n.º 4.

49. Alteração ou cessação da prestação:

49.1. A reparação provisória é justificada por uma situação de necessidade que impôs uma sobreposição do valor da celeridade ao da segurança e certeza jurídica. As mesmas razões que justificaram a fixação da renda mensal devem fundamentar a sua *alteração* para um quantitativo superior ou inferior, consoante a modificação da situação de necessidade avaliada pelo juiz na primeira decisão.

Nem sequer está afastada a hipótese, mais remota, mas admitida por lei, de o juiz proferir uma decisão que faça *cessar a obrigação*, quando deixe de existir aquela necessidade, desde que o requerido o solicite e se comprove a alteração significativa da situação económica do lesado, de modo a dispensar a continuação da reparação antecipada, nos termos do art. 401.º, n.º 2 (*supra*, 39).[304]

---

[303] Cfr. **Abrantes Geraldes**, *Temas da Reforma do Processo Civil*, vol. III, 4ª ed., págs. 253 e segs.

Como é óbvio, a caução nunca seria idónea para garantir as necessidades básicas que justificaram a criação da medida cautelar de reparação antecipada, como claramente foi acentuado no Ac. do STJ, de 18-5-99, CJSTJ, tomo II, pág. 97 (*supra*, 37.4).

[304] Para além do recurso à norma do art. 401.º, n.º 2, para onde remete o art. 404.º, n.º 1, importa ter presente o que se dispõe no art. 292.º, n.º 2, do CPC, segundo o qual a renovação da instância prevista quanto à cessação ou alteração da prestação alimentícia é

49.2. A par destas situações, parece-nos que também se poderão justificar modificações da decisão cautelar quando, no processo principal, ocorram *alterações dos pressupostos* em que se fundamentou a decisão provisória.[305]

Conforme já afirmámos aquando da análise do regime de alteração prescrito para os alimentos provisórios (*supra*, 39.), não serão apenas as circunstâncias de ordem subjectiva, relacionadas com a situação de necessidade, que poderão determinar a modificação do conteúdo da decisão, relevando ainda para efeito de extinção da medida a redução acentuada da probabilidade de reconhecimento do direito cuja antecipação se logrou alcançar através da medida cautelar.[306]

A *cessação da indemnização* pode resultar ainda da constatação de que se encontra esgotada a indemnização global que previsivelmente venha a ser fixada na acção principal.

50. Execução:

Independentemente da interposição de recurso, a decisão cautelar favorável ao requerente é imediatamente *exequível*,[307] seguindo a execução a tramitação do processo especial de execução de alimentos, nos termos dos arts. 1118.º e segs. (*supra* 38.).[308]

É de realçar que devem ser logo identificados no requerimento inicial os bens a penhorar, sem prejuízo de se proceder à imediata adjudicação de parte das quantias, vencimentos ou pensões que o executado esteja percebendo, ou à consignação de rendimentos, com dispensa da diligência de penhora e da subsequente convocação de credores.

"*aplicável aos casos análogos, em que a decisão proferida acerca de uma obrigação duradoura possa ser alterada em função de circunstâncias supervenientes ao trânsito em julgado, que careçam de ser judicialmente apreciadas*" (cfr. **Rita Lynce de Faria**, *A Função Instrumental da Tutela Cautelar não Especificada*, pág. 163).

[305] Entendimento a que adere **Lebre de Freitas**, *CPC anot.*, vol. II, pág. 114.

[306] No mesmo sentido, cfr. **Célia Pereira**, *Arbitramento de Reparação Provisória*, pág. 172. Contra: **Cura Mariano**, *A Providência Cautelar de Arbitramento de Reparação Provisória*, pág. 110.

[307] Cfr. **Abrantes Geraldes**, *Temas da Reforma do Processo Civil*, vol. III, 3ª ed., págs. 262 e segs.

[308] A execução de decisão cautelar de condenação no pagamento de quantias pecuniárias, no âmbito do direito italiano, é analisada por **Bruno Capponi**, em artigo intitulado "*Sull'esecuzione-attuazione dei provvedimenti d'urgenza per condanna al pagamento di somme*", na *Rivista di Diritto Processuale*, XLIV, n.º 1, págs. 88 a 119.

Esta simplificação da acção executiva especial está em plena sintonia com a natureza e a finalidade específicas da obrigação alimentícia (ou reparatória) que nem sempre se compadece com delongas excessivas.

Como resulta do art. 1120.º, a execução terminará no momento em que cesse a obrigação, como ocorre quando se extinguir o procedimento cautelar ou caducar a providência, nos termos do art. 389.º.

51. Caducidade da providência:

Cabe notar que, mesmo em caso de decaimento na acção principal de que o procedimento depende, a obrigação de pagamento da prestação mensal apenas cessa, de modo automático, com o *trânsito em julgado* da sentença absolutória (art. 389.º, n.º 1, al. c)).

Pode parecer estranha esta solução, quando aplicada indiferenciadamente a providências de natureza conservatória ou antecipatória, na medida em que, fundando-se na aparência do direito (*in casu*, do direito de indemnização), tal conclusão dever-se-ia considerar automaticamente ultrapassada com a decisão proferida na acção principal, com base em argumentos mais sólidos do que aqueles que acompanharam o juiz na decisão provisória. Aliás, procurando-se com as providências cautelares e, designadamente, com as que se apresentam com carácter antecipatório, afastar o risco de utilização na acção principal de expedientes dilatórios ou de abuso de instrumentos de garantia (*v.g.* recursos interpostos sem condições mínimas de procedência), pode ocorrer que tais expedientes sejam aproveitados pelo requerente para provocar o arrastamento do trânsito em julgado da decisão absolutória e, deste modo, manter a vinculação do requerido à obrigação de pagamento de uma renda mensal, sem a antecipada certeza de poder ser reembolsado de tudo quanto venha a pagar (perigo que emerge naturalmente das razões que justificam o pedido e da concessão da reparação provisória antecipada).

Este risco é real. Apesar disso, encontra-se formalmente coberto pela previsão normativa do art. 389.º, n.º 1, al. c), que vincula o requerido. Contra ele, resta ao requerido, ao abrigo do disposto no art. 401.º, n.º 2, solicitar a *alteração ou a cessação* da prestação já fixada.[309]

Os comportamentos do requerente que se afastem do cumprimento do *princípio da boa fé* ou que se traduzam na utilização anormal do

[309] Como já anteriormente se referiu (*supra* 49.), parece-nos que nada obsta a que, a partir da prolação de sentença absolutória ou de que resulte a improcedência parcial,

processado devem ser cominados através dos mecanismo previstos nos arts. 456.º (litigância de má fé) ou 447.º-B (taxa sancionatória excepcional), sem se poder ocultar, por detrás da abstracção normativa, a reduzida ou nula eficácia de medidas assente na mera responsabilização cível que apenas podem ser exercitadas sobre património do agente.

52. Conteúdo da obrigação de restituição:

52.1. Resulta especialmente do art. 405.º, n.º 2, que, se a acção for julgada improcedente ou resultar da sentença condenatória um montante inferior ao que tenha sido atribuído ao interessado, o juiz deve *condenar imediatamente* o lesado a restituir o que for devido (art. 405.º, n.º 2).

Trata-se de um ligeiro desvio ao *princípio do dispositivo*, dispensando a formulação do correspondente pedido, o que se justifica por razões de justiça, de celeridade e de economia, para além da facilidade que existe na determinação do quantitativo a restituir.

Assumiu aqui o legislador uma solução diversa da que, para os alimentos provisórios, está prevista no art. 2007.º, n.º 2, do CC, que não são restituídos.

52.2. Mas a obrigação de restituição vigora ainda para os restantes casos de caducidade regulados no art. 389.º, embora também aqui, em vez da aplicação da regra prescrita pelo art. 390.º, n.º 1, que aponta para o regime da responsabilidade civil, se tenha optado pelo instituto do enriquecimento sem causa, nos termos dos arts. 473.º e segs. do CC, o que obriga a restituir "*tudo quanto se tenha obtido à custa do empobrecido*" (art. 479.º).[310]

Essa restituição já não poderá ser conseguida na própria sentença que julga a acção principal, devendo ser objecto de *acção específica* proposta quando estiver verificada definitivamente a situação de caducidade ou comprovada a não justificação da providência.

---

seja solicitada a alteração ou a cessação da prestação provisória, desde que seja de supor a *redução acentuada da probabilidade* de confirmação do direito cautelarmente assegurado, nos termos do art. 401.º, n.º 2.

[310] **Lebre de Freitas** advoga uma *interpretação restritiva* do preceito de modo a ser aplicável apenas a situações em que a caducidade não seja imputável ao requerente – *CPC anot.*, vol. II, pág. 115. Também assim **Cura Mariano**, *A Providência Cautelar de Arbitramento de Reparação Provisória*, pág. 116, e **Célia Pereira**, *Arbitramento de Reparação Provisória*, pág. 185.

SUBSECÇÃO V
Arresto

Art. 406.º
(Fundamentos)

1 – O credor que tenha justificado receio de perder a garantia patrimonial do seu crédito pode requerer o arresto de bens do devedor.

2 – O arresto consiste numa apreensão judicial de bens, à qual são aplicáveis as disposições relativas à penhora, em tudo quanto não contrariar o preceituado nesta subsecção.

Art. 407.º
(Processamento)

1 – O requerente do arresto deduz os factos que tornam provável a existência do crédito e justificam o receio invocado, relacionando os bens que devem ser apreendidos, com todas as indicações necessárias à realização da diligência.

2 – Sendo o arresto requerido contra o adquirente de bens do devedor, o requerente, se não mostrar ter sido judicialmente impugnada a aquisição, deduzirá ainda os factos que tornem provável a procedência da impugnação.

Art. 408.º
(Termos subsequentes)

1 – Examinadas as provas produzidas, o arresto é decretado, sem audiência da parte contrária, desde que se mostrem preenchidos os requisitos legais.

2 – Se o arresto tiver sido requerido em mais bens que os suficientes para segurança normal do crédito, reduzir-se-á a garantia aos justos limites.

3 – O arresto não pode ser privado dos rendimentos estritamente indispensáveis aos seus alimentos e da sua família, que lhe serão fixados nos termos previstos para os alimentos provisórios.

Sumário:

53 – Introdução
54 – Um apontamento sobre o anterior regime do arresto contra comerciantes
55 – Tipos de arresto
56 – Direito de crédito
57 – Requisitos da obrigação
58 – Justo receio
59 – Competência
60 – Tramitação
61 – Decisão
62 – Concretização do arresto
63 – Arresto de bens de terceiros
64 – Meios de defesa
65 – Venda antecipada de bens

53. Introdução:

53.1. O arresto constitui um importante meio de defesa de direitos de natureza creditícia, atentas as potencialidades que revela no tocante à conservação da garantia patrimonial do credor.

A sua localização sistemática no Código Civil comprova essa função garantística:

– Como faculdade concedida ao credor, acompanha outras medidas que se enquadram no sector reservado à garantia geral das obrigações, ao lado, mas com uma eficácia bem mais evidente, da acção sub-rogatória e da impugnação pauliana;

– Como procedimento cautelar, constitui o instrumento processual colocado nas mãos do credor, destinado a obter uma decisão judicial imprescindível à apreensão preventiva de bens necessários à satisfação do seu direito.

53.2. Tempos houve em que o cumprimento de obrigações poderia desembocar, como último recurso, no uso de meios de coerção conducentes à privação da liberdade, como forma de impelir o devedor a cumprir ou puni-lo pelo facto de se ter deixado cair numa situação de insolvência.

Não é este o momento propício para deambulações históricas ou comparatísticas sobre sistemas ultrapassados ou que não fazem parte da nossa tradição jurídica. Apenas se afirma que já nas Ordenações Manuelinas, em pleno séc. XVI, a prioridade era conferida à satisfação do direito de crédito, através da liquidação do património do devedor, só excepcionalmente se admitindo a utilização de medidas privativas da liberdade como resposta a comportamentos do devedor destinados a frustrar a realização do direito de crédito.[311]

53.3. Em sistemas, como o nosso, onde a responsabilidade do devedor se cinge à execução do seu património, a *conservação da garantia patrimonial*, através da apreensão oportuna de bens susceptíveis de responder pelas suas dívidas, constitui a arma mais eficaz que a lei coloca à disposição do credor quando tenha razões objectivas para recear pela solvabilidade do devedor.[312]

Quando este não cumpre as suas obrigações pecuniárias, resta ao credor o direito de promover a execução dos seus bens, o que só será eficaz se as diligências executivas ainda puderem encontrar bens passíveis de ser penhorados.

---

[311] Aí se determinava que "*se algum devedor, depois de ser condenado em alguma quantidade de dinheiro, pão, vinho, ou semelhante coisa, que se costuma contar, pesar, ou medir, alhear seus bens em prejuízo do vencedor, por neles se não fazer execução, seja preso, e o não soltem até cumpridamente satisfazer ao vencedor, sem poder fazer cessão*" (*Livro III, Título LXXXVI*).

[312] **Vitorino Nemésio**, no romance "*Mau Tempo no Canal*", sintetiza aquilo que rodeia o arresto:

(...) O Diogo Dulmo é ou não é um estraga-albardas? ... Vendeu ou não vendeu ao desbarato os pastos da Ribeira dos Flamengos, que eu vim a comprar a Manuel Frade, da Freguesia do Salão? ... Gasta ou não gasta tudo na Mariquinha Estragada, de gorra com o José Lemos? ... (...) Está provada a dissipação – exclamou, como se deduzisse a afirmativa do silêncio de jurados ... Ora, provada a ocultação e a dissipação, provado está o justo receio de insolvência! Ou a lógica é uma batata! ... E lá diz o artiguinho 365.º: Aquele que requerer esta providência deduzirá, por escrito, os fundamentos do pedido, e oferecerá logo as provas".

53.4. A expansão económica, o apelo ao consumo, a pressão exercida sobre os consumidores ou a generalização do recurso ao crédito colocam aos devedores graves problemas quanto à satisfação dos seus compromissos, tal como acarretam para os credores dificuldades na cobrança dos seus créditos.

Assumindo algum risco, certas empresas adoptam estratégias comerciais agressivas, nem sempre acompanhadas de uma séria avaliação da capacidade de endividamento daqueles com quem contratam.

Numa outra vertente, a tolerância com que é socialmente encarado o incumprimento de obrigações pecuniárias, a generalização de mecanismos de fuga à responsabilidade, a descapitalização de empresas, a subfacturação ou a sobrefacturação, a maior incidência da riqueza sobre bens mobiliários mais difíceis de detectar e mais fáceis de delapidar ou de ocultar, a confusão entre patrimónios individuais e societários ou ainda certas situações que resvalam para o campo da desconsideração da personalidade jurídica, colocam aos credores dificuldades na cobrança dos créditos.

A observação empírica revela uma elevada percentagem de conflitos que assentam no incumprimento de obrigações de natureza pecuniária, a exigir a intervenção de mecanismos de garantia patrimonial, de onde ressalta o arresto que, pelos seus resultados, é capaz de conferir aos credores uma efectiva tutela jurisdicional.

53.5. O arresto de bens do devedor constitui a "garantia da garantia patrimonial", assegurando que os bens apreendidos se irão manter na esfera jurídica do devedor até que no processo executivo seja realizada a penhora, antecedente do pagamento do crédito.

À semelhança dos restantes procedimentos cautelares, o arresto exerce uma função instrumental relativamente ao processo declarativo e ao processo executivo, sendo o mecanismo que assegura a "expropriação forçada" em que se traduz a penhora de bens do devedor.[313] Consiste numa *apreensão judicial* de bens do devedor capaz de antecipar os efeitos derivados da penhora e de garantir o efeito útil que o credor

[313] Também assim no direito italiano, onde o "*sequestro conservativo*" ganhou relevo no direito substantivo e no direito processual, dentro das medidas destinadas a preservar o património do devedor – cfr. **Paolo Pototschnig**, *Il sequestro conservativo*, em *Il Nuovo Processo Cautelare*, dir. de **Giuseppe Tarzia**, pág. 3.

procura através da sentença condenatória ou dos meios de cumprimento coercivo de obrigações (art. 619.º do CC).

Tal como a generalidade das providências cautelares, também o arresto faz jus à consagração constitucional do direito de acesso aos tribunais e à previsão generalizada do direito de acção, enquanto reflexo de outros direitos de natureza substantiva, no caso, os direitos de crédito. Constitui um dos mecanismos postos pelo Estado à disposição dos interessados para garantia da eficácia da actividade judicial declaratória ou executiva relacionada com direitos de natureza creditícia (art. 2.º, n.º 2, do CPC).[314]

Decretado como preliminar ou incidente de acção declarativa ou executiva, deriva do arresto que os actos de disposição são *ineficazes* em relação ao credor (art. 622.º do CC), repercutindo-se, deste modo, na esfera jurídica de terceiros.[315]

A utilidade do arresto deriva ainda do facto de os efeitos da *penhora* retroagirem à data da efectivação do arresto (art. 822.º, n.º 2, do CC, e art. 846.º do CPC).[316]

Questiona-se se a extensão ao arresto dos efeitos da penhora determinada pelo art. 622.º, n.º 1, do CC, confere ao credor justificante a faculdade de deduzir a *reclamação do seu crédito* na acção executiva, nos termos do art. 864.º, n.º 3, al. b), ainda que a graduação de créditos tenha, porventura, de aguardar pela eventual obtenção de título executivo, de acordo com o art. 869.º do CPC, ou pela conversão do arresto em penhora, nos termos do art. 846.º do CPC.

Acentuando a natureza de meio de conservação da garantia patrimonial que só se traduziria em garantia real com a conversão em penhora, Teixeira de Sousa[317] defende que o credor beneficiário do

---

[314] Segundo **Ortells Ramos**, referindo-se a idêntica figura prevista no direito espanhol, o arresto "é uma medida que responde com precisão à concepção teórica mais estrita das medidas cautelares. É instrumental relativamente a um processo principal no sentido mais estrito de assegurar a execução da sentença que nele seja proferida" (*Las Medidas Cautelares*, ed. do *Consejo General del Poder Judicial*, pág. 56).

[315] Embora condicionado ao *registo*, quando incida sobre bens a ele sujeitos (*v.g.* art. 5.º do Cód. de Registo Predial).

[316] Quanto à conversão do arresto em penhora cfr. o Ac. da Rel. do Porto, de 12-4-99, CJ, tomo III, pág. 191.

[317] *Acção Executiva Singular*, pág. 333. Cfr ainda o Ac. da Rel. do Porto, de 7-11-02, CJ, tomo V, pág. 163, e o Ac. da Rel. de Évora, de 21-1-88, BMJ 373.º/617.

No Ac. do STJ, de 8-6-06, CJSTJ, tomo II, pág. 116, considerou-se que o arresto não convertido em penhora não confere garantia real ao credor que dele beneficie.

arresto não deve ser convocado para a reclamação de créditos. Outros, estabelecendo uma ligação entre o arresto e a penhora, consideram que àquele aproveitam os efeitos atribuídos a esta, *maxime* o facto de constituir uma garantia real,[318] partindo para a conclusão de que o credor beneficiário de arresto deve ser convocado para reclamar o seu crédito.[319]

Cremos que não pode negar-se ao arresto a qualificação como *garantia real*. Conquanto inserido nos meios de conservação da garantia patrimonial (arts. 619.º a 622.º do CC), o seu efeito fundamental, por referência à penhora (art. 406.º, n.º 2, do CPC), é o de atribuir ao credor preferência relativamente a qualquer outro credor que não tenha garantia real anterior (art. 822.º do CC).[320]

54. Um apontamento sobre o anterior regime do arresto contra comerciantes:

54.1. Dispunha o anterior art. 403.º, n.º 3, que, tratando-se de dívida comercial e sendo o arrestado comerciante, o credor deveria provar que o mesmo não estava matriculado ou que, apesar disso, deixara de exercer o comércio há mais de três meses.

Esta norma foi abolida, desaparecendo a especial protecção conferida aos comerciantes que colocava os respectivos credores em dificuldades acrescidas quanto a poderem assegurar as garantias patrimoniais dos seus créditos.[321]

---

[318] **Menezes Cordeiro**, *Direitos Reais*, pág. 771, e **Carvalho Fernandes**, *Lições de Direito Reais*, pág. 125.

[319] **Amâncio Ferreira**, *Curso de Processo de Execução*, 4ª ed., pág. 254, **Salvador da Costa**, *O Concurso de Credores*, pág. 236, e **Anselmo de Castro**, RDES, n.º 13, págs. 192 e segs., em artigo intitulado *O problema do valor do arresto na execução pendente de outro credor.*

Nesta corrente se insere **Rita Barbosa da Cruz** quando assevera que "reconhecer o arresto como um direito real de garantia é exigido pelo seu próprio regime que afecta os bens arrestados à satisfação do crédito do seu titular, atribuindo-lhe a inerência e a sequela reconhecidos àqueles direitos" (*O Direito*, ano 132.º, págs. 187 e segs., em trabalho intitulado *O arresto*).

[320] Foi esta a tese que assumi no Ac. da Rel. de Lisboa, de 21-3-06, proferido no âmbito do processo n.º 1288/06 (inédito).

[321] Sobre esta questão cfr. **Mota Pinto**, na Col. Jur., ano 1985, tomo III, pág. 49.

54.2. Relativamente às relações creditícias abarcadas pela referida norma, cuja iniquidade nunca é demais realçar, havia que ter em consideração o seguinte:

a) Só respeitava a dívidas substancialmente comerciais,[322] aí se inserindo, entre outras, as dívidas do comerciante por salários devidos aos seus trabalhadores;[323]

b) Para permitir o decretamento do arresto de bens de quem fosse comerciante, com base em dívidas substancialmente comerciais, o requerente devia provar documentalmente que o arrestado não estava matriculado ou, por qualquer meio de prova admissível, convencer o tribunal de que, apesar de matriculado, não exercia o comércio há mais de três meses;[324]

c) Sendo o devedor estrangeiro entendia-se que não era necessário fazer a prova destas situações.[325]

54.3. Este regime não poderia deixar de se debater com o problema da sua *constitucionalidade*. Aliás, o Trib. Constitucional decretara a inconstitucionalidade material, com força obrigatória geral, de um segmento da norma do art. 300.º, n.º 1, do anterior Cód. de Processo Tributário, que impedia a efectivação de penhora de bens já apreendidos em processo de execução fiscal, com o fundamento de que a mesma continha uma grave e desproporcionada restrição ao direito do credor que tivesse pendente, nos tribunais comuns, processo de execução para cobrança coerciva do seu crédito.[326]

---

[322] Cfr. o Ac. da Rel. de Évora, de 27-11-86, CJ, tomo V, pág. 290.

[323] Cfr. o Ac. do STJ, de 6-7-79, BMJ 289.º/211, e o Ac. da Rel. de Coimbra, de 7-5-85, CJ, tomo III, pág. 128.

[324] Cfr. o Ac. da Rel. do Porto, de 17-1-89, CJ, tomo I, pág. 179, o Ac. da Rel. de Coimbra, de 7-5-85, CJ, tomo III, pág. 128, e os Acs. da Rel. de Lisboa, de 12-3-79, CJ, tomo II, pág. 642, e de 26-7-77, CJ, tomo V, pág. 1027. Quanto às cooperativas cfr. o Ac. da Rel. de Évora, de 27-11-86, CJ, tomo V, pág. 290.

[325] Cfr. **Mota Pinto**, na Col. Jur., 1985, tomo III, pág. 49, e o Ac. da Rel. do Porto, de 17-1-89, CJ, tomo I, pág. 179.

[326] Cfr. o Ac. do Trib. Constitucional., de 6-7-95, D. R., I Série, de 3-8-95, em cuja fundamentação se considerou que da garantia constitucional do *direito de propriedade* privada se devia extrair a garantia (também constitucional) do direito do credor à satisfação do seu crédito, a qual saía gravemente afectada pela norma que impedia a penhora de bens apreendidos nos processos de execução fiscal.

Ainda no plano da acção executiva, o mesmo tribunal afirmara a inconstitucionalidade material do art. 45.º, n.º 1, da Lei n.º 28/84, de 14-8, de onde resultava a impenhorabilidade total das prestações devidas pelas instituições de segurança social, independentemente do seu valor, por se considerar que essa norma afectava, de forma injustificada e desproporcionada, os direitos do credor, enquanto isentava de penhora o que excedesse o "mínimo adequado e necessário a uma sobrevivência condigna" do beneficiário.[327]

54.4. Já no que concerne à norma do art. 403.º, n.º 3, do CPC, não tínhamos conhecimento que alguma vez tivesse sido afirmada a sua inconstitucionalidade.[328] Apesar disso, parecia-nos que se impunha, por essa via, a redução aos justos limites da referida norma proibitiva.

---

[327] Cfr. Ac. do Trib. Constitucional de 29-6-93, D. R., II Série, de 19-1-94.

Segundo a referida norma, fosse qual fosse o montante das prestações mensais recebidas pelo beneficiário, ainda que superiores ao salário médio nacional, gozavam do benefício da impenhorabilidade total; em contrapartida, os salários auferidos pelos trabalhadores no activo estavam sujeitos à regra geral do art. 823.º, n.º 1, al. e), do CPC (penhorabilidade de 1/3). Se a impenhorabilidade das prestações se compreendia quando as mesmas fossem de reduzido montante, já nada justificava o alargamento de tal benefício a pensões de elevados montantes.

Considerou-se, assim, naquele aresto que "a impenhorabilidade das prestações atribuídas pelas instituições de segurança social representava um sacrifício do direito do credor, portanto, uma restrição ao direito de propriedade privada garantido pelo art. 62.º, n.º 1 da Constituição".

O Trib. Constitucional decidiu-se ainda pela declaração de inconstitucionalidade de normas que atribuíam à Segurança Social ou à Fazenda Nacional privilégios creditórios imobiliários gerais, com prevalência sobre créditos hipotecários. Depois de a inconstitucionalidade ter sido afirmada quanto aos créditos da segurança social nos Acs. de 22-3-00, D.R., II Série, de 10-10-00, e de 5-7-00, BMJ 499.º/21, e quanto ao IRS no Ac. de 5-3-02, D.R., II Série, de 24-4-02, foi declarada, com força obrigatória geral, em dois acórdãos datados de 17-9-02, no D.R., I Série, de 16-10-02.

[328] Apenas **Lebre de Freitas** se reportou a essa questão em artigo intitulada *Inconstitucionalidades do Código de Processo Civil*, ainda assim, em tom interrogativo (*ROA*, 52.º, pág. 42, e *Estudos Sobre Direito Civil e Processo Civil*, pág. 24), questionando se não se "poderá defender entre nós a inconstitucionalidade da proibição absurda do arresto contra comerciante, quando ele seria tanta vez o único meio eficaz de o credor dum comerciante habilidoso (e tantos são os habilidosos deste país!) conseguir a satisfação do seu crédito e quando o art. 205.º, n.º 2, da Constituição proclama incumbir aos tribunais a defesa dos direitos e interesses legalmente protegidos dos cidadãos?"

Na génese daquele preceito estivera a necessidade de acautelar os interesses do devedor comerciante, protegendo-o relativamente às apreensões de bens necessários ao giro comercial, benefício que, segundo Almeida e Costa, era compensado com o "facto de a lei [então, o art. 1174.º, n.º 1, al. c), do CPC] prever a declaração de falência em caso de dissipação e extravio de bens ou qualquer outro procedimento abusivo que revele, da parte do comerciante, manifesto propósito de se colocar em situação de insolvência".[329]

Como justificação para o tratamento desigual conferido pelo direito adjectivo, era comum referir ainda a necessidade de o sistema favorecer o comércio (ou a actividade industrial), como actividade geradora de riqueza indispensável ao bem estar social, objectivo que poderia ser torpedeado com a apreensão dos bens necessários ao seu desenvolvimento (*maxime* quando incidisse sobre bens de equipamento, produtos para venda ou revenda, saldos de contas bancárias, veículos automóveis para transporte de mercadorias, etc.), pondo em causa a sobrevivência da empresa ou os postos de trabalho dela dependentes.[330]

54.5. Mas justificar-se-ia realmente a colocação deste obstáculo ao exercício cautelar dos direitos do credor?

Na grande maioria das situações, parecia-nos que não existia qualquer razão objectiva que legitimasse a distinção entre devedores comerciantes e não comerciantes. Correspondentemente, a proibição do arresto constituía frequentes vezes uma medida desproporcionada no confronto de interesses que se digladiavam.

---

[329] *Direito das Obrigações*, pág. 613.

Também **Santos Silveira**, citando **Manuel de Andrade**, argumentava que o arresto contra comerciantes punha em causa o exercício da actividade comercial, na medida em que abalava o crédito do comerciante na praça (*Processos de Natureza Preventiva e Conservatória*, pág. 100).

[330] Não era esta a única medida que condicionava a execução do património do devedor em matéria de cobrança coerciva de obrigações pecuniárias. O instituto da *moratória forçada*, em matéria de execução de bens comuns do casal, na medida em que privilegiava os interesses da família sobre os dos credores, também constituía um sério entrave à efectivação da garantia patrimonial. Criado sob o pretexto de permitir a manutenção de um acervo patrimonial necessário à satisfação dos interesses do agregado familiar, o certo é que dele era feita uma utilização perversa, funcionando, na prática, como mecanismo de fuga ao cumprimento das obrigações. Também essa figura – finalmente – foi varrida do sistema (!)

Em boa verdade, não se via suficiente justificação para tão grave restrição aos direitos dos credores que estendia a proibição de arresto a todos os bens do devedor, mesmo àqueles que não se encontrassem adstritos à actividade comercial (*v.g.* veículo automóvel para uso pessoal do comerciante ou administrador da sociedade) ou cuja apreensão preventiva não afectasse o giro comercial, como ocorria com os bens imóveis ou participações sociais noutras sociedades.

54.6. Segundo a doutrina seguida noutras situações pelo Trib. Constitucional (*v.g.* em relação à impenhorabilidade de bens apreendidos em processos de execução fiscal), o art. 62.º da CRP integra, além do mais, uma garantia do credor à satisfação do seu crédito, a qual não pode ser frustrada através de normas ordinárias que impliquem para o credor comum o risco desproporcionado de total frustração do seu crédito.

Por isso, de modo algo semelhante ao que decorria do art. 300.º, n.º 1, do anterior Cód. de Processo Tributário, parecia-nos que a restrição colocada relativamente ao devedor que fosse comerciante determinava um grave e desproporcionado desequilíbrio entre os interesses que, em teoria, se visavam acautelar e os dos credores, igualmente dignos de protecção legal.

Na prática, o credor que não estivesse na posse de um título que lhe permitisse avançar de imediato para a acção executiva poderia ver injustamente frustrada a cobrança do seu crédito pelo simples facto de o devedor ser um comerciante e a dívida ser substancialmente comercial. Em casos que a prática revelava serem cada vez mais frequentes, chegado o momento da penhora dos bens alegadamente destinados ao exercício comercial do devedor, frustrava-se essa diligência.

54.7. Poder-se-ia contra-argumentar, porventura, que, para situações de incumprimento de obrigações ou de verificação de indícios objectivos de insolvência, sempre o credor teria a faculdade de usar os meios que permitiam a declaração de falência do devedor, nos termos então previstos no art. 8.º do CPEREF.

Teoricamente assim aconteceria, verificados que fossem os factos-índice referidos em tal preceito. No entanto, é sabido que os requisitos, o formalismo legal, os custos e as exigências de um processo falimentar eram e são, de longe, mais complexos e onerosos que os previstos para o procedimento cautelar de arresto. Depois, para a declaração de falência não basta o justo receio de perda da garantia patrimonial que constitui requisito do arresto, nem o tribunal se pode guiar por meros juízos de verosimilhança quanto à existência do direito de crédito e quanto ao preenchimento dos demais requisitos legais, sendo necessária a alegação e a prova de uma situação de inviabilidade económica da empresa resultante de alguma das situações prefiguradas na referida norma.

Além disso, tal processo apresentava na sua estrutura uma fase vestibular, de onde poderia derivar o seguimento da acção como processo de falência ou como processo de recuperação de empresa. E, apesar de a declaração de falência implicar a apreensão imediata de todos os bens do falido (art. 128.º, n.º 1, al. b), do CPEREF), a demora inerente à mais complexa tramitação processual ou a necessidade de cumprir, em regra, o contraditório, proporcionava condições para a dissipação dos bens mais valiosos ou de mais fácil ocultação (*v.g.* bens móveis, acções, numerário, etc.), impedindo ou dificultando a satisfação da generalidade dos credores chamados a intervir e a reclamar os seus créditos, consequências que os diversos mecanismos de impugnação ou de anulação previstos na lei de falências nem sempre evitariam.

Deveria ainda notar-se que, relativamente à norma do art. 300.º, n.º 1, do Cód. de Processo Tributário, cuja inconstitucionalidade fora declarada, também se ressalvavam as apreensões de bens em processo de falência, medida que fora julgada insuficiente para contrabalançar a generalizada proibição de penhora sobre bens já apreendidos pelas execuções fiscais.

Por último, era de frisar ainda que, sendo o processo de falência de natureza universal, ao qual eram chamados todos os credores comuns e privilegiados, com frequência se verificava a insuficiência da massa falida para saldar todas as dívidas, podendo, deste modo, ficar injustamente lesado o credor que, antecipando-se à acção declarativa ou à acção executiva singular, pretendesse diligentemente acautelar os seus interesses.

54.8. Assim, se alguma justificação racional se detectava no afastamento da apreensão indiscriminada de bens do devedor comerciante que se mantivesse no exercício da sua actividade, reconhecendo-se a necessidade ou, ao menos, a conveniência em restringir a medida de arresto, de modo a não abarcar os bens imprescindíveis ao prosseguimento da actividade (*v.g.* os maquinismos ou a matéria-prima) ou que constituíssem o próprio objecto da actividade, já não se encontrava razão alguma que justificasse a extensão dessa restrição aos bens cuja apreensão cautelar não afectava a manutenção e desenvolvimento da actividade comercial ou industrial (*v.g.* bens imóveis, veículos automóveis afectos a membros da administração, participações noutras sociedades anónimas ou sociedades por quotas, bens voluptuários, etc.).

Em conclusão, dado que esta proibição generalizada e indiscriminada era susceptível de afectar, grave e desproporcionadamente, a iniciativa do credor sobre o património do devedor, contra a garantia que resultava do disposto no art. 62.º da Constituição, parecia-nos viável a formulação de um juízo de inconstitucionalidade sobre a anterior norma do art. 403.º, n.º 3, do CPC, na parte em que impedia totalmente o arresto de bens que estivessem fora do giro comercial e cuja apreensão provisória não impedisse a continuação da actividade.

55. Tipos de arresto:

55.1. O arresto, como providência gizada para a conservação da garantia patrimonial de *obrigações civis e comerciais*, encontra o seu assento nos arts. 619.º a 622.º do CC e nos arts. 406.º a 410.º do CPC.

Com ligação directa a essas disposições, devem ainda ser consideradas as normas do art. 846.º do CPC e do art. 822.º do CC (conversão do arresto em penhora e eficácia retroactiva).

Merecem igualmente atenção o art. 83.º, n.º 1, al. a), (competência territorial), a al. e) do art. 313.º (valor processual), e o n.º 2 do art. 392.º (prestação de caução).

55.2. Com idêntica finalidade, embora com pressupostos não inteiramente coincidentes, destacam-se as normas dos art. 854.º, n.ºs 2 e 4, e 898.º, n.º 1, al. c), que regulam, respectivamente, o arresto de bens do *depositário* que incumpre a obrigação de entrega ou do proponente ou do preferente que não deposita o preço.

Em qualquer dos casos estamos face a mecanismos de coerção em que se prescinde da alegação e prova do justo receio de perda da garantia patrimonial, o qual se presume, *juris et de jure*, a partir da verificação das circunstâncias referidas em tais preceitos. Além disso, apresentam-se com uma tramitação mais simplificada, correndo como incidentes da própria execução enxertados no respectivo processo.[331]

[331] O princípio do contraditório não deixa de influir na tramitação, conferindo-se ao requerido a possibilidade de deduzir oposição (cfr. o Ac. da Rel. de Lisboa, de 11-1-90, BMJ 393.º/644).

Semelhanças relativamente ao arresto detectam-se na solução prevista no art. 812.º-F, n.º 3, onde se prevê a efectivação da *penhora*, sem prévia audiência do executado, quando se verificar a existência de justo receio de perda da garantia patrimonial.[332]

55.3. No Cód. da Propriedade Industrial de 1940 o arresto era uma das medidas cautelares, com função repressiva, que poderia ser utilizada para assegurar os direitos protegidos por tal diploma (art. 228.º). Tal medida encontrava-se inscrita ainda no art. 407.º do CPC.[333]

Depois de ter sido excluído do CPI aprovado pelo Dec. Lei n.º 16/95, de 24-1, foi reintroduzido no art. 340.º do CPI aprovado pelo Dec. Lei n.º 36/03, de 5-3, dependendo o seu decretamento da prova do direito de propriedade industrial e do facto lesivo do mesmo.

A necessidade de previsão de um tal mecanismo cautelar específico em matéria de propriedade industrial ou intelectual decorre, aliás, da Directiva 2004/48/CE, de 29-4, em cujo art. 9.º se determina que "*os Estados-Membros devem garantir que as autoridades competentes possam, a pedido do requerente ... ordenar a apreensão ou a entrega dos bens que se suspeite violarem direitos de propriedade intelectual, a fim de impedir a sua entrada ou circulação nos circuitos comerciais*" e que os Estados-Membros devem assegurar que "*se a parte lesada provar a existência de circunstâncias susceptíveis de comprometer a cobrança de indemnizações por perdas e danos, as autoridades judiciais competentes possam ordenar a apreensão preventiva dos bens móveis e imóveis do alegado infractor, incluindo o congelamento das suas contas bancárias e outros bens*".

A especificidade deste arresto relativamente aos demais reside em que não se mostra necessária a instauração de uma execução, como se decidiu no Ac. da Rel. de Évora, de 6-10-05, CJ, tomo IV, pág. 272

[332] No Preâmbulo do diploma que introduziu essa possibilidade anteriormente prevista no art. 812.º-B expressamente se assumia a intenção de "*enxertar na execução um juízo de natureza cautelar*". No mesmo sentido cfr. **Lebre de Freitas**, *Agente de execução e poder jurisdicional*, na Rev. *Themis*, ano IV, n.º 7, pág. 27.

Sobre as condições em que o exequente pode ser chamado a responder civilmente pelos danos decorrentes da execução iniciada sem contraditório, cfr. **Catarina Cordeiro**, *A responsabilidade do exequente na nova acção executiva: sentido, fundamento e limites*, *Cadernos de Direito Privado*, n.º 10.º, págs. 13 a 29.

[333] Cfr. o Ac. da Rel. de Coimbra, de 19-9-89, CJ, tomo IV, pág. 62.

Em transposição desta Directiva, a Lei n.º 16/08, de 1-4, introduziu no CPI o novo art. 338.º-J, regulando especialmente o decretamento de arresto preventivo em situações em que exista infracção de *direitos de propriedade industrial à escala comercial*, preceito que foi replicado no art. 210.º-H do Cód. de Direitos de Autor relativamente aos *direitos de autor e direitos conexos*.[334]

A par, prevê-se a possibilidade de requerer arresto repressivo em relação aos bens sobre que recaia suspeita de violarem algum daqueles direitos de propriedade intelectual ou sobre os instrumentos que sirvam para a prática do ilícito.

55.4. Mas não é estritamente no campo do direito civil e comercial que o arresto se impõe enquanto instrumento de manutenção da garantia patrimonial. Por outro lado, não é esta a única função associada à figura do arresto. Outros objectivos ou outros interesses podem justificar a apreensão cautelar de bens.

Sem embargo do recurso ao figurino tradicional do arresto para garantia de direitos de crédito emergentes de factos ilícitos, na perspectiva do direito criminal e do direito civil,[335] o CPP permite o *arresto de bens do arguido* que não preste caução económica (art. 228.º) ou que seja declarado contumaz (art. 337.º, n.º 3).[336]

---

[334] Em qualquer dos casos, não está afastado o recurso ao *arresto comum* previsto no CPC.

[335] Do arresto para garantia do pagamento de indemnizações trataram o Ac. da Rel. de Lisboa, de 27-1-88, CJ, tomo I, pág. 158, e o Ac. da Rel. do Porto, de 23-6-04, CJ, tomo III, pág. 217.

[336] Cfr. o Ac. da Rel. de Coimbra, de 2-11-05, CJ, tomo V, pág. 43, os Acs. da Rel. do Porto, de 27-11-02, CJ, tomo V, pág. 206, de 19-5-04, CJ, tomo III, pág. 208, e de 28-6-06, CJ, tomo III, pág. 221, e o Ac. da Rel. de Lisboa, de 18-5-05, CJ, tomo III, pág. 39.

Com estes objectivos, não se exige a prova do justo receio de perda da garantia patrimonial (cfr. **Rita Barbosa da Cruz**, *O Direito*, ano 132.º/171 a 173, o Ac. da Rel. de Évora, de 12-12-95, BMJ 452.º/506, e o Ac. da Rel. de Lisboa, de 19-10-00, CJ, tomo IV, pág. 150).

Diga-se ainda que o arresto previsto na legislação processual penal é compatível com idêntica providência decretada pelos tribunais cíveis, com função de garantia patrimonial, como se decidiu no Ac. da Rel. de Lisboa, de 29-1-98, CJ, tomo I, pág. 98. Cfr. ainda **Rita Barbosa da Cruz**, *O Direito*, 132.º/169, e o Ac. da Rel. do Porto, de 20-11-96, CJ, tomo V, pág. 237.

Também no art. 10.º da Lei n.º 5/02, de 11-1, se prevê o arresto para garantia das vantagens da *actividade criminosa*, caso o arguido venha a ser condenado por crimes relacionados com estupefacientes, terrorismo, armas ou branqueamento de capitais.

O cumprimento de obrigações de *natureza tributária* constitui outra das áreas que pode ser garantida pela providência de arresto. Nos termos dos arts. 136.º a 139.º e 214.º do Cód. de Procedimento e de Processo Tributário, pode ser decretado quando se verifique fundado receio de diminuição da garantia de cobrança de créditos liquidados ou em fase de liquidação, sendo competentes para o seu decretamento os tribunais tributários de 1ª instância.[337]

Especial é ainda o arresto em situações de *alcance* que está regulado no art. 411.º do CPC, destinando-se a acautelar os interesses do Estado ou de outras pessoas colectivas de direito público ligadas às finanças públicas (*infra*, 69.).

56. Direito de crédito:

56.1. O *princípio da especialidade* das formas processuais determina que só em relação a direitos de crédito é possível deduzir esta providência, já que ela visa precisamente a garantia do seu cumprimento. As situações caracterizadas pelo perigo de insatisfação de direitos de diversa natureza (*v.g.* direitos reais) ou as que, apesar de assentarem em direitos de crédito, não comunguem do específico receio de perda da garantia patrimonial, deverão encontrar guarida noutros instrumentos, designadamente nos procedimentos de alimentos provisórios ou de arbitramento de reparação provisória.

---

[337] Segundo dispõe o art. 214.º do CPPT, presume se o *periculum mora* (correspondente ao risco de insolvência, de ocultação ou de alienação de bens) quando se trate de dívidas por impostos que o devedor tenha retido ou repercutido em terceiros e que não tenha entregue nos prazos legais (cfr. **Rita Barbosa da Cruz**, *O Direito*, ano 132.º/173).

À providência específica de arresto se reporta o art. 31.º do Dec. Lei n.º 413/93, de 31-12, republicado pela Lei n.º 50/05, de 30-8, nos termos da qual, "*em caso de justo receio de frustração dos créditos fiscais, de extravio ou deterioração de documentos conexos com obrigações tributárias, a administração tributária deve propor as providências cautelares de arresto ou arrolamento previstas no CPPT*".

A *administração tributária* beneficia ainda da possibilidade de fazer uso autónomo de medidas cautelares "*para garantia dos créditos tributários em caso de fundado receio de frustração da sua cobrança ou de destruição ou extravio de documentos ou outros elementos necessários ao apuramento da situação tributária dos sujeitos passivos*", nos termos do art. 51.º, n.º 1, da Lei Geral Tributária, aprovada pelo Dec. Lei n.º 398/98, de 17-12. Assinala-se, porém, que tais providências têm natureza administrativa, podendo ser objecto de impugnação para os respectivos tribunais, nos termos do art. 144.º do CPPT.

Inversamente, a manutenção da garantia patrimonial em sede de procedimentos cautelares pode (e só pode) ser assegurada através da providência de arresto, não se admitindo o recurso a qualquer outra providência, ainda que não especificada, para conseguir o mesmo efeito.[338]

56.2. Ao deferimento da pretensão é alheia a *origem do crédito*. Ou seja, não existe qualquer exigência específica quanto à fonte geradora do direito de crédito e da correspondente obrigação.

Por isso é que o arresto pode servir para assegurar o cumprimento de obrigações em qualquer uma das seguintes situações:

a) Directamente geradas por uma *relação contratual ou negocial*, como sucede com os créditos derivados de contratos de compra e venda, empreitada, mútuo, locação ou contrato-promessa, confissão de dívida ou testamento;[339]

b) Indirectamente derivadas dessas relações, como ocorre com a *indemnização* pelo incumprimento, com a obrigação de restituir decorrente da nulidade de contrato ou da resolução ou com a obrigação de pagamento de benfeitorias no âmbito de contrato de arrendamento;

c) Decorrentes do instituto do *enriquecimento sem causa*;

d) Correspondentes à indemnização com origem em *facto ilícito* ou *facto lícito*;

e) Derivadas directamente da *própria lei*, como sucede com algumas obrigações alimentícias, quando a situação de *periculum* respeite à garantia patrimonial.[340]

56.3. A alusão a uma relação de *natureza creditícia* suscita a questão da restrição da medida a créditos de natureza pecuniária ou a sua extensão a créditos de outra natureza. Com efeito, os direitos de crédito e as correspondentes obrigações não se esgotam em prestações de pagamento de quantia certa, envolvendo ainda prestações de entrega de coisa certa (*de dare*) ou prestações de facto positivo ou negativo (*de facere* ou *de non facere*).

---

[338] Cfr. **Abrantes Geraldes**, *Temas da Reforma do Processo Civil*, vol. III, 3ª ed., págs. 68 a 72, **Rita Barbosa da Cruz**, *O Direito*, ano 132.º/121, e **Rita Lynce de Faria**, *A Função Instrumental da Tutela Cautelar*, págs. 48 e segs.

[339] Sobre a origem dos créditos, cfr, a título exemplificativo, o Ac. da Rel. de Coimbra, de 26-10-99 (*Anexo n.º 4*), e o Ac. da Rel. de Lisboa, de 19-8-09 (*Anexo n.º 9*), ambos relatados pelo signatário.

[340] Cfr. **Alberto dos Reis**, *CPC anot.*, vol. II, pág. 15, e **Pereira Coelho** e **Guilherme de Oliveira**, *Curso de Direito da Família*, vol. I, 2ª ed., pág. 685.

Naturalmente que é à tutela da primeira modalidade que mais se ajusta a referida medida cautelar, atenta a dependência funcional que existe relativamente ao processo de execução para pagamento de quantia certa e tendo em conta a instrumentalidade da apreensão em relação à penhora de bens do devedor. Mas deverá esta especial inclinação impedir a utilização do arresto para garantir o cumprimento de obrigações que impliquem a entrega de coisa certa ou a prestação de facto positivo ou negativo? Deverá o arresto limitar-se às obrigações originariamente pecuniárias ou, ao invés, poderá ainda servir para tutelar situações em que só mediatamente a quantificação pecuniária se verifique?

56.4. Fora de discussão estão as situações em que, na antecipada previsão da impossibilidade de cumprimento destas últimas obrigações, o credor formula logo (ou pretende formular) um pedido de *indemnização substitutiva*, ainda que a título subsidiário. Então, o arresto justifica-se como medida directamente dirigida à garantia de cumprimento desta obrigação pecuniária.

Também nada impede que se solicite o arresto para garantir obrigações pecuniárias que surjam *cumuladas* com obrigações de outra natureza, ainda que assumindo natureza acessória, como ocorre com a cláusula penal ou com a sanção pecuniária compulsória.

Para as restantes situações poderá responder-se, de acordo com o disposto nos arts. 827.º e segs. do CC, que o cumprimento das obrigações de entrega de coisa certa ou de prestação de facto deve fazer-se prioritariamente através da entrega da própria coisa ou da execução do próprio facto positivo ou negativo. E que, perante uma recusa de cumprimento do devedor, o recurso aos tribunais visa o cumprimento coercivo dessas obrigações. A isto se chama execução específica, prevista nos arts. 827.º a 829.º do CC, que nos remetem para os arts. 928.º e segs. e 933.º e segs. do CPC.

A conclusão lógica inclinar-se-ia para uma resposta negativa quanto à utilização do arresto como garantia do cumprimento de tais obrigações, devido à falta do nexo de instrumentalidade entre a correspondente apreensão judicial de bens e os actos executivos previstos para o seu cumprimento coercivo.[341]

---

[341] É esta a opinião expressa por **Moitinho de Almeida**, citando para o efeito a RLJ 21.º/422 (*Scientia Iuridica*, tomo XIII, pág. 294, em artigo intitulado *Do Arresto*). No mesmo sentido, cfr. **Rita Barbosa da Cruz**, em *O Direito*, ano 132.º/149.

56.5. Só que a simplicidade desta resposta, sendo tentadora, não parece a mais ajustada.

Com efeito, uma análise mais detalhada do regime jurídico-processual das execuções para entrega de coisa certa ou para prestação de facto positivo ou negativo revela que, face à constatação da inviabilidade da execução específica de tais obrigações, se admite a sua *conversão* em obrigação para pagamento de quantia certa correspondente ao valor da coisa (art. 931.º) ou, consoante as circunstâncias, ao custo da prestação de facto ou ao valor dos prejuízos causados pela omissão da prestação de facto positivo ou negativo (arts. 934.º e 942.º).[342]

Significa isto que, em última instância, de acordo com o princípio geral contido no art. 601.º do CC, ainda é o património do devedor que assegura, por via indirecta, o cumprimento dessas obrigações. Por isso, não é errado afirmar que a preservação dos bens do devedor ainda pode revelar-se uma medida eficaz para a tutela dos interesses do credor.

Em reforço destes argumentos de ordem sistemática e racional não será de todo despiciendo invocar ainda a divergência entre a redacção do art. 409.º do CPC de 1939, que aludia simplesmente a "*dívida*", e a do actual art. 406.º do CPC (assim como do art. 619.º do CC), onde se preferiu a utilização de uma expressão de conteúdo mais amplo ("*crédito*").

56.6. Dir-se-á, no entanto, neste balancear argumentativo que reputamos ajustado ao cabal esclarecimento da situação, que o perigo de insatisfação do direito que se materializa na entrega de coisa certa ou na prestação de facto positivo ou negativo encontra no nosso direito adjectivo formas de tutela cautelar mais ajustadas.

Outrossim, reportando-se ao direito espanhol, **Ortells Ramos**, *Las Medidas Cautelares*, ed. do *Consejo General del Poder Judicial*, pág. 57, embora advogue o recurso a tal medida cautelar quando se constate a antecipada impossibilidade de cumprimento. A questão encontra-se agora expressamente regulada no art. 727.º da Ley de Enjuiciamiento Civil, segundo a qual poderá ser deferido "*el embargo preventivo de bienes, para asegurar la ejecución de sentencias de condena a la entrega de cantidades de dinero o de frutos, rentas e cosas fungibles computables a metálico por aplicación de precios ciertos*". E, acrescenta que, "*fuera de los casos del parrágrafo anterior, también será procedente el embargo preventivo si resultare medida idónea y no sustituible por outra de igual o superior eficacia y menor onerosidade para el demandado*".

[342] Por outro lado, como se decidiu no Ac. do STJ, de 19-4-01, comentado favoravelmente por **Calvão da Silva**, RLJ 134.º/40 e segs., nada obsta a que a sanção pecuniária compulsória, destinada a estimular o cumprimento de obrigações de natureza infungível, seja fixada no âmbito da própria acção executiva.

É esta uma asserção inteiramente verdadeira, comprovada, aliás, pelo facto de certas medidas cautelares poderem servir para esconjurar o perigo de insatisfação de direitos concernentes à entrega da própria coisa (como sucede com a providência de arrolamento ou a apreensão de veículo automóvel) ou à prestação do facto positivo ou negativo (providência não especificada).

Apesar disso, malgrado a prevalência do princípio da especialidade sobre as puras razões de conveniência invocáveis pelo credor, não está afastada a necessidade (e a utilidade) de antecipadamente se garantir o pagamento da dívida que, em última análise, possa emergir do incumprimento das referidas obrigações.

Por isso, a resposta que colhemos do sistema jurídico é a de que não se colocam impedimentos à utilização do arresto quando, independentemente da natureza da obrigação primitiva, se verifique uma situação de *periculum in mora* relativamente à obrigação pecuniária resultante da futura e eventual convolação do processo executivo, desde que antecipadamente possa constatar-se, a par da probabilidade de *incumprimento da obrigação específica*, uma situação de perigo de insolvência do devedor quanto à obrigação pecuniária sucedânea.[343]

A instrumentalidade do arresto face à penhora e a funcionalidade desta no âmbito das acções executivas são, aliás, o desenvolvimento do princípio geral contido no já mencionado art. 601.º do CC, segundo o qual a garantia de cumprimento das obrigações, sem qualquer distinção, é assumida pelo património do devedor, sendo através da sua execução que, em caso de necessidade, se pode conseguir a obtenção de uma prestação equivalente à que seja negada pelo devedor.

---

[343] Já **Alberto dos Reis**, *CPC anot.*, vol. II, pág. 17, defendia que "o arresto garante quaisquer obrigações, sejam de dinheiro, sejam de outras coisas", tendo cabimento "seja qual for o conteúdo da obrigação, ou se trate de prestação pecuniária, ou de entrega de coisa certa, ou de prestação de facto", justificando-se com a constatação de que tanto a execução para prestação de facto, como a execução para entrega de coisa certa se podem converter em execução para pagamento de quantia certa. No mesmo sentido cfr. **Rodrigues Bastos**, *Notas ao CC*, vol. II, 3ª ed., pág. 190, **Lebre de Freitas**, *CPC anot.*, vol. II, pág. 119, e o Ac. da Rel. do Porto, de 1-6-00, CJ, tomo III, pág. 201.

Também assim no direito italiano, como refere **Paolo Pototschnig**, *Il sequestro conservativo*, em *Il Nuovo Processo Cautelare*, dir. de **Giuseppe Tarzia**, pág. 8, segundo o qual não se mostra necessário que se trate de um crédito originariamente pecuniário, bem podendo essa natureza derivar da impossibilidade da prestação originária e da sua transformação em pretensão para ressarcimento do dano.

57. Requisitos da obrigação:[344]

57.1. Uma das questões que se coloca respeita à *exigibilidade* ou não da obrigação na data em que é requerida a providência.

Atenta a natureza e objectivos do arresto, tanto se justifica o seu decretamento quando já existe incumprimento ou mora do devedor, como naquelas situações em que o devedor adopta comportamentos que colocam em perigo a garantia patrimonial, de tal modo que, com antecedência, se revele uma situação de impossibilidade ou de grave dificuldade na sua futura cobrança.[345]

A perda de benefício do prazo, nos termos do art. 780.º do CC, exige a verificação de uma situação de insolvência (ainda que não judicialmente verificada), a diminuição das garantias prestadas ou a falta de prestação dessas garantias.[346] Tanta protecção merece o credor cujo crédito pecuniário se encontra vencido, como aquele que aguarda pela data de vencimento para exigir do devedor o seu cumprimento.[347]

Desde que as circunstâncias verificadas autorizem a interposição de acção declarativa, a fim de poder cumprir-se a exigência imposta pelo art. 389.º, n.º 1, al. a), ou desde que se esteja perante uma situação que possa resolver-se mediante mecanismos destinados a tornar exigível a obrigação no âmbito da acção executiva (arts. 802.º e 804.º), o credor pode avançar imediatamente com o arresto, verificada que seja a situação de *periculum in mora*.[348]

57.2. Outra questão respeita à *liquidez* da obrigação.

A existência do direito de crédito não depende desta característica. Também o legislador não condicionou o arresto à sua verificação.

---

[344] Quando conexos com *créditos documentários* cfr. **Andrade e Castro**, *O Crédito Documentário Irrevogável*, págs. 317 e segs., e o Ac. da Rel. do Porto, de 1-6-00, CJ, tomo III, pág. 201. E quando associados a *garantia bancária autónoma*, designadamente constituída no âmbito de exportações de mercadorias, cfr. **Mónica Jardim**, *A Garantia Autónoma*, págs. 327 e segs.

[345] Neste sentido cfr. também **Rita Barbosa da Cruz**, *O Direito*, ano 132.º/128.

[346] Cfr. **Antunes Varela**, *CC anot.*, vol. II, 2ª ed., pág. 26.

[347] Cfr. **Alberto dos Reis**, *CPC anot.*, vol. II, pág. 22, **Rodrigues Bastos**, *Notas ao CPC*, vol. II, 3ª ed., pág. 190, o Ac. do STJ, de 20-12-77, BMJ 272.º/169, e o Ac. da Rel. de Évora, de 12-3-92, CJ, tomo II, pág. 279. Também assim no direito italiano, como refere **Paolo Pototschnig** em *Il Nuovo Processo Cautelare* cit., págs. 14 a 16.

[348] Cfr. **Ortells Ramos**, *Las Medidas Cautelares*, cit., pág. 58.

Evidentemente, não seria legítimo apor ao arresto uma tal condição, na medida em que, em determinadas situações, precisamente aquelas em que a urgência na adopção de medidas cautelares é mais flagrante, como sucede com as pretensões indemnizatórias decorrentes da responsabilidade civil por factos ilícitos, a iliquidez da obrigação constitui a regra. Nestas e noutras situações, a sentença condenatória não é constitutiva do direito, mas simplesmente declarativa, pressupondo a sua existência na esfera jurídica do autor.

Ora, tão merecedor de tutela cautelar é o crédito que já se mostra liquidado, como aquele que, pelas mais variadas razões, algumas das quais não imputáveis ao credor, ainda não foi quantificado.[349]

Destarte, seja líquida ou ilíquida a obrigação, pode garantir-se o seu cumprimento através de arresto. A determinação do quantitativo pode ser feita por aproximação, para efeitos de delimitação dos bens cuja apreensão se revele necessária, dentro do princípio da proporcionalidade resultante do art. 408.º, n.º 2.[350]

57.3. Não deve, no entanto, confundir-se crédito ilíquido com *crédito futuro*.[351]

O primeiro integra-se já na esfera jurídica do interessado; por seu lado, a correspectiva obrigação já onera o património do devedor. Já no que concerne aos créditos futuros, a sua constituição ainda está dependente de eventos vindouros, podendo existir, porventura, uma expectativa quanto à sua concretização, mas que não encontra nas regras do arresto qualquer espécie de tutela.

A probabilidade de existência do direito exigida como condição necessária ao decretamento do arresto reporta-se ao momento da instauração do procedimento, não bastando a formulação de um juízo de probabilidade quanto à sua constituição dependente de eventos futuros e incertos.[352]

---

[349] Cfr. **Alberto dos Reis**, *CPC anot.*, II vol., pág. 16, **Moitinho de Almeida**, *Scientia Iuridica*, tomo XIII, pág. 295, **Rodrigues Bastos**, *Notas ao CPC*, vol. II, 3ª ed., pág. 190, e **Lebre de Freitas**, *CPC anot.*, vol. II, pág. 120. No mesmo sentido cfr. os Acs. do STJ, de 17-7-74, BMJ 239.º/247, e de 20-12-77, BMJ 272.º/169. Também assim no direito italiano, segundo **Paolo Pototschnig**, em *Il Nuovo Processo Cautelare* cit., pág. 13.

[350] Cfr. **Rodrigues Bastos**, *Notas ao CPC*, vol. II, 3ª ed., pág. 190, e **Rita Barbosa da Cruz**, *O Direito*, 132.º/127.

[351] No mesmo sentido cfr. **Rita Barbosa da Cruz**, *O Direito*, ano 132.º/128.

[352] Como se refere no Ac. da Rel. de Évora, de 4-11-75, BMJ 252.º/203, *crédito futuro* não é a mesma coisa que crédito provável ou a declarar e, consequentemente,

57.4. Contrariamente ao que certa doutrina fazia decorrer da formulação inicial do art. 409.º,[353] não se mostra necessária a prova da *certeza da dívida*, nem sequer que esteja assegurada por decisão judicial.

No arresto funciona o padrão de verosimilhança que rege os demais procedimentos cautelares, bastando a verificação de uma séria probabilidade quanto à existência do crédito, ainda que a relação creditícia não tenha sido objecto de pronunciamento judicial.[354]

58. Justo receio:

58.1. O *justo receio* da perda de garantia patrimonial está previsto no art. 406.º, n.º 1, do CPC, e no art. 619.º do CC. Pressupõe a alegação e prova, ainda que perfunctória, de um circunstancialismo fáctico que faça antever o perigo de se tornar difícil ou impossível a cobrança do crédito.[355]

Este receio é o que no arresto preenche o *periculum in mora* que serve de fundamento à generalidade das providências cautelares. Se a probabilidade quanto à existência do direito é comum a todas as providências, o justo receio referente à perda de garantia patrimonial é o factor distintivo do arresto relativamente a outras formas de tutela cautelar de direitos de natureza creditícia.

Repare-se que um mesmo direito de crédito pode, em abstracto, servir de pano de fundo às providências cautelares de alimentos provisórios, de arbitramento de reparação provisória, de apreensão de veículos

---

crédito actual não é o mesmo que crédito certo ou declarado. Cfr. ainda o Ac. da Rel. do Porto, de 1-6-00, CJ, tomo III, pág. 201.

[353] Cfr. **Alberto dos Reis**, *CPC anot.*, vol. II, pág. 11.

[354] Cfr. **Lebre de Freitas**, *CPC anot.*, vol. II, pág. 124.

Quanto à *determinabilidade da obrigação*, com referência ao arresto, relacionada com a prestação de fiança *omnibus*, cfr. o Ac. do STJ, de 22-11-95, BMJ 451.º/406. A determinabilidade, como característica geral das obrigações, é objecto de análise nos Acs. do STJ, de 3-2-99, CJSTJ, tomo I, pág. 75 (e BMJ 484.º/333), de 30-9-99, CJSTJ, tomo III, pág. 48, de 15-12-98, BMJ 482.º/227, de 21-1-93, CJSTJ, tomo I, pág. 71, de 14-12-94, BMJ 442.º/185, e de 10-5-94, CJSTJ, tomo II, pág. 93.

[355] Segundo **Antunes Varela**, *CC anot.*, vol. I, pág. 560, "não é necessário que a perda (da garantia patrimonial) se torne efectiva com a demora; basta que haja um receio *justificado*".

No Ac. da Rel. de Coimbra, de 12-10-99, CJ, tomo IV, pág. 32, considerou-se desnecessária a invocação de justo receio para efeitos de arresto de veículo interveniente em acidente de viação que não se encontrava coberto por contrato de seguro de responsabilidade civil.

automóveis e, por vezes, do próprio arrolamento. Nestas e noutras providências não deixa de se exigir, de modo expresso ou implícito, o receio de que a demora processual possa determinar a ineficácia da decisão.

Porém, em nenhuma delas o justo receio está direccionado à perda da garantia patrimonial. Este específico matiz do *periculum in mora* é invisível nos alimentos provisórios ou no arbitramento de reparação provisória; é presumido na apreensão de veículos, onde basta a verificação de uma situação de incumprimento de obrigações de natureza pecuniária relativamente aos bens; mas constitui o elemento estrutural e distintivo do arresto.[356]

58.2. Como é natural, o critério de avaliação deste requisito não deve assentar em *juízos puramente subjectivos* do juiz ou do credor (isto

[356] Para além de outras situações específicas, como as que emergem do art. 854.º, n.º 2, e 411.º, a prova do específico receio de perigo de perda da garantia patrimonial é dispensada em relação ao *arresto de navios* abarcados pela Convenção de Bruxelas para Unificação de Certas Regras Sobre Arresto de Navios de Mar, de 10-5-52, com tratamento autónomo mais adiante (*infra*, 66.2 e 67.5).

Como se verá com mais pormenor, prescindiu-se da prova de tal requisito, por se entender que o mesmo deriva da natureza do bem, da especificidade da actividade de navegação marítima, da diversidade de entidades que intervêm no exercício dessa actividade (proprietário, armador, agente, transitário, etc.), das práticas internacionais conexionadas com a facilidade de mudança de bandeira (e de proprietário) e da correspondente indefinição ou volubilidade da situação jurídica do navio.

Outra situação que, em nosso entender, dispensa o mencionado requisito resulta do art. 39.º das Convenções de Bruxelas e de Lugano Relativas à Competência Judiciária e ao Reconhecimento e Execução de Sentenças. Com efeito, a pretensão do credor de obter a executoriedade de sentença estrangeira é decidida sem audiência contraditória (art. 34.º), o que justifica que ao requerido tenha sido conferida a faculdade de interpor recurso, nos termos do art. 36.º. Nos termos do art. 39.º, na pendência desse recurso, processado com efeito suspensivo, podem ser tomadas "*medidas cautelares*", inculcando o § 2.º a dispensa de prova dos requisitos específicos do arresto, face aos naturais riscos a que ficaria sujeita a manutenção da garantia patrimonial.

Cfr. ainda o art. 47.º do Regulamento (CE) n.º 44/2001, sobre reconhecimento e execução de sentenças, segundo o qual a declaração de executoriedade da decisão estrangeira implica a autorização para tomar medidas cautelares.

Sobre esta matéria cfr. **Teixeira de Sousa** e **Moura Vicente**, *Comentário à Convenção de Bruxelas*, pág. 164, onde se aponta para a natureza "automática" das medidas cautelares sobre bens do requerido. Ainda que em termos menos explícitos cfr. **Eduardo dos Santos**, *Convenção de Bruxelas de 1968*, pág. 105, e **Lebre de Freitas**, *A Acção Executiva*, 2ª ed., pág. 41.

é, em simples conjecturas, como refere Alberto dos Reis), antes deve basear-se em factos ou em circunstâncias [357] que, de acordo com as regras de experiência, aconselhem uma decisão cautelar imediata como factor potenciador da eficácia da acção declarativa ou executiva.

Entre nós foi adoptada e mantida uma solução semelhante à que vigora no direito italiano,[358] sendo os pressupostos normativos do arresto integrados numa *cláusula geral*.[359]

---

[357] Cfr. **Abrantes Geraldes**, *Temas da Reforma do Processo Civil*, vol. III, 4ª ed., págs. 108 e segs., e **Rita Barbosa da Cruz**, *O Direito*, ano 132.º/124.

No Ac. do STJ, de 3-3-98, CJSTJ, tomo I, pág. 116, acentua-se a necessidade de invocação de factos concretos que consubstanciem o receio. Também no Ac. da Rel. de Lisboa, de 2-10-03, CJ, tomo IV, pág. 103, se refere que "o requisito do receio de perda da garantia patrimonial tem de ser objectivamente justificado, não bastando o receio subjectivo, fundado em simples conjecturas".

[358] De acordo com o art. 671.º do CPC italiano, "*Il giudice, su instanza del creditore che há fondato timore di perdere la garanzia del proprio credito, può autorizzare il sequestro conservativo di beni mobili o immobili del debitore o delle somme e cose lui duvute, nei limiti cui la lege ne permette il pignoramento*".

[359] No anterior direito espanhol, segundo os arts. 1400.º e 1401.º da anterior Ley de Enjuiciamiento Civil, a par da enunciação de uma cláusula geral de teor semelhante àquela que entre nós foi estabelecida, optou-se pela tipificação de certas situações indiciadoras do *periculum in mora*, justificando-se o arresto "*quando exista motivo racional para creer que (el deudor) ocultará o malbaratará sus bienes en daño de sus acreedores*". A par disso, o arresto poderia ser decretado quando o devedor fosse estrangeiro não naturalizado, indivíduo sem domicílio conhecido ou sem bens de raiz ou estabelecimento agrícola, industrial ou mercantil no lugar correspondente ao da demanda principal, ou indivíduo desaparecido do seu domicílio ou do seu estabelecimento, sem deixar substituto (cfr. **Ortells Ramos**, *Las Medidas Cautelares* cit., págs. 62 e segs.).

O sistema foi alterado pela Lei n.º 1/2000, de 7-1. Continuando a prever-se a adopção do "*embargo preventivo*" para assegurar o cumprimento de obrigações, o art. 727.º da nova Ley de Enjuiciamiento Civil sujeita essa medida aos requisitos previstos para as demais providências.

No sistema alemão adoptou-se uma cláusula geral que a jurisprudência tem integrado com situações diversas, entre as quais a prodigalidade, a má gestão empresarial, a frequente mudança de domicílio ou a dissipação de bens.

Inversamente, na Suíça, a técnica legislativa assenta em situações tipificadas, tais como a falta de domicílio fixo, a fuga ou preparação de fuga ou a falta de domicílio no país (cfr. **Walther Habscheid**, *Les Mesures Provisoires em Procédure Civile – Droits Allemand et Suisse*, em *Atti del Colloquio Internazionale*, org. **Giuseppe Tarzia**).

Também assim no sistema brasileiro, onde, segundo **Wilson Batalha** e **Sílvia Batalha**, o arresto pode ser deferido quando o devedor, sem domicílio certo, tenta ausentar-se ou alienar os bens ou deixa de cumprir a obrigação; quando o devedor, com

58.3. A actual ou iminente superioridade do passivo relativamente ao activo constituirá certamente um dos elementos através dos quais se pode reconhecer uma situação de perigo justificativa do arresto, embora deva ser afastado o funcionamento automático desse factor. Correspondentemente, a situação inversa, em que o activo se mantém superior ao passivo, revelará, em princípio, a solvência do devedor, embora tais indícios possam ser anulados mediante a prova de que o mesmo mantém o propósito de ocultar ou de delapidar o património.

Assim, a situação de *insolvência* ou de *perigo de insolvência* deverá derivar, não exclusivamente da confrontação entre o activo e o passivo, mas fundamentalmente da análise de outros factores de que resulte uma objectiva situação de incapacidade actual ou iminente para suportar os compromissos assumidos, factores esses semelhantes aos que, nos termos do art. 20.º do CIRE, são reveladores da situação de insolvência, ou seja:

a) A falta de cumprimento de obrigações que, pelo seu montante ou circunstâncias do incumprimento, revele a impossibilidade de o devedor satisfazer pontualmente a generalidade das suas obrigações;

b) O abandono da empresa ou do estabelecimento;

c) A dissipação ou o extravio de bens, a constituição fictícia de créditos ou a ocorrência de procedimentos anómalos que revelem o propósito de incumprir.[360]

58.4. Parece claro que se existirem *garantias reais* suficientes para suportar o cumprimento da obrigação não se justifica o recurso ao arresto.[361] Aliás, por manifesta falta de interesse, nunca o arresto poderia incidir

---

domicílio certo, se ausenta ou tenta ausentar furtivamente, ou, caindo em estado de insolvência, aliena ou tenta alienar os bens; e quando o devedor, com bens de raiz, tenta aliená-los ou hipotecá-los, sem ficar com alguns livres e desembaraçados – *Cautelares e Liminares*, 2ª ed., pág. 175.

[360] Atenta a função meramente preventiva do arresto, parece insuficiente basear a medida cautelar na simples *recusa de cumprimento da obrigação*, desligada de outros factores relacionados com a perda da garantia patrimonial, já que aquela falta de modo algum pode equivaler ao pressuposto legal em causa.

Assim também em Itália, como refere **Paolo Potoschnig**, em *Il Sequestro Conservativo* cit., pág. 24.

[361] Neste sentido cfr. **Teixeira de Sousa**, *Estudos Sobre o Processo Civil*, 2ª ed., pág. 236, **Moitinho de Almeida** *Scientia Iuridica*, tomo XIII, pág. 296, **Rodrigues Bastos**, *Notas ao CPC*, vol. II, 3ª ed., pág. 191, e **Santos Silveira**, *Processos de Natureza Preventiva e Conservatória*, pág. 97.

sobre os próprios bens que constituem a garantia real, considerando que a medida em nada viria reforçar a preservação da garantia patrimonial que o arresto visa alcançar, já que, de acordo com o disposto no art. 835.º, existindo garantia real, a penhora deve incidir prioritariamente sobre esses bens.

Já quando se demonstre uma situação de *insuficiência das garantias reais*, é discutível se o justo receio de perda da garantia patrimonial pode ser debelado através do arresto ou se deve optar-se pelo accionamento dos mecanismos que a lei especificamente prevê para conseguir o reforço das garantias.

De acordo com o disposto no art. 701.º do CC (aplicável, por via remissiva, à consignação e ao penhor, nos termos arts. 665.º e 678.º), o perecimento ou a insuficiência do bem hipotecado confere ao credor o direito de exigir o reforço da garantia, o qual é adjectivado pelos arts. 991.º e segs. do CPC. No entanto, não está afastada a possibilidade de, apesar do acesso a esse meio processual, o *periculum in mora* se concretizar através de actos de delapidação de outros bens do devedor que o tornem ineficaz, assim se justificando o recurso ao arresto.[362]

58.5. Quando a obrigação esteja garantida por *fiança*, o risco de insolvência do fiador encontra no art. 633.º, n.ºs 2 e 3, do CC, em conjugação com o art. 997.º do CPC, um meio específico destinado a obter o reforço dessa garantia. Apesar disso, cremos que nada obsta à admissão do arresto em tais situações, tendo em conta a morosidade associada a tal mecanismo.[363]

---

[362] Aderindo a este entendimento cfr. **Lebre de Freitas**, *CPC anot.*, vol. II, pág. 119.

Já **Alberto dos Reis**, *CPC anot.*, vol. II, pág. 23, **Rodrigues Bastos**, *Notas ao CC*, vol. II, 3ª ed., pág. 191, e **Santos Silveira**, *Processos de Natureza Preventiva e Conservatória*, pág. 97, defendem que o credor deve accionar prioritariamente esse mecanismo de salvaguarda, e só em caso de insucesso pode recorrer ao arresto para obter a pretendida garantia patrimonial satisfatória.

[363] Neste sentido cfr. **Remédio Marques**, *A Penhora na Reforma do Processo Civil*, pág. 17, **Januário Gomes**, *Acção Fidejuissória de Dívida*, pág. 1166, e **Lebre de Freitas**, *CPC anot.*, vol. II, pág. 119, assim como o Ac. da Rel. de Lisboa, de 9-3-04 (Anexo n.º 7), relatado pelo signatário, divergindo do Ac. da Rel. de Coimbra, de 2-12-97, BMJ 472.º/570.

Santos Silveira (*Processos de Natureza Preventiva e Conservatória*, pág. 99) defende que apenas é viável recorrer ao arresto de bens do fiador depois de esgotados os meios legais destinados ao reforço da garantia.

Na situação inversa, isto é, quando, apesar da existência de fiança, o risco de perda da garantia patrimonial se verifique em relação ao devedor principal, julgamos que também nada impede que se recorra ao arresto dos seus bens.[364]

58.6. Pode questionar-se ainda o preenchimento do pressuposto do *periculum in mora* quando existam *devedores solidários*.[365]

De acordo com o disposto no art. 601.º do CC, o património do devedor responde pelo cumprimento das suas obrigações, ideia que se cimenta a partir da leitura do art. 619.º. Acresce que o regime da solidariedade confere ao credor o direito, mas não o dever, de demandar certos sujeitos. Existindo devedores solidários, isso não impede que o credor possa legitimamente exercer os seus direitos apenas contra algum ou alguns deles, sem que a estes seja legítimo recusar a prestação com invocação da pluralidade debitória, nos termos do art. 519.º, n.º 1, do CC.

Por isso, ao deferimento do arresto basta que se verifique o justo receio de perda da garantia patrimonial relativamente ao devedor contra quem é dirigido, ainda que a responsabilidade pela dívida possa ser exigida de outros co-devedores.[366]

Razões de ordem subjectiva, que a lei, aliás, não desconsidera, podem justificar que o credor pretenda executar o património de um e não de outros devedores.

---

[364] Neste sentido cfr. o Ac. da Rel. de Évora, de 12-3-92, CJ, tomo II, pág. 279, e o Ac. da Rel. de Coimbra, de 2-12-97, BMJ 472.º/570, onde se invoca o facto de que são os bens do devedor directo que respondem, em primeira linha, pela satisfação da dívida.

Solução oposta é defendida por **Teixeira de Sousa**, *Estudos Sobre o Processo Civil*, 2ª ed., pág. 236, por **Moitinho de Almeida**, na *Scientia Iuridica*, tomo XIII, pág. 296, e por **Rita Barbosa da Cruz**, *O Direito*, ano 132.º/126.

[365] Nenhuma dúvida existe a respeito das *obrigações conjuntas*, já que, em tais situações, a responsabilidade é parcelar, apurando-se os requisitos do arresto em resultado do confronto entre a quota de responsabilidade e a garantia patrimonial respectiva.

[366] Neste sentido, e com larga fundamentação, cfr. o Ac. da Rel. de Évora, de 12-3-92, CJ, tomo II, pág. 279, com a adesão de **Lebre de Freitas**, *CPC anot.*, vol. II, pág. 120.

Também assim **Paolo Potoschnig**, em *Il sequestro conservativo* cit., págs. 26 a 29, embora refira ser outro o entendimento maioritário em Itália.

Em sentido oposto cfr. o Ac. do STJ, de 18-1-95, *www.dgsi.pt*, em cujo sumário se refere que "não é possível obter arresto demonstrando *periculum mora* apenas em relação a um dos devedores solidários; é indispensável demonstrá-lo relativamente a todos os devedores".

58.7. Outra questão que se suscita é a de saber se o receio de perda da garantia patrimonial deve ser *superveniente* à constituição da obrigação ou, ao invés, se também devem ser incluídas as situações em que a insuficiência ou a inexistência da garantia já se verificava à data da constituição do direito.

A letra do preceituado no art. 619.º, n.º 1, do CC, parece exigir a verificação de circunstâncias que, *a posteriori*, revelem a perda de garantia patrimonial preexistente.[367]

Esta interpretação, por demasiado formal, não sobrevive à introdução de um critério de interpretação racional ou teleológico. O argumento segundo o qual a lei que permite o mais, permite o menos parece suficiente para se concluir que, perante tais circunstâncias, mais se impõe o decretamento de medidas, a partir das quais se consiga, se não evitar, ao menos atenuar a falta de garantia patrimonial.

Mutatis mutandis, a verificação da insolvência, que representa uma situação mais grave do que a emergente do simples perigo da sua verificação, também é susceptível de fundar o arresto.[368]

59. Competência:

59.1. Quanto à *competência internacional*, cumpre assinalar, para além das normas gerais contidas no CPC, o art. 31.º do Regulamento (CE) n.º 44/2001, o art. 24.º das Convenções de Bruxelas e de Lugano

---

[367] Ainda que sem valor absoluto, tem considerado a jurisprudência italiana que não pode invocar a tutela conservatória o credor que já estava a par do perigo de insatisfação ou aquele que culposamente ignorou as condições patrimoniais do devedor (**Paolo Pototschnig**, *Il sequestro conservativo* cit., págs. 24 e 25).

No art. 209.º do Código Argentino também se exige que a redução apreciável da solvência do devedor ocorra depois de constituída a obrigação (**Diaz Solimine**, *Medidas Cautelares sobre Automotores*, ed. Astrea, Buenos Aires, 1999, pág. 43).

[368] Cfr. **Alberto dos Reis**, *CPC anot.*, vol. II, pág. 20, que argumenta que mais se impõe o arresto quando o devedor já se encontra insolvente, independentemente das razões que levem o credor a actuar. Com efeito, a eventual obtenção de preferência emergente do arresto, relativamente aos restantes credores comuns, não deixa de constituir uma motivação legítima do credor, além de que, em concreto, se torna extremamente difícil distinguir as situações de insolvência efectiva das que se caracterizem pelo simples perigo da sua ocorrência, não parecendo razoável que, com base em tão frágil argumentação, se impeça um credor de defender os seus interesses enquanto é tempo.

No mesmo sentido cfr. **Moitinho de Almeida**, *Scientia Iuridica*, tomo XIII, pág. 296, e **Santos Silveira**, *Processos de Natureza Preventiva e Conservatória*, pág. 95.

Relativas à Competência Judiciária e ao Reconhecimento e Execução de Sentenças, ou a Convenção de Bruxelas de 1952 Relativa ao Arresto de Navios de Mar, que permitem o decretamento do arresto pelos tribunais de um Estado, ainda que a acção deva ser instaurada noutro Estado.[369]

A competência internacional para o arresto não se confunde, no entanto, com a questão da *executoriedade de decisões cautelares* proferidas por tribunais de outros Estados, designadamente com as decisões de arresto ou equivalentes.[370]

---

[369] Cfr. **Abrantes Geraldes**, *Temas da Reforma do Processo Civil*, vol. III, 4ª ed., pág. 215.

[370] Ao novo regime de *revisão de sentenças estrangeiras* se reportam **Moura Vicente**, em trabalho intitulado *A Competência Internacional no CPC Revisto*, e **Marques dos Santos**, em trabalho intitulado *Revisão e confirmação de sentenças estrangeiras no novo CPC de 1997*, ambos integrados em *Aspectos do Novo Processo Civil*, págs. 71, assim como **Moura Ramos**, em artigo intitulado *A reforma do direito processual civil internacional*, publicado na RLJ 130.º/162 e segs., *maxime*, na pág. 233.

Todavia, em nenhum dos locais se foca a problemática da exequibilidade ou da revisibilidade de decisões cautelares proferidas no estrangeiro. Apenas no último trabalho se acentua a modificação ocorrida na redacção do art. 1096.º, al. e), quanto à imposição do princípio do contraditório.

Reportando-se ao direito italiano, **Giuseppe Tarzia** distingue entre as decisões cautelares decretadas por tribunais situados dentro ou fora do espaço jurídico da União Europeia, limitando àquelas o reconhecimento e a exequibilidade perante os tribunais de outro Estado, ainda assim, pressupondo o respeito pelo contraditório. Quanto às demais, concluiu que "é muito duvidoso que as medidas cautelares estrangeiras possam ser reconhecidas e exequíveis em Itália", inclinando-se para uma solução que restrinja a revisão às "sentenças de mérito" – *Providências cautelares atípicas*, no BFDUL, 1999, pág. 259.

Doutrina semelhante é defendida por **Ángel López** que, reportando-se ao direito espanhol, defende que apenas podem ser executadas em Espanha decisões cautelares, ao abrigo da Convenção de Bruxelas, desde que tenha sido respeitado o contraditório, considerando preenchido este quando exista oposição superveniente, ainda que rejeitada. Quanto a outras situações, rejeita a possibilidade da sua execução interna – *Las medidas cautelares internacionales*, em *Las Medidas Cautelares y Recursos*, ed. Cuadernos de Derecho Judicial, 2000, págs. 201 e 211.

Referindo-se apenas às primeiras, também **Teixeira de Sousa** e **Moura Vicente**, *Comentário à Convenção de Bruxelas*, pág. 139, advogam a recusa de executoriedade das medidas cautelares concedidas sem audição do requerido, apoiando-se na doutrina firmada no Ac. do Trib. de Justiça, de 21-5-80 (*Denilauer* c. *Couchat Frères*), a qual também é assumida por **Neves Ribeiro**, *Processo Civil da União Europeia*, pág. 102, quando refere que "o Tribunal das Comunidades veio esclarecer que elas só podem ser reconhecidas e executadas se tiverem sido notificadas previamente à outra parte ou, ao menos, que esta tenha sido chamada a comparecer".

Para esse efeito, devem distinguir-se, antes de mais, as decisões que sejam abarcadas pelo Regulamento (CE) n.º 44/2001 e pelas referidas Convenções de Bruxelas e de Lugano,[371] das restantes não cobertas por qualquer outro instrumento de direito internacional.

Quanto às primeiras, podem ser declaradas executórias desde que tenha sido observado o *contraditório*, de modo a satisfazerem o requisito previsto no art. 34.º, n.º 2, do referido Regulamento ou no art. 27.º, n.º 2, de cada uma das referidas Convenções.[372]

No que concerne às decisões advindas de outros Estados não abarcadas pelo referido Regulamento e pelas Convenções ficarão sujeitas à aplicação do regime geral prescrito pelos arts. 1094.º e segs. do CPC.[373]

59.2. Destinando-se o arresto a prover à garantia patrimonial de direitos de crédito e podendo verificar-se divergência quanto à *competência material* para apreciação do litígio relacionado com o correspondente direito subjectivo, natural é que no âmbito dos tribunais judiciais se verifique a mesma divisão de competências.[374]

---

[371] Ainda que o art. 24.º destas Convenções admita que sejam requeridas *medidas cautelares* directamente perante os tribunais do Estado onde devam ser executadas, não se afasta a possibilidade de tais medidas emanarem de tribunais de um Estado, tornadas exequíveis noutro Estado, mediante o mecanismo que está previsto.

[372] Neste particular, convém assinalar que, apesar de na nossa ordem jurídica o arresto ser necessariamente decidido sem audiência contraditória, não obsta a que noutras paragens esteja consagrada solução diversa, como sucede na Alemanha, onde a audição pode ser respeitada, como esclarece **Walther Habscheid**, *Les Mesures Provisoires* cit., pág. 38.

[373] Não se aplica a Convenção Sobre Reconhecimento e Execução de Sentenças Estrangeiras aprovada pelo Dec. Lei n.º 13/83, de 24-2, uma vez que o respectivo art. 2.º expressamente exclui as decisões que ordenem medidas provisórias ou conservatórias.

Assim, pelo estrito recurso ao CPC, parece-nos que só pode ser deferida a revisão de decisões cautelares quando tenha existido audiência contraditória, ainda que *a posteriori*, tendo em conta o disposto na al. e) do art. 1096.º e a justificação constante do Preâmbulo do Dec. Lei n.º 329-A/95, onde se justificou a nova redacção como forma de impor, "*em termos amplos, a necessidade de observância dos princípios do contraditório ...deixando claro que também a ordem pública processual pode constituir obstáculo ao reconhecimento de sentenças estrangeiras*" (cfr. ainda a acta da anterior Comissão de Revisão do CPC, publicada no BMJ n.º 417.º, págs. 63 a 73).

[374] É discutível a competência dos *tribunais arbitrais* para o decretamento de medidas cautelares. A doutrina e a jurisprudência encontram-se divididas, tanto mais que a lei da arbitragem voluntária não resolve *expressis verbis* a questão.

Sobre a matéria cfr. **Paula Costa e Silva**, *ROA*, 63.º/211 e segs., **Lima Pinheiro**, *ROA*, 64.º/129, nota 16, e **Pereira Barrocas**, *Manual da Arbitragem*, págs. 241 e segs.,

A regra é a de que o tribunal competente para uma determinada acção também o será para os procedimentos cautelares destinados a garantir a eficácia da decisão ou a antecipação dos respectivos efeitos.

Por isso, é aos tribunais do trabalho que cumpre apreciar a pretensão de arresto quando estejam em causa créditos de natureza laboral (art. 118.º da nova LOFTJ), o mesmo ocorrendo quanto ao tribunal marítimo no que respeita aos arrestos que estejam na dependência de qualquer das acções previstas no art. 123.º do mesmo diploma.

59.3. A *competência territorial* para a apreciação do procedimento de arresto é variável, como decorre dos arts. 83.º, n.º 1, al. a), e 383.º, n.º 1.

Sendo o arresto deduzido por via incidental, deve ser necessariamente requerido junto do tribunal onde se encontra pendente a acção. Já se se tratar de arresto preliminar, a determinação da competência acompanhará o regime prescrito para a acção principal (cumprimento de obrigações, indemnização pelo não cumprimento, cumprimento defeituoso, resolução do contrato, indemnização por facto ilícito, etc.), sem embargo de poder ser requerido junto do tribunal do lugar onde se encontram os bens ou alguns dos bens a arrestar. Proposta a acção, o procedimento de arresto deve ser remetido ao tribunal onde foi instaurada a acção definitiva (art. 383.º, n.º 2).

60. Tramitação:

60.1. O arresto tanto pode ser requerido por dependência de uma acção declarativa destinada a obter a condenação no cumprimento de obrigação, como de uma *acção executiva* cujo objecto seja o cumprimento coercivo de obrigação imposta por sentença ou resultante de qualquer outro título executivo.[375]

---

mencionando, entre outros arestos, o Ac. da Rel. de Lisboa, de 9-11-96, CJ, tomo V, pág. 82, a admitir essa possibilidade, e o Ac. da Rel. de Coimbra, de 9-11-02, CJ, tomo II, pág. 14, a negá-la.

A questão é amplamente tratada, com elementos extraídos do direito comparado, por **Ribeiro Mendes**, *As medidas cautelares e o processo arbitral*, na *Revista Internacional de Arbitragem e Conciliação*, ano 2009, págs. 57 e segs.

[375] Já antes se entendia que a dependência do arresto não era exclusiva da acção declarativa (cfr. **Alberto dos Reis**, *CPC anot.*, vol. I, págs. 637 e 683, **Anselmo de Castro**, *Direito Processual Civil Declaratório*, vol. I, pág. 143, o Ac. do STJ, de 21-10-97, BMJ 470.º/525, e o Ac. da Rel. de Évora, de 16-2-95, CJ, tomo I, pág. 280).

O art. 383.º, n.º 1, não deixa margem para dúvidas quanto à instrumentalidade do arresto relativamente ao processo de executivo. Ainda que nesta acção se enquadre a diligência de penhora, sucedânea do arresto, de que este é subsidiário, a sua simples interposição não esconjura, necessária e imediatamente, o risco de perda da garantia patrimonial entre o início do processo e a data da realização da penhora.[376]

A dilação justificativa do procedimento cautelar é ainda mais evidente nas situações em que o respeito pelo contraditório antes da realização da penhora agrava o risco de verificação de actos de dissipação ou de ocultação dos bens (art. 812.º-F, n.º 3).

60.2. O *valor* do arresto será correspondente ao do crédito que se pretende garantir (art. 313.º, n.º 3, al. e)).

Sendo o crédito ilíquido, não deixará o requerente, ainda assim, de indicar o valor processual, em obediência à regra geral do art. 305.º, o qual corresponderá ao montante provável do crédito cuja satisfação efectiva se pretende assegurar.

60.3. No que respeita ao conteúdo do *requerimento inicial*, apesar de se mostrar suficiente a aplicação, por remissão, do disposto no art. 384.º, consignou-se especificamente na regulamentação do arresto que devem ser alegados os factos que, uma vez provados, revelem a provável existência do crédito (*fumus boni juris*) e o justificado receio de perda da garantia patrimonial (*periculum in mora*).[377]

Cabe ao requerente trazer aos autos, para posterior apreciação judicial, os factos ou os eventos, visíveis ou aparentes, externos ou psicológicos, que, na sua perspectiva, justificam a apreensão cautelar de bens do devedor. Mais importante do que a referência aos preceitos legais é a

---

[376] Cfr. o Ac. do STJ, de 21-10-97, BMJ 470.º/525.

Basta contrastar as tramitações correspondentes à execução e ao procedimento e, designadamente, invocar a urgência prevista no art. 382.º para os procedimentos cautelares, que implica a prática dos actos mesmo em período de *férias judiciais*, para se concluir pela utilidade do arresto como preliminar ou incidente da acção executiva.

[377] Sobre os requisitos exigidos cfr. os Acs. da Rel. de Lisboa, de 18-10-01 (*Anexo n.º 5*) e de 19-8-09 (*Anexo n.º 9*), ambos relatados pelo signatário, o Ac. da Rel. do Porto, de 21-7-87, CJ, tomo IV, pág. 216, o Ac. da Rel. de Évora, de 4-11-75, BMJ 252.º/203. Cfr. ainda o Ac. do STJ, de 3-3-98, CJSTJ, tomo I, pág. 116, onde se acentua a necessidade de alegação de factos concretos que revelem o justo receio à luz de prudente apreciação.

alegação dos *factos* ou das ocorrências da vida real que permitam ao tribunal afirmar a existência dos pressupostos normativos. Se o correcto cumprimento desse ónus não dispensa o conhecimento dos pressupostos normativos abstractamente previstos pelo legislador, não pode o requerente limitar-se a reproduzi-los, sob pena de faltar ou de se revelar insuficiente ou deficiente a causa de pedir imprescindível à sustentação da pretensão cautelar.

60.4. Merece ser realçada a necessidade de formulação de um *pedido* de apreensão de bens concretos e determinados (art. 407.º, n.º 1), com referência a um crédito de montante preciso ou provável.

Como resulta da norma, o requerente deve relacionar os bens a apreender, com todas as indicações necessárias à realização da diligência, não se admitindo o simples pedido genérico de apreensão de bens.[378]

A tarefa é facilitada quanto aos imóveis, concretizando-se através da sua denominação ou número de polícia, da respectiva localização ou confrontações ou da indicação do número da descrição ou de inscrição, elementos que, em último caso, podem ser obtidos nas repartições públicas.

Já quanto aos móveis, umas vezes será exigível a sua correcta identificação, como sucede com os veículos automóveis, outras bastará a sua

---

[378] Cfr. **Abrantes Geraldes**, *Temas da Reforma do Processo Civil*, vol. III, 4ª ed., pág. 169.

Por exemplo, não cumpre o requisito legal, o requerimento a solicitar a apreensão de todos os imóveis do requerido ou de todos os bens móveis. Como se refere no Ac. do STJ, de 27-1-93, CJ, tomo I, pág. 84, não se admite a formulação de pedido genérico quanto aos bens a arrestar, devendo ser feita a sua antecipada discriminação.

Trata-se de uma tarefa cuja execução não é fácil e que tem vindo a agravar-se com a transição de uma economia de base predominantemente agrária, para um estádio em que emerge a economia industrial e de prestação de serviços. Por outro lado, torna-se mais fácil ocultar o património capaz de responder pelas dívidas, atenta a supremacia dos bens de natureza mobiliária sobre os bens imobiliários, complicando a tarefa de identificação dos bens.

É o desfasamento entre o direito substantivo e a realidade com que diariamente se defrontam os interessados que leva **Cachón Cadenas** a afirmar que, sem prejuízo das indagações extra-processuais, deveriam os tribunais encarregar-se da investigação do património do devedor, como forma de tornar eficazes os procedimentos executivos – *El embargo. Casos practicos en el uso forense*, na obra *Las Medidas Cautelares*, ed. do Cons. General del Poder Judicial, pág. 90.

identificação aproximada, sendo mais relevante a indicação do lugar em que se encontram.

60.5. Recebido o requerimento inicial, o processo é *apresentado ao juiz* que, de acordo com a situação, pode emitir decisões de diversos conteúdos, desde o indeferimento liminar, ao despacho de aperfeiçoamento, sendo mais natural a designação de dia para produção de provas oralmente prestadas.[379]

A lei impede que o requerido seja ouvido, sendo este um dos casos em que mais se justifica a manutenção do sigilo processual, como forma de atribuir à actividade jurisdicional a máxima eficácia.[380]

Concomitantemente, não deve admitir-se a *intervenção do requerido*, a não ser depois de notificado da concretização do arresto, nos termos do art. 385.º, n.º 6.

60.6. A *prova* da matéria de facto pode fazer-se nos termos gerais, já que a lei não impõe nem impede qualquer meio.

Assim, sem embargo da maior consistência probatória que pode emergir de documentos assinados pelo devedor, *maxime* quando se esteja perante prova documental rodeada de especiais formalidades que, com mais segurança, consintam a afirmação dos factos probandos, não está

---

[379] Bem poderia ter sido engendrado para o arresto (assim como para outras medidas em que a urgência é particularmente importante para a sua eficácia) um sistema que garantisse ainda mais rapidez. E nem seria difícil, pois bastaria, por exemplo, alargar o regime que já se encontra previsto para o decretamento de arresto pelo Tribunal Marítimo, nos termos do art. 12.º da Lei n.º 35/86, de 4-9, ou adoptar regime semelhante ao que no art. 131.º do CPTA admite o decretamento de provisório de providências.

Quanto ao <u>sistema alemão</u>, cfr. **Walther Habscheid** refere que "*un plaideur peut obtenir l'arrest dans un bref délai, à savoir au jour et à l'heure même de sa demande*" – *Les Mesures Provisoires em Procédure Civile*, *Les Mesures Provisoires* cit., pág. 39. No sistema francês, segundo **Roger Perot**, através do "*référé ... celui qui demande la mesure assigne son adversaire devant le président du tribunal et il arrive souvent que le président saisi dans ces conditions statue immédiatement, le jour même*" – *Les Mesures Provisoires* cit., pág. 158.

[380] <u>Na Alemanha</u>, prevê-se a possibilidade de audição do requerido, embora não esteja afastada a sua dispensa em situações em que isso acarrete perigo para a eficácia da providência.

No Ac. do Trib. Constitucional de 18-6-03, publicado no D.R., II Série, de 4-2-04, concluiu-se que a proibição do contraditório prévio não sofria de inconstitucionalidade.

afastada a produção de prova testemunhal, a qual será naturalmente indicada para apuramento dos factos do foro interno do requerido, tais como os que respeitam à intenção de actuar em detrimento dos credores.

Se for produzida prova oral, esta terá de ficar registada para seu futuro aproveitamento ou para possibilitar o efectivo contraditório, nos termos do art. 386.º, n.º 4.

61. Decisão:

61.1. Atenta a urgência prevista no art. 382.º, a tramitação processual deve ser orientada de modo que a decisão seja proferida dentro de 15 dias após a instauração.

Como na generalidade dos procedimentos cautelares, os padrões por que deve orientar-se o tribunal na formação da convicção e na emissão da decisão não coincidem com os exigidos para formas de tutela mais solenes.

A doutrina e a jurisprudência apontam para a valoração da prova indiciária e para a formulação de juízos de probabilidade especialmente no que concerne à verificação do justo receio de perda da garantia patrimonial.[381] Mas também quanto ao crédito não deve impor-se a demonstração inequívoca da sua existência, bastando a formulação de um juízo de verosimilhança sobre os factos onde se funda.[382]

61.2. Na apreciação dos *meios de prova*, tal como na formação da convicção, não pode o tribunal deixar de colher da experiência judiciária os ensinamentos que permitam acautelar devidamente os interesses carecidos de protecção.

Verifica-se que são cada vez mais as situações de incumprimento de obrigações pecuniárias, acabando o garantismo legal por aproveitar fundamentalmente aos devedores relapsos que fazem protelar a conclusão dos processos até onde podem ou até onde o sistema lhes consente.

---

[381] Cfr. **Antunes Varela**, *Manual do Processo Civil*, 2ª ed., pág. 22, e o Ac, da Rel. de Lisboa, de 18-10-01 (*Anexo n.º 5*), relatado pelo signatário. No Ac. do STJ, de 22-3-00, BMJ 495.º/271, alude-se a um "grau de probabilidade aceitável".

Sobre a conexão entre o arresto e *garantias autónomas*, cfr. **Mónica Jardim**, *A Garantia Autónoma*, págs. 337 e segs.

[382] Cfr. **Abrantes Geraldes**, em *Temas da Reforma do Processo Civil*, vol. III, 4ª ed., págs. 237 e segs., e no Ac. da Rel. de Lisboa, de 19-8-09 (*Anexo n.º 9*).

Acresce ainda o frequente recurso a artifícios extrajudiciais para mascarar situações de insolvência, iludindo os credores, através da constituição de novas empresas, da sua descapitalização ou da ocultação do activo.

Preenchido o quotidiano judiciário com processos onde estes e outros comportamentos se revelam, não podem os tribunais deixar de ponderar os elementos recolhidos da experiência para, na ocasião em que se impõe a regulação dos interesses em conflito, se encontrar o ponto de equilíbrio entre o objectivo da segurança jurídica e o da eficácia das decisões judiciais.

A prática tem demonstrado que o *excessivo rigorismo* utilizado neste tipo de decisões judiciais acaba por beneficiar a parte que se encontra em falta perante o sistema jurídico, por não cumprir as suas obrigações, com sacrifício dos interesses dos credores.

61.3. Com a necessária *apreciação casuística* e com a clara noção de que o decretamento do arresto não se basta com a mera recusa de cumprimento da obrigação, que pode ter as mais diversas razões sem que tal colida com a manutenção da garantia patrimonial,[383] podemos considerar as seguintes situações normalmente integradas no leque das que justificam o arresto:[384]

– Prova sumária de que o requerido pretende alienar os seus bens imóveis;[385]

---

[383] Sobre este aspecto cfr. o Ac. da Rel. de Lisboa, de 19-8-09 (*Anexo n.º 9*), relatado pelo signatário.

[384] Outras situações estão elencadas por **Rita Barbosa da Cruz**, em *O Direito*, 132.º/124 e 125. Por falta de prova do justo receio o arresto foi indeferido nos casos de que tratam os Acs. da Rel. de Lisboa, de 25-2-03 (*Anexo n.º 3*) e de 9-3-04 (*Anexo n.º 7*), ambos relatados pelo signatário.

[385] A este propósito cfr. **Antunes Varela**, *CC anot.*, vol. I, pág. 560, e o Ac. da Rel. do Porto, de 9-5-89, BMJ 387.º/646.

É claro que o justo receio de perda da garantia patrimonial não pode ser formulado automaticamente nestes casos, designadamente quando o requerido seja empresa que precisamente se dedica à *actividade de construção civil* para venda de prédios, como se decidiu nos Acs. da Rel. de Lisboa, de 2-10-03, CJ, tomo IV, pág. 103, e de 19-8-09 (*Anexo 9*), este relatado pelo signatário, a não ser que, como ocorreu na situação de que trata o Ac. da Rel. de Lisboa, de 12-7-07 (*Anexo n.º 8*), também relatado pelo signatário, a empresa tenha sido constituída apenas para construção de um determinado edifício, cujas fracções estão hipotecadas e que o devedor pretende alienar.

– Risco de o devedor ficar em situação de insolvência por dissipação ou oneração do seu património;[386]

– Constatação de que, além do seu salário, o devedor não tem outros bens, que tem outros débitos e que pretende abandonar o local de trabalho para se furtar ao cumprimento das obrigações;[387]

– Prova de que o devedor de elevada quantia se furta a contactos e pretende vender o património conhecido;[388]

– Verificação de que se mostra consideravelmente difícil a realização do crédito;[389]

– Acentuado *déficit* entre o crédito exigido e o valor do património conhecido do arrestado, juntamente com a circunstância de ser facilmente ocultável;[390]

– Tentativa do devedor de transferir elevadas somas de dinheiro para o estrangeiro, ausentando-se da empresa;[391]

– Constatação de que o património do devedor se encontra onerado com hipotecas ou existem execuções e penhoras pendentes;[392]

– Descapitalização de empresas, através da transferência dos activos, deixando àquelas o encargo pelo pagamento de dívidas fiscais, parafiscais, salariais ou a fornecedores; [393]

---

[386] Cfr. **Alberto dos Reis**, *CPC anot.*, vol. II, págs. 10 e 18 e segs.

No Ac. do STJ, de 20-1-00 (Rel. Dionísio Correia), considerou-se que, entre outras situações, podem justificar o arresto o receio de fuga do devedor, a sonegação ou ocultação de bens e a existência de uma situação deficitária, embora acrescente ainda que não bastam meras convicções, desconfianças, suspeições, antes razões objectivas, convincentes.

No Ac. da Rel. de Évora, de 22-6-06, tratava-se de arresto decretado com fundamento em que o requerido residia no Alasca, era titular de um único bem sito em Portugal e fizera declarações inexactas.

[387] Cfr. o Ac. da Rel. do Porto, de 30-9-91, BMJ 409.º/871.

[388] Ac. do STJ, de 24-11-88, BMJ 381.º/603.

[389] Ac. da Rel. do Porto, de 21-7-87, CJ, tomo IV, pág. 216. Já no Ac. da Rel. de Évora, de 7-11-02, CJ, tomo V, pág. 239, se considerou insuficiente a prova do elevado valor do crédito, da escassez de bens e da falta de prestação de contas de gerência.

[390] Cfr. **Antunes Varela**, *CC anot.*, vol. I, 4ª ed., pág. 637, e o Ac. do STJ, de 11-12-73, BMJ 232.º/110.

[391] Ac. da Rel. de Lisboa, de 14-1-76, BMJ 255.º/200.

Mas já a simples alegação da previsível ausência de alguém para o estrangeiro foi considerada insuficiente para justificar o arresto no Ac. do STJ, de 3-3-98, CJSTJ, tomo I, pág. 116.

[392] Contra: **Rita Barbosa da Cruz**, *O Direito*, 132.º/125.

[393] Cfr. **Alberto dos Reis**, *CPC anot.*, vol. II, pág. 19, ainda que para a simples dissipação de bens defenda que não constituirá fundamento de arresto, a não ser que

– Actos de alienação gratuita a favor de terceiros ou actos simulados de alienação ou de oneração;

– Existência de crimes de emissão de cheques sem provisão ou pendência de acções declarativas ou executivas tendentes a obter o cumprimento de obrigações;[394]

– Pendência, com seguimento, de processo de recuperação de empresas, revelador de grave situação de insolvência.

61.4. Julgada procedente a pretensão, deve o juiz ordenar o arresto dos bens indicados, seguindo-se as regras previstas para a penhora.

Desde que os autos o revelem, compete ao juiz limitar a apreensão aos bens que se mostrem *necessários* a garantir o pagamento do crédito (art. 408.º, n.º 2).

Também aqui se não justifica a adopção de critério excessivamente benévolo para o requerido, sob pena de se frustrar o objectivo último do arresto, ou seja, a promoção do cumprimento coercivo da obrigação.

Com efeito, efectuado o arresto, nem sempre é perceptível a amplitude da situação patrimonial do devedor. Apesar de concretizada a apreensão, não está afastada a possibilidade de surgirem, na fase da reclamação de créditos, credores preferentes, alguns deles com garantias reais ocultas, como as que estão previstas para os privilégios creditórios.

Por isso, na identificação dos bens a arrestar não pode deixar de se ponderar um eventual concurso com outros credores situados numa posição preferencial, evitando que um critério demasiado restritivo acabe por deixar desguarnecido o crédito carecido de garantia patrimonial eficaz.

Mais do que ocorre quando, no processo executivo, se procede à delimitação dos bens que devem ser penhorados para garantia do crédito exequendo, justifica-se que a apreensão seja feita mais por excesso do que por defeito, como condição fundamental para satisfação do direito de crédito.[395] Diga-se que a expressão normativa empregue no art. 408.º, n.º 2, deixa campo aberto a esta interpretação, na medida em que se considera assegurado o direito quando sejam arrestados bens "*suficientes para segurança normal do crédito*".

---

se prove simultaneamente que essa dissipação é capaz de gerar uma situação de insolvência (pág. 18).

[394] Contra: **Rita Barbosa da Cruz**, *O Direito*, ano 132.º/125.

[395] Também assim **Lebre de Freitas**, *CPC anot.*, vol. II, pág. 128.

A eventual redução, a integrar logo na decisão, pode ser efectuada oficiosamente.[396] Basta que dos autos resultem elementos decisivos a esse respeito. Posteriormente, cabe ao requerido, logo que seja notificado para exercer o contraditório, deduzir a sua oposição que, além do mais, pode conter o pedido de redução da providência aos limites ajustados à defesa do *periculum in mora* (art. 388.º, n.º 1, al. b), e n.º 2).[397]

61.5. Se o julgar conveniente face às circunstâncias do caso, o juiz pode tornar o arresto dependente da *prestação de caução*, nos termos do art. 390.º, n.º 2, *ex vi*, art. 392.º, n.º 2, a qual se destina a garantir o pagamento da indemnização pelos prejuízos que eventualmente possam advir para o requerido e que sejam imputáveis à conduta imprudente do requerente (art. 620.º do CC e 390.º, n.º 1, do CPC).[398]

62. Concretização do arresto:

62.1. Decretado o arresto, deve ser feita a apreensão dos bens referidos na decisão, aplicando-se correspectivamente as normas que regulam a efectivação da penhora, salvo as que regulam os poderes especialmente atribuídos ao agente de execução e que não são extensivas aos procedimentos cautelares. Na verdade, ao invés do que ocorre na acção executiva em que exista intervenção de agente de execução, nos procedimentos cautelares, *maxime*, no arresto, as diligências de apreensão estão a cargo da secretaria judicial.

O arresto constitui uma *penhora antecipada*, exercendo uma função meramente instrumental relativamente ao processo de execução. Tal como ocorre com os bens penhorados, os actos de disposição dos bens arrestados são ineficazes em relação ao credor (art. 622.º do CC), derivando da apreensão uma situação de indisponibilidade relativa.

A utilidade da providência advém ainda da *retroactividade* de que pode beneficiar a penhora, nos termos do art. 822.º, n.º 2, do CC, e do

---

[396] A *oficiosidade* encontrava-se expressamente prevista no art. 353, n.º 2, do Anteprojecto divulgado em 1993. A actuação oficiosa resulta, ainda assim, da expressão impositiva "*reduzir-se-á*" que consta da norma vigente.

[397] Cfr. o Ac. da Rel. de Évora, de 26-1-06, CJ, tomo I, pág. 245.

[398] Cfr. **Alberto dos Reis**, *CPC anot.*, vol. II, pág. 36, **Abrantes Geraldes**, *Temas da Reforma do Processo Civil*, vol. III, 4ª ed., págs. 319 e segs., **Lebre de Freitas**, *CPC anot.*, vol. II, pág. 127, e **Rita Barbosa da Cruz**, *O Direito*, ano 132.º/140 a 142.

art. 846.º do CPC. Esta prevalência revelar-se-á importante em caso de concurso com outras providências de arresto ou com garantias reais posteriormente constituídas ou registadas.

No entanto, tratando-se de bens imóveis ou de móveis ou direitos sujeitos a registo, tanto a ineficácia dos actos de disposição ou de oneração como o efeito retroactivo da penhora pressupõem o cumprimento das regras do registo predial, automóvel ou comercial.[399]

O *registo* apresenta, assim, múltiplas finalidades: dá publicidade à situação jurídica de determinados bens ou direitos, a fim de prevenir terceiros contra a prática de actos que possam revelar-se prejudiciais para os seus interesses; tutela eficazmente o credor contra actos passíveis de afectar a garantia patrimonial; e confere à penhora efeitos antecipados atributivos de prevalência face a outros créditos com garantias reais posteriormente constituídas.

62.2. O nexo de *dependência funcional* implica a aplicação ao arresto da generalidade do regime previsto para a penhora.

Assim:

- A garantia que com o arresto se pretende conservar abarca todos os bens ou direitos de conteúdo patrimonial, isto é, todos os bens cujo arresto possa ser convertido em penhora, nos termos do art. 846.º do CPC e do art. 822.º, n.º 2, do CC,[400] sem embargo das

[399] Cfr. **Lebre de Freitas**, *CPC anot.*, vol. II, pág. 129, o Ac. do STJ, de 25-6-02, CJSTJ, tomo II, pág. 126, e o Ac. da Rel. de Lisboa, de 26-9-89, CJ, tomo IV, pág. 132.

Quanto a imóveis, o registo do arresto vem regulado no art. 2.º, n.º 1, al. o), enquanto ao registo do procedimento se reporta o art. 3.º, n.º 1, al. d), do Cód. de Registo Predial.

[400] Outras situações:

- Arresto de direitos de autor (arts. 47.º e 50.º do Cód. de Direitos de Autor);
- Arresto de acções (Ac. da Rel. do Porto, de 9-5-95, CJ, tomo III, pág. 213);
- Arresto de passe de jogador de futebol (Ac. da Rel. de Coimbra, de 22-3-00, CJ, tomo II, pág. 16);
- Arresto de farmácia (Ac. da Rel. do Porto, de 9-12-08, CJ, tomo V, pág. 190);
- Arresto de crédito derivado de garantia autónoma associada a exportações de mercadorias (**Mónica Jardim**, *A Garantia Autónoma*, págs. 363 e segs.).

No Ac. da Rel. de Lisboa, de 23-11-95, CJ, tomo V, pág. 124, julgou-se inadmissível o arresto de um Fundo de Pensões.

Por seu lado, no art. 12.º, n.º 2, do Dec. Lei n.º 67/97, de 3-4, prevêem-se restrições que abarcam acções de sociedades autónomas desportivas, solução que no Ac. do

situações de impenhorabilidade absoluta, relativa ou parcial, constantes dos arts. 822.º a 824.º do CPC ou de outras disposições avulsas;[401]

- Deve ter-se especialmente em conta que, em regra, não podem ser arrestados os bens imprescindíveis a qualquer economia doméstica, os instrumentos de trabalho e os objectos indispensáveis ao exercício de uma actividade ou formação profissional do requerido (arts. 822.º e 823.º);
- Quanto aos salários e pensões, sem embargo de poder ser considerada a isenção de arresto (art. 824.º, n.º 4),[402] este está limitado, em regra, a 1/3 (art. 824.º, n.º 1);
- Não são passíveis de arresto os direitos que não tenham conteúdo patrimonial, isto é, que não sejam convertíveis em dinheiro;[403]
- Sobre os bens arrestados poderá incidir mais do que um arresto;[404]

Trib. Constitucional, publicado no D. R., II Série, de 11-12-04, foi julgada conforme com a Constituição.

[401] Cfr. o Ac. da Rel. de Lisboa, de 16-9-08, CJ, tomo IV, pág. 78 (licenciamento administrativo).

[402] Ou mesmo a pura rejeição, quando se trate de salário ou pensão de montante não superior ao *salário mínimo nacional*, como se decidiu no Ac. do Trib. Constitucional, de 23-4-02, D.R., I Série, de 2-7, doutrina que também já foi assumida relativamente à prestação recebida a título de rendimento mínimo garantido (Ac. do Trib. Const., publicado no D.R., II Série, de 11-3-02).

[403] Nao é possível arrestar o *bilhete de avião* de alguém que, não tendo bens em Portugal, pretenda ausentar-se para o estrangeiro, uma vez que esse arresto não tem reflexos patrimoniais que possam beneficiar o requerente, dele resultando tão só uma restrição quanto à deslocação, a qual é ilegítima (Ac. da Rel. de Lisboa, de 24-1-85, CJ, tomo I, pág. 157).

Considerou-se no Ac. da Rel. de Lisboa, de 27-10-98, CJ, tomo IV, pág. 131, que o *cheque* não poderia ser arrestado. Cremos que tal decisão contraria o disposto no art. 857.º, remissivamente aplicável ao arresto, opinião que, de resto, foi acolhida por **Lebre de Freitas**, *CPC anot.*, vol. II, pág. 121. Com efeito, o cheque incorpora um direito de crédito correspondente ao quantitativo nele aposto. Por isso, se a lei consente a penhora deste direito, lógica é a conclusão de que também o cheque pode ser apreendido no âmbito do arresto. De outro modo, negando-se a apreensão do cheque, que incorpora um direito de crédito capaz de servir a garantia patrimonial das obrigações do seu titular, coarcta-se a conservação da garantia.

[404] Cfr. **Rodrigues Bastos**, *Notas ao CPC*, vol. II, 3ª ed., pág. 189, e o Ac. do STJ, de 9-12-93, BMJ 432.º/313.

– No que respeita aos veículos automóveis, a apreensão seguirá as regras prescritas pelo art. 851.º, n.º 2, preceito legal que veio adoptar a solução que já resultava do art. 23.º do Dec. Lei n.º 54/75, de 24-2;[405]
– Quanto ao arresto de depósitos bancários, há que ter em atenção o que especialmente se prevê no art. 861.º-A;
– Se tiverem de ser arrestados bens comuns do casal, devem respeitar-se as regras prescritas para a penhora, atenta a relação de instrumentalidade.[406]

62.3. Apesar de recair sobre o requerente o ónus de identificar logo no requerimento inicial os *bens* a arrestar, não é legítimo invocar o *princípio da preclusão* para impedir indicações complementares quanto à identificação dos bens[407] ou localização ou mesmo quanto ao arresto de

---

[405] Note-se que, de acordo com o art. 22.º, n.º 1, do Dec. Lei n.º 54/75, de 12 de Fevereiro, o *arresto do veículo* envolve a proibição de circular, sob cominação do crime de desobediência qualificada.

[406] No mesmo sentido cfr. o Ac. do STJ, de 29-11-05, CJSTJ, tomo III, pág. 144, e o Ac. da Rel. de Lisboa, de 30-3-04, *www.dgsi.pt*, assim como **Rita Barbosa da Cruz**, *O Direito*, ano 132.º, pág. 159, nota 114.

Contra: o Ac. da Rel. de Lisboa, de 25-3-03, CJ, tomo II, pág. 88, defendendo que, em face do arresto de bens comuns, sendo a dívida apenas de um dos *cônjuges*, não deve haver lugar a separação de meações.

No Ac. do STJ, de 6-7-00, CJSTJ, tomo II, pág. 141 (e BMJ 499.º/211), considerou-se inadmissível o arresto de *bens comuns do casal*, em procedimento instaurado apenas contra um dos cônjuges.

Não encontramos justificação para tal recusa. Com efeito, as normas da penhora são supletivamente aplicáveis ao arresto, não se antevendo qualquer obstáculo de ordem legal a que seja citado o cônjuge do devedor para promover a separação de meações, nos termos do art. 825.º, sendo evidente que, nas circunstâncias que justificam o arresto, a tutela dos interesses do credor só se consegue com a efectiva apreensão de bens que depois possam ser penhorados e executados.

No Ac. do STJ, de 20-2-01 (Rel. Silva Salazar), defendeu-se, como alternativa, o *arresto da meação* do devedor nos bens comuns, solução que, na esteira de **Teixeira de Sousa** (*Acção Executiva Singular*, pág. 215), supõe a penhorabilidade da própria meação, mas que dificilmente se enquadra no novo regime constante do art. 1696.º do CC e do art. 825.º do CPC.

[407] Assim se decidiu no Ac. da Rel. de Coimbra, de 26-11-96, CJ, tomo V, pág. 22, quando se admitiu a substituição do arresto de um terreno por fracção autónoma de prédio que entretanto nele fora edificado.

outros bens, depois de se constatar a falta ou insuficiência dos anteriormente referenciados.[408]

Deve ser consentida uma larga margem de liberdade no que concerne à correcção da identificação, à alteração dos bens, à retirada de alguns ou ao aditamento de outros. Razões que a vida real facilmente ajuda a compreender favorecem esta solução.[409] Com efeito, nem sempre a situação jurídica dos bens é a aparente, podendo ocorrer modificações de ordem subjectiva[410] ou objectiva[411] que justifiquem uma mudança de atitude por parte do credor. Outras vezes, os bens não se situam no local primitivamente indicado, não se encontrando motivos relevantes que sirvam para legitimar uma recusa de apreensão noutro sítio que seja posteriormente conhecido pelo tribunal, sob indicação do requerente ou dos próprios funcionários judiciais.

62.4. À eficácia do arresto pode ser pertinente a efectiva *colaboração do requerente.*

Essencialmente no que concerne aos bens móveis, demonstra a experiência que só a efectiva apreensão e a consequente retirada da esfera de actuação do requerido são capazes de assegurar a manutenção da garantia patrimonial que com o arresto se pretende obter. Também é do conhecimento geral que os tribunais não dispõem de meios logísticos

---

408 Cfr. o Ac. do STJ, de 11-3-97 (Rel. Silva Paixão), *www.dgsi.pt.*, segundo o qual "o despacho que ordena o arresto sem audição do requerido pode ser alterado quanto aos bens a arrestar, a pedido do requerente, antes de ser efectuado o arresto" . No mesmo sentido cfr. o Ac. da Rel. do Porto, de 9-5-05, CJ, tomo III, pág. 162, e **Lebre de Freitas**, *CPC anot.*, vol. II, pág. 125.

409 As dificuldades relacionadas com a identificação de bens patrimoniais do devedor são gerais, e a elas se refere **Cachón Cadenas**, em *El embargo. Casos practicos en el uso forense* cit., págs. 85 e segs. Neste contexto, parece irrazoável dar excessivo relevo ao princípio da preclusão, fazendo recair sobre o requerente, num só momento, sem possibilidade de modificação posterior, o ónus de identificar os bens que deseja ver cobertos por uma decisão cautelar.

410 Por exemplo, a alienação de bens a terceiro que impeça o arresto, pretendendo o requerente furtar-se à introdução de embargos de terceiro.

411 A oneração do bem com hipoteca ou com penhor que, prevalecendo sobre a garantia do arresto, torne este inoperante, constitui uma das situações que pode justificar a "mudança de agulha" do credor e a indicação de outros bens em sua substituição. Também nas situações em que, requerida a apreensão de uma parcela de um prédio, se pretenda o arresto de todo o prédio que, afinal, pertence ao requerido, situação acolhida no Ac. da Rel. de Lisboa, de 26-11-96, BMJ 461.°/530.

ajustados à efectiva apreensão, sejam eles os funcionários especialmente encarregados da tarefa, os veículos automóveis necessários para o transporte dos bens ou os locais com condições que permitam o seu acondicionamento e preservação.

Foi a percepção desta realidade que motivou o legislador a traduzir em norma legal (art. 848.º-A) aquilo que a experiência já vinha demonstrando, ou seja, que a colaboração dos credores pode revelar-se necessária para a efectiva concretização do arresto.

62.5. Uma vez executado o arresto sobre bem móvel, a sua destruição, danificação, inutilização ou subtracção faz incorrer o agente no crime previsto e punido pelo art. 355.º do Cód. Penal.

63. Arresto de bens de terceiro:

63.1. O arresto pode incidir sobre *bens de terceiro* quando seja requerido na dependência funcional da acção de impugnação pauliana, como meio de defesa da garantia patrimonial. O disposto no art. 407.º, n.º 2, mais não é do que a adjectivação do direito conferido ao credor de perseguir os bens do devedor para efectivo exercício de um direito de crédito, quando se verifique a prática de actos de que resulte a diminuição da garantia patrimonial (art. 619.º, n.º 2, do CC).[412]

Na verdade, a concessão ao credor da possibilidade de obter a declaração de *ineficácia* de tais actos poderia revelar-se insuficiente se fosse desacompanhada do direito de obter a sua prévia apreensão, designadamente quando se esteja perante bens móveis.[413]

---

[412] Outra era a solução constante das Ordenações Manuelinas, onde se previa que "*se algum devedor, depois de ser condenado em alguma quantidade de dinheiro, pão, vinho, ou semelhante coisa, que se costuma contar, pesar ou medir, alhear seus bens em prejuízo do vencedor, por neles se não fazer execução, seja preso, e não o soltem até cumpridamente satisfazer ao vencedor, sem poder fazer cessão*" (Livro III, Título LXXXVI).

[413] Cfr. **Rita Barbosa da Cruz**, em *O Direito*, ano 132.º, págs. 159 a 164, e **Cura Mariano**, *Impugnação Pauliana*, págs. 285 e 286. Sobre o arresto enquanto meio de protecção dos direitos de crédito, cfr. **Almeida e Costa**, em artigo intitulado *A eficácia externa das obrigações. Entendimento da doutrina clássica*, na RLJ 135.º/130 e segs.; e sobre a utilidade do arresto como incidente da impugnação pauliana, na RLJ 132.º/167.

Cfr. ainda os Acs. do STJ, de 8-2-01, CJSTJ, tomo I, pág. 102, e de 28-6-01, CJSTJ, tomo II, pág. 143, e o Ac. da Rel. de Lisboa, de 30-11-99, CJ, tomo V, pág. 109.

Perante tais circunstâncias, os *requisitos* a preencher no arresto dependem do facto de se encontrar ou não pendente a acção de *impugnação pauliana*:[414]

a) Se a *acção já tiver sido instaurada*,[415] bastará a alegação e prova dos factos relativos à probabilidade do crédito e ao justo receio de perda da garantia, destinando-se o arresto dos bens a dar eficácia à decisão que eventualmente venha a ser proferida;[416]

b) Se a acção ainda *não tiver sido instaurada*, exige-se complementarmente a alegação e prova sumária dos pressupostos da impugnação, como factor de credibilidade e de seriedade da pretensão, tanto mais que vai interferir na esfera jurídica de terceiros porventura alheios à relação creditícia de onde emerge o direito.[417]

---

[414] Sobre *legitimidade activa e passiva* cfr. **Cura Mariano**, *Impugnação Pauliana*, pág. 287, nota 626, e o Ac. do STJ, de 8-2-01, CJSTJ, tomo I, pág. 102.

[415] A expressão normativa empregue pelo legislador ("*impugnada*") não significa que na acção já tenha sido obtida sentença transitada em julgado, o que seria incompatível com os requisitos dos procedimentos cautelares que se bastam com a dependência relativamente a uma acção ainda em curso. Como defende **Cura Mariano**, *Impugnação Pauliana*, pág. 286, nota 624, deve assumir-se uma *interpretação correctiva* do art. 619.º, n.º 2, do CC, que estava em consonância com o anterior n.º 2 do art. 403.º, mas que não se encontra perfeitamente ajustado aos novos desenvolvimentos ao nível do direito adjectivo. Por isso, tal como também defende **Rui Natário** (em artigo intitulado *Da registabilidade das acções. Da acção de impugnação pauliana em especial*, *Boletim da ASJP*, n.º 6, pág. 88), o n.º 2 do art. 407.º apenas é aplicável aos casos em que ainda não tenha sido instaurada a acção de impugnação pauliana.

O que se refere quanto à acção de impugnação pauliana também pode ser transposto para a acção de declaração de nulidade de actos praticados pelo devedor, nos termos do art. 605.º do CC, como alude este mesmo autor no local citado.

[416] Decidiu-se no Ac. da Rel. dc Lisboa, de 30-4-09, CJ, tomo II, pág. 129, que "o credor pode requerer o arresto de bens adquiridos por terceiro ao devedor, tendo que demonstrar que já instaurou a respectiva acção pauliana ou alegando os factos que evidenciem a probabilidade de sucesso dessa acção a interpor futuramente", considerando-se inaplicável ao arresto a regra de repartição do ónus da prova constante do art. 611.º do CC.

[417] Cfr. **Lebre de Freitas**, *CPC anot.*, vol. II, págs. 125 e 126, e o Ac. do STJ, de 4-11-93, CJSTJ, tomo III, pág. 90.

Assim se modificou o regime constante do anterior art. 403.º, n.º 2, que exigia a instauração prévia da acção pauliana. A justificação, perfeitamente plausível, encontra-se no Preâmbulo do Dec. Lei n.º 180/96, de 25-9, pretendendo-se assegurar, também nessas situações, "*o sigilo deste procedimento cautelar*".

63.2. Com isto não se confunde o arresto de bens do devedor que se encontrem na *posse de terceiros*.

A aplicação remissiva do disposto no art. 831.º mostra-se suficiente para superar qualquer objecção quanto à legitimidade da apreensão nos casos em que, apesar dos poderes de facto efectivamente exercidos pelos terceiros, os bens continuem a integrar o acervo patrimonial do devedor.

Como resulta dessa norma, não fica afastada a possibilidade de o terceiro deduzir os meios de defesa que forem oportunos, *maxime* os embargos de terceiro, quando se verifiquem os requisitos correspondentes (arts. 351.º e segs.).

63.3. Também não se confunde com a situação figurada aquela em que se pretende o arresto de bens alegadamente pertencentes ao devedor mas que, entretanto, já passaram para a titularidade de terceiros ou foram inscritos em seu nome no registo predial, comercial ou automóvel.

Em tais circunstâncias, sem embargo do exercício do direito potestativo correspondente à acção pauliana, quando se verificarem os respectivos requisitos, ou do accionamento do regime constante do art. 119.º do Cód. de Registo Predial, para efeitos de obtenção do registo definitivo do arresto,[418] está aberto ao terceiro directamente atingido pelo arresto o uso dos meios de defesa, designadamente os *embargos de terceiro*, sujeitando-se, neste caso, à prova da verificação dos requisitos respectivos, nos termos do art. 354.º.[419]

Tenha-se, porém, em atenção que, na eventualidade de a transmissão ter ocorrido já na pendência do arresto, nada obsta à aplicabilidade do regime constante do art. 271.º: a decisão do arresto produz efeitos na esfera jurídica do adquirente, salvo se este tiver efectuado o registo da aquisição antes do registo (provisório ou definitivo) do arresto.

63.4. Diversa de todas as situações referenciadas é ainda aquela em que só na aparência se verifica uma autonomia jurídica entre o devedor e o

---

[418] Cfr. o Ac. da Rel. de Coimbra, de 5-6-01, CJ, tomo III, pág. 23.

[419] Quer a alienação tenha sido feita antes da instauração do arresto, quer o tenha sido antes do seu decretamento, a procedência dos embargos depende da constatação da "*probabilidade séria da existência do direito invocado pelo embargante*", para o que será oportuno considerar, além do mais, as regras da impugnação pauliana.

titular dos bens, como ocorre em situações que a doutrina e a jurisprudência qualificam como de "*desconsideração da personalidade jurídica*"[420].

Apurados os factos integrantes de situação de abuso de direito de personalidade jurídica, o credor pode requerer o arresto de bens para garantia de crédito de pessoa singular, ainda que formalmente se encontrem inscritos na esfera jurídica de uma sociedade oportunamente constituída para iludir os credores.[421]

64. Meios de defesa:

64.1. O arrestado não é ouvido antes do decretamento da providência, mas tem o direito de se opor à decisão através do recurso de apelação ou do incidente de oposição.[422]

Através do *recurso de apelação* pode pôr em causa o acerto da decisão, tanto no que respeita aos factos considerados provados como no que concerne à verificação dos pressupostos legais do arresto, defendendo, por exemplo, que dos factos apurados não resulta suficientemente provada a existência do crédito ou que não existem elementos para afirmar o justo receio.

Já a *oposição* será o meio ajustado para impugnar a matéria de facto que o tribunal considerou provada, por exemplo, negando a existência de qualquer crédito, alegando a diversidade do montante do crédito ou atacando os meios de prova que serviram de base à afirmação do justo receio.[423]

---

[420] Cfr. **Menezes Cordeiro**, *Manual de Direito Comercial*, vol. II, págs. 186 e segs. (com largas referências), **Pedro Cordeiro**, *A Desconsideração da Personalidade Jurídica das Sociedades Comerciais*, ed. AAFDUL, 1989, e o Ac. da Rel. de Lisboa, de 29-4-08, CJ, tomo II, pág. 130.

[421] Assim foi decidido no Ac. da Rel. do Porto, de 15-10-01, CJ, tomo IV, pág. 215. A irrelevância da personalidade jurídica, a respeito de uma outra questão relacionada com a instrumentalidade do procedimento cautelar, já fora defendida no Ac. do STJ, de 12-6-97, CJSTJ, tomo II, pág. 120.

[422] Cfr. **Abrantes Geraldes**, *Temas da Reforma do Processo Civil*, vol. III, 4ª ed., págs. 273 e segs.

Sobre o âmbito do recurso de agravo e dos embargos no âmbito do anterior sistema cfr. **Alberto dos Reis**, *CPC anot.*, vol. II, pág. 40 e segs., o Ac. do STJ de 6-2-86, BMJ 354.º/434, o Ac. da Rel. de Coimbra, de 7-4-88, CJ, tomo II, pág. 257, e o Ac. da Rel. do Porto, de 11-6-91, CJ, tomo III, pág. 254.

[423] Em caso de oposição, o *ónus da prova* dos factos impeditivos pertence ao requerido (cfr. o Ac. do STJ, de 23-7-81, BMJ 309.º/300, o Ac. da Rel. de Lisboa, de

Estes meios de defesa só poderão ser utilizados a partir da notificação do arrestado, diligência que deve ser feita pessoalmente depois de executado o arresto.[424]

64.2. Quanto à possibilidade de *substituição* de providências específicas por *caução* já nos pronunciámos afirmativamente na anotação ao art. 387.º.[425] Ainda que não exista uma norma tão clara como a do anterior art. 404.º, n.º 3, quando remetia para o n.º 3 do art. 401.º, o elemento histórico impõe a manutenção de uma resposta afirmativa que, aliás, encontra assento na remissão geral prevista no art. 392.º, n.º 1.

De todo o modo, não existe qualquer circunstancialismo que, na vigência do actual regime, imponha uma diversa solução. Aliás, outros elementos normativos sustentam a mesma solução.

Por um lado, a substituição encontra-se expressamente prevista no art. 409.º, relativamente a navios, sendo dispensado o arresto quando o requerido preste caução, de modo semelhante ao que resulta da Convenção de Bruxelas de 1952 (em matéria de arresto de navios de mar).

Mas, acima de tudo, os argumentos de *ordem racional* em prol de uma solução afirmativa são tão fortes que, na falta de uma norma impeditiva da substituição, se mostram suficientes para superar dúvidas que ainda possam subsistir.

Conforme já se referiu, o arresto é um mecanismo processual destinado a garantir o cumprimento de obrigações, sendo instrumental relativamente à penhora, de que constitui, na prática, uma antecipação. Arrestados os bens, ficam os mesmos apreendidos à ordem do tribunal até que no processo executivo seja ordenada a conversão em penhora, a que se seguirá a fase do pagamento, *maxime*, através da sua venda, para conseguir a realização do quantitativo suficiente para cobrir o montante exequendo.

Ora, sendo a única finalidade do arresto a de garantir o cumprimento de obrigações, nenhuma vantagem se alcança com a manutenção, a todo o custo, da apreensão, em resultado de uma eventual proibição da

---

19-3-98, CJ, tomo II, pág. 96, e os Acs. da Rel. do Porto, de 11-6-91, CJ, tomo III, pág. 255, e de 21-11-91, BMJ 411.º/651). Concretamente sobre a oposição no âmbito do arresto, cfr. os Acs. do STJ, de 22-3-00, BMJ 495.º/271, e de Ac. do STJ, de 6-6-00, CJSTJ, tomo II, pág. 100.

[424] Cfr. o Ac. da Rel. do Porto, de 7-7-92, CJ, tomo IV, pág. 235.

[425] Cfr. **Abrantes Geraldes**, *Temas da Reforma do Processo Civil*, vol. III, 4ª ed., págs. 253 e segs.

sua substituição por caução. Pelo contrário, inconveniente algum advém para o credor dessa alternativa, desde que a caução seja prestada pela forma ajustada à referida garantia e num montante suficiente para suportar o pagamento coercivo do crédito.[426]

Imagine-se que para garantia de um determinado crédito foi arrestado um bem imóvel ou um veículo automóvel e que, sem embargo de persistir a discussão acerca do direito de crédito sumariamente comprovado, o requerido oferece como caução um depósito bancário de valor superior ao do referido crédito ou se propõe apresentar uma garantia bancária ou seguro-caução no mesmo montante. Dir-se-á: que motivos ou que interesses poderão estar na base de uma rejeição de tal proposta?

A evidência da resposta ultrapassa facilmente algum argumento formal que pudesse extrair-se do facto de o legislador não ter expressamente aludido à referida substituição nas normas que regem o arresto.[427]

64.4. O n.º 3 do art. 408.º prevê um *mecanismo de defesa* específico do procedimento de arresto e que constitui mais um dos afloramentos do princípio da proporcionalidade que serve de suporte às medidas cautelares.

É sabido que pelas obrigações respondem apenas bens patrimoniais, estando longe os tempos em que o incumprimento se repercutia na própria pessoa do devedor ou na dos seus familiares. Neste contexto, houve necessidade de limitar o alcance das medidas judiciais que se reflectem no património do devedor, de modo a permitir a sua subsistência condigna.

Por isso, ainda que o arresto tenha os mesmos efeitos da penhora, concretizando-se com a apreensão efectiva dos bens, tratando-se de bens que produzem rendimentos, devem ser assegurados ao requerido os que se mostrem estritamente necessários a prover ao seu sustento, habitação e vestuário, de modo semelhante ao que está previsto para os alimentos provisórios no art. 399.º, n.º 2.

---

[426] A solução está expressamente prevista no art. 338.º-I do CPI sobre a tutela de *direitos de propriedade industrial* e no art. 210.º-H do CDA sobre a tutela de *direitos de autor*, aditados pela Lei n.º 16/08, de 1-4.

[427] No mesmo sentido o Ac. da Rel. do Porto, de 14-10-03, CJ, tomo IV, pág. 181, considerando-se que o *valor da caução*, por fiança, deveria ser igual ao valor do capital e juros correspondentes ao período provável de duração do processo judicial. Outrossim o Ac. da Rel. de Guimarães, de 19-9-05, CJ, tomo IV, pág. 297.

[428] Contra: **Lebre de Freitas**, *CPC anot.*, vol. II, pág. 128.

Esta atribuição *não é oficiosa.*[428] Deve ser incidentalmente requerida pelo interessado, proferindo-se a decisão depois de respeitada a tramitação prevista para o procedimento de alimentos provisórios.

64.5. A *aplicação subsidiária* das disposições que regulam a penhora permite ainda que seja deduzido o incidente de oposição previsto no art. 863.º-A.[429]

Com efeito, pode bem suceder que o requerido nada tenha a opor à decisão que decretou o arresto, admitindo a verificação dos pressupostos de facto e de direito, ou que não pretenda impugnar a matéria de facto que o tribunal deu como sumariamente provada relacionada com o direito de crédito ou com o justo receio de perda da garantia patrimonial, mas que, apesar disso, a medida cautelar tenha atingido bens impenhoráveis ou parcialmente impenhoráveis.

Nestas circunstâncias, não será através dos mecanismos normais do art. 388.º que o requerido pode conseguir a reposição da situação, sendo ajustado o instrumento especificamente previsto para a oposição à penhora.

65. Venda antecipada de bens:

65.1. Discutível é a resposta a dar à possibilidade de ser determinada a venda antecipada de bens arrestados.

Se o sistema legal não contém uma resposta claramente afirmativa, também deparamos com a falta de norma que à questão responda de forma diametralmente oposta.[430] Por isso, como sucede noutras situações, face à ausência de uma regulamentação específica, em vez da adopção de preconcebidas soluções ou do seguidismo acrítico de opiniões alheias, será preferível verificar qual a melhor resposta que o sistema jurídico, globalmente analisado, consente, depois de ponderar, a par das normas jurídicas, os efeitos, as vantagens ou os inconvenientes que podem derivar de uma e de outra das soluções possíveis.

---

[429] Contra: **Lebre de Freitas**, *CPC anot.*, vol. II, pág. 129.

[430] A solução negativa foi defendida no Ac. da Rel. de Lisboa, de 20-4-83, BMJ 333.º/507, com a concordância de **Teixeira de Sousa**, *Estudos Sobre o Processo Civil*, 2ª ed., pág. 236, e **Rita Barbosa da Cruz**, *O Direito*, ano 132.º, pág. 196, argumentando que resulta da venda um efeito definitivo que pressupõe o reconhecimento da existência do direito, o que não se verifica no âmbito do arresto. Cfr. ainda **Alberto dos Reis**, *CPC anot.*, vol. II, pág. 136.

Mais ainda. Em vez da formulação prévia de uma regra geral, à revelia do legislador, para nela integrar as situações da vida real, parece preferível, em situações como estas, seguir um percurso inverso, acabando a regra geral por ser o corolário das respostas do sistema jurídico, sem fechar as portas a soluções especificamente exigidas como forma de compatibilização de interesses.[431]

65.2. A enunciação de alguns exemplos poderá ser importante para efeitos da determinação da opção correcta, uma vez que poderemos ser "obrigados" a encontrar, por detrás da falta de uma resposta clara do legislador, soluções diversificadas para problemas que se apresentam com uma matiz também diversificada.

Suponhamos as seguintes situações:

- O único bem que se conseguiu apreender para garantia de um crédito foi um carregamento de produtos alimentícios (*v.g.* fruta ou produtos lácteos), cuja durabilidade não excede alguns dias ou semanas;
- Os produtos arrestados apenas encontram procura em determinadas circunstâncias específicas que não se repetem;
- Realizou-se o arresto de cabeças de gado para cuja guarda se não encontram pessoas disponíveis e cuja manutenção acarreta despesas excessivas, ou existe o sério perigo de os animais morrerem ou de se desvalorizarem em consequência de doenças ou do deficiente tratamento pecuário;
- O arresto incidiu sobre animais existentes num aviário ou numa qualquer exploração pecuária, exigindo-se a saída dos mesmos para o circuito de comercialização, sob pena de não encontrarem procura no mercado ou de aumentarem exponencialmente os custos de produção;
- O bem apreendido é um navio em razoável estado de conservação, e é seguro que a sua imobilização determinará uma grave

[431] No seu sentido mais lato, é esta uma questão em cuja resolução se debatem argumentos que constituem afloramentos de metodologias diversas, uma assente na jurisprudência dos conceitos, outra na jurisprudência dos interesses ou dos valores.

O tempo não é favorável à sobrevalorização de um conceptualismo estéril. A resolução de problemas gerados no meio social exige actuações mais pragmáticas que, embora sem inversão dos papéis atribuídos ao legislador e ao intérprete, propiciem soluções efectivamente capazes de responder às necessidades.

desvalorização, passando a valer apenas como sucata e não como meio de transporte;[432]

- Foi arrestada a carga de um navio que carece de ser decarregado, para seguir viagem, não se encontrando depositário disponível ou revelando-se o depósito economicamente insustentável, quer pela natureza perecível dos bens, quer pelo preço de armazenagem;
- Foram arrestados equipamentos informáticos cujo valor está dependente da actualidade do respectivo *hard ware*;
- Foram arrestadas acções ou outros bens mobiliários numa conjuntura em que o seu valor era suficiente para cobrir o crédito, mas corre-se o risco de uma desvalorização.

65.3. Nestes e noutros exemplos perguntar-se-á, para contrapor a uma eventual objecção aposta à admissibilidade da venda antecipada: que interesses ou que valores, de tal modo importantes, justificam uma resposta frontalmente negativa?

Verifica-se que, em qualquer das situações, a persistência do arresto acabará por ser prejudicial ao próprio requerido, na medida em que, uma vez recusada a liquidação imediata dos bens, numa altura em que ainda têm um valor comercial corrente, esvaziar-se-á o seu património sem que se verifique o proporcional abatimento do passivo.

Também os interesses do requerente, que através do arresto e dos restantes meios processuais se visam garantir, aconselham a venda antecipada, como forma de obter um certo numerário que, colocado à ordem do processo, possa depois ser utilizado para pagamento da dívida.

Quanto aos interesses da justiça em geral, são evidentes os efeitos negativos que causam atitudes de cariz burocratizante que, acima da tutela dos interesses que no processo se discutem, privilegiem aspectos de ordem meramente instrumental ou adjectiva.

---

[432] Esta foi a a solução encontrada no Ac. da Rel. de Lisboa, de 18-11-08, CJ, tomo V, pág. 95, confirmado pelo Ac. do STJ, de 18-6-09 (*www.dgsi.pt*), Rel. Lázaro Faria) Tratava-se de uma situação em que o arresto incidiu sobre embarcações de recreio destinadas a venda sujeitas a desvalorização progressiva e geradoras de despesas com guarda e manutenção.

O Ac. da Rel. de Lisboa, de 2-3-00, CJ, tomo II, pág. 80, tratou de uma situação em que, a pretexto da conservação de um navio arrestado, se realizaram despesas que excederam o valor por que foi vendido.

65.4. Dir-se-á, no entanto: onde quedam os interesses relacionados com a *segurança jurídica* que só se alcança com a prolação de decisão proferida no âmbito de processo subordinado a uma tramitação diversa daquela a que está sujeito o arresto?

É uma objecção de vulto mas que, podendo servir, porventura, para recusar uma resposta generalizadora quanto à venda de bens na pendência do procedimento de arresto, se mostra incapaz de impedir a introdução de excepções que melhor permitam a conjugação ponderada dos valores da justiça e da eficácia.

65.5. Neste quadro, a resposta que encontramos no sistema jurídico, é a seguinte:

Em princípio, a *venda antecipada* apenas deverá ser autorizada em sede da acção executiva, nos termos do art. 886.º-C. Todavia, excepcionalmente, quando possa concluir-se, com *razoável segurança*, que as vantagens superam largamente os inconvenientes, designadamente quando os bens arrestados corram o risco de se desvalorizarem totalmente ou de perderem grande parte do seu valor, o factor da segurança deve ceder lugar ao da eficácia, promovendo-se a sua liquidação imediata, de modo a obter o justo quantitativo que, depositado à ordem do tribunal, possa servir para suportar o pagamento do crédito, se este for confirmado, ou ser entregue ao requerido se, eventualmente, a pretensão decair.[433]

65.6. Diga-se ainda que para esta solução, justificada pelos interesses que se encontram presentes e que ao intérprete cumpre assegurar, poderemos encontrar outros argumentos que alargam a base de sustentação.

Vejamos:

a) A análise do *direito comparado* não constitui um elemento que formalmente possa utilizar-se na interpretação do direito interno. Mas,

[433] No sentido do texto cfr. **Lebre de Freitas**, *CPC anot.*, vol. II, pág. 121, e o recente Ac. da Rel. de Lisboa, de 18-11-08, CJ, tomo V, pág. 95 (onde se decidiu ser de ordenar a venda antecipada em caso de grave diminuição do valor do bem arrestado se se tiver de aguardar a venda na acção executiva) que foi confirmado, ainda que com um voto de vencido, pelo Ac. do STJ, de 18-6-09 (*www.dgsi.pt*), Rel. Lázaro Faria.

Aderimos inteiramente à solução que, no âmbito do arrolamento, foi encontrada no Ac. da Rel. de Évora, de 11-6-87, CJ, tomo III, pág. 249, designadamente quando, por essa via, se afastaram os radicalismos conceptualistas e se optou por uma solução que admitiu a venda antecipada, apesar de se estar no âmbito de um procedimento que não visava a manutenção da garantia patrimonial (*infra*, 90.8).

apesar disso, realça-se que, sendo o nosso sistema processual civil similar ao que vigora em Itália, neste se encontra expressamente consagrada a possibilidade de venda de bens arrestados quando sejam deterioráveis.[434]

b) Mais forte é o argumento de *ordem sistemática*, extraído da subsidiariedade do regime da penhora relativamente ao arresto.

De acordo com o art. 406.º, n.º 2, o arresto segue as regras da penhora em tudo quanto não contrarie o previsto no sector que regula essa providência. A apreensão do bem implica a sua entrega a um depositário, a quem competirá a administração e sobre quem recairá o dever de zelar pela sua conservação, nos termos do art. 843.º do CPC e do art. 1187.º, al. b), do CC.

Nas situações extremas que assinalámos e noutras semelhantes, a defesa dos interesses que no procedimento se debatem é perfeitamente compatível com a liquidação dos bens apreendidos, nos termos previstos no art. 886.º-C.

c) Também não pode ser desconsiderado o contributo que, em termos genéricos, se pode extrair dos *princípios* que regem o processo civil e que com a reforma receberam valioso contributo.[435]

A *função instrumental* do processo impõe que, na falta de expressa proibição legal, o resultado interpretativo conduza à valorização da justiça material. Esta, no caso concreto, pode ser alcançada através da efectiva colocação à ordem do processo da quantia correspondente ao valor comercial dos bens apreendidos, ficando arredada quando, com base em argumentos de duvidosa sustentabilidade, se recusa irrestritamente uma tal solução.

Em muitas das situações exemplificadas, a manutenção, a todo o custo, do arresto, com base em meras justificações formais, deixa aberta a porta à completa desvalorização do activo, quer através da redução do valor venal dos bens, quer do aumento excessivo das despesas necessárias à sua conservação.

---

[434] De acordo com o art. 685.º do respectivo CPC " *caso di pericolo di deteriorazione delle cose che formano oggetto del sequestro, il giudice, con lo stesso provvedimento do concessione o com altro sucessivo, può ordinare la vendita nei modo stabiliti per le cose pignorate. Il prezzo ricavato dalla vendita rimane sequestrato inluogo delle cose vendute*".

[435] Sobre a função dos princípios gerais no âmbito do processo civil cfr. **Abrantes Geraldes**, *Temas da Reforma do Processo Civil*, vol. I, 2ª ed., págs. 26 e segs.

Nestes casos, verifica-se que um eventual argumento ligado aos factores da insegurança e da injustiça potenciados pela venda antecipada de bens arrestados reverte contra o próprio requerido que pretensamente se queira proteger de actos decretados no âmbito de um simples procedimento cautelar.

Art. 409.º
(Arresto de navios e sua carga)

1 – Tratando-se de arresto em navio ou na sua carga, incumbe ao requerente demonstrar, para além do preenchimento dos requisitos gerais, que a penhora é admissível, atenta a natureza do crédito.

2 – No caso previsto no número anterior, a apreensão não se realizará se o devedor oferecer logo caução que o credor aceite ou que o juiz, dentro de dois dias, julgue idónea, ficando sustada a saída do navio até à prestação da caução.

Sumário:
66 – Referências normativas
67 – Regimes jurídicos

66. Referências normativas:
66.1. O n.º 1 desta norma deve considerar-se tacitamente modificada pelo art. 9.º do Dec. Lei n.º 201/98, de 10-7, com a seguinte redacção:[436]

Art. 9.º

1 – O navio pode ser arrestado ou penhorado mesmo que se encontre despachado para viagem.

2 – O disposto no número anterior é aplicável aos géneros ou mercadorias carregados em navio que se achar nas circunstâncias previstas no número anterior.

---

[436] Conforme resulta do Preâmbulo deste diploma, "*consagra-se o princípio de que o arresto e a penhora de navio e mercadorias podem ser efectuados mesmo que o navio já se encontre despachado para viagem, perfilhando-se assim a solução da Convenção Internacional para Unificação de Certas Regras sobre Arresto de Navios de Mar, assinada em Bruxelas em 10-5-52*".

A anterior solução constante do n.º 1 do art. 409.º tinha correspondência com o disposto no art. 491.º do Cód. Comercial, também revogado, que restringia o arresto de navios despachados para viagem, reservando-o para garantir dívidas contraídas para aprovisionamento dessa mesma viagem ou para caução da responsabilidade por abalroação.

Agora, tal como já o prescrevia a Convenção de Bruxelas de 10-5-52, o navio e as mercadorias nele carregadas encontram-se colocados em situação de paridade com quaisquer outros bens do património do devedor, respondendo, sem reservas, pelas suas obrigações.

66.2. Interessam ainda ao *arresto de navios* as normas constantes da Convenção de Bruxelas para Unificação de Certas Regras Sobre o Arresto de Navios de Mar, de 10-5-52, introduzida na ordem interna pelo Dec. Lei n.º 41.007, de 16-2-57.

Dessa Convenção extractam-se as seguintes normas mais importantes:

Art. 1.º

Na presente Convenção as seguintes expressões são empregadas com os signifi-cados abaixo indicados:

1 – "Crédito marítimo": significa alegação de um direito ou de um crédito prove-niente de uma das causas seguintes:

a) Danos causados por um navio, quer por abalroação, quer por outro modo;

b) Perda de vidas humanas ou danos corporais causados por um navio ou resultantes da sua exploração;

c) Assistência e salvação;

d) Contratos relativos à utilização ou ao aluguer de um navio por carta-partida ou por outro meio;

e) Contratos relativos ao transporte de mercadorias por navio, em virtude de carta-partida, conhecimento ou outro meio;

f) Perda ou danos de mercadorias e bagagens transportadas em navio;

g) Avaria comum;

h) Empréstimo a risco;

i) Reboque;

n) Pilotagem;

k) Fornecimento de produtos ou de material feitos a um navio para a sua exploração ou conservação, e qualquer que seja o lugar onde esses fornecimentos se façam;

l) Construção, reparações, equipamento de um navio ou despesas de estiva;

m) Soldadas do capitão, oficiais ou tripulantes;

n) Desembolsos do capitão e os efectuados pelos carregadores, afretadores ou agentes por conta do navio ou o seu proprietário;

o) Propriedade contestada de um navio;

p) Compropriedade contestada de um navio, ou sua posse, ou sua exploração, ou direito aos produtos da exploração de um navio em compropriedade;

q) Qualquer hipoteca marítima e qualquer "mortgage".

2 – "Arresto": significa a imobilização de um navio, mediante autorização de autoridade judiciária competente, em garantia de um crédito marítimo, mas não com-preende a apreensão de um navio baseada em título exequível.

3 – "Pessoas": abrange todas as pessoas físicas ou morais, sociedades de pessoas ou capitais, assim como os Estados, administrações e estabelecimentos públicos.

4 – "Autor": significa a pessoa que invoca a seu favor a existência de um crédito marítimo.

Art. 2.º

Um navio que arvore o pavilhão de um dos Estados Contratantes só poderá ser arrestado na jurisdição de um Estado Contratante em virtude de um crédito marítimo, mas nenhuma das disposições da presente Convenção poderá considerar-se exten-são ou restrição dos direitos ou poderes que têm os Estados, autoridades públicas ou autoridades portuárias, segundo as suas leis internas ou regulamentos de arrestar ou deter um navio ou, por outro modo, impedi-lo de sair para o mar dentro da sua jurisdição.

Art. 3.º

1 – Sem prejuízo das disposições do parágrafo 4 e do artigo 10.º, qualquer autor pode fazer arrestar, tanto o navio a que o crédito se reporta, como qualquer outro pertencente àquele que na data da constituição do crédito marítimo era proprietário do navio a que o crédito se refere, ainda mesmo quando o navio arres-tado se encontre despachado para viagem, mas nenhum navio poderá ser arrestado por algum dos créditos previstos nas alíneas o), p) ou q) do artigo 1.º, salvo o próprio navio a que respeita a reclamação.

2 – Reputar-se-á terem o mesmo proprietário os navios cujas quotas-partes per-tençam, em propriedade, à mesma ou mesmas pessoas.

-3 – Nenhum navio poderá ser arrestado e nenhuma caução ou garantia poderá ser prestada, mais de uma vez, na jurisdição de um ou vários Estados Contratantes, pelo mesmo crédito e a pedido do mesmo autor; e se um navio for arrestado numa das ditas jurisdições, e prestada caução ou garantia, quer para fazer levantar o arresto, quer para o evitar, qualquer arresto ulterior desse navio ou de outro pertencente ao mesmo proprietário, efectuado a solicitação

do autor e pelo mesmo crédito marítimo, será levantado e liberado o navio pelo tribunal ou jurisdição competente do referido Estado, a não ser que o autor prove, em termos considerados bastantes pelo tribunal ou autoridade judiciária competente, que a garantia ou caução foi definitivamente extinta antes da realização do arresto subsequente ou que não existe qualquer razão válida para a manter.

***4** – No caso de fretamento de navio, com transferência da gestão náutica, quando só o afretador responder por um crédito marítimo relativo a esse navio, o autor poderá fazer arrestar o mesmo navio ou outro pertencente ao afretador, com observância das disposições da presente Convenção, mas nenhum outro navio pertencente ao proprietário poderá ser arrestado por tal crédito marítimo.*

A precedente alínea aplica-se igualmente a todos os casos em que pessoa diversa do proprietário é devedora de um crédito marítimo.

Art. 4.º

Nenhum navio pode ser arrestado senão mediante autorização de um tribunal ou de outra autoridade judiciária competente do Estado Contratante onde o arresto é efectuado.

Art. 5.º

O tribunal ou a autoridade judiciária competente, em cuja jurisdição o navio tiver sido arrestado, decretará o levantamento do arresto logo que for prestada caução ou garantia suficientes, salvo se o arresto houver sido efectuado em virtude dos créditos marítimos enumerados no art. 1.º, als. o) e p); neste caso, o juiz pode autorizar a exploração do navio pelo possuidor, desde que este preste garantias bastantes, ou regular a gestão do navio durante a pendência do arresto.

Na falta de acordo das Partes sobre a importância da caução ou garantia, o tribunal ou autoridade judiciária competente fixará a sua natureza e montante.

O pedido de levantamento do arresto, mediante tal garantia, não poderá ser interpretado nem como reconhecimento de responsabilidade nem como renúncia ao benefício da limitação legal da responsabilidade do proprietário do navio.

Art. 6.º

Todas as questões relativas à responsabilidade do autor, por prejuízos causados pelo arresto ou por despesas de caução ou de garantia prestadas para o levantar ou impedir, serão reguladas pela lei do Estado Contratante em cuja jurisdição o arresto for efectuado ou pedido.

As regras de processo reguladoras do arresto de um navio, obtenção da autorização prevista no art. 4.º e quaisquer outros incidentes processuais que o arresto possa suscitar serão as constantes da lei do Estado Contratante onde o arresto for efectuado ou pedido.

Art. 7.º

***1** – Os tribunais do Estado em que se efectuou o arresto serão competentes para conhecer da causa principal:*

ou quando essa competência lhes cabe por força de lei interna do referido Estado;

ou em qualquer dos seguintes casos taxativos:

a) Se o autor tem a sua residência habitual ou o seu principal estabelecimento no Estado em que se efectuou o arresto;

b) Se o próprio crédito marítimo se constituiu no Estado Contratante onde se efectuou o arresto;

c) Se o crédito marítimo se constituiu no decurso de uma viagem durante a qual se efectuou o arresto;

d) Se o crédito provém de abalroação ou de circunstâncias previstas no art. 13.º da Convenção Internacional para a unificação de certas regras em matéria de abalroação, assinada em Bruxelas, a 23-9-1910;

e) Se o crédito provém de assistência ou salvação;

f) Se o crédito está garantido por hipoteca marítima ou "mortgage" sobre o navio arrestado.

***2** – Se o tribunal em cuja jurisdição o navio foi arrestado não tiver competência para se pronunciar sobre a causa principal, a caução ou garantia a prestar, na conformidade do art. 5.º, para obter o levantamento do arresto, deverá garantir o cumprimento das condenações que venham a ser ulteriormente proferidas pelo tribunal com a dita competência, e o tribunal ou a autoridade judiciária do lugar do arresto fixará o prazo dentro do qual o autor deverá propor a acção perante o tribunal competente.*

***3** – Se as convenções das partes contêm cláusula atributiva de competência a outra jurisdição ou cláusula arbitral, o tribunal poderá fixar o prazo de propositura da acção principal.*

***4** – Nos dois casos previstos nas alíneas precedentes, se a acção não for intentada no prazo estabelecido, o arrestado poderá pedir o levantamento do arresto ou -da caução prestada.*

***5** – Este artigo não se aplicará aos casos prevenidos nas disposições da Convenção revista sobre a Navegação do Reno de 17-10-1868.*

Art. 8.º

1 – As disposições da presente Convenção são aplicáveis em qualquer dos Estados Contratantes a todo o navio que arvore a bandeira de um Estado Contratante.

2 – Um navio que arvore a bandeira de um Estado não contratante pode ser arrestado num dos Estados Contratantes, em virtude de um dos créditos enumerados no artigo 1.º ou de qualquer outro crédito que autorize o arresto segundo a lei deste Estado.

3 – Todavia, qualquer Estado Contratante pode recusar todas ou parte das van-tagens da presente Convenção a qualquer Estado não contratante ou a qualquer pessoa que à data do arresto não tenha a sua residência habitual ou o seu principal estabelecimento num Estado Contratante.

4 – Nenhuma disposição da presente Convenção modificará ou afectará a lei interna dos Estados Contratantes no respeitante ao arresto de um navio na jurisdição do Estado cuja bandeira ele arvora, por pessoa com residência habitual ou principal estabelecimento neste Estado.

5 – Considerar-se-á com a mesma residência habitual e o mesmo estabelecimento principal do credor originário qualquer terceiro que não seja o autor primitivo, portador de um crédito marítimo, por efeito de sub-rogação, cessão ou outra causa.

Art. 9.º

Nenhuma das disposições da presente Convenção se deve entender como atribuindo direito a uma acção que, fora das suas estipulações, não existiria, segundo a lei a aplicar pelo tribunal a que o litígio está afecto.

A presente Convenção não confere aos autores nenhum direito de sequela, além do outorgado por esta última lei, ou pela Convenção Internacional sobre Privilégios e Hipotecas Marítimas, quando aplicável.

(.../...)

66.3. Faz ainda sentido transcrever, a partir da Lei n.º 35/86, de 4-9, que criou os *tribunais marítimos*, as normas referentes ao arresto de navios e de cargas:[437]

---

[437] A norma do art. 4.º, al. i), corresponde praticamente à do art. 123.º, n.º 1, al. i), da nova LOFTJ.

Art. 4.º

Compete aos tribunais marítimos conhecer, em matéria cível, das questões relativas a:

(.../...)

i) *Decretamento de providências cautelares sobre navios, embarcações, outros engenhos flutuantes, respectiva carga e bancas e outros valores pertinentes aos navios, embarcações ou outros engenhos flutuantes, bem como solicitação preliminar à capitania para suster a saída das coisas que constituam objecto de tais providências.*

(.../...)

Art. 12.º

1 *– Requerido arresto ou outro procedimento cautelar que tenha por objecto navio, embarcação, outro engenho flutuante ou respectivas cargas ou bancas ou outros valores pertinentes ao navio, a secretaria passará logo guias para o pagamento do preparo inicial* [438] *e, efectuado este, fará imediatamente o processo concluso ao juiz.*

2 *– No prazo de 24 horas, o juiz decidirá se o processo deve prosseguir. Não havendo lugar a indeferimento liminar, será determinado, se nisso convier o requerente, que pelo modo mais célere seja solicitado ao capitão do porto em cuja jurisdição se encontre o objecto da diligência que tome as providências adequadas à respectiva guarda e retenção e far-se-á seguidamente a confirmação por escrito do pedido, se por outro modo este tiver sido formulado.*

3 *– É de cinco dias o prazo de conclusão da prova informatória e prolação da decisão, que será notificada aos interessados e ao capitão do porto; se for denegatória, a estes será comunicada pela via mais rápida, nos termos do número anterior.*

4 *– Presume-se, para efeitos do n.º 1 do art. 143.º do CPC, que se destinam a evitar danos irreparáveis os actos judiciais necessários aos procedimentos a que se refere este artigo.*

5 *– O disposto no n.º 4 do art. 404.º e no n.º 4 do art. 406.º do CPC é aplicável no caso de serem impostas as providências de guarda e retenção a que se refere o n.º 2 deste artigo, podendo o pedido de indemnização ser*

---

[438] O regime legal deve considerar-se modificado por via da nova redacção do art. 474.º, al. f), do CPC, devendo comprovar-se logo com o requerimento inicial o pagamento da taxa de justiça.

formulado, sem dependência de embargos, no caso de o procedimento cautelar requerido não ser decretado.[439]

(.../...)

66.4. Outras normas com interesse:

– O art. 7.º do Dec. Lei n.º 201/98, de 10-7, e o art. 6.º, al. f), do CPC, que prevêem a atribuição de *personalidade judiciária* ao navio;

– O art. 10.º do Dec. Lei n.º 202/98, de 10-7, segundo o qual o agente de navegação (a que se reporta o Dec. Lei n.º 76/89, de 3-3, alterado pelo Dec. Lei n.º 148/91, de 12-4) tem poderes para receber *citações e notificações* judiciais em representação dos proprietários, dos armadores e dos gestores dos navios cujo despacho tenham requerido;

– O Dec. Lei n.º 384/99, de 23-9, relativo à *tripulação* do navio.

67. Regimes jurídicos:

67.1. A existência de diplomas ou normas que regulam especificamente o arresto de navios está directamente relacionada com as especiais características desses bens e com a diversidade de interessados. Foi a especial natureza e as circunstâncias que rodeiam a actividade de navegação que determinaram a previsão de um regime diversificado de apreensões.

Tal regime pretende assegurar os interesses de terceiros, o que leva a que, por vezes, os navios sejam encarados como património de afectação especial ao qual é conferida larga margem de autonomia que leva a atribuir-lhe responsabilidade pelo cumprimento de obrigações e a conceder-lhe personalidade judiciária. Por outro, ponderaram-se os efeitos que podem derivar da paralisação do navio depois de apreendido, o que justifica a previsão específica da possibilidade de se obstar ao arresto, mediante o prévio caucionamento das responsabilidades do requerido.

67.2. Tendo em conta a diversidade de regimes que resulta da aplicação estrita da lei nacional ou do recurso à mencionada Convenção de Bruxelas de 1952, há que verificar, em primeiro lugar, qual a legislação aplicável.

---

[439] O n.º 5 encontra-se prejudicado, já que não se integra no actual regime processual do arresto a possibilidade de o requerido formular o pedido de indemnização contra testemunhas que tenham cometido perjúrio causal do decretamento do arresto.

Também na lei interna é possível distinguir duas *modalidades* de processamento de arresto de navios ou de carga:

a) Uma mais acelerada, resultante do art. 12.º da Lei n.º 35/86, de 4-9, aplicável sempre que o arresto seja decretado pelos *tribunais marítimos* (na decorrência da competência material atribuída a estes tribunais) ou por tribunais que, na falta daqueles, exerçam as respectivas funções (tribunais de competência genérica ou de competência especializada na área do direito civil);[440]

b) Outra, sujeita ao regime geral resultante do art. 409.º e de outras normas de processo.

67.3. Sendo aplicável exclusivamente a *legislação interna*, há que considerar, como já se disse, que o art. 409.º, n.º 1, do CPC, foi tacitamente modificado pelo art. 9.º do Dec. Lei n.º 201/98, de 10-7.

Diverso era o resultado que derivava da conjugação dessa norma com o art. 829.º (também revogado) que apenas consentia a penhora (e, consequentemente, o arresto) de navios despachados para viagem quando a medida se destinasse a assegurar dívidas ao Estado ou que tivessem sido contraídas para o aprovisionamento, para pagamento de salários de assistência ou de salvação ou de créditos emergentes de responsabilidade por abalroação.[441] Quanto à carga de navios despachados para viagem, apenas poderia ser apreendida se pertencesse a um único carregador e o navio não transportasse passageiros (anterior art. 829.º, n.º 3, do CPC), considerando-se despachado para viagem o navio logo que o desembaraço passado pela capitania do porto estivesse na posse do respectivo capitão (n.º 4).

---

[440] Ainda que nos termos do art. 70.º do Regulamento da anterior LOFTJ, aprovado pelo Dec. Lei n.º 186-A/99, de 31-5, tivessem sido criados diversos tribunais marítimos, apenas foi instalado o Trib. Marítimo de Lisboa, com competência para julgar os litígios atinentes não apenas ao Departamento Marítimo do Centro, mas ainda aos Departamentos Marítimos do Norte e do Sul, enquanto não forem instalados os Tribunais Marítimos de Faro e do Porto. Excluem-se os litígios inerentes aos Departamentos Marítimos das Regiões Autónomas da Madeira e dos Açores que ficam adstritos aos tribunais com competência cível.

[441] Considerava-se que era ao arrestante que incumbia provar que o navio não se encontrava despachado para viagem (cfr. os Acs. da Rel. de Coimbra, de 15-7-86, CJ, tomo IV, pág. 67, e de 29-10-91, BMJ 410.º/886).

Quanto ao facto de a dívida ter sido contraída para aprovisionamento da viagem, cfr. o Ac. da Rel. de Évora, de 7-4-88, CJ, tomo II, pág. 257.

A partir da entrada em vigor do novo regime deixaram de vigorar estes impedimentos, tendo sido dada prioridade aos interesses dos credores, em detrimento dos carregadores ou dos destinatários das mercadorias a transportar.

Com recurso apenas ao *regime geral*, devem ser ponderados, designadamente, os seguintes elementos:

a) O arresto depende da verificação cumulativa da probabilidade da existência do crédito e do justo receio de perda da garantia patrimonial;[442]

b) Decretado o arresto, deve ser feita a imediata comunicação à Capitania em cuja área se encontra o navio ou onde o mesmo irá aportar, sendo essa a entidade que deve impedir a saída do navio ou o seu desembaraço;

c) A apreensão não se realizará se o devedor oferecer caução que garanta o pagamento da quantia reclamada pelo requerente, ficando, no entanto, sustada a saída do navio até que tal caução seja prestada, nos termos do art. 409.º, n.º 2.[443]

67.4. Sendo aplicável a *Convenção de Bruxelas* (que apenas abarca o arresto de navios) há que atentar especialmente no seguinte:

a) Se os navios tiverem bandeira de algum dos Estados Contratantes, sem prejuízo do disposto no art. 8.º, n.º 4, dessa Convenção,[444] apenas podem ser arrestados para garantia de *créditos marítimos* como tal definidos pelo art. 1.º;[445]

---

[442] Na aferição deste último requisito não poderá deixar de se considerar a natureza específica do bem e a consequente mobilidade ou a facilidade de alienação.

[443] É aqui que mais se impõe a colaboração do requerente, do requerido e do próprio tribunal, tendo em conta os prejuízos que para o armador ou para terceiros podem advir da imobilização do navio. Por isso a lei, dando preferência a um acordo entre as partes quanto ao montante e natureza da caução, não deixa de impor ao tribunal um curto prazo de 2 dias para proferir a decisão.

[444] Como defende **Mário Raposo**, a Convenção não se aplica ao arresto em Portugal de um navio português requerido por uma pessoa singular ou colectiva domiciliada em Portugal (*Estudos Sobre o Novo Direito Marítimo*, pág. 168).

[445] Quando se aplique exclusivamente a Convenção, apenas podem ser invocados créditos tipificados, sem embargo do que se dispõe no seu art. 8.º, n.º 4 (**Mário Raposo**, *Estudos Sobre o Novo Direito Marítimo*, pág. 168, e *Problemas relacionados como arresto de navios*, na *R.O.A*, 63.º/16, e ainda o parecer coligido em *Direito Marítimo Internacional – Pareceres*, vol. I, pág. 91).

Isso determina, por exemplo, que não possam ser invocados como *créditos marítimos* os resultantes de prémios de seguros e de encargos de corretagem (**Mário Raposo**, *Estudos Sobre o Novo Direito Marítimo*, pág. 169), mas que já o possa ser o crédito

b) Já se os navios tiverem bandeira de Estado não Contratante, podem ser arrestados independentemente da natureza dos créditos, nos termos do referido art. 8.º, n.º 2;

c) Ao invés do que sucede com o arresto a que seja aplicada exclusivamente a lei interna, não se exige a alegação ou a prova do *justo receio* de perda da garantia patrimonial. Este requisito presume-se *juris et de jure*, atenta a natureza intrínseca dos navios, a facilidade de mobilização e a rapidez com que pode operar-se a mudança de bandeira, especialmente no que concerne a navios com bandeira de conveniência;[446]

---

derivado de sinistro imputável ao armador que causou a morte de um agente de autoridade (Ac. da Rel. do Porto, de 17-10-96, CJ, tomo IV, pág. 234) ou créditos por fornecimento de combustível (Ac. da Rel. de Lisboa, de 2-11-06, CJ, tomo V, pág. 75).

Nos Acs. da Rel. de Lisboa, de 16-4-85, CJ, tomo II, pág. 125, e de 2-11-06, CJ, tomo V, pág. 75, considerou-se irrelevante a titularidade do direito de propriedade, e deu-se realce ao facto de o crédito derivar de serviços e pagamentos feitos por conta do navio.

Cfr. ainda o Ac. da Rel. de Lisboa, de 6-2-97, CJ, tomo I, pág. 115, onde se decidiu que, invocado um crédito marítimo com origem na exploração de navio, pode o credor requerer o seu arresto, ainda que ele já não pertença à pessoa que dele era proprietário no momento em que o crédito foi constituído. Privilegia-se, deste modo, a protecção dos créditos contraídos em benefício exclusivo do navio, independentemente do seu proprietário.

[446] De acordo com as regras de experiência ligadas à actividade de navegação, o legislador (neste caso actuando no fórum internacional) *presumiu* esse requisito, bastando-se com a prova da existência de um direito de crédito com a natureza daqueles a que a Convenção se refere.

Esta interpretação tem sido assumida uniformemente pela jurisprudência nacional, como o comprovam os seguintes arestos: os Acs. do STJ, de 21-5-96, CJSTJ, tomo II, pág. 84, de 24-3-94, CJSTJ, tomo II, pág. 97, e de 21-5-96, CJSTJ, tomo II, pág. 84, e os Acs. da Rel. de Lisboa, de 19-3-98, CJ, tomo II, pág. 96, de 24-3-94, CJ, tomo II, pág. 97, de 6-2-97, CJ, tomo I, pág. 115, e de 18-2-97, CJ, tomo I, pág. 131. Cfr. ainda **Mário Raposo**, *Estudos Sobre o Novo Direito Marítimo*, pág. 167.

Mas apesar de poder transparecer do preceito a equivalência entre a simples "*alegação de um crédito*" e a sua existência real, não deve prescindir-se da apresentação de elementos que, com o grau de verosimilhança necessário, permitam concluir que o requerente é efectivamente titular do alegado crédito, com características que justifiquem a providência cautelar.

Na obra *Direito Marítimo Internacional – Pareceres*, vol. I, pág. 93, alerta-se precisamente para esta imperfeição normativa e sustenta-se que "é legítimo esperar que o bom senso dos tribunais, inspirados na prática corrente e na doutrina estabelecida, os leve a só decretar o arresto quando o requerente faça prova da certeza (ou melhor, da verosimilhança) do seu crédito".

Em sentido diverso, cfr. **Mário Raposo**, *Problemas relacionados como arresto de navios*, na *ROA*, 63.º/15.

d) De acordo com o disposto no art. 409.º, n.º 2, do CPC, a apreensão não será decretada se for admitida *caução* adequada, ficando sustada a saída do navio;

e) O tribunal decreta o *levantamento* do arresto logo que prestada caução ou garantia suficiente, salvo se o arresto houver sido efectuado em virtude dos créditos marítimos enumerados no art. 1.º, als. o) e p), nos termos do art. 5.º da referida Convenção;

f) As *regras de processo* reguladoras do arresto e quaisquer incidentes processuais que possam suscitar-se são as constantes da lei nacional (art. 6.º);

g) É indiferente a *competência* para o julgamento da acção principal, bastando que o tribunal nacional seja internacionalmente competente para o decretamento do arresto (art. 7.º, n.º 1);[447]

h) Decretado o arresto, o tribunal deve fixar prazo para a *interposição da acção*, quando esta deva ser instaurada nos tribunais de outro Estado, nos termos do art. 7.º, n.º 2. O interessado deve comprovar esse facto, nos termos do art. 383.º, n.º 5, sob pena de caducidade do arresto ou de levantamento da caução, de acordo com o regime geral do art. 389.º.[448]

67.5. Se o arresto de navios ou de cargas estiver sujeito ao regime especialmente previsto no art. 12.º da Lei n.º 35/86, de 4-9, aplicável aos *tribunais marítimos*, a tramitação processual é a seguinte:

a) Recebida a petição, o procedimento é apresentado imediatamente ao juiz que deve proferir, em 24 horas, *despacho liminar*;

b) Se não houver motivos para indeferimento liminar, deve determinar-se imediatamente a *retenção e guarda do navio*, através de comunicação à Capitania territorialmente competente, pelo meio mais directo, após o que deve remeter-se confirmação escrita;[449]

---

[447] A *competência internacional* para o decretamento do arresto é independente da que esteja consagrada para o julgamento da acção principal, solução precursora daquela que ficou inscrita nos art. 24.º das Convenções de Bruxelas e de Lugano em Matéria de Competência Judiciária. e no art. 31.º do Regulamento (CE) n.º 44/2001.

A competência internacional dos tribunais portugueses relativamente a arresto de navios ancorados em porto nacional já fora afirmada no Ac. do STJ, de 22-11-85, BMJ 351.º/318.

[448] Cfr. **Abrantes Geraldes**, *Temas da Reforma do Processo Civil*, vol. III, 4ª ed., págs. 166 a 169.

[449] Sobre a questão cfr. **Lebre de Freitas**, *A apreensão liminar como antecipação do arresto do navio*, em *Nos 20 anos do Código das Sociedades Comerciais*, vol. II, págs. 1095 e segs.

c) No prazo de 5 dias concluir-se-á a prova e será proferida *decisão*;

d) Seja favorável ou desfavorável a decisão, a mesma deve ser comunicada à Capitania que, de seguida, agirá em conformidade, mantendo a apreensão ou libertando o navio;

e) A retenção preliminar ou a apreensão final não se efectuará se for prestada *caução* idónea;

f) Os actos judiciais podem ser praticados nos dias em que os tribunais se encontrem encerrados.

67.6. Em todos os arrestos, independentemente da legislação substantiva ou processual a que estejam sujeitos, respeitar-se-ão as seguintes regras:

a) O requerente deve comprovar imediatamente o pagamento da *taxa de justiça* inicial, nos termos do art. 474.º, al. f), do CPC;

b) O procedimento de arresto é apreciado sem audiência contraditória prévia;

c) O arresto de navios abarca tudo o que a lei considera *parte integrante*, ou seja, além da máquina principal e máquinas auxiliares, os aparelhos, aprestos, meios de salvação, acessórios e demais equipamentos existentes a bordo e necessários à sua operacionalidade;

d) Nada obsta a que a retenção prévia ou o arresto sejam substituídos pela prestação de *caução* adequada;[450]

e) Deverá ser nomeado *depositário*,[451] o qual pode fazê-lo navegar nos termos e condições previstas no art. 852.º;

f) Também os *credores* podem fazer navegar o navio, nos termos e condições previstas no art. 853.º;

---

[450] Se o arresto pode ser evitado mediante o prévio caucionamento, nos termos do art. 409.º, n.º 2, por maioria de razão se legitima a substituição da medida cautelar, aliás, de acordo com o art. 387.º, n.º 3, aplicável ao arresto, *ex vi* art. 392.º, n.º 1.

[451] Não se mostra fácil encontrar alguém com disponibilidades para aceitar o encargo de *depositário*, tendo em conta as responsabilidades inerentes à administração do navio relativamente ao qual se impõe, designadamente, o cumprimento de normas de segurança impostas pelas capitanias. Por outro lado, tendo em conta a especificidade do bem, o mesmo pode ser causa de despesas elevadas (*v.g.* taxas portuárias, mesmo depois do arresto, como se refere no Ac. do STJ, de 25-1-00, BMJ 493.º/390), cuja necessidade nem sempre se tornará fácil apurar, dando azo a resultados irrazoáveis, como aquele que se descreve no Ac. da Rel. de Lisboa, de 2-3-00, CJ, tomo II, pág. 81, onde o depositário apresentou despesas que praticamente absorviam o valor obtido pela venda do navio.

g) Após a realização do arresto, deve ser *notificado* o devedor, ainda que na pessoa do capitão do navio ou do agente de navegação (arts. 8.º, n.º 1, e 10.º do Dec. Lei n.º 202/98);

h) O próprio navio pode ter *personalidade judiciária passiva* nos casos em que a lei o prevê (art. 6.º, al. f), do CPC), isto é, quando o proprietário ou o armador não sejam identificáveis com base no despacho de entrada da capitania (art. 11.º, n.º 1, do Dec. Lei n.º 202/98, de 10-7);[452]

i) Em tais situações, a representação do navio, como sujeito processual passivo, pertencerá ao *agente de navegação* que requereu o despacho de entrada no porto (art. 11.º, n.º 2, do Dec. Lei n.º 202/98);

j) A *titularidade* do navio é regulada pela lei da sua nacionalidade (art. 11.º do Dec. Lei n.º 201/98);

l) O requerente tem o ónus de *registar* o arresto, como condição de eficácia para terceiros,[453] registo este previsto no art. 4.º, al. f), do Dec. Lei n.º 42644, de 14-11-59, mantido em vigor pelo art. 5.º, n.º 2, do Dec. lei n.º 403/86, de 3-12.

---

[452] Cfr. o Ac. do STJ, de 26-3-98, BMJ 475.º/571, e os Acs. da Rel. de Lisboa, de 6-2-97, CJ, tomo I, pág. 115, e de 18-2-97, CJ, tomo I, pág. 130.

[453] Sobre a matéria cfr. **Remédio Marques**, *A Penhora e a Reforma do Processo Civil*, págs. 49 e 50, e *Curso de Processo Executivo*, pág. 237.

Art. 410.º
(Caso especial de caducidade)

O arresto fica sem efeito, não só nas circunstâncias referidas no artigo 389.º, mas também no caso de, obtida na acção de cumprimento sentença com trânsito em julgado, o credor insatisfeito não promover a execução dentro dos dois meses subsequentes, ou se, promovida a execução, o processo ficar sem andamento durante mais de trinta dias, por negligência do exequente.

Sumário:
68 – Caducidade

68. Caducidade:

68.1. Podem ocorrer no âmbito do arresto as seguintes situações:

a) Sendo o arresto preliminar de *acção declarativa*, esta deve ser instaurada no prazo de 10 dias previsto no art. 389.º, n.º 2 (considerando que o arresto é um dos procedimentos que não admite contraditório prévio).[454] Requerido como incidente da mesma acção, deve o justificante impulsionar o seu andamento, nos termos da regra geral do art. 389.º, n.º 1, al. b).

Em qualquer dos casos, obtida sentença condenatória, com trânsito em julgado, deve promover-se a execução dentro de 2 meses, sob pena de o arresto ficar "*sem efeito*", quando a inércia for imputável ao exequente.[455]

---

[454] Cfr. **Abrantes Geraldes**, *Temas da Reforma do Processo Civil*, vol. III, 4ª ed., págs. 293 e segs.

[455] Note-se que o devedor não tem que ser especialmente notificado do trânsito em julgado da sentença, como se decidiu no Ac. do STJ, de 20-6-02, CJSTJ, tomo II, pág. 121.

Deve admitir-se a equivalência entre a instauração da acção ou da execução e a apresentação noutro processo de execução da competente reclamação de crédito. Neste

b) Quando o arresto seja preliminar de *acção executiva*, o credor tem o ónus de a instaurar no prazo de 10 dias e, depois, o de promover o seu andamento, nos termos do art. 389.º, n.º 1, al. b). Instaurado como incidente de acção executiva, recai sobre o exequente o mesmo ónus, sob pena de o arresto ficar sem efeito, perante a injustificada paralisação por lapso de tempo superior a 30 dias.

A caducidade do arresto, por motivos constantes do art. 389.º ou devido ao incumprimento do específico ónus que recai sobre o justificante, determina a sua responsabilização, nos termos do art. 390.º, n.º 1, do CPC, e do art. 621.º do CC,[456] desde que seja possível concluir que o comportamento foi contrário aos padrões normais de prudência.

68.2. A solução legal tem o seu âmbito de aplicação limitado ao arresto, não existindo motivos para defender a sua extensão a outras medidas cautelares (*infra*, 89. e 92.)

Com efeito, para as restantes situações, a dependência verifica-se apenas relativamente à acção de que o procedimento seja incidental ou preliminar.[457]

---

sentido cfr. **Anselmo de Castro**, *Direito Processual Civil Declaratório*, vol. I, pág. 144, e **Lebre de Freitas**, *CPC anot.*, vol. II, pág. 133.

A norma do art. 410.º reproduziu o que já constava do anterior art. 382, n.º 2, verificando-se que, então, a expressão significativa da caducidade se harmonizava com a que abarcava a generalidade das providências, nos termos do n.º 1. Tendo sido modificada a norma determinativa da caducidade da providência e da extinção do procedimento cautelar, nos termos que constam do actual art. 389.º, n.º 1, justificava-se que semelhantes expressões fossem trazidas para a norma especialmente referente ao arresto. Ainda assim, a expressão "*sem efeito*" não pode ter outro significado do que aquele que se encontra vertido no mencionado art. 389.º.

[456] Cfr. **Abrantes Geraldes**, *Temas da Reforma do Processo Civil*, vol. III, 4ª ed., págs. 319 e segs., e **Catarina Cordeiro**, *A responsabilidade do exequente na nova acção executiva: sentido, fundamento e limites, em Cadernos de Direito Privado*, n.º 10.º, págs. 13 a 29.

[457] Assim sucede, designadamente, com o arrolamento preliminar ou incidental da acção de divórcio, ainda que a conservação dos bens que tal procedimento visa garantir vá desembocar no processo de inventário.

Em sentido contrário cfr. **Lebre de Freitas**, *CPC anot.*, vol. II, pág. 53.

Art. 411.º
(Arresto especial contra tesoureiros)

1 – O Ministério Público pode requerer arresto contra tesoureiros ou quaisquer funcionários ou agentes do Estado ou de outras pessoas colectivas públicas quando forem encontrados em alcance, sem necessidade de provar o justo receio de perda da garantia patrimonial.

2 – Não é aplicável o previsto nas alíneas a) e b) do n.º 1 do artigo 389.º quando a liquidação da responsabilidade financeira do agente for da competência do Tribunal de Contas.

Sumário:
69 – Arresto especial contra tesoureiros

69. Arresto especial contra tesoureiros:

69.1. Estamos perante um arresto cuja competência se encontra excepcionalmente atribuída aos tribunais judiciais, apesar de na sua base se encontrarem normas de direito público.

É de notar que se está face a uma situação que não se confunde com o arresto para garantia de obrigações de natureza tributária, sujeito, como já se referiu, à respectiva jurisdição (*supra*, 55.4).

69.2. A norma pressupõe que o funcionário se encontre numa situação de "*alcance*" prevista no art. 59.º, n.º 1, da Lei n.º 98/97, de 26-8, expressão que abarco o desfalque, desvio ou desaparecimento de dinheiro ou valores do Estado, dos corpos administrativos ou de outras pessoas colectivas de utilidade pública, cometido por funcionário público ou equiparado que por aqueles seja responsável, em virtude das suas funções de tesoureiro ou equivalente.[458]

69.3. Nestes casos, o Ministério Público, em representação do Estado, pode requerer o arresto de bens necessários para satisfação do crédito.

Atenta a especificidade da situação geradora do direito de crédito em benefício do Estado, decorrente da violação das regras sobre a contabilidade pública, prescindiu o legislador da prova do justo receio de perda da garantia patrimonial.

Prescindiu-se igualmente da necessária dependência relativamente a uma acção de condenação nas situações em que o apuramento da responsabilidade incumba ao Tribunal de Contas, a quem cabe proferir a decisão condenatória.

[458] Cfr. *Dicionário Jurídico da Administração Pública*, vol. I, pág. 361, e **Rodrigues Bastos**, *Notas ao CPC*, vol. II, 3ª ed., pág. 193.

SUBSECÇÃO VI
Embargo de Obra Nova

Art. 412.º
(Fundamento do embargo. Embargo extrajudicial)

1 – Aquele que se julgue ofendido no seu direito de propriedade, singular ou comum, em qualquer outro direito real ou pessoal de gozo ou na sua posse, em consequência de obra, trabalho ou serviço novo que lhe cause ou ameace causar prejuízo, pode requerer, dentro de trinta dias, a contar do conhecimento do facto, que a obra, trabalho ou serviço seja mandada suspender imediatamente.

2 – O interessado pode também fazer directamente o embargo por via extrajudicial, notificando verbalmente, perante duas testemunhas, o dono da obra, ou, na sua falta, o encarregado ou quem o substituir para a não continuar.

3 – O embargo previsto no número anterior fica, porém, sem efeito se, dentro de cinco dias, não for requerida a ratificação judicial.

Sumário:

70 – Introdução
71 – Categorias de embargos
72 – Âmbito da providência
73 – Requisitos
74 – Prazo
75 – Pressupostos processuais
76 – Tramitação
77 – Decisão

70. Introdução:

O embargo de obra nova é uma providência cautelar com funções preventivas ou conservatórias, visando estabilizar a situação de facto, até que seja resolvido o litígio na acção principal.

Como ocorre em situações similares, a demora na resolução de conflitos entre particulares ou entre estes e entidades públicas, nestes casos, quando sujeitos à jurisdição comum, comporta o perigo real de ocorrência de danos ou de agravamento de uma situação ainda remediável. Só o recurso a meios acessórios permitirá atenuar ou eliminar o perigo de insatisfação efectiva do direito.

O embargo de obra nova, tal como outras medidas congéneres, cumpre essa função, possibilitando uma razoável compatibilização entre o valor da segurança jurídica e o da eficiência da actividade judicial.

O que de especial interessa realçar nesta medida é que pretende tutelar especificamente interesses de ordem material ligados aos direitos reais ou equiparados, tendo o legislador optado por aliviar a carga probatória sobre o interessado, ao considerar bastante a prova da existência de danos ou a ameaça da sua ocorrência, abstraindo da sua gravidade.

71. Categorias de embargos:

71.1. O poder de embargar não é exclusivo dos tribunais judiciais. Leis especiais atribuem-no a outras *entidades públicas*, como sucede com:

- As medidas preventivas no âmbito do regime jurídico dos instrumentos de gestão territorial (arts. 105.º e 114.º do Dec. Lei n.º 380/99, de 22-9);
- O embargo de obras de urbanização, de edificação ou de demolição ou de trabalhos de remodelação de terrenos, nos termos do Dec. Lei n.º 555/99, de 16-12 (art. 102.º), alterado pelo Dec. Lei n.º 177/01, de 4-6, e pela Lei n.º 60/07, de 4-9;
- O embargo e demolição de construções não licenciadas ou autorizadas em Áreas Urbanas de Génese Ilegal reguladas pela Lei n.º 91/95, de 2-9 (art. 52.º), alterada pelas Leis n.ºs 165/99, de 14-9, 64/03, de 23-8, e 10/08, de 20-2;
- O embargo administrativo de obras ou trabalhos em imóveis classificados como de interesse nacional, público ou municipal ou em vias de classificação (art. 47.º da Lei n.º 107/01, de 8-9, que revogou a Lei n.º 13/85, de 6-7, em cujo art. 47.º se previa o embargo);

– O embargo administrativo, da competência do Instituto de Estradas de Portugal, relativo a construções efectuadas em zonas *non aedificandi* e zonas de protecção (art. 6.º, n.º 3, al. b), do Dec. Lei n.º 227/02, de 30-10);
– O embargo administrativo de obras que violem o disposto no diploma que regula a reserva ecológica nacional (art. 39.º do Dec. Lei n.º 166/08, de 22-8).

71.2. Verdadeiramente estranha é a qualificação que deve ser atribuída aos chamados "*embargos administrativos*", previstos no art. 42.º da Lei 11/87, de 7-4 (Lei de Bases do Ambiente).

Segundo tal preceito:

"*Aqueles que se julguem ofendidos nos seus direitos a um ambiente sadio e ecologicamente equilibrado poderão requerer que seja mandada suspender imediatamente a actividade causadora do dano, seguindo-se, para o efeito, o processo do embargo administrativo.*"

E, de acordo com o disposto no art. 45.º, na redacção introduzida pela Lei n.º 13/02, de 19-2:

"*1 – Sem prejuízo da legitimidade de quem se sinta ameaçado ou tenha sido lesado nos seus direitos, à actuação perante a jurisdição competente do correspondente direito à cessação da conduta ameaçadora ou lesiva e à indemnização pelos danos que dela possam ter resultado, ao abrigo do disposto no capítulo anterior, também ao Ministério Público compete a defesa dos valores protegidos pela presente lei, nomeadamente através da utilização dos mecanismos nela previstos.*

2 – É igualmente reconhecido a qualquer pessoa, independentemente de ter interesse pessoal na demanda, bem como às associações e fundações defensoras dos interesses em causa e às autarquias locais, o direito de propor e intervir, nos termos previstos na lei, em processos principais e cautelares destinados à defesa dos valores protegidos pela presente lei".."

Traduzindo o art. 42.º da LBA a tutela de interesses difusos ligados à protecção ambiental, não se mostra fácil a integração jurídico-processual do meio de tutela previsto.[459]

---

[459] Por isso **Mário Torres** qualifica de "enigmática" a expressão legal, concluindo que "*embargo administrativo* sob a forma de *acção* e da competência dos *tribunais comuns* é coisa que não existe e é mesmo uma contradição nos termos" (*O Acesso à*

De todo o modo, a norma sobre competência deve ser interpretada de harmonia com a doutrina emanada do Ac. do Tribunal de Conflitos, de 11-1-00, CJSTJ, tomo I, pág. 15, segundo a qual, "*o art. 45.º, n.º 1, da Lei n.º 11/87, está, desde a revisão constitucional de 1989, derrogado no tocante a relações jurídicas administrativas onde se levantem questões ambientais*".[460]

71.3. Confinaremos os comentários aos embargos regulados no CPC, subdivididos em duas categorias: *embargo judicial* e *embargo extrajudicial.*

O primeiro obedece ao esquema tradicionalmente previsto para a generalidade das medidas jurisdicionais, mais concretamente, dos procedimentos cautelares.

Mas admite-se ainda que o próprio lesado proceda ao embargo extrajudicial, sujeitando-o a posterior ratificação judicial. Trata-se de uma situação excepcional em relação ao princípio geral de proibição de autotutela, aqui justificada, embora de forma ténue, pela especial urgência que deve presidir à reacção do interessado, com a finalidade de prevenir danos potencialmente derivados dos actos materiais.

---

justiça em matéria do ambiente e do consumo, em *Textos – Ambiente e Consumo*, edit. pelo CEJ, vol. I, pág. 182). A interpretação defendida nesse local vai no sentido de considerar que o legislador pretendeu reportar-se ao embargo de obra nova, com as especialidades previstas quando o requerente é o Estado ou outra entidade pública, nos termos do art. 413.º do CPC.

A mesma estranheza é expressa por **Pereira Reis**, *Lei de Bases do Ambiente*, pág. 89, defendendo a aplicação analógica das normas que no CPC regulam os embargos de obra nova, enquanto **Araújo de Barros**, em artigo intitulado *Direito civil e ambiente*, na Rev. *Textos-Ambiente*, 1994, pág. 240, opta pela integração da pretensão no leque das providências cautelares não especificadas.

[460] Cfr. o Ac. da Rel. de Lisboa, de 26-11-00, CJ, tomo V, pág. 102.

O Trib. Constitucional, em Acórdão datado de 13-7-99, BMJ, 489.º/26, rejeitou a tese da inconstitucionalidade da mesma norma que atribui aos tribunais judiciais competência para conhecer das acções aí previstas.

Sobre a matéria cfr. ainda o Ac. do STJ, de 23-9-98, CJSTJ, tomo III, pág. 19 (providência cautelar inibitória em matéria de direito ambiental). E sobre a defesa dos direitos de personalidade ligados ao ruído, cfr. os Acs. do STJ, de 13-3-86, BMJ 355.º/356, e de 24-10-95, BMJ 450.º/403 (ruído provocado por discoteca), e os Acs. da Rel. de Lisboa, de 19-2-87, CJ, tomo I, pág. 141, e de 24-11-94, CJ, tomo V, pág. 112 (campo de tiro), este confirmado pelo Ac. do STJ, de 14-12-95, BMJ 452.º/400.

No cômputo global, esta medida não deixa de constituir ainda um mecanismo jurisdicional, na medida em que a persistência dos efeitos derivados da notificação feita pelo interessado directamente ao dono da obra depende da sua posterior ratificação.

71.4. Numa outra perspectiva, os embargos podem ainda dividir-se em embargos *repressivos* e *preventivos*, aqueles dirigidos a obras que já sejam causa de prejuízo, estes tendo por objectivo a suspensão de obras que apenas constituam ameaça da sua ocorrência.[461]

72. Âmbito da providência:

72.1. À semelhança do que ocorre com a generalidade dos procedimentos cautelares, é necessário que, ao menos de forma sumária, seja invocada pelo requerente a violação ou o perigo de violação de um direito subjectivo. Mais complexa é a amplitude das situações juridicamente tuteláveis por esta medida cautelar.

Sem dúvida, os embargos integram o rol de *meios de defesa* da propriedade, quer a ofensa derive de um conflito de vizinhança, quer de outro facto do qual, em termos objectivos, possam resultar prejuízos de ordem patrimonial.[462]

---

[461] Cfr. **Alberto dos Reis**, *CPC anot.*, vol. II, pág. 58, e **Moitinho de Almeida**, *Embargo ou Nunciação de Obra Nova*, 2ª ed., pág. 30.

[462] No Ac. da Rel. de Lisboa, de 24-1-91, CJ, tomo I, pág. 148, concluiu-se que as regras de direito urbanístico (como as do R.G.E.U.) não podem ser directamente invocadas para defesa da propriedade, na medida em que têm como objectivo questões de salubridade e de segurança das edificações.

No mesmo sentido cfr. o Ac. da Rel. de Évora, de 14-3-96, CJ, tomo II, pág. 269, onde se destaca a irrelevância do condicionamento administrativo na tutela de interesses particulares, ou o Ac. da mesma Relação, de 8-7-99, CJ, tomo IV, pág. 274, a considerar insuficiente a violação de regras administrativas. Semelhante doutrina emerge do Ac. da Rel. do Porto, de 17-2-97, CJ, tomo I, pág. 236, numa situação em que as obras realizadas punham em causa a insolação, o arejamento ou a vista, assim como do Ac. da Rel. de Lisboa, de 30-11-95, BMJ 451.º/497, onde claramente se afirma que as normas de direito público não conferem direitos subjectivos.

Todavia, esta tese foi contrariada pelo Ac. do STJ, de 30-9-04, CJSTJ, tomo III, pág. 37, defendendo a atribuição de um direito de indemnização com base na violação de normas do PDM. Também pelo Ac. da Rel. de Lisboa, de 14-11-96, CJ, tomo V, pág. 96, com larga argumentação.

A par do direito de propriedade, em sentido estrito,[463] cabem ainda no âmbito de protecção as situações de contitularidade que se reconduzam às regras da compropriedade ou ao regime da propriedade horizontal.[464]

Abarcados são os restantes direitos reais de gozo,[465] tais como o direito de usufruto, de superfície ou de servidão predial.

72.2. A lei continua a fazer justificada alusão à *posse*.

Não pressupondo necessariamente a coexistência, na pessoa do possuidor, de um verdadeiro direito real, a expressa previsão da posse serve para legitimar a extensão da tutela cautelar a actos ofensivos da correspondente situação de facto. Se esta alcança ampla protecção jurídica através das acções possessórias, nos termos dos arts. 1276.º e segs. do CC, natural é também a concessão ao possuidor do direito de embargar dirigido a actos materiais que a ofendam.

72.3. Quanto aos *direitos pessoais de gozo*, a revisão do CPC veio resolver uma dúvida que a anterior norma suscitava e sobre a qual incidia a discussão na doutrina e na jurisprudência.[466]

---

[463] Daí que no Ac. da Rel. de Lisboa, de 22-2-01, CJ, tomo I, pág. 131, se tenha concluído que "o procedimento adequado a pedir que a requerida se abstenha de lesar o direito de propriedade do requerente com a construção de um teleférico que irá sobrevoar a casa deste é o de embargo de obra nova e não o procedimento cautelar comum".

[464] A alusão a "*propriedade ... comum*", ao lado de "*propriedade singular*" permite ultrapassar facilmente dificuldades interpretativas que poderiam emergir do simples recurso à regra geral enunciada no art. 1405.º, n.º 2, do CC.

Quanto às situações de *propriedade horizontal*, cfr. o Ac. da Rel. de Coimbra, de 12-12-89, CJ, tomo V, pág. 59 (obras numa cave).

A propriedade comunitária, também designada de *baldio*, pode igualmente ser defendida contra actos que a afectem, como se decidiu no Ac. do STJ, de 19-2-98, CJSTJ, tomo I, pág. 90, e no Ac. da Rel. de Coimbra, de 17-6-86, CJ, tomo III, pág. 69.

No Ac. da Rel. de Évora, de 14-7-88, CJ, tomo IV, pág. 245, considerou-se que o embargo poderia ser requerido pelo titular de *alvará de loteamento*, em relação a obras desrespeitadoras do mesmo.

[465] Não o *credor hipotecário*, mesmo que haja redução da garantia, caso em que deve optar pelo reforço da hipoteca, nos termos do art. 701.º do CC (cfr. **Moitinho de Almeida**, *Embargo ou Nunciação de Obra Nova*, 2ª ed. 45, e **Alberto dos Reis**, *CPC anot.*, vol. II, pág. 60).

[466] Cfr. **Lebre de Freitas**, *CPC anot.*, vol. II, pág. 141.

Considerava-se anteriormente que as chamadas *servidões pessoais* resultantes de convenção estavam desguarnecidas da tutela conferida pelo embargo de obra nova (cfr. o

Era em relação ao arrendatário que mais vezes se colocava a questão do acesso ao embargo de obra nova. Aludindo a lei anterior apenas ao titular de um direito real de gozo e ao possuidor, o recurso ao embargo de obra nova por parte do locatário supunha a adopção de um discutível entendimento que colocasse a locação no catálogo dos direitos reais ou que erigisse o locatário à categoria de verdadeiro possuidor. Com mais apoio, o aproveitamento das vantagens consentidas pela utilização da referida providência cautelar deveria buscar-se no art. 1037.º, n.º 2, do CC, norma que, devidamente interpretada, legitimava o recurso a todos os meios de defesa concedidos ao possuidor, sem exclusão sequer do embargo de obra nova.[467]

De todo o modo, a nova lei resolveu *expressis verbis* a questão com toda a justeza reclamada pelo relevo social da figura do locatário.

A expressão "*direitos pessoais de gozo*" começou por constituir uma expressão de cariz doutrinal, mas que a posterior evolução legislativa assimilou, nomeadamente nos arts. 407.º e 1682.º-A, n.º 1, al. a), e n.º 2, do CC.[468] Em tal expressão se englobam todos os direitos com origem obrigacional que conferem ao seu titular a possibilidade de fruir determinado bem, embora sem os atributos dos direitos reais de gozo.

Esse qualificativo é atribuído, designadamente, ao direito do locatário ou do comodatário, mas também ao direito do promitente-comprador que tenha obrtido a entrega da coisa (*traditio*).

73. Requisitos:

73.1. A lei dirige-se à sustação de obras, trabalhos ou serviços, expressões onde facilmente se enquadram actos como a construção, a demolição, a escavação, a plantação ou o corte de árvores.[469]

Ac. do STJ, de 10-11-81, BMJ 311.º/324, e o Ac. da Rel. de Évora, de 29-11-88, CJ, tomo V, pág. 267). Este entendimento encontra-se agora afastado, na medida em que tais situações se qualifiquem como *direitos pessoais de gozo*. Cfr. sobre a matéria **Dias Pereira**, *Tutela possessória das servidões*, no *BFDUL*, LXXVI, págs. 473 e segs.

[467] Neste sentido cfr. **Alberto dos Reis**, *CPC anot.*, vol. II, pág. 60, **Moitinho de Almeida**, *Embargo ou Nunciação de Obra Nova*, 2ª ed., pág. 22, os Acs. do STJ, de 22-10-91, BMJ 410.º/703, e de 22-2-84, BMJ 334.º/445, e os Acs. da Rel. de Lisboa, de 22-2-94, CJ, tomo I, pág. 130, e de 7-4-83, CJ, tomo II, pág. 128. Em sentido oposto cfr. o Ac. da Rel. do Porto, de 10-3-83, CJ, tomo II, pág. 220.

[468] Sobre o respectivo conceito e regime jurídico cfr. **Andrade Mesquita**, *Direitos Pessoais de Gozo*.

[469] Cfr. **Rodrigues Bastos**, *Notas ao CPC*, vol. II, 3ª ed., pág. 195. Quanto à continuação de vindima cfr. o Ac. da Rel. do Porto, de 17-2-98, BMJ 474.º/549.

A exigência legal de que a "*ofensa*" ao direito do requerente seja "*consequência*" de certos actos logo induz à exclusão daqueles que se revelem inócuos no contexto das relações patrimoniais.

Por outro lado, a referência à "*suspensão*" tem o claro significado de limitar o embargo às obras ou trabalhos que não se mostrem ainda concluídos nos seus aspectos fundamentais.[470] No mais, a providência perderia toda a utilidade, não exercendo, como deveria, a função preventiva que a lei reservou para a generalidade dos procedimentos.

O momento que releva para efeitos da verificação da conclusão da obra não será o da apreciação judicial do pedido de embargo ou sequer do pedido de ratificação de embargo extrajudicial, antes aquele em que é apresentado o requerimento inicial.[471]

73.2. Tem sido entendimento jurisprudencial restringir o embargo às obras relevantes, excluindo as obras meramente secundárias, os acabamentos ou o aproveitamento de obras anteriores.[472]

A "*novidade*" que entra na qualificação do procedimento implica que apenas possam ser embargadas obras que impliquem uma modificação substancial da coisa, excluindo as que se traduzam em meras modificações superficiais ou na mera reconstrução de uma situação preexistente.[473]

---

[470] Cfr. **Rodrigues Bastos**, *Notas ao CPC*, vol. II, pág. 195, **Lebre de Freitas**, *CPC anot.*, vol. II, pág. 139, e o Ac. da Rel. de Évora, de 14-4-83, CJ, tomo II, pág. 296.

[471] Neste sentido cfr. o Ac. do STJ, de 30-1-97, BMJ 463.º/534, e **Alessandro Patelli**, *I provvedimenti nunciativi*, em *Il Nuovo Processo Cautelare*, dir. **Giuseppe Tarzia**, pág. 95.

[472] Cfr. **Alessandro Patelli**, *I provvedimenti nunciativi* cit., pág. 96, e o Ac. da Rel. do Porto, de 28-5-85, CJ, tomo III, pág. 250. Também no Ac. da Rel. de Évora, de 14-4-83, CJ, tomo II, pág. 296, com a adesão de **Moitinho de Almeida**, *Embargo ou Nunciação de Obra Nova*, 2ª ed., pág. 31, se rejeitou o acesso aos embargos destinados a sustar a simples vedação de *frestas, seteiras ou janelas gradeadas* do prédio do requerente. Deve ainda exigir-se que se esteja perante uma obra já iniciada e ainda não concluída (**Moitinho de Almeida**, ob. cit., pág. 28).

[473] Por isso, tratando-se apenas da *reconstrução* de um prédio atingido por um incêndio, desde que não se verifique alteração significativa da estrutura anteriormente existente, não se justifica a suspensão da obra. Neste sentido cfr. **Rodrigues Bastos**, *Notas ao CPC*, vol. II, pág. 195, e o Ac. da Rel. do Porto, de 9-2-93, CJ, tomo I, pág. 228. Sobre o assunto cfr. ainda **Moitinho de Almeida**, *Embargo ou Nunciação de Obra Nova*, 2ª ed., pág. 25.

Razões semelhantes justificam a restrição do embargo a obras que, embora não sejam necessariamente permanentes, se caracterizem por uma certa estabilidade.[474]

73.3. Ao invés do que sucede com as situações sujeitas ao procedimento cautelar comum, em que basta o justo receio de ocorrência de lesão nos direitos do requerente, o embargo exige que as obras ou trabalhos em realização já tenham ofendido o direito. É este o resultado de uma opção legislativa que limitou os embargos ao que "*se julgue ofendido no seu direito*", e não àquele cujo direito esteja apenas sob ameaça.

Deste modo, não se justifica o embargo em situações em que a ofensa é meramente potencial, *maxime* quando a obra está apenas em fase de projecto ou de licenciamento ou quando se encontram efectuados apenas trabalhos preparatórios.[475] A ameaça de que a obra cause prejuízo pressupõe, nos termos da lei, a existência de uma ofensa efectiva ao direito de propriedade.[476]

73.4. É indiferente para efeitos de apreciação dos requisitos do embargo que a obra tenha sido *autorizada* por qualquer autoridade pública.

O cumprimento de exigências administrativas é insuficiente para garantir a defesa dos direitos de terceiros que não tenham tido qualquer intervenção nas relações jurídico-administrativas. Doutra banda, a fiscalização a cargo dessas entidades destina-se fundamentalmente a assegurar

---

[474] Neste sentido, relativamente ao direito italiano, cfr. **Alessandro Patelli**, *I provvedimenti nunciativi*, cit., pág. 95.

[475] Cfr. **Rodrigues Bastos**, *Notas ao CPC*, vol. II, pág. 195, **Lebre de Freitas**, *CPC anot.*, vol. II, pág. 138, e o Ac. da Rel. de Lisboa, de 4-12-03, CJ, tomo V, pág. 109. Assim também **Alessandro Patelli**, para quem é insuficiente a colocação de materiais no local, ainda que de tal colocação se possa razoavelmente supor a intenção de modificar o *statu quo* (*I provvedimenti nunciativi*, pág. 95). Cfr. ainda o Ac. do STJ, de 26-6-99, BMJ 488.º/310.

[476] Segundo **Rodrigues Bastos**, *Notas ao CPC*, vol. II, pág. 195, "a obra iniciada pode *não lesar ainda* efectivamente os direitos do embargante e *constituir já* ameaça de vir a produzir essa lesão".

É claro que a opção do legislador não afasta a possibilidade de serem requeridas *providências não especificadas* para eliminar situações de perigo não cobertas pela medida cautelar específica. Porém, nestes casos, o requerente sujeita-se à prova dos requisitos gerais, exigindo o perigo de verificação de lesão grave e de difícil reparação, nos termos do art. 381.º, n.º 1.

o respeito pelas normas de direito público e a acautelar os interesses inscritos na respectiva esfera de actuação, não tendo competência nem visando dirimir conflitos de outra natureza entre particulares.[477]

73.5. Cingindo-nos às normas dos arts. 412.º e segs., o embargo de obra nova tem como objectivo defender o interessado quando seja prejudicado no seu património, e não protegê-lo de todos os efeitos reflexos causados através da ofensa dos seus direitos materiais.

Pode ser requerido quando tenha sido afectado o direito de propriedade, outro direito real ou pessoal de gozo ou a posse formal, já não quando os actos, mesmo que ilícitos, apenas afectem o interessado na esfera dos seus *direitos de personalidade*.[478]

73.6. A lei prescindiu da quantificação e da qualificação dos *prejuízos*. Uma vez demonstrado que a actuação do requerido ofende direitos de natureza patrimonial inscritos na previsão normativa, é indiferente para efeitos de procedência dos embargos a gravidade dos danos, tendo sido afastada uma opção assente no princípio da proporcionalidade assumido no procedimento cautelar comum (art. 387.º, n.º 2).[479]

74. Prazo:

74.1. Tanto o embargo judicial como a realização do embargo extrajudicial devem ser accionados no *prazo* de 30 dias a contar do conhecimento do facto. Optando pelo embargo extrajudicial, tem o interessado ainda o ónus de requerer a sua ratificação no prazo de 5 dias.

---

[477] Cfr. **Moitinho de Almeida**, *Embargo ou Nunciação de Obra Nova*, 2ª ed., pág. 41, **Lebre de Freitas**, *CPC anot.*, vol. II, pág. 144, e o Ac. do STJ, de 22-5-72, BMJ 277.º/110.

[478] Neste sentido cfr. o Ac do STJ, de 22-10-91, BMJ 410.º/703.

Todavia, como já anteriormente se referiu (*supra*, 71.2), ressalva-se a situação directamente coberta pelo art. 42.º da Lei de Bases do Ambiente.

[479] Neste sentido cfr. o Ac. da Rel. de Évora, de 29-11-00, CJ, tomo V, pág. 253.

A ofensa do direito de propriedade importa, por si só, um *dano jurídico* justificativo do embargo, como defendem **Moitinho de Almeida**, *Embargo ou Nunciação de Obra Nova*, 2ª ed., pág. 31, e **Alberto dos Reis**, *CPC anot.*, vol. II, pág. 63, e foi decidido no Ac. da Rel. de Coimbra, de 8-1-91, CJ, tomo I, pág. 42, e no Ac. da Rel. de Lisboa, de 14-1-76, CJ, tomo I, pág. 195). Contra: **Baptista Lopes**, *Procedimentos Cautelares*, pág. 141, que entende ser necessária a verificação de um prejuízo efectivo.

74.2. Face à lei anterior, discutia-se se os prazos eram de natureza substantiva ou processual, questão que se revelava de bastante utilidade, atenta a divergência existente quanto às regras de contagem. O entendimento corrente integrava o prazo de 30 dias na primeira categoria, sujeitando-o ao disposto no art. 279.º do CC.[480]

A questão perdeu grande parte do interesse, face ao disposto no actual n.º 4 do art. 144.º do CPC. Mantendo-se a *natureza substantiva* do prazo para o exercício do direito subjectivo, está sujeito ao regime de contagem resultante do art. 144.º, n.ºs 1 a 3.

É verdade que o embargo de obra nova, tal como os restantes procedimentos cautelares, não constitui uma verdadeira acção,[481] antes se integra no leque dos meios processuais acessórios (*supra*, 23.2., quanto à suspensão de deliberações sociais). Apesar disso, cremos que não terá correspondido à intenção do legislador excluí-los do âmbito de aplicação da regra prescrita para a propositura das acções.

Dado que se trata de acto a praticar em *processo urgente* (art. 382.º, n.º 1), a contagem do prazo para apresentação do requerimento não se suspende em período de férias,[482] o que, além do mais, se justifica pela necessidade de evitar o prosseguimento da obra que se pretende embargar e os correspondentes prejuízos na esfera do requerente ou, em caso de lhe ser reconhecido o direito, os prejuízos na esfera do requerido.

74.3. No que concerne ao prazo de 5 dias para a ratificação do embargo referido no art. 412.º, n.º 3, a sua inserção na categoria de prazo judicial apresenta-se como a mais correcta.[483]

---

[480] Neste sentido cfr. o Ac. da Rel. de Évora, de 26-3-92, BMJ 415.º/746. Todavia, tal prazo foi considerado como tendo cariz processual pelo Ac. da Rel. de Évora, de 14-7-88, CJ, tomo IV, pág. 247, e pelo Ac. da Rel. de Coimbra, de 12-5-87, BMJ 367.º/581.

Sobre a matéria cfr. **Abrantes Geraldes**, *Temas da Reforma do Processo Civil*, vol. III, 3ª ed., pág. 171.

[481] Apesar disso, **Moitinho de Almeida** chega a qualificar os procedimentos cautelares como verdadeiras "acções" (*Anulação e Suspensão de Deliberações Sociais*, 2ª ed., pág. 149). Também no Preâmbulo do Dec. Lei n.º 329-A/95 se alude genericamente à "*acção cautelar geral*".

[482] Neste sentido também cfr. **Lebre de Freitas**, *CPC anot.*, vol. I, pág. 249, tese contrária à assumida no Ac. da Rel. de Coimbra, de 2-3-99, CJ, tomo II, pág. 13.

[483] Também assim **Lebre de Freitas**, *CPC anot.*, vol. II, pág. 143.

Na verdade, esse prazo já não respeita ao exercício de um direito, antes à ratificação judicial de uma forma legítima de autotutela.[484] Marcando a prática de um acto judicial (pedido de ratificação), o seu decurso não importa a caducidade do direito, mas a ineficácia (fica "*sem efeito*", segundo o n.º 3) do embargo extrajudicialmente efectuado.

Com efeito, uma vez detectada a situação de que a lei faz depender o embargo de obra nova, o interessado tem o prazo de 30 dias para solicitar ao tribunal o embargo ou para executá-lo directamente. Neste último caso, pode concluir-se que o direito já foi exercitado, posto que extrajudicialmente, desempenhando a ratificação apenas uma condição da sua subsistência.[485]

74.4. O início da contagem do prazo de 30 dias faz-se a partir do "*conhecimento do facto*". Mas como a norma alude a dois factos autónomos – por um lado, a realização de obra, trabalho ou serviço e, por outro, a ocorrência do dano ou a constatação da ameaça –, pelo modo como o legislador se expressou e pelas razões que determinaram a fixação do prazo, o seu início contar-se-á a partir do momento em que o titular do direito tenha efectivo conhecimento da verificação do dano ou do perigo da sua ocorrência.[486]

74.5. Tendo em conta o princípio da especialidade que rege em sede de medidas cautelares, o decurso do prazo legal obsta a que se recorra ao procedimento cautelar comum ou a qualquer outro procedimento específico.[487]

---

[484] Neste sentido cfr. os Acs. do STJ, de 30-1-97, BMJ 463.º/534 (com largo desenvolvimento), e de 22-2-84, BMJ 334.º/445, os Acs. da Rel. de Évora, de 14-7-88, CJ, tomo IV, pág. 247, e de 20-11-80, CJ, tomo V, pág. 81, e os Acs. da Rel. do Porto, de 4-10-83, BMJ 330.º/543, e de 9-4-85, BMJ 346.º/309.

[485] **Moitinho de Almeida**, *Embargo ou Nunciação de Obra Nova*, 2ª ed., pág. 49, refere que a ratificação serve para assegurar a eficácia da primeira notificação.

[486] No mesmo sentido cfr. **Rodrigues Bastos**, *Notas ao CPC*, vol. II, 3ª ed., pág. 196, **Moitinho de Almeida**, *Embargo ou Nunciação de Obra Nova*, 2ª ed., pág. 40, que valoriza o conhecimento do facto complexo e não o simples facto da existência de uma obra, e o Ac. da Rel. de Lisboa, de 25-2-76, CJ, tomo I, pág. 245.

[487] Cfr. o Ac. da Rel. de Coimbra, de 26-1-99, BMJ 483.º/283.

75. Pressupostos processuais:

75.1. A *legitimidade activa* pressupõe a invocação de um título que autorize o recurso a este meio de tutela.

Todavia, a legitimidade indirecta ou a legitimação extraordinária é concedida ainda ao cabeça-de-casal[488] ou ao administrador de condomínio.[489]

Quanto à *legitimidade passiva*, pertencerá ao dono da obra, embora alguns arestos admitam a possibilidade de também ser requerido o embargo contra o seu executor material.[490]

75.2. Como resulta do art. 413.º, é impedido o recurso aos tribunais judiciais em situações que estejam cobertas pelos poderes conferidos à Administração Pública (*infra*, 78).

Por isso, sempre que o Estado ou outras pessoas colectivas de direito público tenha competência para embargar obras, construções ou edificações, deve accionar os mecanismos internos, em vez de solicitar a intervenção dos tribunais. Tal actuação poderá ser sindicada através do recurso aos tribunais administrativos.

A intervenção dos tribunais judiciais também está impedida quando, tratando-se de obras ou serviços levados a cabo por entidade pública, se enquadrem numa relação jurídico-administrativa, nos termos do art. 414.º.

76. Tramitação:

76.1. O conteúdo do *requerimento inicial* tem alguma variação consoante se trate de embargo judicial ou de ratificação de embargo extrajudicial.

---

[488] Cfr. os Acs. da Rel. do Porto, de 3-2-98, BMJ 474.º/549, e de 17-2-98, BMJ 474.º/549. No Ac. da Rel. do Porto, de 30-10-07, CJ, tomo IV, pág. 209, admitiu-se a legitimidade activa do herdeiro.

[489] Cfr. **Sandra Passinhas**, *A Assembleia de Condóminos e o Administrador na Propriedade Horizontal*, pág. 332, e o Ac. da Rel. de Coimbra, de 19-2-91, CJ, tomo I, pág. 79.

Não está sequer afastada a possibilidade de intervenção do *gestor de negócios*, designadamente para efeitos de pedir a ratificação de embargo, como defende **Moitinho de Almeida**, *Embargo ou Nunciação de Obra Nova*, 2ª ed., pág. 45, e se decidiu no Ac. do STJ, de 23-3-94, BMJ 435.º/785, no Ac. da Rel. de Coimbra, de 10-2-98, BMJ 474.º/ /561, e no Ac. da Rel. do Porto, de 3-2-81, CJ, tomo I, pág. 149.

[490] Neste sentido cfr. o Ac. da Rel. de Évora, de 18-10-84, CJ, tomo IV, pág. 296.

Segundo **Moitinho de Almeida**, o sujeito passivo é o empreendedor da obra e não o executor material (*Embargo ou Nunciação de Obra Nova*, 2ª ed., pág. 42).

Para além da formulação do *pedido* de embargo, o requerente deve alegar os *factos* de onde deriva o seu direito e a ilicitude da actuação do requerido, acompanhados da indicação dos respectivos meios de prova.

O *valor* do procedimento corresponde ao prejuízo que com o embargo se pretende evitar (art. 313.º, n.º 2, al. d)).

76.2. Optando pelo *embargo extrajudicial*, o interessado procede à notificação verbal[491] do dono da obra ou, na sua falta, do encarregado ou de quem o substituir, na presença de duas testemunhas, sob pena de irregularidade.[492]

A ratificação judicial do embargo é condição da sua subsistência.[493]

O facto de na norma se exigir que o embargo seja feito "*directamente*" pelo interessado de modo algum afasta as situações em que este seja representado por gestor de negócios ou por alguém no seu interesse.

76.3. Em regra, o *requerido* deve ser sempre ouvido, a não ser que a urgência determinada pelo fim ou pela eficácia do embargo não se compadeça com as delongas naturalmente associadas ao princípio do contraditório. Segue-se a este respeito o regime geral do art. 385.º, n.º 1.

---

[491] Trata-se de um *aviso extrajudicial*, como referem **Alberto dos Reis**, *CPC anot.*, vol. II, pág. 76, e **Moitinho de Almeida**, *Embargo ou Nunciação de Obra Nova*, 2ª ed., pág. 46.

Como se refere no Ac. da Rel. de Coimbra, de 12-1-99, BMJ 483.º/281, não se trata de uma notificação em sentido técnico, devendo ser entendida a expressão legal no sentido de "um aviso extrajudicial, fazendo o embargante saber que embarga a obra quando emite uma declaração de vontade destinada a produzir efeitos judiciais", o que pode concretizar-se quando o dono de um terreno, fazendo-se acompanhar de duas testemunhas, diz expressamente aos requeridos para pararem os trabalhos realizados no seu terreno.

[492] Cfr. o Ac. da Rel. de Lisboa, de 13-2-95, BMJ 444.º/705. Essa nulidade, por não ser do conhecimento oficioso, terá de ser reclamada, como se decidiu no Ac. da Rel. de Lisboa, de 6-1-83, CJ, tomo I, pág. 96, e no Ac. da Rel. de Évora, de 8-1-76, CJ, tomo I, pág. 163, opinião também perfilhada por **Moitinho de Almeida**, *Embargo ou Nunciação de Obra Nova*, 2ª ed., pág. 46.

Deve seguir-se a ordem idealizada pelo legislador, de modo que só se procederá à notificação do encarregado quando falte o interessado directo – o dono da obra (**Alberto dos Reis**, *CPC anot.*, vol. II, pág. 76).

[493] Além de condicionar o preenchimento de ilícito criminal, como se decidiu no Ac. da Rel. de Coimbra, de 29-9-99, CJ, tomo IV, pág. 63.

77. Decisão:

77.1. Em qualquer dos casos produzir-se-ão as *provas* que forem julgadas necessárias para a formação de um juízo de verosimilhança sobre a existência do direito e da situação de *periculum in mora*, de acordo com a regra geral do art. 386.º.

Como ocorre com a generalidade das decisões cautelares, também aqui devem ser consignados em acta os factos provados e não provados, acompanhados da motivação e da apreciação crítica das provas produzidas.[494]

Apurada a sua existência, cumpre ao tribunal deferir a providência, decretando o embargo ou a sua ratificação.

77.2. O art. 392.º, n.º 2, determina a aplicabilidade da norma do art. 390.º, n.º 2. Por isso, face às circunstâncias do caso, designadamente tendo em atenção a maior ou menor probabilidade de verificação do direito invocado, o juiz pode sujeitar a realização ou ratificação do embargo à prévia prestação de *caução* por parte do requerente destinada a suportar a sua eventual responsabilidade pelos prejuízos que a medida provoque na esfera do requerido.

---

[494] Cfr. o Ac. da Rel. de Lisboa, de 1-7-99, CJ, tomo IV, pág. 90.

Art. 413.º
(Embargo por parte de pessoas colectivas públicas)

1 – Quando careçam de competência para decretar embargo administrativo, podem o Estado e as demais pessoas colectivas públicas embargar, nos termos desta subsecção, as obras, construções ou edificações iniciadas em contravenção da lei ou dos regulamentos.

2 – O embargo previsto no número anterior não está sujeito ao prazo fixado no n.º 1 do artigo 412.º.

Art. 414.º
(Obras que não podem ser embargadas)

Não podem ser embargadas, nos termos desta subsecção, as obras do Estado, das demais pessoas colectivas públicas e das entidades concessionárias de obras de serviços públicos quando, por o litígio se reportar a uma relação jurídico-administrativa, a defesa dos direitos ou interesses lesados se deva efectivar através dos meios previstos na lei de processo administrativo contencioso.

Sumário:

78 – Embargo requerido por entidades públicas

79–Obras que não podem ser embargadas

78. Embargo requerido por entidades públicas:

78.1. Foi introduzida uma profunda modificação em sede de embargos da iniciativa do Estado ou de outras pessoas colectivas de direito público com competência directa para os decretar e executar.

Perante o regime anterior, a jurisprudência dividia-se sobre a solução a dar a esta questão. Nuns casos, afirmava-se a competência dos tribunais judiciais para decidir os embargos requeridos por autoridades administrativas.[495] Noutros considerava-se que tais entidades eram competentes para o decretamento e execução do embargo administrativo.[496] Noutra perspectiva, repudiava-se a intervenção dos tribunais judiciais por falta do pressuposto do interesse em agir, com o argumento de que a lei conferia a essas entidades o poder de procederem ao embargo directo de obras, pelo que deveriam privilegiar este meio, emitindo os actos administrativos e procedendo à respectiva execução.[497]

O que a experiência revelava era que, por falta de meios, de dinamismo ou de vontade, tais entidades preferiam solicitar a intervenção dos tribunais judiciais, fugindo ao odioso que, em determinadas situações, resultava do decretamento dos embargos.

78.2. A questão foi abertamente enfrentada pelo legislador.

Assim, desde que certa entidade administrativa (Estado, autarquia local, instituto público ou qualquer outra pessoa colectiva de direito público) tenha competência para decretar e executar o embargo administrativo, deve fazer uso desses poderes, sendo vedado o recurso aos tribunais judiciais.[498]

---

[495] Cfr. os Acs. do STJ, de 17-5-89, BMJ 387.º/586, e de 28-2-89, BMJ 384.º/577.

[496] Cfr. os Acs. do STJ, de 28-4-87, BMJ 366.º/485, e de 18-2-88, BMJ 374.º/423.

[497] Neste sentido cfr. os Acs. do STJ, de 10-12-85, BMJ 352.º/291, de 24-5-83, BMJ 327.º/566, e de 27-7-82, BMJ 319.º/196.

[498] É necessário que a entidade tenha *competência* para o efeito, pois, na situação inversa, rege a norma geral, como se decidiu no Ac. da Rel. do Porto, de 8-10-98, CJ, tomo IV, pág. 206, numa situação que implicava a violação de uma servidão militar.

A título exemplificativo, a *competência directa* e o privilégio de execução são assegurados nas seguintes situações:

- O embargo administrativo da competência do Instituto de Estradas de Portugal, nos termos do art. 6.º, n.º 3, al. b), do Dec. Lei n.º 272/02, de 30-10;
- O embargo administrativo de obras e trabalhos, nos termos dos arts. 105.º e 114.º do Dec. Lei n.º 380/99, de 22-9, alterado pelo Dec. Lei n.º 361/07, de 19-9 (regime jurídico dos instrumentos de gestão territorial);
- O embargo de obras de urbanização, de edificação ou de demolição ou de trabalhos de remodelação de terrenos, nos termos do Dec. Lei n.º 555/99, de 16-12 (art. 102.º), alterado pelo Dec. Lei n.º 177/01, de 4-6, e pela Lei n.º 60/07, de 4-9;
- O embargo de construções não licenciadas ou autorizadas em Áreas Urbanas de Génese Ilegal, nos termos do art. 52.º do Dec. Lei n.º 91/95, de 2-9 (alterada pelas Leis n.os 165/99, de 14-9, 64/03, de 23-8, e 10/08, de 20-2);

Na presença de uma relação jurídico-administrativa, qualquer questão ligada à legalidade do acto da administração ou à conformidade da obra com a lei ou os regulamentos deve ser veiculada pelos meios específicos, culminando com o processo contencioso de natureza administrativa.[499]

78.3. Para todas as situações em que as *entidades administrativas* estejam destituídas de *jus imperii*, como sucede quando os actos afectem os bens do seu domínio privado, sem que seja posta em causa a violação das normas cujo cumprimento lhes compete assegurar, devem sujeitar-se ao regime geral prescrito pelo art. 412.º.[500]

Nestes casos, é insuficiente a alegação de um interesse público abstracto ou a invocação de uma qualquer ilegalidade, exigindo-se também a ofensa do direito de propriedade ou de qualquer outra situação jurídica especificamente tutelada através do embargo de obra nova.

78.4. O facto de o art. 413.º, n.º 1, se reportar apenas a "*obras, construções ou edificações*", em vez de utilizar as expressões constantes do art. 412.º, n.º 1, não significa que tenham sido concretamente limitadas as situações que podem ser objecto de embargos. Trata-se de uma mera imperfeição legislativa resultante de uma acrítica transposição da norma anterior, sem que tenha sido feito o necessário ajustamento derivado da diversificação dos mecanismos de actuação.

Com efeito, no que concerne aos bens do domínio privado das entidades públicas, não se antolham motivos que justifiquem uma diversa opção quanto aos meios de defesa cautelar conferidos aos particulares.

78.5. Quando esteja em causa a violação de leis ou regulamentos, desoneraram-se as entidades públicas do ónus de cumprimento do prazo de 30 dias para a instauração do embargo judicial, tendo-se atentado no

---

– O embargo de obras que atentem contra o património cultural português, nos termos do art. 47.º da Lei n.º 107/01, de 8-9;

– O embargo de obras que afectam o domínio hídrico, nos termos do art. 25.º, n.º 10, da Lei n.º 54/05, de 15-11.

[499] No art. 21.º do Dec. Lei n.º 280/07, de 7-8, sobre o *domínio público* e gestão de imóveis, regula-se a obrigação de autotutela da Administração em face de comportamentos abusivos não titulados ou que lesem o interesse público a satisfazer pelos imóveis.

[500] Neste sentido cfr. também **Lebre de Freitas**, *CPC anot.*, vol. II, pág. 146.

facto de a respectiva vontade obedecer a um processo de formação que dificilmente se compatibilizaria com um período tão curto.

Assim, de forma realista, pretendeu o legislador evitar que simples razões de ordem formal pusessem em causa a prossecução do interesse público prosseguido por tais entidades.

78.6. Nas situações não excluídas pela lei, as entidades públicas, tal como os particulares, podem optar pelo embargo extrajudicial, nos termos do art. 412.º, n.º 3, para onde remete o art. 413.º.

Perante a ausência de outra solução, a entidade pública que proceda ao embargo extrajudicial tem o ónus de requerer a sua ratificação dentro do prazo de 5 dias, sob pena de ficar sem efeito,[501] solução que se compreende pelo facto de o embargo produzir efeitos imediatos logo que é concretizada a notificação extrajudicial, impondo-se a sujeição à apreciação do tribunal para a sua ratificação ou rejeição.

79. Obras que não podem ser embargadas:

79.1. Foram introduzidas modificações relevantes nesta área em que os interesses de ordem pública conflituam com os interesses privados do requerente. Trata-se de mais uma manifestação do *princípio da proporcionalidade*.

Anteriormente apenas se consagrava a prevalência das obras a cargo do Estado ou das autarquias locais,[502] ao passo que agora se faz alusão expressa às obras a cargo das demais pessoas colectivas públicas e ainda às realizadas por concessionárias de obras e serviços públicos.[503]

79.2. Pretendeu-se igualmente estabelecer uma distinção entre os litígios cuja resolução compete às entidades e tribunais administrativos e os restantes que cabem aos tribunais judiciais.

---

[501] Cfr. o Ac. da Rel. de Coimbra, de 21-2-84, CJ, tomo I, pág. 47.

[502] No Ac. da Rel. de Coimbra, de 17-6-86, CJ, tomo III, pág. 69, defendeu-se a possibilidade de embargar obras levadas a cabo pelo Estado em *baldio*.

De acordo com o Ac. da Rel. do Porto, de 29-6-95, BMJ 448.º/436, poderiam ser embargadas obras realizadas por um *particular*, com autorização da autarquia.

Já no Ac. do STJ, de 24-9-96, BMJ 459.º/488, se considerou extensiva a restrição aos *concessionários de serviços públicos*, como sucede com a exploração de rede de gás natural.

[503] Sobre a matéria, na parte referente a uma *concessionária*, cfr. o Ac. da Rel. de Coimbra, de 18-5-99, CJ, tomo III, pág. 124.

Quando o litígio deva ser dirimido pelos *tribunais administrativos*, os interessados estão inibidos de recorrer ao embargo comum de obra nova.[504]

Tal como já anteriormente se previa, se as obras estiverem relacionadas com um processo de expropriação por utilidade pública, apenas será viável reagir através dos mecanismos de impugnação dos actos que conduziram à expropriação e dos meios acessórios de natureza cautelar. Mas nada obsta a que se aceda ao *embargo comum* quando a actuação da entidade pública seja equiparada à de qualquer entidade de direito privado, designadamente quando a apropriação do prédio não seja antecedida dos necessários procedimentos administrativos ou quando a entidade pública actue fora do âmbito da sua competência específica.

79.3. Atento o *princípio da especialidade* no que concerne à escolha dos meios processuais, a impossibilidade de recorrer ao embargo não pode ser ultrapassada através da providência cautelar comum.

Contudo, se a tutela não visar os bens patrimoniais atingidos pela actividade, mas bens de diversa natureza, já não se verifica este obstáculo.[505]

---

[504] Cfr. o Ac. da Rel. do Porto, de 22-11-99, BMJ 491.º/330.

Já se o embargo, ainda que movido contra entidades públicas, envolver apenas questões de *direito privado*, são exclusivamente competentes os tribunais judiciais, como se decidiu no Ac. do STJ, de 4-3-97, CJSTJ, tomo I, pág. 125 (embargo contra Câmara Municipal).

[505] Cfr. **Abrantes Geraldes**, *Temas da Reforma do Processo Civil*, vol. III, 4ª ed., págs. 69 e segs.

Art. 415.º
(Revogado)

Art. 416.º
(Revogado)

Art. 417.º
(Revogado)

Art. 418.º

(Como se faz ou ratifica o embargo)

1 – O embargo é feito ou ratificado por meio de auto, no qual se descreverá, minuciosamente, o estado da obra e a sua medição, quando seja possível. Notificar-se-á o dono da obra ou, na sua falta, o encarregado ou quem o substitua, para a não continuar.

2 – O auto é assinado pelo funcionário que o lavre e pelo dono da obra ou por quem a dirigir, se o dono não estiver presente. Quando o dono da obra não possa ou não queira assinar, intervirão duas testemunhas.

3 – O embargante e o embargado podem, no acto de embargo, mandar tirar fotografias da obra, para serem juntas ao processo. Neste caso, é o facto consignado no auto, com a indicação do nome do fotógrafo e a identificação da chapa fotográfica.

Art. 419.º

(Autorização da continuação da obra)

Embargada a obra, pode ser autorizada a sua continuação, a requerimento do embargado, quando se reconheça que a demolição restituirá o embargante ao estado anterior à continuação ou quando se apure que o prejuízo resultante da paralisação da obra é consideravelmente superior ao que pode advir da sua continuação e em ambos os casos mediante caução prévia às despesas de demolição total.

Art. 420.º

(Como se reage contra a inovação abusiva)

1 – Se o embargado continuar a obra, sem autorização, depois da notificação e enquanto o embargo subsistir, pode o embargante requerer que seja destruída a parte inovada.

2 – Averiguada a existência de inovação, é o embargado condenado a destruí-la; se o não fizer dentro do prazo fixado, promover-se-á, nos próprios autos, a execução para a prestação de facto devida.

Sumário:

80 – Efectivação ou ratificação do embargo
81 – Autorização da continuação da obra
82 – Reacção contra obra abusiva

80. Efectivação ou ratificação do embargo:

80.1. Uma vez decretado o embargo ou deferida a sua ratificação, insere-se na própria tramitação do procedimento a efectivação do direito judicialmente reconhecido.

Sem necessidade de solicitação expressa, cumpre à secretaria dar execução ao decidido. Isso far-se-á lavrando *auto* descritivo do estado em que a obra se encontra, se necessário, acompanhado das medições. O auto será assinado pelo funcionário e pelo dono da obra ou, se este não se encontrar presente, por quem tiver a sua direcção, sendo a *recusa* de assinatura substituída pela intervenção de duas testemunhas. Simultaneamente será feita a notificação do referido dono ou de quem o substitua para não continuar a obra.[506] Se o requerente ou o requerido nisso tiverem interesse, poderão ser juntas fotografias.

80.2. A fixação do estado em que a obra se encontra visa múltiplos objectivos.

É o momento relevante para a verificação das *inovações abusivas* que, nos termos do art. 420.º, concede ao requerente o direito de pedir a sua destruição.

---

[506] Tal como ocorre com as obras susceptíveis de serem embargadas, também aqui se justifica uma interpretação que não colida com a possibilidade de realização de trabalhos de que não resulte um efectivo agravamento da situação de lesão do direito de propriedade.

Assim, não se evidenciam motivos racionalmente justificáveis para vedar a efectivação de obras que consistam em simples acabamentos.

Quando tiver existido embargo extrajudicial, a descrição do estado da obra poderá revelar ainda a existência de *obras posteriores* à notificação efectuada, também sujeitas ao ónus de destruição.

81. Autorização da continuação da obra:

81.1. Na norma do art. 419.º aflora o *princípio da proporcionalidade* entre as vantagens emergentes da providência e os prejuízos que dela podem resultar para o requerido. Se a defesa dos interesses afectados pela obra nova exige a sua sustação, o facto de não existir absoluta certeza quanto ao direito do requerente levou à previsão de mecanismos tendentes a evitar resultados inadequados.

Cremos, aliás, que é neste procedimento que se manifestam com mais frequência situações de desequilíbrio entre a tutela dos interesses do requerente e os seus reflexos na esfera do requerido.

A realização de obras, trabalhos ou serviços, designadamente quando ligadas ao exercício de uma actividade empresarial, determinam, com frequência, a mobilização de enormes recursos financeiros, materiais e humanos. Por isso, a suspensão radical dos trabalhos pode ser causa de elevados prejuízos directos e indirectos desproporcionados em relação aos interesses que por ela são directamente afectados.

Acresce que a natureza perfunctória da apreciação jurisdicional da situação de facto e da respectiva integração jurídica propicia situações de uso abusivo dos meios cautelares ou, o que não é menos grave, pode servir de meio de pressão (ou de chantagem) para se obterem contrapartidas desajustadas à real situação.

Com efeito, o confronto do requerido com obstáculos derivados da necessidade de acatar o embargo pode levá-lo a cedências injustificadas, ainda assim com reflexos menos gravosos do que os resultantes da paralisação da obra.

81.2. Assim, realizado ou ratificado o embargo, independentemente do uso de outros meios de defesa contra a decisão, o requerido pode solicitar que seja *autorizada a sua continuação*.[507]

---

[507] No Ac. do STJ, de 16-6-91, BMJ 407.º/430, considerou-se que "se o fundamento do embargo não for o prejuízo, mas o interesse público, ligado ao meio ambiente e à ecologia, que não é redutível a dinheiro e se sobrepõe ao interesse privado do interessado, a continuação da obra não pode ser autorizada".

Para que isso aconteça, deve verificar-se uma de duas condições:

a) O reconhecimento de que a futura *demolição*, caso seja acolhida a pretensão na acção principal, restituirá o embargante ao estado anterior à continuação;

b) O apuramento de que o *prejuízo* resultante da paralisação é consideravelmente superior ao que advém da sua continuação.[508]

Em qualquer dos casos, a autorização ficará condicionada à prévia prestação de *caução* de valor suficiente para garantir as despesas com a demolição da obra na parte em que a mesma é ilegal.

81.3. O embargo determina a *proibição de prosseguimento* da obra. Mas ainda que a obra tenha prosseguido ilicitamente e que, com esse fundamento, o embargante requeira a destruição da parte inovada, nos termos do art. 420.º, não está impedida a dedução do incidente de autorização da continuação, já que a ilicitude de um determinado comportamento não prejudica a apreciação de outra pretensão, nem constitui motivo para suspensão desse incidente.[509]

81.4. A autorização da continuação da obra integra um *incidente* do próprio procedimento, sem que exista necessidade de autonomizar a sua tramitação num apenso.

Nesse incidente inserir-se-á o requerimento do embargado, com alegação dos factos de que depende o deferimento da sua pretensão e a indicação dos respectivos meios de prova.

Segue-se a audição da parte contrária, dando acolhimento à regra geral do contraditório resultante do art. 3.º,[510] a qual se pode opor e indicar também os meios de contraprova que forem pertinentes.

A decisão incidental será o corolário dos meios de prova apresentados e da respectiva integração jurídica. Sendo favorável ao embargado, deve ainda ser fixado o valor da caução.

---

[508] Quanto à comparação entre os danos na esfera do embargante e os ocasionados na esfera do embargado, estamos perante uma norma de conteúdo equivalente à do art. 387.º, n.º 2, mais rigorosa, pois, que a do art. 397.º, n.º 2.

[509] Neste sentido cfr. o Ac. da Rel. de Coimbra, de 23-6-81, CJ, tomo III, pág. 232. Contra: o Ac. da Rel. do Porto, de 28-7-83, CJ, tomo IV, pág. 238.

[510] Cfr. o Ac. da Rel. de Évora, de 1-2-90, CJ, tomo I, pág. 287.

82. Reacção contra inovação abusiva:

82.1. Enquanto se mantiver o embargo, o requerido está impedido de prosseguir a obra na parte em que afecte o direito cuja violação se pretende prevenir.

A proibição específica vigora não apenas desde a notificação da decisão de embargo ou da sua ratificação, mas logo a partir da notificação extrajudicial feita pelo embargante.[511]

O não acatamento da intimação feita ao dono da obra ou a quem o substitua pode determinar consequências de ordem diversa. Por um lado, o cometimento do *crime* de desobediência qualificada, nos termos do art. 391.º; por outro, no puro campo dos meios cíveis, a *destruição* das inovações introduzidas e que devam considerar-se violadoras do embargo.

82.2. Verificada uma situação de prossecução ilegal da obra embargada, cabe ao requerente accionar este mecanismo específico destinado ao cumprimento de decisões judiciais, requerendo incidentalmente a destruição na parte inovada.

Depois do requerimento, com alegação dos factos e apresentação dos meios de prova, segue-se a audição da parte contrária[512] e a produção dos meios de prova pertinentes, sem qualquer restrição.[513]

A decisão que for favorável ao requerente consistirá na condenação do requerido a destruir as inovações pelos seus próprios meios, dentro de um certo prazo, após o que se seguirá, em caso de inacção, a *execução* para a prestação de facto, nos termos do art. 942.º.[514]

---

[511] Neste sentido cfr. o Ac. do STJ, de 30-1-97, BMJ 463.º/519, os Acs. da Rel. de Coimbra, de 5-1-93, BMJ 423.º/609, e de 21-2-85, CJ, tomo I, pág. 81, e o Ac. da Rel. do Porto, de 16-3-00, CJ, tomo II, pág. 206.

[512] Contra o que se decidiu no Ac. da Rel. de Coimbra, de 17-5-83, CJ, tomo III, pág. 51, onde se considerou que a audição era facultativa.

[513] Na anterior redacção consignava-se a obrigatoriedade do arbitramento, só se admitindo a prova testemunhal quando aquele meio probatório se revelasse insuficiente. No entanto, a actual redacção da norma permite a produção de *qualquer meio de prova*.

[514] Cfr. **Amâncio Ferreira**, *Curso de Processo Executivo*, 2ª ed., pág. 350.

Lebre de Freitas defende que a execução decorre no próprio procedimento de embargo (*CPC anot.*, vol. II, pág. 155).

SUBSECÇÃO VII
Arrolamento

Art. 421.º
(Fundamento)

1 – Havendo justo receio de extravio, ocultação ou dissipação de bens, móveis ou imóveis, ou de documentos, pode requerer-se o arrolamento deles.

2 – O arrolamento é dependência da acção à qual interessa a especificação dos bens ou a prova da titularidade dos direitos relativos às coisa arroladas.

Art. 422.º
(Legitimidade)

1 – O arrolamento pode ser requerido por qualquer pessoa que tenha interesse na conservação dos bens ou dos documentos.

2 – Aos credores só é permitido requerer arrolamento nos casos em que haja lugar à arrecadação da herança.

Art. 423.º
(Processo para o decretamento da providência)

1 – O requerente fará prova sumária do direito relativo aos bens e dos factos em que fundamenta o receio do seu extravio ou dissipação. Se o direito relativo aos bens depender de acção proposta ou a propor, tem o requerente de convencer o tribunal da provável procedência do pedido correspondente.

2 – Produzidas as provas que forem julgadas necessárias, o juiz ordenará as providências se adquirir a convicção de que, sem o arrolamento, o interesse do requerente corre risco sério.

No respectivo despacho, far-se-á logo a nomeação de um depositário e ainda de um avaliador, que é dispensado do juramento.

Sumário:

83 – Caracterização do arrolamento
84 – Instrumentalidade e dependência
85 – Pressupostos processuais
86 – Tramitação
87 – Decisão
88 – Substituição por caução
89 – Propositura da acção principal

83. Caracterização do arrolamento:

83.1. O arrolamento é uma medida de carácter conservatório que pode apresentar-se sob duas vertentes:

a) Como medida destinada a assegurar a manutenção de certos *bens litigiosos*, enquanto a titularidade do direito sobre eles estiver em discussão na acção principal;[515]

b) Como medida destinada a garantir a persistência de *documentos* necessários para provar a titularidade do direito.

Na primeira modalidade, apresenta algumas semelhanças com o arresto, tendo em conta a latitude dos bens sobre que pode incidir e o modo de execução, dele diferindo quanto à situação de perigo que visa prevenir: em lugar do perigo de perda da garantia patrimonial, tende a eliminar o *risco de extravio*, de ocultação ou de dissipação de bens.[516] Por outro lado, ainda que no procedimento cautelar comum se possam inserir providências gerais que consistam na apreensão de bens ou na sua

---

[515] Como refere **Alberto dos Reis**, "se uma pessoa tem ou pretende ter direito a determinados bens e mostra que certos factos ou circunstâncias fazem nascer o justo receio de que o detentor ou possuidor deles os extravie ou dissipe antes de estar judicialmente reconhecido, de forma definitiva, o seu direito aos mesmos bens, estamos perante a ocorrência que justifica o uso... do arrolamento" (*CPC anot.*, vol. II, pág. 105).

entrega a um fiel depositário, o arrolamento visa especificamente assegurar a permanência de bens que devem ser objecto de "*especificação*" no processo principal, nos termos do art. 421.º, n.º 2.[517]

Na segunda modalidade, assemelha-se ao mecanismo de produção antecipada de prova regulada nos arts. 520.º a 522.º. A divergência advém apenas do facto de que estas normas se destinam a preservar meios de prova constituendos, ao passo que o arrolamento tem por objectivo assegurar a permanência, para efeitos de futuro aproveitamento, de provas já constituídas – os documentos.

83.2. Mas a medida de arrolamento não é exclusiva do processo civil comum. Noutras áreas se encontram mecanismos com idêntica denominação ou, ao menos, com semelhante finalidade de preservação de bens ou de documentos.

Desde logo, nos arts. 140.º a 142.º do Cód. de Processo e de Procedimento Tributário, no âmbito das relações jurídico-tributárias, regula-se idêntica providência destinada a superar o "*receio de extravio ou dissipação de bens ou documentos conexos com obrigações tributárias*". Trata-se de uma medida que se integra na esfera de competências dos *tribunais tributários* de 1ª instância, embora o legislador tenha prescindido da sua específica regulação, optando pelo recurso supletivo às normas do arrolamento comum.[518]

---

[516] Por isso se pode afirmar, com toda a segurança, que, atento o princípio da legalidade e da especialidade, não pode recorrer-se ao arrolamento em face da inviabilidade do arresto, já que aquele não se destina a garantir o pagamento de dívidas (cfr. **Alberto dos Reis**, *CPC anot.*, vol. II, pág. 116, e o Ac. da Rel. de Évora, de 11-3-93, BMJ 425.º/641).

[517] Aqui baseia **Lebre de Freitas** o entendimento – discutível – de que o arrolamento apenas pode dirigir-se a uma diversidade de bens e não a um bem concreto e determinado (*CPC anot.*, vol. II, pág. 157).

Note-se que uma eventual recusa da providência de arrolamento com este fundamento não é suficiente para eliminar a tutela cautelar, a qual deve buscar-se no leque das providências não especificadas (de natureza inibitória e antecipatória) que, na prática, acabam por produzir efeitos semelhantes.

[518] À providência específica de arrolamento se reporta o art. 31.º do Dec. Lei n.º 413/93, de 31-12, republicado pela Lei n.º 50/05, de 30-8, nos termos da qual, "*em caso de justo receio de frustração dos créditos fiscais, de extravio ou deterioração de documentos conexos com obrigações tributárias, a administração tributária deve propor as providências cautelares de arresto ou arrolamento previstas no CPPT*".

A administração tributária beneficia ainda da possibilidade de fazer uso autónomo de medidas cautelares "*para garantia dos créditos tributários em caso de*

Também no art. 29.º do Cód. de Imposto de Selo, alterado pelo Dec. Lei n.º 287/03, de 12-11, se prevê o arrolamento em situações de suspeita fundada de sonegação de bens, nos termos dos arts. 141.º e 142.º do CPPT.

83.3. Quanto a esta modalidade especial de arrolamento, coloca-se a questão da determinação do *tribunal competente* para a sua apreciação.

Da redacção do preceito transparece a atribuição da competência aos tribunais judiciais (este o sentido da expressão "*tribunal de comarca*"). Todavia, o ETAF integra na competência dos tribunais tributários o conhecimento "*de providências cautelares para garantia de créditos fiscais*" (art. 49.º, n.º 1, al. e)).

Tratando-se de uma expressão de sentido mais amplo do que a constante do art. 141.º do CPPT (que limita a competência dos tribunais tributários ao arrolamento previsto nesse diploma), deve considerar-se que os tribunais tributários são materialmente competentes para o processamento do arrolamento especial.[519]

Aos precedentes argumentos, atinentes ao elemento sistemático que deve entrar na tarefa de interpretação, pode ainda aditar-se um outro, de ordem racional, extraído do facto desse arrolamento específico não ser dependente da instauração de qualquer acção a interpor nos tribunais judiciais, destinando-se tão só a servir de base a uma posterior actuação da administração tributária.[520]

Deste modo, verifica-se a total ausência de interesse prático na manutenção da competência anteriormente atribuída aos tribunais judiciais (já de si sobrecarregados com processos de outra natureza), e constata-se a perfeita ligação aos *tribunais tributários*, atenta a natureza inci-

---

fundado receio de frustração da sua cobrança ou de destruição ou extravio de documentos ou outros elementos necessários ao apuramento da situação tributária dos sujeitos passivos", nos termos do art. 51.º, n.º 1, da Lei Geral Tributária, (Dec. Lei n.º 398/98, de 17-12). Assinala-se, porém, que tais providências têm natureza administrativa, podendo ser objecto de impugnação para os respectivos tribunais, nos termos do art. 144.º do CPPT.

[519] Foi este, aliás, o entendimento que fez vencimento no Ac. da Rel. de Lisboa, de 22-10-98, CJ, tomo IV, pág. 125. No Ac. da Rel. de Évora, de 4-6-98, CJ, tomo III, pág. 267, apesar de incidir sobre um arrolamento desta natureza, era diversa a problemática que então se colocava e que foi objecto de decisão.

[520] Cfr. **Moitinho de Almeida**, *Scientia Iuridica*, vol. XVIII, 1969, pág. 150.

dental do arrolamento face a uma relação jurídica que se enquadra na sua competência especializada.[521]

83.4. Providência de natureza e finalidade equivalentes é a apreensão de bens e documentos em *processo de insolvência*.

Ainda que substancialmente a apreensão de bens seja aparentada com o arresto, o certo é que o art. 150.º, n.º 4, do CIRE, aprovado pelo Dec. Lei n.º 53/04, de 18-3 (que sucedeu ao art. 176.º, n.º 4, do CPEREF), a designa por arrolamento, qualificação que, aliás, tem plena justificação quando as coisas a apreender integram elementos da contabilidade da empresa (art. 149.º, n.º 1).

O que de especial emerge do modo como a apreensão em processo de insolvência está regulamentada é a dispensa, em regra, da intervenção do tribunal (do juiz ou da secretaria), inserindo-se nas tarefas especialmente atribuídas ao liquidatário, assistido pela comissão de credores.

84. Instrumentalidade e dependência:

84.1. O arrolamento e imposição de selos começou por ser uma providência de uso restrito, praticamente associada apenas ao processo de inventário. Gradualmente, intervenções legislativas foram alargando o leque de direitos e de relações litigiosas de que essa medida cautelar poderia ser instrumento de maior eficácia.[522]

Assumida a dependência quanto à acção de dissolução de sociedade[523] e à acção de divórcio (ou de separação), foi *alargada* a esfera de influência a todas as acções em que esteja presente a discussão da titularidade de certos bens, designadamente:[524]

---

[521] Não se invoquem razões de ordem prática ligadas à maior proximidade dos tribunais judiciais em relação ao lugar onde se encontrem os bens a arrolar. Da mesma ou de maior proximidade gozam as repartições da administração tributária, a quem pode e deve ser solicitada a colaboração, nos termos do art. 10, n.º 1, als. f) e i), do CPPT.

[522] Sobre a evolução cfr. **Alberto dos Reis**, *CPC anot.*, vol. II, pág. 105, e **Moitinho de Almeida**, *Scientia Iuridica*, vol. XVIII, pág. 149.

[523] Cfr. **Alberto dos Reis**, *CPC anot.*, vol. II, pág. 108.

[524] Quanto à acção de *execução específica* de contrato-promessa de compra e venda, a resposta afirmativa foi dada pelo Ac. da Rel. do Porto, de 10-10-96, CJ, tomo IV, pág. 225, e pelo Ac. da Rel. de Coimbra, de 2-11-88, BMJ 381.º/755, tese que foi sustentada por **Teixeira de Sousa**, *Estudos Sobre o Processo Civil*, 2ª ed., pág. 237. Tal questão obteve resposta negativa no Ac. do STJ, de 11-11-97, BMJ 471.º/304 (e na

- Acção de justificação de ausência (art. 1103.º);
- Acção de liquidação de herança vaga em benefício do Estado (arts. 1132.º e segs.);[525]
- Nulidade ou anulabilidade de contrato[526] ou de testamento;
- Interdição e habilitação, tendo em conta que se prevê a possibilidade de apresentação de relação de bens, nos termos do art. 956.º, n.º 1, al. a).[527]

84.2. O arrolamento, na sua vertente *documental*, pode servir a actividade probatória em diversas acções, designadamente:

- No processo especial de *prestação de contas*, em que se revele importante a prova documental;[528]

CJSTJ, tomo III, pág. 130), e no Ac. da Rel. de Évora, de 10-12-81, CJ, tomo V, pág. 328, e no Ac. da Rel. de Lisboa, de 26-5-83, CJ, tomo III, pág. 132.

No que respeita à acção de *investigação de paternidade*, a solução afirmativa foi defendida por **Alberto dos Reis**, *CPC anot.*, vol. II, pág. 113, por **Moitinho de Almeida**, *Scientia Iuridica*, vol. XVIII, pág. 154, e no Ac. da Rel. de Coimbra, de 28-1-97, CJ, tomo I, pág. 39. Tese inversa à assumida por **Lopes Cardoso**, *Partilhas Judiciais*, vol. I, pág. 204, para quem a instrumentalidade apenas se verifica quanto ao inventário e não quanto àquela acção constitutiva da filiação.

Considerou-se no Ac. da Rel. de Lisboa, de 25-6-85, CJ, tomo III, pág. 174, que, sem embargo da sua viabilidade quanto aos documentos, o arrolamento de bens móveis não pode ser requerido por dependência de acção de *prestação de contas*.

Cremos que o arrolamento também pode ser instrumental relativamente a acções em que se discuta a titularidade de bens adquiridos por sujeitos em situação de *união de facto*, quando esta se dissolva. Para o efeito merece especial atenção o disposto no art. 8.º da Lei n.º 7/01, de 11-5.

[525] Prevista a possibilidade de o arrolamento ser requerido pelos *credores* (art. 422.º, n.º 2), isso não impede que se adoptem as providências conservatórias especificamente previstas no art. 1132.º, n.º 1.

[526] Cfr. **Alberto dos Reis**, *CPC anot.*, vol. II, pág. 113.

O Ac. da Rel. de Évora, de 12-7-90, CJ, tomo IV, pág. 284, incidiu sobre uma situação de contrato simulado.

[527] Cfr. **Alberto dos Reis**, *CPC anot.*, vol. II, pág. 113, e o Ac. da Rel. do Porto, de 2-6-72, BMJ 218.º/312.

Apesar de no Ac. da Rel. de Coimbra, de 12-1-93, CJ, tomo I, pág. 11, se ter indeferido uma providência requerida por *herdeiros legitimários* destinada a impedir a alienação de bens, por se ter considerado que eram titulares de uma mera expectativa, neste momento nada impediria o tribunal de convolar a pretensão para a de arrolamento dependente de acção em que se invocasse a prodigalidade (**Abrantes Geraldes**, *Temas da Reforma do Processo Civil*, vol. III, 3ª ed., nota 105).

[528] Cfr. o Ac. da Rel. de Lisboa, de 25-6-85, CJ, tomo III, pág. 174.

- No processo especial de *apresentação de documentos* previsto no art. 1476.º do CPC, que adjectivou o direito regulado no art. 575.º do CC;[529]
- No processo de *inquérito judicial* à sociedade regulado nos arts. 1479.º e segs. do CPC.[530]

85. Pressupostos processuais:

85.1. A norma do n.º 1 do art. 422.º, sobre *legitimidade*, parece dispensável. Atenta a regra geral que resulta do art. 26.º, o legislador não carece de afirmar, relativamente a cada processo ou procedimento, as pessoas a quem é reconhecida legitimidade activa ou passiva. A expressa referência ao referido pressuposto apenas se justifica quando, como sucede com a situação do n.º 2, é tornado extensivo a terceiros que não integram a relação jurídica.

Daí que o n.º 1, entendido como referência ao pressuposto processual da legitimidade, mais não comporta do que a confirmação da regra geral, segundo a qual a legitimidade pertence a quem se afirme titular de um interesse na conservação dos bens ou de documentos, interesse esse que, como sucede em geral, terá de ser directo.[531]

85.2. À regra geral de que apenas o interessado directo pode requerer o arrolamento foram apostas algumas excepções.

Desde logo, nos termos do art. 1679.º do CC, pode um dos *cônjuges* solicitar providências de administração relativamente a bens de que não seja administrador, em situações de impossibilidade do outro cônjuge.[532]

---

[529] Cfr. o Ac. do STJ, de 29-11-57, BMJ 71.º/530.

[530] Neste sentido se decidiu no Ac. da Rel. de Coimbra, de 28-10-03, CJ, tomo IV, pág. 34. Com efeito, ainda que seja possível inserir no âmbito do processo judicial de inquérito medidas cautelares de salvaguarda dos interesses da sociedade, dos sócios ou dos credores, nos termos do art. 1481.º do CPC, pode verificar-se uma situação de urgência que implique o prévio arrolamento de documentos importantes e que, de outro modo, corram o risco de desaparecer, designadamente quando se visa a prestação de contas de exercício ou a averiguação de actos que venham a ser objecto de inquérito.

[531] Cfr. o Ac. da Rel. de Lisboa, de 19-1-82, CJ, tomo I, pág. 160. É, aliás, a esse interesse, que não a um mero interesse reflexo ou indirecto, que se dirige **Alberto dos Reis** quando alude ao "interesse *jurídico*, interesse derivado de determinada posição ou pretensão jurídica" (*CPC anot.*, vol. II, pág. 104).

[532] Cfr. **Lopes Cardoso**, *Partilhas Judiciais*, vol. I, pág. 202.

Legitimidade extraordinária ou indirecta é ainda conferida ao cabeça-de-casal relativamente aos *bens da herança* cuja administração lhe pertença (art. 2088.º, n.º 1, do CC). E foi também alargada aos *credores*, nas situações de arrecadação da herança a que se reporta o art. 1132.º CPC.[533]

85.3. Para além do que já anteriormente se referiu sobre os meios destinados a assegurar o cumprimento de obrigações de natureza tributária, da esfera de competência dos *tribunais tributários* (*supra*, 83.3), não deixam ainda de se suscitar questões relacionadas com a competência material dos tribunais judiciais.[534]

Neste contexto, cumpre realçar que compete aos *tribunais de família* e menores preparar e julgar os arrolamentos conexos com inventários requeridos na dependência de acções de divórcio ou de separação de pessoas e bens, nos termos do art. 114.º, al. c), da nova LOFTJ.

O mesmo se impõe para os *tribunais de comércio* quando o arrolamento de bens seja requerido para assegurar a tutela de direitos que estejam em discussão nas acções previstas no art. 121.º, al c), do mesmo diploma, *maxime*, nas acções de declaração de inexistência, de nulidade ou de anulação de contratos de sociedade, a que poderá seguir-se o processo de liquidação do património, nos termos dos arts. 1122.º e segs. do CPC.

Se, porventura, no âmbito de litígio respeitante à competência dos *tribunais marítimos*, houver que proceder ao arrolamento de navio, de engenho equivalente ou de carga, também deve atentar-se no que está consignado no art. 123.º, al. i), da nova LOFTJ.

No que concerne ao arrolamento instrumental em relação a processos de *inventário* regulados pela Lei n.º 29/09, de 29-6, da competência

[533] Cfr. **Alberto dos Reis**, *CPC anot.*, vol. II, pág. 122.

[534] Quanto à *competência internacional*, quer para a decisão, quer para a execução de decisões estrangeiras, podem ser transpostas as observações feitas acerca do arresto (*supra* 59.).

Cumpre ainda observar o que, em relação a questões de *direito matrimonial ou de menores*, resulta do art. 20.º do Regulamento (CE) n.º 2201/03 (que sucedeu ao Regulamento (CE) n.º 1347/00), atribuindo competência internacional para as medidas provisórias e cautelares mesmo que para o processo principal seja competente tribunal de outro Estado. Cfr. ainda **Abrantes Geraldes**, *Temas da Reforma do Processo Civil*, vol. III, 3ª ed., págs. 166 e segs., e 215 e segs.

dos serviços do registo civil e cartórios notariais, a competência continuará a pertencer ao tribunal judicial.

85.4. Para a *competência territorial* vale o disposto no art. 83.º, n.º 1, al. a). Quando preliminar da acção, o arrolamento será requerido, à escolha do interessado, junto do tribunal do lugar onde a acção deva ser proposta ou onde se encontre a totalidade ou parte dos bens.

Obviamente que se a acção já tiver sido instaurada, a conexão imposta pelo art. 383.º, n.º 3, se sobrepõe à referida regra.

86. Tramitação:

86.1. A respeito da petição inicial e dos ónus que recaem sobre o requerente não existem regras especialmente diversas das que vigoram para a generalidade dos procedimentos. O maior ou menor labor na alegação de factos em que se funda a providência será o correspondente à especificidade de cada situação.

Tratando-se de bens que já pertencem, no todo ou em parte, ao requerente, devem ser alegados factos que permitam concluir pela probabilidade da existência desse direito. Mas se o arrolamento for dependente de *acção constitutiva* do próprio direito sobre os bens, cumpre alegar os factos que, uma vez apurados, possibilitem a afirmação da probabilidade da procedência dessa acção.

86.2. No que concerne à *identificação dos bens* a arrolar, mostram-se ajustadas as considerações feitas quanto ao arresto (*supra*, 60.4. e 60.5), sendo certo que a providência se destina à apreensão de bens móveis, bens imóveis ou documentos (art. 421.º, n.º 1) que, naturalmente, devem ser indicados pelo interessado.[535]

86.3. Cabe ao juiz pronunciar-se pelo cumprimento ou não do *contraditório*, de acordo com as circunstâncias do caso e a avaliação que faça sobre o receio quanto à eficácia ou à utilidade da providência, nos termos do art. 385.º.[536]

---

[535] Cfr. o Ac. da Rel. do Porto, de 26-6-86, CJ, tomo III, pág. 224.

[536] Cfr. **Abrantes Geraldes**, *Temas da Reforma do Processo Civil*, vol. III, 4ª ed., págs. 194 e segs.

A regra é a de que o requerido deve ser citado para deduzir oposição. Sendo dispensada a audição, deve o juiz atentar especialmente na necessidade de fundamentar essa opção. Em qualquer dos casos, a opção deve ser tomada logo que o juiz se confronte com o requerimento inicial e com os elementos dele recolhidos sobre os inconvenientes da audiência do requerido.[537]

87. Decisão:

87.1. Produzidas as *provas* que forem reputadas necessárias para a formação da convicção, com base em simples juízos de probabilidade, será proferida decisão de facto e de direito.

Não se detectam diferenças substanciais quando se confronta o arrolamento com a generalidade dos procedimentos cautelares. Basta a formulação de um juízo de verosimilhança quanto à existência actual ou futura de um direito de conteúdo patrimonial sobre determinados bens situados na esfera de actuação do requerido e cuja realização efectiva esteja dependente da sua persistência.

87.2. Como sucede nos processos de natureza contenciosa, também aqui é visível a dualidade de interesses contrapostos: o do requerente que beneficia com o arrolamento; o do requerido que com ele pode ser prejudicado.

Por isso, tal como se reclama o deferimento do arrolamento quando se encontrem reunidos os requisitos legais, também se exige o seu indeferimento quando não possa ser sustentado numa base minimamente

---

[537] Concretamente, quanto ao arrolamento, cfr. o Ac. do STJ, de 30-4-96, CJSTJ, tomo II, pág. 46, e o Ac. da Rel. de Lisboa, de 20-2-92, CJ, tomo I, pág. 167.

Está definitivamente afastada a tese que, a respeito da lei anterior, foi desenvolvida no Ac. do STJ, de 15-5-97, BMJ 467.º/523, segundo a qual, em primeiro lugar, deveriam ser produzidas as provas oferecidas pelo requerente do arrolamento, e só depois se ajuizaria, em face do resultado, se a audiência do requerido comprometia ou não a finalidade da providência.

Ainda que esse entendimento se fundasse na doutrina de **Alberto dos Reis**, expressa no *CPC anot.*, vol. II, págs. 122 e 123, o certo é que a redacção do preceito vigente em cada um dos momentos já não era coincidente, o que impunha também diversa solução. Antes da reforma operada em 1995/96, o n.º 3 do art. 423.º de modo algum impunha a formulação do juízo de oportunidade depois da produção da prova.

Sobre a questão cfr. **Abrantes Geraldes**, *Temas da Reforma do Processo Civil*, vol. III, 4ª ed., nota 329.

séria. Só deve ser decretado o arrolamento quando se adquira a convicção de que o interesse do requerente está em *situação de risco*, por se mostrar fundado o receio de insatisfação do seu direito.[538]

Para isso, é necessária, nuns casos, a prova sumária da existência de um direito efectivo sobre os bens a arrolar. Já quando o arrolamento seja instrumental de acção constitutiva, impõe-se a afirmação da probabilidade da sua procedência.[539]

87.3. O *periculum in mora* que o arrolamento visa acautelar não é o da genérica ocorrência de lesão grave e dificilmente reparável que encontramos no procedimento cautelar comum (art. 381.º, n.º 1).[540] Como providência típica, tem por objectivo esconjurar uma específica situação de perigo relacionada com o "*extravio, ocultação ou dissipação*" de bens ou documentos. É este concreto perigo que constitui o elemento verdadeiramente integrante da causa de pedir.[541]

Com a expressão "*extravio*" pretendeu o legislador abarcar todos os factos susceptíveis de produzir o desaparecimento dos bens: perda, destruição, sumiço, descaminho, furto, etc.[542]

Embora se pudessem igualmente integrar em tal conceito os actos de "*ocultação*", o certo é que o legislador entendeu especificar esta concreta situação de perigo que, assim, abrange inequivocamente os actos de dissimulação, de encobrimento ou de sonegação.

---

[538] Cfr. **Alberto dos Reis**, *CPC anot.*, vol. II, pág. 124.

[539] Como refere **Alberto dos Reis**, quando o arrolamento seja requerido relativamente a bens cujo direito deva ser reconhecido na acção principal, em vez da "aparência de um direito *certo* aos bens", exige-se a prova da "aparência de um direito *eventual* ao património que se quer acautelar" (*CPC anot.*, vol. II, pág. 106).

[540] Cfr. o Ac. do STJ, de 15-1-80, BMJ 294.º/402.

[541] Cfr. **Alberto dos Reis**, *CPC anot.*, vol. II, pág. 116.

[542] **Moitinho de Almeida**, na *Scientia Iuridica*, vol. XVIII, pág. 152, considerou que, para enfrentar o perigo da deterioração de bens, a providência ajustada já não seria o arrolamento, antes a medida não especificada de depósito judicial. No mesmo sentido, o Ac. da Rel. de Coimbra, de 5-1-93, BMJ 423.º/614.

Não vemos razões para esta especiosa distinção, parecendo-nos que o conceito de "*extravio*" ainda pode enquadrar actos de que resulte a deterioração dos bens, como defendia **Alberto dos Reis**, *CPC anot.*, vol. II, pág. 117, e foi assumido no Ac. da Rel. de Lisboa, de 21-3-91, BMJ 405.º/522.

De todo o modo, no actual contexto normativo, se o juiz tiver diverso entendimento, deve proceder à necessária convolação, nos termos do art. 392.º, n.º 3.

Sob o conceito de "*dissipação*", cujo perigo também se pretende eliminar com o arrolamento, poderão inserir-se os actos que impliquem o desbaratamento, o esbanjamento, o desperdício ou a prodigalização dos bens.

87.4. Conforme ocorre na generalidade das providências e, mais concretamente, nas não especificadas ou no arresto (*supra*, 58.), o "*justo receio*", que também qualifica a situação de *periculum in mora* no arrolamento, deve ser perspectivado objectivamente e apresentar-se com um fundamento real que não corresponda a uma mera fantasia do requerente.[543]

Mas tal como sucede com o arresto, não se justifica uma interpretação restritiva do conceito, tendente a excluir da providência situações em que o extravio ou a ocultação de bens já se tenha concretizado. Atenta a sua finalidade (garantir a persistência de bens, até lhe ser dado destino na acção principal), o arrolamento ajusta-se também aos casos em que se visa a recuperação de bens que aparentemente se encontrem perdidos, *maxime*, por terem sido colocados em locais inacessíveis ao requerente.

A defender-se outro entendimento, para além da valorização irrazoável de aspectos de ordem formal, em detrimento do direito material, estar-se-ia a cercear a maior parte dos pedidos de apreensão de móveis ou de documentos, em prejuízo daqueles que invocam sobre os mesmos interesses legítimos e em proveito dos que agem com o intuito de prejudicar os valores da justiça e da verdade material.

Exemplificando com as mais frequentes situações relacionadas com processos de inventário, pode dizer-se que serão suficientemente demonstrativos da *necessidade* do arrolamento incidental a prova da existência de *actos de delapidação* de bens por algum dos interessados, a *omissão de bens* na respectiva relação, a *transferência* de bens móveis para locais desconhecidos, a *apropriação ilegítima* de valores depositados, a intenção de vender bens, a demora na instauração do processo de inventário, a declaração fiscal de que não existem bens, etc.[544]

---

[543] Cfr. **Alberto dos Reis**, *CPC anot.*, vol. II, pág. 117, e **Abrantes Geraldes**, *Temas da Reforma do Processo Civil*, vol. III, 4ª ed., pág. 108.

[544] Alguns destes exemplos são mencionados por **Lopes Cardoso**, *Partilhas Judiciais*, vol. I, pág. 212.

87.5. Antes da reforma de 1939, ainda que com algumas excepções, exigia-se a assinatura de um *termo de responsabilidade* por parte do requerente, antes de o arrolamento ser executado (art. 430.º).

Um tal requisito deixou de se impor. Sem embargo de o juiz poder usar da faculdade prevista no art. 390.º, n.º 2, ou seja, de tornar o arrolamento dependente da *prestação de caução*, deve ser dada execução imediata à medida.

87.6. Como resulta da lei, o arrolamento tanto pode incidir sobre bens imóveis, como sobre móveis.[545]

Ainda que não mencionados expressamente na lei, serão ainda passíveis de arrolamento os *direitos de conteúdo patrimonial*, sendo esse o resultado da aplicação integrada de outras normas.

Impõe esta conclusão a frequente dependência em relação ao processo de inventário, já que o art. 424.º, n.º 2, remete para a aplicação das regras prescritas para a descrição dos bens nesse processo. Mais forte ainda é o impulso derivado do n.º 5 do art. 424.º, ao determinar a aplicação remissiva das normas sobre a penhora, sem exclusão, é claro, das que se reportam aos direitos. A mesma conclusão se impõe pela constatação de que também relativamente a certos direitos em discussão na acção principal persiste o risco que justifica o arrolamento, designadamente quando estão em causa depósitos bancários em dinheiro ou títulos ou outros direitos de crédito sobre terceiros.

Como argumento que não deve ser de todo desconsiderado, atente-se ainda que a extensão referida não tem sido questionada pela doutrina e pela jurisprudência, sendo frequentes as situações submetidas à apreciação dos tribunais em que estão em causa depósitos bancários[546] e direitos de crédito em geral.

88. Substituição por caução:

88.1. O anterior art. 427.º, n.º 2, era claro quanto à admissibilidade de substituição do arrolamento por *caução*. Bastava que fosse requerida e que o juiz constatasse a existência de um "*interesse atendível*".

---

545 Cfr. o Ac. do STJ, de 31-10-95, CJSTJ, tomo III, pág. 88.

546 A título exemplificativo, cfr. o Ac. da Rel. de Évora, de 4-7-91, BMJ 409.º/890, e o Ac. da Rel. de Lisboa, de 13-5-99, CJ, tomo III, pág. 99.

Tal preceito foi retirado do clausulado do arrolamento, o que suscita a questão da admissibilidade dessa medida substitutiva. Trata-se, aliás, de uma questão comum a outras providências, com especial realce para o arresto.

A respeito da interpretação do n.º 3 do art. 387.º já oportunamente nos pronunciámos.[547] Também já se abordou a questão especificamente ligada às providências de restituição provisória da posse (*supra*, 15.1), de suspensão de deliberações sociais (*supra*, 27.9) e de arresto (*supra*, 64.2). Focaremos apenas os aspectos que, quanto ao arrolamento, justificam a solução que, em tese geral, assumimos.

88.2. A aplicação remissiva do art. 387.º, n.º 3, resultante do art. 392.º, n.º 1, não exclui de modo algum o arrolamento, revelando a técnica utilizada pelo legislador uma clara opção no sentido de admitir, em abstracto, a substituição por caução. E, na verdade, se no anterior sistema essa medida era expressamente admitida, razão alguma se descortina agora para uma súbita recusa dessa solução.[548]

Como decorre da regra geral constante do art. 387.º, n.º 3, nesta e noutras providências específicas em que não se encontre norma especialmente impeditiva da caução ou em que esta não seja liminarmente repudiada, tudo depende da conclusão acerca da sua idoneidade para superar o risco que com o arrolamento se pretende eliminar, de modo a prevenir a lesão ou a repará-la integralmente.[549]

88.3. Deste modo, se o objecto do arrolamento for um bem imóvel, não existe obstáculo antecipado à substituição da medida por *caução*, desde que o valor fixado seja suficiente para garantir o direito sobre o mesmo. *Mutatis mutandis* quanto à generalidade dos bens móveis, com ressalva daqueles que, porventura, representem para o interessado um valor inestimável.

---

[547] Cfr. **Abrantes Geraldes**, *Temas da Reforma do Processo Civil*, vol. III, 4ª ed., págs. 253 e segs.

[548] Rejeita-se, assim, a tese defendida no Ac. da Rel. de Lisboa, de 2-11-00, CJ, tomo V, pág. 81.

[549] Não encontramos, assim, base legal para a aplicação irrestrita da doutrina defendida no Ac. do STJ, de 18-5-99, CJSTJ, tomo II, pág. 97, onde o arrolamento é apresentado como exemplo de providência incaucionável.

Em geral, estando apenas em causa, como sucede na maior parte das situações, interesses de *conteúdo material*, não se antolham motivos para a recusa pura e simples da caução, desde que o seu valor seja suficiente para cobrir os interesses que motivaram a instauração do arrolamento.

Obviamente que incidindo o arrolamento sobre *documentos* parece de todo irrazoável a substituição, já que a caução de modo algum constitui uma alternativa a tal medida.

89. Propositura da acção principal:

De acordo com a regra geral contida no art. 389.º, recai sobre o requerente o ónus de instaurar ou de promover o andamento da *acção* de que o arrolamento é dependente.[550]

Só que nem sempre a prolação da sentença na acção principal resolve definitivamente a questão. Para além das situações cujo nexo de dependência se estabelece em relação aos processos referidos no art. 427.º, n.º 1, a que pode seguir-se o processo de inventário, outras situações existem em que, depois de transitada em julgado a sentença declarativa, ainda pode revelar-se necessário o impulso processual para a resolução de outras questões, *maxime* para a efectivação dos direitos nela reconhecidos.

Assim sucede quando se trata de defender direitos de natureza patrimonial dependentes do reconhecimento judicial da paternidade ou da maternidade.

Nestes casos consideramos que deve ser adoptada a solução que defendemos na anotação ao art. 424.º.[551]

---

[550] A dependência poderá verificar-se em relação a *processo de inventário* da competência dos serviços de registo civil e cartórios notariais, nos termos que decorrem da Lei n.º 29/09, de 29-6.

[551] **Anselmo de Castro** (*Direito Processual Civil Declaratório*, vol. I, págs. 137 e 138) coloca a questão da dependência mediata relativamente a um processo de *execução para entrega de coisa certa*, defendendo a aplicação analógica do disposto no anterior art. 382.º, n.º 2, que encontra equivalência no actual art. 410.º, relativo ao arresto (*supra*, 68). No mesmo sentido **Lebre de Freitas**, *CPC anot.*, vol. II, pág. 53.

Quando o próprio requerente do arrolamento tiver sido designado depositário do bem, o trânsito em julgado da sentença que lhe reconheça o direito praticamente estabiliza a situação e dispensa qualquer actividade executiva. Já se o depósito tiver sido confiado a outra pessoa, *maxime* ao próprio requerido, apesar de ainda se poder justificar a instauração da acção executiva, julgamos que não existe base legal para impor ao requerente o ónus de a promover, sob a cominação da extinção da providência.

Nada permite concluir que se esteja face a uma lacuna da lei que deva ser integrada. Com efeito, não é exclusivamente na área de interferência do arrolamento que se pode verificar a necessidade de proceder à execução de sentença favorável ao requerente. O mesmo sucede, por exemplo, quando é decretada a providência de *apreensão de veículo automóvel*, caso em que a sentença de resolução e de condenação na entrega do bem ao requerente não dispensa necessariamente a instauração de acção executiva para entrega de coisa certa (*infra*, 103). Ora, também aqui o legislador se limitou a impor ao requerente apenas o *ónus de propositura da acção de resolução*, abstendo-se de prever o ónus adicional de accionamento, em certo prazo, dos meios de execução coerciva da obrigação de entrega de coisa certa (arts. 18.º, n.º 1, e 19.º, n.º 1, do Dec. Lei n.º 54/75, de 24-2).

Acresce ainda que situações similares podem ocorrer no âmbito de *providências cautelares não especificadas*, nada permitindo concluir que, para além do ónus prescrito pelo art. 389.º, ainda deva impor-se ao interessado a necessidade de prosseguir, através da acção executiva, o seu esforço.

Por fim, a solução prescrita quanto ao *arresto* encontra a sua justificação no facto de essa medida constituir, na prática, uma penhora antecipada, associação que não pode ser feita entre outras providências e a entrega de coisa certa ou a prestação de facto.

Art. 424.º
(Como se faz o arrolamento)

1 – O arrolamento consiste na descrição, avaliação e depósito dos bens.

2 – Será lavrado auto em que se descrevem os bens, em verbas numeradas, como em inventário, se declare o valor fixado pelo louvado e se certifique a entrega ao depositário ou o diverso destino que tiveram. O auto mencionará ainda todas as ocorrências com interesse e será assinado pelo funcionário que o lavre, pelo depositário e pelo possuidor dos bens, se assistir, devendo intervir duas testemunhas quando não for assinado por este último.

3 – Ao acto do arrolamento assiste o possuidor ou detentor dos bens, sempre que esteja no local ou seja possível chamá-lo e queira assistir. Pode este interessado fazer-se representar por mandatário judicial.

4 – O arrolamento de documentos faz-se em termos semelhantes, mas sem necessidade de avaliação.

5 – São aplicáveis ao arrolamento as disposições relativas à penhora, em tudo quanto não contrarie o estabelecido nesta subsecção ou a diversa natureza das providências.

Art. 425.º
(Casos de imposição de selos)

1 – Quando haja urgência no arrolamento e não seja possível efectuá-lo imediatamente ou quando se não possa concluí-lo no dia em que foi iniciado, impor-se-ão selos nas portas das casas ou nos

móveis em que estejam os objectos sujeitos a extravio, adoptando-se as providências necessárias para a sua segurança e continuando-se a diligência no dia em que for designado.

2 – Os objectos, papéis ou valores de que não seja necessário fazer uso e que não sofram de deterioração por estarem fechados são, depois de arrolados, encerrados em caixas lacradas com selo, que se depositarão na Caixa Geral de Depósitos.

Art. 426.º
(Quem deve ser depositário)

1 – Quando haja de proceder-se a inventário, é nomeada como depositário a pessoa a quem deva caber a função de cabeça-de-casal em relação aos bens arrolados *(Revogado pela Lei n.º 29/09, de 29-6)*

2 – O depositário é o próprio possuidor ou detentor dos bens, salvo se houver manifesto inconveniente em que lhe sejam entregues *(alterado pela Lei n.º 29/09, de 29-6)*

3 – O auto de arrolamento serve de descrição no inventário a que haja de proceder-se.

Sumário:
90 – Concretização do arrolamento

90. Concretização do arrolamento:
90.1. A execução do arrolamento decompõe-se na descrição, na avaliação e no depósito dos bens.[552] Dispensa-se a avaliação no arrolamento documental.

---

[552] Estamos, mais uma vez, na presença de uma providência "perfeita" que apenas se completa com a efectivação da apreensão (**Amâncio Ferreira**, *Curso de Processo Executivo*, 2ª ed., págs. 340 e 341).

Para além do funcionário, a quem competirá elaborar o auto, e do avaliador, exige-se a presença da pessoa encarregue das funções de depositário.[553]

Quanto ao detentor ou possuidor dos bens, poderá assistir ao acto, por si ou através de mandatário, se estiver presente ou se for possível convocá-lo atempadamente.

Naquilo que não estiver especialmente regulamentado, seguir-se-ão as regras prescritas para a realização da penhora.[554]

90.2. Quanto à designação de *depositário*, devem ser consideradas diversas circunstâncias.[555]

Revogado o n.º 1 do art. 426.º, deixa de existir uma vinculação específica quanto à designação de depositário nos casos em que o arrolamento é dependência de processo de inventário, aplicando-se as regras gerais.

As funções serão, em princípio, desempenhadas pelo *detentor* ou possuidor dos bens, salvo se houver manifesto inconveniente em que isso suceda, nomeadamente quando existam razões para recear pela efectiva dissipação dos bens na pendência da acção principal.[556]

Deve ainda ser designado *avaliador* dos bens, nos termos do art. 424.º, n.º 2.

90.3. Para efeitos de *descrição*, o funcionário deve lavrar um auto organizado de modo equivalente ao prescrito para o inventário, nos termos do art. 1345.º, onde se identificarão, além do mais, os direitos ou títulos de crédito, o numerário, os bens móveis e os bens imóveis.

A menção de cada um dos bens arrolados deve ser acompanhada dos elementos necessários à respectiva identificação e determinação da situação jurídica (art. 1345.º, n.º 2), indicando-se o valor fixado pelo louvado. Deve consignar-se ainda a entrega efectiva dos bens ao depositário e

---

553 No Ac. da Rel. de Évora, de 9-3-78, CJ, tomo II, pág. 533, considerou-se que a falta do depositário importaria a nulidade.

554 Cfr. o Ac. da Rel. de Évora, de 17-2-94, CJ, tomo I, pág. 223.

555 É claro que se, porventura, os interessados estiverem de acordo quanto à nomeação de depositário, nada obsta a que essa vontade seja respeitada, como defendia **Alberto dos Reis**, *CPC anot.*, vol. II, pág. 126.

556 Os poderes do depositário de bens arrolados são os mesmos do depositário de bens penhorados. Há que aplicar ao arresto e ao arrolamento o regime jurídico estabelecido para a penhora (**Alberto dos Reis**, *CPC anot.*, vol. II, pág. 136).

fazer-se menção de todas as ocorrências que revelem interesse (arts. 424.º, n.º 2, e 426.º, n.º 2).

Incidindo sobre *documentos*, para além da descrição, far-se-á o seu depósito na Caixa Geral de Depósitos, nos termos do art. 425.º, n.º 2.

Existindo especial urgência na efectivação do arrolamento e revelando-se impossível a sua concretização imediata ou a finalização do arrolamento iniciado, serão apostos *selos* nas portas das casas ou nos móveis onde se situem os objectos, devendo adoptar-se as medidas de segurança necessárias (art. 425.º, n.º 2).

90.4. Tem-se posto em causa, sem razões válidas, o efectivo arrolamento de contas bancárias contendo depósitos em dinheiro ou fundos.

Mesmo face ao regime vigente antes da reforma do processo civil era ilegítima a invocação do sigilo bancário como factor impeditivo do arrolamento. Na medida em que o requerente fosse ou devesse ser considerado co-interessado, por aplicação das normas sobre sucessões ou por invocação de outros regimes de comunhão ou de contitularidade, era óbvio que não poderia invocar-se esse sigilo em prejuízo do acesso aos elementos necessários para fazer valer direitos conexos.[557]

De todo o modo, o art. 861.º-A, conjugado com a norma que implica a sua aplicação remissiva ao arrolamento, eliminou qualquer dúvida que ainda pudesse subsistir.[558]

90.5. Tem-se questionado ainda a possibilidade de proceder ao *aditamento de novos bens* para serem arrolados ou à apresentação de informações complementares acerca do local onde os mesmos se encontram.

---

[557] Cfr. **Abrantes Geraldes**, *Temas da Reforma do Processo Civil*, vol. I, 2ª ed., pág. 96, nota 127, e **Fernando Nunes**, *Revista da Banca*, n.º 29, pág. 49 (nota 12).

A compatibilidade entre o *arrolamento* e o *sigilo bancário* foi assumida claramente no Ac. do STJ, de 27-1-98, CJSTJ, tomo I, pág. 44, enquanto que o direito à obtenção de elementos informativos foi reconhecido aos herdeiros pelo Ac. do STJ, de 21-3-00, CJSTJ, tomo I, pág. 130, e pelo Ac. da Rel. de Lisboa, de 14-11-00, CJ, tomo V, pág. 95. No mesmo sentido cfr. o Ac. da Rel. de Coimbra, de 7-11-89, CJ, tomo IV, pág. 45, ou o Ac. da Rel. de Lisboa, de 9-11-99, CJ, tomo V, pág. 78.

[558] A aplicação das regras da penhora quanto aos depósitos bancários foi assumida no Ac. do STJ, de 27-1-98, CJSTJ, tomo I, pág. 44, e no Ac. da Rel. de Lisboa, de 13-5-99, CJ, tomo III, pág. 99. Já no domínio da lei actual, veja-se o Ac. da Rel. de Lisboa, de 27-1-00, CJ, tomo I, pág. 93.

À semelhança do que já defendemos a respeito do arresto (*supra*, 62.3), parece-nos que nada obsta à sua admissibilidade, designadamente quando, num primeiro momento, por razões facilmente compreensíveis, o requerente não disponha de elementos seguros sobre a identificação ou sobre a localização dos bens, *maxime* em situações de abertura de herança.[559]

90.6. No que concerne a certos bens revela-se fundamental a efectivação do *registo*, como formalidade relevante para a tutela dos direitos do requerente.

Assim acontece designadamente com os imóveis, nos termos do art. 2.º, n.º 1, al. o), do Cód. de Registo Predial.[560]

É o registo que condiciona a oponibilidade do arrolamento face a terceiros, respectivamente, nos termos do. art. 5.º de tal diploma.[561]

90.7. Uma vez concretizado o arrolamento, os bens ou documentos ficam submetidos à autoridade pública. Por isso, o seu descaminho ou a sua destruição terão consequências de ordem criminal, nos termos do art. 355.º do Cód. Penal.

90.8. Tal como já referimos quanto ao arresto (*supra* 65.), não se encontra liminarmente afastada a possibilidade de ser efectuada a *venda de bens arrolados*, designadamente em situações em que o seu depósito não seja eficaz ou possível.[562]

---

[559] Neste sentido se decidiu no Ac. da Rel. do Porto, de 19-3-81, CJ, tomo II, pág. 90, e no Ac. da Rel. de Évora, de 12-2-04, CJ, tomo I, pág. 252, divergindo do entendimento de **Lopes Cardoso**, *Partilhas Judiciais*, vol. I, pág. 206.

[560] O arrolamento pode ser registado provisoriamente, nos termos do art. 92.º, n.º 1, al. n), depois de ordenado e antes de efectuado.

[561] Refere **Amâncio Ferreira**, *Curso de Processo de Execução*, 3ª ed., pág. 375, que o arrolamento subsiste até que seja dado aos bens o destino no processo de que seja dependência, gerando uma situação de *indisponibilidade jurídica*. Cfr. ainda **Anselmo de Castro**, *Direito Processual Civil Declaratório*, vol. I, pág. 132, e **Lebre de Freitas**, *CPC anot.*, vol. II, pág. 168, que defende, a partir do n.º 5 do art. 424.º, a transposição para o arrolamento dos efeitos civis derivados do arresto, designadamente a ineficácia dos actos de disposição ou de oneração posteriores ao registo.

[562] Temperada com a necessária excepcionalidade, esta solução foi defendida nos Acs. da Rel. de Évora, de 11-6-87, CJ, tomo III, pág. 249, e de 12-2-04, CJ, tomo I, pág. 252. Cfr. ainda **Alberto dos Reis**, *CPC anot.*, vol. II, pág. 136.

As razões e os exemplos que nesse local apresentámos podem ser integralmente transpostos para o arrolamento, onde, acima de argumentos de teor meramente formal, devem intervir razões que privilegiem efectivamente a função instrumental do direito adjectivo e que, sem graves riscos de insegurança ou de injustiça, transmitam aos procedimentos jurisdicionais factores de eficácia.

Basta exemplificar com o arrolamento de produtos perecíveis ou que perdem rapidamente o seu valor comercial, ou ainda com o arrolamento de produtos cujo armazenamento se torna inviável ou muito oneroso.

90.9. Decretado e executado o arrolamento, o auto poderá servir, designadamente, de *descrição* no processo de inventário ou de base à relação de bens do interdito ou do inabilitado, nos termos do art. 956.º, n.º 1, al. a).

Por iniciativa dos credores relativamente a herança jacente, o arrolamento garante a conservação de bens para efeitos de satisfação dos créditos reclamados, nos termos dos arts. 1132.º e segs.

Art. 427.º
(Arrolamentos especiais)

1 – Como preliminar ou incidente da acção de separação judicial de pessoas e bens, divórcio, declaração de nulidade ou anulação de casamento, qualquer dos cônjuges pode requerer o arrolamento de bens comuns, ou de bens próprios que estejam sob a administração do outro.

2 – Se houver bens abandonados, por estar ausente o seu titular, por estar jacente a herança, ou por outro motivo, e tornando-se necessário acautelar a perda ou deterioração, são arrecadados judicialmente, mediante arrolamento.

3 – Não é aplicável aos arrolamentos previstos nos números anteriores o disposto no número 1 do art. 421.º.

Sumário:

91 Arrolamentos especiais
92 – Caducidade do arrolamento relativo a bens comuns

91. Arrolamentos especiais:

91.1. A ruptura das relações conjugais é das situações que mais propicia o recurso ao arrolamento, como forma de garantir a conservação de bens comuns, ou de bens próprios do cônjuge requerente sob administração do outro.

A especificidade da sociedade conjugal, a relação de mútua confiança que supõe, a natural conjugação de esforços para a vida em comum ou a necessidade de garantir a subsistência do agregado familiar determinam, *de jure* ou *de facto*, um estado de coisas que rapidamente se desmorona quando emergem conflitos que desencadeiam processos destinados a pôr termo à sociedade conjugal.

Ora, como a experiência o demonstra, o surgimento dos conflitos conjugais reflecte-se sobremaneira no modo como cada um dos cônjuges passa a comportar-se relativamente aos bens comuns ou aos bens do outro colocados sob a sua administração. Daí até à apropriação indevida de bens, à sua ocultação ou à prática de actos em detrimento do outro, a distância é tão curta que só o accionamento imediato de meios preventivos se mostra satisfatório para acautelar os direitos do cônjuge interessado.

É o arrolamento que garantirá a justa partilha dos bens, logo que o divórcio ou a separação judicial sejam concretizados.[563]

Por isso se compreende que, nestas circunstâncias, a lei tenha prescindido da alegação e prova do justo receio de extravio, ocultação ou dissipação, tantas as situações da vida que, sendo do presumível conhecimento do legislador, demonstram a ilicitude dos comportamentos.[564]

Antes da alteração ao regime do divórcio introduzida pela Lei n.º 61/08, de 31-10, a possibilidade de ser requerido o arrolamento, mesmo nos casos de divórcio por mútuo consentimento, estava expressamente prevista no art. 1776.º, n.º 3, do CC.[565] Apesar da modificação operada em tal normativo, deve continuar a admitir-se o

---

[563] No Ac. do STJ, de 9-7-92, BMJ 419.º/631, considerou-se ajustada uma providência não especificada para superar o *periculum in mora* derivado de actos de alienação, oneração ou constituição de direitos pessoais de gozo.

Cremos que seria mais adequado o arrolamento. Mas o teor da decisão melhor se compreende quando se constata que o STJ estava limitado na tarefa de reapreciação da idoneidade do procedimento pelo caso julgado processualmente formado nesse sentido (**Abrantes Geraldes**, *Temas da Reforma do Processo Civil*, vol. III, 3ª ed., pág. 117, nota 158).

Para assegurar o recebimento de metade do preço de venda de um bem comum foi rejeitada a providência de arrolamento pelo Ac. da Rel. do Porto, de 1-3-83, CJ, tomo II, pág. 213.

[564] Diga-se ainda que a desnecessidade de justo receio não viola qualquer preceito constitucional, como decidiu o Trib. Const., no Ac. de 20-3-96, BMJ 455.º/169.

[565] Cfr. **Salter Cid**, *A Protecção da Casa de Morada da Família*, pág. 295.

Mantém-se a competência dos tribunais judiciais para o arrolamento quanto ao divórcio por mútuo consentimento tramitado nas conservatórias do registo civil, por força do Dec. Lei n.º 272/01, de 13 de Outubro. O mesmo será relativamente ao arrolamento incidental de processsos de inventário, ao abrigo da Lei n.º 29/09, de 29-6, da competência dos serviços do registo civil e cartórios notariais.

arrolamento especial, tanto mais que persistem os motivos que determinam a dispensa de prova do justo receio de dissipação dos bens e que, além disso, se manteve a redacção do art. 427.º, n.º 1, que se reporta indistintamente aos processos de "*divórcio*".[566]

Obedece aos mesmos princípios o arrolamento que se destine a assegurar a manutenção de bens na pendência de acção de declaração de nulidade ou de *anulação de casamento*.[567]

Por fim, cremos que também podem beneficiar do arrolamento especial quando, nos termos do art. 8.º da Lei n.º 7/01, de 11-5, seja requerida a declaração de dissolução da união de facto de modo autónomo ou em simultâneo com o pedido de reconhecimento de direitos sobre os bens.

91.2. Pode ser requerido o arrolamento de *bens comuns*, estejam ou não na posse do requerente,[568] e de *bens próprios* deste que estejam sob a administração do requerido.

Já não faz sentido o arrolamento de bens próprios do requerente por ele mesmo administrados. Por falta de nexo de instrumentalidade, também se não justifica o arrolamento de bens próprios do requerido.[569]

91.3. A designação do *depositário* dependerá do especial circunstancialismo que rodear o arrolamento.

Revogado que foi o n.º 1 do art. 426.º, deixa de haver uma vinculação específica quanto à designação de depositário, devendo as funções

---

[566] Neste mesmo sentido cfr. **Rita Lobo Xavier**, *A relação especificada de bens comuns: relevância jurídica da sua apresentação no dovórcio por mútuo consentimento*, Rev. *Julgar*, n.º 8, ed. ASJP, pág. 24.

[567] Como se decidiu no Ac. da Rel. de Lisboa, de 7-11-91, CJ, tomo V, pág. 127, é requisito do arrolamento especial o casamento, e não a sua validade.

[568] Importa notar especialmente as situações de *presunção de comunicabilidade* que vigoram no regime de comunhão de adquiridos, como se refere no Ac. da Rel. de Évora, de 12-10-06, CJ, tomo IV, pág. 242, e no Ac. da Rel. de Lisboa, de 27-5-08 (*Anexo n.º 12*), relatado pelo signatário. Sobre a matéria cfr. ainda o Ac. da Rel. de Lisboa, de 13-12-02 (*Anexo n.º 10*), também relatado pelo signatário.

[569] No Ac. da Rel. do Porto, de 4-4-91, CJ, tomo II, pág. 253, admitiu-se o arrolamento do *direito de indemnização por despedimento* de cônjuge casado sob o regime de comunhão de adquiridos. No Ac. do STJ, de 15-3-94, CJ, tomo I, pág. 164, e no Ac. da Rel. do Porto, de 10-10-96, CJ, tomo IV, pág. 225, considerou-se positivamente o arrolamento de direito do cônjuge enquanto promitente-comprador de um bem.

ser exercidas, em regra, pelo cônjuge que estiver na posse dos bens, e não necessariamente pelo cônjuge mais velho que, de acordo com o art. 1404.º, n.º 2, desempenhará no futuro processo de inventário as funções de cabeça-de-casal.[570]

Deve em qualquer caso prevenir-se a possibilidade de o arrolamento acabar por beneficiar o "infractor", em prejuízo do outro cônjuge, malgrado não ser o responsável pela ruptura das relações conjugais.[571]

91.4. Outra das situações em que se prescinde da prova efectiva do *justo receio* de perda dos bens verifica-se quando existam bens abandonados devido à ausência do seu titular, à jacência de herança ou a outro motivo, casos em que o arrolamento serve para evitar a sua perda ou deterioração.

---

[570] Mesmo em relação ao anterior regime, já se decidira nos Acs. da Rel. de Coimbra, de 21-6-88, BMJ 378.º/797, e de 28-3-00, BMJ 495.º/367, que, sendo o arrolamento preliminar de processo de divórcio, deveria ser nomeado *depositário* o possuidor ou detentor dos bens. No mesmo sentido o Ac. da Rel. do Porto, de 9-10-01, CJ, tomo IV, pág. 208.

Nesta medida, como se decidiu nos Acs. da Rel. do Porto, de 29-9-03, CJ, tomo IV, pág. 167, e de 31-5-04, CJ, tomo III, pág. 185, o depositário, como administrador dos bens, poderia, por exemplo, continuar a circular com o veículo.

Já no Ac. da Rel. de Évora, de 12-10-06, CJ, tomo IV, pág. 242, em relação a depósitos bancários comuns, se admitira a nomeação de ambos os cônjuges como depositários.

No Ac. da Rel. de Lisboa, de 23-10-01 (*Anexo n.º 11*), relatado pelo signatário, considerou-se apropriada a designação do gerente da agência bancária como depositário.

[571] Os efeitos negativos que emergiam da aplicação imediata do n.º 1 do art. 426.º (entretanto revogado) eram contornados por outras vias, em evidente tentativa de obviar a resultados substancialmente desajustados.

Assim, decidiu-se no Ac. da Rel. de Coimbra, de 5-6-79, CJ, tomo III, pág. 886, que nada obstava à duplicidade de depositários quando isso fosse necessário para assegurar ao cônjuge mais novo, ou seja, àquele a quem não cabem as funções de cabeça-de-casal, a possibilidade de utilização dos bens que constituem instrumentos de trabalho. A questão da acessibilidade deste cônjuge a determinados bens, designadamente para garantir a sua subsistência, foi ainda discutida no Ac. da Rel. de Coimbra, de 16-10-90, CJ, tomo IV, pág. 75, tendo sido adoptada, para uma solução semelhante, um caminho diverso, a partir da aplicação supletiva das normas atinentes à penhora, excluindo do arrolamento certos bens indispensáveis. No mesmo sentido o Ac. da Rel. de Coimbra, de 12-10-06, CJ, tomo IV, pág. 242 (nomeação de ambos os cônjuges como depositários em relação a depósitos bancários).

Sobre a matéria cfr. também o Ac. da Rel. de Coimbra, de 5-6-84, BMJ 338.º/475, onde se afirmou a possibilidade de designar como depositário de um veículo automóvel o cônjuge que o utilizava para se deslocar para o seu local de trabalho.

92. Caducidade do arrolamento relativo a bens comuns:

92.1. Ainda que o arrolamento de bens comuns do casal sirva, em última instância, de descrição no processo de inventário, nos termos do art. 426.º, n.º 3, a instrumentalidade imediata verifica-se apenas quanto ao processo de divórcio ou de separação.[572]

Tem-se discutido se, decretado o divórcio, recai ou não sobre o requerente do arrolamento o ónus de instaurar, em prazo determinado, o *processo de inventário*, sob pena da caducidade prevista no art. 389.º, n.º 1.

Surgiram a este respeito *três teses*:

- Uma, defendendo a aplicação analógica do art. 410.º, relativamente ao arresto;
- Outra, negando essa aplicação, mas admitindo a caducidade quando, depois do divórcio, tenha transcorrido um prazo razoável;[573]
- E a terceira, recusando essa consequência, com base na falta de previsão legal do ónus de instauração do inventário.[574]

92.2. Cremos que a razão está nesta última tese.

Com efeito, após o decretamento do arrolamento, o ónus imposto ao requerente que dele beneficia respeita apenas à instauração da acção de que o procedimento preliminar depende, nos termos do art. 389.º, n.º 1, al. a).

Teoricamente, era defensável uma solução semelhante à que no art. 410.º ficou consagrada quanto ao arresto instaurado na dependência da acção declarativa, em que, pelo facto de equivaler a uma penhora

---

[572] No Ac. da Rel. do Porto, de 15-3-01, CJ, tomo II, pág. 173, para justificar a manutenção do arrolamento instaurado por apenso a uma acção de divórcio, na qual foi julgado improcedente o pedido inicial e procedente a reconvenção, considerou-se que a instrumentalidade efectiva se verifica em relação ao inventário.

[573] Neste sentido cfr. o Ac. do STJ, de 23-5-00 (Rel. Armando Lourenço) segundo o qual "o arrolamento é preliminar da acção de divórcio e não do inventário. A providência não se extingue com a acção (de divórcio) e não lhe é aplicável, por analogia, o regime previsto no art. 410.º do CPC para o arresto. Não cabendo a demora na instauração do inventário em nenhuma das hipóteses do art. 389.º do CPC, é admissível o levantamento da providência quando a demora ultrapasse um prazo razoável".

[574] Cfr. **Lopes Cardoso**, *Partilhas Judiciais*, vol. III, pág. 362, **Moitinho de Almeida**, *Scientia Iuridica*, vol. XVIII, pág. 169, **Rita Lobo Xavier**, *A relação especificada de bens comuns: relevância jurídica da sua apresentação no dovórcio por mútuo consentimento*, Rev. *Julgar*, n.º 8, ed. ASJP, pág. 25, nota 31, os Acs. do STJ, de 14-10-97, BMJ 470.º/515, e de 25-11-98, BMJ 481.º/492, o Ac. da Rel. de Lisboa, de 15-3-94, CJ, tomo II, pág. 86, e o Ac. da Rel. de Évora, de 12-2-04, CJ, tomo I, pág. 252.

antecipada, se exige ainda a sua transformação numa apreensão definitiva, recaindo sobre o justificante o ónus de promover a execução nos dois meses seguintes ao trânsito em julgado da sentença recognitiva do crédito.

Todavia, nada permite estender ao arrolamento tal regime. Isto porque tal norma tem natureza excepcional, não admitindo aplicação analógica, para o que sempre faltaria o pressuposto desta aplicação: a existência de lacuna legal que carecesse de ser preenchida.[575]

E mesmo que se admitisse que o arrolamento também exerce uma função instrumental em relação ao inventário, a verdade é que a opção do legislador não foi orientada no sentido de onerar o requerente com a promoção da partilha.

92.3. Acresce ainda uma outra razão mais profunda.

A tutela cautelar justifica-se fundamentalmente pelo receio de que na pendência da acção de divórcio um dos cônjuges actue em prejuízo dos interesses do outro. É isso que explica a dispensa de prova do justo receio de extravio, ocultação ou deterioração dos bens.

Porém, a partir do momento em que o divórcio é decretado e em que se encontram reunidas as condições para a efectivação da partilha dos bens comuns, já não é o requerente do arrolamento o único interessado na partilha. Ao invés, o inventário pode ser promovido por qualquer dos cônjuges, nos termos do art. 1404.º.

É certo que o arrolamento incidental do divórcio visa, em última instância, garantir a equitativa partilha dos bens comuns.[576] Porém, tendo o legislador omitido qualquer referência à sua promoção, não se justifica que o intérprete o faça em sua substituição.[577]

Por isso, mais do que apostar no regime específico da caducidade fixado para o arresto, fazendo repercutir no requerente a sua inércia quanto à instauração do processo de inventário, o requerido tem a faculdade de apresentar o competente requerimento de abertura do processo de inventário, com o que pode pôr fim a uma situação de comunhão que a nenhum dos ex-cônjuges interessará manter.

---

[575] A aplicação analógica foi negada nos Acs. do STJ, de 14-10-97, BMJ 470.º/515, e de 25-11-98, BMJ 481.º/492, mas é defendida por **Lebre de Freitas**, *CPC anot.*, vol. II, pág. 53.

[576] Cfr. **Lopes Cardoso**, *Partilhas Judiciais*, vol. III, pág. 360.

[577] Cfr. o Ac. do STJ, de 14-10-97, BMJ 470.º/515, e o Ac. da Rel. do Porto, de 10-7-03, CJ, tomo IV, pág. 166.

PARTE II

PROCEDIMENTOS CAUTELARES PREVISTOS EM LEGISLAÇÃO AVULSA

I

Apreensão de Veículos Automóveis

(Artigos 15.º a 22.º do Dec. Lei n.º 54/75, de 24-2, na redacção introduzida pelo Dec. Lei n.º 178-A/05, de 28-10)

Art. 15.º

(Fundamentos da apreensão cautelar de veículo automóvel e seus documentos)

1 – Vencido e não pago o crédito hipotecário ou não cumpridas as obrigações que originaram a reserva de propriedade, o titular dos respectivos registos pode requerer em juízo a apreensão do veículo e do certificado de matrícula.

2 – O requerente expõe na petição o fundamento do pedido e indica a providência requerida.

3 – A prova é oferecida com a petição referida no número anterior.

Art. 16.º

(Deferimento da apreensão)

1 – Provados os registos e o vencimento do crédito ou, quando se trate de reserva de propriedade, o não cumprimento do contrato por parte do adquirente, o juiz ordenará a imediata apreensão do veículo.

2 – Se no acto de apreensão não for encontrado o certificado de matrícula, deve o requerido ser notificado para o apresentar em juízo no prazo que lhe for designado, sob a sanção cominada para o crime de desobediência qualificada.

Art. 17.º
(Efectivação da apreensão)

1 – A apreensão do veículo e do certificado de matrícula pode ser realizada directamente pelo tribunal ou, a requisição deste, por qualquer autoridade administrativa ou policial.

2 – A autoridade que efectuar a apreensão fará recolher a viatura a uma garagem ou a outro local apropriado, onde ficará depositada à ordem do tribunal, e nomeará fiel depositário, lavrando auto da ocorrência.

3 – A secretaria deve extrair certidão do auto de apreensão, logo após a sua junção ao processo e independentemente de despacho, e entregá-la ao requerente para efeitos de registo.

Art. 18.º
(Propositura da acção ou da execução)

1 – Dentro de quinze dias a contar da data da apreensão, o credor deve promover a venda do veículo apreendido, pelo processo de execução ou de venda de penhor, regulado na lei de processo civil, conforme haja ou não lugar a concurso de credores; dentro do mesmo prazo, o titular do registo de reserva de propriedade deve propor acção de resolução do contrato de alienação.

2 – O processo e a acção a que se refere o número anterior não poderão prosseguir os seus termos sem que lhes seja apenso o processo de apreensão, devidamente instruído com certidão comprovativa do respectivo registo ou documento equivalente.

3 – Vendido o veículo ou transitada em julgado a decisão que declare a resolução do contrato de alienação com reserva de propriedade, o certificado de matrícula é entregue pelo tribunal ao adquirente do veículo ou ao autor da acção que toma posse do veículo, independentemente de qualquer outro acto ou formalidade.

Art. 19.º
(Caducidade e levantamento da apreensão)

1 – A apreensão fica sem efeito nos seguintes casos:

***a*) Se o requerente não propuser a acção dentro do prazo legal ou se, tendo-a proposto, o processo estiver parado durante mais de trinta dias, por negligência sua em promover os respectivos termos;**

***b*) Se a acção vier a ser julgada improcedente ou se o réu for absolvido da instância por decisão passada em julgado;**

***c*) Se o requerido provar o pagamento da dívida ou o cumprimento das obrigações a que estava vinculado pelo contrato de alienação com reserva de propriedade.**

2 – Nos casos a que se referem as alíneas b) e c) do número anterior, a apreensão é levantada sem audiência do requerente; no caso da alínea a), a apreensão só será levantada se, depois de ouvido, o requerente não mostrar que é inexacta a afirmação do requerido.

3 – O levantamento da apreensão é imediatamente comunicado pela secretaria à conservatória para que seja oficiosamente efectuado o respectivo registo.

Art. 20.º
(Responsabilidade do requerente)

O requerente da apreensão responde pelos danos a que der causa, se a apreensão vier a ser julgada injustificada ou caducar, no caso de se verificar não ter agido com a prudência normal.

Art. 21.º
(Competência territorial)

O processo de apreensão e as acções relativas aos veículos apreendidos são da competência do tribunal de comarca em cuja área se situa a residência habitual ou sede do proprietário.

Art. 22.º
(Proibição de circulação)

1 – A apreensão, a penhora e o arresto envolvem a proibição de o veículo circular.

2 – A circulação do veículo com infracção da proibição legal sujeita o depositário às sanções aplicáveis ao crime de desobediência qualificada.

Sumário:

93 – Introdução
94 – Âmbito de aplicação
95 – Garantia hipotecária
96 – Resolução do contrato
97 – Regime processual
98 – Pressupostos processuais
99 – Tramitação
100 – Decisão
101 – Apreensão
102 – Oposição
103 – Propositura da acção ou da execução
104 – Responsabilidade do requerente

93. Introdução:

93.1. A expansão do mercado automóvel e a generalização dos veículos como bens de investimento, instrumentos de trabalho ou simples bens de consumo acarretaram o crescimento do número de litígios relacionados com a falta de cumprimento de obrigações pecuniárias ligadas a contratos de aquisição. Por outro lado, o constante e agressivo apelo ao consumo e as aparentes facilidades concedidas pelos vendedores nem sempre facultam aos adquirentes a percepção exacta das inerentes repercussões financeiras, o que acaba por gerar situações de sobreendividamento.

A necessidade de conferir ao credor um mecanismo expedito que possibilite a recuperação do crédito, perante a inadequação ou a insatisfatória resposta fornecida pelos restantes meios, determinou a previsão de um procedimento cautelar específico.

93.2. A apreensão de veículos constitui, assim, uma providência cautelar justificada pela *necessidade* de impedir a utilização de veículos automóveis, a fim de garantir a sua preservação, perante a evidência de que a manutenção da situação ocasiona a sua desvalorização ou importa o perigo de inutilização, colocando em causa a eficácia de uma eventual decisão favorável ao credor no processo principal.[578]

A inserção da apreensão de veículos automóveis no leque das providência específicas, sujeita a uma regulamentação própria, caracterizada pela sua simplicidade, representou um avanço no campo da celeridade e da eficácia dos meios processuais capaz de impulsionar a efectiva satisfação de direitos de crédito relacionados com veículos automóveis.

A experiência tem demonstrado que, sem grave prejuízo para os interesses do requerido, a apreensão de veículos e a consequente proibição de circulação, com a entrega a um depositário, acompanhada da apreensão dos documentos respectivos, tem servido para defender os direitos do vendedor e proporcionar uma rápida resolução dos respectivos litígios.[579]

93.3. Na adopção deste procedimento especificamente destinado a abarcar veículos automóveis terá estado certamente a ponderação dos diversos *interesses* em jogo: por um lado, a vontade de satisfazer pretensões legítimas dos credores no sentido da sua tutela eficaz; por outro, a constatação de que, por regra, a parte que se encontra em situação de inadimplência é o adquirente do veículo.

Deste modo, na balança dos interesses que no processo civil confluem, os riscos associados ao decretamento de providências cautelares são atenuados pela percepção de que a tramitação processual prevista tem permitido decisões razoavelmente seguras e materialmente justas, e tem valorizado outros factores que devem orientar a actividade dos tribunais: a *celeridade* e a *eficácia*.

93.4. A especial natureza das relações subjacentes (venda com reserva de propriedade ou constituição de garantia hipotecária) afastou a

---

[578] Cfr. **Moitinho de Almeida**, *O Processo Cautelar de Apreensão de Veículos Automóveis*, 5ª ed., pág. 14.

[579] Passa-se com a apreensão de veículos o mesmo que ocorre quando, no processo de execução, se verifica uma efectiva apreensão dos bens móveis, designadamente de veículos ou equipamentos, só assim tornando eficaz a actividade do tribunal tendente a obter o cumprimento coercivo.

necessidade, sentida noutras providências, de comprovação, ainda que sumária, do *periculum in mora*.

De facto, ao contrário do que ocorre, por exemplo, em matéria de providências cautelares não especificadas, o requerente não tem que alegar ou provar a necessidade da medida para prevenir riscos atinentes à demora no processamento da acção ou da execução principal. Em consonância com a natureza perecível do objecto da providência, o legislador prescindiu da prova da existência do perigo derivado da tramitação normal do processo principal, bastando-se com a prova sumária do vencimento e incumprimento da obrigação hipotecária ou do incumprimento das obrigações emergentes do contrato de alienação com reserva de propriedade.

94. Âmbito de aplicação:

94.1. A providência de apreensão, com o figurino que consta do Dec. Lei n.º 54/75, de 24-2, apenas pode ser requerida relativamente a certos *veículos automóveis*. Os conflitos que abarquem contratos relacionados com a alienação de outros veículos (*v.g.* máquinas agrícolas, aeronaves ou embarcações) ou de outros bens móveis terão de ser cautelarmente resolvidos por outras vias, designadamente através do procedimento cautelar comum ou, relativamente a contratos de locação financeira, através do procedimento específico de entrega judicial regulado no art. 21.º do Dec. Lei n.º 149/95, de 24-6 (*infra*, 107.).

94.2. Uma das fórmulas que o *marketing* relacionado com a comercialização de veículos automóveis engendrou para incentivar a sua aquisição ou penetrar em certos mercados foi o *aluguer de longa duração* (*vulgo* A.L.D.), ao qual normalmente vem acoplado um outro acordo mediante o qual a locadora, findo o período de utilização, se compromete a vender ao locatário o veículo automóvel por um preço previamente acordado (a chamada "*opção de compra*").[580]

---

[580] Sobre o contrato de *aluguer de longa duração* e sua distinção relativamente a outras figuras, como a locação financeira ou a compra e venda com reserva de propriedade, cfr. **Paulo Duarte**, *Algumas Questões Sobre ALD*, em *Estudos de Direito do Consumidor*, págs. 301 a 327.

Sobre a figura dos *contratos indirectos* cfr. **Pais de Vasconcelos**, *Contratos Atípicos*, págs. 245 e 350, e os Acs. da Rel. de Lisboa, de 18-2-99, CJ, tomo I, pág. 113, e de 15-3-00, CJ, tomo II, pag. 94, este comentado na RLJ 132.º/132 e segs.

Embora camuflado sob vestes aparentemente diversas, a conjugação de ambos os acordos permite constatar que, na prática, as partes pretendem obter as vantagens similares às que emergem do contrato de locação financeira (*infra*, 107.2)[581] ou do contrato de compra e venda a prestações. Também está presente, em regra, o aproveitamento de vantagens fiscais relacionadas com a possibilidade de dedução de quantias pagas aos rendimentos sujeitos a tributação.

Tais contratos não estão imunes a situações de incumprimento das obrigações, *maxime* das que importam a restituição do bem no fim do contrato. Apesar disso, tendo as partes optado por essa modalidade contratual, em detrimento daquela a que se ajusta a providência específica de apreensão, ficar-lhes-á vedado o recurso a este mecanismo, de modo que as medidas cautelares capazes de garantir o direito do credor devem ser veiculadas através do *procedimento comum*, com necessidade de alegação e prova efectiva do *periculum in mora*.[582]

Quanto à exigência do *periculum in mora*, não pode extrair-se do art. 17.º do Dec. Lei n.º 354/86, de 23-10 (republicado pelo Dec. Lei n.º 77/09, de 1-4), conclusão diversa.

Segundo tal preceito, é "*lícito à empresa de aluguer sem condutor retirar ao locatário o veículo alugado no termo do contrato, bem como rescindir o contrato nos termos da lei em cumprimento das cláusulas contratuais*". Mas visa contratos de aluguer de veículos que implicam a sua utilização ocasional, não devendo confundir-se, em qualquer das perspectivas, jurídica, económica e sociológica, com os contratos de

---

[581] Situação focada na *RLJ*, ano 132.º/366, em anot. ao Ac. da Rel. de Lisboa, de 15-3-00, CJ, tomo II, págs. 94 e segs.

[582] Neste sentido cfr. os Acs. da Rel. de Lisboa, de 7-11-02, CJ, tomo V, pág. 65, e de 22-5-07, CJ, tomo III, pág. 80 (*Anexo n.º 13*), relatado pelo signatário, e o Ac. da Rel. do Porto, de 30-9-03, CJ, tomo IV, pág. 177, contrariando a tese assumida nos Acs. da Rel. de Lisboa, de 13-7-05, CJ, tomo IV, pág. 95, de 25-11-03, CJ, tomo V, pág. 89, e de 30-5-06, CJ, tomo III, pág. 105, e no Ac. da Rel. do Porto, de 23-10-03, CJ, tomo IV, pág. 190.

Quanto ao regime jurídico aplicável à *resolução do contrato*, divide-se a jurisprudência entre os que optam pela aplicação da lei geral ou da lei especialmente reguladora do aluguer de veículos, como o revelam os Acs. da Rel. de Lisboa, de 2-7-98, CJ, tomo IV, pág. 81, de 11-11-99, CJ, tomo V, pág. 83, ou os Acs. da Rel. do Porto, de 21-2-02, CJ, tomo V, pág. 180, e de 23-5-05, CJ, tomo III, pág. 171, ou o Ac. do STJ, de 17-11-98, CJSTJ, tomo III, pág. 19, e o Ac. da Rel. de Lisboa, de 22-10-98, CJ, tomo IV, pág. 128.

aluguer de longa duração (*vulgo*, A.L.D.) que, como a designação o indicia e a experiência o demonstra, visam a utilização prolongada de veículos, tendendo para a transferência do direito de propriedade.[583]

94.3. Como em quaisquer outras providências cautelares, a de apreensão de veículos está sujeita ao *princípio da legalidade*, com pré-definição do seu âmbito de aplicação.

Assim, sem prejuízo do recurso ao procedimento comum ou a outros procedimentos específicos, quando a situação de *periculum in mora* exija outras medidas, a providência de apreensão de veículos tutela apenas duas situações:

a) Existência de um *crédito* de natureza pecuniária que se encontre garantido por hipoteca sobre veículo automóvel, estando esse crédito vencido e verificando-se a falta do cumprimento da obrigação correspondente;

b) Existência de um *contrato de alienação* de veículo,[584] em que tenha sido convencionada a reserva de propriedade, e incumprimento das obrigações assumidas pelo adquirente que tenham condicionado essa reserva.[585]

94.4. Pela sua própria natureza, a providência de apreensão é sempre dependente de um processo cujo objecto, de acordo com as circunstâncias, pode integrar o pedido de resolução do contrato de alienação com reserva de propriedade e o de condenação na entrega do veículo automóvel ou a execução coerciva da garantia hipotecária motivada pelo incumprimento da obrigação correspondente.

---

[583] Neste sentido cfr. o Ac. da Rel. de Lisboa, de 4-3-08 (Rel. Tomé Gomes), *www.dgsi.pt*.

[584] Sem embargo do que no art. 4.º, n.º 3, do Dec. Lei n.º 54/75, se prevê quanto à constituição da hipoteca, *nenhuma formalidade especial* tem de ser respeitada quanto ao contrato de compra e venda do veículo (cfr. o Ac. do STJ, de 3-3-98, BMJ 475.º/629, e o Ac. da Rel. de Évora, de 7-6-84, CJ, tomo III, pág. 329).

[585] Num diverso enquadramento, o Ac. do STJ, de 3-12-97, CJSTJ, tomo III, pág. 149, considerou ajustada uma providência atípica de apreensão "jurídica" de um veículo automóvel, para o exclusivo efeito de o requerente conseguir registar a sua aquisição, face à recusa de colaboração do vendedor.

O Ac. da Rel. de Lisboa, de 21-2-02, CJ, tomo I, pág. 112, trata de uma situação em que a reserva de propriedade foi constituída a favor do *mutuante*.

95. Garantia hipotecária:

95.1. A hipoteca incide, em regra, sobre bens imóveis, embora o art. 688.º do CC autorize a sujeição ao mesmo regime das "*coisas móveis que, para este efeito, sejam equiparadas às imóveis*". Essa norma encontra sequência no art. 4.º, n.º 2, do Dec. Lei n.º 54/75, diploma que, através do seu art. 8.º, afasta a aplicação das regras do penhor.

Independentemente da base contratual, basta que a vontade das partes relativamente à constituição da hipoteca seja formalizada através de documento particular, nos termos do art. 4.º, n.º 3.

A eficácia da hipoteca, mesmo *inter partes*, impõe a sua sujeição ao registo automóvel, nos termos do art. 4.º, n.º 2.

95.2. A constituição da *hipoteca* surge normalmente associada à outorga de contrato de compra e venda do veículo, garantindo o cumprimento das obrigações pecuniárias assumidas pelo adquirente.[586]

Mas a liberdade contratual consente que essa mesma garantia real seja acordada para assegurar qualquer outro crédito pecuniário (*v.g.* mútuo acoplado ou não ao contrato de compra e venda). Do mesmo modo, não é imprescindível que seja constituída pelo próprio adquirente do veículo automóvel, atenta a característica da sequela, tal como não existe qualquer obstáculo a que a hipoteca incida sobre bem pertencente a terceiro, para garantia de uma obrigação.

95.3. Constituída a *hipoteca* sobre veículo automóvel para garantia de um crédito e verificados os requisitos constantes do art. 802.º do CPC (certeza e exigibilidade), o cumprimento coercivo da obrigação far-se-á prioritariamente através da execução do bem hipotecado. Ou seja, reunidas as condições para o cumprimento coercivo da obrigação dotada de garantia hipotecária e instaurada a correspondente acção executiva, a penhora incidirá, em primeira linha, sobre o veículo hipotecado, nos termos do art. 835.º, n.º 1, do CPC.

Com este fundamento, a providência de apreensão exerce uma função instrumental em relação à penhora que será realizada no processo de execução.

---

[586] Ainda que a providência se dirija, por excelência, às hipotecas voluntariamente constituídas, não estão afastadas do âmbito da providência as hipotecas legais (arts. 704.º e segs.) ou judiciais (arts. 710.º e segs. do CC).

95.4. Ao invés do que pode ocorrer quando se pretende garantir a eficácia da resolução contratual, a invocação de uma situação emergente de garantia hipotecária basta-se com a verificação do incumprimento singelo, que pode equivaler à *simples mora*.

É esse o resultado que emerge do disposto no art. 15.º, n.º 1.

96. Resolução do contrato:

96.1. Em regra, a venda de veículos automóveis ou de quaisquer outros bens determina a transferência da propriedade para o comprador (art. 408.º do CC). Uma vez transferido esse direito, o cumprimento coercivo das obrigações pecuniárias emergentes do contrato de compra e venda fica sujeito às regras gerais, ou seja, à execução do património do devedor, eventualmente antecedida do arresto dos seus bens, se existir justo receio de dissipação. Por outro lado, sem prejuízo de convenção em contrário, nos termos do art. 886.º do CC, uma vez entregue a coisa ao comprador, ainda que este não tenha procedido ao pagamento integral do preço, o credor não goza do direito potestativo de resolução do contrato, restando-lhe o accionamento dos mecanismos normais destinados a obter o cumprimento coercivo da obrigação pecuniária.

Este regime geral não afastou, porém, o estabelecimento de especialidades em ambas as situações.

Em primeiro lugar, nos *contratos de alienação*, de acordo com o disposto no art. 409.º do CC, é lícito ao alienante reservar para si a propriedade da coisa, até ao cumprimento total ou parcial das obrigações da contraparte ou até à verificação de qualquer outro evento,[587] em detrimento do regime geral resultante do art. 879.º, al. a), do CC. Através da referida cláusula de reserva de propriedade, garante-se que a transferência do direito para a esfera jurídica do adquirente só operará após o pagamento do preço ou depois de preenchido o condicionalismo que as partes tenham acordado.

Em segundo lugar, é legítimo convencionar uma *cláusula resolutiva*, nos termos dos arts. 432.º e 886.º do CC, de modo que o credor se previna contra um eventual incumprimento do contrato de compra e venda, nomeadamente contra a falta de pagamento da totalidade ou de parte do preço.

[587] Onde se pode incluir até o incumprimento do contrato de mútuo para financiamento da aquisição celebrado com uma terceira entidade (cfr. o Ac. da Rel. de Lisboa, de 13-2-03, CJ, tomo I, pág. 102).

Em qualquer destas situações, e com as limitações constantes do art. 934.º do CC, está aberta a possibilidade de o vendedor accionar o direito potestativo de resolução do contrato, face ao incumprimento das obrigações assumidas pela parte contrária.

96.2. Sendo este o quadro geral em que nos situamos, verifica-se, porém, que o círculo de interesses em que se insere a apreensão de veículos é definido por um perímetro mais restrito.

Por expressa opção do legislador, a providência de apreensão apenas serve as situações em que o credor se tenha precavido com uma cláusula de *reserva de propriedade*,[588] já que o art. 15.º, n.º 1, exige a verificação de uma situação de incumprimento das obrigações que originaram essa reserva.[589]

96.3. Aos tribunais têm chegado solicitações fundadas na cláusula de reserva de propriedade em que surge como *sujeito activo* a entidade que se limitou a financiar a aquisição do veículo. Outras vezes, o mutuante surge *litisconsorciado* com o próprio vendedor, apesar de este já ter recebido, por via do financiamento, a totalidade do preço. Na generalidade dos casos, contrariando a natureza jurídica da reserva de propriedade, verifica-se ainda que esta se encontra *registada a favor do mutuante*, que não do vendedor.

Considero que em tais situações deve ser rejeitada a pretensão cautelar.[590]

---

[588] Necessariamente *registada*, como se refere no Ac. da Rel. de Lisboa, de 7-4-78, CJ, tomo II, pág. 463.

[589] Cfr. o Ac. da Rel. de Lisboa, de 23-11-00, CJ, tomo V, pág. 99.

Podendo a transferência da propriedade ficar dependente de outras circunstâncias, nos termos do art. 409.º, n.º 1, do CC, apenas interessam à apreensão de veículos as que respeitem ao incumprimento de obrigações, desta forma se restringindo, ainda mais, o âmbito de incidência cautelar.

[590] Com a argumentação mais alargada expendida no Ac. da Rel. de Lisboa, de 16-12-03, ou de 22-5-07 (*Anexo n.º 13*), em *www.dgsi.pt*, relatados pelo signatário. No mesmo sentido cfr. o Ac. do STJ, de 12-5-05, CJSTJ, tomo II, pág. 94, com largas referências doutrinárias e jurisprudenciais.

Discorda-se, assim, do decidido designadamente nos Acs. da Rel. de Lisboa, de 13-2-03, CJ, tomo I, pág. 103, e de 13-3-03, CJ, tomo II, pág. 74, que assimilaram ao "*contrato de alienação*" o contrato de mútuo conexo com o de compra e venda e que esteve na origem da reserva de propriedade.

Quanto à problemática da *união de contratos* cfr. **Gravato Morais**, "*Do regime jurídico do crédito ao consumo*", *Scientia Iuridica*, tomo XLIX, págs. 375 a 411, **Paulo**

A interpenetração dos contratos de compra e venda e de mútuo que emerge da existência de um sujeito comum e do especial destino dado à quantia mutuada que passa directamente da mutuante para a esfera da vendedora, é fruto da liberdade contratual e reflecte a busca, pelos agentes económicos envolvidos, de instrumentos que promovam o consumo, facilitando o recurso ao crédito.

Estamos perante uma situação que juridicamente pode qualificar-se como *união de contratos* funcionalmente ligados e que permitem os seguintes efeitos conjugados: à vendedora do veículo automóvel garante o recebimento imediato da totalidade do preço; à compradora permite, com menos exigências formais, aceder a crédito destinado ao consumo; por fim, ao mutuante faculta o empréstimo de dinheiro mediante a previsão do correspectivo reembolso remunerado.

Mas embora se possa admitir que, para efeitos do art. 15.º, dentro das obrigações que podem despoletar a invocação dos efeitos da reserva de propriedade se incluam as assumidas no contrato de mútuo conexo celebrado com uma terceira entidade, não se consegue contornar o *obstáculo formal* resultante do art. 18.º que fixa o nexo de instrumentalidade da providência não em relação à resolução do contrato de mútuo, mas, sim, à "*resolução do contrato de alienação*".

Nenhuma perspectiva, formal ou substancial, consente que se confunda um contrato de alienação, que implica a transferência, ainda que sob condição suspensiva, da propriedade de um veículo, com um contrato de mútuo celebrado com uma entidade terceira (mutuante) e cuja resolução importa o vencimento das prestações convencionadas, e não a obrigação de restituição do veículo vendido.

96.4. Constitui doutrina corrente que, com ressalva de situações em que se estabeleça uma cláusula resolutiva lícita, nos termos dos arts. 432.º e 934.º do CC, o direito potestativo só pode operar em situações de incumprimento definitivo.[591]

Duarte, *A sensibilidade do mútuo às excepções do contrato de aquisição na compra e venda financiada, no quadro do regime jurídico do crédito ao consumidor*, na Rev. *Sub Judice*, n.º 24, e **Pais de Vasconcelos**, *Contratos Atípicos*, págs. 215 e segs.

[591] Cfr. **Moitinho de Almeida**, *O Processo Cautelar de Apreensão de Veículos Automóveis*, 5ª ed., págs. 19 e 20, com citação de doutrina e jurisprudência.

Neste sentido, cfr. o Ac. do STJ, de 5-2-91, BMJ 404.º/460, segundo o qual "a situação de mora não tem de ser considerada, a não ser que se demonstre o desinteresse

Deste modo, atenta a já aludida *relação de instrumentalidade* quanto à acção de resolução do contrato, a promover nos termos do art. 18.º, é necessário que se verifiquem antecipadamente os requisitos de que depende a procedência dessa acção. Salvo quando tenham sido validamente acordadas as condições de resolução, nos termos dos arts. 432.º e 934.º do CC, o recurso ao regime supletivo não se basta com a simples mora, sendo necessária uma situação que possa qualificar-se como *incumprimento definitivo*, nos termos do art. 808.º do CC.[592]

Quando tenha sido celebrado contrato de compra e venda a prestações, devem verificar-se ainda as condições que, de acordo com o disposto no art. 934.º do CC, confiram o direito de resolução, para o que se impõe uma situação de incumprimento de uma pluralidade de prestações ou de uma única prestação superior à oitava parte do preço.

---

do credor ou que este tenha fixado ao devedor prazo razoável para o cumprimento", a tal não obstando o que consta do Dec. Lei n.º 54/75, já que "a apreensão do veículo por ele permitida tem em vista apenas salvaguardar a conservação do veículo". No mesmo sentido cfr. os Acs. do STJ, de 29-3-90, BMJ 395.º/573, de 28-6-84, BMJ 338.º/414, e de 19-4-88, BMJ 376.º/598, o Ac. da Rel. de Évora, de 7-6-84, CJ, tomo III, pág. 329, e o Ac. da Rel. do Porto, de 24-4-08, CJ, tomo II, pág. 210.

Em sentido oposto, que julgamos claramente minoritário, o Ac. da Rel. de Lisboa, de 10-12-85, CJ, tomo V, pág. 100, onde se refere que o Dec. Lei n.º 54/75 estabeleceu um regime especial de resolução do contrato que prescinde da regra geral do incumprimento definitivo.

[592] A integração do conceito de *incumprimento definitivo* é que pode variar de acordo com as circunstâncias.

A lei refere expressamente a *perda objectiva do interesse* na prestação (cfr. os Acs. do STJ, de 16-3-99, CJSTJ, tomo I, pág. 163, e de 10-2-98, CJSTJ, tomo I, pág. 63, e o Ac. da Rel. de Coimbra, de 26-9-00, CJ, tomo IV, pág. 17), a par da interpelação admonitória de que resulte a concessão de um prazo razoável para cumprir.

Apesar disso, tanto a doutrina como a jurisprudência, têm considerado *outras opções* conducentes ao mesmo resultado, designadamente:

– A *recusa peremptória* em cumprir (cfr. os Acs. do STJ, de 3-10-95, CJSTJ, tomo III, pág. 42, e de 21-5-98, CJSTJ, tomo II, pág. 91, de 19-3-85, BMJ 345.º/400, de 24-10-95, CJSTJ, tomo III, pág. 78, e de 26-1-99, CJSTJ, tomo I, pág. 61, e os Acs. da Rel. de Lisboa, de 17-4-86, CJ, tomo II, pág. 117, de 26-5-92, CJ, tomo III, pág. 115, e de 4-11-93, CJ, tomo V, pág. 115);

– A adopção de *comportamentos inequívocos*, ou seja, o chamado comportamento concludente, no sentido do incumprimento (cfr. o Ac. do STJ, de 26-5-98, CJSTJ, tomo II, pág. 100, e o Ac. da Rel. de Coimbra, de 26-9-00, CJ, tomo IV, pág. 17);

– Ou o decurso de um *prazo objectivamente excessivo* que permita concluir que a parte não pretende cumprir (cfr. os Acs. do STJ, de 30-10-01, CJSTJ, tomo III, pág. 102, e de 13-3-03, CJSTJ, tomo II, pág. 12).

97. Regime processual:

97.1. Ao ter-se optado por regular autonomamente o processo de apreensão de veículo, retirando-o do quadro geral dos procedimentos cautelares, surge a pertinente questão da determinação do regime jurídico-processual aplicável.

Sendo clara a sujeição prioritária às regras especialmente criadas para este procedimento específico, verifica-se que as mesmas não esgotam toda a tramitação processual. Daí que se questione se deve proceder-se à aplicação remissiva das normas contidas no sector que no CPC trata dos procedimentos paralelos.

97.2. A solução a adoptar não é clara.

Por um lado, não se encontra no diploma específico qualquer norma que determine a remissão. Por outro lado, a actual versão do CPC mantém completa omissão quanto à aplicação externa das normas nele contidas.

Na data em que entrou em vigor o Dec. Lei n.º 54/75, encontravam-se reunidas nos arts. 381.º a 387.º normas qualificadas como "*disposições gerais*" dos procedimentos cautelares que eram objecto de subsequente regulação. Mas nada permitia concluir que tais normas se deveriam aplicar supletivamente aos procedimentos previstos em legislação extravagante.[593]

No actual contexto normativo, depois da remodelação sistemática da matéria dos procedimentos cautelares, a norma do art. 392.º, n.º 1, apenas nos remete para os procedimentos regulados "*na secção subsequente*", continuando a omitir qualquer referência aos que se enquadrem em diplomas avulsos.[594]

Neste contexto, cremos que a intenção do legislador foi no sentido de concretizar uma regulamentação autónoma do procedimento, fora do quadro geral dos procedimentos cautelares (*infra*, 99.4).

Embora para os actos processuais em geral (requerimentos, notificações, autos, etc.) se devam aplicar as normas contidas no CPC, já

---

[593] Ainda assim, no Ac. da Rel. de Lisboa, de 25-10-85, BMJ 357.º/484, defendeu-se essa aplicação.

[594] Não seria de esperar sequer que fosse o CPC a prever a aplicação externa das suas normas. Mais adequada seria a técnica inversa, ou seja, a de se prever na regulamentação do procedimento específico o recurso subsidiário às disposições comuns, opção que, por exemplo, foi adoptada no procedimento cautelar comum laboral, nos termos do art. 32.º, n.º 1, do CPT, e na apreensão de bem objecto de contrato de locação financeira, nos termos do art. 21.º, n.º 4, do Dec. Lei n.º 149/95, de 24-6.

no que concerne à tramitação processual, aos direitos das partes ou às opções do juiz no momento da decisão, a regulamentação específica exerce uma função delimitadora. Eventuais lacunas que possam detectar-se deverão ser resolvidas pelas regras gerais de integração, e não através de simples e automática transposição de normas previstas no CPC.

98. Pressupostos processuais:

98.1. Quanto à *legitimidade activa*, resulta claro do art. 15.º, n.º 1, que é atribuída exclusivamente àquele que, de acordo com o registo automóvel, seja, respectivamente, beneficiário da hipoteca ou titular da reserva de propriedade.[595]

No que concerne à *legitimidade passiva*, não suscitam qualquer espécie de dúvida as situações de reserva de propriedade, devendo a apreensão ser requerida contra aquele que tenha celebrado o contrato e efectuando-se a mesma independentemente de quem detenha o veículo.

Já quanto às situações que se destinem a assegurar a eficácia da *execução hipotecária* e a antecipar os efeitos da penhora, não existe uma necessária coincidência entre o sujeito passivo do procedimento e aquele que na relação causal figura como devedor. Tendo em atenção a relação de dependência que se verifica quanto ao processo principal, não podem ser desconsideradas as normas que regulam aquele pressuposto processual na acção executiva.

Por isso, sendo a hipoteca constituída pelo *próprio devedor* e encontrando-se o veículo na sua titularidade, é exclusivamente contra si que a providência (e a posterior execução) deve ser promovida. Relativamente às situações em que a hipoteca seja constituída por *terceiro*, como o consente a lei civil, pretendendo o credor fazer valer essa garantia real, determina o art. 56.º, n.º 2, do CPC, a necessária demanda do titular inscrito. O mesmo sucederá quando, apesar de a hipoteca ter sido constituída pelo devedor, o direito de propriedade pertencer a terceiro, caso em que a legitimação passiva advém das regras atinentes ao direito de sequela, também abarcadas pela mesma norma adjectiva.[596]

---

[595] Cfr. os Acs. da Rel. de Lisboa, de 11-12-97, CJ, tomo V, pág. 120, e de 13-1-94, CJ, tomo I, pág. 89.

Quanto ao credor subrogado, cfr. o Ac. da Rel. do Porto, de 4-5-09, CJ, tomo III, pág. 169.

[596] Não cremos, assim, que constitua necessariamente requisito da providência, em caso de existência de crédito hipotecário, que "o requerente seja credor do requerido",

98.2. O art. 21.º reporta-se especificamente à *competência territorial*, prevendo que em caso de venda com reserva de propriedade o procedimento e a acção devem ser propostos perante o tribunal da comarca em cuja área se localize a residência habitual do vendedor (que continua a ser o proprietário do veículo).[597] Nos casos em que a apreensão tem subjacente uma garantia hipotecária, é no tribunal onde se localiza a residência habitual do proprietário do veículo que deve ser requerida a apreensão, tendo-se seguido uma via diversa da que resultaria da mera aplicação do art. 94.º, n.º 2, do CPC.

Porém, o art. 74.º do CPC foi modificado por forma a descongestionar os tribunais das áreas metropolitanas de Lisboa e do Porto, colocando-se a questão da interferência dessa alteração no regime previsto para a acção e para o procedimento de apreensão cautelar de veículo automóvel.

Tal questão tem sido objecto de soluções díspares. Creio que a solução correcta se encontra na *revogação tácita* do art. 21.º referido.[598]

---

como afirma **Moitinho de Almeida**, *O Processo Cautelar de Apreensão de Veículos Automóveis*, 5ª ed., pág. 39. Tal exigência não consta da lei, a qual, por outro lado, não afasta as outras hipóteses configuradas de constituição da garantia real por terceiro, em relação ao devedor, ou de alienação de veículo hipotecado.

[597] Cfr. **Moitinho de Almeida**, *O Processo Cautelar de Apreensão de Veículos Automóveis*, 5ª ed., pág. 45, e o Ac. do STJ, de 8-1-91, BMJ 403.º/327.

[598] Assim o defendemos no Ac. da Rel. de Lisboa, de 5-6-07 (*Anexo n.º 14*), e no Ac. da Rel. de Lisboa, de 29-5-07, *www.dgsi.pt*, onde se concluiu, além do mais, que:

"Para além do objectivo de descongestionamento dos Tribunais o legislador pretendeu tutelar os interesses dos consumidores, aproximando os litígios judiciais das áreas onde estes se encontram domiciliados a fim de facilitar o exercício dos seus direitos de defesa.

Tais objectivos são inteiramente transponíveis para as acções ou procedimentos cautelares designadamente para o procedimento cautelar previsto no art. 21.º do Dec. Lei n.º 54/75, de 12-2 segundo o qual "*o processo de apreensão e as acções relativas a veículos apreendidos são da competência do tribunal de comarca em cuja área se situa a residência habitual ou sede do proprietário*".

A adesão ao entendimento da subsistência desse preceito contrariaria os objectivos os legislador, impedindo os resultados visados, podendo, assim, assumir-se que a modificação operada nos arts. 74.º e 100.º envolveu, ainda que de forma tácita, o regime prescrito no art. 21.º do Dec. Lei n.º 54/75.

A alteração do art. 74.º, a par da modificação do art. 110.º, n.º 1, do CPC, apresenta suficiente força para se projectar na generalidade dos preceitos dispersos por diplomas avulsos, entre os quais o referido art. 21.º, podendo considerar-se que, com a

Teria sido mais avisada a expressa revogação ou modificação do citado art. 21.º, evitando as dúvidas que se suscitam. Todavia, tal opção do legislador não deve levar a que se percam de vista os objectivos fundamentais que inequivocamente se pretenderam alcançar, não parecendo exigível ou necessária uma exaustiva revogação ou alteração de preceitos constantes de leis extravagantes, tanto mais que o novo texto legal, devidamente circunstanciado, traduz a vontade do legislador de empreender uma modificação global do regime definidor da competência territorial em relação a acções a que estejam subjacentes litígios ligados ao incumprimento de contratos.

Em suma, a modificação do art. 74.º, a par da modificação do art. 110.º, n.º 1, do CPC, apresenta suficiente força para se projectar na generalidade dos preceitos dispersos por diplomas avulsos, entre os quais o referido art. 21.º, que contribuíam para a situação que levou o legislador a rever os critérios de atribuição de competência territorial.

99. Tramitação:

99.1. Atenta a anterior redacção do art. 15.º, n.º 2, nos termos do qual o requerimento deveria conter a assinatura do requerente "*reconhecida pelo notário*", era entendimento corrente que para a instauração do procedimento cautelar de apreensão de veículo era dispensável a intervenção de advogado, o que condizia com a simplicidade da tramitação processual e com o facto de, em regra, o decretamento da providência resultar da simples análise de documentação junta pelo requerente.

Todavia, aquele preceito foi alterado, não decorrendo da nova redacção qualquer argumento que permita continuar a sustentar, no que respeita ao *patrocínio judiciário*, um regime diverso do que emerge do art. 32.º, n.º 1, do CPC.

99.2. O *valor processual* dependerá dos fundamentos invocados pelo requerente e do objectivo final prosseguido através do processo principal. Na falta de norma que especificamente regule a matéria, deve

---

presente alteração legislativa, houve a intenção inequívoca por parte os legislador de regular exaustivamente este sector processual considerada a situação calamitosa que afecta os tribunais de Lisboa e do Porto, o que leva a considerar-se verificada a previsão excepcional constante da parte final do art. 7.º, n.º 3, do CC".

atentar-se no critério geral do art. 305.º ou nos critérios específicos dos arts. 306.º e 310.º.

Se o fundamento da providência consistir no incumprimento da obrigação pecuniária garantida por hipoteca, o valor do procedimento deverá corresponder ao da quantia em dívida e juros de mora vencidos, nos termos do art. 306.º, n.º 1. Fundando-se numa relação jurídica em que tenha sido fixada a reserva de propriedade, para antecipar os efeitos da posterior acção de resolução, o valor do procedimento ajustar-se-á ao critério previsto no art. 310.º, n.º 1, ponderando o preço convencionado pelas partes no contrato de alienação do veículo.

99.3. Conforme a situação que se verificar e a relação de dependência quanto ao processo principal, assim devem ser alegados os *factos* de que a lei faz depender a resolução do contrato de alienação com reserva de propriedade ou a execução hipotecária para pagamento de quantia certa.

O *pedido* consistirá na apreensão do veículo e do certificado de matrícula.

Para além da identificação e localização do veículo, nada obsta a que seja solicitada a sua colocação num local julgado apropriado, nos termos e para efeitos do art. 17.º, n.º 2, tal como não deve enjeitar-se a indicação de alguém com idoneidade para ser designado como seu depositário.

99.4. Pode questionar-se a possibilidade de ser determinada a *audição do requerido*, de acordo com a regra geral do art. 385.º, n.º 1, do CPC.

No âmbito da anterior legislação processual, entendia-se que a tramitação especialmente prevista para a apreensão de veículos dispensava sempre o contraditório prévio.[599] Tal regime fundava-se na avaliação do risco de ineficiência da decisão judicial de apreensão, face à grande mobilidade do objecto da providência e ao consequente perigo de frustração do direito do requerente. Relevava ainda a simplicidade da instrução, em regra limitada à junção de documentos comprovativos das condições da

[599] Cfr. **Moitinho de Almeida**, *O Processo Cautelar de Apreensão de Veículos Automóveis*, 1ª ed., págs. 29 e 32, e o Ac. da Rel. de Lisboa, de 8-2-96, CJ, tomo I, pág. 116.

alienação, da situação jurídica do veículo e da falta de cumprimento das obrigações assumidas pelo devedor geralmente tituladas por letras já vencidas.

Parece-nos que deve prevalecer a aplicação do regime especialmente previsto no diploma regulador da apreensão de veículos.[600]

A opção do legislador foi no sentido de proceder a uma regulamentação autónoma do procedimento de apreensão de veículos, o que, de certo modo, é confirmado pelo disposto no art. 16.º do Dec. Lei n.º 54/75, segundo o qual, uma vez comprovados certos factos, normalmente por via documental, "*o juiz ordenará a imediata apreensão do veículo*", com o significado de impedir a inserção da audiência do requerido entre um momento e outro.

O elemento sistemático já anteriormente referido (*supra*, 97.) reforça este entendimento, na medida em que o art. 392.º, n.º 2, do CPC, para além de não se reportar aos procedimentos previstos em diplomas avulsos, mesmo quanto aos procedimentos específicos regulados no CPC ressalva o regime estabelecido para cada um deles.

Depois, como elemento de ordem racional ou teleológico, não é despiciendo ponderar a especial simplicidade que caracteriza este procedimento, a par da antevisão dos efeitos negativos que derivariam do contraditório prévio, tudo se conjugando para rejeitar soluções capazes de retirar à medida cautelar a eficácia de que carece.

Apesar do silêncio da lei, se não existirem documentos suficientemente esclarecedores da situação objectiva de incumprimento, nada obsta a que se indique prova testemunhal destinada a convencer o juiz da verificação dos factos de que a lei faz depender a apreensão.[601]

---

[600] **Moitinho de Almeida** (*O Processo Cautelar de Apreensão de Veículos Automóveis*, 1ª ed., pág. 25), a respeito de uma outra questão igualmente relacionada com a aplicação subsidiária de normas previstas no CPC, concluía que, "contrariamente ao que sucede com os demais processos cautelares, não tem aqui aplicação o disposto nos arts. 302.º, 303.º e 304.º do CPC, porque o art. 381.º do referido Código não manda aplicar aquelas disposições legais a todos os procedimentos cautelares mas apenas aos regulados no Capítulo IV do Livro III, que não compreende o processo de apreensão de veículos automóveis".

Mas já no Ac. da Rel. de Lisboa, de 25-10-85, BMJ 357.º/484, se decidira, pelo contrário, que eram de aplicar subsidiariamente aos procedimentos extravagantes as disposições constantes dos arts. 381.º a 387.º do anterior CPC.

[601] Cfr. **Moitinho de Almeida**, *O Processo Cautelar de Apreensão de Veículos Automóveis*, 5ª ed., pág. 48.

100. Decisão:

100.1. Como já por diversas vezes se referiu no âmbito de outros procedimentos, quanto à *prova* dos factos de que depende o decretamento da providência a lei não impõe tanto rigor quanto aquele que deve existir no processo principal. A emissão de uma decisão favorável ao requerente basta-se com a formulação de um juízo de séria probabilidade acerca dos factos que lhe servem de fundamento.[602]

Em regra, este juízo resultará da apreciação da *documentação* junta pelo requerente, designadamente:

– O contrato de alienação com reserva de propriedade e respectivo registo na conservatória competente;

– O documento de que resulte a existência de um crédito hipotecário vencido e documento comprovativo do registo da hipoteca;

– Os documentos comprovativos do incumprimento das obrigações do comprador, designadamente, as letras que tenham titulado cada uma das prestações convencionadas e que, vencidas, permaneçam na detenção do sacador, acompanhadas de cópia da correspondência remetida ao requerido para pagamento voluntário das quantias;

– Documentação comprovativa da verificação do evento que esteve na base da fixação da reserva de propriedade.

Mas nada obsta que, relativamente a factos que não exijam prova documental, se produza *prova testemunhal*. Aliás, a actual redacção do art. 15.º, n.º 3, mais do que a anterior, deixa em aberto a possibilidade de indicação de meios de prova não documentais, o que pode revelar-se necessário, por exemplo, para demonstração do vencimento do crédito ou do incumprimento de obrigações que impendiam sobre o adquirente.

100.2. Como em qualquer decisão, ainda que observando uma natural simplificação, deve o tribunal consignar os *factos* que considera provados e não provados.

Adquirida a convicção acerca dos fundamentos da providência, deve o juiz ordenar a apreensão do veículo onde quer que este se encontre e qualquer que seja o seu detentor. Determinará ainda a apreensão do certificado de matrícula.

---

[602] Cfr. **Abrantes Geraldes**, *Temas da Reforma do Processo Civil*, vol. III, 4ª ed., págs. 237 e segs.

As *custas* do procedimento serão suportadas pelo requerente, sem prejuízo de posterior reembolso, no caso de obter vencimento na acção, ou de atendibilidade na execução posterior (art. 453.º, n.º 2).[603]

100.3. Não pode o tribunal indeferir a providência com fundamento em que os *prejuízos* dela resultantes superam consideravelmente os benefícios.

Esta solução, agora genericamente prevista no art. 387.º, n.º 2, não se ajusta à apreensão de veículos, sendo, aliás, afastada pelo facto de na regulamentação específica não se ter inserido essa alternativa (*supra*, 97.).

100.4. Pelas mesmas razões, deve concluir-se que o juiz não pode fazer depender a apreensão do veículo da prestação de *caução* por parte do requerente.

Se essa tivesse sido a intenção do legislador tê-lo-ia certamente declarado, tal como sucede com a providência de entrega judicial de bem objecto de locação financeira (art. 21.º, n.º 4, do Dec. Lei n.º 149/95, de 24-6) (*infra*, 111.3).

Diga-se que a exclusão dessa possibilidade pode encontrar a sua justificação na maior segurança da decisão cautelar, normalmente assente em prova documental de sentido inequívoco quanto ao preenchimento dos pressupostos da apreensão.

101. A apreensão:

101.1. A natureza do bem a apreender e a sua fácil mobilidade ou ocultação são susceptíveis de dificultar a rápida execução da diligência. Por isso a lei previu a intervenção das autoridades policiais ou administrativas (*v.g.* entidades alfandegárias, em caso de entrada ou saída do veículo de território nacional).

A *apreensão* realizada pelo funcionário judicial ou da responsabilidade de outras entidades deve ficar documentada, exarando-se no correspondente auto os elementos relevantes para a efectivação do registo, além dos que se refiram às características do veículo (estado de conservação, componentes essenciais, quilometragem, etc.).

[603] Cfr. **Abrantes Geraldes**, *Temas da Reforma do Processo Civil*, vol. III, 4ª ed., págs. 252.

101.2. Um dos principais obstáculos que se levantam à diligência de apreensão respeita à escolha de *depositário* idóneo e com disponibilidade para o cargo.

O veículo automóvel é um bem sujeito a fácil degradação ou delapidação, se não forem tomadas as devidas cautelas. Impõe-se, por isso, a guarda em local seguro, por forma a impedir a sua retirada ilícita, devendo também ser asseguradas condições que propiciem a manutenção do veículo no estado em que se encontrava aquando da apreensão, sob pena de perda de eficácia da medida cautelar.

Neste como noutros campos, o requerente não pode ficar indiferente à sorte do veículo. Sendo o principal interessado na sua manutenção, exige-se um especial empenho na indicação de local ou de depositário para a sua guarda e conservação,[604] perante a inexistência de estruturas oficiais ou de apoio logístico que garantam aqueles objectivos.[605]

---

[604] A colaboração na dinamização do processo executivo encontra-se expressamente prevista no art. 848.º-A. Ora, considerando que a apreensão de veículos é instrumental relativamente à futura entrega da coisa, *maxime*, através do processo de execução para entrega de coisa certa, nos termos do art. 930.º, a remissão que nesta norma é feita para as regras da penhora permite estender ao requerente a referida necessidade de cooperação com o tribunal.

[605] Não pomos de lado a possibilidade de, perante determinadas circunstâncias, ser autorizada a *venda do veículo*, tal como já defendemos em relação a bens arrestados (*supra*, 65.) ou arrolados (*supra*, 90.8).

Essa venda, no âmbito da apreensão, dificilmente se justificará quando a apreensão tenha subjacente um crédito hipotecário, pois que o art. 18.º, n.º 1, impõe celeridade na instauração da acção executiva para pagamento de quantia certa, no âmbito da qual deverão ser averiguados os pressupostos de que depende a referida antecipação da venda, efectuada que seja a penhora.

Porém, nas situações de venda com reserva de propriedade, a apreensão é seguida da acção declarativa com vista a obter a declaração de resolução do contrato e a condenação na entrega do veículo, o que pode arrastar-se por um período de tempo excessivo. Por isso, confrontados com uma situação de previsível demora na resolução do litígio e verificado o risco de degradação física do veículo apreendido e da consequente desvalorização, pode justificar-se, tal como no arresto ou no arrolamento, a venda antecipada.

O facto de, nestes casos, a apreensão ter subjacente uma situação de reserva da propriedade a favor do requerente reduz o risco que a venda antecipada comporta, sendo certo que também o requerido pode sair prejudicado pela manutenção, a todo o custo, da apreensão, atentos os efeitos que a paralisação do veículo é susceptível de produzir no seu valor.

101.3. Uma vez que a apreensão determina a *proibição de circulação* do veículo, deve ser apreendido o respectivo certificado de matrícula.

Esta apreensão serve ainda para desimpedir o registo da apreensão, prevenindo igualmente a posterior entrega do documento ao vendedor, em caso de resolução do contrato, ou ao adquirente, se existir venda judicial do veículo no processo de execução hipotecária.

Não sendo encontrado o certificado de matrícula, deve ser ordenada a notificação do requerido para o apresentar em juízo, sob pena de procedimento criminal, nos termos do art. 16.º, n.º 2.

A colocação do veículo em circulação em violação da providência cautelar encontra neste diploma uma especial cominação penal, dispensando a que genericamente se encontra prevista para as restantes situações.[606]

101.4. Imediatamente depois da efectivação da apreensão a secretaria deve extrair certidão do respectivo auto, documento que servirá para instruir o pedido de registo da apreensão na conservatória competente.

Destinando-se o *registo automóvel* a dar publicidade a factos e direitos conexos com os veículos, a apreensão, como diligência que antecipa os efeitos práticos da sentença de resolução ou da venda judicial, deve ser registada, possibilitando que qualquer interessado fique a par da real situação jurídica desse bem (art. 5.º, n.º 1, al. h)) e transmitindo aos actos de alienação ou de oneração a sua ineficácia relativamente ao requerente.[607]

A comprovação do registo é ainda necessária para efeitos de prosseguimento da acção ou da execução, nos termos do art. 18.º, n.º 2.

102. Oposição:

102.1. Conquanto não venha expressamente previsto na lei, o contraditório deve ser observado após a efectivação da apreensão, entregando-se ao requerido cópia da decisão e abrindo-lhe a possibilidade de a impugnar.[608]

---

[606] Sobre a matéria cfr. o Ac. da Rel. do Porto, de 23-3-88, CJ, tomo II, pág. 224, e o Ac. da Rel. de Coimbra, de 4-2-87, CJ, tomo I, pág. 69.

[607] Cfr. **Abrantes Geraldes**, *Temas da Reforma do Processo Civil*, vol. III, 4ª ed., pág. 265.

[608] No âmbito da legislação processual anterior foi decidido que, dada a especial tramitação prevista para este procedimento, não poderia o requerido opor-se à

A simples alusão ao princípio geral do *contraditório* previsto no art. 3.º do CPC mostra-se suficiente para impor esta solução, sem a qual ficaria gravemente postergado o direito de defesa.

Por integração do regime jurídico com recurso a normas conexas constantes do CPC, é facultado ao requerido o uso dos meios de defesa que resultam genericamente do art. 388.º.

Assim, notificado da decisão, depois de executada a apreensão, tem o requerido a possibilidade de interpor recurso, nos termos gerais, quando a divergência respeite apenas à integração jurídica dos factos provados, ou deduzir oposição, quando, porventura, pretenda apresentar novos meios de prova que possam implicar a revogação da providência.

102.2. A regulamentação autónoma da apreensão de veículos impede a aplicação da regra do art. 387.º, n.º 3, do CPC, que regula a substituição da medida cautelar por *caução*.

Ainda que consideremos que tal norma não é repudiada por outros procedimentos específicos regulados no CPC (*supra*, 15.1, 27.9, e 64.2),[609] a falta de uma norma remissiva obsta a que a apreensão possa ser levantada mediante oferecimento de caução.

É verdade que, estando apenas em causa interesses de ordem patrimonial, não repugnaria admitir uma tal solução, podendo a caução servir para garantir o valor do veículo apreendido, com o que ficaria acautelado o direito do requerente. Mas isso exigia que o legislador tivesse prevenido tal solução no diploma específico ou por meio de remissão para as normas do procedimento cautelar comum.

---

apreensão através da dedução de embargos (cfr. o Ac. da Rel. de Lisboa, de 25-10-85, CJ, tomo IV, pág. 149).

Se essa tese era defensável na altura, considerando que os embargos constituíam um meio de defesa previsto apenas para as providências cautelares não especificadas (art. 401.º, n.º 2), para o arresto (art. 405.º), para o embargo de obra nova (art. 417.º, n.º 2) ou para o arrolamento (art. 427.º), já nos parece que, actualmente, não poderá deixar de ser confrontada com a profunda remodelação dos meios de defesa, nos termos que constam do art. 388.º.

Aliás, outra solução fora defendida no Ac. da Rel. de Lisboa, de 18-1-78, CJ, tomo I, pág. 49, onde se admitiu a invocação, como meio de defesa, do direito de retenção.

[609] Cfr. **Abrantes Geraldes**, *Temas da Reforma do Processo Civil*, vol. III, 4ª ed., págs. 253 e segs.

103. Propositura da acção ou da execução:

103.1. O facto de se tratar de uma mera providência cautelar, dependente de um processo,[610] onde, com mais solenidade e maiores garantias de defesa para o requerido, se aprecia a situação, acarreta para o requerente especiais ónus que, uma vez incumpridos, poderão determinar a caducidade da apreensão e, eventualmente, a obrigação de indemnizar o requerido pelos danos causados (art. 20.º).[611]

103.2. A par das já referidas acções de resolução do contrato de alienação e de execução hipotecária, alude a lei ainda ao processo especial de venda de penhor, a propor nos casos em que não haja lugar a concurso de credores.

Esse segmento normativo merece especial atenção.

Já antes da reforma do processo civil de 1997, quando o processo especial de venda de penhor se encontrava regulado nos arts. 1008.º e segs. do CPC, era difícil compreender o funcionamento da regra constante do art. 18.º, n.º 1. Com efeito, a aludida possibilidade de dispensa da convocação de credores não se ajustava ao disposto no art. 463.º, n.º 2.[612] Ainda que se pudesse asseverar que, como norma especial, o mencionado art. 18.º, n.º 1, prevalecia sobre a regra geral, ficava por resolver o conflito com leis posteriores que instituíram privilégios creditórios, designadamente a favor da Segurança Social, cuja efectivação supunha, como é óbvio, o necessário concurso de credores com garantia real.

Face a esta sucessão normativa, o entendimento que, na ocasião, parecia mais correcto era o de que a referência ao processo especial de venda de penhor perdera actualidade, aplicando-se apenas a regulamentação prescrita para o processo de execução comum.

Neste momento, depois de ter sido *abolida* uma tal forma de processo especial, impõe-se sobremaneira esta solução. Por isso, a execução

---

[610] Cfr. **Moitinho de Almeida**, *O Processo Cautelar de Apreensão de Veículos Automóveis*, 5ª ed., págs. 15 e 16, e **Amâncio Ferreira**, *Curso de Processo de Execução*, 3ª ed., pág. 377, a partir da redacção do art. 18.º, defendem a restrição da providência de apreensão aos casos em que seja preliminar da acção ou da execução a instaurar, rejeitando a possibilidade de ser instaurada por via incidental a processos já pendentes.

[611] Cfr. o Ac. da Rel. de Lisboa, de 12-3-92, CJ, tomo II, pág. 130.

[612] **Moitinho de Almeida** defendia então que o processo especial de venda de penhor deveria ser reservado para os casos em que não constassem do registo respectivo outros encargos, para além da hipoteca (*O Processo Cautelar de Apreensão de Veículos Automóveis*, 1ª ed., pág. 12).

da garantia hipotecária faz-se apenas através do processo de execução, no qual, após a citação do executado, se procede à penhora do veículo hipotecado, seguida, em regra, da convocação de credores.

103.3. Determina a lei que o requerente deve promover a *instauração da acção* de resolução ou do processo de execução dentro de 15 dias a contar da efectivação da diligência de apreensão.[613]

Apesar do texto legal, julgamos que o início de contagem do prazo apenas se fará a partir do momento em que ao requerente seja dado conhecimento desse facto, à semelhança do que decorre do art. 389.º, n.º 2.[614]

Obviamente, o seu decurso não determina a caducidade do direito de propositura da acção, mas tão só a *caducidade da providência.*[615]

103.4. Proposta a acção ou a execução, deve o autor ou o exequente promover a junção ao procedimento cautelar da certidão comprovativa do *registo*, sob pena de a instância ser suspensa, nos termos do art. 18.º, n.º 2.

Em qualquer dos meios processuais verifica-se a necessidade de o sujeito activo promover o seu andamento, requerendo a efectivação de diligências que removam os obstáculos encontrados ou praticando actos de que especialmente está encarregado quem interpõe a acção ou a execução.

Verificada alguma das situações referidas no art. 19.º, n.º 1, al. a), o réu ou o executado pode requerer o *levantamento* da apreensão. Este será decretado, a não ser que se prove a inexactidão da afirmação feita quanto à não propositura da acção ou da execução dentro do prazo legal, ou que se conclua pela inexistência de inércia do requerente.

Tendo em consideração o texto legal, é inequívoco que recai sobre o requerente da providência o ónus da prova dos factos que, de acordo com a lei, impedem o efeito extintivo reclamado pelo requerido.

103.5. A *falta de autonomia* da apreensão determina que os seus efeitos estejam na dependência da decisão no processo principal.

---

613 Quanto ao regime do art. 389.º do CPC cfr. **Abrantes Geraldes**, *Temas da Reforma do Processo Civil*, vol. III, 4ª ed., págs. 293 e segs.

614 Neste sentido cfr. **Moitinho de Almeida**, *O Processo Cautelar de Apreensão de Veículos Automóveis*, 5ª ed., pág. 16, e o Ac. da Rel. de Lisboa, de 4-1-83, CJ, tomo I, pág. 93.

615 Cfr. Ac. da Rel. de Lisboa, de 12-3-92, CJ, tomo II, pág. 130.

Referindo-se o art. 19.º, n.º 1, al. b), à improcedência da acção ou à decisão de absolvição da instância, uma interpretação meramente literal poderia conduzir a que apenas fossem abarcadas decisões proferidas no âmbito de acção declarativa. Porém, atenta a instrumentalidade que também se pode verificar em relação a acções de natureza executiva, deve acolher-se uma interpretação adaptada ao tipo de decisões que nestas acções tenham semelhante significado, o que sucederá, por exemplo, com a sentença favorável ao executado, proferida no âmbito da oposição à execução.

Transitada em julgado a decisão de extinção da instância na acção declarativa ou na acção executiva, deve proceder-se ao levantamento da apreensão, sem audiência do requerente,[616] e deve ser imediatamente comunicada à conservatória a respectiva decisão para efeitos de cancelamento do registo (art. 19.º, n.º 3).

103.6. A par da verificação de qualquer outro facto extintivo apurado no âmbito do processo de execução (remissão, novação, compensação, dação em pagamento), a comprovação do pagamento da quantia exequenda feita em qualquer altura do processo deve determinar a caducidade e o levantamento da apreensão, nos termos do art. 19.º, n.º 1, al. c).

Do mesmo modo, comprovado, em qualquer altura, antes ou na pendência da acção de resolução, o cumprimento das obrigações de que ficara dependente a cláusula de reserva de propriedade, deve ser ordenado o levantamento da providência.

104. Responsabilidade do requerente:

104.1. O art. 20.º apresenta-se com um conteúdo semelhante ao do art. 390.º, n.º 1, do CPC, e destina-se a penalizar os requerentes que, aproveitando-se ilegitimamente das características especiais de que se reveste o procedimento cautelar (falta de contraditório, mera aparência

[616] Esta audiência encontra-se agora expressamente prevista no art. 389.º, n.º 4, mas, atenta a especialidade do regime da apreensão, deve prevalecer a norma que para a mesma está consagrada.

A audiência do requerente da providência é dispensada porque se trata apenas de averiguar, através da consulta do processo, se transitou ou não transitou em julgado uma decisão com o conteúdo referido na norma.

do direito, etc.), logram obter um efeito que não se confirma na acção principal, ou pautam o seu comportamento posterior por condutas negligentes e que motivam o levantamento da providência.[617]

A *obrigação de indemnização* não abarca todas as situações de levantamento da apreensão, mas apenas aquelas em que o requerente tenha agido sem a prudência normal, atentas as circunstâncias do caso concreto.

104.2. Nem o procedimento de apreensão, nem o processo principal constituem locais apropriados ao reconhecimento do direito de indemnização.

O lesado que pretenda ressarcir-se do prejuízo causalmente imputado ao comportamento imprudente do requerente deve interpor acção autónoma, depois de comprovada a natureza injustificada da providência ou a sua caducidade.

[617] Cfr. **Abrantes Geraldes**, *Temas da Reforma do Processo Civil*, vol. III, 4ª ed., págs. 319 e segs.

II

Entrega Judicial de Bem Locado

(em locação financeira)

(Art. 21.º do Dec. Lei n.º 149/95, de 24-6, alterado pelo Dec. Lei n.º 265/97, de 2-10, e pelo Dec. Lei n.º 30/08, de 25-2)

Art. 21.º

Providência cautelar de entrega judicial

1 – Se, findo o contrato por resolução ou pelo decurso do prazo sem ter sido exercido o direito de compra, o locatário não proceder à restituição do bem ao locador, pode este, após o pedido de cancelamento do registo da locação financeira, a efectuar por via electrónica sempre que as condições técnicas o permitam, requerer ao tribunal providência cautelar consistente na sua entrega imediata ao requerente.

2 – Com o requerimento, o locador oferece prova sumária dos requisitos previstos no número anterior, excepto a do pedido de cancelamento do registo, ficando o tribunal obrigado à consulta do registo, a efectuar, sempre que as condições técnicas o permitam, por via electrónica.

3 – O tribunal ouvirá o requerido sempre que a audiência não puser em risco sério o fim ou a eficácia da providência.

4 – O tribunal ordenará a providência requerida se a prova produzida revelar a probabilidade séria da verificação dos requisitos referidos no n.º 1, podendo, no entanto, exigir que o locador preste caução adequada.

5 – A caução pode consistir em depósito bancário à ordem do tribunal ou em qualquer outro meio legalmente admissível.

6 – Decretada a providência e independentemente da interposição de recurso pelo locatário, o locador pode dispor do bem, nos termos previstos no art. 7.º.

7 – Decretada a providência cautelar, o tribunal ouve as partes e antecipa o juízo sobre a causa principal, excepto quando não tenham sido trazidos ao procedimento, nos termos do n.º 2, os elementos necessários à resolução definitiva do caso.

8 – São subsidiariamente aplicáveis a esta providência as disposições gerais sobre providências cautelares, previstas no Código de Processo Civil, em tudo o que não estiver especialmente regulado no presente diploma.

9 – O disposto nos números anteriores é aplicável a todos os contratos de locação financeira, qualquer que seja o seu objecto.

Sumário:

105 – Caracterização do contrato de locação financeira
106 – Características da providência
107 – Âmbito da providência
108 – Em caso de resolução
109 – Em caso de caducidade do contrato
110 – Tramitação
111 – Decisão
112 – Substituição por caução
113 – Acção principal

105. Caracterização do contrato de locação financeira:

O contrato de *locação financeira* reúne elementos que normalmente caracterizam outros tipos de contrato mas que aqui se encontram conjugados: por um lado, a cedência temporária de um bem adquirido ou construído por indicação do locatário; por outro, a opção de compra, findo o período contratual, mediante o pagamento de um valor previamente definido ou, ao menos, determinável de acordo com critérios prefixados.[618]

Através de tal contrato conseguem-se alcançar benefícios de ordem económica e financeira, na medida em que se associam formas de financiamento e modos capazes de proporcionar a fruição de bens, sem que o fruidor tenha de desembolsar imediatamente a totalidade do preço.[619]

À aceitação de tal modalidade contratual não terão sido alheias razões de ordem fiscal, já que as prestações pagas têm um tratamento diverso daquele que é conferido a outras despesas. E não serão ainda indiferentes as facilidades de renovação dos bens ou de equipamentos locados especialmente quando sujeitos a melhoramentos tecnológicos.

Sendo estes e outros factores reveladores da eficácia e da versatilidade desta figura contratual, melhor se compreende que na regulamentação dos direitos e das obrigações dela emergentes o legislador tenha previsto uma *providência cautelar* ajustada aos padrões de uma economia concorrencial susceptível de conferir ao credor a possibilidade de obter a satisfação antecipada de efeitos que, em geral, tendem a ser produzidos apenas pela sentença definitiva.

106. Características da providência:

106.1. A providência de entrega judicial foi especificamente criada para enfrentar situações de *periculum in mora* relacionadas com o incumprimento de obrigações do locatário emergentes de contratos de locação financeira, revelando-se uma das mais evidentes demonstrações do *efeito antecipatório* potenciado pelas medidas cautelares.

Um tal efeito surge naturalmente associado a situações em que a necessidade de assegurar a subsistência do requerente permite a atribuição

---

[618] Sobre a figura dos *contratos indirectos*, visando fim semelhante ao da locação financeira, cfr. **Pais de Vasconcelos**, *Contratos Atípicos*, págs. 245 e 350, e os Acs. da Rel. de Lisboa, de 18-2-99, CJ, tomo I, pág. 113, e de 15-3-00, CJ, tomo II, pág. 94, este comentado na RLJ 132.º/132 e segs.

Sobre o contrato de *aluguer de longa duração* e sua distinção relativamente a outras figuras como a locação financeira ou a compra e venda com reserva de propriedade cfr. **Paulo Duarte**, *Algumas Questões Sobre ALD*, em *Estudos de Direito do Consumidor*, págs. 301 a 327.

[619] Sobre a origem e evolução da locação financeira cfr. **José Pires**, *Direito Bancário*, vol. II, págs. 245 e segs., e **Leite Campos**, *A Locação Financeira*, págs. 45 e segs.

de prestações pecuniárias (alimentos provisórios ou atribuição de reparação provisória ao sinistrado). Outras vezes encontra justificação na necessidade de a ordem jurídica reagir, por meios cíveis, a actuações do requerido que assumam certa gravidade (restituição provisória da posse).

Porém, nenhuma destas razões encontra eco na locação financeira. Para além de o credor ser, em geral, entidade dotada de elevado poder económico, o litígio decorre apenas do incumprimento de obrigações contratualmente assumidas. Apesar disso, o legislador optou por proporcionar-lhe um instrumento de natureza jurisdicional que acaba por conduzir a resultados definitivos que, em princípio, apenas deveriam emergir dos meios comuns.

Ao regular a providência, o legislador transportou para a esfera dos tribunais um factor de eficiência e de celeridade destinado a evitar o arrastamento de situações litigiosas e os correspondentes prejuízos económicos derivados de situações de imobilização de bens. Por isso, ao invés do que seria normal, a coisa apreendida é entregue não a um terceiro, mas ao próprio locador, que passa a exercer sobre a mesma os poderes que detinha aquando da celebração do contrato, com recuperação antecipada da capacidade de uso, de fruição e de disposição do bem locado. A partir do momento em que seja ordenada e executada a providência, a coisa locada passa para a esfera de actuação prático-jurídica do locador que dela pode livremente dispor.

106.2. Não terá sido de ânimo leve que o legislador se atreveu a ir tão longe na tutela dos interesses do locador, em comparação com situações de contornos semelhantes. Não se encontram assinaladas no Preâmbulo do diploma instituidor as razões de uma tal solução a que certamente não terá sido alheia a pressão exercida pelos respectivos agentes económicos (entidades financeiras) interessados na agilização de procedimentos.

Sendo este o pano de fundo em que surge a solução adoptada, não pode ainda ignorar-se a especial natureza deste contrato do qual resulta apenas a transferência do gozo e fruição do bem locado, assim se compreendendo que tenha sido conferido ao locador o direito de reclamar a sua entrega imediata e a faculdade de o recolocar no mercado, a fim de evitar a degradação e a desvalorização que poderiam resultar da sua entrega a um fiel depositário ou da sua imobilização durante o período, por vezes longo, de pendência da acção principal.

106.3. Encarada a questão sob esta perspectiva, mas sem deixar de ponderar ainda outras normas, designadamente a que permite ao juiz sujeitar a medida à prestação de caução, o regime jurídico acaba por dar resposta satisfatória aos diversos interesses que se encontram presentes. Aos do locador, naturalmente interessado numa rápida resolução do diferendo, como forma de alcançar a cobrança do crédito ou a livre disponibilidade do bem que ainda se encontra na sua titularidade. Aos do locatário, na medida em que, a partir da retirada do bem da sua esfera de actuação, o risco do seu perecimento ou da sua degradação acaba por ser suportado pela contraparte.

Na ponderação das vantagens e na avaliação dos riscos de injustiça inerentes a uma decisão cautelar com efeitos antecipatórios não pode ser desconsiderada a natural facilidade de prova dos pressupostos da providência, designadamente no que concerne à existência do direito do locador emergente da caducidade do contrato ou do preenchimento dos requisitos da sua resolução.

Sendo um contrato formal cujo pólo activo é integrado por entidades que estão vinculadas a critérios de maior rigor na contratação, na contabilidade e no registo dos contactos estabelecidos com os clientes, a prova dos factos pertinentes far-se-á normalmente através de *documentos* susceptíveis de conferir ao tribunal um maior grau de segurança na decisão.

107. Âmbito da providência:

107.1. De início, com a primitiva redacção do Dec. Lei n.º 149/95, de 24-6, a providência começou por se restringir aos bens *móveis*. Só a partir da alteração introduzida pelo Dec. Lei n.º 265/97, de 2-10, passou a abarcar também os *imóveis* independentemente do seu destino.[620]

De todo o modo, o seu âmbito circunscreve-se às relações jurídicas que possam qualificar-se como *contratos de locação financeira*.[621]

[620] Certos preceitos do diploma foram entretanto revogados ou modificados pelo Dec. Lei n.º 285/01, de 3-11.

Sobre a evolução legislativa do *contrato de locação financeira* cfr. **Calvão da Silva**, na RLJ 132.º/36 e segs.

[621] Leia-se contratos de locação financeira *válidos*, pois só em relação a esses pode ser declarada a sua resolução ou verificada a sua caducidade, pressupostos de que depende a adopção da medida cautelar.

O contrato de locação financeira pode gerar direitos de diversa natureza. Porém, a providência cautelar específica destina-se tão só a tutelar antecipadamente o direito do locador cujo sinalagma é integrado pela obrigação do locatário de proceder à entrega do bem locado, verificada a extinção do contrato por caducidade ou por resolução.

107.2. A especificidade da providência, associada ao princípio da legalidade que rege os procedimentos cautelares, impede que se recorra a esta medida como instrumento de realização de direitos emergentes de contratos de diversa natureza, ainda que, na aparência, revistam características semelhantes.

Estão, assim, fora do âmbito de aplicação da medida os contratos de aluguer de veículos automóveis, o contrato de *aluguer de longa duração*, *vulgo* A.L.D.,[622] ou o contrato de compra e venda a prestações com reserva de propriedade.

A mesma especificidade determina a inviabilidade da medida para antecipar a resolução de outros litígios, tal como o derivado da recusa de entrega do bem em consequência da nulidade ou da anulabilidade do contrato.

O uso da mesma providência também não serve para superar o *periculum in mora* ligado à perda da garantia patrimonial relativamente às obrigações de natureza pecuniária que resultem do contrato a que se ajusta a providência de arresto.[623]

108. Em caso de resolução:

108.1. O contrato de locação financeira pode ser resolvido de acordo com as normas conjugadas dos arts. 17.º e 18.º do Dec. Lei n.º 149/95, na redacção do Dec. Lei n.º 149/95, de 24-6.[624]

Quanto à *validade formal* do contrato, cfr. o Ac. do STJ, de 10-2-00, CJSTJ, tomo I, pág. 76.

No Ac. da Rel. do Porto, de 12-11-08, CJ, tomo V, pág. 175, considerou-se aplicável a providência ao contrato-promessa de locação financeira, por via do princípio da equiparação ao contrato definitivo.

[622] Neste mesmo sentido cfr. o Ac. da Rel. do Porto, de 13-3-08, CJ, tomo II, pág. 181. Contra: o Ac. da Rel. de Coimbra, de 23-9-08 (*www.dgsi.pt*), com fundamento no princípio da igualdade.

[623] Cfr. o Ac. da Rel. de Lisboa, de 28-1-99, CJ, tomo I, pág. 97.

[624] O Dec. Lei n.º 285/01, de 3-11, procedeu à revogação do art. 16.º, onde se determinava que:

Para além dos casos de dissolução ou liquidação da sociedade locatária ou da verificação dos fundamentos de declaração de insolvência, a resolução pode ser declarada, "*nos termos gerais, com fundamento no incumprimento das obrigações da outra parte, não sendo aplicáveis as normas especiais, constantes da lei civil, relativas à locação*" (art. 17.º, n.º 1).

108.2. Ainda que a resolução do contrato possa ser despoletada através da própria acção, no caso da locação financeira impõe-se que já tenha sido anteriormente exercitado o correspondente direito potestativo, conforme resulta do n.º 1 do art. 21.º.

109. Em caso de caducidade do contrato:

O contrato de locação financeira integra elementos que são característicos da locação, como sucede com a natureza temporária. Findo o período contratual, se o locatário não exercer o direito potestativo de aquisição do bem mediante declaração receptícia e não proceder ao pagamento do valor residual contratualmente determinado, deverá efectuar a sua entrega ao locador (art. 10.º, n.º 1, al. k)).

A par da imposição ao locatário do ónus de tomar posição inequívoca quanto ao bem locado, a providência cautelar constitui o mecanismo legal destinado a efectivar, tão depressa quanto possível, o desapossamento do bem, de modo a conferir ao locador a possibilidade de proceder à sua futura cedência ou alienação (art. 7.º).

A solicitação da providência cautelar fundamenta-se, agora, na necessidade de facultar ao locador a célere e eficaz disponibilidade do bem de que é proprietário, já que em caso de recusa de restituição sofre a depreciação correspondente à perda da faculdade de o usar.

110. Tramitação:

110.1. A providência pode ser requerida como incidente da acção declarativa já instaurada ou como preliminar de acção que deva ser interposta.

"*1. A mora no pagamento de uma prestação de renda por um prazo superior a 60 dias permite ao locador resolver o contrato, salvo convenção em contrário a favor do locatário.*

2. O locatário pode precludir o direito à resolução, por parte do locador, procedendo ao pagamento do montante em dívida, acrescido de 50%, no prazo de oito dias contados da data em que for notificado pelo locador da resolução do contrato".

Atenta a instrumentalidade relativamente a essa acção, o requerente deve alegar no requerimento inicial, ainda que de forma sumária, os factos de onde emerge o direito que através da providência pretende ver acautelado.

À semelhança do que ocorre com a providência cautelar de apreensão de veículo, não se exige a alegação e prova do "*periculum in mora*". Basta ao requerente alegar os factos que, de acordo com a situação verificada, legitimem a entrega imediata do bem: a extinção do contrato em consequência da resolução ou da caducidade.[625]

110.2. Antes da redacção introduzida pelo Dec. Lei n.º 30/08, de 25-2, quando se tratasse de bem imóvel ou de bem móvel sujeito a registo, o requerente tinha o especial interesse em que o tribunal decretasse ainda o imediato cancelamento do registo da locação financeira, o que facilitaria a posterior colocação no mercado. Ainda assim, nos casos em que o locatário tivesse procedido à entrega espontânea do bem, mantendo-se o registo da locação financeira, nada obstava a que fosse requerida providência restrita ao cancelamento judicial do registo, de modo a facultar ao locador a sua plena disponibilidade.[626] Sendo verdade que a providência visava fundamentalmente as situações em que o locador recusava a entrega do bem depois de o contrato de locação financeira se extinguir, tal não significava que à locadora estivesse vedada a possibilidade de requerer providência de âmbito mais limitado, mas que encontrava no regime do contrato de locação financeira e nos interesses a assegurar os mesmos motivos de urgência justificativos da tutela cautelar.

A lei foi alterada, de tal modo que o único pedido que agora é possível formular é o da restituição antecipada do bem. O cancelamento do registo da locação financeira deve ser formulado extrajudicialmente pelo locador, cabendo ao tribunal proceder à consulta dos elementos pertinentes junto dos serviços de registo competentes.

110.3. À semelhança do que ocorre com a generalidade dos procedimentos, é no requerimento inicial que devem ser indicados os *meios de prova*, entre os quais se insere o documento comprovativo do contrato

---

[625] Neste mesmo sentido cfr. o Ac. do STJ, de 7-2-08 (*www.dgsi.pt*).

[626] Assim se decidiu no Ac. da Rel. de Lisboa, de 28-10-03, CJ, tomo IV, pág. 121. Cfr. também **Gravato Morais**, *Manual de Locação Financeira*, pág. 243.

sujeito às formalidades previstas no art. 3.º do Dec. Lei n.º 149/95, na redacção introduzida pelo Dec. Lei n.º 30/08, de 25-2.

A caducidade resultará, em regra, dos termos do contrato, embora possa ser necessária a apresentação de elementos de onde se infira o incumprimento da obrigação de entrega da coisa.

A resolução fundada na falta de pagamento das prestações comprovar-se-á pela apresentação dos documentos demonstrativos da existência das obrigações pecuniárias, da situação de incumprimento e da comunicação resolutiva oportunamente feita ao requerido.

Quando se esteja perante factos cuja prova não exija especiais formalidades, nada obsta a que sejam apresentados outros meios de prova destinados a convencer o tribunal da verificação dos requisitos.

110.4. Por aplicação supletiva das normas gerais que regulam os procedimentos cautelares a *competência territorial* determina-se a partir da aplicação do art. 83.º, n.º 1, al. c), do CPC, sendo atribuída ao tribunal em cuja área tiver de ser proposta ou estiver pendente a acção definitiva.[627]

O *valor* do procedimento é o que resulta do art. 307.º, n.º 2, na redacção do Dec. Lei n.º 34/08, de 26-2 (soma das prestações em dívida até ao fim do contrato e juros de mora vencidos).

110.5. O legislador não afastou a possibilidade de o *requerido* ser ouvido para se defender da providência instaurada. Por isso, tal como sucede com o procedimento cautelar comum (art. 385.º, n.º 1), a não audição do requerido apenas se justifica quando se constate uma situação de previsível risco para o fim ou eficácia da providência.[628]

Resultando da lei a natureza excepcional do afastamento do contraditório, o juiz deve ponderar não apenas os riscos que para a eficácia da apreensão possam resultar da audição do requerido como ainda as previsíveis consequências na esfera deste.

Em caso de dispensa do contraditório, só depois de proferida e executada a decisão se procede à notificação do requerido para exercício

[627] Segundo o Ac. da Rel. de Lisboa, de 29-6-00, *www.dgsi.pt*, este regime aplica-se mesmo aos casos em que tenha sido estipulado no contrato de locação financeira um foro convencional.

[628] Cfr. **Abrantes Geraldes**, *Temas da Reforma do Processo Civil*, vol. III, 4ª ed., anot. ao art. 385.º

do direito de defesa (oposição ou recurso de apelação), nos termos dos arts. 385.º, n.º 2, e 388.º.

111. Decisão:

111.1. Terminada a fase dos articulados, serão produzidas as *provas* julgadas necessárias.

A decisão será favorável ao requerente quando o tribunal se considere suficientemente convencido da verificação dos pressupostos de ordem substantiva.[629]

Ao invés da generalidade das providências, não se exige a prova de que a manutenção da situação seja causa de lesão ou de perigo de lesão grave e dificilmente reparável. À semelhança do que sucede com a medida de apreensão de veículo, o legislador presumiu que a continuação do bem locado na esfera do locatário, depois de extinto o contrato, era susceptível de afectar relevantemente os interesses do locador, justificando a recuperação antecipada dos seus poderes.[630]

Não está afastada a possibilidade de se operar a convolação da medida cautelar que se ajuste ao quadro factual provado, nos termos do art. 392.º, n.º 3, do CPC.

111.2. Apurados os pressupostos da providência, deve o juiz ordenar a *entrega* imediata do bem locado. A execução da entrega insere-se na própria providência.[631]

111.3. A lei previu expressamente a possibilidade de o juiz condicionar a execução da providência à prévia *prestação de caução* por parte do requerente destinada a garantir a indemnização a que o requerido tenha direito (n.º 4).

---

[629] Como se decidiu no Ac. da Rel. de Lisboa, de 28-1-99, CJ, tomo I, pág. 97, é indiferente para efeitos de deferimento da providência que existam garantias a favor do locador relativas às obrigações pecuniárias derivadas do contrato.

[630] Como se decidiu no Ac. da Rel. de Lisboa, de 28-1-99, CJ, tomo I, pág. 97, este requisito presume-se "*juris et de jure*" a partir da resolução do contrato e da não restituição do bem. O mesmo se dirá quando se verificar uma situação de caducidade com recusa de entrega da coisa locada. Cfr. também **Gravato Morais**, *Manual de Locação Financeira*, pág. 247.

[631] Como se decidiu no Ac. da Rel. de Lisboa, de 2-12-04, CJ, tomo V, pág. 106, a entrega far-se-á independentemente de quem esteja na detenção efectiva do bem, sem prejuízo da eventual dedução de embargos de terceiro.

Justifica-se esta opção quando a questão substantiva se apresente algo nebulosa, com alguns indícios de que possa existir utilização abusiva da providência, ainda que insuficientes para motivar o seu indeferimento.

A caução condicional pode consistir no depósito da quantia que for julgada adequada ou envolver qualquer das formas admitidas pelo art. 623.º do CC (n.º 5).

Nos casos em que o juiz determine a prestação de caução a decisão de entrega do bem não pode ser cumprida sem que esteja assegurada tal condição, nos termos do art. 387.º, n.º 3, do CPC, *ex vi* o n.º 8 do art. 21.º do Dec. Lei n.º 149/95.

111.4. Através do Dec. Lei n.º 265/97, de 2-10, eliminou-se a norma que regulava o direito de *indemnização do locatário* em situações de decretamento de providência injustificada ou de caducidade.

Tal não significa que tenha sido eliminada essa fonte de responsabilidade para o requerente. A opção do legislador apenas revela a desnecessidade de regulação no regime específico, devendo recorrer-se ao regime geral do art. 390.º, n.º 1, do CPC, onde se prevê a responsabilidade por comportamentos do requerente fora dos quadros da "*prudência normal*".

111.5. O art. 387.º, n.º 2, consente que o juiz recuse a providência, ponderado o prejuízo que para o requerido possa advir do seu deferimento, em comparação com os benefícios do requerente (o mesmo é dizer, com os danos que o requerente pretende evitar).

Tal norma não é aplicável aos procedimentos cautelares específicos regulados no CPC, por expressa recusa constante do art. 392.º, n.º 1. Mas uma vez que o n.º 8 do art. 21.º do Dec. Lei n.º 149/95 determina a aplicação subsidiária das "*disposições gerais sobre providências cautelares*", suscita-se a questão da admissibilidade de recusa da providência com tal fundamento.

A resposta é negativa, merecendo, no entanto, justificação mais completa.

111.6. À integração do referido preceito não é indiferente a data em que entrou em vigor e o modo como então se encontrava sistematizado o CPC no que respeita aos procedimentos cautelares.

Na versão anterior do CPC estavam consignadas nos arts. 381.º a 387.º certas "*regras gerais*" que aproveitavam à generalidade das providências, incluindo as "*providências não especificadas*" previstas nos arts. 399.º a 401.º.

Neste contexto, atenta a data da publicação do Dec. Lei n.º 149/95, a remissão que então foi feita visava directamente as "*disposições gerais*" previstas nos arts. 381.º a 387.º do CPC.

Na actual sistematização optou-se por um procedimento comum cujas regras servem ainda para integrar lacunas de regulamentação dos demais procedimentos específicos. Por isso o entendimento mais correcto passa por considerar que a aplicação remissiva dever limitar-se às normas que, na actual sistematização dos procedimentos cautelares actuais, possam considerar-se sucedâneas daquelas regras gerais contidas anteriormente nos arts. 381.º a 387.º.

Uma vez que a ponderação da proporcionalidade entre as vantagens e os prejuízos derivados do decretamento de medidas cautelares apenas se encontrava prevista no anterior art. 401.º, n.º 1, o actual art. 387.º, n.º 2, não é remissivamente aplicável ao procedimento específico em causa, tal como não o é aos demais procedimentos cautelares regulados no CPC.

A providência de entrega apenas pode ser decretada quando esteja suficientemente provada a caducidade do contrato de locação financeira ou a verificação dos pressupostos da sua resolução. Nessa eventualidade, tal como ocorre com a restituição provisória da posse, os alimentos provisórios, o arbitramento de reparação provisória, o arresto ou a apreensão de veículos, a tutela dos interesses do locador financeiro sobrepõe-se a *eventuais prejuízos* que a providência possa determinar na esfera do requerido.

111.7. O n.º 7.º introduzido pelo Dec. Lei n.º 30/08 tem como precedente o art. 16.º do Dec. Lei n.º 108/06, de 8-6, que, no âmbito do *regime processual experimental*, previu a possibilidade de decidir imediatamente a causa no próprio procedimento cautelar, evitando a propositura da acção de que o procedimento é instrumental.

Também na área do contrato de locação financeira se prevê agora a possibilidade de ser antecipada a resolução definitiva do litígio, evitando a interposição da acção declarativa.[632] Todavia, tal como já sucedera com

[632] Suscitada a questão da *constitucionalidade* do preceito, o Ac. do Trib. Constitucional de 4-2-10 (D.R. II Série, de 8-3-10) considerou que dele não resultava a

o referido art. 16.º, o texto legal é susceptível de colocar algumas dificuldades na compreensão e concatenação com outros dispositivos legais.

A primeira dúvida que se suscita é se o referido juízo antecipatório apenas pode abarcar a decisão de entrega do bem locado ou se acaso pode ser estendido às pretensões que com o pedido de entrega pudessem cumular-se, *maxime* ao pedido de condenação no pagamento das prestações cuja falta originou a resolução do contrato.

Na justificação preambular do Dec. Lei n.º 30/08 refere-se que o objectivo do legislador foi o de "*evitar a existência de duas acções judiciais – uma providência cautelar* [633] *e uma acção principal – que, materialmente, têm o mesmo objecto: a entrega do bem locado*". Assim, a "*antecipação do juízo sobre a causa principal*" deve, em regra, ser limitada ao pedido de entrega do bem.

Porém, não está afastada uma diversa leitura, menos formal, que pondere as circunstâncias e atente designadamente na natureza do pedido complementar que seja efectuado.[634]

A segunda dúvida respeita ao momento em que deve ser proferida a decisão com natureza definitiva. Apesar de o preceito apontar para uma

---

violação do princípio do contraditório integrado pela alegação e prova, por ambas as partes, dos factos necessários à prolação da decisão definitiva.

[633] Mais correcto seria referir "*procedimento cautelar*".

[634] Assim aconteceu com o Ac. da Rel. de Lisboa, de 7-7-09, Rel. Tomé Gomes, *www.dgsi.pt*, onde se refere, além do mais, que "no que respeita à indemnização dos danos decorrentes da mora na restituição do bem locado, para mais alicerçada em cláusula contratual penal, não podemos dizer que esses danos extravasam do objecto da providência cautelar, tanto mais podem ainda assim ser alegados e tidos em conta na ponderação do grave receio de lesão do direito à restituição, sendo que a medida restitutória visa também prevenir a ocorrência de tais danos. Aliás, tal indemnização *à forfait* é, de algum modo, acessória e complementar da obrigação principal de restituir o veículo. Mais problemático seria enquadrar no objecto da providência cautelar restituitória a pretensão indemnizatória quanto aos demais danos imputados ao incumprimento do contrato, mas é questão que aqui se não coloca. Relativamente às despesas e encargos originados com a resolução extrajudicial ou judicial, na parte em que se reportam à providência cautelar e ao julgamento antecipado nela admissível, também não vemos que se extravasa do objecto deste processo".

Solução diversa foi adoptada no Ac. da Rel. de Lisboa, de 18-6-09, e no Ac. da Rel. de Coimbra, de 30-6-09, *www.dgsi.pt*, onde se concluiu que a antecipação da decisão sobre a causa principal feita no âmbito do procedimento cautelar deve ser limitada à confirmação da decisão cautelar já proferida, não abrangendo a apreciação de outros pedidos que também sejam consequência da resolução do contrato.

separação entre a decisão cautelar e a decisão definitiva sobre a questão da entrega do bem locado, nada obsta a que a resolução definitiva seja imediatamente declarada, designadamente quando o requerente tenha solicitado a antecipação e se mostre acautelado o contraditório.[635]

Mais difícil é compatibilizar o ónus de intentar a *acção principal*, nos casos em que não seja tomada decisão definitiva no procedimento cautelar, com o facto de o art. 389.º prever um prazo peremptório de 30 dias sob cominação da caducidade da providência e eventual responsabilização do requerente. Com efeito, não se encontra no ordenamento jurídico resposta ajustada aos casos em que o juiz, com fundamento na ausência dos necessários elementos, omite a decisão definitiva.

É de afastar uma resposta formal que faça prevalecer o disposto no art. 389.º, pois o mencionado n.º 7 fixa precisamente a regra da dispensa de instauração da acção principal, a qual apenas pode ser afastada em casos excepcionais em que não se mostrem imediatamente acessíveis os elementos necessários à resolução definitiva do caso. A introdução de tal normativo sem apresentação de uma solução alternativa a aplicar nos casos em que o juiz omita a decisão definitiva revela a existência de uma lacuna de regulamentação que deve ser preenchida, segundo as regras gerais, criando a norma que presumivelmente seria adoptada no sentido de compatibilizar os diversos interesses em presença.

Por isso nos parece que nos casos em que o juiz entenda que o procedimento não reúne os elementos necessários à antecipação decisória o prazo de 30 dias para a instauração da acção principal se contará a partir da notificação de uma tal decisão.[636]

111.8. Concedida a providência requerida e alcançada a entrega efectiva do bem locado, o locador tem legitimidade para dele dispor.

Na prática, a providência acaba por concretizar, em termos definitivos, um dos efeitos a que tende a acção principal, seja ela baseada na

[635] Obviamente que uma tal decisão nunca poderá ser tomada nos casos em que a providência seja decretada sem audiência contraditória. Em tais circunstâncias terá de existir necessariamente um segundo momento em que, depois de ouvida a parte contrária, o juiz se pronuncie, designadamente na ocasião em que aprecie a eventual oposição deduzida ao abrigo do art. 388.º.

[636] Neste sentido cfr. o Ac. da Rel. de Lisboa, de 24-9-09, Rel. Ana Luísa Geraldes, CJ, tomo IV, pág. 89, e *www.dgsi.pt*.

resolução do contrato ou na sua caducidade. Ainda que seja deduzida oposição e que, a final, a decisão acabe por ser revogada, esse resultado já não conseguirá recuperar integralmente a situação preexistente.

112. Substituição por caução:

Não cremos que possa requerer-se a substituição da medida por *caução* adequada.

Apesar de entendermos que a norma do art. 387.º, n.º 3, não é liminarmente afastada de certos procedimentos específicos regulados no CPC (*supra*, 15.1, 27.9 e 64.2),[637] a norma remissiva do n.º 7 não se dirige às regras do procedimento cautelar comum, tal como resultaram da reforma do processo civil, antes às "*regras gerais*" sobre providências cautelares, na terminologia da anterior versão do CPC, onde se não inseria a substituição por caução (*supra*, 111.6).

Pese embora a substituição por caução se encontrar então prevista no art. 401.º, n.º 3, aplicável ao arresto (art. 404.º, n.º 3) e ao arrolamento (art. 427.º, n.º 2), a recusa da sua aplicação à providência de entrega de bem locado resultou de uma opção do legislador que deve continuar a ser respeitada.

Diga-se ainda que essa solução encontra a explicação racional na especial natureza do contrato de locação financeira e nos pressupostos de que a lei faz depender a concessão da medida cautelar de entrega e de cancelamento do registo.

Destarte, não sendo a norma do art. 387.º, n.º 3, sucedânea das revogadas disposições gerais, está vedada a substituição por caução.

113. Acção principal:

A não ser que o procedimento cautelar seja aproveitado para nele ser proferida decisão definitiva, depois de ouvidas as partes, o requerente deve propor a acção de que a providência é instrumental ou promover a mesma acção que já tenha sido instaurada.

O facto de a providência se reconduzir à entrega do bem ao locador e de a este ser conferida a legitimidade para realizar actos de disposição ou de oneração, não invalida a necessidade de ser proferida decisão confirmativa do direito que cautelarmente foi reconhecido.

---

[637] Cfr. **Abrantes Geraldes**, *Temas da Reforma do Processo Civil*, vol. III, 4ª ed., págs. 253 e segs.

III

Medidas Cautelares no Âmbito da Propriedade Intelectual

(Cód. da Propriedade Industrial # Cód. dos Direitos de Autor e dos Direitos Conexos)

Art. 338.º-D do CPI # Art. 210.º-B do CDADC

Medidas (de # para) preservação da prova

1. Sempre que haja violação ou fundado receio de que outrem cause lesão grave e dificilmente reparável do [direito de propriedade industrial # direito de autor ou dos direitos conexos], pode o interessado requerer medidas provisórias urgentes e eficazes que se destinem a preservar provas da alegada violação.

2. As medidas de preservação da prova podem incluir a descrição pormenorizada, com ou sem recolha de amostras, ou a apreensão efectiva dos bens que se suspeite violarem direitos de [propriedade industrial # direitos de autor e direitos conexos] e, sempre que adequado, dos materiais e instrumentos utilizados na produção ou distribuição desses bens, assim como dos documentos a eles referentes.

Art. 338.º-E do CPI # Art. 210.º-C do CDADC

Tramitação e contraditório

1. Sempre que um eventual atraso na aplicação das medidas possa causar danos irreparáveis ao requerente, ou sempre que exista um risco sério de destruição ou ocultação de prova, as medidas previstas no artigo anterior podem ser aplicadas sem audiência prévia da parte requerida.

2. Quando as medidas de preservação de prova sejam aplicadas sem audiência prévia da parte requerida, esta é imediatamente notificada.

3. Na sequência da notificação prevista no número anterior, pode a parte requerida pedir, no prazo de 10 dias, a revisão das medidas aplicadas, produzindo prova e alegando factos não tidos em conta pelo tribunal.

4. Ouvida a parte requerida, o tribunal pode determinar a alteração, revogação ou confirmação das medidas aplicadas.

Art. 338.º-F do CPI # Art. 210.º-D do CDADC

Causas de extinção e caducidade

Às medidas de obtenção e preservação da prova são aplicáveis as causas de extinção e de caducidade previstas no art. 389.º do CPC, salvo quando elas se configurem como medidas preliminares de interposição de providências cautelares nos termos do [art. 338.º-I do CPI # art. 210.º-G do CDADC].

Art. 338.º-G do CPI # Art. 210.º-E do CDADC

Responsabilidade do requerente

1. A aplicação das medidas de preservação de prova pode ficar dependente da constituição, pelo requerente, de uma caução ou outra garantia destinada a assegurar a indemnização prevista no n.º 3.

2. Na fixação do valor da caução deve ser tida em consideração, entre outros factores relevantes, a capacidade económica do requerente.

3. Sempre que a medida de preservação da prova aplicada for considerada injustificada ou deixe de produzir efeitos por facto imputável ao requerente, bem como nos casos em que se verifique não ter havido violação [ou ser infundado o receio de que outrem cause lesão grave e dificilmente reparável de um direito de propriedade industrial # de direito de autor ou de direitos conexos], pode o

tribunal ordenar ao requerente, a pedido da parte requerida, o pagamento de uma indemnização adequada a reparar qualquer dano causado pela aplicação das medidas.

Art. 338.º-I do CPI # Art. 210.º-G do CDADC

Providências cautelares

1. Sempre que haja violação ou fundado receio de que outrem cause lesão grave e dificilmente reparável [do direito de propriedade industrial # do direito de autor ou dos direitos conexos], pode o tribunal, a pedido do requerente, decretar as providências adequadas a:

a) Inibir qualquer violação iminente; ou

b) Proibir a continuação da violação.

2. O tribunal exige que o requerente forneça os elementos de prova para demonstrar que é titular do direito [do direito de propriedade industrial # do direito de autor ou dos direitos conexos], ou que está autorizado a utilizá-lo e que se verifica ou está iminente uma violação.

3. As providências referidas no n.º 1 também podem ser decretadas contra qualquer intermediário cujos serviços estejam a ser utilizados por terceiros para violar direitos [de propriedade industrial # de autor ou dos direitos conexos, nos termos do art. 227.º do CDADC].

4. Pode o tribunal, oficiosamente ou a pedido do requerente, decretar uma sanção pecuniária compulsória com vista a assegurar a execução das providências previstas no n.º 1.

5. Ao presente artigo é aplicável o disposto nos [arts. 338.º-E a 338.º-G # arts. 210.º-C a 210.º-E].

6. A pedido da parte requerida, as providências decretadas a que se refere o n.º 1 podem ser substituídas por caução, sempre que esta, ouvido o requerente, se mostre adequada a assegurara a indemnização do titular.

7. Na determinação das providências previstas neste artigo, deve o tribunal atender à natureza [dos direitos de propriedade industrial # do direito de autor ou dos direitos conexos], salvaguardando, nomeadamente, a possibilidade de o titular continuar a explorar, sem qualquer restrição, os seus direitos.

Art. 7.º da Directiva

1. Antes de se intentar uma acção relativa ao mérito da causa, os Estados-Membros devem garantir que as autoridades judiciais competentes possam, a pedido de uma parte que tenha apresentado provas razoavelmente disponíveis para fundamentar alegações de que o seu direito de propriedade intelectual foi ou está prestes a ser violado, ordenar medidas provisórias prontas e eficazes para preservar provas relevantes da alegada violação, desde que a protecção das informações confidenciais seja salvaguardada.

Estas medidas podem incluir a descrição pormenorizada, com ou sem recolha de amostras, a apreensão efectiva dos bens litigiosos e, sempre que adequado, dos materiais e instrumentos utilizados na produção e/ou distribuição desses bens e dos documentos a eles referentes.

Essas medidas devem ser tomadas, se necessário, sem ouvir a outra parte, sobretudo sempre que um eventual atraso possa causar danos irreparáveis ao titular do direito ou quando exista um risco demonstrável de destruição da prova.

Quando as medidas de protecção da prova tenham sido adoptadas sem ouvir a outra parte, esta será avisada do facto, imediatamente após a execução das medidas.

A pedido do requerido proceder-se-á a uma revisão, que incluirá o direito de audição, a fim de decidir, num prazo razoável após a comunicação das medidas, se as mesmas devem ser alteradas, revogadas ou confirmadas.

Art. 9.º da Directiva

Medidas provisórias e cautelares

1. Os Estados-Membros devem garantir que as autoridades judiciais competentes possam, a pedido do requerente:

a) Decretar contra o infractor presumível uma medida inibitória de qualquer violação iminente de direitos de propriedade intelectual ou de proibição, a título provisório e eventualmente sujeita a quaisquer sanções pecuniárias compulsivas previstas na legislação nacional, da continuação da alegada violação dos referidos direitos, ou fazer depender essa continuação da constituição de garantias

destinadas a assegurar a indemnização do titular; pode igualmente ser decretada uma medida inibitória, nas mesmas condições, contra qualquer intermediário cujos serviços estejam a ser utilizados por um terceiro para violar direitos de propriedade intelectual; as medidas inibitórias contra intermediários cujos serviços estejam a ser violados por terceiros para violar direitos de autor ou direitos conexos são abrangidos pela Directiva 2001/29/CE;

b) Ordenar a apreensão ou entrega dos bens que se suspeite violarem direitos de propriedade intelectual, a fim de impedir a entrada em circulação nos circuitos comerciais.

2. Em caso de infracções à escala comercial, os Estados-Membros devem assegurar que, se a parte lesada provar a existência de circunstâncias susceptíveis de comprometer a cobrança de indemnizações por perdas e danos, as autoridades judiciais competentes possam ordenar a apreensão preventiva dos bens móveis e imóveis do alegado infractor, incluindo o congelamento das suas contas bancárias e outros bens. Para o efeito, as autoridades competentes podem ordenar a comunicação de documentos bancários, financeiros ou comerciais, ou o devido acesso a informações pertinentes.

3. Relativamente às medidas a que se referem os n.os 1 e 2, as autoridades judiciais devem ter competência para exigir que o requerente forneça todos os elementos de prova razoavelmente disponíveis, a fim de adquirirem, com suficiente certeza, a convicção de que o requerente é titular do direito em causa e de que este último é objecto de uma violação actual e iminente.

4. Os Estados-Membros devem garantir que as medidas provisórias referidas nos n.os 1 e 2 possam, sempre que adequado, ser adoptadas sem audição da parte contrária, em particular quando qualquer atraso possa prejudicar de forma irreparável o titular do direito. Nesse caso, as partes devem ser informadas do facto imediatamente após a execução das medidas.

A pedido do requerido, deve proceder-se a uma revisão, incluindo o direito de ser ouvido, a fim de decidir, num prazo razoável após a notificação das medidas, se estas devem ser alteradas, revogadas ou confirmadas.

5. Os Estados-Membros devem assegurar que as medidas provisórias a que se referem os n.os 1 e 2 sejam revogadas ou deixem de produzir efeitos, a pedido do requerido, se o requerente não intentar uma acção relativa ao mérito junto da autoridade judicial competente,

num prazo razoável a determinar pela autoridade judicial que ordenar essas medidas, e desde que a legislação do Estado-Membro o permita ou, na falta dessa determinação, num prazo não superior a 20 dias úteis ou a 31 dias de calendário, consoante o que for mais longo.

6. As autoridades judiciais competentes podem sujeitar as medidas provisórias a que se referem os n.os 1 e 2, à constituição, pelo requerente, de garantias ou de outras cauções equivalentes adequadas, destinadas a assegurar a eventual indemnização do prejuízo sofrido pelo requerido, tal como previsto no n.º 7.

7. Quando as medidas provisórias tenham sido revogadas ou deixem de produzir efeitos por força de qualquer acto ou omissão do requerente, bem como nos casos em que se venha a verificar posteriormente não ter havido violação ou ameaça de violação de um direito de propriedade intelectual, as autoridades judiciais deverão ter competência para ordenar ao requerente, a pedido do requerido, que pague a este último uma indemnização adequada para reparar qualquer dano causado por essas medidas.

114. Introdução

114.1. A propriedade industrial e os direitos de autor abarcam realidades diversas, em que factores intangíveis ligados ao conhecimento, à ciência, à investigação, à arte ou à cultura coexistem com a sua materialização sob a forma de patentes, marcas, modelos, produtos ou obras artísticas ou culturais.

A natureza mista de tais direitos é bem evidenciada pela expressão congregadora de "*propriedade intelectual*" a enunciar não apenas a "realidade" de tais direitos como ainda a sua vertente pessoal, em resultado da actividade intelectual de natureza científica, técnica, artística ou cultural.

A sua regulamentação é assegurada através de instrumentos jurídicos distintos: essencialmente, o Código da Propriedade Industrial (*CPI*) e o Código de Direitos de Autor e de Direitos Conexos (*CDADC*). Ainda assim, no que respeita aos mecanismos de tutela cautelar, as soluções são praticamente idênticas.

114.2. Segundo o art. 2.º, n.º 2, do CPC, a todo o direito corresponde uma acção adequada a fazê-lo reconhecer em juízo, a prevenir ou reparar a sua violação e a realizá-lo coercivamente bem como os procedimentos necessários a acautelar o efeito útil da acção.

Naturalmente os *direitos de propriedade intelectual* não dispensam tais instrumentos de natureza jurisdicional. A sua natureza específica e o facto de a violação poder ocorrer em diversos locais e sob diversas formas e ser assacada a uma multiplicidade de sujeitos reclama, mais do que noutras situações, a possibilidade de ser solicitada a intervenção dos tribunais para prevenir ou fazer cessar a situação de violação ou para reparar os prejuízos entretanto causados.

De entre os mecanismos jurisdicionais capazes de exercer uma função útil, célere e eficaz contam-se os *procedimentos cautelares*, instrumentos processuais caracterizados pela simplicidade da tramitação e dos requisitos, pela sumariedade das averiguações ou pela adopção de critérios de verosimilhança na decisão.

114.3. O recurso a providências cautelares decretadas por tribunais judiciais de competência especializada ou de competência cível não esgota os mecanismos de tutela que podem servir os mesmos interesses.

Assim, no que respeita aos direitos de propriedade industrial, decorre do CPI a tutela *penal* e *contra-ordenacional*, nos termos dos arts. 316.º e segs.

Também nos arts. 194.º e 195.º do CDADC se prevê a tutela *penal* (crimes de usurpação e de contrafacção), podendo ser determinada a apreensão das coisas relacionadas com a prática do crime (art. 201.º), a qual pode ainda ocorrer no âmbito de processos contra-ordenacionais, nos termos do Dec. Lei n.º 433/82, de 27-10, para onde remete o art. 204.º. Acresce ainda a tutela administrativa independente de qualquer outro processo, podendo traduzir-se na efectivação de diligências preventivas ou reparadoras por parte das *autoridades administrativas ou policiais*, nos termos do art. 209.º.

Acrescem ainda outras medidas que não constituem verdadeiras providências cautelares, antes instrumentos destinados a *obter provas* (arts. 338.º-C e 338.º-H do CPI e arts. 210.º-A e 210.º-F do CDADC).

114.4. Como reflexo da integração na União Europeia, houve que proceder à transposição da Directiva 2004/48/CE, de 29-4-04 (apelidada de *Directiva de Enforcement*).

O seu art. 2.º permitia que se mantivessem ou fossem aprovados internamente por cada Estado-Membro mecanismos "*mais favoráveis aos titulares de direitos*" destinados a proteger os interessados contra a violação dos direitos de propriedade intelectual. Obviamente que ao menos as medidas prescritas pela Directiva deveriam ser inscritas no ordenamento jurídico nacional, o que foi feito através da alteração tanto do CPI como do CDADC.

No que concerne ao caso português, verificou-se que os meios cautelares existentes eram insuficientes para satisfazer as imposições e objectivos da Directiva, tendo o legislador optado por proceder à regulamentação autónoma e praticamente exaustiva da matéria em cada um dos diplomas que regulam a propriedade intelectual, retirando-a do CPC que apenas supletivamente será aplicável.

115. Medidas de preservação de prova:

115.1. Tanto o CPI como CDADC admitem que sejam requeridas medidas provisórias e urgentes destinadas a preservar elementos de prova da ocorrência de violação dos direitos de propriedade intelectual (arts. 338.º-D do CPI e 210.º-B do CDADC), em resultado da transposição do art. 7.º, n.º 1, da Directiva.

115.2. Por via de transposição, introduziu-se em cada um dos diplomas um regime específico de *produção antecipada de prova* que apresenta algumas diferenças em relação à regulamentação relativa a outras matérias nos termos que constam dos arts. 520.º e 521.º do CPC, quer quanto aos seus requisitos, quer quanto à tramitação.

Segundo o regime geral constante do art. 520.º do CPC, havendo justo receio de se tornar impossível ou muito difícil o depoimento de certas pessoas ou a verificação de certos factos, admite-se que a perícia, a inspecção ou o depoimento possa realizar-se antes de a acção ser interposta ou antes de, no decurso da acção, se atingir a fase da instrução.

Trata-se de um mecanismo que, malgrado a semelhança substancial, não é qualificado como procedimento cautelar. Ao invés da generalidade dos procedimentos cautelares, o contraditório é de cumprimento obrigatório, o que pode reflectir-se na ineficácia de alguma diligências, tendo em conta o risco de ocorrerem modificações no *statu quo* que importaria fixar quer através de inspecção judicial, quer de diligência pericial.[638]

---

[638] Para casos de extrema urgência ou quando exista a necessidade de evitar o contraditório como condição de eficácia da medida entendemos que o interessado pode recorrer ao procedimento cautelar comum, como defendemos em *Temas da Reforma do Processo Civil*, vol. III, 3ª ed., anot. ao art. 381.º.

Já em relação às diligências previstas nos arts. 338.º-D do CPI e 210-B do CDADC, para além da sua qualificação formal como providências cautelares, o contraditório prévio do requerido não é obrigatório.

A lei identifica algumas medidas que podem ser requeridas: descrição pormenorizada da situação, com ou sem recolha de amostras, e apreensão efectiva de bens ou dos materiais ou instrumentos empregues na sua produção. Enunciação que não é exaustiva, nada obstando a que sejam requeridas outras diligências reportadas a factos pertinentes para a tutela dos direitos, tais como a inspecção judicial, perícia ou apreensão de documentos relativamente aos quais exista o perigo de desaparecimento, em moldes semelhantes aos que estão previstos para o arrolamento, nos termos do art. 421.º, n.º 1, do CPC.[639]

115.3. A providência específica em matéria de preservação de provas pode preceder não apenas a acção principal, como o procedimento cautelar. Neste caso, verifica-se uma dupla instrumentalidade: em relação ao procedimento e, por via deste, em relação à acção onde, com mais solenidade, se aprecie o litígio.

Tal providência pode também ser requerida como incidente do procedimento cautelar ou como incidente da acção principal. Ponto é que se verifique uma situação de *periculum in mora* conexo com as provas que interessem a qualquer desses meios processuais.

Quando a providência surgir na dependência de acção já instaurada ou a instaurar posteriormente, o requerente está onerado com a propositura ou com a promoção do andamento da acção principal, nos termos do art. 389.º do CPC.

115.4. O procedimento probatório constitui um verdadeiro *procedimento cautelar*, ainda que só mediatamente instrumental em relação ao direito subjectivo. A instrumentalidade directa verifica-se em relação aos meios de prova de que depende o apuramento de factos que interessam à acção ou ao procedimento cautelar dela dependente.

O requerente, para além de justificar o seu direito e a alegada situação de violação ou fundado receio de lesão, deve justificar o recurso à providência probatória de natureza conservatória, concretizando os factos que fazem temer pelo desaparecimento das provas que interessam à defesa da sua situação jurídica.

---

[639] O art. 7.º, n.º 1, da Directiva, alude explicitamente a documentos.

A lei não o diz expressamente, mas o requerente deve indicar no requerimento inicial os meios de prova respeitantes ao direito ou à situação de violação ou de perigo de violação,[640] bem como os elementos de que dispuser para convencer o tribunal da premência da diligência.

O requerente pode ainda explicitar os motivos por que, em seu entender, o procedimento deve correr *sem contraditório prévio* para assim conceder ao juiz a possibilidade de verificar esse aspecto aquando do despacho liminar (art. 338.º-E, n.º 1, do CPI, e art. 210.º-C, n.º 1, do CDADC).

Cumpre ao juiz decidir, de acordo com os elementos de que dispuser, se as diligências probatórias devem ser realizadas sem audiência contraditória.

Determinada a citação do requerido, este pode deduzir oposição, após o que o juiz decidirá.

Correndo o procedimento à revelia do requerido, as provas serão produzidas, e depois disso será citado o requerido.

A lei prevê expressamente que o requerido possa apresentar oposição, alegando factos e produzindo provas tendentes a infirmar o primitivo juízo, de onde poderá resultar a confirmação, alteração ou revogação da decisão, o que se repercutirá naturalmente na manutenção, total ou parcial, das provas antecipadamente produzidas.

A lei não estabelece o condicionalismo previsto no art. 387.º, n.º 2, do CPC. Em compensação, admite que o juiz condicione a execução da providência probatória à prestação de caução (arts. 338.º-G do CPI e 210.º-E do CDADC), a qual servirá para garantia do eventual direito de indemnização que seja reconhecido se acaso a providência vier a ser considerada injustificada ou se caducar, ou se a final se constatar que não existia o direito ao abrigo da qual foi deferida.

A apreciação da responsabilidade civil inerente à providência probatória deverá ser feita em processo autónomo.

116. Providências cautelares

116.1. No âmbito de uma revisão mais profunda da tutela dos direitos de propriedade intelectual, em cada um dos Códigos foi intro-

[640] O art. 7.º, n.º 1, da Directiva, basta-se com a apresentação das "*provas razoavelmente disponíveis*".

duzido um preceito (o art. 338.º-I do CPI e o art. 210.º-G do CDADC) com redacção praticamente idêntica.[641]

O art. 338.º-I foi acompanhada da introdução do art. 338.º-P do CPI, com a seguinte redacção:

"*Em tudo o que não estiver especialmente regulado na presente Secção, são subsidiariamente aplicáveis outras medidas e procedimentos previstos na lei, nomeadamente no CPC*".

Por seu lado, no CDACD foi introduzido o art. 211.º-B segundo o qual:

"*1. Em tudo o que não estiver especialmente regulado no presente capítulo, são subsidiariamente aplicáveis outras medidas e procedimentos previstos na lei, nomeadamente no CPC.*

2. O disposto no presente título não prejudica a possibilidade de recurso, por parte do titular de um direito de autor ou direito conexo, aos procedimentos e acções previstos no CPC".

116.2. Uma leitura menos atenta daqueles preceitos pode levar a concluir que o legislador praticamente condensou neles o conteúdo material que, em relação às providências cautelares não especificadas, se extrai dos arts. 381.º, n.º 1, e 387.º, n.º 1, do CPC. Já uma análise mais detalhada, que atente na evolução histórica e no contexto em que surgiram tais normas, deixa claras as diferenças de regime.

O art. 339.º do CPI de 2003, com epígrafe, "*providências cautelares não especificadas*", tinha a seguinte redacção:

"*Nos casos em que se verifique qualquer dos ilícitos previstos neste Código e sempre que a finalidade não seja, exclusivamente, a apreensão prevista no artigo seguinte, podem ser decretadas providências cautelares, nos termos em que o CPC o estabelece para o procedimento cautelar comum*".[642]

---

[641] Como refere **Dário Moura Vicente**, *A Tutela Internacional da Propriedade Intelectual*, pág. 402, o recurso a providências cautelares constitui um dos importantes meios de tutela dos *direitos de autor e de propriedade industrial*, tendo em vista fazer valer o princípio da exclusão e impedir a utilização ilegítima.

[642] Já o CPI de 1995 prescrevia no seu art. 45.º que:

"Em qualquer acção de direito de propriedade industrial podem ser decretadas providências cautelares.

Ao regime dessas providências aplica-se o disposto para o processo civil, mas haverá em qualquer caso audição da parte contrária, salvo quando, excepcionalmente, esta puser em risco o resultado da própria providência".

Sem embargo da apreensão de bens ou de instrumentos, nos termos do art. 340.º do CPI, considerou-se desnecessária a previsão de providências cautelares especificamente dirigidas à tutela dos direitos de propriedade industrial, limitando-se o legislador a remeter para os meios comuns.

Por seu lado, o art. 209.º do CDADC, na versão da Lei n.º 45/85, de 17-9, com a epígrafe "*providências cautelares*", tinha a seguinte redacção:

"*Sem prejuízo das providências cautelares previstas na lei de processo, pode o autor requerer das autoridades policiais e administrativas do lugar onde se verifique a violação do seu direito a imediata suspensão de representação, recitação, execução ou qualquer outra forma de exibição de obra protegida que se estejam realizando sem a devida autorização e, cumulativamente, requerer a apreensão da totalidade das receitas*".

Optou-se igualmente pelo envio dos interessados para os meios comuns, remissão que de início se considerava reportada ao procedimento cautelar não especificado regulado no art. 399.º do CPC, na redacção de 1961, e que, com a reforma do CPC de 1996, passou a ter como referência os arts. 381.º e segs.

116.3. Até à entrada em vigor do novo regime, a tutela cautelar dos direitos de propriedade intelectual era feita essencialmente através de providências cautelares não especificadas, nos termos dos arts. 381.º, n.º 1, e 387.º, n.º 1, do CPC. Assim, não se estabelecia qualquer distinção entre as situações em que a lesão ainda não ocorrera (lesão iminente) e aquelas em que a lesão, já efectivada, prosseguia de forma repetida ou continuada. Em qualquer dos casos a lei não dispensava a prova sumária da ocorrência de uma actuação susceptível de causar "*lesão grave e dificilmente reparável*" no direito do requerente.

Efectivamente, através do procedimento cautelar comum regulado nos arts. 381.º e segs. do CPC a lei não tutela situações de efectiva e consumada violação, a não ser na medida em que seja de prever que a mesma prosseguirá de forma continuada ou repetida,[643] sendo exigência comum a todas as providências não especificadas a susceptibilidade de causar lesão grave e dificilmente reparável.

---

[643] Sobre o assunto cfr. **Abrantes Geraldes**, *Temas da Reforma do Processo Civil*, vol. III (*Procedimento Cautelar Comum*), 4ª ed., págs. 104 e segs.

Outra é a solução que resulta dos referidos arts. 338.º-I do CPI e 210.º-G do CDADC, ficando claro que o legislador tutelou situações caracterizadas pelo fundado receio de que outrem cause lesão grave e dificilmente reparável nos direitos de propriedade intelectual (*violações iminentes*), a par das situações em que, prosseguindo a situação de violação, se prescinde da sua gravidade ou das dificuldades de reparação.

116.4. Esta foi a conclusão formulada no Ac. da Rel. de Lisboa, de 10-2-09, de que fui relator), com o seguinte sumário e cujo texto constitui o *Anexo n.º 15*:[644]

1. As providências cautelares previstas no art. 210.º-G do CDADC, introduzido pela Lei n.º 16/08, de 1-4, em transposição da Directiva 2004/48/CE, visam duas situações diferenciadas:

a) Violação de direitos de autor ou de direitos conexos;

b) Fundado receio de ocorrência de lesão grave e dificilmente reparável desses direitos.

2. Na primeira situação, ou seja, em situações de lesão já concretizada, o decretamento das medidas cautelares não depende da apreciação da sua gravidade ou das dificuldades da sua reparação.

No caso, estava em curso a violação de direitos de autor, solicitando o requerente a adopção de providências cautelares de natureza inibitória, requerimento que foi liminarmente indeferido com fundamento na falta de alegação de factos reveladores da gravidade da lesão e da sua difícil reparabilidade, no pressuposto de que a referida providência estava sujeita aos mesmos requisitos do art. 381.º, n.º 1, do CPC. A decisão recorrida foi revogada, tendo sido determinado o prosseguimento dos autos.[645]

No âmbito do *elemento racional* ou *teleológico* cumpre ponderar que a alteração normativa foi decorrência de uma Directiva Europeia que visou alcançar uma maior protecção dos direitos de propriedade intelectual, objectivo que encontra mais justificação em situações de violação já

[644] Também acessível através de *www.dgsi.pt* e na CJ, tomo I, pág. 112.

[645] O resultado que foi obtido no confronto com o art. 210.º-G do CDADC seria igualmente alcançado se acaso estivesse em causa a tutela cautelar de direito de propriedade industrial submetida ao disposto no art. 338.º-I do CPI.

Neste sentido cfr. também **Maria José Costeira** e **Maria Teresa Freitas**, *A tutela cautelar das patentes de medicamentos: aspectos práticos*, na Rev. *Julgar*, n.º 8, ed. ASJP, pág. 125.

consumada de direitos. Em diversos considerandos da Directiva se alude à necessidade de *defender o mercado interno* e a *competitividade*, para o que se revelariam necessárias medidas de *cessação imediata de violações de direitos de propriedade intelectual*.[646]

Ora, se tal protecção se justifica para prevenir situações em que o *periculum in mora* se reporta a lesões futuras, ainda não concretizadas, mais justificação encontra quando se constatem situações de efectiva violação de direitos de propriedade intelectual.

116.5. Ponderando o elemento *sistemático*, verificamos que os direitos de propriedade intelectual, também apelidados direitos de exclusivo,[647] são direitos absolutos, oponíveis "*erga omnes*", à semelhança do que ocorre com os direitos reais em geral, *maxime* com os direitos reais de gozo. A sua tutela não se satisfaz apenas com a mera prevenção de violações futuras, como bem o demonstram as providências específicas de restituição provisória da posse (mecanismo que indirectamente

---

[646] Refere **Adelaide Menezes Leitão**, *A tutela dos direitos de propriedade intelectual na Directiva n.º 2004/48/CE*, em *Estudos em Homenagem ao Prof. Doutor Marcello Caetano*, vol. I (e também na colectânea *Direito da Sociedade de Informação*, vol. VII, págs. 173 e segs.), que "sem um nível de protecção equivalente em todo o território não se alcança o ambiente favorável a uma livre circulação no mercado interno e a uma sã concorrência" (pág. 29).

Segundo **Couto Gonçalves**, no trabalho intitulado *A protecção nacional da propriedade industrial (à luz da evolução recente)*, na revista *Scientia Iuridica*, n.º 316, pág. 692, a referida Directiva "vem na linha da orientação vertida na Parte III do ADPIC/TRIPS (arts. 41.º a 61.º) que consagra um regime de aplicação efectiva dos direitos de propriedade intelectual dirigido à legislação dos Estados-membros, de modo a permitir uma efectiva acção eficaz contra qualquer infracção dos direitos de propriedade intelectual previstos no Acordo, incluindo medidas correctivas dissuasoras de novas infracções".

Neste mesmo sentido, **Oehen Mendes** já defendia, em 2005, no âmbito de uma conferência sobre direitos de propriedade industrial sob o tema "*Providências cautelares em matéria de patentes*", que "é indispensável e urgente uma intervenção legislativa que adapte o regime geral das providências cautelares à natureza, necessidades e exigências específicas dos direitos de propriedade intelectual em geral ... por forma a garantir-lhes um grau de protecção elevado e efectivo. Esta adequação deverá ter em conta as especificidades de cada direito privativo". Quanto ao pressuposto geral das providências cautelares ligado à gravidade da lesão defendia que "a violação de direitos privativos não depende da verificação de um qualquer dano ou prejuízo" (*www.american.embassy.pt*).

[647] **Oliveira Ascensão**, em "*Direitos Intelectuais: Propriedade ou Exclusivo?*", na *Revista Themis*, n.º 15, págs. 138.

também serve para tutelar os direitos reais) ou de embargo de obra nova (arts. 393.º e 412.º do CPC), aplicáveis a situações em que a violação do direito já tenha ocorrido, sem necessidade de se alegar e provar a gravidade da situação lesiva ou a sua difícil reparabilidade.

O paralelismo que pode ser feito em relação aos direitos de autor ou de propriedade industrial torna compreensível que o legislador, em relação a situações de lesão já concretizada, tenha prescindido da gravidade da lesão ou da dificuldade da sua reparação.

116.6. Importa ainda ponderar um elemento adicional ligado ao relevo que deve ser atribuído ao Direito Comunitário, uma vez que a actuação do legislador nacional deve conformar-se com os objectivos genericamente assumidos em tais instrumentos legais e que, em situações de dúvida, as normas nacionais devem ser *interpretadas de acordo com as Directivas* que lhes subjazem ou com os demais instrumentos de direito da União Europeia.[648]

A referida *Directiva* inscreveu-se num objectivo, de âmbito territorial mais alargado, de tutela efectiva de direitos de propriedade intelectual, para o que se mostra relevante a eliminação de diferenças em aspectos substanciais emergentes dos instrumentos normativos de âmbito nacional. Procurando-se, na medida do possível, a maior uniformização, dificilmente se compreenderia que em matérias transversais como os direitos de propriedade intelectual fossem diversos os regimes de protecção.

Aliás, não se encontra no art. 9.º da Directiva ou em qualquer outro preceito ou considerando a necessidade de fazer depender a tutela cautelar, em situações de violação de direitos, da gravidade da lesão ou da sua natureza irreparável ou dificilmente reparável. Tendo sido imposta ao legislador nacional a previsão de medidas inibitórias de carácter provisório, como o são as providências cautelares, visando a "*proibição ... da alegada violação ... actual ou iminente*" de direitos de propriedade intelectual (art. 9.º, n.º 1, al. a)), o seu decretamento basta-se com a *prova sumária* de que o requerente é titular do direito e que este é objecto de *violação actual* ou *iminente* (n.º 3).[649]

---

[648] Sobre a matéria cfr., entre outros, **Caramelo Gomes**, *O Juiz Nacional e o Direito Comunitário* e **Paula Quintas**, *A problemática do Efeito Directo das Directivas Comunitárias.*

[649] É verdade que, mesmo em relação a estas situações de *lesão iminente*, tal requisito não se encontra expresso no art. 9.º da Directiva cuja transposição o legislador

É, pois, também à luz deste preceito que devem ser interpretados os arts. 210.º-G, n.º 1, do CDACD e 308.º-I do CPI, o que, por acréscimo, permite confirmar que, em situações de violação já efectiva, a lei torna a tutela cautelar independente da qualificação da situação de *periculum in mora*.

116.7. O direito comparado confirma o acerto desta solução.

Semelhante solução foi aplicada em Espanha, nos termos do art. 141.º da Ley n.º 19/06, de 5-6, sob a epígrafe "*medidas cautelares*", segundo o qual as medidas cautelares de protecção poderão ser adoptadas "*en caso de infracción o quando exista temor racional y fundado de que esta va a producirse de modo imminente ...*".

A mesma solução foi adoptada em Itália, uma vez que o Decreto Legislativo n.º 140, de 16-3-06, procedeu à alteração do art. 156.º da Lei n.º 633 de 1941, que passou a ter a seguinte redacção:

"*Chi ha ragione di temere la violazione di un diritto di utilizzazione economica a lui spettante in virtù di questa legge oppure intende impedir la continuazione o la ripetizione di una violazione già avvenuta sai da parte dell'autore della violazione che di un intermediário i cui servizi sono utilizzati per tale violaziuone puo agire in giudizio per ottenere che il suo diritto sai accertato e sai vietato il proseguimento della violazione*".

Foi também introduzida na nova redacção do art. 131.º do Decreto Legislativo n.º 30, de 10-2-05, que regula a propriedade industrial.

Também assim no Luxemburgo, onde, nos termos do art. 27.º, n.º 2, da Lei de 22-5-09, as medidas provisórias e conservatórias que podem ser adoptadas em relação a violações iminentes ou já verificadas dependem dos seguintes factores:

"*a) Si l'existence du droit de proprieté intellectuelle, dont la protection est invoquée, est, selon toutes les apparences, valablement établie;*

nacional teve de executar. Ainda assim, a opção do legislador nacional por estabelecer uma diferenciação de regimes encontra justificação racional na gravidade relativa das situações. E encontra-se ainda legitimada pelo facto de a Directiva transposta apelar no seu art. 3.º à previsão de procedimentos que sejam "*justos e equitativos*" mas que sejam também "*eficazes e proporcionados*".

Aliás, o § 22.º do Preâmbulo da Directiva, que funciona como elemento interpretativo, refere-se prioritariamente às situações mais graves em que se mostre necessário cessar de imediato a violação, concretizando, ainda assim, que as medidas se justificam "*designadamente, sempre que esteja devidamente estabelecido que qualquer atraso pode implicar um prejuízo irreparável ao titular do direito*", atribuindo a cada Estado-Membro alguma liberdade na concretização das medidas cautelares.

b) Si l'atteinte ou la menace d'atteinte au droit de propriété intellectuelle en cause ne peut être raisonablement contestée;

c) Dans le cas d'une saisie, si, après avoir fait une pondération des interest en présence, d'ont l'intérêt géneral, les faits, et, le cas échéant, les pièces sur lesquelles de demandeur se fonde sont de nature à justifier raisonnablement la saisie tendant à la protectioin du droit de propriété intellectuelle invoqué".

O mesmo ocorre em França, onde, com a transposição da Directiva feita pelo Decreto n.º 2008-624, de 27-6-08, que alterou o Código da Propriedade Intelectual, o seu art. 521-6 passou a determinar o seguinte:

"Toute personne ayant qualité pour agir en contrefaçon peut saisir en référé la juridiction civile compétente afin de voir ordonner, au besoin sous astreinte, à l'encontre du prétendu contrefacteur ou des intermédiaires dont il utilise les services, toute mesure destinée à prévenir une atteinte imminente aux droits conférés par le titre ou à empêcher la poursuite d'actes argués de contrefaçon.

La juridiction civile compétente peut également ordonner toutes mesures urgentes sur requête lorsque les circonstances exigent que ces mèsures ne soient pas prises contradictoirement, notamment lorsque tout retard serait de nature à causer un préjudice irréparable au demandeur.

Saisie en référé ou sur requête, la juridiction ne peut ordonner les mesures demandées que si les éléments de preuve, raisonnablement accessibles au demandeur, rendent vraisemblable qu'il est porté atteinte à ses droits ou qu'une telle atteinte est imminente".

116.8. A jurisprudência das Relações também vai no mesmo sentido da dispensa da especial gravidade das lesões ou da sua irreparabilidade ou difícil reparabilidade.

A par do já mencionado Ac. da Rel. de Lisboa, de 10-2-09, relatado pelo signatário, foram publicitadas outros acórdãos no mesmo sentido.

Assim acontece com o Ac. da Rel. de Coimbra, de 9-12-08 (*www.dgsi.pt*), em cujo sumário se diz que "o art. 210.º-G do CDADC tanto permite ao titular de direitos de autor pedir o decretamento de uma providência cautelar com fundamento na violação do seu direito, como com fundamento no fundado receio de que outrem cause lesão grave e dificilmente reparável a esse direito". Incidiu sobre um caso em que estavam em causa programas informáticos, tendo-se concluído que, "pelo menos em relação a algumas das providências requeridas – a apreensão dos programas ilegitimamente reproduzidos que estivessem no estabelecimento da requerida e injunção à requerida para se abster de reproduzir, sem autorização, o software da requerente e de o comercializar – não era essencial à sua procedência a alegação de factos relativos ao receio de lesão grave e dificilmente reparável dos direitos da requerente sobre os programas de computador".

A mesma solução foi adoptada nos Acs. da Rel. de Coimbra, de 10-3-09, CJ, tomo II, pág. 9, de 9-12-08 e de 17-11-09 (*www.dgsi.pt*), e nos Acs. da Rel. de Évora, de 29-9-09, *www.dgsi.pt*, de 7-10-09, CJ, tomo IV, pág. 247, e de 28-10-09, CJ, tomo IV, pág. 253.

Em conclusão, o deferimento das providências cautelares ao abrigo do art. 338.º-C do CPI e do art. 210.º-G do CDADC, quando incidam sobre situações em que *persista a violação* de direitos de propriedade intelectual, prescinde do requisito da gravidade da lesão ou da sua irreparabilidade ou difícil reparabilidade.

116.9. A especificidade das matérias, a autonomização da regulamentação da tutela cautelar e, além disso, a diferenciação de regimes em relação ao que decorre da tutela cautelar comum permite afirmar que tanto o art. 338.º-I do CPI como o art. 210.º-G do CDADC regulam um *procedimento cautelar específico* paralelo aos demais procedimentos específicos do CPC ou previstos em legislação avulsa (*v.g.* a apreensão de veículo automóvel e a apreensão de bem locado financeiramente).

Esta qualificação revela-se importante já que o recurso à regulamentação geral apenas se justificará quando se verificar a falta de regulamentação própria e, além disso, desde que a aplicação subsidiária não seja afastada, como o determina o art. 392.º, n.º 1, em relação à norma do art. 387.º, n.º 2 do CPC.

117. Pressupostos:

117.1. Quanto à *competência internacional*, tanto o art. 383.º, n.º 5, do CPC, como o art. 31.º do Regulamento CE n.º 44/2001, admitem que os procedimentos cautelares possam ser requeridos perante autoridades de um Estado,[650] apesar de a acção ser interposta no outro, o que se pode verificar em matéria de propriedade industrial[651] ou de direitos de autor.

---

[650] Sobre esta questão cfr. **Abrantes Geraldes**, *Temas da Reforma do Processo Civil*, vol. III, 4ª ed., anot. aos arts. 383.º e 386.º do CPC.

[651] Cfr., no entanto, a competência exclusiva consignada no art. 65.º-A al. f) do CPC, e no art. 22.º do Regulamento n.º 44/2001 em matéria de validade de inscrições em

No que concerne às demais modalidades de *competência* não existem regras específicas, a não ser as que servem para delimitar a competência material dos tribunais de comércio (para as providências requeridas no âmbito do CPI) ou dos tribunais cíveis, com competência que é residual.

117.2. Quanto à *legitimidade* e à *capacidade judiciária* activa importa ter em atenção o que se dispõe nos arts. 72.º a 74.º do CDADC, podendo o interessado agir por si ou através de representante ou mesmo através de associações ou organismos de gestão de direitos de autor, nos termos aí regulados.

A atribuição de *legitimidade extraordinária* activa a tais associações ou organismos já não é ajustado à tutela de direitos de propriedade industrial, de modo que o art. 338.º-B define a legitimidade em moldes semelhantes aos que decorrem do art. 26.º do CPC, através do *interesse directo* encontrado a partir da titularidade do direito ou de uma licença. Consequentemente, em lugar da referência de âmbito mais lato a "*requerente*" constante do art. 210.º-G, n.º 1, do CDADC, no art. 338.º-I, n.º 1, do CPI, ganha relevo a expressão "*interessado*".

No lado passivo estará aquele ou aqueles a quem são imputados os actos de violação já verificada ou iminente. Mas poderão ser ainda demandados os *intermediários* cujos serviços estejam a ser utilizados por terceiros, nos termos do art. 338.º-I, n.º 3, do CPI, e dos arts. 210.º-G, n.º 3, e 227.º do CDADC.

118. Princípios:

118.1. Como a generalidade dos procedimentos cautelares, estes pautam-se por diversos *princípios gerais* alguns dos quais podem ser colhidos directamente da Directiva que foi transposta para o CPI ou para o CDADC.

Nos termos do art. 3.º da Directiva, as medidas e procedimentos devem assegurar o respeito pelos direitos de propriedade intelectual, devendo ser "*justos, equitativos, não devendo ser desnecessariamente complexos ou onerosos e comportar prazos que não sejam razoáveis ou implicar atrasos injustificados*".

registos públicos ou de inscrição ou validade de patentes, marcas, desenhos e modelos e outros direitos análogos sujeitos a depósito ou a registo.

Além disso, "*devem ser eficazes, proporcionados e dissuasivos e aplicados de forma a evitar que se criem obstáculos ao comércio livre e a prever salvaguardas contra abusos*".

118.2. Relevam ainda os seguintes princípios gerais:

a) *Celeridade*: para além da natureza intrínseca dos procedimentos cautelares em geral e dos objectivos que prosseguem, a *celeridade* decorre tanto da aplicação do art. 382.º do CPC, no que concerne ao regime de prazos e de contagem dos prazos, como de regras específicas de que emerge a possibilidade de ser dispensado o contraditório, nos termos do art. 338.º-E do CPI e art. 210.º-C do CDADC.[652]

b) *Simplicidade*: advém essencialmente do facto de o procedimento apenas comportar dois articulados, de ser restrito o número de testemunhas que podem ser inquiridas ou de existirem naturais limitações à admissibilidade de incidentes de intervenção de terceiros (art. 384.º do CPC).

A proibição de procedimentos desnecessariamente complexos consta expressamente do art. 3.º, n.º 1, da Directiva.

c) *Sumariedade*: como a generalidade dos procedimentos cautelares, a apreciação das medidas basta-se com a formação de um *juízo de verosimilhança*, nos termos do art. 387.º, n.º 1, do CPC, que interfere tanto na verificação da titularidade do direito, como da situação de violação ou de perigo de violação.[653]

Quanto à titularidade de direitos de propriedade industrial, importa, no entanto, evidenciar que, nos termos do art. 7.º do CPI, a prova dos direitos faz-se por meio de títulos. Já em relação aos direitos de autor, uma vez que o registo não é, em regra, constitutivo, podem relevar as presunções referidas no art. 27.º, n.º 2, do CDACD.

d) *Instrumentalidade e dependência*: as medidas cautelares solicitadas e pedidas estão naturalmente condicionadas pelo direito em causa e pelo *objecto da acção* de que está dependente, já interposta ou a interpor (art. 383.º do CPC).[654]

---

[652] Sobre esta questão cfr. **Abrantes Geraldes**, *Temas da Reforma do Processo Civil*, vol. III, 4ª ed., anot. ao art. 382.º do CPC.

[653] Sobre esta questão cfr. **Abrantes Geraldes**, *Temas da Reforma do Processo Civil*, vol. III, 4ª ed., anot. ao art. 387.º do CPC.

[654] Sobre esta questão cfr. **Abrantes Geraldes**, *Temas da Reforma do Processo Civil*, vol. III, 4ª ed., em anot. ao art. 383.º do CPC.

e) *Falta de autonomia*: como a generalidade das medidas cautelares, também o efeito das que forem determinadas está dependente da acção principal, designadamente do resultado que nesta vier a ser declarado, nos termos do art. 389.º do CPC.[655]

f) *Proporcionalidade*: tanto o art. 338.º-I, n.º 7, do CPI, como o art. 210.º-G, n.º 7, do CDADC, apontam para a tutela preferencial dos direitos de propriedade intelectual, na medida em que se privilegia a exploração, sem restrição, de tais direitos pelo respectivo titular.

Assim se compreende que não seja aplicável aos procedimentos cautelares em matéria de propriedade intelectual o disposto no art. 387.º, n.º 2, do CPC,[656] segundo o qual a providência deve ser rejeitada quando os seus efeitos na esfera do requerido se revelarem manifestamente mais gravosos do que os benefícios que o requerente pretende alcançar.

Ainda assim, o *princípio da proporcionalidade* está consagrado no art. 3.º, n.º 2, da Directiva, onde se prevê que os procedimentos devem ser "*eficazes, proporcionados e dissuasivos*", o que deve ser ponderado aquando da escolha da providência cautelar que se revelar ajustada a superar a situação de violação ou de perigo de violação de direitos de propriedade intelectual.

119. Tramitação:

119.1. O requerimento inicial obedece aos *requisitos formais* que decorrem dos arts. 384.º, 303.º e 467.º do CPC.

Sem embargo dos aspectos de ordem meramente formal, mostra-se relevante a integração da *causa de pedir* integrada pelos factos reveladores:

a) Do direito invocado;

b) Da situação de *periculum in mora*, subdividida, como já anteriormente se disse, em duas situações:

i) Violação efectiva do direito e perigo de continuação ou de repetição da violação;

ii) Violação iminente do direito susceptível de causar lesão grave e dificilmente reparável.

---

[655] Sobre esta questão cfr. **Abrantes Geraldes**, *Temas da Reforma do Processo Civil*, vol. III, 4ª ed., em anot. ao art. 389.º do CPC.

[656] Sobre esta questão cfr. **Abrantes Geraldes**, *Temas da Reforma do Processo Civil*, vol. III, 4ª ed., em anot. ao art. 387.º do CPC.

Em relação a qualquer dos requisitos e tendo em conta as concretas circunstâncias, devem ser *concretizados* os factos juridicamente relevantes e suficientemente reveladores da realidade que sustenta a pretensão e que permitam ao tribunal afirmar a verificação dos pressupostos normativos.

Essa tarefa mostrar-se-á mais fácil quanto à *alegação do direito*, tendo em conta a conexão que frequentemente será ou deverá ser feita com a respectiva documentação que em simultâneo seja apresentada.[657] Outrossim no que respeita à alegação das situações de *violação efectiva*.

Será mais difícil no que concerne às situações de *lesão iminente* em que se mostra necessária a alegação de factos reveladores da gravidade da lesão ou da sua irreparabilidade ou das dificuldades de a obter.

119.2. Ao requerente cumpre *formular a providência* ou providências que considera adequadas à concreta situação de violação actual ou iminente.

Ainda que o juiz não esteja vinculado ao pedido formulado, devendo ajustar a decisão à situação carecida de tutela (art. 392.º, n.º 3, do CPC), o requerente não pode limitar-se a formular um pedido genérico, devendo assumir, em termos expressos e inequívocos, que efeitos práticos pretende que sejam declarados pelo tribunal.

A natureza e o âmbito das *providências* serão variáveis em função da situação. Terão sempre *carácter inibitório* da violação que esteja iminente ou da continuação da situação de violação que já se tenha verificado.

De todo o modo, não se esgotam aí as possibilidades, já que tanto por via do art. 2.º da Directiva, como através da remissão que o art. 338.º-P do CPI ou o art. 211.º-B do CDADC estabelecem para o processo civil comum, são admissíveis providências de outro género, de natureza preventiva, conservatória ou antecipatória, desde que se mostrem adequadas a tutelar os direitos em causa.

---

[657] Ainda assim, no caso que foi apreciado pelo Ac. da Rel. de Évora, de 28-10-09, CJ, tomo IV, pág. 253, apesar de não ter havido oposição, o tribunal de primeira instância concluiu pela insuficiência da alegação feita pela requerente (uma Associação para Gestão e Distribuição de Direitos de Autor) de que representava produtores fonográficos nacionais e estrangeiros, estes em resultado de acordos celebrados com congéneres estrangeiras. A Relação de Évora concluiu, ao invés, que a admissão de tal alegação bastava para sustentar, em termos de probabilidade, o direito relativamente ao qual se pretendia uma providência cautelar inibitória.

Ponto é que se possa verificar uma *relação de instrumentalidade* quanto ao objecto da acção principal, *maxime* quanto ao pedido que aí seja formulado.

119.3. Com o requerimento inicial o requerente pode pedir a condenação do requerido em *sanção pecuniária compulsória* com vista a tornar efectiva a providência decretada (art. 338.º-I, n.º 4, do CPI, e art. 210.º-G, n.º 4, do CDADC).

A solução especificamente prevista quanto a este mecanismo sancionatório é substancialmente diversa da que decorre do art. 384.º, n.º 2, do CPC, já que a remissão que aqui é feita para a norma do Código Civil implica que a mesma depende da iniciativa do requerente a integrar necessariamente no requerimento inicial,[658] ao passo que em relação a direitos de propriedade intelectual admite-se que seja aplicada *oficiosamente* pelo tribunal.

119.4. Com o requerimento inicial devem ser apresentados os *elementos de prova* se acaso os mesmos não foram já produzidos no âmbito do procedimento prévio de carácter probatório (art. 338.º-D do CPI e art. 210.º-B do CDADC).

Quanto aos direitos de *propriedade industrial*, nos termos do art. 7.º do CPI, a prova faz-se "*por meio de títulos, correspondentes às suas diversas modalidades*", devendo o requerente demonstrar o seu direito ou autorização de utilização, a par da prova da violação desse direito ou da iminência de violação (art. 338.º-I, n.º 2).

Quanto à prova dos *direitos de autor*, importam especialmente os arts. 11.º e segs. do CDADC, merecendo especial destaque a *presunção* do art. 27.º, n.º 2, em benefício daquele cujo nome figure na obra, sem embargo das situações excepcionais em que o registo tenha natureza constitutiva (art. 214.º).

Uma vez que a procedência da pretensão não pressupõe apenas a prova do direito, mas ainda da situação de *violação* ou de *perigo de violação* do mesmo, pode revelar-se necessária a apresentação de outros meios probatórios, tais como documentos e testemunhas, ou a realização de perícias, a partir dos quais o tribunal possa formar um juízo de verosimilhança sobre os requisitos.

---

[658] Sobre esta questão cfr. **Abrantes Geraldes**, *Temas da Reforma do Processo Civil*, vol. III, 4ª ed., em anot., ao art. 384.º do CPC.

Se no que concerne à prova testemunhal ou pericial deve ser logo indicada ou requerida no requerimento inicial, quanto à prova documental prevalecem os arts. 523.º e 524.º do CPC.

119.5. O indeferimento liminar, nos termos do art. 234.º-A do CPC, deve ser reservado para requerimentos iniciais afectados por excepções dilatórias insupríveis (*v.g.* ineptidão, ilegitimidade singular activa ou passiva, incompetência absoluta) ou cuja apreciação permita antever a manifesta improcedência da pretensão, como se decidiu no Ac. da Rel. de Lisboa, de 10-2-09 já referido.[659]

119.6. Cumpre ao juiz decidir se o procedimento corre ou não com *contraditório* prévio.

Deverá ser omitida a citação do requerido se acaso se verificar que a demora decorrente dessa audição for susceptível de causar danos irreparáveis (arts. 210.º-G, n.º 5, e 210.º-C, n.º 1, do CDADC, e arts. 338.º-I, n.º 5, e 338.º-E, n.º 1, do CPI).

Nesta eventualidade, o juiz decide com base nos meios de prova que lhe sejam apresentados pelo requerente e naqueles que oficiosamente determinar, se tal se revelar necessário para conferir maior segurança à decisão.

119.7. A legislação específica nada refere sobre a oposição do requerido antes de ser proferida a decisão, seguindo-se as regras gerais que resultam da conjugação entre o art. 385.º e os arts. 303.º e 304.º do CPC.

É legítimo ao requerido invocar na oposição prévia todos os *meios de defesa*, quer a título de excepção, quer de impugnação dos factos, devendo apresentar os meios de prova com as mesmas limitações aplicáveis ao requerente.

A *falta de oposição* determina a admissão dos factos alegados pelo requerente, o que reclama a intervenção das regras prescritas para as situações de revelia no processo comum.

119.8. Se houver necessidade de produção de prova oral, quer pela actuação nas partes nos autos, quer pela natureza dos meios de prova apresentados, segue-se a *audiência final* nos termos do art. 386.º do CPC.

---

[659] A solução adoptada foi a seguida noutros arestos que relatei no âmbito de recursos interpostos de despachos de indeferimento liminar (Acs. da Rel. de Lisboa, de 19-5-08, de 21-1-08 e de 7-12-07, *www.dgsi.pt*).

Realizar-se-ão as diligências de prova que forem ajustadas à concreta situação, dentro das limitações inerentes aos procedimentos cautelares que devem caracterizar-se pela celeridade, sumariedade e eficácia.

No final da audiência o juiz consignará os factos que considera ou não provados, proferindo a decisão de direito no sentido de deferir ou indeferir a pretensão do requerido ou ajustar as medidas cautelares à concreta situação.

Segundo o art. 338.º-I, n.º 2, do CPI, e o art. 210.º-G, n.º 2, do CDADC:

"O tribunal exige que o requerente forneça elementos de prova para demonstrar que é titular do direito ... ou que está autorizado a utilizá-lo, e que se verifica ou está iminente uma violação".

Embora a redacção dos preceitos não seja idêntica à do art. 387.º do CPC traduz uma solução semelhante. O tribunal deve pautar-se pelos critérios de mera *verosimilhança* para que aponta também o art. 9.º, n.º 3, da Directiva, quando alude à apresentação de "*elementos de prova razoavelmente disponíveis, a fim de adquirir, com suficiente certeza, a convicção de que o requerente é titular do direito em causa e de que este último é objecto de uma violação actual ou iminente*".

Tal critério abarca expressamente o apuramento do direito e da lesão actual ou iminente, mas deve estender-se igualmente, quando tal seja necessário, à verificação da gravidade ou da irreparabilidade da lesão.

119.9. Consoante as circunstâncias devem ser requeridas e adoptadas as *providências inibitórias* de violação iminente ou a proibição da continuação da violação já efectiva.

É aplicável o disposto no art. 392.º, n.º 3, do CPC, nos termos do qual o tribunal não está necessariamente condicionado pelas providências concretamente requeridas, devendo optar pelas que considerar mais *adequadas* a assegurar a efectividade do direito, nos termos do art. 381.º, n.º 1, do CPC, dentro do princípio da proporcionalidade que vigora em sede de tutela cautelar.[660]

[660] Assim foi feito no Ac. da Rel. de Évora de 28-10-09, CJ, tomo IV, pág. 253, tendo a requerente solicitado, além do mais, o encerramento do estabelecimento comercial, o tribunal da Relação limitou-se a proibir a execução pública de fonogramas musicais sujeitos a autorização da requerente, acompanhada da medida de livre acesso ao estabelecimento com o objectivo de fiscalizar aquela proibição, se necessário com recurso aos meios policiais.

Para o efeito o juiz terá sempre presente que a propriedade intelectual tutela direitos de exclusivo, por isso, com eficácia *erga omnes*, os quais não representam apenas valores de natureza patrimonial, constituindo uma realidade bem diversa dos direitos de crédito a que possa corresponder uma prestação de natureza puramente patrimonial.

119.10. O disposto no art. 387.º, n.º 2, do CPC, que estabelece para efeitos do indeferimento da providência a ponderação dos prejuízos que a medida pode determinar na esfera do requerido, *não se aplica* ao procedimento cautelar que especificamente tutela os direitos de propriedade intelectual.

Esta solução decorre, desde logo, de um *elemento literal*, pois que, nos termos do art. 392.º, n.º 1, do CPC, a aplicação de tal preceito se restringe ao procedimento cautelar comum, excluindo-se, assim, os procedimentos cautelares específicos previstos na secção seguinte e, por maioria de razão, os regulados em legislação avulsa.[661]

Mas existe outro argumento de ordem racional no mesmo sentido e que parte da consideração, bem expressa na Directiva e também transposta para a lei interna, de que os direitos de propriedade intelectual são *direitos de exclusivo*, devendo privilegiar-se a tutela dos respectivos titulares, à semelhança do que ocorre, por exemplo, na restituição provisória da posse, na apreensão de veículos ou na apreensão de bem locado em *leasing*, em que as providências são decretadas independentemente dos efeitos que isso provoque na esfera jurídica do requerido.

O art. 338.º-I, n.º 7, do CPI, e o art. 210.º-G, n.º 7, do CDADC, determinam que o tribunal deve atender à natureza dos direitos, "*salvaguardando, nomeadamente, a possibilidade de o titular continuar a explorar, sem qualquer restrição, os seus direitos*", normas que estão em consonância com os objectivos consignados no art. 3.º da Directiva que obrigou cada Estado-Membro a prever no seu ordenamento jurídico procedimentos destinados a assegurar o respeito pelos direitos.

Ainda assim, o *princípio da proporcionalidade* não deixa de marcar também os procedimentos em causa, devendo o juiz optar pelas medidas

[661] Sem embargo do que especificamente se dispõe no art. 397.º, n.º 2, do CPC, quanto à suspensão de deliberações sociais, no art. 408.º, n.º 3, quanto ao arresto, e no art. 419.º quanto ao embargo de obra nova.

que, em concreto, se mostrem ajustadas a tutelar aqueles direitos, sem causar danos escusados na esfera do requerido.[662]

Para o efeito, pode mostrar-se especialmente adequada a fixação de *sanção pecuniária compulsória* que pode constituir um meio eficaz de assegurar o respeito pelo direito do requerente.

119.11. O juiz pode condicionar a execução da providência à *prestação de caução* ou outra garantia, nos termos do art. 338.º-I, n.º 1, do CPI, e do art. 210.º-E, n.º 1, do CDADC, cujo objectivo visa acautelar o eventual pagamento de indemnização a favor do requerido se acaso a providência vier a ser julgada injustificada ou caducar por motivos imputáveis ao requerente.

Trata-se de um preceito paralelo ao art. 390.º, n.º 2, do CPC.

A fixação de caução condicional pode ser decretada *oficiosamente* ou sob *impulso do requerido* quando seja ouvido antes da decisão cautelar, sendo especialmente ajustada a situações em que se suscitem algumas dúvidas quanto à existência do direito mas que não sejam de molde a determinar pura e simplesmente o indeferimento da providência cautelar.

Para efeitos de fixação da caução ter-se-ão em consideração os factores relevantes, entre os quais se destaca a situação económica do requerente.

119.12. Oficiosamente ou mediante solicitação do requerente o juiz pode fixar *sanção pecuniária compulsória*, nos termos do art. 338.º-I, n.º 4, do CPI e do art. 210.º-G, n.º 4, do CDADC.

Trata-se de uma medida complementar e que pode servir para dar eficácia à providência cautelar decretada.

120. Impugnação da decisão cautelar:

120.1. Optando o juiz por dispensar a audição prévia do requerido, só depois de decretada e de executada a medida cautelar este é citado para se defender. Assim deve ser entendida a expressão legal de que a decisão é "*imediatamente notificada*".

A remissão para o art. 338.º-E do CPI ou para o art. 210.º-C do CDADC pode dar a ideia de que ao requerido apenas resta pedir a

---

[662] Cumpre sempre ressalvar situações extremas que se traduzam em manifestações de *abuso de direito*.

"*revisão das medidas aplicadas*", mediante a alegação de novos factos e/ou a produção de novos meios de prova, diferentemente do disposto no art. 388.º do CPC que confronta o requerido com a alternativa de deduzir a oposição ou interpor recurso, quando este seja admissível.

Ainda que a interposição de recurso não esteja expressamente prevista, deve ser admitida em resultado das regras gerais sobre os procedimentos cautelares e sobre a recorribilidade das decisões judiciais.

Na verdade, em regra, todas as decisões podem ser impugnadas por via de recurso, o que se justificará precisamente quando o requerido não pretenda alegar novos factos nem produzir novos meios de prova, mas apenas impugnar perante o Tribunal da Relação a decisão da matéria de facto provada, a partir da reapreciação dos meios de prova que já foram produzidos, ou a respectiva integração jurídica.

120.2. Prevê a lei que o requerido solicite a *substituição da providência por caução* quando esta se revelar adequada a assegurar a indemnização que provavelmente venha a ser reconhecida ao titular do direito na acção principal (art. 338.º-I, n.º 6, do CPI, e art. 210.º-G, n.º 6, do CDADC).

Em termos semelhantes aos que decorrem do art. 387.º, n.º 3, do CPC, trata-se de um *incidente*. Este deve ser deduzido através de requerimento apresentado no prazo de 10 dias, no âmbito do qual o requerido invoca os motivos por que requer a substituição, o valor a caucionar e o modo de prestação da caução.

Deve ser ouvido o requerente sobre cada um dos referidos aspectos.

A autorização da substituição por caução depende, nos termos da lei, da constatação de que se "*mostre adequada a assegurar a indemnização do titular*".

Assim, para além dos aspectos ligados à idoneidade e ao valor da caução, importa reter que os direitos de propriedade intelectual não assumem unicamente natureza patrimonial. Tanto o art. 338.º-L do CPI como o art. 211.º do CDADC tutelam ainda interesses de ordem não patrimonial, o que pode interferir na admissibilidade da substituição quando se fizer a ponderação dos interesses.

Se não houver obstáculos de fundo à referida substituição, para a quantificação da indemnização provável, envolvendo os danos emergentes e os lucros cessantes e ainda os danos de natureza não patrimonial, assume especial relevo a projecção feita através da aplicação do critério constante do n.º 5 daqueles artigos. Assim, desde que o requerente não se oponha, devem ser ponderadas, com recurso à equidade, as remunerações que seriam auferidas pelo interessado se acaso a autorização fosse dada para o período da previsível utilização, acrescendo ainda os encargos com a protecção do direito e as despesas com a investigação e cessação da conduta lesiva.

Fica sempre salvaguardada a possibilidade de agravamento da indemnização nos termos prescritos pelo n.º 6 para os casos de prática reiterada ou especialmente gravosa.

121. Instauração da acção principal:

121.1. A falta de autonomia dos procedimentos cautelares leva a que a tutela provisória neles declarada tenha de obter confirmação através de uma decisão de mérito, no âmbito de um processo mais solene.

Para o efeito, uma vez notificado da decisão cautelar favorável, o requerente tem o prazo de 10 dias ou de 30 dias para instaurar a acção, sob pena de caducidade da providência ou de extinção do procedimento cautelar (art. 389.º, n.º 1, al. a)).

Uma vez instaurada a acção, o requerente tem o ónus de promover o seu andamento, sujeitando-se a semelhantes consequências em casos de negligência (art, 389.º, n.º 1, al. b)).

121.2. O requerente poderá ser *responsabilizado* nos casos previstos nos arts. 338.º-F do CPI e 210.º-E do CDADC.

Apesar da distinção aparentemente feita entre os casos de caducidade ou de extinção por se revelarem injustificadas as providências ou por se verificar que não havia violação ou receio de violação de direitos, a responsabilidade supõe sempre a imputação subjectiva ao requerente.

O pagamento da indemnização não será feito no âmbito do procedimento, mas em *acção autónoma* na qual venham a demonstrar-se os pressupostos da responsabilidade: alguma das referidas situações, a ocorrência de danos, o nexo de causalidade e a imputação da situação ao requerente ao menos em termos de negligência.

122. Arresto:

122.1. O [art. 338.º-J do CPI e o art. 210-H do CDADC] determinam o seguinte:[663]

[663] O art. 407.º do CPC, na versão anterior à reforma de 1996, previa que "*o requerente de arresto fundado em contrafacção ou uso ilegal de marcas industriais ou*

"1. Em caso de infracção à escala comercial, actual ou iminente, e sempre que o interessado prove a existência de circunstâncias susceptíveis de comprometer a cobrança da indemnização por perdas e danos, pode o tribunal ordenar a apreensão preventiva dos bens móveis e imóveis do alegado infractor, incluindo os saldos das suas contas bancárias, podendo o juiz ordenar a comunicação ou acesso aos dados e informações bancárias, financeiras ou comerciais respeitantes ao infractor.

2. Sempre que haja [violação de direitos de propriedade industrial # violação actual ou iminente de direitos de autor ou de direitos conexos], pode o tribunal, a pedido do interessado, ordenar a apreensão dos bens que se suspeite violarem esses direitos [ou dos instrumentos que apenas possam servir # bem como dos instrumentos que sirvam essencialmente] para a prática do ilícito".

Tais preceitos resultaram da necessidade de transposição do art. 9.º, n.º 1, al. b) e n.º 2, da Directiva, com a seguinte redacção:

"Os Estados Membros devem garantir que as autoridades judicias competentes possam, a pedido do requerente:

...

b) Ordenar a apreensão ou entrega dos bens que se suspeite violarem direitos de propriedade intelectual, a fim de impedir a entrada em circulação nos circuitos comerciais.

2. Em caso de infracções à escala comercial, os Estados-Membros devem assegurar que, se a parte lesada provar a existência de circunstâncias susceptíveis de comprometer a cobrança de indemnizações por perdas e danos, as autoridades judiciais competentes possam ordenar a

---

comerciais fará a prova da propriedade industrial ou comercial e do facto ofensivo dessa propriedade", norma que deveria ser conjugada com o art. 228.º, al. b), do CPI de 1940, onde se previa a possibilidade de ser requerido o "*arresto dos produtos ou mercadorias em que o delito se manifestar*".

Aquele preceito foi retirado do CPC, mas, posteriormente, o art. 340.º do CPI de 2003 reintroduziu o arresto repressivo que definia como "*apreensão judicial de produtos ou de quaisquer outros objectos em que se manifeste a violação de um direito privativo de desenho ou modelo ou de marca ou, nos termos da al. f) do art. 239.º, de nomes ou insígnias de estabelecimentos ou logótipos, ou na apreensão dos instrumentos que possam servir para a prática desses ilícitos*", devendo o requerente fazer "*prova do seu direito de propriedade industrial e do facto lesivo dessa propriedade*".

apreensão preventiva dos bens móveis e imóveis do alegado infractor, incluindo o congelamento das suas contas bancárias e outros bens.

Para o efeito, as autoridades competentes podem ordenar a comunicação de documentos bancários, financeiros ou comerciais, ou o devido acesso a informações pertinentes.

122.2. O legislador regulou em moldes específicos o procedimento de arresto. Porém, tal não significa que o interessado (ou o requerente) não possa recorrer ao procedimento de arresto tal como vem regulado no CPC.

A possibilidade de recurso ao *arresto comum* está expressamente prevista, para os direitos de autor, no art. 210.º-H, n.º 5, do CDADC, não havendo motivo algum para não considerar essa possibilidade envolvida na norma do art. 338.º-P do CPI quanto aos direitos de propriedade industrial.

Por outro lado, tanto o art. 338.º-P do CPI como o art. 211.º-B do CDADC abrem a porta aos procedimentos cautelares previstos no CPC sempre que estejam em causa créditos que não provenham de indemnização por perdas e danos resultantes de infracção à escala comercial, devendo o credor justificar, nos moldes normais, a existência do direito de crédito e a situação de *periculum in mora* decorrente do perigo de perda ou de redução da garantia patrimonial.

Apesar de a redacção dos mencionados arts. 338.º-P e 211.º-B não ser exactamente idêntica, idênticas são as soluções que deles derivam, revelando, no essencial, a previsão de dois tipos de arresto:

a) *Arresto preventivo*: para efeitos de assegurar a garantia patrimonial relativamente ao crédito de indemnização que venha a ser reconhecido na acção principal;

b) *Arresto repressivo*: para efeitos de evitar o prosseguimento da actividade ilícita.

122.3. O decretamento de *arresto preventivo* depende dos seguintes requisitos:

a) *Infracção à escala comercial*, como tal definida no art. 338.º-A do CPI e no art. 210.º-L do CDADC, ou seja, aquela que decorra de actos que "*violem direitos de (*propriedade industrial – direitos de autor e direitos conexos*) e que tenham por finalidade uma vantagem económica ou comercial, directa ou indirecta*", excluindo-se os "*actos praticados por consumidores finais agindo de boa fé*";

b) A infracção pode ser actual ou iminente, de tal modo que, em relação a créditos decorrentes de infracções já inteiramente consumadas, resta o recurso ao arresto preventivo;

c) Titularidade de um direito de indemnização por perdas e danos decorrentes daquela violação;

d) Existência de circunstâncias susceptíveis de comprometer a cobrança da indemnização, abarcando não apenas as situações gerais de justo receio de perda da garantia patrimonial (que, de facto, comprometem a cobrança da indemnização), como ainda outras circunstâncias em que, independentemente do motivo e da situação patrimonial do devedor, seja de considerar comprometida a eficácia da sentença que venha a reconhecer o direito de indemnização;

e) O arresto consistirá na apreensão de bens susceptíveis de serem penhorados (móveis, imóveis ou direitos, incluindo saldos bancários);

f) O arresto pode servir também para a recolha de meios de prova da amplitude da infracção, a partir de informações bancárias, financeiras ou comerciais que sejam obtidas.

122.4. Já o decretamento do *arresto repressivo* depende dos seguintes requisitos:

a) Abarca qualquer violação de direitos de propriedade industrial ou de autor independentemente da sua amplitude, incluindo as que não atinjam escala comercial e até as que sejam imputáveis a consumidores finais que estejam a agir de boa fé;

b) Tem por objecto os bens que violem os referidos direitos ou os instrumentos que sirvam para a prática do ilícito.

122.5. Tramitação:

a) No requerimento inicial o requerente alegará os *factos* reveladores do direito e da situação de violação actual ou iminente, juntando os meios de prova que razoavelmente forem necessários e de que puder dispor;

b) Cumprirá ao juiz decidir sobre o cumprimento ou não do *contraditório*;

c) Cumprindo-se o contraditório, o requerido será *citado* para deduzir oposição e apresentar os meios de defesa pertinentes à sua defesa.

ANEXOS DE JURISPRUDÊNCIA
(de acordo com a ordem dos procedimentos cautelares tratados)

Anexo n.º 1

Agravo n.º 1110/99
Procedimento cautelar comum. Restituição da posse de servidão predial. Caducidade.

I – M. e C. intentaram contra A. e R. procedimento cautelar comum para restituição da posse, ao abrigo do disposto nos arts. 381.º e 395.º do CPC.

Alegaram então os requerentes a sua qualidade de possuidores relativamente a uma servidão predial que, em parte, atravessa um prédio dos requeridos e a prática de actos de esbulho que consistiram na destruição da passagem e consequente impossibilidade de utilizarem a faixa de terreno para acesso ao seu prédio.

Já anteriormente haviam requerido a restituição provisória da posse, nos termos do art.º 393.º do CPC, mas tal providência foi indeferida por não se ter provado a existência do requisito da violência.

No âmbito do procedimento de que emerge este agravo, apesar da prova que foi feita quanto à qualidade de possuidores e quanto aos actos de esbulho, a providência de restituição da posse da servidão predial foi mais uma vez indeferida, agora com base no decurso do prazo de caducidade previsto no art. 1282.º.

Considerou-se na decisão recorrida que essa caducidade era de conhecimento oficioso e que não fora interrompida pelo anterior procedimento de restituição provisória da posse.

Contra esta decisão agravaram os requerentes.

E, embora por ordem diversa, colocaram das suas alegações as seguintes conclusões:

a) A providência foi requerida ao abrigo dos arts. 381.º e 395.º do CPC, sendo-lhe inaplicável o prazo de caducidade previsto no art. 1282.º do CC;

b) Para além dos actos ocorridos em Junho de 1997, em que foi surribada a faixa de terreno por onde se exercia a servidão predial e em que foi agregada a mesma aos terrenos adjacentes, a violação da posse resultou também da posterior plantação de eucaliptos, actuação que deve ser considerada com autonomia relativamente àqueles factos;

c) Foi requerida pelos agravantes, antes de 28-5-98, uma providência cautelar de restituição provisória da posse, respeitando, por isso, um ano subsequente à prática dos factos. Esse acto judicial interrompeu o prazo de caducidade previsto no art. 1282.º do CC.

Nas contra-alegações os agravados pedem a manutenção da decisão.

II – Factos:

1. Os requerentes são donos e possuidores de um terreno de cultura, pinhal e mato, com a área de 1.460 metros quadrados, sito no lugar de Vale Mosqueiro, freguesia de Almoster, concelho de Alvaiázere, que confronta do norte com M., nascente e sul com J. e outro e os requeridos, e poente com J., inscrito na matriz predial rústica da freguesia de Almoster, deste concelho, sob o art. 9232, e não descrito na Conservatória do Registo Predial respectiva.

2. Há mais de 5 anos que os requerentes vêm passando sobre uma faixa de terreno sita no Vale Mosqueiro, freguesia de Almoster, concelho de Alvaiázere, à vista de toda a gente, a pé, de carro de bois e de tractor agrícola, sem oposição de quem quer que seja, continuadamente e na plena convicção de não ofenderem direitos de outrem.

3. Tal faixa de terreno desenvolve-se de sul para norte, desde o caminho público existente a sul e que liga a localidade da Quinta dos Ciprestes a Almoster, até atingir o terreno dos requerentes referido supra, e por uma distância de mais de 125 metros, tendo tal faixa uma largura aproximada de 2 metros.

4. Tal faixa de terreno constitui parte dos artigos matriciais n.º 9240, 9239, 9236, 9230 e 9231 da freguesia de Almoster, concelho de Alvaiázere, não descritos na Conservatória do Registo Predial.

5. O prédio inscrito sob o art. n.º 9230 pertence actualmente aos requeridos.

6. A mesma faixa de terreno, constituída até cerca de Junho/Julho de 1997 por uma faixa de terreno calcada e sulcada pelo pisar de pessoas, veículos rurais e mecânicos, sempre serviu de acesso ao prédio dos requerentes identificado supra e de único acesso com carro e tractor a esse mesmo prédio.

7. O mesmo terreno desde há mais de 5 anos está afecto à passagem de pessoas, animais e veículos que se dirigem àquele prédio dos requerentes que vêm utilizando que vêm utilizando desde há mais de 5 anos tal faixa de terreno como sua, convencidos de que têm o direito de passar.

8. Em Junho/Julho de 1997, os requeridos destruíram com uma máquina escavadora parte daquela faixa de terreno, anexando-a aos terrenos adjacentes à mesma que amanharam, tendo-a lavrado nessa parte.

9. E posteriormente plantaram eucaliptos no sítio da referida passagem.

10. Em Outubro de 1997, e desde a data anteriormente referida (Junho/Julho de 1997), a faixa de terreno destinada à passagem dos requerentes já se encontrava

destruída na parte acima referida, impedindo, assim, totalmente os requerentes de acederem ao seu prédio, o que lhes vem provocando prejuízos, por impedir que os requerentes tragam do mesmo lenha, mato e outros produtos agrícolas.

11. Os eucaliptos plantados na dita faixa de terreno estão em fase de crescimento inicial.

12. Os requerentes também acediam ao seu prédio identificado em 1., a pé, pelo chamado caminho da fonte, o qual vai do prédio dos requerentes, a poente, passa junto à antiga fonte e segue pelo caminho que dá acesso à povoação.

13. Depois de o caterpillar surribar um dos prédios referidos em 4., o requerente foi falar com o dono da máquina pedindo para ele lhe abrir a serventia, ao que este respondeu que não era da sua responsabilidade.

14. Em 25-11-97 foi lavrada a escritura de justificação e de doação que consta de fls. 39 a 42, nos termos da qual os requeridos declararam doar a M. o prédio supra referido inscrito sob o n.º 9239.

A estes factos aditam-se ainda os seguintes que se revelam com interesse para a decisão:

15 – O procedimento cautelar comum foi instaurado em 1-10-98.

16 – Já anteriormente os requerentes haviam instaurado no mesmo tribunal um outro procedimento cautelar específico de restituição provisória da posse, tendo sido indeferida a pretensão por decisão proferida em 2-6-98, com fundamento na falta de prova do requisito da violência quanto ao esbulho, nos termos que constam de fls 26 a 28.

III – Decidindo:

No sentido de focar o objecto da presente decisão, julga-se ajustado assinalar que, com ressalva das matérias que são de conhecimento oficioso, os limites decisórios do tribunal de recurso são os resultantes das alegações dos agravantes e, mais concretamente, das respectivas conclusões.

Neste contexto, é pertinente deixar claro que:

a) Por expressa manifestação de vontade, os requerentes situaram a providência nos estritos limites da restituição preventiva da posse que alegam ter exercido sobre uma faixa de terreno que vinham utilizando como servidão predial de um prédio de que são proprietários.

Em ocasião alguma do seu requerimento inicial ou do processado subsequente invocaram, expressa ou tacitamente, a titularidade do correspondente direito real de servidão predial, derivasse este da aquisição por usucapião ou resultasse simplesmente da presunção emergente da posse, nos termos do art. 1268.º do CC.

É dentro dos parâmetros fixados pelos requerentes e do funcionamento do princípio do dispositivo que cabe decidir.

b) O segundo aspecto que cumpre assinalar é o de que não foi de modo algum posta em causa a decisão do tribunal no que concerne à apreciação da caducidade que, como excepção peremptória, determinou o indeferimento da providência.

O tribunal *a quo*, apesar de ter constatado o preenchimento de todos os requisitos de que dependia a tutela cautelar, com base no entendimento de que a caducidade prevista no art. 1282.º do CC era de conhecimento oficioso, decretou o indeferimento da providência requerida.

Ora, sendo, no mínimo, discutível um tal entendimento, certo é que os agravantes não pretenderam sindicar essa motivação, tendo sido completamente excluída essa questão quer das alegações quer das respectivas conclusões.

Por isso, tendo em conta os mencionados limites legalmente impostos ao tribunal em via de recurso, também essa questão ficará arredada da presente decisão.

2. Posto isto, passando ao verdadeiro objecto do agravo:

a) Dizem os agravantes que a providência foi requerida ao abrigo do disposto nos arts. 381.º e 395.º do CPC e que, por isso, não é aplicável o prazo de caducidade previsto no art. 1282.º do CC.

Não têm razão.

O art. 1282.º do CC estabelece o prazo de um ano a contar do facto da turbação ou do esbulho para o possuidor accionar os meios de defesa da posse anteriormente regulados, ou seja, todos quantos se referem nos arts. 1276.º a 1279.º, onde se insere a restituição provisória da posse como uma das medidas, com natureza preventiva, que pode ser accionada.

O art. 395.º do CPC, procurando dar satisfação a situações que anteriormente ficavam sem tutela adequada, veio prever expressamente a possibilidade de utilização do procedimento cautelar comum para defesa antecipada da posse.

Verificados os pressupostos gerais dos procedimentos cautelares comuns, ficaram abrangidas também as situações caracterizadas pela mera turbação da posse, que não necessariamente por actos de esbulho, assim como ficaram acauteladas situações de esbulho ainda que não caracterizado pela violência.

Em qualquer das situações, estamos perante procedimentos de natureza cautelar, necessariamente dependentes de instrumentos processuais mais solenes, ou seja, das acções declarativas ajustadas a cada uma das situações.

Por isso, o alargamento expressamente declarado pelo legislador não revela qualquer cedência no que concerne ao estabelecimento de um prazo para exercício do direito de acção ou do direito de acção cautelar em matéria de defesa da posse.

Pois se a providência cautelar, *maxime*, a providência cautelar não especificada, terá de ser acompanhada da instauração de uma acção caracterizada por maior solenidade, sem dúvida alguma sujeita ao prazo de caducidade do art. 1282.º do CC, não se antolham razões para excluir desse prazo o procedimento cautelar que dela esteja necessariamente dependente.

A este motivo de ordem racional, ainda assim coberto pela expressão legal utilizada – "*acção de restituição de posse*"– , acresce ainda um outro.

A tutela da posse, designadamente quando se trate de posse meramente formal, por não ter subjacente o correspondente direito real, tem a sua razão de ser na protecção da aparência e visa restabelecer a paz social afectada por actos de turbação ou de esbulho, na medida em que permite despoletar mecanismos de ordem legal que restabeleçam a situação anterior e que clarifiquem a situação litigiosa, deste modo servindo de elemento estabilizador ou pacificador.

A previsão de um curto prazo de caducidade para o accionamento dos meios possessórios, ao invés do que sucede quando se está perante a tutela da propriedade ou de outros direitos reais, visa motivar o possuidor esbulhado ou perturbado na sua posse a agir rapidamente.

Por isso, não faria sentido algum uma interpretação, como a defendida pelos agravantes, em que se abdicasse de qualquer prazo para o accionamento do procedimento cautelar comum que tivesse subjacente actos de turbação da posse ou actos de esbulho não violento.

Em conclusão:

O procedimento cautelar comum visando a tutela da posse, nos termos dos arts 381.º e 395.º do CPC, está sujeito ao prazo de caducidade previsto no art. 1282.º do CC.

b) Pretendem os agravantes que a plantação dos eucaliptos posterior a Junho de 1997 representa um acto ofensivo da posse que deve ser considerado autonomamente para efeitos de cômputo do prazo de caducidade.

Nos termos do art. 1282.º do CC, o referido prazo conta-se a partir do acto de turbação ou de esbulho.

A cronologia do caso concreto permite afirmar o seguinte:

– Em Junho/Julho de 1997 os requeridos destruíram parte de uma faixa de terreno que os requerentes utilizavam como passagem para o seu prédio, o que materializou através da intervenção de uma máquina escavadora que a surribou, anexando-a aos terrenos adjacentes.

– Posteriormente, em data não apurada, os requeridos plantaram eucaliptos no seu prédio, incluindo a referida faixa de terreno.

– Em Outubro de 1997, e desde Junho/Julho de 1997, a faixa de terreno destinada à passagem dos requerentes já se encontrava destruída, impedindo totalmente os requerentes de acederem ao seu prédio.

Perante esta matéria de facto, é claro que quando foi instaurada a providência cautelar já havia decorrido o prazo de caducidade.

Com efeito, a actuação que traduziu efectiva violação da posse, ou seja, os actos qualificados como esbulho, ocorreram logo em Junho/Julho de 1997.

Se até então a passagem era livremente utilizada para efeitos de os requerentes acederem ao seu prédio, nisso se materializando a sua posse, o que impediu a continuação da prática dos actos materiais foram as escavações efectuadas, as quais, apagando os vestígios da servidão, determinaram a integração total da faixa no terreno que os requeridos pretenderam arborizar com plantação de eucaliptos.

Esta plantação posteriormente ocorrida não foi mais do que a consequência natural dos antecedentes actos de esbulho ou, de acordo com o critério proposto por Henrique Mesquita, para efeitos de interpretação do art. 1282.º do CC, a plantação dos eucaliptos obedeceu ao mesmo propósito ou foi complementar relativamente à actuação dos requeridos quando resolveram surribar a faixa de terreno.[664]

Por conseguinte, improcede a segunda conclusão.

c) Dizem os agravantes, por último, que, tendo instaurado, antes de Maio de 1998, um procedimento cautelar de restituição provisória da posse, apesar de ter sido indeferida a pretensão, esse acto interrompeu a caducidade.

Também esta asserção não pode ser mantida.

A caducidade regulada genericamente nos arts 328.º e segs. do CC obedece a um regime diverso do previsto para a prescrição.

Essa diversidade, justificada pela natureza dos direitos sobre que incide uma e outra das formas de extinção, levou a que se adoptasse para a caducidade um regime mais rigoroso do que o da prescrição.

Para além de um encurtamento generalizado dos prazos de caducidade relativamente aos prescricionais, esse rigor revela-se também através da afirmação de que a caducidade não se interrompe nem se suspende senão nos casos em que a lei o determine (art. 328.º) e que, em regra, o que obsta à caducidade é a prática do acto impeditivo dentro do prazo legal.

Ora, prevendo o art. 1282.º do CC o prazo de um ano para que sejam "*intentadas*" as acções, nada consente o aproveitamento da interposição do anterior procedimento para efeitos daquele que estamos apreciando.

É certo que esta regra não é absoluta, já que, por vezes, o legislador determina o aproveitamento externo de actos processuais, tais como a interposição de acções ou a citação.

Só que essa solução apenas foi adoptada para situações de absolvição da instância que não para toda e qualquer forma de extinção da mesma instância, nos termos dos arts. 332.º do CC e 289.º, n.º 2, do CPC.

Compreende-se esta solução.

---

[664] Citado por **Antunes Varela**, in *CC anot.*, vol. III, 2ª ed., pág. 57, onde conclui que "a intenção que imprime unidade a vários actos e leva a contagem do prazo a iniciar-se com a prática do primeiro deles só releva se e na medida em que se reflectir na própria natureza e sentido dos actos".

A absolvição da instância assenta em razões de ordem puramente formal, normalmente ligadas à falta de pressupostos processuais. Daí que uma tal forma de extinção não deva repercutir-se necessariamente no direito cuja tutela se pretendia através da instância oportunamente instaurada.

Não assim nas situações em que o decesso resulta de uma decisão de mérito, em que o impedimento da caducidade derivado da interposição da acção (ou do procedimento cautelar) apenas deve valer para esse accionamento e não para outras medidas posteriormente postas em funcionamento.

Por conseguinte, o anterior acto de instauração procedimento cautelar não serve de impedimento à caducidade do direito que através do presente meio processual se pretende tutelar.

IV – Em conclusão:

Pelos fundamentos expostos, acorda-se em negar provimento ao agravo e manter a decisão recorrida.

Custas a cargo dos agravantes.

Notifique.

Coimbra, 2-11-99

António Santos Abrantes Geraldes (relator)

Anexo n.º 2

Agravo n.º 4115/02
Restituição provisória da posse. Cabeça-de-casal. Legitimidade activa.

Sumário:

1. O cabeça-de-casal tem legitimidade para requerer a restituição provisória de bens da herança sob a sua administração.

2. Para o efeito, o requisito da violência basta-se com o arrombamento da porta e mudança da fechadura.

I – ELIZABETE intentou contra ANTÓNIO e mulher LETICE procedimento cautelar de restituição provisória da posse de uma cave de prédio urbano.

Alegou que o prédio no qual a cave se situa pertence à herança indivisa deixada pelos pais da requerente e do 1.º requerido, exercendo aquela as funções de cabeça-de-casal, razão pela qual era detentora da única chave de acesso à referida fracção cuja porta de acesso os requeridos arrombaram cedendo o seu uso a terceiros.

Foi produzida prova e proferida decisão que absolveu os requeridos da instância, com o fundamento na ilegitimidade da requerente, pelo facto de não se provar a sua qualidade de cabeça-de-casal de uma herança indivisa, antes uma situação de compropriedade.

Agravou a requerente e concluiu que a inscrição registral da fracção em nome da requerente e do 1.º requerido, sem determinação de parte ou direito, consubstancia uma situação de titularidade de direitos integrados em herança, não se confundindo com a compropriedade. Por isso deve ser reconhecida à agravante a qualidade de cabeça-de-casal.

Cumpre decidir.

II – Factos provados:

No dia 28-3-88, faleceu Eugénia, no estado de casada com António L., sob o regime de comunhão geral, sem testamento ou disposição de última vontade, deixando como únicos e universais herdeiros, aquele seu marido e seus filhos, o requerido e a requerente;

A 26-3-91, faleceu António L., no estado de viúvo de Eugénia, sem testamento ou disposição de última vontade, deixando como únicos e universais herdeiros, seus filhos, o requerido e a requerente;

A requerente, até à morte de seu pai, António L., sempre viveu com ele, dormindo debaixo do mesmo tecto, comendo à mesma mesa, passando em conjunto os seus tempos de descanso e repartindo as despesas domésticas da casa, sita no r/c da Av. D. Cacém;

Existe um prédio urbano sito na Av. D. Cacém, inscrito na matriz sob o art. 1613 da freguesia do Cacém, cuja aquisição, sem determinação de parte ou direito, se acha inscrita no registo a favor da requerente e do requerido, o qual é composto por cave direita e esquerda e r/c dt.º e esq.º.;

Após a morte de António L., a requerente tinha, exclusivamente, uma chave da fechadura da porta da entrada da cave direita do referido prédio;

No dia 16-11-01, os requeridos rebentaram a fechadura da porta da dita cave, substituíram-na por outra, de que possuem exclusivamente a chave, e passaram desde aí a ocupar a mesma cave, tendo-a cedido a uns indivíduos que ali pernoitam, recusando-se a entregar a cave referida livre e devoluta à requerente.

III – Decidindo:

1. A questão fundamental que importa resolver respeita à natureza jurídica do direito da agravante e do agravado sobre o prédio urbano em relação ao qual se pede a restituição provisória da posse. Disso depende, em grande parte, a afirmação ou a negação do pressuposto processual da legitimidade activa da requerente para efeitos de instauração do procedimento cautelar.

Consignou-se na decisão agravada que estamos face a uma situação de compropriedade. A agravante, por seu lado, qualifica a situação como de contitularidade de direitos emergentes de herança que permanece indivisa e em relação à qual exerce as funções de cabeça-de-casal.

A razão está, com toda a evidência, do lado da agravante, pelo que o agravo deve ser provido.

2. Na sequência do decesso sucessivo dos pais da agravante e do 1.º agravado nada consta acerca da partilha dos bens da herança. Tendo sido declarada a relação de bens perante as entidades fiscais, nos termos documentados a fls. 15 e segs., foi também inscrita no registo predial a aquisição, sem determinação de parte ou direito, a favor de ambos, do direito de propriedade incidente sobre o prédio dos autos.

Não se encontra comprovada a partilha desse e de outros bens, nem através de escritura pública (necessária quanto ao imóvel), nem através de processo de inventário. Por isso, nada permite concluir que em relação ao imóvel persista uma situação de compropriedade, sujeita ao regime dos arts. 1403.º e segs. do CC. Tudo leva a concluir que se está perante uma situação de herança indivisa sujeita ao regime constante dos arts. 2079.º e segs. do mesmo diploma.

Daqui deriva que a administração dos bens e a consequente disponibilidade do seu uso e fruição obedece a um regime que não coincide com o da compropriedade. Ainda que o art. 1404.º do CC determine a aplicação do regime da compropriedade a outras situações que configurem comunhão de direitos, não deixa de ressalvar regimes específicos, tal como ocorre com o da herança indivisa.

Ora, sendo certo que o uso e a administração de coisa comum obedece ao estipulado nos arts. 1406.º e 1407.º, deve privilegiar-se, relativamente a situações de herança impartilhada, o que resulta dos arts. 2079.º do CC, norma que atribui ao cabeça-de-casal, em regime de exclusividade, a administração da herança.

Essa função de administração legitima, além do mais, a instauração de acções possessórias ou de procedimentos conexos quer contra os herdeiros quer contra terceiros que perturbem a administração ou pratiquem actos de esbulho (art. 2088.º, n.º 2).

3. Face à matéria de facto provada não podem restar dúvidas que o cargo de cabeça-de-casal pertence à requerente.

Além, de ter a qualidade de herdeira legal, está numa relação privilegiada no confronto com o outro herdeiro, o 1.º agravado, pois foi ela quem conviveu com os autores da sucessão, nos termos do art. 2079.º, n.º 3.

Nessa qualidade, deve reconhecer-se-lhe a legitimidade substantiva e processual para a instauração do procedimento cautelar de restituição provisória da posse, assim se impondo o provimento do agravo, ficando, assim, aberta a porta para a apreciação do mérito da causa, nos termos do art. 753.º, n.º 1, do CPC.

4. A restituição provisória da posse basta-se com a prova, ainda que sumária, da qualidade de possuidor e da prática de actos de esbulho, com violência.

A posse resulta da conjugação entre a qualidade de cabeça-de-casal e de administradora da cave do prédio, cujo acesso exclusivo lhe era proporcionado pela única chave que existia antes do arrombamento.

O esbulho é nítido face à privação do exercício da retenção ou administração da cave inserida no prédio que foi herdado.

Quanto à violência, a prática de acto de arrombamento da única porta de acesso, com mudança de fechadura e privação da entrada da agravante bastam para a integração desse conceito, como tem sido defendido, ainda que sem unanimidade, na doutrina e na jurisprudência.[665]

---

[665] *Inter allia*, **Manuel Rodrigues**, *A Posse*, pp. 364 e 365, **Orlando Carvalho**, RLJ, ano 122.º, p. 293, **Menezes Cordeiro**, *A Posse, Perspectivas e Dogmáticas Actuais*, 3ª ed., p. 142, Acs. do STJ, de 2-10-86, BMJ 360.º/514, de 26-5-98, BMJ 477.º/506, e de 7-7-99, BMJ 489.º/338.

III – Conclusão:

Face ao exposto, concedo provimento ao agravo e revogo a decisão recorrida, considerando a agravante parte legítima.

Em substituição do Tribunal *a quo*, defere-se a providência requerida e, em consequência, determina-se restituição provisória da posse da cave à agravante.

Sem custas do agravo, por falta de oposição.

As custas do procedimento serão suportadas pela requerente, sem prejuízo do art. 453.°, n.° 1, do CPC.

Após a restituição, citem-se os requeridos para efeitos de deduzirem oposição.

Lisboa, 30-4-02

António Santos Abrantes Geraldes

Anexo n.º 3

Agravo n.º 8333-05
Suspensão de deliberações sociais. Deliberação inválida. Alegação dos factos integradores do *periculum in mora*. Despacho de aperfeiçoamento.

Sumário:

1. No âmbito dos procedimentos cautelares é admissível despacho de aperfeiçoamento, designadamente quando se verifique a existência de falhas na alegação da matéria de facto integrante dos requisitos legais.

2. A suspensão de deliberações sociais pressupõe a afirmação, ainda que sumária, de uma situação de invalidade das deliberações e de que a execução da deliberação é susceptível de causar dano apreciável.

I – M. e I., requereram contra M., SA, providência cautelar de suspensão das deliberações sociais que os destituíram das funções de administradores da requerida.

Alegam que foram destituídos sem justa causa, que as deliberações e a respectiva publicidade irão provocar à sociedade danos irreparáveis, que as deliberações visam favorecer as sociedades S. e N. e que poderão vir a instaurar contra a sociedade uma acção de indemnização, o que também trará prejuízos avultados à sociedade.

Citada a R. invocou que a eventual falta de justa causa não legitima a suspensão das deliberações e que da execução das mesmas não resulta qualquer dano para a sociedade, acrescentando que não foram alegados quaisquer danos concretos.

Realizada a produção de prova, foi proferida decisão que indeferiu a providência.

Agravaram os requerentes e concluíram fundamentalmente que (fls. 897 e segs):

Houve errada apreciação da matéria de facto, devendo considerar-se provados factos que foram alegados no requerimento inicial;

Ante a eventualidade de algumas alegações conterem matéria jurídica ou conclusiva, cumpria ao Tribunal formular convite ao aperfeiçoamento, cuja falta determina nulidade processual;

Para a afirmação de certos factos justifica-se o uso de presunções judiciais funcionando com base nas regras da experiência, a partir de factos documentalmente comprovados ou expostos por testemunhas inquiridas;

A matéria de facto provada permite concluir pela existência do vício de anulabilidade das deliberações de destituição, por se revelarem abusivas;

Tal anulabilidade decorre ainda do facto de os requerentes se terem visto privados do exercício do direito de voto;

Das deliberações impugnadas resulta dano apreciável para a sociedade e para os accionistas.

Houve contra-alegações.

Cumpre decidir.

II – Matéria de facto:

1. Questionam os agravantes a decisão da matéria de facto, na parte em que desconsiderou certas alegações designadamente as que integram os arts. 19.º a 25.º e 50.º a 75.º do requerimento inicial por conterem matéria jurídica ou conclusiva. Consideram que, sendo esse o entendimento, o Tribunal *a quo* deveria ter emitido despacho de convite ao aperfeiçoamento, pelo que a sua omissão traduz uma nulidade processual.

Não lhes pode ser reconhecida razão.

Aceita-se que na tramitação dos procedimentos cautelares se pode inserir despacho de convite ao aperfeiçoamento, designadamente no que concerne à concretização de factos genericamente alegados ou à alegação de factos que se revelem importantes para a apreciação do mérito, nos termos em que, para o processo comum, decorrem do disposto no art. 508.º do CPC, devidamente adaptado à tramitação dos procedimentos cautelares.

Tal intervenção do juiz deve inserir-se ou logo no despacho liminar, quando confrontado com o requerimento inicial, ou imediatamente após a apresentação da oposição, caso em que o confronto se estabelece em relação a ambos os articulados. Mas tal poder-dever de intervenção esgota-se com a passagem do procedimento à fase posterior, ou seja, à da produção da prova e julgamento da providência.

Tal significa que detectadas deficiências apenas na ocasião em que o Tribunal se pronuncia sobre a matéria de facto provada e não provada, se mostra extemporânea a formulação de qualquer convite ao aperfeiçoamento. Consequentemente, a não formulação anterior de um despacho de convite ao aperfeiçoamento não se traduz na prática de qualquer nulidade processual passível de ser invocada, como ocorre no caso presente, em sede de recurso da decisão cautelar.

Com efeito, estamos em face de um poder-dever funcional cujo não exercício não traduz as consequências jurídicas referidas pelos agravantes, não podendo ver-se na solução legal a atribuição às partes de um "direito" ao aperfeiçoamento, aliás injustificado num sistema em que, por regra, as partes são patrocinadas por profissionais forenses.

Em suma, ao invés do que sucede ante articulados irregulares ou em casos em que os autos revelem a ausência de pressupostos processuais passíveis de suprimento mediante formulação de um convite dirigido à parte, em que apenas podem ser extraídas consequências jurídicas depois de formulado convite à correcção das irregularidades ou suprimento dos pressupostos, a inércia do juiz em face de um articulado deficiente no que concerne à alegação da matéria de facto não permite concluir pela verificação de nulidade processual.[666]

Por conseguinte, confirmada que seja a natureza jurídica ou conclusiva de determinadas afirmações, a sua exclusão do leque de factos provados constitui um dever do juiz quando profere a decisão sobre a matéria de facto.

...

6. Quanto ao mérito do agravo:

6.1. A providência de suspensão visa unicamente as deliberações que destituíram os agravantes da qualidade de administradores da sociedade M., SA.

Sendo afirmada a legitimidade dos agravantes decorrente do facto de serem accionistas e bem assim o facto de as deliberações ainda se não mostrarem integralmente executadas, na decisão recorrida considerou-se insubsistente o fundamento invocado para a anulação, ou seja que a destituição deliberada visasse favorecer a accionista N. (ou, por via indirecta, a S.).

Um dos motivos que pode ser invocado para a anulação (e suspensão) de deliberações sociais, nos termos do art. 58.º, n.º 1, al. b), do CSC, é o de as deliberações visarem favorecer os sócios ou terceiros, em prejuízo da sociedade ou de outros sócios, ou simplesmente prejudicar a sociedade ou outros sócios.

Os motivos da recusa de tal fundamento encontram-se muito bem explicitados na decisão agravada, na qual se enunciam as respectivas razões de facto extraídas da decisão antecedente e as razões jurídicas ligadas aos factos provados e não provados.

Recaindo sobre os agravantes o ónus da prova dos factos constitutivos do direito de alcançarem a suspensão das deliberações, a leitura dos factos provados impede que se extraiam, por via directa ou por via de presunções judiciais, os pressupostos de que depende a afirmação da natureza abusiva das deliberações de destituição.

---

[666] Também assim Teixeira de Sousa, *Estudos Sobre o Processo Civil*, 2ª ed., pág. 68, Lebre de Freitas, *CPC anot.*, vol. II, pág. 355, Ac. do STJ, de 11-5-99, BMJ 487.º, pág. 244.

Ao invés do que pretendem os agravantes, do facto de existir um conflito entre accionistas da M., SA, com a correspondente perturbação do funcionamento da sociedade, não decorre necessariamente que as aludidas deliberações que se traduziram na destituição de dois dos administradores, em resultado da percentagem do capital social detida pela accionista N., sejam qualificáveis como abusivas de molde a determinar a sua anulação e, por agora, a justificar a suspensão da respectiva execução.

Nem sequer pode extrair-se uma tal conclusão pela análise do processo interno que conduziu a um tal resultado, não podendo ver-se na insistência feita por tal accionista em relação à destituição concretizada uma actuação abusiva, tanto mais que era detentora de uma significativa parte do capital social, mais concretamente 50%, o que, por si só lhe atribui uma especial legitimidade para interferir no destino da sociedade em grande parte dependente das pessoas que ocupam os cargos da administração.

6.2. Consideram os agravantes que a deliberação é inválida por contrariar um acordo parassocial oponível à própria sociedade.

Trata-se de matéria inteiramente nova, que não surge no requerimento inicial, nem em termos expressos nem implícitos.

Ora os recursos apenas visam, por regra, a reapreciação de decisões proferidas pelo Tribunal recorrido, e não o conhecimento de questões novas.

De qualquer modo, ainda que pudesse asseverar-se a eventual violação de um tal acordo, isso não se traduziria, à face do regime vigente, em motivo específico de anulação de deliberações sociais, sendo que tal vício apenas está previsto para deliberações que violam o "*pacto social*" (art. 58.º, n.º 1, al. a), do CSC), realidade bem diversa de um "acordo parassocial".

A violação de tal acordo apenas revela interesse quando inserida em comportamento que possa reputar-se de abusivo, o que, como se disse, não decorre, nem directa, nem presumivelmente da matéria de facto apurada.

6.3. Invocam os agravantes a nulidade das deliberações decorrente da negação do exercício do direito de voto.

Também a recusa deste fundamento se encontra bem justificada na decisão agravada, em termos que subscrevemos inteiramente, sem necessidade de reprodução dos argumentos.

Efectivamente, por lei expressa, estão impedidos de votar as deliberações os sócios (administradores) quando seja invocada a existência de justa causa (arts. 384.º, n.º 6, al. c), e 403.º do CSC). Por outro lado, a eventual inexistência de justa causa apenas se repercute na invocação do direito de indemnização, sem que possa fundar a anulação (ou a suspensão) das deliberações sociais.

6.4. A ausência de qualquer fundamento de anulação implica, por si, a improcedência da suspensão das deliberações. Ainda assim, não deixaremos de responder à questão colocada a respeito da dos factos justificativos do *periculum in mora*.

A procedência da providência de suspensão de deliberações sociais carece da alegação e prova de factos de onde possa extrair-se que a execução da deliberação acarretará um dano apreciável decorrente da execução da deliberação inválida, exigindo-se, pois, a prova sumária da verificação provável de um prejuízo significativo, isto é, de importância relevante.

A deficiente alegação da matéria de facto no que respeita a tal requisito já influiu na decisão da matéria de facto provada, tendo levado, em parte, à exclusão de certas alegações concernentes, por se considerar que apresentavam conotação jurídica ou conclusiva.

O resultado de tal entendimento, por um lado, e a análise dos factos considerados provados, pelo outro, leva a concluir que não se encontra feita prova, nem directa, nem presumida, de tal condicionalismo.

Com efeito, ainda que decorra dos autos que o funcionamento da sociedade requerida tem sido perturbado pelo conflito que se gerou entre os dois grupos de interessados detentores da totalidade do capital social, está por provar, por um lado, que tal perturbação seja imputada à destituição deliberada, sendo visível que a mesma é anterior, como o revela a litigância judicial em que os grupos de accionistas se têm envolvido. Por outro lado, nada permite concluir que da destituição dos requerentes do cargo de administrador estejam a resultar prejuízos assinaláveis para si ou para a sociedade que não estejam assegurados por outros meios.

Importante é ainda observar que uma grande parte das alegações da agravante fundadas na pretensa verificação do *periculum in mora* não tem tradução no leque de factos provados.

Deste modo, ainda que eventualmente pudessem qualificar-se de inválidas as deliberações de destituição dos administradores, por verificação de uma situação qualificável como "abusiva", a falta de elementos confirmativos da provável existência de um perigo de ocorrência de dano apreciável, para a sociedade ou para os administradores, decorrente da destituição, levaria igualmente à improcedência da providência.

7. Face ao exposto, acorda-se em negar provimento ao agravo, confirmando a decisão agravada.

Custas a cargo dos agravantes.

Notifique.

Lisboa, 22-8-05

António Santos Abrantes Geraldes (relator)

Anexo n.º 4

Agravo n.º 1638/99
Arresto. Probabilidade do direito de crédito. Invocação da nulidade do contrato de arrendamento rural.

Sumário:

1. A afirmação da existência de um direito de crédito basta-se com um juízo de probabilidade.

2. A nulidade do contrato de arrendamento rural não afasta a possibilidade de a favor do locador se constituir um direito de crédito.

I – D. e mulher interpuseram recurso de agravo do despacho que decretou o arresto de bens requerido por M.

Nas suas alegações formulam as conclusões que resumidamente se expõem:

A agravada não provou suficientemente a sua qualidade de proprietária do prédio ocupado pelos agravantes;

Também não juntou qualquer exemplar de contrato de arrendamento rural, nem alegou ou provou que os agravantes se tenham recusado a assinar um contrato com cláusulas bilateralmente aceites;

A notificação judicial avulsa para assinar um contrato unilateralmente elaborado e clausulado não preenche as condições legais;

Não se encontra provado que os agravantes tenham sido notificados para reduzirem a escrito um contrato com as cláusulas e condições acordadas verbalmente com quem contrataram, ou seja, com o pai da agravada;

Nunca negociaram qualquer contrato com a agravada, podendo questionar-se a sua qualidade de credora dos agravantes, o que constitui pressuposto do decretamento do arresto;

É ilegal o pedido de informações sobre saldos bancários feito pelo juiz antes da produção de prova.

A agravada contra-alegou, afirmando a existência do crédito para cuja garantia foi requerido e decretado o arresto, assim como o justo receio de não pagamento.

II – Matéria de facto:

Face aos meios de prova produzidos (depoimentos testemunhais reduzidos a escrito e documentos juntos) e tomando ainda por base a própria posição assumida pelos agravantes quanto à anterior celebração de um contrato de arrendamento rural, sob forma verbal, tudo avaliado de acordo com os padrões de verosimilhança que se ajustam aos procedimentos cautelares, consideram-se provados os seguintes factos:

– Em 25-4-87 foi celebrado entre o pai da requerente e os requeridos um contrato verbal de arrendamento dos terrenos designados por Castelhano, Ladeiras e Igreja integrados no prédio denominado Ponte Pedrinha, mediante o pagamento anual de 222, 32 e 160 medidas de milho, respectivamente, por parte dos agravantes.

– A partir de 1990 foi também arrendado um outro terreno designado por Igreja, mediante o pagamento anual de 216 medidas de milho.

– A agravada é presentemente a dona desses terrenos.

– A partir de 1990 o valor da renda fixada para todos os terrenos era de 630 medidas de milho ou o preço equivalente, sendo que cada medida tem 13 Kg.

– Os agravantes deixaram de efectuar a entrega das referidas rendas acordadas a partir de 1990 até ao presente.

– Ao preço corrente em cada um dos anos, os agravantes deixaram de entregar até 1999 milho no valor global de 3.034.395$00.

– Em 23 de Abril de 1998 foi efectuada a notificação judicial da agravante nos termos que constam de fls. 22, na sequência do requerimento apresentado pela agravada e cuja cópia se encontra junta a fls. 20 e 21, onde solicitavam a notificação dos agravantes para assinarem os exemplares do contrato correspondentes ao teor de fls. 23 e 24.

– Existem más relações entre os agravantes e a agravada.

– O agravante insultou a agravada, dizendo "que é uma vaca e que lhe há-de cortar o pescoço" e costuma dizer que "dos terrenos não sai nem ninguém o tira" e ultimamente tem dito que "sai mas que há-de fazer das dele".

– Os agravantes têm um veículo de marca Renault 4L, no valor de 150.000$00 e não têm bens imóveis. Na Caixa de Crédito Agrícola têm um depósito de 35.450$00. Têm oficializado um rebanho de 51 ovelhas, das quais 7 com brucelose, constando que têm 100 ovelhas, sendo 12 doentes, valendo cada ovelha sã 20.000$00 e cada ovelha doente 8.000$00.

III – O direito:

1. Estamos em sede de procedimento cautelar de arresto requerido pela agravada, com base na titularidade de um crédito correspondente às rendas decorrentes de contrato de arrendamento rural celebrado com os agravantes ou, de todo o modo, devidas a título de enriquecimento sem causa.

Os agravantes não negam a existência do referido contrato celebrado pela forma verbal, nem sequer que tenha sido convencionada, também verbalmente, a obrigação de entrega da renda em géneros quantitativamente referida pela agravada. Apenas invocam a falta de junção aos autos de um exemplar do contrato, nos termos e para efeitos do disposto no art. 35.º, n.º 5, da Lei de Arrendamento Rural.

Transparece dos autos a existência de um arrastado litígio entre os agravantes e agravada que deu origem a três processos judiciais, sendo este procedimento cautelar de arresto dependente da acção declarativa com processo sumário cuja cópia da petição inicial se encontra junta a fls. 6 a 9.

Ao invés do que referem os agravantes, a apreciação substancial do caso concreto não está necessariamente dependente da prova do direito de propriedade da agravada sobre os terrenos arrendados, assim como não exige obrigatoriamente a prova da existência de um contrato de arrendamento nos termos em que a matéria vem regulada nos arts. 3.º e 35.º da Lei de Arrendamento Rural (apresentação de um exemplar do contrato ou da comprovação da intimação feita no sentido de o mesmo ser reduzido a escrito).

No contexto do procedimento em que nos situamos, para além da prova do justo receio de perda da garantia patrimonial, o que é fundamental é a prova sumária da existência de um direito de crédito, seja qual for a sua origem, sendo certo que, no caso, se funda na cedência aos agravantes de terrenos agrícolas para sua exploração.

Não colocando os agravantes em causa a conclusão a que o tribunal de primeira instância chegou sobre o primeiro dos referidos pressupostos, constata-se que também não pode ser acolhido o agravo quando reportada ao segundo, quer na perspectiva da matéria de facto, quer da respectiva subsunção jurídica.

Na verdade, ainda que porventura se pudesse afirmar o desrespeito pelo formalismo atinente ao contrato de arrendamento, isso não modificaria o sentido da decisão, uma vez que se mostraria suficiente o recurso ao instituto da nulidade para aí assentar o direito de crédito a uma prestação equivalente ao uso e fruição cedidos desde 1990 até à presente data, nos termos do art. 289.º do CC.

2. Quanto aos fundamentos do arresto:

a) É questionada unicamente a existência de um crédito passível de ser acautelado pelo decretamento do arresto

Perante a matéria de facto considerada provada, não existem motivos para questionar o acerto da decisão que decretou a providência.

Os agravantes têm a qualidade de rendeiros de terrenos pertencentes à agravada, qualidade essa resultante de contrato verbal que foi celebrado com o pai da agravada, perante o qual assumiram a obrigação de entrega anual das quantidades de cereal referidas.

Conquanto tal contrato não tenha respeitado a forma legalmente prescrita pelo art. 3.º, n.º 1, da LAR, a agravada promoveu oportunamente a notificação dos agravantes para efeitos de assinatura de um contrato de arrendamento que reduziram a escrito.

E, no contexto do litígio que está pendente entre os interessados, a falta de alegação dos agravantes da oportuna manifestação de vontade no sentido de assinar o contrato ou de discutir o seu conteúdo, é suficiente para se dar por preenchido o condicionalismo referido no art. 3.º, n.º 4, da LAR.

Na verdade, o objecto, o número e a duração dos processos que já foram instaurados ou que se encontram pendentes levam-nos a considerar suficiente a notificação judicial avulsa que oportunamente foi promovida pela agravada, no sentido de formalizar o contrato de arrendamento, seguida de inacção por parte dos arrendatários notificados.

Pretendendo a agravada, com essa notificação, impedir futura apresentação de meios de defesa assentes na omissão da redução a escrito do contrato de arrendamento, devem considerar-se satisfeitas as exigências legais dos arts 3.º, n.º 4, e 35.º, n.º 5, da LAR, ficando vedado aos arrendatários a invocação da nulidade do contrato, por lhes ser imputável neste momento a falta de contrato escrito.

Por esta via se conclui que da prova inequívoca da falta de cumprimento oportuno da obrigação entrega das rendas convencionadas emerge a existência do correspondente direito de crédito na esfera jurídica da agravada, para cuja tutela foi requerido o arresto.

b) Todavia, ainda que outra fosse a solução a dar à anterior questão, não deixariam de se verificar os requisitos do arresto.

Admitindo, porventura, a eficaz invocação da nulidade contratual ou os efeitos que a lei prevê para a falta de junção de um exemplar do contrato, certo é se manteria o pressuposto substancial da existência do direito de crédito que com o arresto se pretende acautelar.

É que a nulidade do contrato não corresponde de modo algum à figura da inexistência jurídica. E, por outro lado, dúvidas não restam de que os agravantes têm estado na posse dos terrenos que pertencem à agravada, explorando-os e retirando deles os rendimentos agrícolas, o que decorreu de um acordo de vontades estabelecido entre eles e o anterior proprietário, tendo este abdicado temporariamente do uso e fruição dos referidos terrenos em benefício dos agravantes.

De acordo com o disposto no art. 289.º do CC, a nulidade determina a obrigação de restituição das prestações efectuadas e, caso se revele impossível a reposição da situação existente à data da celebração do contrato, prevê-se a restituição do valor correspondente.

Revelando-se *in casu* naturalmente impossível a reposição por parte dos agravantes do uso e fruição continuados ao longo dos anos em que exploraram os terrenos da agravada, surgiria na esfera jurídica dos agravantes rendeiros, como único meio de restabelecer o equilíbrio de prestações, a obrigação de entregarem à proprietária dos terrenos o valor correspondente, necessariamente calculado com base nas rendas em espécie verbalmente acordadas como preço da cedência temporária da fruição.[667]

Também por esta via (que não por aplicação das regras do enriquecimento sem causa, atenta a sua natureza subsidiária resultante do art. 474.º do CC) se atingiria o mesmo resultado quanto à verificação de um direito de natureza creditícia na esfera da agravada e da correspondente obrigação na esfera dos agravantes.

b) Quanto ao pedido de informação prévia:

Pretendem os agravantes atacar a legalidade do pedido de informações formulado anteriormente à apreciação dos fundamentos do arresto.

Efectivamente a lei não prevê a possibilidade de o tribunal, antes de apreciar os fundamentos do arresto, solicitar prévias informações sobre a existência e saldo de contas bancárias. Só depois de se considerarem verificados os pressupostos e de se decretar o arresto de determinados bens se prevê a notificação das entidades bancárias onde eventualmente estejam depositadas quantias pertencentes aos devedores cujo arresto tenha sido requerido e deferido.

No procedimento de arresto, tal como em sede do processo de execução, o dever de averiguação pertence basicamente ao credor, o qual deve proceder indicar no requerimento inicial os bens cujo arresto pretende, procedendo à sua identificação de acordo com o que se mostrar possível ou suficiente.

Por isso mesmo, não se justificava a prévia solicitação às autoridades bancárias das informações relacionadas com a existência e montantes dos depósitos existentes em nome dos requeridos, até porque a requerente procedeu à identificação das respectivas agências que deveriam ser notificadas para efeitos de efectivação do arresto.

E diga-se ainda que se nenhuma norma permitia esse procedimento, as cautelas que no caso andam associadas ao sigilo processual aconselhariam a omitir qualquer diligência preparatória como forma de evitar condutas destinadas a frustrar os objectivos da providência cautelar.

Simplesmente, o modo de agir que se impugna não consente que se modifique a decisão posteriormente emitida pelo tribunal de primeira instância.

A prática de actos que a lei não admitia revelou-se de todo inócua no procedimento cautelar, uma vez que o arresto acabou por ser decretado e as entidades bancárias acabaram por ser notificadas para efeitos de apreensão

---

[667] A jurisprudência tem repetidamente afirmado esta solução para situações semelhantes à dos autos em que a nulidade afecta contratos de execução continuada como o contrato de arrendamento urbano ou a locação financeira mobiliária.

Cfr. a respeito disso o decidido no Ac. da Rel. de Coimbra, de 20-5-97, in CJ, tomo III, pág. 14, Ac. da Rel. de Lisboa, de 28-11-96, in CJ, tomo V, pág. 113, e Ac, da Rel. de Lisboa, de 17-1-91, in CJ, tomo I, pág. 133.

efectiva das quantias depositadas, não fazendo sentido a invocação do sigilo bancário como obstativo do acesso do tribunal aos elementos constantes dos respectivos registos.

IV – Conclusão:

Face ao exposto acorda-se em julgar improcedente o recurso, mantendo a decisão agravada.

Custas a cargo dos agravantes, sem prejuízo do instituto do apoio judiciário.

Notifique.

Coimbra, 26-10-99

António Santos Abrantes Geraldes (relator)

Anexo n.º 5

Agravo n.º 5204/99
Arresto. Justo receio de perda da garantia patrimonial.

Sumário:

Para além da alegação e prova da existência de um direito de crédito, é imprescindível a prova da existência de fundado receio de perda da garantia patrimonial, a carecer de oportuna alegação devidamente concretizada.

I – T., Ldª, requereu contra F., Ldª, procedimento cautelar de arresto, alegando a existência de uma dívida de elevado montante da parte da requerida e a insuficiência do seu património para efeitos de garantir o seu pagamento.

Produzida a prova foi proferida decisão que indeferiu a providência cautelar com motivo na falta de prova do alegado receio de perda da garantia patrimonial.

Agravou a requerente e concluiu que:

...

5. O direito:

5.1. O arresto, como medida cautelar tendente a prevenir o específico risco da perda da garantia patrimonial, supõe, nos termos dos arts. 406.º, n.º 1, 407.º, e 387.º, n.º 1, do CPC, a verificação de factos que integrem suficientemente dois pressupostos fundamentais: a provável existência de um crédito e o justificado receio de perda da garantia patrimonial.

Os factos apurados não suscitam dúvidas quanto à verificação do primeiro.

Malgrado a interconexão que existe entre a requerente e a requerida, derivada da participação desta em 50% do capital da requerente, e do facto de os gerentes da requerida também exercerem as funções de gerência da requerente, estamos face a duas entidades autónomas que entre si podem manter relações contratuais geradoras de créditos e das correspectivas obrigações.

No caso concreto, fruto das relações comerciais privilegiadas que a requerente tem mantido com a requerida, as quais absorvem a grande parte da sua facturação, verifica-se que a agravante, em 31-8-98, tinha sobre a requerida um crédito de 87.066.010$00, valor que pode assumir-se com base nos critérios de verosimilhança ajustados aos procedimentos cautelares.

5.2. Como segundo vector fundamental, impõe-se a verificação do *periculum in mora*, resultante do justificado receio de que actuações ou comportamentos devedor redundem na perda da garantia patrimonial, por se revelar antecipadamente difícil ou impossível a cobrança através da execução de bens do seu património.[668]

Também em relação a este requisito são dispensáveis juízos de certeza ou de elevada probabilidade, impondo-se a sua declaração mediante a apresentação de prova sumária.

Porém, o que a lei não permite dispensar é a apresentação de elementos ou a prova de factos que permitam a formulação de um juízo objectivo sobre aquela específica situação.

Para a sua avaliação não bastam juízos puramente subjectivos do juiz ou do credor, assentes em puras conjecturas. Pelo contrário, impõe-se a alegação e prova de factos ou de circunstâncias[669] que, de acordo com as regras de experiência, aconselhem uma decisão cautelar imediata como factor potenciador da eficácia da acção declarativa ou da acção executiva.

Raramente as situações de perigosidade se apresentam com uma natureza inequívoca, razão pela qual a assunção de um tal requisito deve ser fruto da análise de um conjunto mais ou menos complexo de factos.

A superioridade do passivo relativamente ao activo constituirá certamente um dos elementos através dos quais se pode reconhecer uma situação de perigo, mas isso não significa que esse factor deva funcionar automaticamente. Basta, por exemplo, que se prove que o devedor tem capacidade de endividamento, que a situação é conjuntural ou que pode conseguir, com facilidade, crédito na banca.

Também não basta a verificação de uma recusa de cumprimento das obrigações, a qual é compatível com a manutenção de um acervo de bens capazes de garantir o futuro cumprimento.

Correspondentemente, não está afastada a verificação de uma situação carecida de tutela cautelar, apesar de o activo ser superior ao passivo. Com efeito, basta que se prove uma inequívoca intenção de dissipação ou de ocultação do património ou de fuga do devedor, com o intuito de se furtar ao cumprimento das suas obrigações.

[668] Segundo **Antunes Varela**, in *CC anot.*, I vol. pág. 560, "não é necessário que a perda (da garantia patrimonial) se torne efectiva com a demora; basta que haja um receio *justificado*".

[669] No Ac. do STJ, de 3-3-98, in CJSTJ, tomo I, pág. 116, acentua-se a necessidade de invocação de factos concretos que consubstanciem o receio.

5.3. No caso concreto, a verificação do mencionado pressuposto debate-se com duas ordens de dificuldades.

Desde logo, a simples leitura do requerimento inicial, local apropriado à alegação dos factos constitutivos, revela que a requerente foi parca no cumprimento do seu ónus de alegação no que concerne à ilustração da verdadeira situação patrimonial da requerida. Muito mais ainda na alegação de factos que façam supor o exigido receio de perda da garantia patrimonial.

Tendo justificado suficientemente a existência de um crédito de elevado montante, praticamente se limitou a enunciar factos de natureza circunstancial relacionados com a situação financeira da requerida, para deles concluir que a mesma não revela possibilidades de solver a sua dívida

Na ocasião em que deveria preencher, com alegações objectivas, o pressuposto do periculum in mora, admitiu apenas que procurou averiguar acerca do património imobiliário da requerida, mas não conseguiu obter esses elementos (art. 46.º).

Neste contexto, apresentam-se de nulo interesse os factos relacionados com a situação financeira da própria requerente e, designadamente, com a existência de uma dívida fiscal de elevado montante. A concessão da tutela cautelar privilegia a situação do devedor, sendo indiferente a situação em que o credor se encontra, ainda que isso seja o resultado da insatisfação do crédito do justificante.

Nos mesmos termos, efeito algum, com pertinência para o caso, advém do facto de os gerentes da requerida terem "manobrado" a contabilidade, com vista à redução do crédito que a requerente detém sobre a requerida.

Em conclusão, da leitura do requerimento inicial resulta que a requerente ora agravante tem a convicção de que está em perigo a garantia patrimonial. Só que a determinação de uma providência cautelar como o arresto, no caso materializada na apreensão dos créditos que a requerida tem perante terceiros, não se basta com estes juízos de natureza subjectiva.

5.4. No caso, a deficiente alegação da matéria de facto necessariamente se repercutiu na fase da produção da prova e da emissão da decisão sobre a matéria de facto.

A este respeito, nada de objectivo se conseguiu apurar relativamente à garantia patrimonial do crédito da requerente sobre a requerida, o que impede, mesmo com recurso a factos instrumentais, a regras de experiência ou a presunções judiciais, considerar como verificado o justificado e objectivo receio passível de ser eliminado através do arresto de bens da requerida.

Ainda que a requerida não seja titular de património imobiliário (dúvida que apenas foi suscitada pela requerente mas que não se mostra esclarecida), isso não bastaria para se considerar provada a situação de perigo que no caso se impõe, tanto mais que na vida económica actual o centro de gravidade não recai tanto sobre bens corpóreos, antes sobre capitais.

Mais importante ou, ao menos, tão importante quanto isso é a capacidade de endividamento ou o volume de negócios, sendo certo que a requerida é uma empresa que se dedica a uma actividade de natureza cultural ou de prestação de serviços que não carece necessariamente de elevado património imobilizado.

A própria requerente revela, através da indicação das receitas de distribuição que pretende ver arrestadas, que a requerida é distribuidora de filmes para dezenas de salas de cinema, facto que, ao menos, permite evidenciar uma vida comercial activa.

5.5. O que os autos comprovam, acima de tudo, é a existência de um arrastado conflito entre dois dos gerentes da requerida (que detém 50% do capital da requerente) e os outros dois gerentes da requerente que encabeçaram esta providência cautelar. Mais do que a perda da garantia patrimonial relativamente ao crédito da requerente, o que parece estar em causa é a relação de domínio que, de direito ou de facto, a requerida ou os seus gerentes vêm exercendo sobre a agravante.

Esses problemas já foram revelados nestes autos, designadamente com a apresentação de requerimentos contraditórios acerca da manutenção da instância, um da responsabilidade dos gerentes que subscreveram a procuração inicial, outro da responsabilidade dos restantes.

Só que um ou outro dos problemas não têm que ser solucionados mediante uma providência de arresto. Se, porventura, como a requerente alega, os dois gerentes da requerida, e que também exercem funções de gerência da requerente, estão a actuar em detrimento da requerente, existem na lei das sociedades comerciais dispositivos legais e meios processuais destinados a sanar a situação, nos quais não se inclui especificamente o arresto.

6. Face ao exposto, acorda-se em negar provimento ao agravo, mantendo a decisão recorrida.

Custas a cargo da agravante.

Notifique.

Lisboa, 18-10-01

António Santos Abrantes Geraldes (relator)

Anexo n.º 6

Agravo n.º 835-03
Arresto. Natureza urgente. Férias judiciais. Requisitos do arresto. Probabilidade do direito e *periculum in mora*. Alegação de factos.

Sumário:

1. Os procedimentos cautelares têm natureza urgente independentemente da fase em que se encontrem.

2. O decretamento do arresto por apenso a uma acção executiva pressupõe que o crédito esteja inscrito no título executivo.

3. A demora na tramitação processual não justifica, por si só, o decretamento do arresto, devendo alegar-se e provar-se factos reveladores do justo receio de perda da garantia patrimonial.

I – Por apenso ao processo de execução que P., SA, move a L., P. e E., foi requerido providência cautelar de arresto referente a precatórios-cheques para levantamento de quantias depositadas na CGD, à ordem do processo de execução n.º 156/98, do 14ª Vara Cível, decorrentes de penhoras aí realizadas, e ainda o arresto de uma fracção autónoma de prédio urbano.

Os precatórios-cheques foram imediatamente retidos e, após produção da prova, o arresto foi decretado, tendo sido considerados verificados os respectivos pressupostos, ou seja, a probabilidade da existência do crédito invocado (o mesmo que é objecto do processo de execução) e o justo receio de perda da garantia patrimonial.

…

1. O arresto solicitado foi decretado e os requeridos foram notificados para deduzirem oposição. Entrando a tramitação da oposição pelo período de férias judiciais de Verão, foi proferido, no dia 27-7-01, o despacho de fls. 51 a considerar que "a oposição ao procedimento cautelar, após ter sido decretado não reveste carácter urgente; pelo que a tramitação destes autos não prossegue em férias judiciais. Assim, apresente ao juiz titular após as férias judiciais".

Os agravantes concluíram que o procedimento deveria continuar a ser tramitado como urgente.

O recurso foi admitido a subir com o primeiro que recaísse sobre a oposição, o que praticamente inutilizou os efeitos que os agravante pretendiam extrair do agravo.

2. A decisão agravada não pode ser confirmada.

O legislador atribuiu aos procedimentos cautelares natureza urgente, sendo este um dos vectores através dos quais pretendeu efectivar o objectivo da celeridade inerente aos instrumentos processuais que visam acautelar o risco marginal derivado da normal ou da anormal morosidade processual.

Aquele princípio geral e as suas manifestações particulares visam orientar todos os intervenientes no sentido de evitar demoras que, sendo porventura necessárias à segurança ou à justeza da decisão a proferir na acção principal, não encontram justificação em procedimentos que devem ser céleres para serem eficazes.[670]

A celeridade implica, por exemplo, que os procedimentos corram mesmo em período de férias judiciais, a fim de ser impedida a concretização do perigo que através das medidas cautelares se pretende impedir.

Determina o art. 382.º, n.º 1, do CPC, que "*os procedimentos cautelares revestem sempre carácter urgente...*".

Ora, esta expressão significa que a urgência não se reporta apenas à tramitação anterior à prolação da decisão cautelar, passando ainda pela fase da oposição (quando a decisão é decretada sem contraditório) e prosseguindo mesmo depois de a medida ser executada, enquanto persistirem os seus efeitos.

Na verdade, enquanto se mantiver pendente a tutela determinada pela decisão cautelar, ou seja, enquanto esta não for definitivamente revogada ou o seu efeito não for substituído pelo efeito decorrente da decisão a proferir na acção principal, mantém vigor o princípio da celeridade fundamental para evitar não só a consumação dos perigos que o requerente pretende arredar, mas também os danos que para a arte contrária pode decorrer de uma decisão meramente provisória.

Para além do apoio que esta solução encontra na letra do mencionado preceito, as razões que determinam a tramitação urgente dos procedimentos cautelares não devem funcionar apenas em benefício do requerente, pelo simples facto de ter invocado e provado sumariamente os respectivos requisitos legais,

---

[670] Refere-se no Preâmbulo do Dec. Lei n.º 329-A/95 que a urgência do processado e a afixação de um prazo máximo para a decisão implica "*uma gestão do andamento do processo, quer para as partes quer para o tribunal, compatível com o respeito por tal prazo máximo*".

sendo igualmente merecedor de protecção o requerido que, através da tramitação urgente, pode atenuar os prejuízos que a manutenção da medida podem provocar na sua esfera de interesses.

3. Nestas circunstâncias, concede-se provimento ao agravo e determina-se a substituição do despacho recorrido por um outro que considere urgente a tramitação do procedimento enquanto se mantiverem os efeitos da medida cautelar que foi decretada.

...

4.2.10. Quanto à probabilidade da existência do crédito invocado:

a) Da matéria de facto modificada por esta Relação apenas é possível concluir pela existência de um direito de crédito, ainda assim de montante não determinado. Quanto à sua fundamentação, atenta a resolução do contrato de ALD que foi operada pela requerente, não poderá corresponder ao somatório de "rendas" de ALD que deixaram de ser pagas, mas, à indemnização devida pelo incumprimento do contrato decorrente da resolução imputável ao locatário.

O arresto foi requerido por apenso a uma acção executiva. A relação de instrumentalidade que poderia justificar o seu decretamento não se basta com a mera probabilidade da existência de "um direito de crédito". Mais importante do que isso é a afirmação da probabilidade da existência "do crédito" que é objecto da acção principal, nos termos do art. 383.º, n.º 1, do CPC.

Sendo esta, no caso, uma acção executiva, a probabilidade que deve apurar-se, para efeitos de justificação ou manutenção do arresto, deve reportar-se ao crédito alegado no requerimento inicial e necessariamente comprovado pela simples análise do título executivo. Atentos o relevo atribuído ao título executivo, mais do que a detecção de motivos para a existência de um crédito resultante do relacionamento estabelecido entre as partes, é imprescindível o apuramento do crédito traduzido literalmente no título que constitui o pressuposto específico da acção executiva de que o arresto é dependente.

b) Ora, neste ponto, a decisão cautelar, corroborada pela decisão proferida no âmbito da oposição, não pode ser confirmada.

Na verdade, foi apresentado um título executivo materializado num contrato de ALD de cujo texto resulta que o locatário assumiu a obrigação de pagamento de 48 "rendas". Invocou a requerente do arresto que o locatário apenas pagou 4 dessas "rendas" e que, por isso, ainda se encontrariam por pagar outras 44.

Como já se referiu, as próprias partes estão de acordo que o contrato de ALD não atingiu o seu *terminus*, e que foi resolvido por iniciativa da locadora. Também se verifica a existência de acordo quanto ao facto de o veículo automóvel ter sido entregue à locadora, sendo posteriormente vendido a outra pessoa.

Tendo a exequente invocado em seu favor um crédito que corresponderia às contraprestações de um contrato que teria cumprido a sua função integral, a resolução do mesmo por sua iniciativa deixou sem fundamento a invocação do direito de crédito correspondente às prestações mensais acordadas e que não foram pagas pelo locatário.

O único crédito que pode ser considerado a partir da resolução é o que se fundar na cláusula 16ª do contrato de ALD, segundo a qual, "no caso de rescisão por incumprimento deverá o locatário pagar ao locador uma indemnização igual a 80% do valor das rendas vincendas e as vencidas e não pagas, acrescidas de juros de mora à taxa legal...".

Porém, sem embargo da discussão que possa dar-se em redor da validade ou da extensão dessa cláusula penal, tal crédito não pode ser invocado no âmbito da acção executiva que se baseia no contrato de ALD que teria seguido o seu curso normal, ficando, deste modo, sem apoio a prevenção cautelar que através do arresto se pretende concretizar relativamente à perda da garantia patrimonial. A existência e a quantificação desse crédito apenas serão viáveis em sede de ampla discussão proporcionada no âmbito de uma acção declarativa.

c) Em suma, baseando-se a acção executiva na existência de um crédito certificado pelo título executivo, os factos que se apuraram determinam que o crédito exequendo, além de não poder ser confirmado, não se encontra abarcado pelo título apresentado.

A apreciação de um outro fundamento realmente existente não prescindirá da discussão num plano diverso, isto é, numa acção declarativa, apropriada a definir situações conflituosas, pois que o processo de execução se destina a exercitar o cumprimento coercivo de direitos certos e não a delimitar o seu conteúdo.

Concluiu-se, pois, pela ausência de um dos requisitos com base no qual foi decretado o arresto, qual seja, a probabilidade do direito de crédito reclamado no âmbito da acção executiva.

4.2.11. Quanto ao justo receio de perda da garantia patrimonial:

a) Também a afirmação deste segundo requisito na decisão que decretou o arresto nos parece precipitada.

Na prática, o referido receio de perda da garantia patrimonial derivaria tão só do facto de os agravantes ainda não terem efectuado o pagamento da quantia que é reclamada na acção executiva e de ter sido anulada a execução no âmbito da qual foram penhorados determinados bens.

Onde está o "justo receio" de perda da garantia patrimonial? Onde estão os factos objectivos de que seja legítimo concluir que os exequentes não pagarão a quantia que afinal vier a ser determinada, depois da forte contestação que está subjacente aos embargos de executados?

b) A sustentar-se a tese que sobrepassa pela decisão agravada, generalizando-a necessariamente a todas as situações semelhantes, o arresto seria sempre justificado desde que o devedor se negasse a pagar a quantia reclamada ou desde que, por qualquer razão, o processo de execução demorasse mais do que o prazo razoável.

No entanto, mais do que preservar a eficácia que porventura pode derivar da adopção de entendimentos semelhantes, é necessário verificar se estão preenchidos os requisitos de que a lei positiva faz depender o decretamento de medidas que, tal como o arresto, são provisórias e destituídas da segurança jurídica potenciada pela actividade a desenvolver através de outros instrumentos processuais mais solenes.

Ora, aquilo que a este respeito está determinado é que o arresto apenas deve ser decretado quando exista "*fundado receio de perda da garantia patrimonial*".

Um tal segmento normativo constante do art. 406.º, n.º 1, do CPC, e do art. 619.º do CC, supõe a prova de um circunstancialismo que faça antever o perigo de se tornar difícil ou impossível a cobrança do crédito,[671] o que deve ser aferido de acordo com critérios objectivos,[672] e não partindo de uma análise subjectiva que eleve à categoria de receio fundado aquilo que constitui um mero temor ou o resultado de simples conjecturas do credor.

No que ao arresto respeita, o *periculum in mora* que serve de fundamento à generalidade das providências cautelares, deve reportar-se ao receio objectivo, justificado, de perda da garantia patrimonial representada por todos os elementos do património do devedor.

Condensado tal pressuposto numa cláusula geral, a sua densificação deve ser operada mediante o recurso a situações da vida corrente que permitam a afirmação ou a negação de uma justificada razão para temer pela solvabilidade do devedor e pela efectivação do direito de crédito.

c) É assim que a análise da jurisprudência denota o reconhecimento desse pressuposto quando, por exemplo, se verificam situações como as seguintes:

– O devedor pretende alienar os seus bens imóveis[673] ou vender o património conhecido,[674] ou existem actos de alienação gratuita a favor de terceiros ou actos simulados de alienação ou de oneração;

– O devedor pretende abandonar o local de trabalho para se furtar ao cumprimento dessas obrigações;[675]

---

[671] Segundo **Antunes Varela**, in *CC anot.*, vol. I, pág. 560, "não é necessário que a perda (da garantia patrimonial) se torne efectiva com a demora; basta que haja um receio justificado".

[672] No Ac. do STJ, de 3-3-98, CJSTJ, tomo I, pág. 116, acentua-se a necessidade de invocação de factos concretos que consubstanciem o receio.

[673] A este propósito cfr. **Antunes Varela**, in *CC anot.*, vol. I, pág. 560, e o Ac. da Rel. do Porto, de 9-5-89, BMJ 387.º/646.

[674] Ac. do STJ, de 24-11-88, BMJ 381.º/603.

[675] Cfr. Ac. da Rel. do Porto, de 30-9-91, BMJ 409.º/871.

– Verificam-se tentativas do devedor para transferir elevadas somas de dinheiro para o estrangeiro, ausentando-se da empresa;[676]

– Constatam-se actos de descapitalização da empresa, através da transferência dos activos do devedor.[677]

d) No caso concreto, a matéria de facto apurada no Tribunal a quo, saneada daquilo que é matéria conclusiva, que é juízo de valor ou que contraria o que resulta do processo principal, de modo algum permite deduzir a existência do periculum in mora típico do procedimento cautelar de arresto.

Os agravantes não são titulares de vasto património. De todo o modo, isso não automatiza o procedimento de arresto dos bens, mais a mais quando, depois de terem sido demandados em acção executiva, se defenderam procurando arredar os efeitos que a exequente pretende fundar num documento que, como se referiu, já não retrata com fidelidade a relação creditícia existente.

Mais do que a verificação de justificado receio de perda da garantia patrimonial, estamos face a uma situação de receio meramente subjectivo, fundado na forte oposição que os agravantes têm deduzido contra o processo de execução, actuação justificada, além do mais, pelas legítimas dúvidas quanto à viabilidade da acção executiva e quanto à quantificação e fundamentação do crédito invocado.

É verdade que a requerente aguarda o pagamento da dívida que reclama na acção executiva que foi instaurada há mais de 3 anos.

Todavia, além da falta de fundamento do invocado crédito, não é imputável aos agravantes o atraso que a acção executiva sofreu, tendo em conta que a anulação da execução decorreu da verificação de uma nulidade da citação de um dos agravantes.

A demora na tramitação do processo principal não tem correspondência com o periculum in mora que se exige no arresto.

"Demora" processual não equivale de modo algum ao "perigo de mora" cuja prova sumária é necessária para que seja decretada uma medida cautelar de apreensão de bens.

O facto de o dinheiro depositado poder ser facilmente ocultado não determina a comprovação do justo receio de perda da garantia patrimonial. De outro modo, o arresto deveria ser sempre decretado mediante quando no património dos devedores não existissem bens de outra natureza.

De todo o modo, mais importante do que estas considerações é a ausência de qualquer facto de que seja possível deduzir a intenção dos agravantes de prejudicarem a garantia dos credores constituída pelos bens que agora integram o seu património.

---

[676] Ac. da Rel. de Lisboa, de 14-1-76, BMJ 255.º/200.

[677] Cfr. **Alberto dos Reis**, in *CPC anot.*, vol. II, pág. 19.

Por conseguinte, também não pode admitir-se, face aos elementos dos autos, a verificação do segundo pressuposto do arresto.

VI – Em conclusão:

Face ao exposto, acorda-se no seguinte:

Concede-se provimento ao agravo A), considerando urgente a tramitação do procedimento enquanto se mantiverem os efeitos da medida cautelar que foi decretada;

...

Quanto ao agravo B)... revoga-se a decisão que indeferiu a oposição e, em sua substituição, determina-se o levantamento do arresto.

Sem custas quanto aos agravos A), C) e D), por falta de oposição.

Quanto ao agravo B), as custas serão suportadas por ambas as partes na proporção de 1/5 para os agravantes e de 4/5 para a agravada.

Notifique.

Lisboa, 25-2-03

António Santos Abrantes Geraldes (relator)

Anexo n.º 7

Agravo n.º 296-04
Arresto. Bens do fiador. Alegação de factos integrantes do justo receio.

Sumário:

A consagração da possibilidade de requerer o reforço da fiança, nos termos do art. 997.º do CPC, não impede que se solicite arresto relativamente ao fiador.

O decretamento do arresto pressupõe a alegação e prova de factos que traduzam, de acordo com um critério de verosimilhança, uma situação de justo receio de perda da garantia patrimonial, o que não se confunde com meras conjecturas ou receios subjectivos.

I – J. requereu contra M., Ldª, e M. L., providência cautelar de arresto para garantia do crédito de € 19.800.

O arrestou foi decretado.

Agravou a requerida M. L., concluindo que:

A agravante é fiadora, pelo que gozando do benefício da prévia excussão, a decisão violou o art. 406.º do CPC, na medida em que o credor só pode requerer o arresto dos bens do devedor;

Se considerarmos a fiança válida, não há o risco da insolvência da fiadora, o arresto é meio inidóneo, porquanto existe um meio específico destinado a obter o reforço da garantia (art. 633.º, n.os 2 e 3, do CC, em conjugação com o art. 997.º do CPC).

O arresto integrado na figura genérica do processo cautelar, propôs-se a afastar o perigo da demora da decisão a proferir na acção de dívida.

Tal perigo não existe porquanto se está a aguardar somente a decisão final.

Houve contra-alegações.

Colhidos os vistos, cumpre decidir.

…

III – O direito:

1. Para a apreciação do agravo parte-se do pressuposto de que a agravante prestou termo de fiança num contrato de arrendamento e que essa fiança é válida.

Com efeito, ainda que transpareça dos autos a invocação da nulidade da fiança, não existem motivos para, no âmbito do procedimento cautelar, deixar de considerar a existência dessa garantia pessoal, com responsabilização do fiador nos mesmos moldes da arrendatária.

Também não foi questionada a probabilidade da existência do direito que foi invocado na acção principal.

2. Invoca a agravante a inidoneidade do arresto no que respeita ao fiador, na medida em que existe na lei um mecanismo específico de reforço da garantia.

Suscita ainda a inverificação do justo receio de perda da garantia patrimonial no que concerne à agravante.

2.1. Nos termos do art. 633.º, n.ºs 2 e 3, do CC, verificada a insuficiência da garantia prestada pelo fiador, o credor pode accionar o mecanismo processual regulado no art. 997.º do CPC destinado a obter o reforço da garantia.

Considera a agravante que a existência de tal dispositivo impede o recurso à providência de arresto.

Não tem razão.

Com efeito, malgrado o teor daquelas disposições, não está arredada a possibilidade de se verificar quanto ao fiador uma situação de *periculum in mora* que deva ser suprida através do recurso à providência cautelar ajustada à manutenção da garantia patrimonial.

As diferenças de tramitação que se verificam entre o mecanismo cautelar, de natureza expedita, e o processo especial para reforço de garantias, naturalmente mais moroso, justificam a utilidade que pode existir no recurso à tutela cautelar,[678] tanto mais que, no caso concreto, estamos face a uma fiança com renúncia ao benefício de excussão prévia, sendo a fiadora responsável em regime de solidariedade com a sociedade afiançada.

Acresce que nem sequer estamos face a uma situação de redução da garantia patrimonial, antes perante a alegada situação de receio de a mesma ser perdida mediante a alienação dos bens, impossibilitando a sua futura execução.

2.2. Quanto ao *periculum in mora*.

2.2.1. Vejamos os factos:

A 1ª requerida era dona de um estabelecimento de restauração sito num Centro Comercial, o qual se encontra encerrado, tendo sido retidos pela gestora do Centro os respectivos bens móveis.

A 2ª requerida, fiadora da sociedade, é titular de uma fracção autónoma que está hipotecada e de duas quotas, uma de 1/3 e outra de 1/6 (onerada com

---

[678] Neste sentido **Remédio Marques**, *A Penhora na Reforma do Processo Civil*, pág. 17, **Januário Gomes**, *Acção Fidejuissória de Dívida*, pág. 1166, e **Lebre de Freitas**, *CPC anot.*, vol. II, pág. 119, divergindo do Ac. da Rel. de Coimbra, de 2-12-97, BMJ 472.º/570.

usufruto), numa outra fracção. É ainda titular de duas quotas numa sociedade, uma das quais está onerada com usufruto. Não é dona de outros bens móveis ou imóveis, nem de outros direitos de crédito que possam servir de garantia ao pagamento da quantia que o requerente tenha direito por força da sua condenação no processo principal.

Ficou ainda expresso na decisão, como "*matéria de facto*", que:

– "Os bens pertencentes à 2ª requerida são facilmente transaccionáveis".

– E que "o requerente receia perder a única garantia patrimonial do seu crédito em virtude de existir o sério risco de as requeridas já não serem proprietárias de quaisquer bens ou créditos que possibilitem a cobrança do que lhe for devido no processo principal".

2.2.2. O provimento do agravo, com revogação da decisão que decretou o arresto, poderia resultar simplesmente da constatação de não terem sido alegados ou provados factos de que resulte a situação de periculum in mora.

Efectivamente aquilo que, inserido na chamada "*decisão da matéria de facto*", se deixou em itálico não constitui verdadeira matéria de facto; estamos face a meras conclusões jurídicas que não permitem afirmar, nem sequer em sede de um procedimento cautelar, a existência do pressuposto normativo de que depende o decretamento do arresto.

Para além de ser discutível a afirmação assumida na referida decisão de que os bens da fiadora "são facilmente transaccionáveis" (note-se que se trata de um bem imóvel hipotecado, de duas quotas num outro bem imóvel, uma das quais ainda está onerada com usufruto, e de duas quotas numa sociedade), tal afirmação não basta para justificar o arresto.

O mesmo se diga relativamente ao outro segmento.

Afirmar que o requerente "receia perder a garantia patrimonial", para além do ser pendor igualmente conclusivo, é tão só relevar uma manifestação subjectiva que não é reflexo de qualquer comportamento da agravante.

2.2.3. Mas o provimento do agravo é ainda o resultado do confronto directo com tais expressões, em confronto com as normas legais.

O justo receio da perda de garantia patrimonial previsto no art. 406.º, n.º 1, do CPC, e no art. 619.º do CC pressupõe a alegação e prova de um circunstancialismo fáctico que faça antever o perigo de se tornar difícil ou impossível a cobrança do crédito.[679]

Como é natural, o critério de avaliação deste requisito não deve assentar em simples conjecturas, antes deve basear-se em factos ou em circunstâncias

[679] Segundo **Antunes Varela**, *CC anot.*, vol. I, pág. 560, "não é necessário que a perda (da garantia patrimonial) se torne efectiva com a demora; basta que haja um receio *justificado*".

que, de acordo com as regras de experiência, aconselhem uma decisão cautelar imediata, como factor potenciador da eficácia da acção pendente ou a instaurar posteriormente.

Trata-se, em todo o caso, de um juízo provisório, que deve assentar em critérios de mera verosimilhança.[680]

Mas, pese embora a maior simplicidade que se impõe pelas regras próprias e pelos objectivos específicos da tutela cautelar, tal juízo não deve ser fruto da mera arbitrariedade, antes deve ser tomado a partir de factos.

Importante é que existam indícios reveladores do risco de insolvência, quer por razões imputáveis ao devedor, quer por quaisquer outros motivos, de tal modo que só a apreensão imediata de bens permita prevenir os riscos de insatisfação do direito de crédito, como acontece quando se verifica o abandono da empresa ou do estabelecimento, a dissipação ou o extravio de bens, a constituição fictícia de créditos ou a ocorrência de procedimentos anómalos que revelem o propósito de incumprir.

Com a necessária apreciação casuística, a jurisprudência tem considerado a verificação de *periculum in mora*, para efeitos de decretamento do arresto, em situações em que existe a tentativa do devedor de alienar os bens imóveis,[681] o risco de o devedor ficar em situação de insolvência por dissipação ou oneração do seu património,[682] a prova de que o devedor se furta aos contactos e pretende vender o património conhecido,[683] o acentuado déficit entre o crédito exigido e o valor do património conhecido do arrestado, juntamente com a circunstância de ser facilmente ocultável,[684] a descapitalização de empresas, através da transferência dos activos,[685] ou a prática de actos de alienação gratuita a favor de terceiros ou actos simulados de alienação ou de oneração.

2.2.4. Nenhuma das referidas situações ou outras semelhantes se verifica no caso concreto.

A agravante é ré num processo em que é pedida a sua condenação no pagamento de uma determinada quantia a título de fiadora num contrato de arrendamento.

Todavia, ainda nem sequer foi proferida sentença nessa acção, que foi contestada, compreendendo-se, assim, que a quantia pedida ainda não tenha sido paga.

---

[680] Cfr. **Antunes Varela**, *Manual do Processo Civil*, 2ª ed., pág. 22. No Ac. do STJ, de 22-3-00, BMJ 495.º/271, alude-se a um "grau de probabilidade aceitável".

[681] A este propósito cfr. **Antunes Varela**, *CC anot.*, vol. I, pág. 560, e o Ac. da Rel. do Porto, de 9-5-89, BMJ 387.º/646.

[682] Cfr. **Alberto dos Reis**, *CPC anot.*, vol. II, págs. 10 e 18 e segs.

[683] Ac. do STJ, de 24-11-88, BMJ 381.º/603.

[684] Ac. do STJ, de 11-12-73, BMJ 232.º/110.

[685] Cfr. **Alberto dos Reis**, *CPC anot.*, vol. II, pág. 19.

Por outro lado, nem na matéria de facto alegada, nem na matéria de facto provada se encontra o menor indício objectivo de que a agravante, uma vez condenada, se furte ao cumprimento da obrigação ou que, no interim, aja em detrimento do credor, alienando, onerando ou dissipando o seu património.

Assim, também por falta de comprovação do *periculum in mora* se impõe o indeferimento do arresto.

IV – Conclusão:

Face ao exposto, acorda-se em conceder provimento ao agravo, determinando a revogação da decisão recorrida e o consequente levantamento do arresto.

Custas a cargo do agravado.

Notifique.

Lisboa, 9-3-04

António Santos Abrantes Geraldes (relator)

Anexo n.º 8

Agravo n.º 6103-07
Arresto. Justo receio de perda da garantia patrimonial. Empresa de construção civil. Irrelevância dos prejuízos decorrentes do arresto.

Sumário:

1. Apurando-se que a sociedade devedora foi constituída unicamente para efeitos de construção e comercialização de um prédio, o facto de o se encontrar hipotecado e de a sociedade pretender proceder à alienação das fracções integra o justo receio de perda da garantia patrimonial.

2. O arresto não pode ser levantado com a invocação de que a sua subsistência determina prejuízos para a requerida.

I – O., Ldª, agravou do despacho que julgou improcedente a oposição deduzida ao arresto que foi decretado requerido por A. Ldª, concluindo que:

Falta a verificação de uma situação de justo receio de perda da garantia patrimonial;

Os danos causados à recorrente implicam a paralisação da sua actividade, por falta de receitas e de criação de encargos adicionais;

O dano causado à recorrente excede desmesuradamente o eventual dano que a recorrida pretenda evitar.

A recorrida contra-alegou.

Cumpre decidir.

II Na decisão que decretou o arresto foram considerados provados os seguintes factos:

A requerente é uma sociedade anónima que se dedica, entre outros fins, à construção.

A requerida é uma sociedade por quotas que tem por objecto a compra e venda de imóveis, promoção imobiliária, actividades imobiliárias, compra para revenda de bens imobiliários, arrendamento de bens imobiliários.

A requerida é proprietária de um prédio urbano sito na R. S., na freguesia e concelho de Câmara de Lobos, descrito na CRP de Câmara de Lobos sob o n.º 3521/991207 e inscrito na respectiva matriz predial urbana sob os arts. 1732.º e 3176.º.

Em 13-1-03, a requerente e a requerida outorgaram um contrato de empreitada, mediante o qual a requerente se obrigou a construir para a requerida um conjunto habitacional e comercial que se passou a designar "R. Park", no local daquele imóvel e destinado a constituir um prédio em regime de propriedade horizontal.

A obra resultante desse contrato de empreitada foi concluída pela requerente e entregue à requerida, tendo sido elaborado pelos representantes de ambas um auto de vistoria e recepção provisória em 12-5-05, momento em que a requerida tomou posse da obra devidamente construída.

...

A requerida ainda não outorgou a escritura de propriedade horizontal, embora a respectiva inscrição matricial dessa propriedade horizontal já tenha sido efectuada, tendo sido atribuído ao empreendimento o novo artigo urbano provisório P5633 da freguesia de Câmara de Lobos.

...

Do preço da empreitada, titulado pelas facturas não pagas, falta pagar pela requerida o montante de € 779.971,58.

A requerida deixou de fazer qualquer pagamento à requerente apesar de esta vir a interpelá-la, sucessivamente, para que pague as quantias em dívida, já vencidas, bem como os respectivos juros e encargos.

A requerida também tem uma dívida de cerca de € 1.995.000,00 à CGD por virtude de um empréstimo que este Banco lhe concedeu para financiar o empreendimento.

Tal empréstimo também não vem sendo pago pontualmente.

Sendo que a CGD é beneficiária de duas hipotecas constituídas sobre o prédio identificado no ponto 3°.

A requerida é proprietária unicamente do bem imóvel edificado pela requerente, não sendo possuidora de quaisquer outros bens, dado que foi uma empresa constituída pelos seus sócios, especial e exclusivamente para promover este empreendimento.

As fracções de tal imóvel estão, neste momento, postas à venda, havendo painéis publicitários instalados no empreendimento nesse sentido, bem como publicitação e comercialização das mesmas por empresas de mediação imobiliária.

A requerida tem, pelo menos, mais uma dívida para com o fornecedor de ar condicionado do empreendimento.

A requerida já fez algumas promessas de venda de fracções autónomas, tendo recebido, a título de sinais, mais de € 1.000.000,00, quantia que fez sua.

Decretado o arresto, foi deduzida oposição por parte da requerida alegando que não pretende eximir-se ao pagamento do crédito da requerente e que a manutenção do arresto impede a concretização das vendas com o que poderia ter receitas que lhe permitam solver as suas obrigações.

Produzida a prova foi exarado como matéria provada a seguinte:

No dia 12-5-05 ocorreu a recepção provisória da obra em causa;

A requerida ainda não efectuou a propriedade horizontal;

A área constante da declaração para efeitos de IMI de fls. 69 a 96 é de 1392,70 m2 e a área constante do registo é de 1300,00 m2;

Os proprietários confinantes são a C. Municipal de Câmara de Lobos, a Diocese do Funchal e A. Freitas;

A. Freitas assinou o doc. de fls. 208 dos autos no qual dá o seu consentimento à rectificação da área de 1300 m2 para 1392,70 m2;

A requerida deixou de efectuar pagamentos à requerente;

A requerente exigiu garantias pessoais aos sócios da requerida;

Os sócios da requerida negaram-se a prestar essas garantias;

A requerida é devedora da requerente;

O objecto social da requerida é "compra e venda de imóveis, promoção imobiliária, actividades imobiliárias, compra e venda de bens imobiliários, arrendamento de bens imobiliários".

III – Decidindo:

1. No presente agravo importa apreciar se a factualidade apurada implica a ausência de uma situação de justo receio de perda da garantia patrimonial, de modo a justificar a revogação da decisão que decretou o arresto decretado, e se no procedimento cautelar de arresto podem ser ponderados, como factor de decisão, os prejuízos que para o arrestado possam advir da sua efectivação.

2. Quanto à questão do justo receio correspondente ao específico *periculum in mora* do arresto:

2.1. O arresto foi decretado tendo em conta a matéria de facto apurada na fase inicial do procedimento cautelar, sem audiência contraditória.

Nos termos do art. 388.º, n.º 1, al. b), do CPC, é legítimo ao requerido deduzir oposição invocando factos ou produzindo meios de prova que afastem os fundamentos da providência ou determinem a sua redução.

Tendo em conta a regulamentação legal do arresto na sua fase contraditória, o efeito pretendido depende da prova de factos que levem o tribunal a revogar a providência ou a proceder à redução do seu âmbito, recaindo sobre o requerido o ónus da prova de tais factos.

2.2. No caso concreto, não pode surtir efeito a pretensão do agravante.

Por um lado, não existe qualquer dúvida quanto à qualificação da situação de *periculum in mora* que decorre da matéria de facto apurada na primeira fase do procedimento.

Por outro, os factos que o requerido trouxe com a oposição e o seu reflexo na matéria de facto que subsequentemente foi considerada provada de modo algum retiram fundamento à providência decretada.

2.3. O justo receio da perda de garantia patrimonial previsto no art. 406.º, n.º 1, do CPC, e no art. 619.º do CC é o que, no arresto, preenche o requisito do *periculum in mora* que serve de fundamento à generalidade das providências cautelares.

Se a probabilidade quanto à existência do direito é comum a todas as providências, o justo receio de perda de garantia patrimonial é o factor distintivo do arresto relativamente a outras formas de tutela cautelar de direitos de natureza creditícia, decorrendo de actuações ou comportamentos do devedor que revelem ser difícil ou impossível a cobrança do crédito através da execução de bens do seu património.[686]

Como é natural, o critério de avaliação deste requisito não deve assentar em juízos puramente subjectivos do juiz ou do credor (ou, como refere Alberto dos Reis, em simples conjecturas),[687] antes deve basear-se em factos ou em circunstâncias[688] que, de acordo com as regras de experiência, aconselhem uma decisão cautelar imediata, como factor potenciador da eficácia da acção declarativa ou executiva.

Entre nós foi adoptada e mantida uma solução semelhante à que vigora no direito italiano, sendo os pressupostos normativos do arresto integrados numa cláusula geral.[689]

---

[686] Segundo **Antunes Varela**, *CC anot.*, I vol. pág. 560, "não é necessário que a perda (da garantia patrimonial) se torne efectiva com a demora; basta que haja um receio *justificado*".

[687] No Ac. do STJ, de 3-3-98, CJSTJ, tomo I, pág. 116, acentua-se a necessidade de invocação de factos concretos que consubstanciem o receio.

[688] Cfr. **Rita Barbosa da Cruz**, *O Direito*, 132.º, pág.124.

No Ac. do STJ, de 3-3-98, CJSTJ, tomo I, pág. 116, acentua-se a necessidade de invocação de factos concretos que consubstanciem o receio. Também no Ac. da Rel. de Lisboa, de 2-10-03, CJ, tomo IV, pág. 103, se refere que "o requisito do receio de perda da garantia patrimonial tem de ser objectivamente justificado, não bastando o receio subjectivo, fundado em simples conjecturas".

[689] No anterior direito espanhol, segundo os arts. 1400.º e 1401.º da anterior *Ley de Enjuiciamiento Civil*, a par da enunciação de uma cláusula geral de teor semelhante àquela que entre nós foi estabelecida, optou-se pela tipificação de certas situações indiciadoras do *periculum in mora*, justificando-se o arresto "*quando exista motivo racional para creer que (el deudor) ocultará o malbaratará sus bienes en daño de sus acreedores*". A par disso, o arresto poderia ser decretado quando o devedor fosse estrangeiro não naturalizado, indivíduo sem domicílio conhecido ou sem bens de raiz ou estabelecimento agrícola, industrial ou mercantil no lugar correspondente ao da demanda principal, ou indivíduo desaparecido do seu domicílio ou do seu estabelecimento, sem deixar substituto (cfr. **Ortells Ramos**, *Las Medidas Cautelares* cit., págs. 62 e segs.).

Porém, o sistema foi alterado pela Lei n.º 1/00, de 7-1. Continuando a prever-se a adopção do "*embargo preventivo*" para assegurar o cumprimento de obrigações, o art.

2.4. Raramente as situações de perigosidade se apresentam com uma natureza inequívoca, razão pela qual a assunção de um tal requisito deve ser fruto da análise de um conjunto mais ou menos complexo de factos.

A superioridade do passivo relativamente ao activo constitui um dos elementos através dos quais se pode reconhecer uma situação de perigo, mas isso não significa que esse factor deva funcionar automaticamente. Basta, por exemplo, que se prove que o devedor tem capacidade de endividamento, que a situação é conjuntural ou que pode conseguir, com facilidade, crédito na banca.

Também não basta a verificação de uma recusa de cumprimento das obrigações, a qual é compatível com a manutenção de um acervo de bens capazes de garantir o futuro cumprimento.

Correspondentemente, não está afastada a verificação de uma situação carecida de tutela cautelar, apesar de o activo ser superior ao passivo. A prova da vontade do devedor de proceder à dissipação ou ocultação do seu património ou a intenção de se ausentar para local incerto ou para o estrangeiro, com a ideia de se furtar ao cumprimento das suas obrigações, constituem indícios suficientes que podem justificar a determinação do arresto de bens que, uma vez apreendidos, possam responder pelas suas dívidas.

A variedade das circunstâncias que legitimam a providência de arresto é bem visível quando se analisa a jurisprudência, de onde decorre, por exemplo, uma resposta positiva ao arresto quando se apura que o requerido pretende alienar os seus bens imóveis,[690] procura vender o património conhecido,[691] corre

---

727.º da nova *Ley de Enjuiciamiento Civil* sujeita essa medida aos requisitos previstos para as demais providências.

No sistema alemão adoptou-se uma cláusula geral que a jurisprudência tem integrado com situações diversas, entre as quais a prodigalidade, a má gestão empresarial, a frequente mudança de domicílio ou a dissipação de bens. Inversamente, na Suíça, a técnica legislativa assenta em situações tipificadas, tais como a falta de domicílio fixo, a fuga ou preparação de fuga ou a falta de domicílio no país (cfr. **Walther Habscheid**, *Les Mésures Provisoires em Procédure Civile – Droits Allemand et Suisse*, em *Atti del Colloquio Internazionale*, 12-13 de Outubro de 1994, organizada por **Giuseppe Tarzia**).

Também assim no sistema brasileiro, onde, segundo **Wilson Batalha** e **Sílvia Batalha**, *Cautelares e Liminares*, 2ª ed., pág. 175, o arresto pode ser deferido quando o devedor, sem domicílio certo, tenta ausentar-se ou alienar os bens ou deixa de cumprir a obrigação; quando o devedor, com domicílio certo, se ausenta ou tenta ausentar furtivamente, ou, caindo em estado de insolvência, aliena ou tenta alienar os bens; e quando o devedor, com bens de raiz, tenta aliená-los ou hipotecá-los, sem ficar com alguns livres e desembaraçados.

[690] A este propósito cfr. **Antunes Varela**, *CC anot.*, vol. I, pág. 560, e o Ac. da Rel. do Porto, de 9-5-89, BMJ 387.º/646.

É claro que tal não pode ser integralmente transposto para empresas de construção civil que precisamente se dedicam a essa actividade (Ac. da Rel. de Lisboa, de 2-10-03,

o risco de ficar em situação de insolvência,[692] quando se mostra consideravelmente difícil a realização do crédito,[693] quando se verifica um acentuado déficit entre o crédito exigido e o valor do património conhecido,[694] quando se constata que o património do devedor se encontra onerado com hipotecas ou existem execuções e penhoras pendentes[695] ou quando se verifica a descapitalização de empresas, através da transferência dos activos.[696]

2.5. No caso concreto, foi considerado na decisão que decretou o arresto a verificação do justo receio de perda de garantia patrimonial.

Tendo em conta que a sociedade foi constituída unicamente para a construção e venda do edifício de cuja construção emerge o crédito da requerente, que sobre o prédio se encontram registadas hipotecas a favor de entidade bancária garantindo créditos de elevadíssimo montante e que a requerida pretende alienar as fracções relativamente às quais vem celebrando contratos-promessa de compra e venda, não pode duvidar-se da existência de uma situação de objectivo receio de perda da garantia patrimonial.

Com efeito, atentos os factos e circunstâncias que se apuraram, se não fossem postos limites à alienação do património da requerida como poderia garantir-se o crédito que sobre a mesma detém a requerente e que, aliás, corresponde a encargos decorrentes da sua construção?

2.6. Por outro lado, verifica-se que da matéria complementar que se apurou em sede de oposição nenhum argumento se extrai no sentido de modificar o juízo sumariamente formulado aquando da primeira decisão.

CJ, tomo IV, pág. 103), exigindo-se a prova de outros factos que indiciem a situação de justo receio.

691 Ac. do STJ, de 24-11-88, BMJ 381.º/603.

692 Cfr. **Alberto dos Reis**, *CPC anot.*, vol. II, págs. 10 e 18 e segs.

No Ac. do STJ, de 20-1-00 (Rel. Dionísio Correia), considerou-se que, entre outras situações, podem justificar o arresto o receio de fuga do devedor, a sonegação ou ocultação de bens e a existência de uma situação deficitária, embora acrescente ainda que não bastam meras convicções, desconfianças, suspeições, antes razões objectivas, convincentes.

693 Cfr. o Ac. da Rel. do Porto, de 21-7-87, CJ, tomo IV, pág. 216. Já no Ac. da Rel. de Évora, de 7-11-02, CJ, tomo V, pág. 239, se considerou insuficiente a prova do elevado valor do crédito, da escassez de bens e da falta de prestação de contas de gerência.

694 Cfr. **Antunes Varela**, *CC anot.*, vol. I, 4ª ed., pág. 637, e o Ac. do STJ, de 11-12-73, BMJ 232.º/110.

695 Contra: **Rita Barbosa da Cruz**, *O Direito*, 132.º/125.

696 Cfr. **Alberto dos Reis**, *CPC anot.*, vol. II, pág. 19. Já a simples dissipação de bens não constituirá fundamento de arresto, a não ser que se prove simultaneamente que essa dissipação é capaz de gerar uma situação de insolvência (pág. 18).

Ainda que não tenha sido constituída a propriedade horizontal, tal não significa que não o venha a ser dentro de curto prazo, desde que sejam limadas as arestas burocráticas que entretanto se interpuseram.

Além disso, a outorga de contratos-promessa de compra e venda, com eventuais entregas de fracções aos promitentes-compradores, pode acarretar a constituição de garantias reais invisíveis – direito de retenção – cuja exercitação pode afectar ainda mais a garantia patrimonial.

Acresce que os sócios da agravante se recusaram a conceder garantias pessoais em benefício da requerente, apesar de esta ter deixado de efectuar pagamentos.

Neste contexto, bem podemos concluir que a situação de *periculum in mora* é ainda mais grave do que aquela que assomava a partir da análise perfunctória da realidade com que o M.º juiz *a quo* se confrontou quando se debruçou inicialmente sobre a pretensão de decretamento do arresto.

2.7. É verdade que o objecto social da agravante é integrado pela compra e venda de imóveis e, em geral, pela actividade de promoção imobiliária, tornando compreensível e justificada a alienação de fracções como forma de exercer a referida actividade e como meio de obter os necessários financiamentos. Por isso a mera prova da vontade de alienar bens não justificaria o decretamento do arresto.

Só que, como resulta da matéria de facto apurada, a realidade com que nos defrontamos é bem diversa de uma situação em que a alienação de bens se insira no normal giro comercial, existindo elementos que acentuam a situação de perigo e que não resultaram infirmados no incidente de oposição.

Por um lado, temos o elevado montante da dívida resultante de 14 facturas (€ 779.971,58) que se encontram por liquidar, apesar das sucessivas interpelações, e as sucessivas situações de incumprimento dos compromissos, tendo a requerida deixado de efectuar o pagamento das amortizações e encargos financeiros com a reforma de 4 letras, apesar de ter recebido dos promitentes-compradores mais de € 1.000.000,00. Por outro, não é indiferente o facto de sobre o único bem patrimonial incidirem hipotecas a favor da entidade que financiou a construção, garantindo a dívida de cerca de € 1.995.000,00, dívida esta que também não vem sendo paga. Por fim, trata-se de uma sociedade que, uma vez vendidas todas as fracções, pode extinguir-se, por se ter consumado o objectivo fundamental que presidiu à sua constituição.

Porventura a apreensão decorrente do arresto acarreta para a requerida maiores dificuldades quando à concretização das vendas das fracções e de retorno do investimento. Porém, tal não justifica o levantamento pretendido enquanto se mantiver a situação presente. É que, sendo em abstracto admissível a substituição do arresto por caução, libertando o devedor das inibições decorrentes da apreensão judicial, verifica-se que a requerida, que tantos males imputa ao arresto, não confrontou a requerente com uma alternativa que possibilitasse a livre alienação das fracções sem comprometer os demais interesses patrimoniais, designadamente mediante a solicitação da substituição do arresto por caução quantitativa e qualitativamente adequada à solvência das suas obrigações perante a requerente.

3. Quanto à questão dos alegados prejuízos decorrentes do decretamento do arresto:

Alega a agravante que a manutenção do arresto lhe causa enormes prejuízos, o que deveria ter sido ponderado pelo M.º Juiz a quo depois de, com tal fundamento, ter deduzido oposição.

Trata-se de um argumento que também não pode ser acolhido.

A sua rejeição encontra justificação, desde logo, no disposto no art. 392.º, n.º 1, do CPC, que expressamente determina a não sujeição das providências específicas, como o arresto, à norma do art. 387.º, n.º 2, que, envolvendo no percurso decisório em matéria cautelar o princípio da proporcionalidade, obriga o tribunal a ponderar os prejuízos que o decretamento da providência determina na esfera do requerido.

Os únicos preceitos que na tramitação do arresto implicam a ponderação de tal princípio são os n.os 2 e 3 do art. 408.º, sem aplicabilidade ao caso concreto, uma vez que a requerida é uma sociedade comercial.

Inscrevendo-se no arresto fundamentalmente interesses de ordem material, do credor, no sentido de defender a garantia patrimonial do seu crédito, e do devedor, de não ver dificultada a possibilidade de alienação ou de oneração de bens que lhe pertencem, na livre regulação dos interesses contrapostos entendeu o legislador que deveria dar-se prevalência àqueles interesses, desconsiderando os eventuais prejuízos que do arresto possam resultar para o devedor, ainda que porventura tais prejuízos sejam consideravelmente superiores aos que com o arresto se pretendem evitar.

IV – Em conclusão, acorda-se em negar provimento ao agravo, mantendo a decisão recorrida.

Custas a cargo da agravante.

Notifique.

Lisboa, 12-7-07

António Santos Abrantes Geraldes (relator)

Anexo n.º 9

Apelação n.º 4362/09.6TBOER.L1
Arresto. Justo receio de perda da garantia patrimonial.

Sumário:

1. Para que seja deferido procedimento cautelar de arresto, é necessário que, pela análise da matéria de facto provada e dos preceitos jurídicos aplicáveis, se verifique séria probabilidade ou verosimilhança do direito de crédito invocado.

2. É ainda necessário que, em termos objectivos, se verifique uma situação de perigo de insatisfação do direito de crédito, por risco de perda da garantia patrimonial.

3. Não basta para o preenchimento do específico periculum in mora uma situação de recusa de cumprimento da obrigação.

I – B., Ltd, requereu procedimento cautelar de arresto contra S., Ldª.

Alegou a existência de um direito de crédito de € 600.000,00 decorrente de um acordo de reserva relativo a um contrato-promessa de compra e venda no âmbito do qual entregou à requerida € 300.000,00.

A requerida incumpriu o contrato e, além disso, impediu que a requerente executasse a garantia bancária no valor de € 300.000,00 que fora constituída para assegurar a devolução de tal quantia.

Conclui que existe justo receio de perda da garantia patrimonial do seu crédito porquanto desconhece a existência de outros bens pertencentes à requerida, para além do imóvel objecto da reserva, salientando a probabilidade de a requerida vender o referido imóvel, dificultando a satisfação do seu crédito. Complementarmente alegou que a requerida teve um comportamento revelador de má-fé, dado ter resolvido o acordo não obstante não ter quaisquer fundamentos para tal.

Produzida a prova, foi proferida decisão que julgou improcedente a providência.

Apelou a requerente e concluiu que:

…

II – Factos provados:

No dia 22-8-07, Requerida e Requerente assinaram um "Acordo de Reserva", denominado "Projecto S.", o qual tinha por objecto a futura celebração de um contrato-promessa de compra e venda e, a final, a celebração de um contrato de compra e venda de um lote de terreno para construção urbana designado por Lote 9.4., situado no "Loteamento Açoteias do B.", Santa Luzia, Tavira, Algarve, descrito na CRP de Loulé sob o n.º 00993/20060222 e inscrito na matriz predial sob o n.º 1.596.

À data, a Requerida tinha prometido comprar o lote por contrato-promessa de compra e venda.

Nos termos da al. B) do Acordo, a Requerida iria desenvolver no lote um projecto que se traduzia na construção de 60 apartamentos T-1, 47 T-2 e 5 T-3, abrangendo ainda a construção de 65 fracções para estacionamento e arrumos e uma piscina.

Nos termos do Considerando C), a Requerente estava interessada em adquirir o projecto e celebrar o correspondente contrato-promessa de compra e venda da totalidade das fracções que o integravam, estando, no entanto, a celebração do mesmo sujeita à condição da emissão do respectivo alvará de licença de construção, tendo o Acordo por objecto o direito de reserva à Requerente sobre o projecto que consistia na atribuição a esta do direito exclusivo de assinatura do contrato-promessa de compra e venda do lote por € 11.500.000,00.

De acordo com a mesma cláusula, a Requerente entregou € 300.000,00 com a assinatura do Acordo, sendo o remanescente pago com a assinatura do contrato-promessa e outorga da escritura pública.

Ainda de acordo com a mesma cláusula, a Requerida prestaria a favor da Requerente uma garantia bancária do tipo "*on first demand*" (à primeira solicitação) junto do Banco Santander Totta, SA, no montante equivalente ao do pagamento efectuado pela Requerente à data da assinatura do Acordo, tendo a garantia sido assinada em 6 de Setembro como Anexo IV.

Nos termos do n.º 4 da cláus. 3ª do acordo, a falta de emissão do alvará de licença de construção dentro do prazo de 12 meses a contar da data da assinatura do acordo levaria ao direito da Requerente de optar, de forma unilateral, pela resolução imediata do acordo ou pela sua prorrogação por mais 6 meses.

Nos termos da cláus. 3ª, n.º 5, em caso de resolução do acordo de reserva, a Requerente teria o direito de receber todas as quantias entregues à Requerida, podendo para o efeito executar a garantia bancária.

E segundo o n.º 6, a não assinatura do contrato-promessa, por causa imputável à Requerida, conferia o direito à Requerente de exigir daquela o pagamento em dobro de toda e qualquer quantia entregue à mesma.

Segundo a cláus. 4ª, n.º 1, as partes acordaram que a assinatura do contrato-promessa de compra e venda ficaria sujeita cumulativamente ao preenchimento de 7 condições, entre as quais, a aprovação do projecto e a emissão do alvará de licença de construção, mais tendo acordado no n.º 2 que a não verificação de qualquer das condições conferia à Requerente o direito de se escusar à assinatura do contrato-promessa até que se mostrasse preenchida a totalidade das referidas condições.

A Requerida não obteve a licença para a totalidade do projecto, dado que não foi concedida para a piscina, a qual era essencial para a manutenção do interesse da Requerente na assinatura do contrato-promessa até ao termo do prazo, 22-8-08, conforme fax enviado pela Requerida à Requerente no dia 19-8-08.

Atento o referido em 11., a Requerente recusou a assinatura do contrato-promessa e optou pela resolução do mesmo por via de carta enviada à Requerida no dia 22-8-08.

A Requerente enviou no dia 22-8-08 uma carta ao Banco Santander Totta, SA, a fazer executar a garantia bancária, por forma a reaver a quantia entregue de € 300.000,00.

Porém, o Banco, por carta datada de 26-8-08, recusou-se a executar a garantia bancária com fundamento na extinção do acordo por resolução.

A Requerente enviou uma carta de resposta ao Banco, datada de 2-9-08, na qual explicou que a garantia devia ter sido paga à primeira solicitação, dado que o contrato-promessa não foi assinado até ao 21-3-08, entre outros fundamentos.

Contudo, o Banco recusou novamente o accionamento tal garantia, por carta datada de 3-10-08, invocando que a Requerida procedeu, no dia 21-8-08, à resolução com justa causa do Acordo de Reserva, tendo apresentado prova documental.

A Requerente não obteve, até à presente data, o pagamento da quantia de € 300.000,00 que entregou à Requerida na data da assinatura do acordo de reserva.

O Lote 9.4., situado no "Loteamento Açoteias do B.", Santa Luzia, Tavira, no Algarve, descrito na CRP de Loulé sob o n.º 00993/20060222 e inscrito na matriz predial sob o n.º 1596, apresenta inscrição a favor da Requerida desde 20-8-08.

III – O Direito:

1. Insurge-se a Apelante contra a decisão recorrida com base em dois motivos:

– Por não se ter concluído que o provável crédito de que é titular monta a € 600.000,00, e não apenas a € 300.000,00;

– Por não se reconhecer a existência do requisito do justo receio de perda da garantia patrimonial.

2. Quanto ao provável montante do crédito:

2.1. Em sede de procedimentos cautelares a lei basta-se com a "*séria probabilidade da existência do direito*" (art. 387.º, n.º 1).

Assim ocorre também em relação ao arresto. Constituindo este um procedimento que visa preservar a garantia patrimonial do crédito do requerente até ao seu reconhecimento judicial e eventual execução coerciva, para o seu decretamento basta que sobre os factos sumariamente apurados se possa formar um juízo de verosimilhança quanto ao direito de crédito invocado.

Sem necessidade de nova argumentação, reproduz-se parte da fundamentação do Ac. da Rel. de Lisboa, de 28-4-09 (*www.dgsi.pt*), do ora Relator:

"...não é naturalmente exigível a comprovação inequívoca da existência do direito que será objecto de apreciação na acção de que a providência cautelar é instrumental e dependente. A tutela cautelar não se confunde com a tutela definitiva que se projecta a partir do reconhecimento do direito na acção principal. Por isso o juízo a formular quanto ao direito não passa pela afirmação segura da sua existência, sob pena de se confundir a tutela definitiva, mais segura e mais solene, com a tutela cautelar que se pretende sumária e célere, e de, assim, se perder numa tramitação processual mais morosa e complexa a oportunidade para uma intervenção eficaz.

Todavia, em contraponto, o deferimento da providência não se basta com a mera alegação da titularidade do direito. Alegação não equivale a constatação ou comprovação, devendo verificar-se, pela análise da matéria de facto provada e dos preceitos jurídicos aplicáveis, se, ao menos, é possível asseverar a séria probabilidade ou verosimilhança do direito invocado.

De outro modo, correr-se-ia o risco, que deve ser esconjurado, de acolher, ainda que de forma provisória, pretensões que não venham a confirmar-se na decisão a proferir na acção principal, conseguindo o requerente, por essa via sumária, efeitos práticos e jurídicos que depois lhe são negados.

Enfim, no balanceamento dos diversos interesses em causa, o legislador pretendeu colocar o nível de exigência probatória no âmbito dos procedimentos cautelares num ponto intermédio entre a alegação consubstanciada do direito e a sua confirmação plena na acção principal.

Para que o tribunal possa decretar uma medida cautelar necessário é que se consiga fundar nos elementos constantes do processo um juízo de séria probabilidade quanto à existência do direito cuja titularidade é reclamada."

2.2. Os factos que o tribunal *a quo* considerou apurados não sofreram qualquer contestação por parte da Requerente.

A partir de tais factos e dos documentos apresentados é possível afirmar, com suficiente segurança, a existência de um crédito da Requerente correspondente à devolução da quantia de € 300.00,00 que entregou à Requerida no âmbito do Acordo de Reserva prenunciador de um contrato-promessa de compra e venda a celebrar posteriormente.

Isso mesmo foi admitido na decisão recorrida, com plena justificação nos termos do referido Acordo no qual se estabeleceu a devolução de tal quantia se acaso a outorga do contrato-promessa de compra e venda não viesse a ocorrer dentro de 12 meses.

Todavia, já não existem elementos bastantes para afirmar, ainda que em termos de verosimilhança, que o direito de crédito da Requerente corresponda ao dobro daquela quantia.

O referido Acordo não traduz um contrato-promessa de compra e venda, mas apenas um comprometimento quanto à futura outorga de tal contrato, verificadas que fossem as condições nele previstas.[697] Aliás, as partes deixaram bem claro na cláus. 11ª do Acordo que não pretendiam atribuir-lhe a natureza jurídica de um contrato-promessa, com todo o rol de efeitos que naturalmente tenderiam a produzir-se na eventualidade de ser esta a qualificação jurídica, bem mais acentuados que os derivados de um mero acordo preparatório de uma futura negociação que se inscreve, em termos objectivos, na fase pré-contratual.

Da outorga de um contrato-promessa de compra e venda emerge para o promitente-vendedor a obrigação de celebrar o contrato prometido, presumindo-se a culpa em caso de incumprimento. Tudo isso se poderá traduzir, em face do regime legal supletivo, na obrigação da devolução do dobro do sinal prestado em caso de incumprido definitivo do contrato-promessa por razões imputáveis ao promitente-vendedor (art. 442.º do CC).

Tal efeito legal não é imediatamente extensivo a acordos negociais com as características do Acordo de Reserva a que estes autos se reportam, cujos efeitos obedecem sucessivamente ao que tenha sido expressamente clausulado e ao disposto no art. 227.º do CC que implica para ambas as partes uma actuação de acordo com as regras da boa fé.

2.3. No caso concreto, ficou clausulada a possibilidade de a Requerente exigir da Requerida o dobro das quantias que, no âmbito desse Acordo, lhe viesse a entregar (n.º 6 da cláus. 3ª). Todavia, tal direito ficou dependente da verificação de uma conduta que se traduzisse na imputação à Requerida da responsabilidade pela não outorga do contrato-promessa de compra e venda.

Esta condição não se mostra minimamente verificada.

O contrato-promessa de compra e venda tinha por objecto imediato um lote de terreno relativamente ao qual seria aprovado, por solicitação da Requerida, um projecto de construção designado "Projecto Santa Luzia", envolvendo, além das edificações, a aprovação de uma piscina destinada a servir as fracções autónomas a construir.

---

[697] Sobre a figura dos pré-contratos, acordos parcelares, cartas de intenção, protocolos de acordo, etc., cfr. **Ana Prata**, *O Contrato-Promessa e o seu Regime Civil*, págs. 11 e segs. e 96 e segs. e mais concretamente a fls. 125 e segs.

No referido contexto negocial, esta piscina revelava-se um elemento essencial para o avanço das negociações no que respeita à outorga do contrato-promessa de compra e venda.

Ora, o referido projecto foi apresentado e veio a ser aprovado pela Câmara Municipal, tendo sido, no entanto, recusada a implantação da piscina.

Em face dos factos apurados, nada permite afirmar a responsabilidade da Requerida no que respeita à não aprovação integral do Projecto apresentado.

Também nenhum facto foi alegado ou provado que possa sugerir que a Requerida tenha violado as regras da boa fé, de modo a determinar a inconclusão do contrato-promessa de compra e venda.

2.4. Em suma, sendo plenamente justificada a afirmação quanto à existência de um crédito da Requerente sobre a Requerida no valor de € 300.000,00 que a esta foi adiantado, já se mostra manifestamente insuficiente a factualidade provada para asseverar a existência de um direito de crédito de montante superior.

3. Quanto ao justo receio de perda da garantia patrimonial:

3.1. No arresto, o justo receio da perda de garantia patrimonial preenche o requisito do periculum in mora que serve de fundamento à generalidade das providências cautelares (art. 406.º, n.º 1, do CPC).

Tal requisito legal é o factor distintivo relativamente a outras formas de tutela cautelar, devendo ser o corolário de actuações ou comportamentos do devedor que revelem ser difícil ou impossível a cobrança do crédito através da execução de bens do seu património.

Também se não exige uma absoluta certeza quanto à verificação deste requisito, bastando-se a lei com a prova de factos que permitam concluir pela sua suficiente fundamentação.

A sua avaliação não deve assentar em juízos puramente subjectivos do juiz ou do credor, antes em factos ou circunstâncias que, de acordo com as regras de experiência, aconselhem uma decisão cautelar imediata como factor potenciador da eficácia da acção declarativa ou executiva.

A superioridade do passivo relativamente ao activo constitui um dos elementos indiciadores de uma situação de perigo. Mas deve ser evitado o automatismo conclusivo, pois que a tal pressuposto pode ser negado em casos em que o devedor revela capacidade de endividamento ou em que a situação é meramente conjuntural.

A recusa de cumprimento da obrigação acompanha frequentemente situações que justificam o arresto de bens. Mas tal comportamento também é, por si, insuficiente para levar ao decretamento da providência, sendo compatível com a titularidade de bens suficientes para garantir o futuro cumprimento da sua obrigação.

Enfim, devendo o arresto fundar-se em factos que objectivamente revelem uma situação de *periculum in mora*, a mera recusa de cumprimento ou uma actuação no sentido de o Banco não executar a garantia bancária revela-se insuficiente, sob pena de se possibilitar a apreensão cautelar de bens em face de situações de incumprimento obrigacional, o que não encontra na previsão legal qualquer sustentação.

Maior rigor do que o que se depreende da alegação da recorrente decorre da lei, assim como da casuística da sua aplicação jurisprudencial.

3.2. Mais uma vez reproduz-se para da fundamentação do Ac. da Rel. de Lisboa, 9-3-04 (*www.dgsi.pt*), do mesmo Relator:

"... o justo receio da perda de garantia patrimonial previsto no art. 406.º, n.º 1, do CPC, e no art. 619.º do CC pressupõe a alegação e prova de um circunstancialismo fáctico que faça antever o perigo de se tornar difícil ou impossível a cobrança do crédito.[698]

Como é natural, o critério de avaliação deste requisito não deve assentar em simples conjecturas, antes deve basear-se em factos ou em circunstâncias que, de acordo com as regras de experiência, aconselhem uma decisão cautelar imediata, como factor potenciador da eficácia da acção pendente ou a instaurar posteriormente.

Trata-se, em todo o caso, de um juízo provisório, que deve assentar em critérios de mera verosimilhança.[699]

Mas, pese embora a maior simplicidade que se impõe pelas regras próprias e pelos objectivos específicos da tutela cautelar, tal juízo não deve ser fruto da mera arbitrariedade, antes deve ser tomado a partir de factos.

Importante é que existam indícios reveladores do risco de insolvência, quer por razões imputáveis ao devedor, quer por quaisquer outros motivos, de tal modo que só a apreensão imediata de bens permita prevenir os riscos de insatisfação do direito de crédito, como acontece quando se verifica o abandono da empresa ou do estabelecimento, a dissipação ou o extravio de bens, a constituição fictícia de créditos ou a ocorrência de procedimentos anómalos que revelem o propósito de incumprir.

Com a necessária apreciação casuística, a jurisprudência tem considerado a verificação de periculum in mora, para efeitos de decretamento do arresto, em situações em que existe a tentativa do devedor de alienar os bens imóveis,[700] o risco de o devedor ficar em situação de insolvência por dissipação ou oneração

---

[698] Segundo **Antunes Varela**, *CC anot.*, vol. I, pág. 560, "não é necessário que a perda (da garantia patrimonial) se torne efectiva com a demora; basta que haja um receio *justificado*".

[699] Cfr. **Antunes Varela**, *Manual do Processo Civil*, 2ª ed., pág. 22. No Ac. do STJ, de 22-3-00, BMJ 495.º/271, alude-se a um "grau de probabilidade aceitável".

[700] A este propósito cfr. **Antunes Varela**, *CC anot.*, vol. I, pág. 560, e o Ac. da Rel. do Porto, de 9-5-89, BMJ 387.º/646.

do seu património,[701] a prova de que o devedor se furta aos contactos e pretende vender o património conhecido,[702] o acentuado déficit entre o crédito exigido e o valor do património conhecido do arrestado, juntamente com a circunstância de ser facilmente ocultável,[703] a descapitalização de empresas, através da transferência dos activos,[704] ou a prática de actos de alienação gratuita a favor de terceiros ou actos simulados de alienação ou de oneração."

3.3. No caso concreto, nada permite afirmar a existência de justificado receio de perda da garantia patrimonial.

Estando provado que a Requerida tem na sua titularidade o imóvel que era objecto do Acordo, não está provado que os seus activos se circunscrevam a tal bem ou que alguma actuação esteja a ser congeminada no sentido de esvaziar a garantia patrimonial relativamente ao direito de crédito da Requerente

Não está provado que a Requerida esteja a procurar alienar o referido imóvel. Mas ainda que tal ocorresse, seria insuficiente para dela extrair a verificação da situação de perigo iminente imprescindível ao decretamento do arresto. Sem outros factos complementares, a compra e venda de imóveis constitui o cerne da actividade imobiliária que a Requerida exerce.

Os factos revelam uma discordância entre a Requerente e a Requerida quanto aos efeitos que emergem do Acordo e da actuação posterior, tendo a Requerida agido perante o Banco no sentido de este não satisfazer a garantia bancária, com alegação da resolução do contrato por motivos imputáveis à requerente.

Ora, ainda que pareça injustificada esta actuação – assim como injustificada parece ser a negação do Banco no que concerne à assunção da responsabilidade a que se reporta a garantia bancária que especialmente foi prestada em favor da Requerente – tal não traduz, em termos objectivos e com a necessária verosimilhança, uma situação de periculum in mora no que concerne à preservação da garantia patrimonial geral.

4. Em conclusão:

É possível afirmar, com verosimilhança, a existência de um crédito no valor de € 300.000,00 que a Requerente detém sobre a Requerida, havendo motivos bastantes para afirmar ser injustificada a recusa de restituição dessa quantia.

Já, porém, se mostra insuficientemente indiciada uma situação que, em termos objectivos, revele justificado receio de que, sem o imediato arresto de bens da Requerida, a Requerente veja posta em causa a garantia patrimonial do seu crédito.

---

[701] Cfr. **Alberto dos Reis**, *CPC anot.*, vol. II, págs. 10 e 18 e segs.

[702] Ac. do STJ, de 24-11-88, BMJ 381.º/603.

[703] Ac. do STJ, de 11-12-73, BMJ 232.º/110.

[704] Cfr. **Alberto dos Reis**, *CPC anot.*, vol. II, pág. 19.

A partir dos factos que, sem audiência contraditória, foram apurados no presente arresto, indicia-se a ausência de motivos para a Requerida proceder à resolução do Acordo, assim como para a invocação do direito à retenção da quantia que a Requerente lhe entregou, uma vez que, dentro do prazo previsto, tal Acordo não evoluiu para contrato-promessa de compra e venda.

Também sob reserva de melhor apreciação, em face dos factos que a final se apurem, parece injustificada a recusa do Banco em satisfazer a garantia bancária prestada a favor da Requerente o que, a ocorrer, tornaria irrelevante qualquer modificação operada na situação patrimonial da Requerida ou qualquer outra actuação desta no sentido de se eximir ao cumprimento da sua obrigação.

Todavia, estando apenas perfunctoriamente apurada uma situação de recusa de pagamento da quantia, sem qualquer outro sinal que objectivamente revele uma futura incapacidade de a Requerida solver os seus compromissos, o arresto requerido não pode ser decretado.

III – Face ao exposto, acorda-se em julgar improcedente a apelação, confirmando a decisão recorrida.

Custas a cargo da apelante.

Notifique.

Lisboa, 19-8-09

António Santos Abrantes Geraldes (relator)

Anexo n.º 10

Agravo n.º 9247-02
Arrolamento. Depósitos bancários. Bens comuns.

Sumário:

Decretado o arrolamento de saldos de contas bancárias, como bens comuns do casal, o levantamento da providência pressupõe a prova de que os depósitos constituem bem próprio do requerente.

No arrolamento dependente de divórcio presume-se juris et de jure o receio de dissipação dos bens.

I – F. interpôs recurso de agravo da decisão que, no âmbito do procedimento cautelar de arrolamento, requerido por P. determinou o arrolamento de contas bancárias do agravante.

Concluiu o agravante que:

Confessa a agravada que há mais de um ano que agravante e agravada acordaram na separação, tendo aquele abandonado o lar conjugal, facto que, por si só, afasta as últimas remunerações salariais do agravante dos bens sujeitos à comunhão.

Da diligência requerida pela agravada, ao agravante foi apreendido o saldo de duas contas bancárias domiciliadas respectivamente na Nova Rede do BCP e no Banco Espírito Santo.

O saldo da primeira conta, corresponde ao salário do mês de Novembro pago pela entidade patronal do agravante e o saldo da segunda, corresponde aos depósitos das pensões de reforma dos seus pais, aliás essa segunda conta, trata-se de uma conta conjunta entre o agravante e os seus pais.

Saldos que não podem ser considerados bens comuns do casal e que por isso mesmo estão fora da comunhão.

Não se encontra provado nos autos, qualquer matéria susceptível de comprovar a comunhão dos saldos das contas bancárias do agravante pelo que as mesmas nunca poderiam ter sido objecto da diligência de arrolamento decretado pelo douto Tribunal recorrido.

Não estão alegados nem indiciariamente provados factos que permitam concluir pela procedência de eventual acção de divórcio a intentar pela agravada.

Não houve contra-alegações.

II – Decidindo:

1. Decretada providência sem audiência contraditória, é legalmente conferida ao requerido a faculdade, alternativa, de agravar do despacho ou de deduzir oposição (art. 388.º do CPC).

Não se trata, porém, de uma escolha que dependa do livre arbítrio do requerido. Pelo contrário, atenta a diversa natureza de um e de outro meio de defesa e a diversidade da entidade que imediatamente será confrontada com a decisão, a oposição está vocacionada para a invocação de novos factos ou novos meios de prova capazes de motivar a decisão cautelar proferida a partir dos factos e os meios de prova apresentados pelo requerente, sem qualquer intervenção do requerido.

Por seu lado, sendo o agravo um meio de impugnação da decisão que é canalizado imediatamente para o Tribunal da Relação, natural é que seja ajustado às situações em que se verifica apenas uma errada qualificação jurídica dos factos que foram assumidos como fundamento da providência.

2. Verifica-se, pelo teor das alegações, que aquilo que basicamente justificou a interposição do agravo foi o facto de, na tese do agravante, os depósitos arrolados não constituírem bens comuns do casal, antes bens próprios do agravante ou da titularidade dos seus pais.

Trata-se, em boa verdade, de meio de defesa insusceptível de ser veiculado através do agravo e que mais se ajustaria à oposição onde, além do mais, pudessem provar-se factos tendentes a ilidir a regra geral que resulta do art. 1724.º, al. b), do CC.

Perante os meios disponíveis neste agravo, se não é possível confirmar, com plena segurança, a comunicabilidade dos depósitos apreendidos, também não é viável formular juízo inverso, por falta de meios de prova pertinentes.

Sendo certo que é sobre o agravante, enquanto demandado, que impende o ónus da prova, isso determina necessariamente a negação do agravo.

O facto de a requerente ter confessado, como invoca o agravante, que se encontra separada de facto do requerido há mais de um ano não determina, por si só, a prova de que os depósitos apreendidos não se integram no património comum do casal, pois nenhuma prova foi feita quanto aos factos contrários que o agravante se limitou a alegar no recurso.

Muito menos é possível confirmar que tenha sido apreendido apenas o salário do agravante ou que também o tenha sido a pensão dos seus pais que se encontrava depositada em conta conjunta, nada existindo, acessível a este Tribunal, acerca da proveniência ou da titularidade do dinheiro a que o agravante alude.

3. Também não procede a argumentação ligada à falta de prova, por parte da requerente, da comunicabilidade dos depósitos.

Tal argumento é, aliás, directamente contrariado pelo art. 1724.º, al. b), do CC, tendo em conta que, como se disse, não foi feita a prova do contrário.

Acresce ainda que em situações litigiosas que antecedem a instauração da acção de divórcio, sem embargo dos meios de defesa que possam ser accionados com vista a acautelar prejuízos decorrentes da total apreensão dos bens do requerido, tem toda a justificação o decretamento do arrolamento cautelar, tendo em conta o perigo de dissipação ou ocultação de bens comuns que normalmente acompanha essas situações.

4. Por fim improcede o argumento ligado à ausência de prova quanto à provável procedência da acção de divórcio que a requerente pretenderá instaurar.

Com efeito, nos termos do art. 427.º do CPC, para o decretamento do arrolamento de bens comuns do casal basta a invocação de que foi instaurada ou de que o será uma acção de divórcio, de onde o legislador extraiu a presunção, *juris et de jure*, da existência do periculum in mora.

III – Conclusão:

Face ao exposto, decide-se negar provimento ao agravo.

Custas a cargo do agravante.

Notifique.

Lisboa, 13-11-02

António Santos Abrantes Geraldes

Anexo n.º 11

Agravo n.º 2133/00
Arrolamento. Contas bancárias. Depositário.

Sumário:

No arrolamento dependente de processo de divórcio deve ser designado como depositário dos bens o possuidor ou o detentor dos bens.

Recaindo o arrolamento sobre saldo de conta bancária, é correcta a designação como depositário do gerente da agência bancária.

I – Nos autos de arrolamento que correm por apenso a um divórcio litigioso, e em que são partes J. e M. foi interposto pelo primeiro recurso de agravo de um despacho que, tendo determinado o arrolamento de contas bancárias, designou depositário o gerente da agência bancária respectiva.

Concluiu o agravante, em resumo, que:

Tendo sido requerido como preliminar de acção de divórcio, o arrolamento consiste na descrição (avaliação) e depósito dos bens que são entregues a um depositário, mediante auto, nos termos do art. 424.º, n.ºs 1 e 2, do CPC;

O depositário deve ser a pessoa a quem caibam as funções de cabeça-de-casal quando deva proceder-se a inventário;

Pelo que, no caso, o cargo de cabeça-de-casal incumbe ao agravante, como cônjuge mais velho, sendo ilegal a recusa da sua nomeação como fiel depositário e a designação do gerente da agência bancária;

Por outro lado, aplicando-se ao arrolamento as normas relativas à penhora, deveria ter sido lavrado auto de arrolamento, com intervenção do agravante como fiel depositário.

Contra-alegou a agravada.

Corridos os vistos, cumpre decidir.

II – Decidindo:

1. Não merece provimento o agravo. Como a experiência o revela, a admissão da pretensão do agravante poderia redundar em grave prejuízo para a contraparte, conhecida a volatilidade das quantias abarcadas por depósitos

bancários e a facilidade com que se poderia concretizar o *periculum in mora* que através do arrolamento, por dependência de processo divórcio, se quis evitar.

2. O agravante pretende a aplicação integral das normas que regem os arrolamentos dependentes de processo de inventário.

Mas, como bem refere a agravada, malgrado a pendência da acção de divórcio, nada garante que venha a seguir-se o referido processo de inventário.

Nas actuais circunstâncias, o arrolamento é dependência tão só do processo de divórcio.

Por isso, sendo verdade que, nos inventários, o cargo de cabeça-de-casal cabe, em primeira linha, ao cônjuge mais velho, que, por isso, deve desempenhar, em regra, as funções de depositário, isso não determina a aplicação da mesma regra no arrolamento que corre por apenso à acção de divórcio.

Afastada, assim, a aplicação da norma constante do art. 426.º, n.º 1, do CPC, resta o recurso ao seu n.º 2, de onde resulta que o cargo de depositário deve ser atribuído, em princípio, ao próprio possuidor ou detentor dos bens.

No que concerne aos saldos de contas bancárias é esta a solução ideal, assim impedindo que, na pendência do processo principal, os montantes em que ambos os cônjuges comparticipam possam reverter apenas em benefício de um deles.

As aplicação das regras sobre contas bancárias que constam do art. 861.º-A, para onde remete o art. 424.º, n.º 5, garante o afastamento dos perigos que o arrolamento visa afastar, ou seja, o extravio, a ocultação ou a dissipação, nos termos do art. 421.º, n.º 1.

3. A segunda questão de natureza meramente formal, respeita à alegada falta de um auto de arrolamento.

O arrolamento materializa-se, além do mais, pela descrição dos bens, nos termos do art. 424.º, n.º 1, do CPC, acto que pode desempenhar o mesmo efeito no processo de inventário que eventualmente seja instaurado, nos termos do art. 426.º, n.º 3.

Considerando a configuração dos depósitos bancários, não se justifica a referida avaliação.

Mas já não se dispensa aquela descrição, sendo esta uma diligência que fixa nos autos de arrolamento a quantia que efectivamente se considera apreendida.

III – Conclusão:

Face ao exposto, acorda-se em conceder provimento parcial ao agravo, determinando que se proceda à descrição do depósito arrolado nos temos referidos, mantendo no mais a decisão agravada.

Custas a cargo do agravante, considerando que decaiu na parte que se revelava fundamental.

Notifique.

Lisboa, 23-10-01

António Santos Abrantes Geraldes (relator)

Anexo n.º 12

Agravo n.º 4.186-08
Arrolamento. Processo de divórcio. Bens comuns.

Sumário:

Para efeitos de arrolamento de saldos de contas bancárias na dependência de processo de divórcio, na dúvida, presumem-se comuns.

I – L. veio deduzir oposição ao arrolamento decretado como incidente de uma acção de divórcio litigioso intentada por A.

Considera que o saldo arrolado no Banco B. no montante de € 35.112,26 constitui bem próprio, sendo o resultado de parte do produto da venda de um apartamento adquirido por si antes do casamento. O restante montante respeita aos juros capitalizados e aos juros que o valor depositado inicialmente rendeu.

Produzida a prova foi proferida decisão que julgou improcedente a oposição.

Agravou o requerido e concluiu essencialmente que:

Deve ser considerado provado também que à data da venda impendia sobre a fracção uma hipoteca que garantia o valor inicial de PTE 6.021.000$00 e com o valor máximo de PTE 8.208.128$00 e que a venda foi efectuada livre de ónus e encargos.

Deve ainda ser considerado provado que parte do dinheiro da venda foi depositada na conta bancária e que o remanescente, da exclusiva titularidade do agravante, foi empregue na construção da actual casa de morada de família e para pagamento das diversas despesas de família;

Nos termos do art. 1722.º do CC, são considerados bens próprios os adquiridos na constância do casamento por virtude de direito próprio anterior;

O agravante vendeu a fracção autónoma em 11-7-01, dois dias depois depositou numa conta à ordem de que era o único titular € 31.673,67 e no dia seguinte fez uma aplicação a prazo unicamente em seu nome, de igual montante;

Não houve contra-alegações:

Colhidos os vistos, cumpre decidir.

II – Quanto à impugnação da decisão da matéria de facto:

1. Em apreciação dos elementos documentais juntos aos autos, o tribunal *a quo* considerou provado que:

a) Em 31-3-89 o agravante, no estado de solteiro, comprou pelo valor de PTE 6.700.000$00 a fracção autónoma designada pelas letras AA correspondente ao 4.º andar esq.º do prédio sito na Rua B., Almada;

b) Por escritura de 9-7-01 o agravante vendeu a fracção referida pelo preço de PTE 17.800.000$00, ou seja, € 84.795,64;

c) Em 11-7-01, depositou a quantia de PTE 6.350.000$00, ou seja, € 31.673,67 na conta do B., tendo este montante sido aplicado num depósito a prazo no dia 12-7-01.

Considera o agravante que, por análise da documentação apresentada e com recurso a presunções judiciais, deve considerar-se provado que a quantia depositada na conta aberta no B. era proveniente de uma parte do preço que recebeu pela venda da fracção de que era exclusivo proprietário.

Já para a requerida, apesar de admitir que a fracção que foi vendida era da exclusiva propriedade do agravante, alega que a quantia correspondente ao preço foi aplicada em certificados de aforro que entretanto o agravante resgatou, devendo manter-se a decisão da matéria de facto.

2. Vejamos:

Os elementos documentais apresentados para prova da exclusividade do saldo existente na conta bancária do B. parecem indiciar uma estreita conexão com o contrato de compra e venda que fora celebrado dois dias antes de uma fracção que era da exclusiva titularidade do ora agravante.

No entanto, ainda que a apreciação dos meios de prova em sede de procedimentos cautelares não deva fazer-se pelos mesmos critérios que vigoram no processo comum, os elementos constantes dos autos revelam-se insuficientes para, com a necessária segurança (que também visa acautelar os direitos do outro cônjuge sobre o património do casal), se considerar desde já provada a referida ligação, com efeitos na correspondente exclusividade do direito sobre o referido saldo bancário.

Repare-se que a venda do imóvel ocorreu numa altura em que ainda não se despoletara o conflito conjugal que redundou na propositura da acção de divórcio, o que, além do mais, é revelado pelo facto de a própria requerente ter dado o seu consentimento à referida alienação.

Por outro lado, referindo-se no doc. de fls. 107, emitido pela entidade bancária, que o depósito efectuado em 11-7-01 teve por objecto um cheque no valor de PTE 6.350.000$00 (€ 31.673,67), este montante não tem correspondência com o valor da venda da fracção, que foi de PTE 17.800.000$00 (fls. 100). Por outro lado, era relativamente fácil ao agravante comprovar a eventual correspondência entre o sacador do cheque e o comprador da fracção ou a entidade bancária que financiou a compra (Caixa Geral de Depósitos), o que não foi feito.

Acresce ainda que, na ocasião, já existiam outras contas bancárias do requerido (cfr. fls. 9 a 11), sendo igualmente possíveis outras aplicações monetárias do dinheiro recebido, como o revela o facto de o agravante também ser titular de certificados de aforro, como se verifica do doc. de fls. 15.

Sendo certo que as presunções judiciais, a partir das regras de experiência, permitem aceder a factos desconhecidos, de difícil prova directa (arts. 349.º a 351.º do CC) e que também devem ser usadas em sede de procedimentos cautelares, a sua aplicação deve partir de factos instrumentais suficientemente seguros, o que não ocorre no caso concreto.

A estes argumentos extraídos da apreciação dos elementos documentais apresentados pode ainda acrescentar-se que, sendo verdade que as providências cautelares não devem permitir que o requerente obtenha benefícios injustificados, a manutenção da decisão da matéria de facto, de que se partiu para o decretamento do arrolamento, concorre para que se alcancem os objectivos que se pretendem alcançar com esta providência cautelar preliminar da acção de divórcio, enquanto se não definir, em termos mais seguros e com mais solenidade, a titularidade dos bens.

Por conseguinte, mantém-se a decisão da matéria de facto.

3. Elementos a considerar:

A requerente e o requerido contraíram casamento em 28-4-90, sem convenção antenupcial;

O requerido é titular de três contas bancárias: no M., na C. e no B.;

Os saldos de tais contas bancárias foram objecto de arrolamento a pedido da requerente, como antecipação de uma acção de divórcio litigioso que instaurou;

Entre os saldos arrolados conta-se a quantia de € 35.112,26 depositada no B.;

III – Decidindo:

Nos termos do art. 1725.º do CC, quando haja dúvidas sobre a comunicabilidade de bens móveis, estes consideram-se comuns.

É, na verdade, aquilo que emerge dos autos, ante a ausência de prova da comunicabilidade da quantia depositada no BIC e a divergência das partes a respeito da titularidade dessa quantia.

Se não é possível asseverar, com toda a segurança, que o saldo bancário se integra no património comum do casal, também não é possível afirmar que seja da exclusiva titularidade do agravante.

Sendo seguro que a constituição do depósito bancário ocorreu na constância do casamento celebrado no regime supletivo de comunhão de adquiridos, não existe qualquer facto que permita considerar que o requerente é o seu exclusivo titular.

Para o efeito, era necessário que se apurasse, por exemplo, que o referido saldo era o resultado da venda do imóvel que era bem próprio do agravante, nos termos e para efeitos do art. 1723.º, al. b), do CC, o que, como decorre do que anteriormente se decidiu acerca da matéria de facto, se não verificou.

IV – Face ao exposto, acorda-se em negar provimento ao agravo, mantendo a decisão recorrida.

Custas a cargo do agravante.

Notifique.

Lisboa, 27-5-08

António Santos Abrantes Geraldes (relator)

Anexo n.º 13

Agravo n.º 4139-07
Apreensão de veículo automóvel. Contrato de financiamento.

Sumário:

A providência cautelar de apreensão de veículo automóvel não pode ser solicitada pela entidade bancária que financiou a aquisição do bem a favor do devedor.

I – S., SA, intentou contra A. procedimento cautelar solicitando a apreensão de um veículo automóvel, ao abrigo do art. 15.º do Dec. Lei n.º 54/75, de 12-2.

Para o efeito alegou que celebrou com o requerido um contrato de financiamento para que este adquirisse a uma terceira entidade um veículo automóvel, ficando constituída a seu favor reserva de propriedade sobre o veículo.

A providência foi liminarmente indeferida, com fundamento em que a requerente apenas invoca um contrato de financiamento, sendo que a providência específica visa unicamente as situações decorrentes de contrato de compra e venda a prestações com reserva de propriedade.

Agravaram as requerentes e concluíram que:

...

II – Decidindo:

1. A agravante requereu a providência cautelar específica de apreensão do veículo automóvel como preliminar de uma acção declarativa destinada a fazer valer o direito de crédito decorrente de um contrato de financiamento para aquisição a crédito de um veículo. Para o efeito, invoca a outorga de um "contrato de financiamento para aquisição a crédito" celebrado com o requerido, em cujo texto se identifica o vendedor do veículo e se indica o montante do financiamento concedido, a taxa de juros e as prestações mensais convencionadas; também no contrato de financiamento se alude à "garantia" de "reserva de propriedade".

Das condições gerais desse mesmo contrato consta ainda o seguinte:

"Em garantia do bom pagamento do capital emprestado, respectivos juros e demais obrigações decorrentes do presente contrato, o cliente presta as garantias que venham referidas nas condições particulares do mesmo.

...

Até integral cumprimento deste contrato, a S. poderá constituir no seu interesse, reserva de propriedade sobre o bem objecto deste contrato, salvo se a S. dela prescindir".

Da certidão emitida pela Conservatória do Registo Automóvel de Lisboa consta que a propriedade do veículo está inscrita a favor do requerido e que a favor da requerente se encontra averbado, como "encargo" a "reserva".

Já no âmbito do agravo n.º 7023-03, de 16-12-03, acessível através de *www.dgsi.pt/jtrl*, foi proferido acórdão, com o mesmo relator, aliás citado na decisão recorrida, que incidiu sobre a mesma questão. Assim, por economia de esforços e de meios, seguir-se-á de muito perto a fundamentação então aduzida. Afinal, a situação de facto, nos seus aspectos essenciais, é idêntica; o quadro jurídico manteve-se inalterado; enfim, não se verifica qualquer circunstância susceptível de levar a modificar o entendimento que presidiu ao mencionado acórdão.

2. Os preceitos que formam o quadro normativo em que se insere a pretensão da agravante são basicamente os seguintes:

– O art. 15.º, n.º 1, onde se prevê que, "*vencido e não pago o crédito hipotecário ou não cumpridas as obrigações que originaram a reserva de propriedade, o titular dos respectivos registos pode requerer em juízo a apreensão do veículo e do certificado de matrícula*".

– O art. 16.º, segundo o qual, "*provados os registos e o vencimento do crédito ou, quando se trate de reserva de propriedade, o não cumprimento do contrato por parte do adquirente, o juiz ordenará a imediata apreensão do veículo*".

– O art. 18.º, n.º 1, que determina que, "*dentro de quinze dias... o titular do registo de reserva de propriedade deve propor acção de resolução do contrato de alienação*". E o seu n.º 3, de acordo com o qual, "*... transitada em julgado a decisão que declare a resolução do contrato de alienação com reserva de propriedade, o certificado de matrícula é entregue pelo tribunal ao adquirente do veículo ou ao autor da acção que toma posse do veículo, independentemente de qualquer outro acto ou formalida*de".

2.1. Estamos em face de normas de cariz essencialmente processual, na medida em que estabelecem os pressupostos de que depende o acesso a uma determinada providência cautelar e os requisitos de que depende a manutenção dos efeitos da providência que venha a ser decretada.

Importa, pois, ter presente que, sem olvidar a natureza meramente instrumental do direito adjectivo ou a prevalência que sempre deve ser dada às questões de mérito, a natureza publicística das normas processuais implica que sejam os interessados a adaptar-se às normas vigentes e não o intérprete a fazer das mesmas o uso que se mostre mais conveniente para integrar situações que nem expressa nem implicitamente nelas encontram cabimento.

Segundo Antunes Varela, que na construção do ordenamento jurídico teve uma larga quota de responsabilidade, "não há na lei processual civil nenhuma disposição que estabeleça critérios especiais de interpretação do direito adjectivo. Nem a natureza específica da relação processual impõe quaisquer desvios aos princípios gerais por que deve reger-se a interpretação das leis", concluindo que "os princípios a que deve obedecer a interpretação das normas processuais são, por conseguinte, sem tirar, nem pôr, os que resultam do disposto no art. 9.º do CC".[705]

2.2. O Dec. Lei n.º 54/75 surgiu no dealbar da abertura do mercado de consumo, na parte respeitante a um bem específico – o automóvel – cuja aquisição ou utilização foi "democratizada", visando o legislador conferir aos vendedores um instrumento processual que, com celeridade e eficácia, pudesse acautelar os seus interesses, estabelecendo condições para evitar a deterioração do veículo no período, por vezes longo, de discussão do direito de crédito garantido pela cláusula de reserva de propriedade ou pela hipoteca.

Porém, o acesso a tal providência obedece a requisitos legais que definem o perímetro da sua intervenção. No que concerne aos contratos a que se encontre acoplada uma cláusula de reserva de propriedade, o mesmo é delimitado pelos arts. 15.º, n.º 1, 16.º, n.º 1, e 18.º, n.º 1, in fine, restringindo-se aos casos em que, por falta de pagamento da totalidade ou de parte do preço, se pretenda a restituição do veículo, na sequência da resolução do contrato de compra e venda.

As providências em geral, sem exclusão sequer da apreensão de veículos, são destituídas de autonomia, ficando na dependência da acção principal relativamente à qual exercem uma função instrumental de conteúdo conservatório ou antecipatório. É na acção principal que, com maior solenidade e com mais garantias para ambas as partes, se dirimem os interesses contraditórios dos contraentes.

Deste modo, uma vez que a entrega definitiva do veículo automóvel à requerente de que a apreensão é instrumento preventivo supõe a resolução do contrato de compra e venda, nos termos dos arts. 886.º, 934.º e 434.º do CC,[706] desde já se pode antecipar a ausência do nexo de instrumentalidade entre a providência de apreensão de veículos e a acção declarativa de que é necessariamente dependente.

---

[705] *Manual de Processo Civil*, 2ª ed., págs. 42 e 43.

[706] Com efeito, o vendedor só pode exigir a restituição da coisa, ao abrigo da reserva de propriedade, se proceder à resolução do contrato de compra e venda, como defende **Miguel Lima**, *A Cláusula de Reserva de Propriedade*, págs. 62 e 63, e **Raúl Ventura**, *O Contrato de Compra e Venda no Código Civil*, ROA, ano 43.º, pág. 612. Cfr. ainda o Ac. da Rel. de Lisboa, de 27-6-02 (*www.dgsi.pt/jtrl*).

Com efeito, uma vez que a requerente apenas invoca o incumprimento da obrigação de pagamento das prestações decorrentes do contrato de mútuo, será o pagamento das prestações em falta ou, eventualmente, a resolução do contrato de mútuo que poderá constituir objecto da acção declarativa de que esta providência é dependente. De modo algum poderá a requerente/mutuária interpor acção cujo pedido consista na resolução do contrato de compra e venda com reserva de propriedade.

Ora, atentas as circunstâncias que vigoravam na altura em que a lei foi elaborada e cujo relevo decorre do art. 9.º, n.º 1, do CC, não resulta do preceituado no Dec. Lei n.º 54/75 que o legislador tenha expressamente previsto a possibilidade de a providência de apreensão de veículos ser utilizada pela entidade financiadora da aquisição.

Efectivamente, na altura, a par da situação da constituição de hipoteca sobre veículos, o que importava fundamentalmente regular era a situação de compra e venda a prestações em que o vendedor, concedendo crédito ao comprador, reservava para si a propriedade até que estivesse paga a totalidade do preço, de modo que a previsão da possibilidade de requerer a providência de apreensão de veículos (decretada sem contraditório e mediante a mera análise dos documentos apresentados) exercia uma função antecipatória dos efeitos práticos da invocação e reconhecimento do direito de resolução do contrato de compra e venda.

2.3. Defende a agravante que o acesso à apreensão de veículos lhe é conferido pela sua qualidade de sub-rogada nos direitos da vendedora.

Tal alegação apenas tem a virtualidade de deixar claro que a agravante conhece bem o ordenamento jurídico e as suas potencialidades, tornando ainda mais temerária a sua estratégia de tentar encaixar num instrumento específico uma pretensão que poderia, com facilidade e segurança, encontrar melhor apoio jurídico. Tal opção assumida dispensa, aliás, quaisquer esforços no sentido de a levar a corrigir o requerimento inicial.

Atenta a sua qualidade de financiadora, a agravante, através da aludida sub-rogação, poderia adquirir os direitos que o vendedor detinha aquando da celebração do contrato de compra e venda. A sub-rogação a favor da mutuante era o instrumento ideal que permitiria à agravante satisfazer o seu direito de crédito, nos termos expressos no art. 591.º do CC.[707]

Todavia, como refere Menezes Leitão, Direito das Obrigações, vol. II, pág. 38, "a lei exige para se proceder a esta sub-rogação um requisito de forma especial que é o de que conste do documento de empréstimo que a coisa se destina ao cumprimento da obrigação e que o mutuante fica sub-rogado nos

---

[707] **Menezes Leitão**, *Direito das Obrigações*, vol. II, pág. 37.

direitos do credor", o que, como é evidente, se não verificou, inviabilizando, assim, a invocação de tal instituto.

2.4. Mas poderá a providência encontrar justificação no facto de a concreta situação se nos apresentar como uma relação trilateral, com intervenção do mutuante, como verdadeiro interessado no cumprimento da obrigação creditícia, em lugar do vendedor que, depois de ter recebido a totalidade do preço, se desinteressou do eventual incumprimento por parte do adquirente com reserva de propriedade?

No caso concreto, a análise dos elementos e a sua conjugação com dados conferidos pela experiência, consente que se afirme que estamos perante uma união de contratos[708] funcionalmente ligados, com os seguintes efeitos conjugados:

– Ao vendedor do veículo automóvel, garantiu o recebimento imediato da totalidade do preço;

– Ao comprador, permitiu-lhe aceder, com menos exigências formais, ao crédito destinado ao consumo;

– À mutuante, proporcionou-se a possibilidade de emprestar dinheiro mediante a previsão do correspectivo reembolso remunerado, alargando o seu mercado.

A única especificidade que distingue a concreta situação do regime comum dos contratos de compra e venda e de mútuo é a cláusula de reserva de propriedade a favor da mutuante.

Posto isto, não se desconhecem as potencialidades do ordenamento jurídico, designadamente a possibilidade de fazer de certos preceitos que visaram uma determinada realidade uma interpretação extensiva que abarque uma realidade formalmente diversa, mas com características substanciais semelhantes, fazendo apelo às condições específicas do tempo em que a lei é aplicada, nos termos do já referido art. 9.º, n.º 1, do CC.

Todavia, o uso de tal faculdade está condicionado pela necessidade de se encontrar no texto legal um mínimo de correspondência verbal, ainda que imperfeitamente expresso.

O natural dinamismo que caracteriza a vida económica e a necessidade de os agentes económicos se adaptarem às exigências do mercado implica o recurso a novos mecanismos que permitam ampliar os negócios e penetrar em

---

[708] Qualificação assumida por **Gravato Morais**, "*Do regime jurídico do crédito ao consumo*", *Scientia Iuridica*, tomo XLIX, 2000, págs. 375 a 411, e por **Paulo Duarte**, "*A sensibilidade do mútuo às excepções do contrato de aquisição na compra e venda financiada, no quadro do regime jurídico do crédito ao consumidor*", na Rev. *Sub Judice*, n.º 24. Cfr. ainda **Pais de Vasconcelos**, *Contratos Atípicos*, págs. 215 e segs.

novos mercados.[709] É, assim, natural a existência de uma certa divergência entre os mecanismos de ordem económico-financeira, por natureza mais ágeis e informais, e a maior inércia inerente aos instrumentos jurídicos.

Como refere Paulo Duarte, os agentes económicos ultrapassaram a fase em que, mediante a venda a prestações, com reserva da propriedade, o vendedor, para além das funções propriamente comerciais ligadas à alienação de bens, desempenhava ainda a função adicional de suprimento da falta de liquidez do comprador, para uma outra em que esta função passou a ser assumida por uma entidade distinta, ainda que, muitas vezes, pertencente ao mesmo grupo económico. Nestes casos, é o mutuante que assume o risco de insolvência do comprador ou o "risco do processo".[710] Porém, a constatação desta realidade insofismável não permite que as partes, a seu bel-prazer, façam uso indiscriminado de meios que de modo algum visaram as novas realidades que vão despontando.

É verdade que a situação de compra e venda de veículos automóveis com intervenção de uma terceira entidade que financia a operação acaba por desempenhar funções semelhantes às do contrato de compra e venda a prestações.

Todavia, sem regatear a conveniência da previsão de uma providência especificamente destinada a possibilitar a retenção do veículo, o recurso à providência de apreensão não encontra apoio mínimo no elemento literal exigido pelo art. 9.º, n.º 1, do CC, tornando inviável o recurso à interpretação extensiva que a agravante invoca e que tem sido admitido em diversos acórdãos desta Relação.

Trata-se, aliás, de uma solução que foi afastada no acórdão que, com o mesmo relator, foi proferido em 17-6-03, e que também marca, entre outros, os acórdãos desta Relação de 8-2-07 de 12-10-06 e de 22-6-06. Foi ainda a adoptada no Ac. do STJ de 12-5-05.

Todavia, essa tese vem sendo admitida noutras decisões deste mesmo Tribunal da Relação, entre as quais os Acs. de 5-5-05, de 20-10-05, de 1-2-07, de 22-6-06, de 22-6-06, de 6-3-07, de 30-5-06 e de 23-5-06. Foi ainda assumida no Ac. do STJ, de 12-9-06.

Em alguns destes últimos acórdãos, nem sequer se pouparam adjectivos àquela tese, qualificando-a de "formal e redutora", eivada de "conceptualismo formalista", "despida de consequências práticas que dela possam provir".

2.5. Parece-nos que as insuficiências do texto legislativo estão longe (bem longe, aliás!) de justificar tão precipitada adjectivação. Ao invés, bem pode afirmar-se que a solução defendida enfrenta enormes dificuldades de subsunção, tendo em conta as regras metodológicas a que os juízes estão sujeitos na tarefa de interpretação das normas.

---

[709] **Menezes Cordeiro**, *Manual de Direito Bancário*, pág. 287.

[710] Ob. cit., pág. 67.

Para além daquilo que sobre a interpretação de normas adjectivas defende Antunes Varela, também de Anselmo de Castro se extrai o ensinamento de que "a interpretação da lei processual obedece às mesmas regras de qualquer outra lei. Somente há a registar a menor aplicação da interpretação actualista...".[711]

Acresce ainda a posição que sobre a concreta situação assume Gravato de Morais, que sobre o tema do crédito ao consumo tem relevantes trabalhos publicados.[712]

Efectivamente, como já se disse, falta à solução inversa a correspondência verbal no texto da lei, ainda que em termos imperfeitamente expressos.

Comparando os textos legais com o sentido que deles se pretende extrair, só abandonando esta exigência se podem fazer as seguintes e necessárias equiparações:

a) Integrar no incumprimento das "*obrigações que originaram a reserva de propriedade*", a que se alude no art. 15.º do Dec. Lei n.º 54/75 (necessariamente sinalagmáticas dos direitos do vendedor e proprietário do veículo) as obrigações incumpridas perante a mutuante;

b) Equiparar ao "*não cumprimento contrato por parte do adquirente*" a que se alude no art. 16.º (necessariamente o contrato de compra e venda gerador da transmissão/aquisição) o incumprimento do contrato de mútuo por parte do mutuário;

c) Considerar que à futura e necessária "acção de resolução do contrato de alienação" de que a providência é instrumental e dependente, nos termos do art. 18.º, n.º 1, equivale a eventual propositura de uma acção de resolução do contrato de mútuo ou de condenação do mutuário no pagamento da quantia mutuada;

d) Enfim, considerar que ao trânsito em "*julgado da decisão que declare a resolução do contrato de alienação com reserva de propriedade*", nos termos do art. 18.º, n.º 2, deve ser assimilado o trânsito em julgado da acção referida na anterior al. c).

Temos que convir que, por bem intencionada que seja tal solução, carece de apoio literal mínimo no texto legal, sendo, em boa verdade, uma solução que, ao invés de se quedar pela interpretação extensiva, procede a uma verdadeira aplicação analógica, suprindo uma aparente lacuna legal contra as regras do art. 11.º do CC, segundo o qual o recurso a tal instrumento está vedado relativamente a normas excepcionais (e é excepcional o regime que permite aceder à providência específica de apreensão de veículos).

2.6. Não se invoque, para legitimar a referida interpretação "actualista", a inércia do legislador relativamente à ausência de regulamentação apropriada à

[711] *Direito Processual Civil*, vol. I, pág. 44.

[712] *Cadernos de Direito Privado*, n.º 6, pág. 52.

defesa do mutuante naquela relação triangular para extrair do direito positivo respostas que nele não se encontram, nem sequer em potência. Não pode pretender-se que um diploma que visou regular uma realidade muito específica sirva de cobertura à multiplicidade de instrumentos económico-financeiros, mais ou menos conjunturais, que, passo a passo, são introduzidos nas práticas comerciais.

Nem sequer serve o argumento, por vezes empregue, de que há que enfrentar, com soluções novas, a inércia do legislador relativamente à regulamentação apropriada dos interesses dos mutuante naquelas relações triangulares. Com efeito, muito recentemente o legislador alterou o Dec. Lei n.º 54/75 sem que, no entanto, tenha modificado substancialmente o regime da providência de apreensão de veículos.

Nem sequer valem considerações acerca da desprotecção em que alegadamente se encontra a entidade que financia a aquisição a crédito de veículos automóveis. Com efeito, o sistema jurídico está dotado de mecanismos "clássicos" que, devidamente observados, potenciam respostas seguras a interesses como os que a agravante invoca.

A agravante, entidade de natureza para-bancária, dedica-se, além do mais, à locação financeira. Por isso está bem ciente das potencialidades do ordenamento jurídico para enfrentar, de forma segura e eficaz, os riscos que envolve a sua intervenção em negócios que se traduzem na concessão de crédito ao consumo para efeitos de aquisição por terceiros de veículos automóveis.

A figura da sub-rogação que invocou, mas que não provou, era justamente adequada a tutelar a sua posição sem adulterar as regras por que deve guiar-se na interposição de acções ou de procedimentos cautelares.

Estava ainda aberta a possibilidade de exigir do mutuário a constituição de uma hipoteca sobre o veículo com o que, para além da garantia real que lhe concedia prioridade de tratamento na graduação de créditos, se abririam inequivocamente as portas da providência cautelar de apreensão do veículo, nos termos do art. 15.º do Dec. Lei n.º 54/75.

A sua natureza de entidade financeira, permitia-lhe ainda optar pela celebração de um contrato de locação financeira com o que imediatamente ficaria apoiada no específico regime previsto para tal contrato, onde se insere a legitimidade de requerer providência específica de entrega e cancelamento do registo da locação financeira.

A doutrina nem sequer fecha a porta à possibilidade da outorga de um contrato de alienação fiduciária em garantia que, de acordo com Lima Pinheiro, "poderia combinar-se com reserva de propriedade na medida em que ao comprador seria legítimo obter financiamento, alienando, em garantia, o seu «direito de expectativa»".[713]

---

[713] *A Cláusula de Reserva de Propriedade*, pág. 34.

Independentemente de qualquer destas vias, tinha a agravante ainda acesso generalizado ao procedimento cautelar comum, ainda que a correspondente providência não dependa apenas da prova sumária do direito acautelado, mas ainda da prova sumária do perigo de ocorrência de lesão grave e dificilmente reparável, a exigir mais do que a mera prova de uma situação de incumprimento.

Porventura a agravante terá ponderado a maior onerosidade ou morosidade que cada uma das referidas medidas implica. Mas sendo compreensíveis tais motivações, não permitem que, contra regras metodológicas universais, se deturpe o sentido das normas.

Tendo a agravante optado por trilhar um caminho que não contou nem com a constituição de hipoteca, nem com a resolução do contrato de compra e venda com reserva de propriedade, não tem legitimidade para convocar para a defesa urgente dos seus interesses um diploma que, como o Dec. Lei n.º 54/75, visou outras realidades bem menos complexas do que aquela que as agravantes agora vêm invocar.

2.7. Como se disse anteriormente, independentemente do regime de direito substantivo a que obedece a compra e venda com reserva de propriedade, associada ou não a contratos de financiamento, o quadro jurídico-processual em que se integra a figura da apreensão cautelar de veículos é bem mais restrito.

Ainda que se admita que, para efeitos do art. 15.º, dentro das obrigações que podem despoletar a invocação dos efeitos da reserva de propriedade se abarcam também as assumidas no contrato de mútuo conexo acordado com a agravante, não se consegue contornar o obstáculo formal resultante do art. 18.º que fixa o nexo de instrumentalidade da providência não em relação à resolução do contrato de mútuo, mas sim do "contrato de alienação".

É todo inviável tentar, a todo o custo, meter na "Rua da Betesga", limitada às situações a que concretamente se dirige o Dec. Lei n.º 54/75, o "Rossio", formado pelo campo largo das práticas comerciais dos agentes económicos.

Por isso se confirma a decisão agravada.

III – Conclusão:

Face ao exposto, acorda-se em negar provimento ao agravo, mantendo a decisão que indeferiu liminarmente a providência.

Custas a cargo da agravante.

Notifique.

Lisboa, 22-5-07

António Santos Abrantes Geraldes (relator)

Anexo n.º 14

Agravo n.º 4901-07
Apreensão de veículo automóvel. Competência territorial. Revogação tácita de norma sobre competência territorial.

Sumário:
Deve considerar-se tacitamente revogado o art. 21.º do Dec. lei n.º 54/75, de 12-2, em face da nova redacção do art. 74.º do CPC.

I – S., SA, instaurou contra M. e J., com residência em Vila Nova de Gaia, acção declarativa com processo ordinário, pedindo que seja declarada a resolução de um contrato de crédito concedido para aquisição de um veículo automóvel sobre o qual a A. detém reserva de propriedade e que os réus sejam condenados a restituir o veículo, reconhecendo-se à A. o direito ao cancelamento do registo averbado em nome da 1ª Ré.

No despacho liminar foi considerado que o Trib. da Comarca de Lisboa era territorialmente incompetente, tendo em conta o critério definido pela actual redacção dos arts. 74.º e 110.º, n.º 1, do CPC, não podendo ser invocado, para afirmação da competência, o disposto no art. 21.º do Dec. Lei n.º 54/75, de 12-2, que deve considerar-se tacitamente revogado.

A requerente agravou, concluindo que:

A acção foi instaurada ao abrigo Dec. Lei n° 54/75, de 12-2, por se encontrar registada na Conserv. de Reg. Automóvel a favor da recorrente a reserva de propriedade sobre a viatura financiada;

A regra de competência plasmada no art. 21.º é especial face à regra geral de competência do art. 74° do CPC, prevalecendo sobre esta, não tendo sido revogado pela Lei n.º 14/06 de 26-4, pelo que o tribunal territorialmente competente para apreciar o caso é o da agravante, enquanto proprietária reservatária;

Acresce ainda que foi constituído um pacto de aforamento constante da cláus. 15ª das condições gerais do contrato, o qual estabelece como foro competente para resolução de todos os litígios emergentes do contrato celebrado a comarca de Lisboa,

Atendendo ao disposto no art. 100° do CPC anterior à entrada em vigor da Lei n.º 14/06, de 26-4, o referido pacto de aforamento é válido e eficaz, porquanto foi celebrado em momento anterior;

No nosso ordenamento jurídico vigora o princípio da irretroactividade da lei, de modo que a Lei n.º 14/06, de 26-4, apenas retirou aos sujeitos jurídicos a possibilidade de celebrarem pactos de aforamento, e não que os pactos anteriormente celebrados deixariam de ser válidos, pois que isso atentaria claramente contra a segurança jurídica que subjaz ao referido princípio da irretroactividade da lei, e consubstanciaria que estaríamos perante uma aplicação retroactiva da lei.

Não houve contra-alegações, por não ter sido cumprido ainda o contraditório.

II – Cumpre decidir:

1. Suscitam-se no caso concreto as seguintes questões:

a) Manutenção ou revogação tácita do que no art. 21.º do Dec. Lei n.º 54/75 se dispõe sobre competência em razão do território, em face do que consta do actual art. 74.º do CPC;

b) Subsistência ou não do pacto de aforamento inscrito no contrato celebrado antes da entrada em vigor da Lei n.º 14/06, de 26-4.

2. Quanto à primeira questão:

2.1. Nos termos do art. 21.º do Dec. Lei n.º 54/75, "*o processo de apreensão e as acções relativas a veículos apreendidos são da competência do tribunal de comarca em cuja área se situa a residência habitual ou sede do proprietário*".

Trata-se de uma norma que, na ocasião em que foi publicada, apresentava um critério definidor da competência relativa diverso do que emergia do art. 74.º (para as acções de cumprimento de contratos) e do art. 85.º do CPC (que englobava, além de outras, as acções de resolução de contratos), elegendo, respectivamente, o tribunal do lugar em que a respectiva obrigação deveria ser cumprida e o tribunal da área do domicílio do réu. Naquela ocasião, a regra especial de competência territorial acabava por divergir da que decorria do art. 85.º do CPC, estando subjacente a ideia de dar prevalência ao interesse do proprietário, proporcionando-lhe a possibilidade de solicitar a intervenção do tribunal da área do seu domicílio.

2.2. A situação sofreu entretanto uma primeira alteração.

Por via do Dec. Lei n.º 329-A/95, de 29-12, foi ampliada a regra específica do art. 74.º do CPC, passando a abarcar também as acções de resolução do contrato por incumprimento e, além disso, concedendo ao credor a possibilidade de optar entre o tribunal do lugar de cumprimento da obrigação e o do domicílio do réu.

A partir de então, a divergência passou a fazer-se não em relação à regra geral do art. 85.º do CPC, antes à do art. 74.º. Mantinha-se, contudo, uma relação de especialidade, pois o art. 21.º era restrito às acções de resolução de contratos sobre veículos automóveis, ao passo que o art. 74.º do CPC vigorava para a generalidade das acções de resolução contratual.

É neste quadro que devem integrar-se os efeitos que dimanam da aprovação da Lei n.º 14/06, de 26-4, na parte em que introduziu segunda alteração no art. 74.º e modificou ainda o art. 110.º, n.º 1, do CPC.

Segundo a nova redacção do art. 74.º, salvo quando o réu seja pessoa colectiva ou, sendo pessoa singular, resida nas Áreas Metropolitanas de Lisboa e do Porto, a acção de resolução do contrato por incumprimento, entre outras previstas no mesmo preceito, deve ser proposta no tribunal do domicílio do réu.

Acabou-se, assim, com o foro alternativo que deixava nas mãos do credor a opção.

A razão desta intervenção legislativa não é imediatamente apreensível. Tratando-se de Lei da Assembleia da República, é destituída de justificação preambular, de modo que a auscultação da *ratio legis*, com relevo interpretativo, deve procurar-se noutras fontes. Fontes essas que, no dizer de Baptista Machado, integram, por exemplo, "os anteprojectos que normalmente os acompanham, os projectos... ou as actas da discussão do projecto na generalidade e na especialidade na assembleia legislativa..." (Introdução ao Direito e Discurso Legitimador, págs. 184 e 185, com sublinhado nosso). Importa ainda ter presente, de acordo com o mesmo autor, os "factores conjunturais de ordem política, social e económica que determinaram a medida legislativa em causa", sendo que, "por vezes, o conhecimento destes factores é mesmo indispensável para se poder atinar com o sentido e alcance da norma – sobretudo quando esta é já antiga e foi fortemente condicionada por factores de conjuntura" (pág. 190). Enfim, como refere noutro local, o conhecimento do fim visado pelo legislador, "sobretudo quando acompanhado das circunstâncias (políticas, sociais, económicas, morais, etc.) em que a norma foi elaborada ou da conjuntura político-económico-social que motivou a decisão legislativa (*occasio legis*) constitui um subsídio da maior importância para determinar o sentido da norma" (págs. 182 e 183).

Outro autor – Oliveira Ascensão – com relevantes trabalhos nesta área, realça a importância que deve ser atribuída à *occasio legis*, isto é, ao "circunstancialismo social que rodeou o aparecimento da lei", devendo a lei ser interpretada à luz desse condicionalismo e atender-se à "justificação social da lei" e bem assim à razão de ser da lei "iluminada por uma pretensão de máxima racionalidade, que permitirá escolher entre possibilidades divergentes de interpretação" (O Direito, Introdução e Teoria Geral, 13ª ed., págs. 413 a 416).

2.3. No caso concreto, as circunstâncias que levaram o legislador a modificar o critério de atribuição de competência territorial encontram-se formalmente descritas na Resolução do Conselho de Ministros n.º 100/05, de 30-5, de onde decorre o objectivo fundamental de racionalizar os meios judiciários postos à disposição dos interessados para a boa administração da justiça.

Este o fundamento essencial para considerar que, relativamente ao caso em análise, a competência territorial deve buscar-se através do que agora se dispõe no art. 74.º, n.º, 1, e não no art. 21.º do Dec. Lei n.º 54/75.[714]

A modificação do direito adjectivo, na parte referente aos critérios definidores da competência territorial, foi uma das medidas integrada num rol mais vasto tendente a obter um real descongestionamento dos tribunais dos grandes centros urbanos.

Simultaneamente pretendeu o legislador tutelar os interesses dos consumidores, aproximando os litígios judiciais das áreas onde se encontram domiciliados, a fim de facilitar o exercício do seu direito de defesa.

Aquela principal finalidade encontra-se também formalmente explicitada na justificação da Proposta de Lei apresentada pelo Governo junto da Assembleia da República, onde a lei foi aprovada, tendo o seguinte teor:

"O Programa do XVII Governo Constitucional assumiu como prioridade a melhoria da resposta judicial, a consubstanciar, designadamente, por medidas de descongestionamento processual eficazes e pela gestão racional dos recursos humanos e materiais do sistema judicial.

A necessidade de libertar os meios judiciais, magistrados e oficiais de justiça para a protecção de bens jurídicos que efectivamente mereçam a tutela judicial, e devolvendo os tribunais àquela que deve ser a sua função constitui um dos objectivos da Resolução do Conselho de Ministros n.º 100/2005, de 30 de Maio de 2005, que, aprovando um Plano de Acção para o Descongestionamento dos Tribunais, previu, entre outras medidas, a "introdução da regra de competência territorial do tribunal da comarca do réu para as acções relativas ao cumprimento de obrigações, sem prejuízo das especificidades da litigância característica das grandes Áreas Metropolitanas de Lisboa e Porto" (*www.parlamento.pt*).

Os debates que antecederam a aprovação da referida Lei na Assembleia da República (e que estão acessíveis através de *www.parlamento.pt*) revelam bem os desígnios do legislador no sentido de aprovar medidas potenciadoras de um verdadeiro descongestionamento dos tribunais e de uma efectiva tutela da posição jurídica do consumidor.

2.4. É verdade que a Lei n.º 14/06 não procedeu a uma expressa revogação ou modificação do que se dispunha no art. 21.º do Dec. Lei n.º 54/75. Apesar disso, os motivos que presidiram à modificação expressa do art. 74.º confluem no que respeita às acções e procedimentos cautelares abarcados por aquele preceito.

Na verdade, como reflexo de estratégias comerciais de entidades que exercem a actividade de concessão do crédito para consumo, maxime para aquisição

[714] Assim revê o relator a posição que o levou a subscrever o acórdão, em sentido diverso, proferido no âmbito do agravo n.º 8243-06.

de veículos automóveis, os tribunais cíveis dos grandes centros urbanos, com especial destaque para os das Áreas Metropolitanas de Lisboa e Porto, foram "colonizados" por acções de cobrança de dívidas, de natureza massificada. Pese embora o reduzido grau de litigiosidade, o número absoluto e relativo acabava por absorver uma grande parte dos recursos humanos e materiais na área da Administração da Justiça, dificultando uma resposta célere e eficaz noutros processos que envolvem litígios de diversa natureza e cujo relevo social é bem superior.

Foi para pôr cobro a esta situação que o legislador avançou para a modificação do regime em matéria de atribuição da competência territorial, alterando o disposto nos arts. 74.º e 110.º do CPC.

Sendo o mencionado art. 21.º invocado para atribuir competência territorial a acções e procedimentos de apreensão a que subjazem litígios ligados à aquisição de veículos automóveis a crédito, as razões que levaram a aliviar a carga processual que afectava os tribunais cíveis das áreas metropolitanas de Lisboa e do Porto são inteiramente transponíveis para tais acções ou procedimentos cautelares. Afinal, trata-se de dar seguimento àquele desiderato de descongestionar os tribunais dessas áreas, melhorando simultaneamente as condições para que os consumidores (necessariamente pessoas singulares) possam defender os seus interesses.

Neste contexto, a adesão a uma tese que considere a manutenção em vigor do art. 21.º do Dec. Lei n.º 54/75 para as acções de resolução do contrato (seja de compra e venda, seja de mútuo) acabaria por contrariar os objectivos fundamentais do legislador, impedindo os resultados projectados.

Pode, pois assumir-se que a modificação operada nos arts. 74.º e 100.º envolveu, ainda que de forma tácita, a modificação do regime prescrito pelo art. 21.º do Dec. Lei n.º 54/75.

É neste sentido que se orienta, aliás, o Ac. desta Relação de 22-3-07, Rel. Salazar Casanova.

2.5. Todavia, a agravante refere que a modificação de uma norma geral como a do art. 74.º do CPC não interfere numa norma especial como a do art. 21.º do Dec. Lei n.º 54/75.

Trata-se de argumento que vem sendo utilizado em alguns arestos desta mesma Relação, designadamente nos Acs. de 22-3-07, Rel. Sousa Pinto, de 13-3-07, Rel. Maria do Rosário Gonçalves, de 6-3-07, Rel. Afonso Henrique, e de 15-2-07, Rel. Ilídio Sacarrão.

Vejamos:

O art. 7.º, n.º 3, do CC determina que "*a lei geral não revoga a lei especial, excepto se outra for a intenção inequívoca do legislador*".

Já dissemos que, no caso, o conflito se estabelece entre a actual redacção do art. 74.º do CPC (que funciona, para as acções de resolução, como regra geral) e o art. 21.º do Dec. Lei n.º 54/75 que, integrado num diploma que incidiu sobre contratos de aquisição de veículos automóveis, definiu um outro critério de atribuição de competência designadamente para as acções de resolução ligadas a tais bens. O conflito manifesta-se, assim, entre uma regra de natureza especialíssima, visando um tipo específico de litígios sobre veículos (*maxime*, acção de resolução de contrato de compra e venda) e uma regra que regula a competência para as demais acções de resolução de contratos e que, nesta relação, funciona como regra geral.

Laborando sobre o preceituado no art. 7.º, n.º 3, do CC, Oliveira Ascensão conclui que a regra de que a lei geral não revoga lei especial não obsta a que se retire "da lei nova a pretensão de regular totalmente a matéria, não deixando subsistir leis especiais". Aponta como exemplo o caso em que com a nova legislação se pretenda "justamente pôr termo a regimes especiais antigos que deixaram de se justificar" (ob. cit., pág. 535). Segundo o mesmo autor, nada obsta a que se considere revogada lei especial se da nova lei geral puder retirar-se que o legislador "pretendeu regular exaustivamente um sector, não deixando subsistir fontes especiais", o que pode ser revelado por determinados indícios entre os quais "a premência da solução igualmente sentida no sector em que vigorava a lei especial" ou o "facto de a solução constante da lei especial não se justificar afinal por necessidades desse sector...". (pág. 535).

2.6. A concreta situação é paradigmática.

A intenção inequívoca do legislador, no sentido da modificação tácita do art. 21.º, resulta à evidência dos Trabalhos Preparatórios e, especialmente, quando se atenta na justificação apresentada com a Proposta de Lei ou quando se analisa a discussão que sobre a referida proposta teve lugar na Assembleia da República.

A regra contida no mencionado art. 21.º data de 1975, altura em que o congestionamento processual e a massificação de acções de incumprimento não apresentavam a gravidade que passou a verificar-se a partir dos anos 90, com a explosão do crédito ao consumo. Estava ainda longe a ideia de proteger o consumidor que viria a ganhar relevo constitucional, vinculando o legislador ordinário a adoptar instrumentos necessários a uma efectiva tutela dos seus interesses.

Por outro lado, nada existe de específico nos litígios que envolvam a aquisição de veículos automóveis que, decorridas três décadas sobre a aprovação da legislação especial, continue a justificar um específico regime definidor da competência em razão do território. Ao invés, o facto de os referidos litígios integrarem uma expressiva percentagem dos que contribuem para a concentração de processos de cobrança de dívidas nos tribunais das Áreas Metropolitanas de Lisboa e do Porto conflui precisamente para que se integrem na previsão da norma que alterou o art. 74.º do CPC, sob pena de, mediante um argumento de pendor formal, acabarem por ser impedidos os efeitos positivos que o legislador previu: redistribuição de processos pela generalidade dos tribunais e efectiva tutela do consumidor.

A alteração tacitamente introduzida insere-se no objectivo global do Executivo, secundado pela Assembleia da República, de enfrentar o "monstro" da massificação processual, fomentando a distribuição racionalizada de processos pela generalidade dos tribunais, em função do domicílio dos devedores, a fim de conseguir o tratamento mais célere desses processos, sem prejudicar a intervenção dos tribunais em litígios de outra natureza.

Porventura, teria sido mais avisada a expressa revogação ou modificação do citado art. 21.º, evitando as dúvidas sobre que operamos.

Todavia, tal opção do legislador, cuja motivação se ignora, não deve obstar levar a que se percam de vista os objectivos fundamentais que inequivocamente se pretenderam alcançar. Aliás, não parece exigível ou necessária uma exaustiva revogação ou alteração dos preceitos constantes de leis extravagantes, sendo legítimo extrair do novo texto legal, devidamente circunstanciado, a vontade do legislador de empreender uma modificação global do regime definidor da competência territorial em relação a acções a que estejam subjacentes litígios ligados ao incumprimento de contratos.

Acrescente-se ainda, por fim, como argumento formal, a que, no entanto atribuímos menor relevo, que a redacção do art. 74.º do CPC não obedece à técnica legislativa que se encontra no art. 94.º, onde expressamente se ressalvam os "*casos especiais previstos noutras disposições...*".

2.7. Em suma, parece-nos que a modificação do art. 74.º, a par da modificação do art. 110.º, n.º 1, do CPC, apresenta suficiente força para se projectar na generalidade dos preceitos dispersos por diplomas avulsos, entre os quais o referido art. 21.º, que contribuíam para a situação verdadeiramente calamitosa que levou o legislador a rever os critérios de atribuição de competência territorial.

Uma interpretação que levasse a excluir do âmbito do critério novo definido no art. 74.º as acções conexas com a aquisição de veículos automóveis com recurso ao crédito deixaria de fora uma parte substancial das acções que enxameiam os tribunais de Lisboa e do Porto.

Sendo verdadeiramente dramática a situação dos tribunais dos grandes centros urbanos de Lisboa e do Porto, assoberbados com uma miríade de processos massificados, em geral ligados a contratos de crédito ao consumo, deve dar-se prevalência ao objectivo do legislador no sentido de racionalizar os meios judiciários a fim de se distribuírem de uma forma mais equilibrada os processos, evitando a excessiva e prejudicial concentração nos tribunais daquelas áreas metropolitanas.

Em tal solução pode ainda ver-se um outro objectivo do legislador (ainda que não expressamente assumido), de incentivar os credores a adoptarem um critério de maior rigor na concessão de crédito, levando-os a ponderar melhor o risco de insolvabilidade dos devedores e as despesas adicionais que, sem garantia de retorno, poderá acarretar a eventual dispersão de processos pelos diversos tribunais em que os respectivos devedores (pessoas singulares) estão domiciliados.

3. Quanto à segunda questão:

Atenta a natureza pública das regras de processo civil e, especificamente, de tudo quanto está relacionado com a organização judiciária e com o uso dos meios que podem ser usados pelos interessados para fazerem valer as suas pretensões, não pode questionar-se a legitimidade do Estado no que concerne à adopção de medidas legislativas que imponham aos interessados um uso mais racional dos meios disponibilizados para o sector da administração da justiça.

Nesta medida, o facto de no contrato ter sido convencionada, com recurso a cláusulas gerais, a competência territorial do Tribunal de Lisboa, onde se situa a sede da agravante, não constitui obstáculo a tais medidas de racionalização. O interesse público inerente sobrepõe-se naturalmente aos interesses particulares de entidades que, como a agravante, fizeram do sistema anteriormente em vigor um uso abusivo de que resultou um prejuízo para o interesse geral.

Aqui como noutros campos, devem ser os interessados a adaptar-se às regras gerais e imperativas formuladas pelo poder legislativo, sem que o Estado fique manietado por estratégias que visam unicamente os benefícios de um reduzido número de entidades.

No caso concreto, sem se coarctar o exercício do direito de acção, a regra geral agora fixada no art. 74.º proporciona um uso mais racional dos meios, de modo que, por prevalência das regras de direito público ligadas à definição dos critérios de competência territorial sobre as convenções de direito privado, não existe motivo para deixar de aplicar ao caso concreto a solução que dimanou na alteração legislativa.

O diploma em análise, para além de ter expressamente salvaguardado as acções (ou procedimentos) anteriormente instaurados, apresenta força suficiente para se aplicar aos contratos anteriormente celebrados, considerando as normas adjectivas que nele foram inseridas.

Diga-se ainda que a conformidade constitucional da aplicação imediata aos contratos anteriormente celebrados tem sido consecutivamente afirmada pelo Tribunal Constitucional, sendo disso exemplos, os Acs. de 19-12-06, de 23-1-07, de 30-1-07 e de 6-2-07.

4. Decisão de teor semelhante foi proferida no âmbito do agravo n.º 4386-07, com a mesma agravante.

III – Em conclusão:

Face ao exposto, acorda-se em negar provimento ao agravo, mantendo a decisão recorrida.

Custas a cargo da agravante.

Notifique.

Lisboa, 5-6-07

António Santos Abrantes Geraldes (relator)

Anexo n.º 15

Apelação n.º 2974/08.4TVLSB.L1
Direitos de autor. Situações de lesão efectiva. Desnecessidade da gravidade da lesão. Despacho de aperfeiçoamento.

Sumário:

1. As providências cautelares previstas no art. 210.º-G do Código de Direitos de Autor e de Direitos Conexos, introduzido pela Lei n.º 16/08, de 1-4, em transposição da Directiva n.º 2004/48/CE, visam duas situações diferenciadas:

a) Violação de direitos de autor ou de direitos conexos;

b) Fundado receio de ocorrência de lesão grave e dificilmente reparável desses direitos.

2. Na primeira situação, ou seja, em situações de lesão já concretizada, o decretamento das medidas cautelares não depende da apreciação da sua gravidade ou das dificuldades da sua reparação.

3. Na fase liminar dos procedimentos cautelares, deve o juiz ponderar a possibilidade de proferir despacho de convite ao aperfeiçoamento, designadamente quando considere que existe deficiente concretização fáctica dos pressupostos legais da providência cautelar que não se reconduzam à ineptidão.

I – A. interpôs contra C. Ldª, procedimento cautelar comum, visando o decretamento do encerramento do estabelecimento comercial ou, subsidiariamente, a proibição da continuação de execução pública não autorizada de fonogramas musicais, a apreensão de bens de que se suspeite violarem os direitos conexos e os instrumentos que sirvam para a prática do ilícito e obrigação de conceder à requerente o livre acesso ao seu estabelecimento comercial com o objectivo de escutar e registar os fonogramas que aí são executados publicamente, se necessário com recurso aos meios policiais.

Alegou para o efeito que é uma entidade de gestão colectiva de direitos de autor relacionados com fonogramas e que a requerida não obteve licença para a execução daqueles que a requerente tem legitimidade para defender, o que constitui causa de prejuízos.

O procedimento cautelar foi liminarmente indeferido com fundamento na falta de alegação de factos integrantes do requisito legal ligado ao perigo de lesão grave e dificilmente reparável dos direitos em causa.

Apelou a requerente e concluiu que:

...

II – Decidindo:

1. A questão essencial que se suscita na presente apelação está ligada à interpretação do art. 210.º-G, n.º 1, do CDADC, introduzido pela Lei n.º 16/08, de 1-4, em transposição da Directiva n.º 2004/48/CE.

Mais concretamente importa decidir se, nos casos em que já exista efectiva violação de direitos de autor, o recurso às providência cautelares aí referidas se basta com a alegação e prova de tal violação ou se, ao invés, pressupõe sempre uma situação de lesão grave e dificilmente reparável de tais direitos.

2. Na decisão recorrida fez-se depender a tutela cautelar dos direitos de autor da verificação dos pressupostos exigidos para a tutela cautelar comum em geral, nos termos do art. 381.º, n.º 1, do CPC. Partindo de tal asserção, foi proferido despacho de indeferimento liminar com fundamento na ausência de factos concretizadores da situação de periculum in mora.

Trata-se de uma solução que não poderá ser confirmada.

2.1. O CDADC aprovado pelo Dec. Lei n.º 63/85, de 14-3, já continha preceitos que visavam tutelar os direitos de autor e direitos conexos, quer em termos definitivos, quer em termos provisórios, ainda que, em relação a estes, o legislador se tivesse limitado a prever a adopção das providências cautelares previstas na lei de processo" (art. 209.º), remetendo-nos para os arts. 399.º e segs. do CPC. Com a Reforma de 1996, tal remissão passou a fazer-se para as providências cautelares não especificadas reguladas pelos arts. 381.º e segs. Em qualquer das circunstâncias, a tutela cautelar comum dependia da verificação de uma situação de fundado receio de lesão grave e dificilmente reparável.

2.2. Porém, o contexto normativo modificou-se sob impulso de mudança com epicentro nos órgãos legislativos da União Europeia, com propagação a cada um dos respectivos Estados-membros.

Constatada a debilidade do sistema de protecção de direitos de propriedade intelectual no espaço da União Europeia, a aposta foi no sentido do reforço dos instrumentos processuais contra actos ilícitos de apropriação por parte de terceiros, objectivo tanto mais próximo e eficaz quanto maior a uniformidade de tratamento em cada um dos Estados-Membros, tendo em conta a facilidade de circulação de pessoas, bens e serviços e os prejuízos que decorrem da violação de tais direitos para os diversos interessados.

A estratégia materializou-se na aprovação da Directiva n.º 2004/48/CE, de 29-4-04 (também apelidada de *Directiva de Enforcement*), cujo art. 9.º, referente a "*medidas provisórias e cautelares*", determina que cada um dos Estados-

-membros, através de transposição, deve "*garantir que as autoridades judiciais possam, a pedido do requerente... decretar contra o infractor uma medida inibitória de qualquer violação iminente de direitos de propriedade intelectual ou de proibição..., a título provisório... da continuação da alegada violação dos referidos direitos...*" (sublinhado nosso).[715]

2.3. Embora com um atraso de dois anos em relação ao prazo fixado na referida Directiva,[716] a sua transposição para o direito nacional operou-se através da Lei n.º 16/08, de 1 de Abril, fruto da discussão gerada a partir da Proposta de Lei n.º 141/X (do Governo) e do Projecto-Lei n.º 391/X (do PCP).

Como se refere no Relatório da Comissão de Assuntos Constitucionais, Direitos, Liberdades e Garantias, publicado no Diário da Assembleia da República, 2ª Série, de 16-7-07, com tais iniciativas legislativas pretendeu-se dar seguimento ao "objectivo claro de garantir um elevado nível de protecção da propriedade intelectual, com adopção de um conjunto de medidas e de procedimentos, de natureza instrumental, para assegurar o respeito desses direitos" (II – 2.1.), para o que se revelaria importante "a harmonização das medidas, procedimentos e recursos necessários a assegurar o respeito pelos direitos de propriedade intelectual, a fim de assegurar um nível equivalente de protecção no mercado interno" (IV).

A aludida estratégia, na parte relacionada com a sua envolvente cautelar, esteve na origem da aprovação do novo art. 210.º-G do CDA (idêntico, na sua formulação abstracta, ao art. 338.º-I do Código da Propriedade Industrial), segundo o qual, "*sempre que haja violação ou fundado receio de que outrem cause lesão grave e dificilmente reparável do direito de autor ou dos direitos conexos, pode o tribunal, a pedido do requerente, decretar as providências adequadas a:*

a) Inibir qualquer violação iminente;

ou

b) Proibir a continuação da violação...".

2.4. Argumenta a apelante que quando está em causa a protecção de direitos de propriedade intelectual, maxime de direitos de autor, a gravidade da situação ou a difícil reparação das lesões que a situação causou ou continuará a

[715] Como refere **Dário Moura Vicente**, *A Tutela Internacional da Propriedade Intelectual*, pág. 402, o recurso a providências cautelares constitui um dos importantes meios de tutela dos direitos de autor e de propriedade industrial, tendo em vista fazer valer o princípio da exclusão e impedir a utilização ilegítima.

[716] Refere-se no *Relatório* publicado no D.A.R., II Série, de 16-7-07 (pág. 13) que Portugal, Alemanha, França, Luxemburgo e Suécia eram os Estados-Membros que ainda não haviam transposto a Directiva, tendo a Comissão Europeia iniciado procedimentos tendentes à fase contenciosa.

causar é decorrência da natureza absoluta dos direitos em causa, sem necessidade de prova de outros factos qualificativos.

Se outros argumentos não existissem para a revogação da decisão recorrida, tal argumentação não colheria. Mesmo em relação a direitos de natureza absoluta como o são os direito de autor, em princípio não bastaria a alegação da sua violação ou perigo de violação para se asseverar a gravidade da situação ou a sua difícil reparabilidade, bastando referir que existem mecanismos cíveis que permitem restaurar os eventuais danos causados, ao menos através da fixação de uma indemnização compensatória que tenha em atenção os danos causados.

2.5. Porém, em relação à violação dos direitos de propriedade intelectual, o legislador adoptou uma formulação diversa da que, para os direitos em geral, resulta do art. 381.º, n.º 1, do CPC, pois que em vez de se limitar a tutelar preventivamente situações de "fundado receio de que outrem cause lesão grave e dificilmente reparável", o art. 210.º-G protege a "violação de direitos", independentemente da referida especificação.

Posto que o referido preceito não seja perfeitamente esclarecedor quanto ao modo como foi desenhada a intervenção do legislador em sede de medidas cautelares, o facto de ter sido assumida uma redacção diversa da que consta do art. 381.º, n.º 1, do CPC, para o qual anteriormente remetia o art. 209.º do CDA, permite concluir que o condicionalismo de que depende o recurso à tutela cautelar não é totalmente idêntico.

Ainda que, porventura, se pudesse asseverar que a referência à "*violação*" de direitos estaria ligada a situações de lesões continuadas ou repetidas (em que, a par da violação já concretizada de certos direitos, persista o perigo de violações futuras), o elemento literal não seria compatível com a interpretação assumida na decisão recorrida, ou seja, com a exigência, também para os casos em que a violação já se tenha concretizado, de que a correspondente lesão dos direitos tenha de ser ainda "*grave e dificilmente reparável*".

Presumindo-se que o legislador se expressou em termos gramaticalmente correctos, não existe modo de fazer depender o acesso às medidas cautelares comuns, em situações de violação já verificada, da especial qualificação dos danos causados, o desdobramento do referido preceito acaba por revelar que as providências cautelares podem ser decretadas:

Sempre que haja "*violação ... do direito de autor ou de direitos conexos*";

Sempre que haja "*fundado receio de que outrem cause lesão grave e dificilmente reparável... do direito de autor ou de direitos conexos*".

Este o resultado que se obtém a partir do elemento literal de interpretação que acaba por ser confirmado com o auxílio de outros instrumentos exegéticos.

2.6. Desde logo, os Trabalhos Preparatórios, inscritos no elemento histórico, e que são integrados essencialmente pela referida Proposta de Lei do Governo e pelo Projecto-Lei apresentado pelo PCP.

Aquela Proposta não continha, em sede de direitos de autor, qualquer preceito relacionado com a tutela cautelar comum, a qual apenas estava prevista para a propriedade industrial, nos termos do art. 338.º-I do CPI, com a seguinte redacção:

"1. *Sempre que haja violação ou um risco sério de violação de um direito de propriedade industrial, pode o tribunal, a pedido do interessado, decretar as providências adequadas a...*" (DAR. II Série, n.º 84, de 26-5-07, pág. 54).

Já o Projecto-Lei prescrevia no seu art. 209.º-B que:

"*1. Sem prejuízo das providências cautelares previstas na lei processual civil, sempre que o requerente demonstre a existência de uma violação do seu direito ou o risco sério do seu direito ser violado, pode o tribunal, a requerimento do interessado, decretar as providências que se mostrem concretamente adequadas a...*" (DAR, II Série, n.º 109, de 12-7-07, pág. 15).

Importante é notar que em qualquer dos mencionados textos preparatórios da transposição da Directiva o acesso à tutela cautelar comum foi desligado da qualificação dos efeitos da violação dos direitos de propriedade intelectual. A norma com o teor da que agora corresponde ao do art. 210.º-G apenas surge no Relatório apresentado pela Comissão de Direitos Liberdade e Garantias (DAR, II Série, n.º 112, de 16-7-07), a partir do qual, sem mais alterações, foi submetida à aprovação do Plenário (DAR, II Série, n.º 51, de 2-2-08).

2.7. No âmbito do elemento racional ou teleológico, cumpre ponderar que a alteração normativa foi decorrência de uma Directiva Europeia visando alcançar uma maior protecção dos direitos de propriedade intelectual, a qual encontra mais justificação em situações de violação já consumada de direitos.

Em diversos considerandos da Directiva, que correspondem à respectiva justificação preambular, se alude à necessidade de defender o mercado interno e a competitividade, para o que se revelariam necessárias medidas de cessação imediata de violações de direitos de propriedade intelectual. Na Comunicação da Comissão Europeia, de 30-11-00, alude-se à necessidade de alcançar a aproximação da legislação europeia, a fim de assegurar um elevado nível de protecção, equivalente ou homogéneo, no mercado interno.

Tais objectivos surgem também nas justificações preambulares das iniciativas legislativas nacionais e, depois, no Relatório da Assembleia da República que sobre as mesmas incidiu e que já anteriormente referimos.

Como refere Adelaide Menezes Leitão, em A tutela dos direitos de propriedade intelectual na Directiva n.º 2004/48/CE, publicado em *Estudos em Homenagem ao Prof. Doutor Marcello Caetano*, vol. I (e também na colectânea *Direito da Sociedade de Informação*, vol. VII, págs. 173 e segs.), "sem um nível de protecção equivalente em todo o território não se alcança o ambiente favorável a uma livre circulação no mercado interno e a uma sã concorrência" (pág. 29).

Ora, se tal protecção se justifica para prevenir situações em que o periculum in mora se reporta a lesões futuras, ainda não concretizadas, mais justificação encontra ainda quando, porventura, se constatem já situações de efectiva violação de direitos de propriedade intelectual.

Neste mesmo sentido, Manuel Oehen Mendes já defendia, em 2005, no âmbito de uma conferência sobre direitos de propriedade industrial sob o tema "Providências cautelares em matéria de patentes", que "é indispensável e urgente uma intervenção legislativa que adapte o regime geral das providências cautelares à natureza, necessidades e exigências específicas dos direitos de propriedade intelectual em geral... por forma a garantir-lhes um grau de protecção elevado e efectivo. Esta adequação deverá ter em conta as especificidades de cada direito privativo". Quanto ao pressuposto geral das providências cautelares ligado à gravidade da lesão defendia que "a violação de direitos privativos não depende da verificação de um qualquer dano ou prejuízo" (*www.american.embassy.pt*).

2.8. Também no elemento sistemático encontramos apoio para a solução que defendemos.

Na verdade, os direitos de propriedade intelectual, também apelidados direitos de exclusivo,[717] são direitos absolutos, oponíveis *erga omnes*, à semelhança do que ocorre com os direitos reais em geral, *maxime* com os direitos reais de gozo. A sua tutela não se satisfaz apenas com a mera prevenção de violações futuras, como bem o demonstram as providências específicas de restituição provisória da posse (mecanismo que indirectamente também serve para tutelar os direitos reais) ou de embargo de obra nova (arts. 393.º e 412.º do CPC), ambas aplicáveis a situações em que a violação do direito já tenha ocorrido, sem necessidade de se alegar e provar a gravidade da situação lesiva ou sua difícil reparabilidade.

Com efeito, na restituição provisória da posse, apurada sumariamente a existência de posse (ou de uma situação equiparada) e de esbulho violento, atribui-se ao possuidor a tutela antecipada, funcionando esta como uma espécie de reprovação da violação ilícita de interesses do possuidor,[718] tendo por fundamento, de acordo com Moitinho de Almeida, "o risco de piorar a situação material da coisa que irá a final ser entregue ao vencedor" ou o "risco de desordem, se o objecto é imóvel, mormente se, por serem vizinhos, os contendores se vêem aproximados".[719]

---

[717] **Oliveira Ascensão**, em "*Direitos Intelectuais: Propriedade ou Exclusivo?*", na *Revista Themis*, n.º 15, págs. 138.

[718] No Ac. do STJ, de 14-11-94, BMJ 441.º/202, considerou-se que é a violência que compensa a falta das características do *periculum mora*. No mesmo sentido cfr. Alberto dos Reis, *CPC anot.*, vol. I, pág. 670, e o Ac. da Rel. de Évora, de 11-4-85, CJ, tomo II, pág. 290.

[719] *Restituição da Posse e Ocupação de Imóveis*, 2ª ed., pág. 117.

Também em relação ao embargo de obra nova a lei prescindiu da quantificação e da qualificação dos prejuízos, já que, uma vez demonstrado que a actuação do requerido ofende direitos reais ou pessoais de gozo, ou a posse, é indiferente para o seu decretamento a alegação da gravidade dos danos.[720]

Assim, o paralelismo que pode ser feito em relação aos direitos de autor ou de propriedade industrial, torna compreensível que o legislador, em relação a situações de lesão já concretizada, tenha prescindido também da gravidade da lesão ou a dificuldade da sua reparação.

2.9. Porque estamos em sede de transposição de uma Directiva, importa ainda ponderar um elemento adicional ligado ao relevo que deve ser atribuído ao Direito Comunitário. Assim, por um lado, a actuação do legislador nacional deve conformar-se com os objectivos genericamente assumidos em tais instrumentos legais e, por outro, em situações de dúvida, as normas nacionais devem ser interpretadas de acordo com as Directivas que lhes subjazem ou com os demais instrumentos de direito da União Europeia.[721]

Já se disse que o regime prescrito pela referida *Directiva de Enforcement* se inscreve num objectivo, de âmbito territorial mais alargado, de tutela efectiva de direitos de propriedade intelectual, para o que se mostra relevante a eliminação de diferenças em aspectos substanciais emergentes dos instrumentos normativos de âmbito nacional. Procurando-se, na medida do possível, a maior uniformização, dificilmente se compreenderia que, em matérias transversais como os direitos de propriedade intelectual, fossem diversos os regimes de protecção no âmbito da União Europeia.

Ora, não se encontra no art. 9.º da referida Directiva ou em qualquer outro preceito ou considerando a necessidade de fazer depender a tutela cautelar, em situações de violação de direitos, da gravidade da lesão ou da sua natureza irreparável ou dificilmente reparável. Tendo sido imposto ao legislador nacional a previsão de medidas inibitórias de carácter provisório, como o são as providências cautelares, visando a "*proibição... da alegada violação... actual ou iminente*" de direitos de propriedade intelectual (art. 9.º, n.º 1, al. a)), a basta-se com a prova sumária de que o requerente é titular do direito e que este é objecto de violação actual ou iminente (n.º 3).

---

[720] Neste sentido cfr. o Ac. da Rel. de Évora, de 29-11-00, CJ, tomo V, pág. 253.

A ofensa do direito de propriedade importa, por si só, um dano jurídico justificativo do embargo, como defendem **Moitinho de Almeida**, *Embargo ou Nunciação de Obra Nova*, 2ª ed., pág. 31, e **Alberto dos Reis**, *CPC anot.*, vol. II, pág. 63, e foi decidido no Ac. da Rel. de Coimbra, de 8-1-91, CJ, tomo I, pág. 42, e no Ac. da Rel. de Lisboa, de 14-1-76, CJ, tomo I, pág. 195).

[721] Sobre a matéria cfr., entre outros, **Caramelo Gomes**, *O Juiz Nacional e o Direito Comunitário* e **Paula Quintas**, *A problemática do Efeito Directo das Directivas Comunitárias*.

É, pois, também à luz deste preceito que deve ser interpretado o art. 210.º-G, n.º 1, do CDA, o que, por acréscimo, permite confirmar que, em situações de violação já efectiva, a lei torna a tutela cautelar independente da qualificação da situação de periculum in mora.

É o que designadamente ocorre em Espanha, nos termos do art. 141.º da Ley n.º 19/06, de 5-6 (Espanha), sob a epígrafe "medidas cautelares", segundo o qual as medidas cautelares de protecção poderão ser adoptadas "en caso de infracción o quando exista temor racional y fundado de que esta va a producirse de modo imminente..." (sublinhado nosso).

2.10. Importando ainda trazer à colação outros contributos, a dispensa da especial gravidade das lesões ou da sua irreparabilidade ou difícil reparabilidade já foi afirmada, pelo menos, num aresto de tribunais superiores, mais concretamente no Ac. da Relação de Coimbra, de 9-12-08 (*www.dgsi.pt*), relatado por Emídio Santos, em cujo sumário se diz que "o art. 210.º-G do CDA tanto permite ao titular de direitos de autor pedir o decretamento de uma providência cautelar com fundamento na violação do seu direito, como com fundamento no fundado receio de que outrem cause lesão grave e dificilmente reparável a esse direito". Incidiu sobre um caso em que estavam em causa programas informáticos, tendo-se concluído que, "pelo menos em relação a algumas das providências requeridas – a apreensão dos programas ilegitimamente reproduzidos que estivessem no estabelecimento da requerida e injunção à requerida para se abster de reproduzir, sem autorização, o *software* da requerente e de o comercializar – não era essencial à sua procedência a alegação de factos relativos ao receio de lesão grave e dificilmente reparável dos direitos da requerente sobre os programas de computador".

Tal entendimento jurisprudencial também encontra correspondência no já citado trabalho (o único que vimos publicado)[722] de Adelaide Menezes Leitão, no qual, ainda que em termos sucintos, se afirma que à solução inserida no art. 210.º-G subjaz a ideia de "facilitação da instauração e decretamento de medidas cautelares ... em prol da necessidade de assegurar a utilidade da decisão e a efectividade da tutela jurisdicional", concluindo que "no CPC estabelecem-se pressupostos mais exigentes para a decretação da medida cautelar. Com efeito, no art. 381.º exige-se o fundado receio de lesão grave e o carácter de difícil reparação do direito" (págs. 40, 41 e 51, com sublinhado nosso).[723]

---

[722] Outro trabalho, intitulado *Os novos meios de tutela preventiva dos direitos de propriedade intelectual no direito português*, acessível em *www.law.ed.ac.uk*, é da autoria de **Lourenço Carretas** nele referenciado como advogado e responsável pelo Departamento Jurídico da ora requerente. As soluções que defende correspondem sensivelmente ao teor das alegações do presente recurso cujas conclusões se reproduziram no relatório inicial.

[723] Segundo **Couto Gonçalves**, no trabalho intitulado *A protecção nacional da propriedade industrial (à luz da evolução recente)*, na revista *Scientia Iuridica*, n.º 316,

2.11. Revertendo ao caso concreto, verifica-se que a requerente, ora agravante, alegou no requerimento inicial, além do mais, que:

– tomou conhecimento que a requerida, num estabelecimento de discoteca aberto ao público, procede de forma habitual e continuada, à execução pública de fonogramas sem a competente licença ou autorização (art. 37.º);

– a mesma procede à execução pública de fonogramas do repertório entregue à gestão da requerente nos dias em que o estabelecimento está aberto ao público (art. 40.º);

– tal constitui uma prática habitual e reiterada (art. 42.º) e vem prosseguindo normalmente (art. 45.º), sem que tenha surtido efeito o aviso que foi feito (art. 47.º);

– a continuação da situação é, por si só, causadora de graves prejuízos à requerente, não podendo ficar a assistir à violação continuada e reiterada dos seus direitos (art. 49.º);

– qualquer delonga processual traduzir-se-á na continuação de uma actividade delituosa e num intolerável esvaziamento do próprio conteúdo do direito da requerente (art. 50.º).

Acrescentou ainda que:

– a continuação da utilização coloca irremediavelmente em risco o direito da requerente de se poder opor a qualquer utilização (arts. 65.º, 49.º e 50.º);

– qualquer demora virá aumentar e agravar ainda mais os prejuízos e danos da requerente, além de permitir ao infractor a continuação do aproveitamento económico que retira da utilização de direito alheio (art. 66.º).

2.12. Nestes termos, considerando que no requerimento inicial foram alegados factos que revelam a situação violação já concretizada de direitos de autor, com persistência ou continuação da mesma situação, não existia fundamento para o indeferimento liminar com base em pretensa deficiência de alegação conducente à inviabilidade da pretensão.

3. Ainda que concluíssemos pela necessidade de concretização dos requisitos referidos na decisão recorrida, nem assim esta poderia manter-se, justificando-se, por outra via, a procedência da apelação.

3.1. O despacho liminar persiste em relação a casos circunscritos, entre os quais se incluem os procedimentos cautelares (art. 234.º, n.º 4, al. b), do CPC).

---

pág. 692, a referida Directiva "vem na linha da orientação vertida na parte III do ADPIC/TRIPS (arts. 41.º a 61.º) que consagra um regime de aplicação efectiva dos direitos de propriedade intelectual dirigido à legislação dos Estados-membros, de modo a permitir uma efectiva acção eficaz contra qualquer infracção dos direitos de propriedade intelectual previstos no Acordo, incluindo medidas correctivas dissuasoras de novas infracções". (sublinhado nosso).

Todavia, tal como já decorria do anterior regime (art. 474.º), o indeferimento liminar continua reservado para os casos em que, além das situações em que se verifiquem excepções dilatórias insupríveis de conhecimento oficioso, o pedido se revele manifestamente improcedente.

O indeferimento liminar deve ser para situações em que a petição apresente vícios formais ou substanciais de tal modo graves que permitam antever, logo nesta fase, que jamais o processo poderá culminar com uma decisão de mérito ou em que se revele inequívoca a inviabilidade da pretensão apresentada pelo autor, sem necessidade de qualquer diligência suplementar.[724] Quando ligado ao mérito do procedimento, o indeferimento liminar corresponde a um julgamento antecipado que apenas se justifica nos casos de evidente inutilidade de qualquer instrução ou discussão posterior, isto é, quando seja inequívoco que a pretensão nunca poderá proceder, qualquer que seja a interpretação jurídica que se faça dos preceitos legais.[725]

Os cuidados que devem rodear a prolação de despachos de indeferimento liminar devem ser acrescidos nos procedimentos cautelares. Servindo estes para tutelar situações em que se revele o periculum in mora e bastando-se com o apuramento sumário de factos de que seja possível extrair o efeito jurídico prosseguido pelos meios de tutela cautelar, só perante situações de inequívoca inviabilidade se justifica o indeferimento *in limine*.

3.2. Entre o seguimento do procedimento e o seu indeferimento liminar, é conferida ao juiz a possibilidade (é claro, em termos de poder/dever) de convidar o requerente a aperfeiçoar os aspectos que considera deficientes ou insuficientes, em vez de rematar com a extinção imediata da instância.

No sistema anterior, este despacho estava claramente demarcado no art. 477.º, subdividido entre o despacho de aperfeiçoamento vinculado, que visava petições com falta de requisitos externos ou situações de falta de junção de determinados documentos, e o despacho de aperfeiçoamento não vinculado, destinado a permitir o suprimento de irregularidades ou de deficiências sus-

[724] **Alberto dos Reis** justificava a previsão do despacho de indeferimento liminar como um dos corolários do princípio da economia processual, com vista "a evitar o dispêndio inútil da actividade judicial". Ainda, segundo o mesmo autor, "o indeferimento liminar pressupõe que, ou por motivos de forma, ou por motivos de fundo, a pretensão do autor está irremediavelmente comprometida, está votada ao insucesso" (*CPC anot.* vol. II, pág. 373).

Anselmo de Castro, por seu lado, considerava igualmente que o indeferimento liminar tinha por fim "eliminar à nascença processos desprovidos das necessárias condições de viabilidade formal e substancial, sem prejuízo das garantias do autor que ficará acautelado de todos os riscos" (ob. cit., pág. 199).

[725] **Alberto dos Reis**, *CPC anot.*, vol. II, pág. 385.

ceptíveis de comprometer o êxito da acção ou do procedimento cautelar. Com qualquer das intervenções pretendia-se evitar a insatisfação dos interesses cuja protecção despoletara o processo, por razões puramente formais ligadas a determinados pressupostos processuais ou a deficiências na explanação da matéria de facto ou na concretização do pedido. Os procedimentos não excluíam esta intervenção judicial, plenamente justificada pela necessidade de se assegurarem eficazmente os objectivos que através deles se pretendiam alcançar, sem quebra de determinados requisitos de ordem substancial ou formal.[726]

É verdade que em relação aos procedimentos cautelares não encontramos um preceito expresso nesse sentido. Tal intervenção do juiz encontra-se genericamente prevista nos arts. 265.º, n.º 2, e 508.º, n.º 2 e 3, do CPC, normas que, uma vez adaptadas à figura dos procedimentos cautelares, dão suficiente resposta à questão colocada.[727]

Tendo em conta os objectivos que se pretenderam alcançar com a reforma do processo civil de 1996 mais se justifica uma intervenção judicial que permita a sanação das irregularidades passíveis de suprimento ou a correcção dos vícios ou das falhas capazes de comprometer o êxito do procedimento.

3.3. No caso concreto, ainda que porventura se confirmassem as deficiências assinaladas ligadas à necessidade de concretizar a existência de uma situação de perigo de lesão grave e dificilmente reparável de direitos de autor, o efeito jurídico-processual não redundaria necessariamente no indeferimento liminar do requerimento inicial, justificando-se, isso sim, o despacho de aperfeiçoamento.

Também por este motivo se impunha a revogação da decisão recorrida, a fim de ser dada à requerente a possibilidade de as corrigir.

III – Face ao exposto, acorda-se em julgar procedente a apelação determinando que, em lugar do indeferimento liminar do requerimento inicial, os autos prossigam os seus termos normais, designadamente com notificação da requerida nos termos e para efeitos do disposto no art. 234.º-A, n.º 4, do CPC.

Sem custas (art. 2.º, n.º 1, al. g), do CCJ).

Notifique.

Lisboa, 10-2-09

António Santos Abrantes Geraldes (relator)

---

[726] Veja-se o Ac. da Rel. de Lisboa, de 20-1-94, CJ, tomo I, pág. 100, no que concerne ao aperfeiçoamento da matéria de facto relativa ao *periculum in mora*.

[727] Em sentido concordante, referindo-se ao processo comum, cfr. **Lebre de Freitas**, *CPC anot.*, vol. I, pág. 403, e *A Acção Declarativa Comum*, pág. 61.

ÍNDICE REMISSIVO

A

Acção de alimentos: 33.1;
Acção de divórcio:
  Alimentos provisórios: 33.2;
  Arrolamento: 84.1; **91**;
  Cumulação de pedidos: (*nota 199*);
Acção de investigação de paternidade ou maternidade:
  Alimentos provisórios: 32.3; 33.2;
  Arrolamento: (*nota 524*); **89**;
Acção possessória: *vide* posse e restituição provisória da posse;
  Acção de prevenção: 2.2; (*nota 7*); 7.1;
  Acção de restituição: 2.2; **7**; **16**;
  Caducidade: **9**;
  Prazo posterior à restituição provisória: 16.1
Acção de anulação de deliberações sociais: **28**;
Acção de execução específica: (*nota 524*)
Acção de reivindicação: 1.4;
Acção directa: (*nota 1*);
Acções escriturais: (*nota 29*);
Acta:
  Da assembleia de condóminos: 30.4;
  Da assembleia geral da sociedade: 25.1; 26.3;
Alimentos:
  A favor de filhos maiores: 31.3; 32.5;
  A favor do arrestado: 32.6;
  A favor do falido: 32.6;
  Conteúdo: 31.3; (*nota 185*);
  E arbitramento de reparação provisória: 43.6; 43.8;
  E encargos normais da vida familiar: (*nota 181*);
  Em caso de morte ou lesão corporal: 43.6;
  Modo de prestação: 34.3;
  Na separação de facto: (*nota 181*);
  Obrigação natural: 43.8;
  Origem e âmbito da obrigação: **31**;
  Prestação de facto: (*nota 203*);
  Regime provisório de alimentos: 32.4;

Alimentos provisórios:
  Acção de alimentos: 33.1;
  Acção de anulação de casamento: (*nota 199*);
  Acção de divórcio: 33.2; (*nota 199*);
  Acordo: 36.3;
  Actuação dolosa: 40.2;
  A favor de menores: 32.4;
  Adiamento da audiência: (*nota 213*);
  Apoio judiciário: 37.2; (*nota 219*);
  Audiência final: 36.2;
  Caso julgado: **39**;
  Caução: 37.4; 38.2;
  Causa de pedir: 34.1;
  Celeridade: 35.1;
  Citação: 36.2;
  Cláusula de indexação: (*nota 200*);
  Competência internacional: 35.1; (*nota 205*);
  Competência material: 35.2;
  Competência territorial: 35.3;
  Convolação: (*nota 194*);
  Critério de quantificação: 37.2;
  Custas: 37.2;
  Decisão: **37**;
  Dependência: **33**;
  Dependência de acção de divórcio: 33.2;

E arbitramento de reparação provisória: 44.2;
Execução da decisão: **38**;
Execução de sentenças estrangeiras: 38.4;
Fundo de garantia de alimentos devidos a menores: (*nota 221*);
Incidente de cessação ou de modificação: 39.3;
Início da obrigação: 37.2;
Instrumentalidade: 32.3; **33**;
Justificação da medida: **32**; 32.2;
Legitimidade: 35.4;
Meios de prova: 36.3;
Modificação da decisão: **39**;
Modificação das circunstâncias: 39.3;
Natureza antecipatória: 33.2; 40.1;
Pedido: 34.2;
Pedido genérico: 34.2;
Petição inicial: **34**;
Pluralidade subjectiva subsidiária: 35.4;
Poderes do juiz na quantificação da prestação: 37.2;
Presunções judiciais: (*nota 217*);
Processo de execução de alimentos: **38**;
Regime provisório de alimentos: 32.4; (*nota 192*);
Responsabilidade do requerente: **40**;
Restituição dos alimentos: 40.1;
Tramitação: **36**;
Valor processual: 34.4;

Apreensão de veículos automóveis:
Aluguer de longa duração: 94.2,
Âmbito de aplicação: **94**; 94.3;
Apreensão: 100.2; **101**;
Caducidade: 103.1; 103.3;
Caução condicional: 100.4;
Caução substitutiva: 102.2;
Causa de pedir: 99.3;
Competência territorial: 98.2;
Concurso de credores: 103.2;
Contraditório: 99.4; 102.1;
Contrato de aluguer de veículo: 94.2;
Contratos indirectos: (*nota 580*);
Decisão: **100**;
Depositário: 99.3; 101.2;
Eficácia: 93.2;
E locação financeira: 94.1; 94.2;
E providências não especificadas: 94.1; 94.2;
Execução hipotecária: **95**;
Fundamentos da providência; 93.1;
Hipoteca: 94.3; **95**;
Incumprimento definitivo ou mora: 95.4; 96.3;
Legitimidade: 98.1;
Levantamento da apreensão: 103.4; 103.5;
Meios de prova: 99.5;
Objectivos: 93.2;
Oposição: **102**;
Pedido: 99.3;
Periculum in mora: 93.4;
Ponderação dos prejuízos: 100.3;
Preliminar ou incidente: **103**;
Princípio da legalidade: 94.3;
Processo especial de venda de penhor: 103.2;
Propositura da acção ou da execução: **103**;
Prova testemunhal: 99.5;
Regime processual: **97**;
Registo: 101.2; 101.3; 103.4;
Requerimento inicial: 99.1;
Reserva de propriedade: 94.3; 96.3;
Resolução do contrato de compra e venda: **96**;
Responsabilidade do requerente: **104**;
Tramitação processual: **99**;
Valor processual: 99.2;
Venda antecipada: (*nota 605*);

Arbitramento de reparação provisória:
Alteração da prestação: **49**;
Audiência final: 47.3;
Caducidade da providência: **51**;
Caso julgado: **49**;
Caução: 48.7;
Causa de pedir: 47.2;
Causalidade entre o facto e a situação de necessidade: 44.3; 45.6;
Cessação da prestação: **49**;

Competência material: 46.1;
Competência territorial: 46.2;
Conexão: 46.1; 47.1;
Constitucionalidade do regime: (*nota 230*);
Contratos de seguro: 45.5;
Contrato de seguro de responsabilidade civil automóvel: 44.3;
Dano-morte: 43.6;
Danos conexos resultantes de lesão corporal: (*nota 252*);
Danos não patrimoniais: 43.1;
Danos que ponham em causa a habitação ou o sustento: **45**;
  Exemplificação: 45.5;
  Génese contratual: 45.3;
  Génese extracontratual: 45.2;
Decisão: **48**;
  Meios de prova atendíveis: 47.3; 48.1;
  Critério de verosimilhança: 48.3;
  Equidade: 48.4; 48.5;
  Quantificação: 48.5; 48.6;
Dependência e instrumentalidade: 46.1;
Despacho liminar: 47.3;
E alimentos: 43.6; 43.8;
E alimentos provisórios: 44.2;
E indemnização em renda: 42.1;
E indemnização provisória: 42.1;
Equidade: 48.4; 48.5;
Esbulho: 45.5;
Execução: 48.6; **50**;
Expropriação por utilidade pública: 45.5;
Fontes da responsabilidade civil: 43.4; 43.5;
Interessados em caso de morte: 43.6;
Justificação da medida: 41.2;
Legitimidade: 46.3;
Litigância de má fé: 51;
Litisconsórcio: 46.3;
Lesado: 45.2; 45.3;
Lesão corporal: **43**; 43.7;
Meios de prova: 47.3; 48.1;
Modificação das circunstâncias: **49**;
Morte: **43**; 43.3; 43.6;
Necessidade: **44**;
  Causalidade: 44.3;
  Conteúdo: 44.2;
Obrigação natural de alimentos: 43.8;
Pedido: 47.2;
Pedido genérico: 47.2;
Periculum in mora: 48.3;
Processo de execução de alimentos: **50**;
Providências antecipatórias: (*nota 235*);
Providências atípicas com a mesma finalidade: (*nota 234*);
Quantificação da prestação: 48.4; 48.5;
Responsabilidade contratual e extracontratual: 43.4; 43.5; 45.1;
Restituição das prestações recebidas: **52**;
Revelia: 47.3;
Sentença provisória: 42.3;
Terceiros: 43.7; 43.8;
Tribunal do trabalho: **135**;
Valor da prestação: 48.5;
Valor processual: 47.1;

Arresto:
  Agravo: 64.1;
  Alegação dos factos: 60.3;
  Alimentos do requerido: 32.6; 64.4;
  Apreensão de bens: 61.4; 62.2;
    Acções (*nota 400*);
    Alimentos do requerido: 32.6; 64.4
    Bens comuns do casal: 62.2; (*nota 406*);
    Bens de terceiro: 63.1;
    Bens imprescindíveis à economia doméstica: 62.2;
    Bens na posse de terceiro: 63.2;
    Bilhete de avião: (*nota 403*);
    Cheque: (*nota 403*);
    Colaboração do credor: 62.4;
    Depósitos bancários: 60.4; 62.2;
    Direitos de conteúdo patrimonial: 62.2; (*nota 400*);
    Fundo de Pensões: (*nota 400*);
    Garantia autónoma: (*nota 400*);
    Impenhorabilidades: 62.2;
    Indicações complementares: 62.3;

Instrumentos de trabalho: 62.2;
Oposição relativamente à apreensão: 64.5;
Passe de jogador de futebol: (*nota 400*);
Salários e pensões: 62.2;
Veículos automóveis: 62.2;
Arresto no âmbito do processo criminal: 55.4;
Arresto no âmbito da propriedade intelectual: 55.3; **122.**;
Arresto contra comerciantes: **54**;
Arresto laboral: **132**;
Bens de terceiro: **63**;
Bens na posse de terceiro: 63.2;
Bens imóveis: 60.4;
Bens móveis: 60.4;
Caducidade: **68**;
Carga embarcada em navios: 67.3;
Caução condicional: 61.5;
Caução substitutiva: 64.2;
Causa de pedir: 60.3;
Celeridade: 60.5;
Colaboração do credor: 62.4;
Comparação entre o activo e o passivo: 58.3;
Competência internacional: 59.1; 67.5;
Competência material: 59.2; 66.3;
Competência territorial: 59.3;
Conservação da garantia patrimonial: 53.1;
Constitucionalidade: **54**;
Contra depositário: 55.2;
Contraditório: 60.5;
Contrato de trabalho: **132**;
Crédito documentário: (*nota 344*);
Crédito futuro: 57.3;
Decisão: **61**;
Critério: 61.2;
Determinação dos bens: 61.4;
Redução dos bens: 61.4;
Declaração de insolvência: 54.7;
Dependência de acção declarativa ou executiva: 53.5; 60.1;
Depósitos bancários: 60.4;
Desconsideração da personalidade jurídica: 63.4;
Diminuição das garantias: 58.4;
Direito de crédito: **56**;
Certeza: 57.4;
Conteúdo: 56.3;
Crédito futuro: 57.3;
Determinabilidade: (*nota 354*);
Exigibilidade: 57.1;
Fiança: 58.5;
Garantias reais: 58.4;
Liquidez: 57.2;
Obrigações conjuntas: (*nota 365*);
Obrigações pecuniárias: 56.3;
Obrigações de entrega de coisa certa: 56.4; 56.6;
Obrigações de prestação de facto: 56.4; 56.6;
Obrigações solidárias: 58.6;
Direitos de autor: 122.;
E arrolamento: 56.6;
E garantia autónoma (*nota 344*); (*nota 381*);
Embargos de terceiro: 63.2; 63.3;
E providências não especificadas: 56.6;
Execução específica: 56.4;
Execução de sentença estrangeira: (*nota 356*); 59.1; (*nota 370*);
Exigibilidade da obrigação: 57.1;
Fiança: 58.5;
Finalidade: 53.5; 56.1;
Garantia constitucional do credor: **54**; 54.3; 54.6; 54.8;
Garantia da garantia patrimonial: 53.5;
Garantia de obrigações tributárias: 55.4;
Garantia real: 58.4;
Impenhorabilidades: 54.3;
Impugnação pauliana: **63**;
Identificação dos bens a arrestar: 60.4; (*nota 378*); (*nota 407*);
Indicação dos bens a arrestar: 60.4; 62.3;
Indicações complementares: 62.3;
Insolvência efectiva: 58.7;
Instrumentalidade: 53.5;

Justo receio: **58**;
  Casuística: 61.3;
  Cláusula geral: 58.2;
  Critério: 58.2;
  Diminuição das garantias: 58.4;
  Dispensa de prova: 55.2; 55.4; 67.5; 69.3;
  Fiança: 58.5;
  Garantia real: 58.4;
  Navios: 67.5;
  Obrigações conjuntas: (*nota 365*);
  Obrigações solidárias: 58.6;
  Preexistência: 58.7;
  Recusa de cumprimento: (*nota 360*);
  Situação de insolvência: 57.1; 58.3; 58.7;
  Superveniente: 58.7;
  Tesoureiros: 69.3;
Limitação de bens a apreender: 62.2;
Liquidez da obrigação: 57.2;
Medidas restritivas dos direitos do credor: 54.3; 54.6;
Meios de defesa: **64**;
Meios de prova: 60.6;
Moratória forçada: (*nota 330*); 62.2;
Navios: (*nota 356*); 59.1;
  Citações e notificações dos representantes: 66.4; 67.7;
  Carga embarcada: 67.3;
  Caução: 67.5; 67.6; 67.7;
  Competência internacional: 67.5;
  Convenção de Bruxelas: 66.2; 67.5;
  Créditos marítimos: 67.5;
  Depositário: 67.7;
  Justo receio: 67.5;
  Personalidade judiciária: 66.4; 67.7;
  Referências normativas: **66**;
  Regimes jurídicos: **67**;
  Registo do arresto: 67.7;
  Tribunal marítimo. 66.3; 67.2; 67.6;
Oposição: 61.4; 64.1;
Oposição à apreensão: 64.5;
Pedido: 60.4;
Pedido genérico: 60.4;
Petição inicial: 60.3;
Princípio da especialidade. 56.1; 56.6;
Propriedade industrial: 55.3; 122.;
Registo do arresto: 62.1;
Responsabilidade do arrestante: 68.1;
Sentença estrangeira: (*nota 356*); (*nota 370*);
Situação de insolvência: 57.1; 58.3; 58.7;
Subsidiariedade das regras da penhora: 61.4; 62.1; 62.2;
Tesoureiros: **69**;
Tipos de arresto: **55**;
Tramitação: **60**;
Tribunal do trabalho: **132**;
Valor processual: 60.2;
Venda antecipada dos bens: **65**;

Arrolamento:
  Acção de divórcio: **91**;
  Acção de declaração de nulidade: 84.1;
  Acção de declaração de nulidade do casamento: 91.1;
  Acção de dissolução de sociedade: 84.1;
  Acção de divórcio: 84.1; **91**;
  Acção de execução específica: (*nota 524*);
  Acção de interdição ou de inabilitação: 84.1;
  Acção de investigação da paternidade: (*nota 524*); **89**;
  Acção de justificação de ausência: 84.1;
  Acção de prestação de contas: (*nota 524*); 84.2;
  Apreensão de bens na insolvência: 83.4;
  Avaliação dos bens: 90.1;
  Bens da herança: 84.1; 90.9;
  Bens comuns do casal: 91.1; 91.2;
  Bens móveis e imóveis: 87.6;
  Caducidade: **92**;
  Caução condicional: 87.5;
  Caução substitutiva: **88**;
  Competência internacional: (*nota 534*);
  Competência material: 83.3; 85.3;
  Competência territorial: 85.4;
  Contraditório: 86.3;

Convolação: (*nota 527*); (*nota 542*);
Credores: 84.1; 85.2; 90.9;
Critério de decisão: 87.2;
Decisão: **87**;
Depositário: 90.2; 91.3;
Depósito dos bens: 90.1;
Depósitos bancários: 87.6; 90.4;
Descrição dos bens: 90.1; 90.3; 90.9;
Direitos: 87.6;
Documentos: 84.2;
E arresto: 56.6; 83.1;
E restituição provisória da posse: 2.4;
Execução do arrolamento: **90**;
Extravio, ocultação ou dissipação: 87.3;
Herdeiros legitimários: (*nota 542*);
Identificação dos bens a arrestar: 86.2;
Indicação de novos bens: 90.5;
Instrumentalidade e dependência: **84**; **89**;
Legitimidade: **85**;
Legitimidade indirecta: 85.2;
Natureza: 83.1;
Navio: 85.3;
Periculum in mora: 83.2; 87.3; 87.4;
Petição inicial: 86.1;
Processo de inventário: 84.1; 90.9;
Processo especial para apresentação de documentos: 84.2;
Produção antecipada de prova: 83.1;
Propositura da acção: **89**;
Propositura da execução: (*nota 551*);
Providência não especificada: (*nota 551*);
Registo: 90.6;
Regras da penhora: 90.1;
Tramitação: **86**;
Tribunal do trabalho: **133**;
Tributário: 83.2; 83.3;
União de facto: (*nota 524*);
Venda de bens arrolados: 90.8;
Associações: 20.1;
Associações de facto: 20.2;
Autotutela: (*nota 1*); 71.3;

B

Baldios: 4.3; (*nota 18*); (*nota 464*); (*nota 502*);
Bens do domínio público: 4.6; (*nota 29*);

C

Caducidade:
Acção de anulação de deliberações sociais: **28**;
Acção possessória: **9**; 16.2;
Arresto: **68**;
Arrolamento: **92**;
Providência possessória: **18**;
Restituição provisória da posse: 16.1;
Suspensão de deliberações sociais: **23**;
Caminhos públicos: (*nota 29*);
Caução condicional:
Na entrega e cancelamento de registo: 111.3;
Na restituição de posse: 12.5; 17.3;
No arbitramento de reparação provisória: 48.7;
No arresto: 61.5;
No arrolamento: 87.5;
No embargo de obra nova: 77.2;
Caução substitutiva:
Na apreensão de veículos: 102.2;
Na entrega e cancelamento de registo: **112**;
Na restituição provisória de posse: 15.1;
Na suspensão de deliberações sociais: 27.9;
No arbitramento de reparação provisória: 48.7;
No arresto: 64.2;
No arrolamento: **88**;
No embargo de obra nova: 81.2;
Nos alimentos provisórios: 37.4;
Causa de pedir:
Na restituição provisória da posse: 10.3; 10.4;
Na suspensão de deliberações sociais: 25.2;
No arbitramento de reparação provisória: 47.2;

No embargo de obra nova: 76.1;
Nos alimentos provisórios: 34.1;
Competência internacional:
Alimentos provisórios: 35.1;
Arresto: 59.1;
Arrolamento: (*nota 534*);
Restituição provisória da posse: (*nota 63*);
Suspensão de deliberações sociais: 24.2;
Competência material:
Alimentos provisórios: 35.2;
Arbitramento de reparação provisória: 46.1;
Arresto: 59.2;
Arrolamento: 83.3; 85.3;
Embargo de obra nova: 71.2; 75.2; 78.1; 79.2;
Restituição provisória da posse: (*nota 63*);
Suspensão de deliberações sociais: 24.2;
Competência territorial:
Alimentos provisórios: 35.3;
Apreensão de veículos: 98.2;
Arbitramento de reparação provisória: 46.2;
Arresto: 59.3;
Arrolamento: 85.4;
Restituição provisória da posse: 11.1;
Suspensão de deliberações sociais: 24.2;
Composse: 4.2;
Consignação de rendimentos: 4.4;
Contraditório:
Constitucionalidade da dispensa: (*nota 69*);
Na apreensão de veículos: 99.4;
Na entrega e cancelamento de registo: 110.5;
Na restituição provisória da posse: 12.3;
Na suspensão de deliberações sociais: 25.4;
Nas sentenças estrangeiras: (*nota 370*), 59.8;
No embargo de obra nova: 76.3; 81.4;
No procedimento cautelar comum: 17.3;
No arrolamento; 86.3;
Nos alimentos provisórios: 36.2;
Contrato de aluguer de longa duração: 94.2; (*nota 580*);
Contrato de arrendamento:
Defesa da posse: 5.1; (*nota 31*);
Embargo de obra nova: 72.3;
Contrato de comodato: 5.2;
Contrato de depósito: 5.2;
Contrato de empreitada e direito de retenção: (*nota 23*);
Contrato de locação financeira:
E defesa da posse: (*nota 30*);
Providência cautelar: **107**;
Contrato de utilização de loja em centro comercial: (*nota 31*);
Contrato-promessa:
E benfeitorias: (*nota 40*);
E defesa da posse: **6**; 6.1; 6.2;
E direito de retenção: 6.1;
E direito pessoal de gozo: 6.2;
E embargos de terceiro: 6.5;
E reclamação de créditos: (*nota 46*);
Posição jurídica do promitente comprador com tradição da coisa: 6.2;
Convolação:
Na restituição provisória da posse: 13.4; 13.5; 15.4;
No arrolamento: (*nota 527*), (*nota 542*);
Nos alimentos provisórios: (*nota 194*);
Cooperativas: 20.1;
Crédito documentário: (*nota 344*);

D

Deliberações sociais: *vide* **suspensão de deliberações sociais;**
Dever de assistência entre cônjuges: 31.1;
Direito de autor: 4.6; 114.;
Direitos de personalidade: 41.5; 45.5;
Direito de propriedade industrial: 4.6;
Direito de retenção: 4.4;
Promitente comprador: 6.1;
Direitos pessoais de gozo:
Posse: **5**;

Contrato-promessa: 6.2;
Embargo de obra nova: 72.3;
Direitos reais de garantia: 4.4;
Penhor: 4.4;

E

Embargo de obra nova:
Administrador do condomínio: 75.1;
Administrativo: 71.2; **78**;
Alvará de loteamento: (*nota 464*);
Âmbito: **72**; **73**;
Arrendamento: 72.3;
Autorização administrativa: 73.4;
Autorização para continuar a obra: **81**;
Baldios: (*nota 464*); (*nota 502*);
Cabeça-de-casal: 75.1;
Categorias: **71**;
Caução condicional: 77.2;
Caução para continuação da obra: 81.2;
Causa de pedir: 76.1;
Competência material: 71.2; 75.2; 78.1; 79.2;
Compropriedade: 72.1;
Concessionários: 79.1;
Contagem do prazo: 74.2;
Continuação abusiva: **82**;
Continuação da obra embargada: **81**; 81.3;
Contraditório: 76.3; 81.4;
Decisão: **77**;
Direito de propriedade: 72.1;
Direitos pessoais de gozo: 72.3;
Direitos subjectivos: 72.1;
E restituição provisória da posse: 2.3;
Execução: **80**; 82.2;
Expropriação por utilidade pública: 79.2;
Extrajudicial:
Notificação: 76.2;
Por entidades públicas: 78.6;
Prazo: 74.3;
Ratificação: 76.2; **80**;
Gestor de negócios: 76.2;
Início do prazo: 74.4;
Judicial e extrajudicial: 71.3;
Lei de bases do ambiente: 71.2;
Legitimidade: 75.1;
Legitimidade indirecta: 75.1; 76.2;
Natureza: **70**;
Novidade: 73.2;
Objectivos: **70**;
Obras que não podem ser embargadas: **79**;
Obra, trabalho ou serviço: **73**;
Ofensa efectiva: 73.3;
Pedido: 76.1;
Periculum in mora: 73.1;
Posse: 72.2;
Prazos: **74**; 74.2; 74.3;
Prejuízos: 73.6;
Propriedade horizontal: 71.2; 75.1;
Proporcionalidade: 79.1; 81.1
Providências não especificadas: (*nota 476*);
Ratificação: **80**;
Repressivo e preventivo: 71.4;
Requerimento inicial: 76.1;
Requisitos: **73**;
Ruído: (*nota 460*); 72.4;
Servidão pessoal: (*nota 466*);
Servidão predial: 72.1;
Suspensão: 73.1;
Valor processual: 76.1;
Violação de normas de direito administrativo: (*nota 462*); 73.4; **78**;
Embargos de terceiro:
Cônjuge do arrendatário: (*nota 32*); (*nota 43*);
Contrato-promessa: 6.6;
E restituição provisória da posse: 6.6; 14.2;
No arresto: 63.2; 63.3;
Empresas públicas: 20.1;
Encargos da vida familiar: (*nota 181*);

Entrega judicial e cancelamento de registo na locação financeira:
Âmbito: **107**;
Antecipação dos efeitos: 106.1;
Caducidade do contrato: **109**;
Características da providência: **106**;

Caracterização da locação financeira: **105**;
Caução condicional: 111.3;
Caução substitutiva: **112**;
Causa de pedir: 110.1;
Competência: 110.4;
Contraditório: 110.5;
Contrato de aluguer: 107.2;
Decisão: **111**;
Meios de prova: 110.3;
Pedido: 110.2;
Periculum in mora: 110.1; 111.1;
Prejuízos: 111.5;
Propositura da acção: **113**;
Resolução: **108**;
Responsabilidade do requerente: 111.4;
Tramitação: **110**;
Equidade:
No arbitramento de reparação provisória: 48.4;
Esbulho: **7**;
E turbação: 7.2;
E violência: **8**;
Estabelecimento comercial:
Contrato-promessa de cessão: (*nota 25*); (*nota 37*);
E posse: 4.5;
Execução:
Alimentos provisórios: **38**;
Restituição provisória da posse: **14**;
Sentença estrangeira: 38.4;
Arresto: 59.1;
Sentença provisória: 42.3;
Expropriação por utilidade pública: 45.5; 79.2;

F

Falência:
Apreensão de bens e documentos: 83.4;
Fiança: 58.5;

G

Garantia autónoma: (*nota 344*); (*nota 381*),
Garantias reais: 58.4;

H

Herança indivisa:
Arrolamento de bens da herança: 85.2; 90.2;
Arrolamento para efeitos fiscais: 83.2; 83.3;
Embargo de obra nova: 75.1;
Restituição provisória da posse: 4.2;
Suspensão de deliberações sociais: (*nota 132*);

I

Impugnação pauliana: **63**;
Indemnização em renda: 42.1;
Indemnização provisória: 42.1;
Instituições privadas de solidariedade social: (*nota 104*);
Instrumentalidade:
Interesses difusos: 71.2;
Inutilidade superveniente:
Na suspensão de deliberações sociais: 22.1; 25.6; 25.7; 27.7;

L

Legitimidade:
Alimentos provisórios: 35.4;
Anulação e suspensão de deliberações sociais: 24.1;
Apreensão de veículos: 98.1;
Arbitramento de reparação provisória: 46.3;
Embargo de obra nova: 75.1;
Restituição provisória da posse: 4.2; 11.2;
Suspensão de deliberações de condóminos: 30.2;
Lei de bases do ambiente: 71.2;
Litisconsórcio:
Na suspensão de deliberações sociais: (*nota 129*);
No arbitramento de reparação provisória: 46.3;
Locação financeira, *vide* **entrega judicial e cancelamento de registo na locação financeira**
Tutela possessória: (*nota 30*);

M

Matéria de facto:
Na restituição provisória da posse: 10.3; 10.4;
No procedimento cautelar comum: 17.3;

N

Navios: *vide* arresto, navios;

O

Obrigação de alimentos: **31**;
E encargos da vida familiar: (*nota 181*);
Génese negocial: 31.2;
Na separação de facto: 31.2;
Oposição:
Apreensão de veículo: 102;
Arresto: 61.4; 64.1;
Restituição provisória da posse: 15.3;

P

Pedido genérico:
Alimentos provisórios: 34.2;
No arbitramento de reparação provisória: 47.2;
Penhor: 4.4;
Periculum in mora:
Na apreensão de veículos automóveis: 93.4;
Na entrega e cancelamento de registo: 110.1;
Na suspensão de deliberações sociais: 27.3;
No arbitramento de reparação provisória: 48.3;
No arresto: **58**;
No arrolamento: 83.2; 87.3; 87.4;
No embargo de obra nova: 73.3;

Posse: *vide* **restituição provisória da posse:**
Acção de prevenção: 2.2;
Acção de restituição: 2.2; **16**;
Autotutela: 1.1;
Baldios: 4.3; (*nota 18*);
Caminhos públicos: (*nota 29*);
Composse: 4.2;
Concepção subjectivista ou objectivista: 3.1;
Contrato-promessa: **6**;
Corpus e animus: 3.1;
Direitos pessoais de gozo: **5**; **6**;
Direitos reais de garantia: 4.4;
Direitos reais de gozo: 4.1;
Elementos: 3.1;
Embargo de obra nova: 72.2;
Embargos de terceiro: 6.5;
Esbulho: **7**;
Estabelecimento comercial: 4.5;
Extensão da tutela possessória: **5**;
Herança indivisa: 4.2;
Natureza jurídica: 3.1;
Presunções: 3.1; 10.4; 13.3;
Procedimento cautelar comum: **17**;
Provisoriedade: 3.2;
Quotas sociais: (*nota 29*);
Situações passíveis de posse: **4**;
Turbação: 7.2;
Tutela possessória: 1.2;
Violenta: **8**;

Prazo:
Acção de anulação de deliberações sociais: 23.1; 23.4;
Acção de restituição da posse: 16.1;
Caducidade da acção possessória: 16.2;
Embargo de obra nova: **74**;
Providência comum possessória: **18**;
Restituição provisória da posse: **9**;
Suspensão de deliberações de condóminos: 30.3;
Suspensão de deliberações sociais: **23**;

Procedimento cautelar comum:
Caducidade: **18**;
Decisão: 17.3;
Em matéria de direito das sociedades: 21.3; 21.5;
Em matéria de posse: 2.2; 13.4; 13.5; **17**;
Pedido: 17.3;
Requisitos: 17.3;

Propriedade intelectual: 114.
Arresto: 121.;
Medidas de preservação de prova: 115.;
Providências cautelares: 116.;
Propriedade industrial: 114.
Arresto: 55.3;
Propriedade horizontal:
Natureza jurídica: **29**;
Suspensão das deliberações: **30**;

Protecção da segurança, higiene e saúde no trabalho: 129;

Providências não especificadas:
Em matéria de posse: 13.4; 13.5; **17**;
Em matéria de ressarcimento de danos: 41.3;
Em matéria de obras: (*nota 465*);
Em matéria de propriedade intelectual: 116.;

Q

Quotas sociais: (*nota 30*);

R

Registo:
Da apreensão de veículo: 101.2; 101.3;
Das decisões de suspensão de deliberações sociais: 27.8;
Das providências de suspensão de deliberações sociais: 27.1;
Do arresto: 62.1; 67.6;
Do arrolamento: 90.6;
Regulamento geral do ruído: 72.4;
Reparação provisória: *vide* **arbitramento de reparação provisória;**
Culpa presumida: 43.5;
Danos não patrimoniais: 43.1;
Embarcações de recreio: 43.5;
Exercício da caça: 43.5;
Factos ilícitos: 43.5;
Indemnização em renda: 42.1;
Indemnização provisória: 42.1;
Instalações de energia eléctrica ou de gás: 43.5;
Morte ou lesão corporal: **43**;
Reparação natural: 45.5;
Responsabilidade contratual: 45.3;
Risco: 43.5;

Restituição provisória da posse:
Acções escriturais: (*nota 29*);
Actos de esbulho: 2.1; 7.1;
Actos de turbação: 2.1; 7.1;
Agravo da decisão final: 15.2;
Alegação da matéria de facto: 10.3; 10.4;
Âmbito: 2.1;
Aperfeiçoamento da petição: 12.2;
Arrendamento:
Baldios: 4.3;
Bens comuns do casal: (*nota 10*);
Bens da herança: 4.2;
Bens do domínio público: 4.6;
Caducidade: **9**;
Caminhos públicos: (*nota 29*);
Caução condicional: 12.5;
Caução substitutiva: 15.1;
Causa de pedir: 10.3;
Celeridade: 12.1;
Competência internacional: (*nota 63*);
Competência material (*nota 63*);
Competência territorial: 11.1;
Composse: 4.2;
Contraditório: 12.3;
Consignação de rendimentos: 4.4;
Decisão: **13**;
Convolação: 13.4; 13.5; 15.4;
Critério: 13.1; 13.3;
Delimitação face a outras providências: **2**;
Dispensa de contraditório: 12.3;
Constitucionalidade: (*nota 69*);
E acção de prevenção: 2.2; 7.1;
E arrolamento: 2.4;
E contrato de arrendamento: 5.1;
E contrato de comodato: 5.2;
E contrato de depósito: 5.2;
E contrato-promessa: **6**; 6.1; 6.2;
E direito de habitação: 4.1;
E direito de propriedade: 1.4;
E direito de propriedade industrial: 4.6;

E direito de retenção: 4.4; 6.1;
E direitos de autor: 4.6;
E direitos pessoais de gozo: 1.2; **5**; 6.2;
E direitos reais de garantia: 4.4;
E direitos reais de gozo: 1.2; 1.4; 4.1;
E embargo de obra nova: 2.3; 72.2;
E embargos de terceiro: 6.5;
E estabelecimento comercial: 4.5;
E penhor: 4.4;
E providências não especificadas: 2.2;
E servidão predial: 4.1;
Esbulho: 2.1; **7**;
Execução da medida: **14**;
Finalidade: 1.3; 13.2;
Herança indivisa: 4.2;
Indeferimento liminar: 12.2;
Inquisitório: 12.5; 13.1;
Instrumentalidade: 2.2; 7.1;
Justificação: **1**;
Legitimidade: 11.2;
Cabeça-de-casal: 4.2;
Sucessores: 4.2;
Meios de defesa: **15**;
Agravo: 15.2
Caução: 15.1;
Oposição: 15.3;
Pedido: 10.6;
Prazo: **9**;
Procedimento cautelar comum: **17**;
Princípio da especialidade: 2.1;
Provas necessárias: 12.6;
Presunções: 13.3;
Provisoriedade: 3.2; 16.2;
Requisitos da petição: **10**;
Tramitação processual: **12**;
Violência: **8**;
Ruído: 72.4;

S

Sanção pecuniária compulsória:
Na suspensão de deliberações sociais: 25.3;
No foro laboral: 117.3; 122.2;
Sentença estrangeira:
Alimentos: 38.4;
Arresto: 59.1;
Revisão de decisões cautelares: (*nota 370*); (*nota 373*);
Sociedades: *vide* **suspensão de deliberações sociais;**
Sociedades civis: 20.2;
Sociedades irregulares: 20.2;

Suspensão de deliberações de condóminos:
Acta da assembleia: 30.4;
Legitimidade: 30.2;
Prazo: 30.3;

Suspensão de deliberações sociais:
Acção de anulação ou de declaração de nulidade: **28**;
Acta da assembleia: 25.1;
Apresentação com a contestação: 26.3;
Natureza da formalidade: 26.4;
Prova do seu conteúdo: 26.5;
Âmbito objectivo: **21**;
Âmbito subjectivo: **20**;
Caducidade: **23**; 27.7;
Caução substitutiva: 27.9;
Causa de pedir: 25.2;
Celeridade: 23.1; 26.1;
Citação: 25.4;
Conteúdo: 26.3;
Efeitos: 25.6;
Falta de junção de cópia da acta: 26.7;
Competência internacional: 24.2;
Competência material: 24.2;
Competência territorial: 24.2;
Dano apreciável: 27.3;
Danos no sócio ou na sociedade: 27.5; 27.6;
Danos patrimoniais e não patrimoniais: 27.4;
Decisão: **27**;
Caução substitutiva: 27.9;
Critério de verosimilhança: 26.1; 26.3;
Ponderação dos danos: 26.3;
Registo comercial: 27.8;
Requisitos: 27.2;
Deliberações anuláveis: 21.4;

Deliberações de associações: 20.1;
Deliberações de associações de facto: 20.2;
Deliberações de cooperativa: 20.1;
Deliberações de efeitos prolongados: 22.2; 22.3;
Deliberações de execução duradoura: 22.2; 22.3;
Deliberações de sociedades civis: 20.2;
Deliberações de sociedades irregulares: 20.2;
Deliberações futuras ou eventuais: 27.7;
Deliberações ineficazes: 21.5;
Deliberações inexistentes: 21.5; 21.6;
Deliberações não executadas: **22**;
Deliberações nulas: 21.4;
Deliberações renovatórias: 27.7;
Delimitação das deliberações sociais: 21.2;
Dispensa de contraditório: 25.4;
Efeitos da citação: 25.6;
Inibição de execução da deliberação: 25.6;
Inutilidade superveniente: 22.1; 25.6; 25.7; 27.7;
Legitimidade processual: 24.1;
Meios de defesa: 25.5;
Meios de prova: **26**; 26.2;
Natureza e finalidade: **19**;
Natureza e regime do prazo para requerer a suspensão: 22.2; 22.3; 22.4;
Ónus da prova do conteúdo da deliberação: 26.7;
Ónus da prova do decurso do prazo: 23.5;
Outros actos societários: 21.2; 21.3;
Pedido: 25.3;
Periculum in mora: 27.3;
  Actualidade: 27.7;
Prazo de caducidade: **23**;
Procedimento cautelar comum: 21.3; 21.5;
Prova da deliberação: 26.4; 26.5;
Qualidade de sócio: 24.1;
Registo da providência: 27.1;
Sanção pecuniária compulsória: 25.3;
Sociedades comerciais: 20.1;
Tramitação: **25**;
Valor processual: 25.1;
Verosimilhança do direito: 27.2;

T

Turbação e esbulho: 7.2;
Tutela extrajudicial: (*nota 1*);

U

União de facto: (*nota 524*)

V

Valor processual:
  Na apreensão de veículos: 99.2;
  Na restituição provisória da posse: 10.2;
  Na suspensão de deliberações sociais: 25.1;
  No arbitramento de reparação provisória: 47.1;
  No arresto: 60.2;
  No embargo de obra nova: 76.1;
  Nos alimentos provisórios: 34.4;
Venda antecipada de bens:
  Na apreensão de veículo: (*nota 605*);
  No arresto: **65**;
  No arrolamento: 90.8;
Violência: **8**.